JN214155

Price Management
Strategy, Analysis, Decision, Implementation
Hermann Simon / Martin Fassnacht /
Kazuto Yamashiro

価格の
マネジメント
戦略・分析・意思決定・実践

ハーマン・サイモン
マーティン・ファスナハト
山城和人 著

山城和人——監訳／奥瀬喜之——訳

中央経済社

PRICE MANAGEMENT
Coryright © Springer Nature Switzerland AG 2019
Japanese translation rights arranged with
Hermann Simon, Martin Fassnacht and Kazuto Yamashiro
through Japan UNI Agency, Inc., Tokyo

推薦の言葉

本書は価格マネジメントに関する最も包括的で最先端の著作だ。

——フィリップ・コトラー

ノースウェスタン大学ケロッグ・マネジメント・スクール

本書は科学と実践のきわめて優れた架橋となる，非常に重要な本である。

——キャスパー・ローステッド

アディダスCEO

本書は，来るべき不確実な時代においてビジネスが生き残るのに必要不可欠な，価値創造，コミュニケーション，マネジメントについて，実践的なガイドラインを与える著作である。

——チャン・ギュー・ファン

KT（コリア・テレコム）コーポレーション会長兼CEO

序　文

　価格マネジメントというタイトルは，理論に基づきつつ，実践に即した本を書きたいという我々の願いを表している。研究者であるFassnachtと実務家であるSimon並びに山城によって執筆された本書は，理論と実践を統合するものであることを保証する。

最先端の知見

　本書は最先端であり，さらに未来を見据えたものである。デジタル化は，戦略，分析から意思決定，実践まで，価格設定プロセスの全ての段階で浸透している。インターネットをはじめとする新技術（センサー，計測など）は，本書で詳細な検討を行っている価格マネジメントのイノベーションに大きく貢献した。これには，均一料金，フリーミアム，ペイ・パー・ユーズ，ペイ・ワット・ユー・ウォント，新しい価格測度，両側価格システム，負の価格，シェアリング・エコノミー，ビッグデータ，人工知能（AI），機械学習などが含まれる。革新的な決済システムや暗号通貨もまた価格マネジメントに影響を与えている。

事例を使った理論と実践の統合

　本書では，理論的な厳密性と実践的な妥当性を確実に結びつけるために，全体を通して実際の事例を用いる。これは，価格コンサルティング市場において世界的なマーケット・リーダーであるSimon-Kucher & Partnersの多様で豊富な経験を活用することにより実現することができた。これらの事例は，機密を保持する目的で，必要に応じて匿名化している。

実践志向

　価格マネジメントを，管理部門や会計部門と同じような，基本的な原則であらゆる部門に一般的に適用できるものとしてみなすことは簡単である。しかし，数十年間にわたって価格マネジメントに関わる中で，価格設定についての問題の特定方法や解決方法は業界によって異なることが多いことがわかった。たとえば，消費財は主に中間業者（小売業者）を通じて販売されるが，産業財は主に直接販売される。その結果，消費財と産業財で価格設定の課題，戦略，戦術は非常に大きく異なっている。そのような理由から本書では，消費財，産業財，サービス，小売の価格マネジメントの課題について，それぞれ別の章を設けている。

グローバルなアプローチ

　本書は価格設定に関するグローバルな書籍である。本書は全体を通して，グローバルなアプローチに徹底している。グローバルな競争とは，世界中の企業が同じような価格マネジメントの問題に直面していることを意味している。このグローバルなアプローチに沿って，本書では世界中から代表的なケーススタディと実践的事例を選んだ。

対象読者

　理論と実践を統合することによって，本書は起業家やマネージャーだけでなく，学生や研究者にとっても同じように有益な著作となる。価格マネジメントは，世界中の企業にとってますます専門化されたものとなり，シニアマネジメントからCEOに至るまでより強い関わりが求められるようになっている。本書は，短期的な利益ドライバーとしての価格だけでなく，企業が株主価値の持続的な向上を推進する手段として価格をどのように活用できるかを示している。

　価格マネジメントはビジネス研究の中でより大きな割合を占めるようになっている。この背景には，価格の透明性を大幅に高め，価格競争を深刻化させ，より激しい価格戦争を引き起こしたインターネットの存在がある。しかし同時に，インターネットは価値の透明性を高める。このインターネットの二律背反性は「価格」というマーケティング手段にとって，驚くべき，かつ非常に非対称な効果をもたらすものである。

　多くの方々の本書への貢献に対して，感謝申し上げる。特に我々のプロジェクト・リーダーとしてきわめて優れた仕事をしてくれたアンナ＝カリーナ・シュミッツと貴重な支援をしてくれたSimon-Kucher & Partnersの仲間に感謝する。

　歴史上，最初に価格マネジメントに関心がもたれるようになったのは，古代ローマにまでさかのぼる。ラテン語では「価格」と「価値」を表すのに同じ単語，すなわち「プレティウム（Pretium）」という単語を用いている。

$$プレティウム（Pretium）価格（Price）＝価値（Value）$$

　これが価格マネジメントの核心を突いた式である。

ドイツ　ボン
ハーマン・サイモン

ドイツ　デュッセルドルフ
マーティン・ファスナハト

日本　東京
山城和人

監訳者まえがき

2024年末の時点においては，失われた40年ともいわれたデフレ低成長の時代は終わりを告げ，日本企業は価格引き上げのラッシュを迎えています。様々なコストが上昇し，コスト上昇分をどのように価格転嫁するかに頭を悩ませる企業が多い中で，利益を拡大する打ち手としてのプライシングに着目する企業も増加しています。

日本企業は高品質の製品や質の高いサービスを提供しているにもかかわらず，実はこれらを十分に収益化できていません。これは米国や欧州と比し，日本企業の利益率が恒常的に低いことに表れており，この低利益率の大きな要因がプライシングにあると筆者は考えます。

利益は売上からコストを引いて算出されます。価格は売上の重要な構成要素であり，利益を左右する最も大きなドライバー（決定要素）であるといえます。日本企業はもう一つの利益のドライバーであるコストについては，きわめて厳格かつ緻密に管理していますが，プライシングはこれに比べて大幅に軽視されてきたといえます。特に日本の製造業でこの傾向は顕著です。たとえば，オフィスを訪問すると，昼休みには照明を消したり，残業時間になるとエアコンを止めて節電によるコスト削減を行うところもあるほどの徹底ぶりです。筆者は職業柄，海外のコンサルタントと共に日本企業に対するコンサルティングを行うこともありますが，海外の人の目から見ると，この日本企業のコスト削減の取り組みは大きな驚きをもって受け止められます。

一方で，プライシングについてはどうでしょうか。こちらの方は，コストに対するこだわりや緻密度とは大きくかけ離れた対応がなされている実態があります。BtoC，BtoBを問わず，科学的，体系的な方法論や知見が適用されることは稀で，依然として経験と勘に大きく依存したプライシングが行われています。プライシングにおいて顧客の製品やサービスに対する知覚価値，支払意思，価格弾力性が適切に捉えられることはほとんどないといってもよいでしょう。また，多くの事業形態においては，様々な形態のディスカウントが割引やリベート，販促として提供されますが，このディスカウントの管理や統制はあまりにも杜撰といわざる

を得ない状況にあります。たとえば，端的な例として，ディスカウントの提供が切りの良い5や10の倍数のパーセントで行われるというものがあります。この意味するところは，20％や30％のディスカウントを提供している慣行を見直し，毎回18％や28％のディスカウント提供にとどめることができれば，ほぼ2％ポイントの利益改善が得られることを意味します。これは営業利益率が5％の企業にとっては，実に40％もの利益増加に相当するほどの大きさです。しかしながら，現実にはそういった緻密なディスカウントの提供を促すような組織としての意識づけを行い，仕組みやシステムでこれをサポートする企業はほとんど存在しません。日本企業はコスト削減については，緻密な取り組みがなされている一方で，プライシングについては，これほどまでに拙いマネジメントが行われている実態があります。

　しかしながらプライシングに大きな改善の余地があるということは，別の見方をすると，これに取り組むことによる利益改善の大きな機会が存在することを意味します。筆者はコンサルタントとして100を超える日本企業に対し，様々なプライシングのアドバイスを提供してきました。この経験をもとに確信を持っていえることは，プライシングは日本企業にとって大きなチャンスであるということです。

　本書は経験と勘に基づいたプライシングから，科学的，体系的なプライシングへと移行するための方法論を，学術的な観点からだけでなく筆者のコンサルティングを通じた実務経験を踏まえて上梓したものです。プライシングに関わる最先端の方法論を詳細に解説するだけでなく，これらを実務にどのように適用するかについても，具体的，実践的に伝えており，理論と実践を融合させた書籍となっています。本書が，日本企業のプライシングの高度化と精緻化をもたらし，その利益拡大への一助となることを期待してやみません。

　またもし，読者の方から本書についてのご意見やご感想等がございましたら，是非kazuto.yamashiro@nifty.comまでご連絡頂ければ幸いです。

　最後に本書の出版にあたり，Simon-Kucher & Partnersの日本オフィスの松田さん，山形さん，中川原さん，千島さん，伊澤さん，菰田さん，河西さんに協力をいただきました。この場を借りて心よりお礼を申し上げます。

2024年12月

山城和人

目　　次

推薦の言葉　i
序　文　iii
監訳者まえがき　iv

第 1 章　価格マネジメントの基礎 ……………………………………………1

1.1　利益と価格　1
1.2　価格の定義　6
1.3　価格とマネジメント　7
　　1.3.1　マーケティングの手段としての価格　7
　　1.3.2　価格の役割の理解　11
　　1.3.3　プロセスとしての価格マネジメント　16
1.4　価格マネジメントの基礎知識　18
　　1.4.1　マクロ経済学における価格理論　18
　　1.4.2　ミクロ経済学　19
　　1.4.3　マーケティング・サイエンス　19
　　1.4.4　行動経済学　19
　　1.4.5　脳科学研究　19
　　1.4.6　価格コンサルティング　20
　　1.4.7　価格マネジメントのためのソフトウェア　20
　　1.4.8　プライシング・イノベーター　21
　　1.4.9　著名な文献　21
1.5　価格マネジメントの法的枠組み　22
　　1.5.1　アメリカ　22
　　1.5.2　ヨーロッパ連合　23
　　1.5.3　世界各国　23
　　1.5.4　反トラスト機関の活動　23
1.6　価格マネジメントの新しい潮流　24
　　1.6.1　価格はマネジメントの考え方を浸透させるものである　24
　　1.6.2　価格とパワー　26
　　1.6.3　価格とトップマネジメント　28

ⅱ

結　論　29

第2章　価格戦略① —目標，プライシング・パワー，株主価値—……………35

2.1　目　標　35
2.2　価値と価格　43
2.3　プライシング・パワー　45
2.4　価格マネジメントと株主価値　53
結　論　61

第3章　価格戦略② —価格ポジショニング—………………………………67

3.1　ポジショニング　67
3.2　アプローチ　70
3.3　価格ポジション　73
　　3.3.1　ラグジュアリー価格ポジション　74
　　3.3.2　プレミアム価格ポジション　83
　　3.3.3　中価格ポジション　91
　　3.3.4　低価格ポジション　97
　　3.3.5　超低価格ポジション　105
　　3.3.6　価格ポジショニングのダイナミクス　112
結　論　116

第4章　分析① —価格の経済学—………………………………………123

4.1　イントロダクション　123
4.2　価格関連情報の分析　124
　　4.2.1　コストプラスプライシング　125
　　4.2.2　顧　客　127
　　4.2.3　競　争　129
4.3　価格反応関数　132

目　次　◆Ⅲ

4.3.1　価格反応関数の分類　132
4.3.2　価格反応関数と価格弾力性　133
4.3.3　その他の価格反応関数　139
4.3.4　価格弾力性の実証的発見　143
4.4　価格反応関数の実証的決定　150
4.4.1　調査方法　150
4.4.2　観　察　172
4.4.3　手法の概要　183
結　論　184

第5章　分析②　―価格の心理学的効果―……………………………………191

5.1　イントロダクション　191
5.2　伝統的な価格の心理学　193
5.2.1　価格の威光効果　193
5.2.2　ギッフェン・パラドックス　195
5.2.3　品質インディケーターとしての価格　196
5.2.4　特殊な事例　199
5.3　行動科学的なプライシング　201
5.3.1　理論的基礎　201
5.3.2　行動科学的な価格設定の効果　209
5.3.3　ニューロ・プライシング　221
結　論　223

第6章　価格決定①　―一元的な価格―………………………………………231

6.1　イントロダクション　231
6.2　一元的な価格設定プロセスの分類　232
6.3　厳密な価格設定プロセス　233
6.3.1　コストプラスプライシング　233
6.3.2　競争志向価格設定　235
6.4　包括的な価格設定プロセス　237

IV

6.4.1 損益分岐点分析　237
6.4.2 意思決定支援システム　242
6.4.3 数学的な価格最適化　245
6.4.4 寡占市場における価格最適化　252
6.4.5 寡占市場における反応仮説　259

結　論　268

6.5　背景情報　269

第7章　価格決定②　―多元的なプライシング―‥‥‥‥‥‥‥‥273

7.1　イントロダクション　273

7.2　価格の差別化　274
　7.2.1　価格の差別化の基盤としてのマーケット・セグメンテーション　276
　7.2.2　価格差別化の基本理論　279
　7.2.3　価格差別化の実施　284

7.3　商品間の価格決定　307
　7.3.1　商品ラインの価格決定　307
　7.3.2　価格バンドリング　316

結　論　325

7.4　背景情報　327

第8章　価格決定③　―長期価格最適化―‥‥‥‥‥‥‥‥‥‥331

8.1　長期最適価格における決定要素　331
　8.1.1　長期的な目的関数　332
　8.1.2　長期的な価格反応関数　333
　8.1.3　長期的な費用関数　341

8.2　長期価格最適化　346
　8.2.1　長期的な価格決定に関する経験則　347
　8.2.2　長期価格最適化の定量的手法　355

8.3　長期的な価格の意思決定とリレーションシップ・マーケティング　363

目　次　◆V

　　　　8.3.1　長期的な価格決定と顧客の獲得　365
　　　　8.3.2　長期的な価格決定と顧客維持　366
　　　　8.3.3　長期的な価格決定と顧客の再獲得　369
　　結　論　370
　8.4　背景情報　372

第9章　価格マネジメントと制度的背景 ………………………………377

　9.1　価格とインフレーション　377
　　　　9.1.1　インフレ率の変動とネットマーケットポジション　378
　　　　9.1.2　インフレ中立トレンド　379
　　　　9.1.3　非インフレ中立トレンド　379
　　　　9.1.4　価格とインフレへの戦術的な考え方　381
　9.2　グローバル価格のマネジメント　382
　　　　9.2.1　問題と実践　383
　　　　9.2.2　価格と為替レート　387
　　　　9.2.3　並行輸入　393
　　　　9.2.4　価格と政府の介入　402
　　　　9.2.5　国際的背景における取引の実行状況　405
　　結　論　407

第10章　実　践 ………………………………411

　10.1　イントロダクション　411
　10.2　価格マネジメントにおける責任　412
　　　　10.2.1　業務の定義　413
　　　　10.2.2　価格決定権限の割り当て　415
　　　　10.2.3　価格関連組織　418
　　　　10.2.4　CEOの役割　428
　10.3　営業組織の役割　433
　　　　10.3.1　営業の価格決定権限　434
　　　　10.3.2　価格志向のインセンティブ・システム　440

VI

10.4 価格コミュニケーション　450
　　10.4.1　外部との価格コミュニケーション　451
　　10.4.2　内部への価格コミュニケーション　464
10.5 価格統制　465
　　10.5.1　価格統制機能　466
　　10.5.2　ITに関する要件　466
　　10.5.3　価格統制のためのツール　468
結　論　477

第11章　消費財の価格マネジメント..................................483

11.1 イントロダクション　483
11.2 垂直的価格マネジメント　484
　　11.2.1　製造業者が販売価格と最終消費者価格の両方を設定　486
　　11.2.2　製造業者がメーカー販売価格のみを設定　493
　　11.2.3　製造業者と取引業者による共同利益最大化　500
　　11.2.4　利益の配分　502
11.3 マルチチャネル価格マネジメント　506
結　論　511

第12章　産業財の価格マネジメント..................................515

12.1 イントロダクション　515
12.2 分　析　517
12.3 意思決定　519
　　12.3.1　バリューベース・プライシング　519
　　12.3.2　コスト志向プライシング　523
　　12.3.3　オークション　524
12.4 実　践　530
　　12.4.1　価格交渉　530
　　12.4.2　価格契約と価格ヘッジ　537
結　論　539

目　次　◆VII

第13章　サービスにおける価格マネジメント……………………545

13.1　イントロダクション　545

13.2　分　析　550
13.2.1　企業情報　550
13.2.2　顧客情報　552
13.2.3　競合情報　555

13.3　価格決定　555
13.3.1　価格決定支援手法　555
13.3.2　サービスにおける価格差別化　557
13.3.3　イールド・マネジメント　563

13.4　導　入　570
13.4.1　差別化された価格の導入　570
13.4.2　固定価格と個別価格　571
13.4.3　価格コミュニケーション　572

結　論　573

第14章　小売業における価格マネジメント……………………577

14.1　イントロダクション　577

14.2　戦　略　579
14.2.1　価格ポジショニング　579
14.2.2　価格イメージ　586

14.3　分　析　592
14.3.1　企業情報　592
14.3.2　消費者情報　593
14.3.3　競合情報　598

14.4　価格決定　599
14.4.1　価格帯の設定　599
14.4.2　品目別の価格決定　601
14.4.3　価格決定と品揃え効果　605
14.4.4　価格プロモーションにおける意思決定　607

VIII

14.5 実　践　614

14.5.1　組織構造　614

14.5.2　価格統制　615

14.5.3　価格コミュニケーション　616

結　論　620

第15章 | 価格マネジメントのイノベーション·····················627

15.1　価格設定のイノベーション：歴史的概観　627

15.2　価格透明性の向上に伴う価格反応関数の変化　633

15.2.1　価格透明性　633

15.2.2　価値透明性　636

15.3　革新的な価格設定モデル　638

15.3.1　定額料金制　639

15.3.2　フリーミアム　642

15.3.3　双方向価格モデル　647

15.3.4　ペイ・パー・ユース　652

15.3.5　新しい価格尺度　655

15.3.6　両面価格システム　659

15.3.7　マイナス価格　661

15.3.8　ゼロの限界費用とシェアリングエコノミー　667

15.3.9　革新的な決済システム　670

結　論　676

訳者あとがき　685

索　　引　687

◆1

第 1 章

価格マネジメントの基礎

―――――――――― 概　　要 ――――――――――

　全体の中での基礎的な位置づけとなるこの章では，価格が利益に及ぼす影響が最も強い要因（ドライバー）であることを示し，価格マネジメントに関連する様々な側面を紹介する。価格は利益を決定する重要な要因であるにもかかわらず，実務においてあまりうまくマネジメントされているとはいえない。価格マネジメントがうまくいかないがために，急激な利益の減少を引き起こす場合もある。プライシングがどのような結果をもたらすかについては，様々な理由から未だ十分に理解されていない。それは，価格の理論が実務に適用される際のずれ，価格の多元性，複雑な作用の連鎖，価格の心理学的な作用，実行上の障壁などの理由からである。我々は，価格マネジメントを，戦略，分析，意思決定，実行を包摂するプロセスとみなし，いくつかの科学研究領域から洞察を得ていく。一般的に，価格メカニズムは伝統的なビジネスの枠組みを越えた社会分野にも浸透しつつある。教育，交通，ヘルスケアなどの分野では，ますます価格メカニズムを取り入れた，統制がなされるようになっている。価格マネジメントは，包括的な規制的枠組みの下で行われてきており，プライシングを実行に移す前にはつねに，適切なチェックを行う必要がある。

1.1　利益と価格

　本書は，基本的に利益と価格について書かれたものである。価格は利益にとっての最も効果的なドライバーである。利益の定義は次式で表される。

$$（利益）＝（価格 \times 販売数量）－コスト \tag{1.1}$$

　この利益の公式は，究極的には利益ドライバーは 3 つしかないことを示している。すなわち，価格，販売数量，コストである。コストはさらに，固定費と変動費に分けられる。これら 3 つのドライバーのそれぞれの影響を明らかにするために，次のような単純な，多くの製品やサービスにおいて見られる典型的な価格構成の例を考えてみよう。1 個100ドルの製品を100万単位販売する企業があると考

[図1.1] 各利益ドライバーの改善が利益に及ぼす影響

5％の改善　　　　　　　　　　　　　　　　　利益増加量（%）

	利益ドライバー		利益		
	旧	新	旧	新	
価格	$100	$105	$10mill.	$15mill.	50%
コスト	$60	$57	$10mill.	$13mill.	30%
販売数量	$1mill.	$1.05mill.	$10mill.	$12mill.	20%
固定費	$30mill.	$28.5mill.	$10mill.	$11.5mill.	15%

えてほしい。この企業は，固定費として3,000万ドル，１個当たり変動費として60ドルを要するとする。その結果，売上高は１億ドルで，1,000万ドルの利益を得ることとなり，売上高利益率は10％になる。利益のドライバーである，価格，販売数量，固定費，変動費のそれぞれが独立して５％変化したならば（他の条件が同じならば），利益にどのくらいの効果をもたらすだろうか。その答えは**図1.1**に示されている。価格を５％引き上げると，価格は105ドルになる。利益は1,000万ドルから1,500万ドルに上昇し，50％の改善になる。その他の利益のドライバーに関しては，それぞれ５％の改善から得られる利益の増加率は，30％，20％，15％であるため，価格は利益のドライバーとして最も強いものといえる。

　逆の場合についても同じように興味深いものがある。それぞれのドライバーを

[図1.2] 各利益ドライバーの低下が利益に及ぼす影響

5％の低下　　　　　　　　　　　　　　　　　利益低下量（%）

	利益ドライバー		利益		
	旧	新	旧	新	
価格	$100	$95	$10mill.	$5mill.	−50%
コスト	$60	$63	$10mill.	$7mill.	−30%
販売数量	1mill.	0.95mill.	$10mill.	$8mill.	−20%
固定費	$30mill.	$31.5mill.	$10mill.	$8.5mill.	−15%

５％低下させた場合の結果について検討してみよう。**図1.2**がその結果を示しており，その結果は鏡像のようになっている。価格の上昇が利益に対して最も強い正の影響をもたらすのと同様に，価格の低下は最も強い負の影響をもたらしている。

利益ドライバーとしての価格と販売数量の比較はとりわけ明白である。価格または販売数量のどちらを上昇させようと低下させようと，売上は変わらない（いずれも増加させた場合は１億500万ドル，減少させた場合は9,500万ドル）。しかし，価格を上昇させたときの500万ドルの売上の増加はすべて利益の増加に貢献する一方で，販売数量の改善による売上の増加分の大部分（500万ドルのうちの300万ドル）は，結果として生じる変動費の増加によって吸収されてしまい，利益の増加は限定的である。また，価格が低下する場合には逆のことが起こり，売上が減少したのと同じ分だけ利益が減少するのである。対照的に，もし販売数量が５％減少したならば，それに応じて変動費も300万ドル減少するため，利益は200万ドルしか下落しない。つまり，価格の変化は，販売数量の変化よりもずっと，利益に対して大きなインパクトをもたらす。

この例から，販売数量の増加ではなく値上げの方が，利益成長を目指す上では有利であると結論づけられる。逆にいえば，利益の観点からは，価格を下げるよりも販売数量が下落することを受け入れたほうがよい。

マネージャーに以下の選択肢Ａと選択肢Ｂを突きつけて，いずれかを選ばせてみよう。その場合，激しい議論が起こると思われる。

選択肢Ａ：販売数量はそのままで（たとえばリベート形式での）５％の値下げを受け入れる。

選択肢Ｂ：価格はそのままで５％の販売数量の下落を受け入れる。

これまでセミナーやワークショップで数多くのマネージャーとこれらの選択肢について議論してきた。ほぼすべてのマネージャーが，選択肢Ａに傾いており，それは，たとえ（前の数字を用いて）利益が選択肢Ｂよりも300万ドル低くても，価格を犠牲にして販売数量を守るというものである。利益が改善するケースにおいてさえ，多くの実務家は，市場シェアをより高くするための議論に終始し，販売数量が増加する選択肢を選好する。アメリカの移動通信技術業者のT-Mobileはその典型的な例である。2014年，この会社はアメリカ市場におけるシェアを拡大するために大きな損失を受け入れた［1］。本書では第２章において，利益と市場シェアのコンフリクトについてより深く見ていきたい。

ここまで述べてきたことは，利益とそのドライバーの相互の関連性を示す最もシンプルな例といえる。しかしながら，特定のドライバーを変化させた場合に，他のドライバーは全く影響を受けないという前提は，通常，現実において生じることはない。5％の価格の上昇は，多くの場合，販売数量の減少につながる。これは同じように，販売数量の変化においても当てはまる。安定した市場においては，価格が下落しない限り，販売数量は通常5％増加しない。ところが，我々の経験では，相当程度価格を引き上げたにもかかわらず，販売数量が変化しないことが多くある。このことは，価格が1％，2％，3％程度の範囲で変化する場合に，頻繁に生じる。この程度価格を変化させても，実際には，他の利益ドライバーへの影響はほとんど，あるいは全くないであろう。すなわち，価格をわずかに変化させた場合，他のドライバーは一定であるとする我々の前提条件を著しく逸脱することはない。

　このシンプルな考え方をFortune Global 500から選ばれたいくつかの企業に当てはめれば，これらの企業が価格を2％引き上げたら何が起こるかがわかる。**図1.3**はそのような値上げの結果として生じる税引前利益の変化率を示している。（税引前売上高利益率は税引前利益を売上高で割ったものである。計算された売上高利益率で2％を割ることにより，販売数量の減少がないと仮定した場合の，価格の2％引き上げから生じる利益の増加（％表記）を求めることができる。）

　一見した所わずか2％の価格の増加は，ほとんどの企業にとってきわめて大きな利益増をもたらす。Amazonが販売数量を損ねることなく，2％の価格引き上げに成功したならば，その利益は276.2％増加し，Hewlett Packard（HP）の場

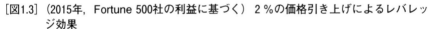
[図1.3]（2015年，Fortune 500社の利益に基づく）2％の価格引き上げによるレバレッジ効果

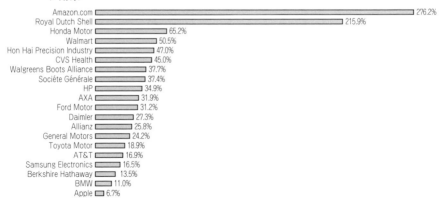

合は，34.9％増加する。すでに高い収益を上げている企業でさえ，このようなわずかな価格引き上げから利益を得ることができるのだ。Appleは，図1.3にリストアップされた企業の中で売上高利益率（29.7％）が最も高いが，Appleでさえ，利益は6.7％上昇し，％ベースで考えると，価格上昇分の3倍以上に相当する。概して，2％の価格の引き上げは図1.3において示された企業の利益をなんと55.2％も上昇させることになるのだ！ この計算は，価格が利益への強力なレバレッジであることを示している。価格の最適化は，その労力に見合うだけの十分な効果をもたらすといえる。

　企業のマージンが低ければ低いほど，価格を変化させた時のレバレッジ効果はより大きくなる。もしある企業の利益率がたった2％（多くの小売業者は一般的にそうであるが）ならば，2％の価格引き上げは，販売数量を損なうことがないものという前提で，利益を2倍にする。

　企業の利益率は人々が一般的に思っているよりもずっと少ない傾向にある。2013年における全世界の売上トップ500社の税引後の利益率の平均は6.3％である[2]。もし税率を30％と仮定するならば，税引前の利益率は8％程度となる。**図1.4**は2007年から2011年の5年間の世界中の事業会社の売上高利益率を示したものである。

[図1.4] 産業財企業の売上高利益率の平均（税引後）：国際比較（2007年～2011年）[3]

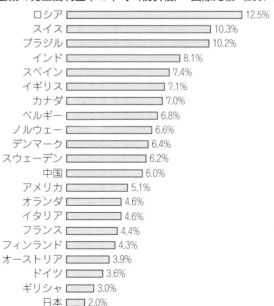

6

アメリカの企業は，2007年から2011年の5年間で平均5.1％の税引後利益率を達成しているが，国際的に見れば，この利益率は比較的低いといえる。その他の国の平均は6.1％である。ロシアは12.5％であり，インドは8.1％，イギリスは7.1％である。フランスは税引後の利益率が4.4％であるが，ドイツの3.6％よりも高い。ギリシャ（3％）と日本（2％）の企業は最も利益率の低い部類に入る。このような低収益のケースでは，ほんの10分の1ポイントの値上げすら一定の利益改善につながる。

1.2　価格の定義

価格は，買い手がある製品1単位のために引き渡す貨幣の数量である。この定義は単純で明白である。実際に，我々が日々目にする価格のうちの多くは，一元的に規定される特性を持っている。たとえばスーパーで購入するコーヒー1ポンド，ガソリン1ガロン，キオスクで購入する雑誌などが考えられるであろう。しかしながら，価格はより複雑に構成されることもある。価格あるいは価格体系はいくつかの構成要素から成り，時にはその数はきわめて多くなる場合もある。たとえば以下のような構成要素がある。

- 基本価格
- 値引き，ボーナス，リベート，支払い条件，スペシャルオファー
- パッケージサイズ，製品のバリエーションによって差別化された価格
- 製品ライフサイクルの段階，一日のうちの時間帯，場所，顧客セグメントに基づいた差別的な価格
- 補完製品，代替製品の価格
- 特別サービス，追加的サービスの価格
- 2つ以上の軸で多元的に規定される価格（例：前払金，利用量に応じて変化する料金）
- 個別の構成要素の価格とバンドリング
- 個別交渉に基づいた価格
- メーカー価格と最終消費者の価格

このリストは決して完璧なものではないが，価格が複雑な構成概念であること，1つの軸では捉えきれないことを例証している。企業は何百あるいは何千もの価格を扱い，それらを決定しなければならない。銀行の価格リストは，何百ものラ

インの商品を含んでいる。自動車・重機メーカーの取り扱う交換部品は数十万点に及び，その価格ポイントも多岐にわたる。航空会社は一年間に何百万回も価格を変更する。この文脈における重要な問いとして以下のものが挙げられる。顧客は多数の価格，価格の構成要素，価格の変更をどのように受け取るだろうか。どの程度の価格透明性が必要であろうか。そして何が販売数量と利益に効果を及ぼすのだろうか［4］。複雑な，価格の多元性（価格を規定する軸が複数に及ぶこと）という性質は，価格の最適化のための重大な可能性を秘めている。

1.3 価格とマネジメント

1.3.1 マーケティングの手段としての価格

　もし価格が市場によって定められるのであれば，マネジメントは価格にあまり注意を払う必要はないだろう。市場で取引されるコモディティ商品においては，このような状況に遭遇することがある。その場合に唯一重要となるのは，費用効率性と販売数量の調整である。しかしながら，コモディティ商品においてすら，企業が優位性を保つために，価格の変更という手段を用いる可能性は考えられる。たとえば，より正確な価格予測により，価格変更と製品の引き渡しのタイミングを自身に有利に設定することができる。

　現代の製品・サービス市場において，一般的に，価格はうまくマネジメントすれば，その柔軟性や効果によって非常に興味深い収益機会をもたらす。

- 価格は販売数量と市場シェアに強い影響を及ぼす。消費財においては，価格弾力性は平均で広告弾力性（広告費の投入に対する，販売数量の変化）よりも10倍から20倍高く，営業人員の弾力性（営業費の投入に対する，販売数量の変化）よりも約8倍ほど高い［5］。このことは価格変化の効果は，％ベースでは，広告費の10倍から20倍高く，販売員費の効果よりも8倍高いことを表している。Sethuramanらは，1％の値引きに見合う効果を得るために，広告費は30％増やす必要があることを結論づけた［6］。価格弾力性水準は製品カテゴリー，製品によって異なる［7］。
- 価格はすぐに適用可能な手段である。製品（イノベーション），広告キャンペーン，費用削減プログラムとは対照的に，価格は新しい状況に直面した時にすぐさま調整できる（長期的な契約，カタログ販売期間などは例外）。そのスピードはインターネットによってさらに高まった。企業は価格を一瞬に

して変更することができる。これは，デジタルサイネージを採用している小売業者にも当てはまる。そのような変化は，ガソリンスタンドでも起こっている。ドイツでは価格登録データベースがあり，消費者はアプリを使って約14,500のガソリンスタンドにおける最新のガソリン価格を見つけることができる［8］。このことは消費者にとっては価格透明性を高めることにつながり，競合との価格差異を明らかにする［9］。価格変更の回数を減らすために，オーストラリア政府は価格の変更は1日あたり1回までに制限している。ダイナミック・プライシングの概念は，需要と供給の関係で価格が決まるような多くの状況において価格を調整し，素早く変更できるという利点がある。

- 価格は，需要に即座に影響を及ぼす。もしもガソリンスタンドが価格を変更し，その地域の競合が追随しなければ，わずか数分で市場シェアは競合に著しくシフトするであろう。インターネットは，これまでに考えられなかったような価格透明性を生み出す。キーボードをちょっとたたくだけで，消費者は膨大なサプライヤーから現在の価格を入手し，即座に購買意思決定を行うことができる。この価格透明性は消費者が店舗で製品のバーコードをスキャンし，オンラインあるいは近所の店舗でその商品がいくらで売られているかを即座に知ることができるほどにまで進んでいる。広告キャンペーンや新製品の導入といったプライシング以外のマーケティングアクションの場合は，需要サイドからの反応には，タイムラグが発生することが多い。

- 需要の変化を伴う自社の価格変更は，競合企業を急激な価格変更に駆り立てる。そのような価格変更は急速かつ激しいため，価格戦争を誘発することもある。競合はほぼ即座に自社の価格変更に反応できるので，プライシングだけで，持続可能な競争的優位性を達成することは難しい。もしこれができるとすると，それは競合が自社と同じだけの期間，低価格を維持できないほどのコスト優位を，自社が有している場合のみである。Feedvisorによるビッグデータの分析［10］は，Amazon取扱商品1,000万品目の10ヵ月間のデータを使っており，それによれば毎日60,000回もの価格戦争が起こっていることがわかっている。また，平均して，それらの価格戦争のうち92％は2つの企業間で起こっており，72％は6時間にわたって続いている。価格戦争は所定のルールに従って行われていたが，これらの競争的な行動についての詳細はまだわかっていない。

- 価格は，先行支出あるいは先行投資を必要としない唯一のマーケティング手段である。（スタートアップ企業や，新商品を市場に投入したばかりの企業など）資金繰りの厳しい企業であっても，価格を最適化することはできる。

一方で，こういった企業は，収益を得る前に先行投資を必要とするため，広告，販売，研究開発といった，手段を最適化することは難しい。
- 費用削減と合理化は，多くの企業にとってきわめて重要な目標である。これらは継続的に行われるが，多くの場合，費用削減の可能性は限られる。その上，成熟市場においては3番目の利益ドライバー，すなわち販売数量を増やすことから利益を得るのは難しい。成熟市場では一般的に，市場がゼロサム・ゲームとなる。すなわち，販売数量の増加は競合企業が犠牲になることであり，競合は自らの市場シェアを守ろうとする。これに対し，価格マネジメントにおける利益改善の可能性は，尽きることがない。

図1.5は，プライシングが，コスト削減，広告や販売などのマーケティング手段に投資するよりもマーケティング・ツールとして優れていることを示す図である。投資の観点で優れているというのは，プライシングが費用削減やマーケティング投資とは違って，ほとんど先行投資を必要としないためである。時間の観点で優れているのは，プライシングが他の手段と比べて，より早く利益に正の効果をもたらすということである。利益の観点で優れているのは，プライシングという手段がより高い利益をもたらすことが多いという事実を表している。

プライシングは，企業のマーケティング手段としての際立った役割を担っているが，顧客にとっても重要な意味合いがある。価格は，顧客が商品を獲得する際

[図1.5] コスト削減・マーケティング投資と比較した場合の，価格マネジメントの3つのメリット

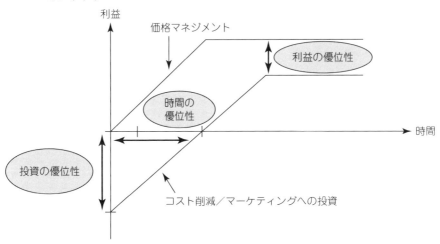

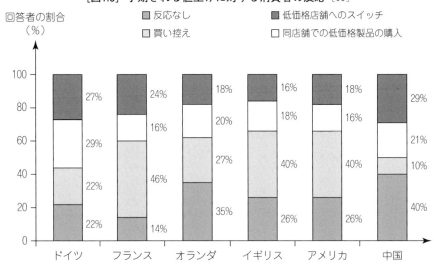

[図1.6] 予期される値上げに対する消費者の反応 [11]

に受け入れなければならない「犠牲」である。価格が高ければ高いほど，犠牲は大きくなる。**図1.6**は異なる国の顧客（回答者：130,000名）が予期される価格の引き上げにどのように反応するかを示している。

　この研究によると，価格が引き上げられた場合に，ドイツと中国の消費者は同じ店舗で販売されているより安い商品に購買を切り替えたり，同じ商品をより安い価格で提供している店舗で購入したりしようとする。アメリカの消費者は価格の引き上げにあまり強く反応しない。

　価格はビジネスに重要な影響を及ぼし，利益ドライバーとしても顕著な役割を担うため，マネージャーはもとより，トップ・エグゼクティブでさえもプライシングに多くの注意を払うべきであるが，実際にはそうなっていないのが現状である。マネジメントは，価格ではなくて，その他の利益ドライバー，すなわちコストに多大な注意とエネルギーを注ぎ続けるのである。

　ある航空会社のCEOは「マネージャーとして，売上増よりも，費用削減により効果を上げる方が簡単だ」という [12]。企業はまた，価格マネジメントよりも，（広告や販売への投資を通して）販売数量を増加させることに時間やエネルギーを注ぐ傾向にある。多くの企業はプライシングに，それに見合うだけの重大さも専門的技術適用の必要性も見出さない。

　たとえば，企業がどのように実際の取引価格に到達したかについての，ある技術者グループの回答に注目してみよう。この技術者グループの回答は次のような

ものである。「製造原価に2.5倍をかけて定価を設定し，あとは営業にまかせる。」そのようなプロセスは意味がない。この企業のパフォーマンスをより詳しく見ると，かなりの利益を犠牲にしている，すなわち，ビジネスの決まり文句でいわれる「テーブルに多額のお金をおいてその場を立ち去っている（Leaving a lot of money on the table.）」ことが明らかになった。世界の銀行トップ100に入る銀行のある取締役の次の発言もまた注目に値するものがある。「当行は創立125年になるが，私の知る限り，今回のプロジェクトで，初めてプロフェッショナルな方法でプライシングについて考えることとなった。」

　最近，トップマネジメントにとって価格マネジメントに対する関心が高まっており，非常に多くのCEOがプライシングについてオープンに語るようになった。こういったトップマネジメントのプライシングについての発言を，インタビューや投資家向け会社説明会や株主総会，またアナリストとのカンファレンスにおいてよく耳にする。我々は，平均以上の利益を上げている企業は，平均以下の企業に比べて，プライシングについて言及することが圧倒的に多いという印象を受けている [13]。これらの企業，より正確にはこれらの企業のリーダーは，価格が利益と株主の価値のドライバーとして果たす重要な役割を，利益の低い企業よりも，より良く，より早く理解している。

　では，なぜそれほど多くの企業が今もなお価格マネジメントの重要性を軽視したり，無視したりするのであろうか。これにはいくつかの理由が考えられる。

1.3.2　価格の役割の理解

　ビジネスパーソンやマネージャーから消費者，行政担当者，投資家，アナリストに至るまで，経済分野に関わるすべての人々が，深いレベルで価格の役割を理解することが困難であると考えている。確かにこれらの人々の多くは，どのように価格が機能するか，なぜそれが重要であるかについて，直感的にはわかっている。ただし，それだけでは，プライシングについて適切な意思決定を行うことはできない。それではなぜ，より深いレベルでプライシングを「ものにする」ことがそんなに大変なのだろうか。

1.3.2.1　理論と実践のギャップ

　多くのマネージャーは経済学を学び，価格理論についても学習する機会があるが，そこで学んだことをビジネスに応用することに苦戦している。多くの若い起業家は，自らの商品の正しい価格はいくらなのか，自問自答している [14]。大学では，価格反応関数，価格弾力性，価格差別化などの概念を，数学的なモデル

12

を使って理論的に扱っている。ところが，大学の卒業生がビジネスの世界に入ると，コスト・プラスや，経験に頼ったプライシングなど，今までとは全く異なったプロセスに直面することになる。学んだ理論は現実のビジネスにおける意思決定には関連しないように思われ，次第に使われなくなり，記憶から消えていく。このことは，マネージャーが「価格弾力性」などの概念については話すものの，正確に「弾力性」とは何を意味するのか，どの程度，身近な問題に適用できるのかを，実はわかっていないという状況につながる。この失敗には，2つの根本的な原因がある。まず，プライシングを教えることはきわめて抽象的であるという点である。2番目には多くの企業はまだ，アカデミックな概念に抵抗を持っていることである。とはいえ，その程度の差は業種によって大きく異なる。きわめて洗練された価格体系を適用しているリーダーは製薬業界である。また高級自動車メーカー，電気通信会社，トップのインターネット会社，航空会社も，比較的高い水準のプライシング競争力を備えているといえる。

1.3.2.2　価格の多元的な効果

　価格の多元的な側面は，価格への理解を難しくする要因である。売上は（価格×販売数量）である。したがって，幾何学的には長方形で表すことができる。同じことは利益にも当てはまり，利益は（単位当たり貢献利益（価格－単位当たり変動費）×販売数量－固定費）である。一次元で売上や利益を比較するのは容易だが，二次元的な側面を比較するのは難しい。複数の価格構成要素がある場合には，そのような比較はさらに困難なものとなり，直感的に判断できないことは明らかであろう。

　このことを示すために，前に示した，価格が100ドル，単位当たり変動費が60ドル，固定費が3,000万ドル，販売数量が100万個という事例を使って考えてみよう。最初の状況において，売上は1億ドル，利益は1,000万ドルである。ここで次の問いを考えてみる。「もしこの企業が価格を20％引き下げるならば，この企業が同じ利益を得るために，どの程度，販売数量を増やす必要があるか。」現実世界のビジネス状況においてこの質問を行った場合，返ってくる答えのほとんどは誤っている。最もよくある回答は「20％」である。20％の販売数量の増加は大雑把にいえば，以前と同じ売上になる。80ドル（20％の価格引き下げ）での120万単位の販売数量（20％の販売数量の増加）の時，売上は9,600万ドルとなる。しかし，この状況において，この企業は600万ドルの損失を被ることになる。

　正しい答えは100％の販売数量の増加が必要というもので，1,000万ドルの利益を維持するために，この企業は，実際には2倍の販売数量を必要とする。20％の

値引きのため，単位当たり貢献マージン（すなわち，価格と単位当たり変動費の差額）は40ドルから20ドルに半減する。したがって，この企業は利益を一定に保つために2倍多く売る必要があるのだ。

逆の方向で，この問いを課した時にも同じような回答が得られる。「価格を20％引き上げた場合に，利益を一定に保つために企業はどのくらいの販売数量の減少を受け入れることができるか。」比較的単純な計算にもかかわらず，この問いに対する正しい回答が得られることはめったにない。企業は元々の水準の販売数量の3分の1の減少を受け入れることができる。価格を引き上げたため，単位当たり貢献マージンは40ドルから60ドルに上がり，販売数量が666,666単位に減少したとしても，8,000万ドルの売上を得る。そこから，変動費（4,000万ドル）と固定費（3,000万ドル）を引くと，1,000万ドルの利益が残る。この計算からも，異なる二次元的な利益構造を比較することが必要な場合に，直感的に問題解決することは難しいことがわかる。

1.3.2.3　複雑な作用連鎖

我々は，最も単純な例を取り上げて説明を試みようとするものの，実際には，相互依存性とその結果として生じる作用の連鎖は，相当に複雑である。価格の作用は多元であるだけでなく，相互依存的であり，時には相殺関係にある。**図1.7**は価格から利益（最終的に我々が関心を持っている要因）への多くのパスを明示したものである。点線の矢印は，定義方程式を表している。たとえば，売上は（価格×販売数量）であり，利益は（売上－費用）である。

[図1.7]　価格マネジメントにおける効果の相互依存性と連鎖

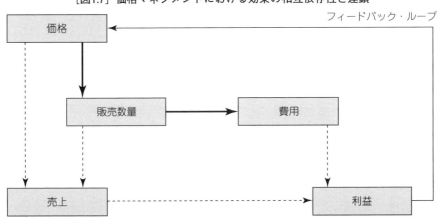

このシステムの核となる関係は，太い実線の矢印で表された，いわゆる行動方程式であり，具体的には価格反応関数と費用関数となる。価格反応関数は，価格の関数として販売数量を示す。図1.7で示されるように，価格反応関数の知識は，合理的な価格決定をするために欠くことのできない必要条件である。費用関数は，販売数量の関数として費用を算出している。細い実線の矢印で表されるフィードバック・ループは特定の価格手段の利益効果を示している。

価格反応関数と費用関数は，異なる段階における，価格が利益に及ぼす影響を決定するものである。このシステムにおいて，正確には価格が影響を及ぼす3つのパスが存在する。

価格→売上→利益
価格→販売数量→売上→利益
価格→販売数量→費用→利益

図1.7は，一時点における，市場にサプライヤーが一人一社しかいない独占市場という，最も単純なケースを想定している。二時点以上で，競合が存在し，多段階の販売を考慮した場合には，作用のパスは，下記のようにより複雑になる。

価格→競合の価格→市場シェア→販売数量→売上→利益
現在の価格→将来の販売数量→将来の売上と将来の利益
現在の価格→販売数量→将来の費用→将来の利益
メーカーの価格→小売業者の価格→販売数量→売上→利益

これらは，最も重要で最も明白なパスのみを示しているが，本書において，これらについてさらに詳細な議論を展開する。これらの作用の連鎖を定量化することは複雑で困難なため，多くの実務家は経験に基づいた価格についての意思決定を好み，経験則に従う傾向にある。こういった直感的なアプローチが最適価格につながることはあまりない。

1.3.2.4　心理学

価格と販売数量，売上，利益の関係は，ある程度定量化できるため，理解するのは相対的に容易である。しかしながら，これらに加えて，様々な考慮すべき心理的効果が存在し，これらの中には合理的な経済学に反するものもある。価格閾値と価格アンカリング効果，（高価格であることを高品質あるいは威光と結びつ

ける）ウェブレン効果やスノッブ効果がその代表例である。行動経済学の分野は，古典派経済学の信条に疑問を投げかける多くの新しい洞察を生み出しており，伝統的な理論に異議を唱えるものもある。行動経済学が価値のある新しい洞察を与える一方で，混乱を引き起こし，プライシングについて理解することをより困難なものにしている。注目に値するのは，経験に富んだビジネスパーソンは長年にわたってこれらの洞察の多くを暗示的，直感的には理解しており，価格戦術に適用してきた点である。価格アンカリング効果の使用はその一例であり，キャッシュバック・プログラムのような効果的な方法が普及したことからも窺える。こういった戦術は，完全情報と経済主体の効用最大化行動を仮定した古典派経済学に異議を唱えるものである。

1.3.2.5　実行上の障壁

　実行上の障壁と実行力の弱さは2つとも，企業が価格マネジメントを通じて利益を最大化することを妨げる原因となる。企業が注意深く分析を行い，適切な価格決定を行った場合でさえも，それがうまく実行されなかったり，不適切に行われることで失敗に終わることがある。失敗の根本的な原因としてはいくつかのものが考えらえるが，これらには，目標が誤っている，役割や責任の所在がはっきりしていない，インセンティブが効果的でない，営業がディスカントのガイドラインを意図的にないがしろにする，誤った価格コミュニケーションを行う，価格統制への注意が欠如する，といったようなものが含まれる。Nelius [15, p.172] の消費財メーカーに関する実証研究によれば，専門化や部門間の調整といった組織的要素は，企業の経済的成功に対して，直接的で，有意な正の効果を持つ。もし企業が価格専門の組織を設立し，同様の考え方をプライシングに適用するならば，企業はプライシングをコア・コンピタンスとし，より客観的で，より緻密な価格決定が可能となる [16]。しかしながら，典型的に，価格施策の実行にはそれに値する注意が払われることはなく，特にその実行がどの程度，利益に影響を及ぼすかについて，適切な認識がなされていない。結局の所，最も重要なのは，顧客と最終的に取引される価格がいくらになるか，なのである。

1.3.2.6　産業特性

　価格と販売数量の間に存在する逆相関の関係のように，経済学の基本的な原則は，すべての業種において広く一般的に適用される。それにもかかわらず，個々の業種を取り巻く環境は非常に異なり，結果として，異なるプライシングが実践されている。それらは，市場構造（独占市場，寡占市場，完全競争市場），製品

のタイプ（同質的製品，差別化製品），競争の支配的な性質（平和的，攻撃的），消費者の習性（価格感度の高低），費用構造（固定費比率，変動費比率），卸売価格，小売価格の実践（小売店独自での決定，メーカー希望小売価格の遵守），インターネットの役割といったものの影響を受けている。

　実務家は価格決定を行う以前に，その産業に特定的な環境と微妙な他との違いを熟知した上で，上記の差異に対処する必要がある。だが実際には「そのやり方は我々の業界ではうまくいかない」というフレーズにあるように，別の産業からの新しいシステムやモデルの採用を検討することさえも，進んで行われることはほとんどない。企業の各部門には様々な歴史的な経緯が存在するため，価格マネジメントを変更することは難しい現実がある一方で，多くの業種において，プライシングをどのように改良するかについて，他業種から学ぶことはできる。プライシングの違いは，ある企業は低い利益しか獲得できていないのに，なぜ別の企業は毎年高い収益を上げ続けているのかを解き明かす要因となる。

1.3.3　プロセスとしての価格マネジメント

　価格といえば，教科書では伝統的に，価格決定，特に価格最適化に焦点を当てている。我々の価格マネジメント・プロセスの定義は，より包括的で，同時により具体的である。我々は，価格マネジメントを次のように定義する。

　価格マネジメント・プロセスは，価格を決定し実行するための手続きとルールの体系である。これは次の側面を含んでいる。

- 情報，モデル，意思決定のルールと最適化
- 組織，責任，インセンティブ
- 競争力，能力，訓練，交渉
- ITサポート

この価格マネジメント・プロセスを取り扱う上で，次の流れの観点から考えていく。すなわち，「戦略→分析→意思決定→実行」という流れである。

　価格決定と価格最適化は，包括的な価格マネジメント・プロセスの一部分として考えることができる。通常，価格最適化が，学術的な文献の最先端の主要テーマとみなされるが，その他の価格マネジメントの副次的なプロセスもまた等しく重要である。新自動車の新らしいモデルや新薬の市場投入における難しさは，ほとんどが価格最適化の問題であるといえる。しかし，自動車メーカーの交換部品のプライシングの場合は，全体のプロセスを考慮する必要がある。数千もの部品

の個別の価格の最適化は論外であり，不可能である。製薬会社は，別の状況で，プライシング全体のプロセスを考慮する必要がある。製薬会社にとって，薬局での販売と病院での販売は，基本的に異なる状況を生み出すためである。大きく異なる状況に直面する企業は，体系的な価格マネジメントを展開する必要がある。

興味深い点は，実務において支配的なのは最適化の視点（最適化視点）か，プロセスの視点（プロセス的視点）なのか，という点である。非常に多くの企業がこの2つの視点について議論しており，その過半数（71％）がプロセス的視点がより関連するテーマであると考えている。対照的に，29％は価格決定と価格最適化がより強い関心事である，としている。図1.8はその内訳を示している。

もちろん，この結果は回答した業種や企業によって異なる。自動車産業においては，価格プロセスを記述することは，すでに多くで実践されており，Riekof と Lohausの研究では，70％以上の企業がこれらのプロセスを詳細に規定していることを示している[17]。全体として見ると，価格マネジメントのプロセスは，実務において特筆すべき役割を担い，そのプロセス的視点は進化しつつある[18]。

文献における価格マネジメント・プロセスは，実務における価格マネジメント・プロセスの適用とは一致しない。ここ数年間，科学的な研究により，価格マネジメント・プロセスへの注目は高まっている[19, 20]。しかし，これらのプロセスについての実証的な研究は，いくつかの理由から検証することが難しい。まず，多くの企業は価格マネジメントをプロセスとして理解していない[21]。次に，透明性も低く文書化もされていないプロセスを調査するには，かなりの時間をかけて組織内部及び産業の深い調査を行うことが不可欠となる。3番目に，ほとんどの組織において，価格マネジメント・プロセスは，きわめて機密性が高い。とりわけ自動車産業のサプライヤー，食料品/日用品小売業者などは，わずかであっても顧客に，自社が価格に時間と資源を注いでいるという印象を与えたくない。

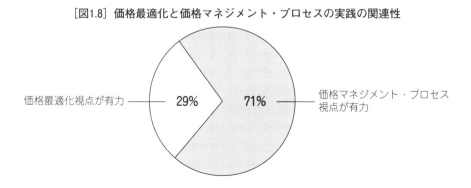

[図1.8] 価格最適化と価格マネジメント・プロセスの実践の関連性

[図1.9] 価格マネジメントのプロセスの展望と本書の構成

　これらは，価格マネジメント・プロセスのアカデミックな研究にとって大きな障害となっている。

　価格マネジメントを内的な資源として捉える考え方は，プロセス視点の考え方と整合性がある。戦略の分野では，その思想として2つの見解がある。1つは市場機会に基づいて戦略を定義する見解であり，もう1つは内的な競争力，言い換えると内的な資源に基づいて戦略を定義する見解である。この意味において，価格マネジメントにおける競争力は今や重要性の高まっている内的な資源として分類されている [22]。価格マネジメントにおいて高い水準の競争力を持つ企業は長期的により良いパフォーマンスをあげることが実証されている [21, 23]。

　本書においては，図1.9で示されたプロセスの視点に従っていく。

1.4　価格マネジメントの基礎知識

　現代の価格マネジメントは，非常に幅広い知識資源から恩恵を受けている。それらはアカデミックなものと，実務に基づくものに分けられる。アカデミックな資源は，マクロ経済学，ミクロ経済学，マーケティング，行動経済学，脳科学研究から構成される。実務的な資源には，専門的なコンサルタント，ソフトウェア開発者，革新的な企業，著名な文献などが含まれる。

1.4.1　マクロ経済学における価格理論

　この研究分野は，需要と供給の相互作用，価格体系の全体的な経済的効率性，市場均衡の問題を調べるものである。この研究領域は，経済政策や，労働，競争，反トラスト，その他の規制活動に関して，きわめて重要な役割を果たしている。一方で，この研究分野は，市場とそのメカニズムの理解には貢献するが，ビジネスレベルでの価格決定や価格マネジメントに関しては，限られた洞察しか与えない。

1.4.2 ミクロ経済学

新古典派経済学のパラダイムの下で，研究者たちは，理論的な厳格性，正確な前提条件，規範的な言明といった特徴を備えたモデルを開発した。古典的な価格最適化モデルでは，最適価格は限界売上と限界費用の等式によって定義されるが，このモデルはこの研究領域の典型的な成果である。ミクロ経済学モデルは理論的な理解を促すものであり，その重要性は計り知れない。ミクロ経済学は価格マネジメントに重要な貢献を果たしている。

1.4.3 マーケティング・サイエンス

1970年代以降この研究領域は主に，測定技法の進展と価格の効果についての実証研究に焦点を当ててきた。我々の知る限り，マーケティング・サイエンスは，非線型プライシング，価格バンドリング，定額料金制，フリーミアム，団体料金制などの革新的な価格構造の理解に，必要不可欠な貢献を果たしてきている。測定技法の1つであるコンジョイント測定法は特に言及に値する。コンジョイント測定法は顧客の効用と支払意思を同時に定量化することができる。過去20年間，プロセス的な側面，あるいは組織的な側面は，その重要性が高まっている。

1.4.4 行動経済学

行動経済学は，近年，重要性が増した分野であり，主に理論よりも実験的研究に基づいている。行動経済学の実験を通じて明らかにされた現象の多くは，価格マネジメントに関連しており，古典派経済学の情報と合理性の仮定に疑問を呈している。しかしながら，行動経済学には解決されていない論点がいくつかある。たとえば，実験から得られた知見がどの程度，一般化できるのかについて，明らかにされていないことが多い。同様に，どのような環境下でその知見は適用でき，いつ適用できないのかについても，完全には明らかにされていない。行動経済学という学問は，学際的な性質を備えている。経済学者，心理学者，社会学者は，これまでずっと価格の不可解な現象を明らかにしようとしてきた。この革新的な研究領域は，価格構造とビジネスモデルの発展のための価値のある新たな示唆とヒントを与えている。

1.4.5 脳科学研究

価格マネジメントに関連する最新の研究領域は脳科学研究であり，これは行動科学の下位的な研究領域である。脳科学研究では研究者は最新の機器を利用して，

価格やその他のマーケティング刺激が人間の脳に及ぼすインパクトを観察し，測定する。脳科学研究からはすでに，価格マネジメントに有効と思われる多くの洞察が示されているが，これらの洞察が実務にどのように適用可能かは明確ではない [24]。

1.4.6　価格コンサルティング

　我々の知る限り，「価格コンサルタント」を名乗った最初の人物は故Dan Nimerである [25]。1970年代のことで，Nimerは個人でコンサルティングを行っていた。それ以来，我々は価格マネジメントに焦点を当てたコンサルティング会社の隆盛を見てきたが，1985年にドイツで創立したSimon-Kucher & Partnersはこの分野におけるパイオニアであり，またグローバル市場におけるマーケット・リーダーでもある。現在30ヵ国に45のオフィスを持ち，2,000名を超えるプロフェッショナルを抱えている。Simon-Kucher & Partnersの他に，多くの専門分野に特化したブティックコンサルティング会社が，合衆国やヨーロッパに存在する。アトランタを拠点としている，Professional Pricing Society（PPS）もまたこの領域のコンサルティング会社である。PPSは，価格マネジメントの話題に関して，合衆国，ヨーロッパ，アジアでカンファレンスを行い，価格に特化した専門誌を発行し，公的な証明書を発行する教育プログラムを提供している。アカデミックな研究者とは対照的に，価格コンサルタントは応用志向，実務志向である。価格コンサルタントは，研究において展開された概念を採り入れ，現実世界のビジネスやプログラムにそれらを適用する。この理論から実践への知識の適用が世界中に新しいプライシング技術を普及させることに貢献している。

1.4.7　価格マネジメントのためのソフトウェア

　情報技術がマネジメントに浸透するにつれて，企業向けパッケージや特定の専門分野のパッケージにより多くのソフトウェア機能が採用されるようになっている。この傾向は，価格マネジメントに特化したソフトウェア・パッケージの開発とソフトウェア・メーカーの発展につながっている。この進化は，売上のマネジメント・システムに代表されるが，特に航空会社において顕著であり，今やホテル，レンタカー，パーキングといった産業にも広がっている。今日の価格マネジメント・ソフトウェアは多くの製品・サービスにおいて広く用いられており，ビッグデータの活用においても，より重要なものになっている。AIや機械学習もまた，プライシングの競争力を高めるのに貢献しており，これらによって，プライシングの自動化も図られている。

1.4.8　プライシング・イノベーター

　近年価格マネジメントにイノベーションの波が起きており，その大部分は，インターネットベースの企業から生じたものである。顕著な例はフリーミアム・モデルで，フリーミアムにおいては，価格0（無料）で基本的な財・サービスを提供し，有料でプレミアム・バージョンを販売するものである。別の例としては，ペイ・パー・ユース（従量課金），新しい基準に基づく課金モデル，均一価格，前払い制，「ペイ・ワット・ユー・ウォント」「ネーム・ユア・オウン・プライス」モデル（顧客が支払いたいと考えた額を払うモデル），「ペイ・アズ・ユー・ドライブ（自動車保険）」のような行動ベースのプライシングがある。「ペイ・アズ・ユー・ドライブ」のプレミアム・バージョンは，備え付けの機器がトラッキングするドライバーの実際の行動とパフォーマンスに基づいて価格が決まるというものである。

　革新的な価格モデルの波は留まるところがない。これからもより多くの革新が起こり，それらは特にインターネット分野から起こると考えられる。

1.4.9　著名な文献

　価格は非常に効果的なマーケティングの手段であり，熟考の上，設定されるべきであるということは，様々な文献にも示されている。したがって，有名な作家が頻繁に価格を取り上げることは驚くことではないであろう。その中で最もよく知られるものとして，「ホットな」トピックに関する多数の著書があるWilliam Poundstoneが書いた『プライスレス 必ず得する行動経済学の法則』（原著名 *Priceless：The Myth of Fair Value（and How to Take Advantage of It）*）[26] がある。Richard McKenzieの『なぜポップコーンは映画館で高いのか？』（原著名 *Why Popcorn Costs So Much at the Movies – And other Pricing Puzzles*）[27] もまたこのカテゴリーに属している。これらの書籍は，主にBtoBの価格決定者ではなく消費者に向けたものである。消費者の観点から，あらゆる種類の価格戦術，価格のトリックに冷ややかな疑いのまなざしを投げかけるものである。メディアもまた，ビジネスはどのように価格をマネジメントするのかに関して，より批判的に見るようになっている。Amazonが一日のうちの時間によって価格を変えるといううわさが伝わるとすぐに，メディアはそういった記事で満たされることになる。日本では，Coca-Colaによる温度によって自動販売機の価格を変動させる計画が知られると，これに批判的なマスコミと消費者から非難が起きたため，Coca-Cola はその計画を断念した。新聞や雑誌は，連日のように物議をかも

22

す価格戦略について報じている。2016年には，Danoneが保有するブランドであり，世界におけるミネラルウォーターのトップブランドの1つであるEvianが，ドイツにおいて一般的なサイズの容器の容量を1.5リットルから1.25リットルに減らした上で，価格を引き上げた。Evianはドイツにおいて最も権威のある日刊全国紙に，「2016年の欺瞞的なパッケージ」として選ばれた[28]。インターネットによって価格の透明性が高くなったため，作家やメディアは価格行動の批判的な監視を高めている。しかし，必ずしもネガティブなことばかりではない。メディアは，実務家や学術研究者に，価格マネジメントに関するアイディアを示す，革新的で独自性の高いプライシングへのアプローチも報じている。これらについては第15章においてより詳細に検討する。

1.5　価格マネジメントの法的枠組み

　価格マネジメントは，競争を抑制したり，プライシング力を乱用したりすることがないように定められた多くの法的規制に従っている。これらの規制は，競争を保ち，消費者を守るため，企業のプライシングに関する自由を規制する。国内法と国際法（例：ヨーロッパ圏内での法律）があり，かなり難解な，多くのルールとガイドラインからなっている。加えて，反トラスト法，競争法，消費者保護法は絶え間なく変化している。本書においては，立法機関や行政機関が絶えず新しいルールを発動させることだけでなく，監視機関が価格マネジメントに介入する（競争，反トラストの）ことにも注目する。裁判所はこれらの法律や規制に基づいた画期的な判断を通じて判例を決定する。

　価格マネジメントに関連する法律や規制としては以下のようなものがある。

1.5.1　アメリカ

　アメリカ合衆国においては，反トラスト法違反，価格カルテルなどは犯罪行為であり，懲役10年以下の実刑判決となりうる。価格差別化は，市場リーダー，独占的なサプライヤーだけでなくすべての企業において禁じられる。クレイトン法第2条によれば，「同等同質の商品の売買において，買い手によって価格を差別することは（中略）違法である。」しかしながら，価格は製造コストなどの差を反映して設定されている。厳密にいえば，より好ましい価格で購入した者さえも，法を犯していることになりうる。「禁じられている価格差別化を誘導することも受け入れることも（中略）違法である。」ニューヨーク州とカリフォルニア州では，たとえば，散髪などのような，同等あるいは類似したサービスを男女間で異なる

価格で提供することは違法である。

1.5.2 ヨーロッパ連合

EU加盟国の間での貿易を制限したり，競争を抑える可能性のある行為は，EUにおいては欧州連合の機能に関する条約（Treaty on the Functioning of the European Union）の101条によって禁止されている。この条項は，価格の固定や貿易条件，地理的，その他の条件による市場の分割，生産量，販売数量の制限，取引相手が不利になるような方法での，同パフォーマンス水準での異なる条件の実行，といった取り決めを含むものである。

欧州連合の機能に関する条約の102条は，独占的な市場地位の濫用を禁じている。もしもあるビジネスが，ある製品市場あるいは地理的市場において潜在的な競争を含めた競争に本質的に直面しないならば（すなわち，その市場において，競合や購入者，サプライヤーについて考慮することなく，独自に行動できるのであれば），そのビジネスは支配的な市場地位を持つことになる。

1.5.3 世界各国

反トラストガイドラインに違反するリスクはかなり大きい。たとえば，ある契約においてあるサプライヤーの条件や価格構成要素の1つでも反トラスト法違反があれば，契約全体が無効となってしまう。市場支配的なビジネスによる差別的な取り扱いの被害者は，その行為に対して差し止め命令を要求でき，金銭的なダメージを受けたと主張できる。反トラスト法の違反は，多くの法域において犯罪行為としてみなされており，厳しい罰金や実刑判決が科される。ほとんどの法域では価格維持やそれに類似する行為を例外的に法適用の対象外として扱ったり，認めたりしない。つまり，ビジネスを行うためには，法的リスクを評価する必要がある。

法的規制に加えて，個々の国々は，価格マネジメントに関わるかなり数の判決と判例を示している。法的ガイダンスと参照の部分は，絶えず成長し，深まり，より具体的なものとなっている。したがって本書では，法律と規制に関しては，個別の章を設けて掘り下げるのではなく，短い概要にとどめることにする。

1.5.4 反トラスト機関の活動

ほとんどすべての国において，価格カルテルを摘発する機関がある。これらの機関の活動は過去数年間で増加している。アメリカでは，法務省と連邦取引委員会が監視役となっている。ヨーロッパにおいては，国の反トラスト機関と欧州委

員会がその任に当たっている。2016年，欧州委員会は，トラックメーカー4社に合計で約29億3,000万ユーロの罰金を科した。これは，ヨーロッパ連合において科された最高金額の罰金である。1社に対する罰金としては，このカルテルに参加したDaimlerに科された10億9,000万ユーロが最高である[29]。アメリカでは，Appleが2015年に，出版社5社と電子書籍の価格を引き上げるために共謀した責任を負って，示談のため4億5,000万ドル支払わなければならなかった例がある[30]。

　アメリカの反トラスト法の違反は，実刑判決となりうる。主要な自動車メーカー（日本のメーカーを含む）に対して発動された，これまでの「最大規模の価格維持調査」において，12社の被告は有罪となり実刑判決を受け，全体で10億ドルの罰金を支払った。2015年に下された実刑判決は，これまでで最も長いものである。アメリカ–プエルトリコ路線の価格維持のため，運輸会社Sea Star LineのCEOは5年間の実刑判決を受けることとなった[31]。

　共犯証言をする個人や企業は，カルテルの企てを暴露する重要な役割を演じている。被告は所管機関がカルテルを白日の下にさらすことに協力することにより，罰則が軽減されたり，免除されたりする。カルテルに参加する企業が負う経済的影響は，政府に支払う罰金ばかりではない。影響を受けた顧客は損害賠償を求め，ますます多くの団体が確実に賠償請求を行うようになっている。このような賠償請求に対して免責が認められることはない。

　すべての個々の企業が価格の変更の合法性と順守性について非常に注意深く検討すべきである。この検討はプライシングの実行前で，理想的には計画の初期段階において行われなければならない。多くの場合，専門的な法律相談を受けることが必要になる。これは支配的な市場地位を保持する企業に特に当てはまる。価格カルテルを企てるリスクはますます高くなっており，企業は，コンプライアンス・プログラムとして，従業員やマネジメントが不法なプライシング活動を行うことがないように設計された内部規定を導入している。

1.6　価格マネジメントの新しい潮流

1.6.1　価格はマネジメントの考え方を浸透させるものである

　本書は主に製品・サービスの価格マネジメントに焦点を当てている。価格マネジメントは，ビジネスモデル，価格構造，価格設定，価格の実行を検討対象として含んでいる。

第1章　価格マネジメントの基礎　◆25

　我々は，売り手（メーカー，再販業者，サービス提供者など）が価格を設定し，実行するために，少なくともある程度の自由裁量余地を持っていると仮定している。価格は市場経済における中心的な影響要素であるが，本書では取り扱わないプライシングもある。株式や先物商品取引，金の価格固定，企業などの資産価値，労働市場における賃金の設定，政府の契約への入札，不動産の価格，芸術作品のプライシング，入札手続きにおける戦術と行動などである。これらのすべての市場において需要と供給の基本的な原則は当てはまるが，それぞれの価格体系の細かいニュアンスや具体的な性質は非常に異なる。興味のある読者はこれらの市場に関する文献を調べてみるとよいだろう。

　需要と供給が，プライシングではなく規範や規則によって決まる生活領域の中にも，価格が浸透しつつある。伝統的に，政府や宗教団体，慈善組織によって無料で提供されてきたサービスなどもそうである。以前ならばこれらのサービスに対して料金を課そうと考えることは道義的に問題があった。公共の高速道路の利用は無料であり（海外において），学校教育は費用がかからず，またサービスの中には，伝統的に，包括的で不可分なものとして捉えられるものも存在した。そしてそれらの中には，価格を聞こうとすること自体がタブーとされてきたものもある。

　しかしながら，このような状況は急速に変化している。アメリカの哲学者，Michael J. Sandelが著書『それをお金で買いますか─市場主義の限界』（原著名 *"What Money Can't Buy : The Moral Limits of the Markets"*）[32] で主張したように，価格は我々の生活の中の多くの領域に浸透し始めている。旅行者は85ドル支払えば，アメリカ合衆国運輸保安庁（Transportation Security Administration, TSA）のプログラム，PreCheckに5年間メンバーとして参加できる [33]。今日，500万人以上の人が登録し，アメリカ国内の200以上の空港，42の航空会社が参加し，94％のケースにおいてTSA PreCheckの待ち時間は5分以上短くなっている [34]。海外からアメリカに入国するには，アメリカ電子渡航認証システム（Electronic System for Travel Authorization, ESTA）に支払う手数料14ドルがかかる。アメリカでは地域によっては，ドライバーは料金を支払えば，ラッシュアワーの時間帯にハイウェイの特別レーンを走ることができる。その料金は交通量によって変化するようになっている。マーケット・デザインの専門家はすべての道路に適用可能な，より一般的な交通プライシング・システムを提案している。これによれば，現在の世界中の交通渋滞のコストは1兆ドルであると推計されている。現代の技術は，道路の利用状況を監視し，リアルタイムでの使用状況に基づいて価格を設定することができる。ここでは，道路の使用状況に応じて，

課金することは効率的であり，「避けられない将来の道路の姿」と考えられている [35]。

アメリカの医者の中には，1年間1,500ドルで24時間対応の自分の携帯電話の番号を教える医者がいる。アフガニスタンでは，1日250ドルから1,000ドルで傭兵が雇われており，価格はその人物の資格，経験，国籍によって変わる。イラクとアフガニスタンでは，アメリカ陸軍の兵士よりも，民間の警備保障会社出身の兵士の数が多かったこともある [36]。また，胎児を体内で育てる，インドの代理母を6,250ドルで雇うことも可能である。出産数に制約を設けないインドの代理母の定額料金に双子あるいは三つ子の条件を追加した場合には60,000ドルになる [37]。アメリカに移住する権利を500,000ドルで購入する人もいる。また，アメリカのある有名大学では，オークションで最も高い値をつけた人が最優先で履修登録できるという話さえある。

アメリカのホテル，モーテルの多くの場所では喫煙は禁止されている。その中には，このルールに違反した場合，200ドル以上の罰金を科している宿泊施設もあるが，人によってはこの罰金を，室内で喫煙するための「特権」を購入するために必要な価格だと考えるかもしれない。

市場と価格メカニズムが我々の日々の生活により深く浸透するにつれて，あらゆるものについてさらに多くの値札を目にするようになっている。歴史的に「市場」という規範の外のものとして組織化されてきた領域にプライシングが浸透していることは，この時代における驚くべき変化の1つである。Sandelはこの傾向について次のようにコメントしている [32]。「財が買われ，売られる時に，我々は少なくとも暗示的に，それらを利益を得る手段，使用する手段，あるいは商品として扱うのに適切であると決めている。しかしながら，すべてのものが適切に評価されている訳ではない。その最もよい例は人間である。」

こういった傾向に注目する一方で，本書ではこういった点をさらに掘り下げることはせず，ビジネスにおける価格マネジメントに限定する。その上で，本書ではできるだけ多くの研究領域から得られた洞察を示すことに努め，そのような包括的な視点によって，「価格」の多面的な性質を例証していく。

1.6.2 価格とパワー

競争は代替製品を提供する企業間でのみ生じるわけではない。それは企業が経済活動の中から一片の対価を得るために争う場となるバリューチェーンにおいても生じる。この戦いはバリューチェーン全体の中で激化しており，そこではプライシング・パワーはますます重要になっている。プライシング・パワーとは，あ

第1章　価格マネジメントの基礎　◆27

るサプライヤーが，競争状況において，どの程度望ましい顧客価値を引き出せる地位にあるかを表している。プライシング・パワーの対照をなすのは購買力，すなわち，ある購買者がそのサプライヤーに望ましい価格を課すことができる力である。プライシング・パワーはどの程度，存在するだろうか。自動車メーカーは顧客に対して高いプライシング・パワーを持っており，サプライヤーにかなりの購買力を持っているといえる。購買力は寡占化が進んでいる業種と大規模小売業者において非常に強い。非常に発達した市場においては，4つか5つのグローサリー・チェーンが80%以上の売上高を占めている。伝説的な投資家Warren Buffettは，プライシング・パワーはビジネスの価値を評価する際の最も重要な基準であると考えている[38]。ブランドの価値もまた，突き詰めて考えれば，価格プレミアムを達成できる程度を決めるものである。

　価格のパワーという側面を前面に表した価格の解釈は，フランスの社会学者Gabriel Tarde（1843-1904）にまでさかのぼることができる[39]。Gabrielは，価格と賃金，あるいは利率が合意に達することは戦争で休戦することと同じであると考えた。組合と雇用主の間で行われる賃金交渉はこれに該当する。安定した状態は，次の戦いが始まるまでしか続かない。何らかの価格を設定し実行することは，売り手と買い手の間の権力闘争である。それはゼロサム・ゲームではないが，売り手と買い手がそのパイを分ける方法は主に，価格を通じて決定される。

　現実にほとんどの企業は，自身のプライシング・パワーはかなり限られていると考えている。Simon-Kucher & Partnersは『グローバル・プライシング・スタディ』という名で，50ヵ国の2,713名のマネージャーを対象とした調査を実施した[40]。それによれば，自らが強いプライシング・パワーを持っていると回答したマネージャーは3分の1しかいなかった。残りの67%は，自身の会社は適切な利幅を得るために必要なプライシング・パワーを有していないと考えていた。

　このことに関して，VolkswagenとそのサプライヤーのPreventの対立は，大きな注目を集めた事例である。Preventが部品の配達を中止したため，VWは数日間，組立工場を閉鎖する必要に迫られた。この戦いを「自動車産業の戦い」と称する者もいた。「サプライヤーと自動車メーカーは，お互いに相手なくしては存在できないが，その決定権は偏っている。サプライヤーは時々，自分達は自動車メーカーのいいなりであると不平を漏らしている[41]」。

　『神の行為によって価格はより高く』（原著題名*Higher prices through Acts of Gods*）は，製薬業界が，「不可抗力」という名目のもと，工場を次々と閉鎖し，薬の価格を引き上げていることについて書いた記事のタイトルである[42]。また，出版社と図書館の間でも激しい価格戦争が起きている。あるレポートは「大学と

Elsevierの交渉は決裂した。」と報じている。大学の図書館システムの館長は，Elsevierを「強欲」と「不当利得行為」の罪で非難している [43]。革新的な医薬品も同じような攻撃を受けている。Gilead SciencesはC型肝炎の12週間分の薬に94,500ドルという価格を設定した。これは一錠に換算すると1,125ドルになる。保険会社，医者，政治家は，このような価格を設定したGilead Sciencesに激しい圧力をかけている [44]。また，消費者でさえも能動的に，自身の価格に対する影響力を行使しようとしている。10,000人以上のフランスの自動車ドライバーは，高速道路事業者に対して高速料金が高過ぎるとして集団訴訟を起こしている [45]。このような戦いは，インターネットよって加速され，より頻繁に行われるようになり，その激しさも増している。将来プライシング・パワーの重要性はさらに増していくだろう。

1.6.3　価格とトップマネジメント

現在のもう１つの重要な潮流は，トップマネジメントが価格により注目するようになっていることである。Simon-Kucher & Partnersによる『グローバル・プライシング・スタディ』では，世界中から得られた回答の82%が，トップマネジメントはプライシングにおいて，より能動的な役割を果たしていると答えている [40]。これにはいくつかの理由がある。第一に，トップマネジメントや重役たちは，もはや自身の企業には費用削減の可能性は低く，これによりさらなる利得を達成するのはきわめて困難だと認識している。同時に，これまで価格マネジメントの専門性を無視してきたことに気づき，利益ドライバーとしての価格の中心的な役割を意識するようになっている。これは，短期的な利益にとどまらず，株主価値にまで拡張される。価格マネジメントの失敗は企業の市場価値を急速に破壊しうることが，いくつかの研究から示されている。また，企業は優れたプライシングによって時価総額を高めることができることを証明する事例研究もある。

トップマネジメントがプライシングに関わる場合，企業のパフォーマンスに大きなインパクトを及ぼす。**表1.1**は，トップマネジメントの参画がプライシング・パワーに及ぼす効果，価格引き上げの成功率，マージンと利益（EBITDA）の改善を示している。

トップマネジメントがプライシングに関わると，すべての指標において強い改善がみられ，それらは明らかに利益をもたらしている。このことはトップマネジメントが個々の価格決定に責任を持つべき，ということではなく，プライシングの正しい枠組みを作るべき，ということを意味する。本書では第10章においてこのテーマを取り扱う。

第1章　価格マネジメントの基礎　◆29

[表1.1]　トップマネジメントの関与がKPIに及ぼす影響効果

	トップマネジメントの関与		
	なし	あり	差
高いプライシングパワー	26％	35％	＋35％
値上げ実施の成功	50％	59％	＋18％
値上げ後のマージンの改善	57％	72％	＋26％
値上げ後のEBITDAの改善	37％	48％	＋30％

　トップマネジメントと同様に，投資家もまた，プライシングに注意を払っている。これは，ウォーレン・バフェットの，「プライシング・パワーは企業の価値を決める最も重要な要因である。」というコメントが引き金となっている部分もある。価格に関する話題は，今や株主総会や投資家向け会社説明会，投資アナリストの報告書等においても頻繁に言及されている。

結　論

　価格マネジメントの基礎的な部分を紹介する本章の要約は以下のとおりである。

- 利益を決定するドライバーは，価格，販売数量，費用の3つだけである。価格は特に，利益に強い影響を与える。
- 他の条件が一定である場合に，価格の引き上げは，より大きな利益の改善をもたらし，逆に，価格の引き下げは，非常に大きな利益の減少をもたらす。利益成長を目的とした場合，販売数量を増加させるよりも価格を引き上げるほうが，より有効である場合が多い。逆に，価格を引き下げるよりも販売数量の減少を受け入れるほうが利益の減少は少ない。
- 利益の観点から国際比較を行うと，ここ数年，アメリカ，ドイツ，日本，フランスの企業は，パフォーマンスが低い。不適切な価格マネジメントは低パフォーマンスの根幹をなす原因となりうる。
- 非常にシンプルで基本的な価格の定義，すなわち「価格は購買者が製品1単位を入手するために支払う通貨の数量である」という定義は，現実の価格は多くの場合多元的であり，複雑であるという事実を気づきにくくする。
- 価格は他のマーケティング手段と比べて，いくつかの特筆すべき特徴を備えている。価格には，その効果の大きさと，効果が発現するまでのスピード，必要な先行投資がないこと，競合の動きに即座に反応できることなどの特徴がある。
- 現場では，マネージャーの価格に対する役割への理解が高まることが望ましい。

価格の役割に対する理解を妨げる要因としては，理論と実践のギャップ，価格の多元性，複雑な作用の連鎖，心理学的な現象，実行上の障壁などがある。

- 価格マネジメントを最適化すべき対象としてのみ捉えるのではなく，戦略，分析，意思決定，実行を構成するプロセスとして捉えるべきである。
- 価格マネジメントは異なる科学研究領域からの影響を受けている。マクロ経済学，ミクロ経済学，マーケティング，行動科学，脳科学研究などである。さらには，コンサルタント，ソフトウェア開発者，革新的な企業，有名な文献などを通じて実務面からの知見も採り入れている。
- 価格マネジメントはおびただしい数の規制により，厳格さを増し，混乱を生じている法的枠組みに従っている。より多くの価格カルテルが白日の下にさらされるようになっている。企業は談合として解釈されうる価格手段を実行する前に，徹底的に法的な検証を実施すべきである。
- 価格メカニズムは，教育，交通，ヘルスケアといった部門において浸透しつつある。
- プライシング・パワーは，バリューチェーン間で価値の分配と共有をめぐる争いが起こることで，より注目されるようになっている。プライシング・パワーは，企業の価値を決める非常に重要な決定要因である。
- トップマネジメントは，価格マネジメントにより高い関与を持つようになっている。こういった経営層の価格マネジメントへの参加は，プライシング・パワーと財務的なパフォーマンスの向上につながる。
- 最後の2項目に示した傾向は今後も継続し，投資家は価格マネジメントにより多くの関心を持つようになると考えられる。

　本章では，価格マネジメントの最も重要な側面にスポットライトを当てた。次章では，利益という目標を念頭に置き，価格マネジメントの多様な側面についての詳細な説明を試みる。

参考文献

[1] Crow, D. (2015, 8 January). T-Mobile US Emerges as Biggest Winner in Price War. *Financial Times*, p.16.
[2] Mehta, S. N. (2014, 21 July). Global 500. The World's Largest Corporations. *Fortune*, p.95.
[3] Annual data published by the Instituts der Deutschen Wirtschaft (German Economic Institute), Cologne 2005 till 2011. This statistic has not been continued since 2011.

第1章　価格マネジメントの基礎　◆31

［ 4 ］ Gladkikh, I. (2013). *Pricing Strategy. Consumer Orientation*. St. Petersburg: Graduate School of Management.

［ 5 ］ Albers, S., Mantrala, M. K. & Sridhar, S. (2010). Personal Selling Elasticities: A Meta-Analysis. *Journal of Marketing Research*, 47(5), 840–853.

［ 6 ］ Sethuraman, R., Tellis, G. J. & Briesch, R. A. (2011). How Well Does Advertising Work? Generalizations from Meta-analysis of Brand Advertising Elasticities. *Journal of Marketing Research*, 48(3), 457–471.

［ 7 ］ Friedel, E. (2014). *Price Elasticity: Research on Magnitude and Determinants*. Frankfurt am Main: Peter Lang.

［ 8 ］ Anonymous. (2014, 28 November). Frühabends ist Benzin günstig. Kartellamt: Nach 20 Uhr steigen die Preise kräftig. *Frankfurter Allgemeine Zeitung*, p.20.

［ 9 ］ Anonymous. (2012). Beschluss des Bundesrats: Benzinpreise kommen bald in Echtzeit. http://www.handelsblatt.com/politik/deutschland/beschluss-des-bundesrats-benzinpreise-kommen-bald-in-echtzeit/7430708.html. Accessed 10 December 2014.

［10］ Feedvisor (2017). Price Wars: Overtaking Your Competition on Amazon. http://rsdoades.com/img/portfolio/price_wars_web.pdf. Accessed 16 March 2018.

［11］ OC&C (2012). Reaktion der Konsumenten auf Preiserhöhungen in ausgewählten Ländern weltweit. http://de.statista.com/statistik/daten/studie/222384/umfrage/umfrage-zu-reaktion-der-konsumenten-auf-preiserhoehungen. Accessed 16 December 2014.

［12］ Anonymous. (2015, 28 March). Air Berlin macht einen Rekordverlust. *Frankfurter Allgemeine Zeitung*, p.28.

［13］ Simon, H. (2015). Pricing and the CEO. Lecture. Spring Conference of the Professional Pricing Society. Dallas. 7 May.

［14］ Müller, H. C. (2014, 15 December). Digitalisierung der Betriebswirtschaft. *Handelsblatt*, p.14.

［15］ Nelius, Y. (2013). *Organisation des Preismanagements von Konsumgüterherstellern: Eine empirische Untersuchung*. Frankfurt am Main: Peter Lang.

［16］ Fassnacht, M., Nelius, Y. & Szajna, M. (2013). Preismanagement ist nicht immer ein Top-Thema bei Konsumgüterherstellern. *Sales Management Review*. 9 October, pp.58–69.

［17］ Riekhof, HC. & Lohaus, B. (2009). Wertschöpfende Pricing Prozesse: Eine empirische Untersuchung der Pricing-Praxis. PFH Forschungspapiere/Research Papers. Private Fachhochschule Göttingen. No. 2009/08.

［18］ Riekhof, HC. & Werner, F. (2010). Pricing Prozesse bei Herstellern von Fast Moving Consumer Goods. PFH Forschungspapiere/Research Papers. Private Fachhochschule Göttingen. No. 2010/01.

［19］ Wiltinger, K. (1998). *Preismanagement in der unternehmerischen Praxis: Probleme der organisatorischen Implementierung*. Wiesbaden: Gabler.

［20］ Simon, H., Bilstein, F. & Luby, F. (2006). *Manage for Profit, not for Market Share*. Boston: Harvard Business School Press.

[21] Breitschwerdt, F. (2011). *Preismanagement von Konsumgüterherstellern*. Frankfurt am Main: Peter Lang.

[22] Dutta, S., Zbaracki, M. J. & Bergen, M. (2003). Pricing Process as a Capability: A Resource-based Perspective. *Strategic Management Journal*, 24(7), 615–630.

[23] Liozu, S. M. & Hinterhuber, A. (2013). CEO Championing of Pricing, Pricing Capabilities and Firm Performance in Industrial Firms. *Industrial Marketing Management*, 42(4), 633–643.

[24] Müller, K.-M. (2012). *Neuropricing: Wie Kunden über Preise denken*. Freiburg: Haufe-Lexware.

[25] Simon, H. (2012). How Price Consulting is Coming of Age. In G. E. Smith (Ed.), *Visionary Pricing: Reflections and Advances in Honor of Dan Nimer* (pp.61–79). London: Emerald.

[26] Poundstone, W. (2010). *Priceless: The Myth of Fair Value (and How to Take Advantage of It)*. New York: Hill and Wang.

[27] McKenzie, R. (2008). *Why Popcorn Costs So Much at the Movies: And other Pricing Puzzles*. New York: Springer Copernicus.

[28] Anonymous. (2017, January 21). Evian ist Mogelpackung des Jahres. *Frankfurter Allgemeine Zeitung*, p.18.

[29] Menzel, S. (2016). Milliardenstrafe für Lkw-Kartell. http://www.handelsblatt.com/un ternehmen/industrie/eu-bestraft-daimler-und-co-milliardenstrafe-fuer-lkw-kar tell/13896088.html. Accessed 17 November 2016.

[30] Anonymous. (2016). Apple to pay $450m settlement over US eBook price fixing. https://www.theguardian.com/technology/2016/mar/07/apple-450-million-settlement-e-book-price-fixing-supreme-court. Accessed 17 November 2016.

[31] Connolly, R. E. (2014). US record 5-year jail price-fixing sentence imposed. http://www.lexology.com/library/detail.aspx?g=4dff9956-dacf-4072-8353-ca76efd13efc. Accessed 17 November 2016.

[32] Sandel, M. J. (2012). *What Money Can't Buy: The Moral Limits of Markets*. New York: Farrar, Straus and Giroux.

[33] Sharkey, J. (2014, 2 December). A Look Back at the Year in Air Travel. *International New York Times*, p.24.

[34] Transportation Security Administration (2018). TSA Pre&check. https://www.tsa.gov/precheck. Accessed 22 January 2018.

[35] Cramton, P., Geddes R. R. & Ockenfels, A. (2018). Markets for Road Use – Eliminating Congestion through Scheduling, Routing, and Real-Time Road Pricing. Working Paper. Cologne: University of Cologne.

[36] Peters, H. M., Schwartz, M. & Kapp, L. (2016). Department of Defense Contractor and Troop Levels in Iraq and Afghanistan: 2007–2016. Congressional Research Service.

第1章 価格マネジメントの基礎 ◆33

[37] Lenzen-Schulte, M. (2015, 10 April). Deine Zwillinge gehören mir. *Frankfurter Allgemeine Zeitung*, p.9.

[38] From a transcript of interview with Warren Buffett at the Financial Crisis Inquiry Commission (FCIC). 26 May 2010.

[39] Tarde, G (1902). *La Psychologie Économique*. Paris: Alcan.

[40] Simon-Kucher & Partners (2012). Global Pricing Study 2012. Bonn.

[41] Kollenbroich, B. & Kwasniewski, N. (2016). Zulieferer gegen Volkswagen: Die Machtprobe. http://www.spiegel.de/wirtschaft/unternehmen/volkswagen-gegen-zuliefer er-prevent-die-machtprobe-a-1108924.html. Accessed 17 November 2016.

[42] Freytag, B. (2015, 23 May). Mit höherer Gewalt zu höheren Preisen. *Frankfurter Allgemeine Zeitung*, p.30.

[43] Anonymous. (2015, 11 February). Es gibt keine andere Erklärung als Gier. *Frankfurter Allgemeine Zeitung*, p.N4.

[44] Anonymous. (2015, 11 February) The Race to Cure Rising Drug Costs. *Financial Times*, p.7.

[45] Anonymous. (2015, 14 February). Frankreichs Autofahrer verklagen Autobahnbetreiber. *Frankfurter Allgemeine Zeitung*, p.22.

第**2**章

価格戦略①
―目標，プライシング・パワー，株主価値―

--- 概　　要 ---

　価格マネジメントの枠組みは企業戦略によって定義され，企業のゴール設定がその出発点となる。企業のゴールは通常複数存在するが，それらが部分的に矛盾していることも少なくない。そのため，価格を設定する際にはトレードオフを考慮することが必要になる。支払意思額または達成可能な価格のベースとなるのは，顧客が知覚する価値である。価値は，価格とのバランスがとれている必要があり，同時に，プライシング・パワーのドライバーでもある。プライシング・パワーが高まると，値上げによる販売数量減の効果が弱まり，値下げによる販売数量増の効果が高まるため，企業の価格設定の幅が広がる。価格戦略は株主価値に多大なインパクトを与える。正しい価格戦略により，長期的な企業価値を高めることが可能となる一方で，誤った価格戦略は，価値を急速かつ永久的に破壊しかねない。

2.1　目標

　戦略は，高い収益性を長期的に実現できるように，企業のすべての資源を開発し展開するための，アートであり，サイエンスでもある。戦略は包括的なもので，すべてのビジネス上の機能に影響を与えるが，ある程度の抽象性と実用性の両方を備えている必要がある。戦略策定は，企業の戦略目標の設定からスタートするが，価格マネジメントの具体的な目標は，この戦略目標から導き出される。明確な目標が，プロフェッショナルな価格マネジメントには必要不可欠である。この要件は単純なように思えるかもしれないが，実際にはかなりの困難を伴うものである。価格政策上の目標は必ずしも明確に定義されている訳ではなく，明示されていない目標が強い影響力を持つことも多い。

　一般的な事業目標は以下のとおりである。

- 収益性の目標（利益，売上高利益率，投資収益率，株主価値）：多くの企業が程度の差こそあれ，明確に示された利益目標を追求している。ここで，短

期的目標と長期的目標を区別することは重要で，最終的に最も重要な長期目標は，企業価値（株主価値）を高めることである。

- 数量と成長の目標（販売数量，市場シェア，売上，売上高成長率）：これらの目標は，長期的な利益最大化や株主価値向上のための目標として理解されることが多い。Amazonは1996年の創業以来，売上成長に焦点を当てており，2018年になってようやく大きな利益を生み出し始めた。それにもかかわらず，この企業の時価総額は現在1兆ドルを超えている［1］。
- 財務目標（流動比率，信用度，自己資本比率）：資本が不足している若い企業や危機に直面している企業では，このような目標が重要となる。
- 市場における目標（市場リーダーシップ，市場支配力，独立性，社会的・政治的影響）：Volkswagenの長年の目標は，トヨタを追い抜くことだった。Googleは市場支配を願っているといわれることが多い。多くのマネージャーの目標は競合との戦いに勝利することである。
- 社会的目標（雇用創出・維持，従業員満足度）：このような目標は，雇用を守るためにコストすらカバーできないような低価格で受注することと関連している。あるいは購買力の低い顧客層に対しても手頃な価格となるように，黒字となっている市場から補填することもある。たとえば，製薬会社は発展途上国では特定の医薬品を低価格で提供することが多くある。

　ほぼすべての目標が価格マネジメントに影響を与える。しかし，目標を達成するための手段は価格だけではない。イノベーションやアグレッシブな価格設定は，成長目標を追求するのに用いられることがある。利益目標や財務目標は，値上げやコスト削減によって達成することができる。市場における目標を実現しようとするあまり，価格戦争が発生したり，流通チャネルが独占されたりする。ほとんどの場合，価格は戦略目標の達成に重要な役割を果たしている。

　企業の実務においては，ほぼ間違いなくいくつかの目標が同時に追求され，そのほとんどの場合において，それらの目標は互いに，少なくとも部分的に対立する。典型的な対立は，一方で利益という目標を掲げ，他方で売上・数量・市場シェアという目標を掲げているような場合であるが，そのような目標の対立は企業の実態をよく表わしている。マネージャーは常に利益目標と，売上・数量・市場シェア目標を天秤にかける必要がある。**図2.1**は，縦軸に利益の成長を，横軸に販売数量の増加をとった図である［1］。2つの軸の交点は現状を示している。

　第Ｉ象限は「マネージャーの夢」で，利益も数量も増加している状態である。成長市場においてはこの状況はよく見られるが，市場規模が一定である成熟市場

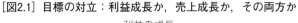

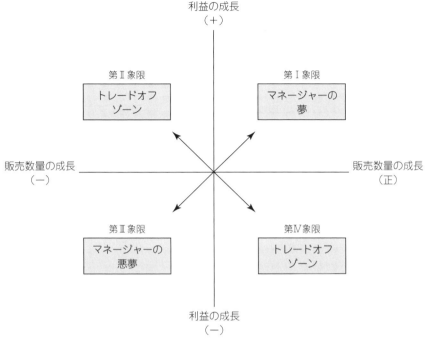

においては，高価格だったものを値下げする場合にしか起こりえない。この時，価格を下げることによる数量の増加分が，マージンの減少分を補って余りあるものであり，利益の増加をもたらすことが必要である。

　第Ⅱ象限と第Ⅳ象限における事象は実際によく見られる。この２つの象限では，利益成長か数量増加のいずれかが起きているが，同時には起こっていない。第Ⅱ象限は利益が増加，数量が減少している状況である。この象限にあるのは，価格変更前の価格が最適価格を下回っており，値上げにより数量は減少するが，貢献利益増の効果がそれ以上に高いため，利益が増加するケースである。また，過剰設備を処理する場合も，第Ⅱ象限に収まる。たとえば，新型コロナウイルスにより航空会社やレンタカー会社は自社設備の縮小を余儀なくされたが，パンデミックが収束しかけていた当時，数量はパンデミック以前よりも低い水準だったが，価格と利益は向上していた。また，Lufthansaの2022年度第３四半期のチケット当たり平均価格は，パンデミック発生前の2019年度第３四半期と比較すると23％上昇したが［2］，同期間中，航空機数は354から291まで18％減少していた。座席利用率は両時点においてほぼ同じ約85％だった。レンタカー会社Sixtの事例も，

第Ⅱ象限の典型例である。2019年，Sixtは150,700台の車両を保有し，33億ユーロの売上を上げていたが，2021年のSixtの保有車両は17%少ない125,330台となり，売上は23億ユーロにまで落ち込んだ。しかし，純利益で見ると，2019年は2億3,400万ユーロ，2021年は3億1,300万ユーロとなり，34%増加している。次のアメリカECサイトで販売される家電商品の事例も，第Ⅱ象限の例である。この商品は当初，99ドルで月400個販売されていた。この時，単位数量当たりの利益は11ドルであり，月間利益は4,400ドルである。この企業はこの状況に満足せず，価格を60.6%引き上げて159ドルに変更した。その結果，月間販売数量は32.5%減少し，270個に急落した。この時の価格弾力性は，－32.5/60.6＝－0.54と非常に低いことがわかった。単位当たり純利益は68ドルに増加し，月間利益は18,360ドルに増加した。これは利益が4倍以上増加したことになる。ここで述べた，すべての事例においては，減収増益になっており，価格の引き上げが決定的な役割を果たしている。

　第Ⅳ象限では，利益は減少し，数量は増加する。この状況は，以前の価格が最適価格かそれ以下で，そこからさらに価格が引き下げられた時に生じる。第Ⅱ象限と第Ⅳ象限の両方において，マネジメント層は対立する利益と売上のトレンドを天秤にかけることになるが，「マネージャーの悪夢」ともいえる第Ⅲ象限は可能であれば避けるべきである。すでに価格が高過ぎるのに，さらに価格を上げるならば，数量も利益も同時に減少してしまう。また，一般的には，原点から第Ⅰ象限に向かうことがいかに難しいかが認識されていない。利益と数量を同時に増加させられるのは，新商品や成長市場である可能性が高い。

　表2.1は，経営幹部たちの目標がうまく調整されていない実際のケースを示している。CEOと営業部門のトップは，利益は数量の成長や市場シェアよりも重要であるとする一方で，CFOは数量の成長が最も重要であるとしている。また，マーケティング部門のマネージャーは，市場シェアが最も重要だと評価している。我々の経験では，利益を最優先に考えているマネージャーはほとんどいない。い

[表2.1] マネージャー間の目標の不一致：優先順位　高(1)～低(3)

	利益	成長	市場シェア
最高経営責任者（CEO）	1	3	2
最高財務責任者（CFO）	2	1	3
最高販売責任者（CSO）	1	2	3
マーケティングマネージャー	2	3	1
製品マネージャー	3	1	2

ずれにしても、この順位には実際の経営幹部達の行動が反映されており、経営幹部たちが投資家説明会や株主総会で表向きに公言している順位ではない。マージンや収益率、利益額のような基本的な財務指標に至っては3位以内には入らないことが多い。とある有名な自動車メーカーのCEOの次の発言には重みがある。「もし市場シェアが0.1％減少したら首が飛ぶだろう。一方で、利益が20％減少しても誰も全く気にしない。」この言葉はおそらく誇張だろうが、広く蔓延する問題の核心をついている。日々のビジネスにおいて、売上、販売数量、市場シェアといった目標が重要視されることが多い。

　これらの目標の優位性はどのように説明できるだろうか。そして、販売数量や市場シェアといった目標に魅せられてしまうのはなぜだろうか。この流れを説明する多くの理由が存在する。市場シェアを重視する人々が用いる最も有名な根拠は、PIMS（Profit Impact of Marketing Strategy）研究である。PIMS研究の最も重要な結論を図2.2に示している。市場シェアをどう定義するか（順位か、割合か）にかかわらず、市場シェアとROIの間にはかなり強い正の相関関係がある。マーケットリーダーの税引前投資収益率（税引前ROI）は、市場シェア5位の企業のほぼ3倍に達する。このグラフから得られる、戦略的な結論はいうまでもなく明らかであるように見える。すなわち、市場シェアを最大化し、マーケットリーダーになることである。

　市場シェアを高めることを正当化する2番目の根拠は、幾分古いが経験曲線で

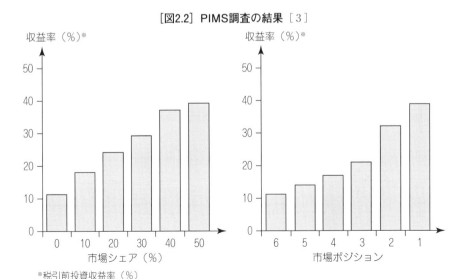

[図2.2] PIMS調査の結果 [3]

*税引前投資収益率（％）

ある。経験曲線によれば，企業のコストポジションは相対的市場シェアに左右される。相対的市場シェアは，自社の市場シェアを市場1位の企業のシェアで割った値として定義される。経験曲線によれば，企業の相対的市場シェアが大きければ大きいほど，単位当たりコストは低くなる［4］。マーケットリーダーはその市場において最もコストが低く，したがって，競合間で価格が同じであると仮定すれば，収益率は最も高い。

経験曲線とPIMS研究は，あらゆる市場シェア哲学の生みの親である。General Electricの元CEOであるジャック・ウェルチは市場シェア哲学の最も有名な支持者となった。1980年代初め，彼はGeneral Electricが市場シェアの1位，2位を達成できていないすべての事業について，市場から撤退することを宣言した。

重要な問題は，市場シェアと収益率の関係が真の因果関係なのか，あるいは単なる相関関係なのかということである。市場シェアと収益率の間の因果関係については，数多くの研究が疑問を呈してきた。その研究結果によると，市場シェアと収益率の関係はPIMS研究の研究者たちが主張したものよりもかなり弱いことが示されている。

FarrisとMooreは，この根拠の概要を示している［5］。いわゆる「観察不能な」要因を除去した分析的な手法によって，次のような結論が得られた。「観察不能な要因のインパクトを計量経済学的に除去すると，市場シェアが収益性に与える影響はかなり小さい。」ここで，「観察不能な」要因には，企業のマネジメントスキル，企業文化，持続的な競争優位性などが含まれる。Ailawadi, Farris, and Parryは，「市場シェアが高いという事実そのものは収益性を高めるものではないが，市場シェアの高い企業は，市場シェアの低い企業が実行できないような，収益性を高める行動をとることができる［6］。」と結論づけている。またLeeの研究では，企業の収益性のうち企業規模によって説明されるのは50％以下であり，投資収益率を決定するものとして他の要因を疑っている，と結論づけている。すなわち，「企業規模も収益性を説明するのに重要であるが，おそらくそれ以外の要因がより重要である［7］。」と述べている。

このトピックに関する最も包括的なメタ分析はEdelingとHimmeによるものである［8］。経験曲線に加え，市場シェアと収益性の関係性を理論の面から支持するため，彼らは次の3つの理論を用いた。すなわち，市場支配力（市場シェアが大きければ大きいほど，企業が顧客やサプライヤーに行使できる力が大きくなる），商品の品質評価（市場シェアは高品質であることの代理指標として用いられる），競争志向（市場シェアの拡大を追求すると過度な競争志向に陥る）の3つの理論である。市場支配力と商品の品質評価の理論では，市場シェアと収益性

第2章　価格戦略①─目標，プライシング・パワー，株主価値─　◆41

に正の相関性を示す傾向がある一方で，競争志向の理論では負の相関性を示している。EdelingとHimmeは実証研究による評価から，経験的に決定された863個の市場シェア利益弾力性を検証した。市場シェア利益弾力性は，市場シェアが1％変化した時の利益率の変化量（％）を表す。ここで注意すべき点は，パーセントポイントが重要なのではなく，初期値からの変化率が重要であることである。EdelingとHimmeによって求められた市場シェア利益弾力性の平均値は0.132という非常に低い値であったがゼロではなく統計学的有意差があった。具体的な数字を用いて説明すると，ある企業の市場シェアが50％で，マージンが10％であるとする。ここで市場シェアが初期値の1％増の50.5％になったとしても，マージンは10％から10.0132％にしかならない。仮に，市場シェアが10％増加し，55％になったとしても，マージンは10.132％にしかならないのである。興味深いことに，産業間や（サービス業よりも製造業において弾力性は高い），国・地域間（アメリカよりもヨーロッパや新興国において弾力性は高い）でも差が生じる。他の研究でも同様の傾向が示されている。この研究によれば，市場シェアが大きいことのメリットは，主に市場支配力とシグナリング効果に基づいており，マーケットリーダーの商品は高品質であるようにみなされる。他方で，規模の経済はあまり重要ではないことが明らかになっている［9］。

　市場シェアやマーケットポジション等のより広範な競争目標が及ぼす影響に注目した研究もある。Lanzillottiによるこの種の有名な研究は，競争志向の目標を追求することは企業の投資収益率と負の相関をもたらすことを示している［10］。ArmstrongとGreenは次のように結論づけている。「競争志向の目標は悪影響を与える。しかし，この結論はアカデミックな研究にある程度の影響を与えただけで，往々にして，経営者には無視されているようだ［11］。」その他にも，Rego, MorganとFornellの研究で，市場シェアの追求と企業の成功には負の相関関係があることが実証的に示されている［12］。1994年から2006年までのアメリカの約200社のデータに基づき，市場シェアの追求と，長期的な収益性の重要なドライバーと考えられている顧客満足度の高さの間にはトレードオフの関係があることを示した研究もある［13］。彼らはこのことの説明として，消費者の嗜好の異質性を挙げており，企業の市場シェアが大きくなればなるほど，異なる嗜好を持つ消費者を満足させるのが難しくなると指摘した。

　興味深いことに，GoogleやAmazonのような例から予想されることとは対照的に，デジタル化は，市場シェアと収益性の相関をむしろ低下させる。これはSklenarz, EdelingとHimme（2022）［14］の最近の研究から導かれた結論である。この研究ではアメリカの806社の年次報告書についてテキスト分析を行い，デジタ

ル化の程度を測定している。この意外な結果の理由の1つには，デジタル業界では限界費用がほとんどかからず，規模の経済効果があまり働かないことが挙げられる（Rifkin 2015）[15]。

　これらの研究は，市場シェア目標，経験曲線，BCGマトリックスを用いてポートフォリオマネジメントの効果を調査した数多くの研究のうちのほんの一部に過ぎない。「市場シェア神話」に対する詳細な議論は，Miniter [16] の書籍『市場シェアの神話（*The Myth of Market Share*）』に譲るが，要約すると，特に競争の激しい飽和市場やデジタル市場においては，数量目標や市場シェア目標を追求することは問題が多く，企業がより高い利益を生み出す妨げになることが多い，と述べられている。

　企業規模の成長により，売上増加がより難しくなることもありうる。たとえば，1,000万ユーロの売上がある企業が50％の成長を目標として設定した場合は，500万ユーロだけ売上を増加させればよい。しかし1億5,000万ユーロの売上がある企業が50％の成長目標を達成するには，さらに7,500万ユーロの売上を生み出さなければならない。すなわち，問題は一定の企業規模を超えると，これらの次元で成長するのに十分な顧客とサプライヤーが存在しなくなる可能性があるということである。

　市場シェアの戦略的妥当性に関しては，Geberitの取締役会会長Albert M. Baehnyが異例の発言を行っている。「私は市場シェアには関心はない。私はキャリアの中で，市場シェアに着目したことはほとんどない。価格と価値の関係が適切であれば，需要はついてくる [17]。」Geberitは，サニタリー商品のマーケットリーダーであり，2021年は34億6,000万スイスフランの売上を上げている。Geberitの時価総額は250億ユーロで，売上の約7倍に相当する。Baehnyは，Geberitが新商品を販売する際，予測はあてにならないため，商品市場においてその商品にどれだけの売上ポテンシャルがあるかではなく，むしろ，エンドユーザーにとってどのようなメリットがあるかを見極め，新商品に対する十分な支払意思があることを確認することが重要である，と述べている。

　我々の見解では，重視すべきファクターは，市場シェアの大きさそのものではなく，その市場シェアがどのようにして達成されたかということである。仮に低コストを裏づけるものがないにもかかわらず，積極的な価格設定を行うことで市場シェア拡大を達成したならば，その市場シェアはマージンを犠牲にして獲得されたものとなる。これはほとんどの場合，単純に利益を失っていることを意味する。一方で，技術革新と高い品質によって，合理的な価格で高い市場シェアを獲得した場合，マージンと利益は適正なものとなる。加えて，高い利益を得ること

によって，企業は技術革新や商品の品質改善に向けて，追加的な投資ができるようになる。Chu, ChenとWangなどによる最近の研究では，均質な業界（保険業界）を例に市場シェアと収益性の関係を検討し，この戦略を裏づけている。企業は，新しいサービスや技術を開発することによっても，またM&Aで市場シェアの成長を追求することによっても，収益性を高めることができる [18]。

　価格マネジメントにおいて利益と数量の成長のバランスをとる必要性があることは明らかである。商品の市場導入直後や商品サイクルやライフサイクルの初期では，販売数量，売上，市場シェアに関する目標に高いウェイトを置くのが適切かもしれない。一方，商品の市場導入からかなりの時間が経過した段階やライフサイクルの後期では，利益目標を前面に出すべきである。そして最終的には，経営陣は長期的な利益志向に関心を持つべきである。

2.2　価値と価格

　第1章ですでに示したように，価格の背後には常に価値の問題がある。その商品は顧客にとってどのくらいの価値があるのだろうか。顧客の支払意思額とサプライヤーが達成できる価格はつねに，顧客が知覚した商品の価値を反映したものとなる。顧客が高い価値を見出したならばより高い金額を支払っても良いと考える。一方で競合商品よりも価値が低いと知覚されれば，価格も低い場合にしかその商品を購入しないだろう。このことは，Peter Druckerのマーケティング観と一貫しているといえるだろう。Druckerのマーケティング観は「顧客の眼を通してビジネス全体を見る」ことを意味している [19]。達成可能な価格に関しては，顧客の主観的な知覚価値だけが関係している。このことは結果として，その企業に次の3つの重要な課題を投げかける。

- 価値の創造：イノベーション，原材料の性質，商品品質，デザインなどは価値創造に貢献する。顧客セグメントの選択も価値創造に影響する。顧客の要求や知覚は様々だからである。
- 価値の伝達：商品についての説明，ポジショニング，そしてブランドは価値を伝えるものである。パッケージ，プレゼンテーション，店舗での配置などもまた価値の伝達に影響を与える。
- 価値の維持：耐久消費財の場合，価値の維持は初回購買時点での支払意思額に影響する。ラグジュアリー商品や自動車の場合，価値の維持は初回の支払意思額を決める決定的な要因とさえなる。

顧客にとっての価値，商品のコスト，競争的な価格を重要なものから順位づけするならば，顧客にとっての価値が最初に来るだろう。この点から，価値に基づいた価格設定を「最善の」手法と考えるのは理解できるが，それだけでは不十分である [20]。価格意思決定においては結局のところ，この3つの要因がすべて含まれている必要があり，価値に基づいた価格設定には最高水準の情報と組織が必要となる。サプライヤーは何が価値なのかを明確にして初めて，具体的な価格設定を詰めていくべきである。そして商品やサービスにどの程度の価値を持たせるかを決定する場合，実際には最高品質のものから最低品質のものまで幅広い選択肢が存在するが，最初の段階から達成可能な価格を想定しておく必要がある。RamanujamとTackeは商品開発が始まる前のイノベーションの段階で，価格が明確にされていること，少なくともおよその価格帯を明らかにするように求めている [21]。

買い手が価値と向き合うことは，売り手と同じように重要である。買い手として価値を理解しさえすれば，多く払い過ぎてしまうことはない。価値の知識があれば，一見安く見えるものの，実際はそうでない商品を買わされずにすみ，中古品であれば劣悪な商品であることがわかる [22]。スペインの有名な格言家Baltasar Gracián（1601-1658）は簡潔にこの洞察を表現している。「財ではなく，価格でだまされるほうがまだましだ [23]。」商売人が高価格で商品を販売すると，顧客は不快に感じる。ただし，こういった不快な感情はたいてい一時的なものである。一方で，商売人が顧客に粗悪な商品を売ると，顧客がその商品に飽きて捨てるまでずっと，その不快な感情はつきまとい続ける。この洞察の教訓は，買い手は購買やその交渉をする時，価格よりも財により多くの注意を払うべきであるということである。しかし，それは簡単なことではない。通常，ある商品もしくはサービスのメリットを判断するよりも，価格のメリットを判断するほうが簡単である。フランス語の「価格は忘れられ，品質だけが残る（Le prix s'oublie, la qualite reste）」という格言は同じことを述べようとしている。この格言の本質は，いくらで買ったのか価格が忘れられた後も品質は長く残るということである。バーゲンセールで低価格商品をつかみ取って喜んだものの，のちに品質が粗悪な明らかに低価格な商品だったことがわかったというような経験はないだろうか。また，これとは逆に，高価格で何かを買って嫌な思いをしたが，後から素晴らしい品質のものを手に入れていたとわかって喜んだことがない人がいるだろうか。イギリスの社会改革主義者であるJohn Ruskin（1819-1900）は，この状況を次のように正確に表現した。「払いすぎるのは賢明なことではないが，払わなさ過ぎるのはさらに悪い。払いすぎた時は少し金を失うが，それだけだ。一方で支払い

第2章　価格戦略①—目標，プライシング・パワー，株主価値—　◆45

が少なければ，買った物が役に立たなくて，すべてを失うようなことも時にはあるだろう。経済学の法則は，少ない支払いで多くの価値を得ることを禁じている。最低金額の提示を受け入れるならば，それに見合うだけのリスクを負う必要がある。そして負ったリスクの大きさは，よりよい選択肢に対して追加的に支払う金額を上回るものになるだろう [24]」。通常，最低価格を提示する入札者を選ぶ公共事業者は，いったい，このRuskinの言葉を知っているのだろうか。

　すでに述べたように，商品の知覚品質は顧客の支払意思額を決定する。したがって，知覚品質は投資家の視点からも学術研究の視点からも，近年注目されるようになっている概念，"プライシング・パワー"の最も重要な決定要因といえる。

2.3　プライシング・パワー

　プライシング・パワーとは，サプライヤーが希望する価格を市場に対して強制する能力であり，主に顧客との関係性によって決定される。しかし，プライシング・パワーは顧客と競合他社との関係において重要なだけでなく，サプライヤーとの関係性にも影響を及ぼす。顧客がサプライヤーに対して期待価格を実現できる場合，これは顧客が力を持っているということになる。たとえば，自動車メーカーは一部のサプライヤーに対して強いプライシング・パワーを持っている。また，大規模小売業者のメーカーに対するプライシング・パワーもかなり強い。ドイツでは，食品小売部門の売上の85%を，四大小売チェーンのEdeka，Rewe，Aldi，KauflandとLidlを擁するSchwarz Groupが占めている。ドイツ連邦カルテル局の局長であるAndreas Mundtは「我々は小売業者の購買力，そして購買価格と購買条件がどのように決定されるのかを知る必要がある。」と述べている [25]。

　プライシング・パワーという概念への関心が，ここ最近急激に高まっている。そのきっかけとなったのは，世界的に有名な投資家であるWarren Buffettが，プライシング・パワーは企業評価の最も重要な基準であると述べたことである [26]。インフレが始まったことで，プライシング・パワーという概念に対する投資家の関心は増している。The Wall Street Journalは「インフレが続く中，投資家は，魔法の言葉であるプライシング・パワーを持つ企業を探している」と書いている [27]。UBSのリサーチは「プライシング・パワーを持つ企業は，より広範な市場において優れたパフォーマンスを上げることができる」と述べている [28]。Silicon Valleyで成功した投資家Peter Thielも，株主価値にとってのプライシング・パワーの役割を強調しており，市場において強いプライシング・パ

ワーを持つことの重要性を提唱している[29]。このような考え方に対して，世界最大のビールメーカーであるINBEVの元マーケティング責任者のChris Burggraeveも「結局のところ，マーケティングとは持続的なプライシング・パワーを構築することである。」と同意している[30]。突き詰めていくと，ブランドの価値は，プライシング・パワーを持っているかどうかによって決まる。つまり，競争の中で価格プレミアムを達成できる地位にあるかどうかである。これはまた，マーケティングの目標は小さな独占状態を作り上げることであるという別の言い方で表現することもできる。

業種別に見たプライシング・パワー

長年にわたるSimon-Kucher & Partnersの調査により，自社にプライシング・パワーがあると考えている企業は約3分の1しかないということが何度も明らかになっている。しかし，図2.3が示すように，プライシング・パワーを有する企業の割合は業種によって非常に偏りがあるため，この平均値はあまり意味がない。以下の結果はSimon-Kucher & PartnersのGlobal Pricing Studyによるものである[31]。

これを見ると，製薬/バイオテクノロジー業界，医療機器業界は，代替可能な商品，いわゆるコモディティを製造・販売することが多い化学業界よりもはるかに強いプライシング・パワーを有していることがわかる。

プライシング・パワーの具体化

これまでのところ，プライシング・パワーに関する説得力のある包括的な定義

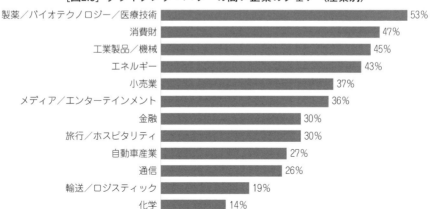

[図2.3] プライシング・パワーの高い企業のシェア（産業別）

は存在しない。

そもそもプライシング・パワーとは具体的に何を意味するのだろうか。数少ないプライシング・パワーの具体的な定義の1つは，UBSが発案したもので，マークアップ，市場シェア，ボラティリティ，マージンの配分という4つの基準で定義されている [32]。しかし，これらの基準がどのように組み込まれているのかは，依然として不明確である。「成功する企業は，強いプライシング・パワーを持つ」という意味での，トートロジー的な説明であるという印象を拭い去るのは難しい。

プライシング・パワーの尺度としては，ラーナー独占度ともよばれる，いわゆるラーナー指数がよく用いられる [33]。ラーナー指数 L は次のように定義される。

$$L = \frac{p - C'}{p} \tag{2.1}$$

ここで p は価格を意味し，C' は限界コストを表す。このようにラーナー指数は，単位当たりの貢献利益率と価格の関係性を示したものである。単位当たり貢献利益率は価格と限界コストの差である。完全競争市場においては，価格は限界コストと等しくなり，したがって $L=0$ となる。限界コストが0の時，L は1の値をとる。これはデジタル商品の時に起こりうるケースである。利益マークアップが大きくなると，L は1に近づく。サプライヤーの利潤最大化を仮定し，最適化条件（6.6式）を適用すると，ラーナー指数は次のように表すことができる。

$$L = \frac{1}{-\varepsilon} \tag{2.2}$$

ここで ε は価格弾力性，つまり，この価格の変化率（％）に対する売上の変化率（％）の比率を示している。通常の需要の場合，価格変化と売上変化は反対方向になり，価格弾力性は負の値になる。しかし通常，価格弾力性は絶対値で表記される。したがって，ラーナー指数は価格弾力性と同じものを測定していることになる。プライシング・パワーの視点からは，ラーナー指数が高いこと，あるいは価格弾力性の絶対値が低いことは，プライシング・パワーが高いことに等しい。ただ，我々はこの定義は一面的で，不十分であると考えている。1つには，一般的に価格弾力性は一定の値を取り続けないからである [34]。また，プライシング・パワーは，値上げをする場合だけではなく，値下げをする場合にも関係するのかどうかを問う必要がある。プライシング・パワーに関するより深い議論に関して，**図2.4**の価格-売上関数を見ていただきたい。

議論を単純化するため，価格-売上関数は線型であると仮定する。実線はプライシング・パワーが弱い状況を示している。では，プライシング・パワーを高めることに成功したらどうなるだろうか。自社の価格と競合の価格が変わらなけれ

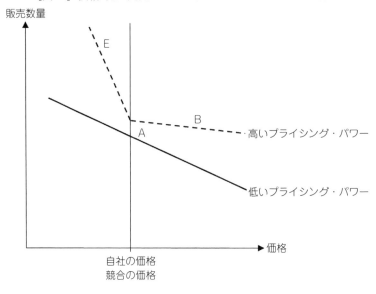

[図2.4] 価格-売上関数におけるプライシング・パワーの増大

ば，販売数量は増加するはずである。直線Aはこの効果を示している。しかし，より興味深く重要なことは，プライシング・パワーが強い時の挙動（直線Bと直線E）である。価格が引き上げられた場合，価格-売上関数はより平坦になる，すなわち，価格弾力性の絶対値は小さくなる。一方で価格が引き下げられた場合，逆の効果が生じ，曲線の傾きは急になり，価格弾力性の絶対値は大きくなる。言い換えれば，プライシング・パワーが強ければ，価格弾力性の絶対値は小さく，ラーナー指数は大きくなるが，その効果は非対称的である。

図2.5のGutenbergの二重価格-売上関数を見ることで，これらの考察をより精緻化し，拡張することができる。Gutenberg関数は，従前価格や競合価格を中心とする一定の範囲内では，価格弾力性が比較的低いことを示している。この範囲は「独占的範囲」ともよばれている。一方で，価格変化や競合価格との距離が上下の閾値を超えると，売上に与える影響は大きくなり，価格弾力性は高くなる。

この図でもやはり，実線はプライシング・パワーが弱い時の状況を示している。ではプライシング・パワーが高まると，どうなるだろうか。閾値の範囲内では，線型の関数を仮定した場合と同じ効果つまり直線A，B，Eの効果が生じる。ここからさらに，プライシング・パワーが高まることで，新たな効果が生じる。閾値の上限にあたるCは右にシフトし，独占領域が拡大し，値上げの余地がより大きくなる。閾値の上限を超えた部分の価格弾力性は低下する（効果D）。閾値Cを

[図2.5] Gutenberg価格-売上関数におけるプライシング・パワー増大効果

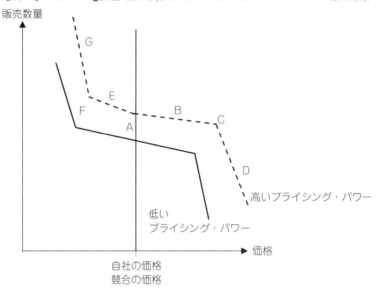

超えると，プライシング・パワーが弱い時よりも，失われる売上は少なくなる。プライシング・パワーが強い場合，値上げによって売上が減少するリスクは低くなり，値上げの余地は大きくなる。しかし，Dについては，通常，上限閾値を超えることは推奨されないため，実際にはあまり意味がない。せいぜい，コストが極端に上昇した場合に推奨される程度である。

また，プライシング・パワーに関する考察を左側，すなわち価格引き下げの効果にまで拡張することもできる。プライシング・パワーを高める効果は価格弾力性を高め（領域E），閾値の下限Fを右側にシフトさせる。自社が競合と比べて著しく低いコストである場合，自社の市場シェアを拡大するために，これらの効果を利用することができ，領域Gの価格さえも最適となる可能性がある。全体的に見れば，プライシング・パワーを強くすることで，サプライヤーは値付けが可能な領域を上方にも下方にも拡大させることができるといえる。

バイヤーの力

バイヤーの方が強いプライシング・パワーを持つこともありうる。その場合，バイヤーがサプライヤーに価格を突き付けることができる。このような力関係は，たとえば自動車業界や食品小売業界に見られる。大手自動車メーカーは，数百から数千の中規模サプライヤーから供給を受けている。また，高いスイッチングコ

ストをかけずにサプライヤーを切り替えることができるマルチプルソーシングなどの手法を組織的に用いている。このような構造では，特に中規模のサプライヤーが，たとえばコストの増加分を自動車メーカーに転嫁するような方法で価格引き上げを推し進めるのは非常に困難である。

　しかし，こういった業界でさえも，中規模サプライヤーが大手自動車メーカーを圧倒する構図が存在する。ドアロックシステムの世界的なマーケットリーダーのKiekertと自動車メーカーFordの争いは，ある意味で有名になった例である。Kiekertがカーロックを供給しなかったため，Fordは数日間，組み立てラインを停止しなければならなかったのである。同様の争いは，他の業界においても見られる。「不可抗力による価格高騰」とは，化学業界が「不可抗力を理由に」工場を停止させ，価格が大幅に上昇したという記事のタイトルである [35]。したがって，プライシング・パワーは売り手と買い手の規模の違いだけでなく，代替可能性によっても変わってくる。

　食品小売業界は，購買力がかなり強い業界である。ドイツでは，売上の85％を四大小売りチェーンのEdeka，REWE，Aldi，KauflandとLidlを擁するSchwarz Groupが占めている。世界最大食品メーカーであるNestléとヨーロッパ最大の食品小売業であるEdekaの間で，値上げをめぐる争いが起こり，大きな注目を集めた。売上高がそれぞれ700億ユーロを超え，それに応じて強力なプライシング・パワーを持つ巨大企業2社が対峙したのである。当初，NestléはEdekaの価格要求に応じなかった。その報復として，EdekaのCEOのMarkus MosaはNestléの商品を商品リストから外すように命じ，その除外措置を延長しようとした。Edekaはいわば小売業者に可能な最終手段を講じることになったのだが，その後，長く厳しい交渉の末，ようやく合意に達した [36]。Edekaと飲料メーカーのEckesの間で起きた同様の対立については，「価格引き上げをめぐる対立により，High C，GraniniのようなEckesの商品は2021年半ばからEdekaの店頭には置かれていない [37]。」と，2022年の春の時点では述べられている。Nestléの事例との違いの1つは，Eckesは売上の30％をドイツで上げているが，売上高が10億ユーロ未満であるため，プライシング・パワーは地域によってかなり異なっていることである。しかし，次の最近の事例が示すように，小売大手企業に勝利した中堅企業もまた存在する。ある大手小売業者が，売上高約2億ユーロのサプライヤーに缶詰商品を10パレット発注したが，この小売業者はサプライヤーの価格要求を受け入れなかったため，サプライヤーは1パレットだけしか発送しないという手段を講じた。これにより，小売業者は，サプライヤーが要求した価格までではなかったものの，速やかに価格の引き上げに同意することで，発注した数量の商品を受け

第2章　価格戦略①―目標，プライシング・パワー，株主価値―　◆51

取ることができた。こういったサプライヤーの対抗手段に関して，Hamburg地方裁判所が下した判決は大きな波紋をよんだ。Hamburg地方裁判所はCoca-Colaが価格に関して同意しない限り，Edekaに商品を供給する必要はないという判決を下したのである [38]。また，数多くの有名ブランドを持つ食品メーカーであるMarsは，RaweとEdekaがMarsの価格要求を受け入れることを拒否したため，商品供給を停止して強く反発した [39]。このように，メーカーと小売業者は，価格戦争において，販売停止と供給中止という最も強力な手段を用いている。いずれの戦術も，結果として消費者が関連商品を手に入れられなくする戦術である。

コストの開示

　強いプライシング・パワーを持つ顧客は，いわゆるオープンブック方式の下で，サプライヤーにコストの開示を迫ることがよくある。顧客の調査担当はサプライヤーのコストレコードをチェックし，コスト上昇が確認できる場合にのみ，値上げを容認する。事実上，このプロセスは顧客がサプライヤーの利益マージンをコントロールするということであり，公的調達でもよく採られるプロセスである。サプライヤーはより高い価格を正当化するために，できるだけ多くのコストを開示情報に組み入れる策を講じることは一般的である。一方でこれとは反対に，サプライヤーが開示情報の中にすべてのコストを詰め込んでいないことが判明したケースもある。たとえばサプライヤーとの関係性の中で，提供された無償のサービスの費用をコストに含めていない等である。自動車業界の中規模サプライヤーでさえ，コスト情報の開示を拒否した際に，これが受け入れられたケースも見られた。ここではサプライヤーのプライシング・パワーは代替可能性のなさに基づいていたが，この例は，プライシング・パワーは規模だけの問題ではなく，相対的な力関係の問題であることを示している。

プライシング・パワーの創出

　プライシング・パワーが値上げを成功させるための重要な必要条件であるとするならば，プライシング・パワーはどこから来るのか，そしてどのようにしてプライシング・パワーを創出できるのかという疑問が生じる。出発点はもちろん，前述のとおり，顧客にとっての価値である。つまり，商品の品質，革新性，デザイン，サービス，顧客との関係性，コミュニケーション，販路，ブランドといったマーケティング上の打ち手を包括するものである。Appleのようなきわめて強いプライシング・パワーを持つ企業を見ると，最上級のプロ意識と効率性によって，これらすべての要素が長年にわたって管理されてきたことがわかるだろう。

Appleは，時間の役割という１つの重要な洞察を例証している。プライシング・パワーは長い期間をかけて創出されるものであり，凝固された時間のようなものである。そのため，プライシング・パワーは短期間では身につかず，またインフレの進展に直面してもすぐに獲得できるものではないのである。加えて，危機的な状況やインフレに直面した際に，プライシング・パワーを強化する財源が十分にあることは稀である。プライシング・パワーは長期的にしか構築できない。好況時にこれを達成した企業は，頻繁な値上げが必要となるインフレ局面をうまく切り抜けることができる。また，自社のプライシング・パワーを現実的に評価することも重要である。自社を過大評価すれば，究極的には相手に強制力のない過剰な価格要求をしてしまうこともありうる。一方で，もしプライシング・パワーを過少評価すれば，利益率を犠牲にすることになる。Simon-Kucher & Partnersのコンサルティングでは，特に中規模企業においてこのような事例を何度も見てきた。弱点の１つは，営業部門の情報と確信の欠如であることが多い。自社のプライシング・パワーに関する，根拠の確かな情報は必要不可欠である。

　プライシング・パワーに重要な役割を果たす可能性があるのは，企業の財務力である。顧客との交渉が長期間にわたり，ビジネスプロセスが中断したとしても，財務体質が強い企業であれば持ちこたえることができる。これは労働組合がストライキを行う能力とよく似ており，ストライキのための資金がどれだけ潤沢であるかにも左右される。しかしここでも，時間的側面が作用する。結局のところ，強い財務体質は，インフレやその他危機的な時期ではなく，好調な時期に作り出されるのだ。

CEOとプライシング・パワー

　プライシング・パワーの文脈で特に明確に言及すべき点は，CEOの関与である。Simon-Kucher & Partnersが23ヵ国で実施した調査では，回答者の82％が，プライシング・プロセスへのトップ・マネジメントの関与は近年増加していると答えており，国や業種による差はほとんどなかった。しかし重要なのは，プライシングマネジメントにCEOが関与している企業の35％が自社はプライシング・パワーを持っていると回答したのに対し，CEOの関与がない企業で同様の回答をしたのは26％に過ぎないという点だ。プライシング・パワーが具体的な成果に反映されているということは，**表2.2**のEBITDAマージンと値上げ成功率の数字が示している。CEOは特にインフレの時には，値上げへの支援にコミットすることがより強く求められる。特にこの文脈において重要なことは，重要な価格交渉への積極的な関与を含む営業支援である。財務管理面においても，CEOは投資

第2章　価格戦略①—目標，プライシング・パワー，株主価値— ◆53

[表2.2] CEOの参画がプライシング・パワー，値上げ成功率，EBITDAマージンに及ぼす効果

基準	CEOの参画あり	CEOの参画なし
強いプライシング・パワー	35％	26％
値上げ成功率	60％	53％
EBITDA マージン	15％	11％

家向けのプレゼンテーションなどで，より多く登場し，価格に関わる問題を取り上げることが望ましい。

2.4　価格マネジメントと株主価値

利益と成長は企業価値と株主価値向上のドライバーとなる。利益と成長は，価格に大きく影響されるので，価格は株主価値を決める非常に重要な決定要因となる。企業のリーダーはこの関連性を次第に認識するようになってきており，また，資本市場とのコミュニケーションだけでなく，戦略計画にも盛り込むようになってきている[40]。すでに述べたWarren BuffettやPeter Thielといった有名投資家によるプライシング・パワーと株主価値に関する発言が，この傾向に拍車をかけている。以下では，厳選したケーススタディを用いて，価格マネジメントがいかに株主価値を大きく変えうるかを示す。この効果は，良い方向と悪い方向のいずれにも作用する。優れた価格マネジメントは大幅な価格向上をもたらすが，反対にプライシングの誤りは企業価値の崩壊につながる。価値崩壊の速度は，価値創造の速度よりも速い傾向にある。マーケティング手段が株主価値に及ぼす影響を検討した研究の一般的な概要については，SrinivasanとHanssensを参照してほしい[41]。

株主価値のドライバーとしての価格

ここで，株主価値のドライバーとしての価格の役割を，いくつかのケーススタディで説明する。最初のケースは，通信容量を消費者ではなく他の通信事業者に販売（B2B）している電気通信会社に関するものである。この市場は価格競争が激しいことで有名である。一度ネットワークケーブルが埋設されると，変動費はほとんどかからないため，価格攻勢で顧客を引き付けようとする誘惑に駆られてしまう。このような慣行により，ある通信会社の企業価値（株式市場価値）は2年間で67％下落した。Simon-Kucher & Partnersはプロジェクトの一環として，

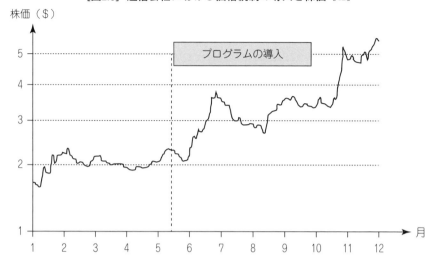

[図2.6] 通信会社における価格統制の導入と株価 [42]

営業部門に厳格な価格設定ルールを課すことで売価を安定させるプログラムを開発し導入構築した。このプログラムの最初の成果が年次記者会見で伝えられると，株価はその日のうちに急騰した。競合の中には，限られた情報から，この企業をまねた価格統制を実践した企業もあった。これは，戦略的な価格リーダーシップの教科書的な例である。この企業の株価は半年のうちに2倍になった。図2.6はプログラム導入後の株価の推移を示している。

　株式市場の肯定的な反応に対し，CEOは次のように述べている。「価格設定に対する我々の規律ある取り組みの結果に非常に満足している。この結果は，価格圧力の緩和を含む，業界の前向きなモメンタムの創出に寄与している。」アナリストもまた，新しい価格の規律を称賛した。ある内部報告書では「卸売価格の引き上げは価格圧力低下のトレンドに合致しており，非常に健全な展開である。より価格が安定的になれば，すべての利害関係者の助けになるはずだ。」と述べられている。

　2番目の事例は，アメリカのソフトウェア会社の価格設定プロジェクトに関するものだ。このソフトウェア会社の新しい価格設定モデルは2021年半ばに導入されたが，あるオブザーバーは次のように報告している。「価格設定は経営陣にとって最重要課題となった。サプライヤーからの大幅な調達コスト上昇に直面すると，XYZ社はプライスリーダーシップのポジションをとり，CEOが率先して，積極的に価格を引き上げた [43]。」この新しい価格モデルは投資家向け説明会の中で

第2章　価格戦略①―目標，プライシング・パワー，株主価値―　◆55

[図2.7] ソフトウェア企業の新しい価格設定モデル導入後の株価

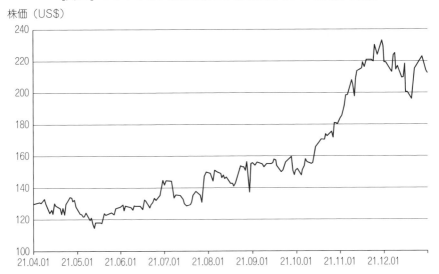

[図2.8] Kühne & Nagel Internationalの運送費と株価

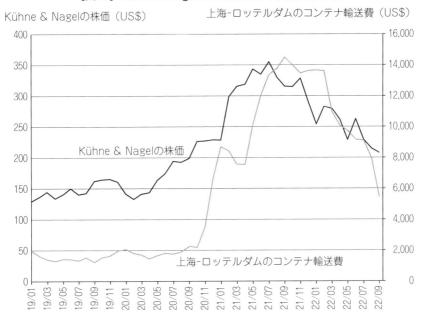

説明された。**図2.7**はその後の株価の推移を表している。株価上昇の理由は，明らかに，新しい価格設定モデルの導入と，競合の追従である。CEOの努力は特に注目に値する。株式時価総額は夏から2021年12月までに106億ドル増加した。

価格が株式市場に及ぼす影響が非常に大きいことは，貨物輸送会社であるKühne & Nagelの例からも見てとれる。**図2.8**は，同社の2019年初めから2022年9月までの株価の推移とロッテルダムから上海までのドル建てコンテナ輸送費を示したものである[44]。

株価は長年150ドル前後で推移していたが，2020年半ばにコンテナ運賃の大幅な引き上げによって株価は急上昇し，2021年の夏には最高値の357ユーロに到達したが，その後，輸送費の値下げとともに株価も下落した[45]。

単発の価格プロモーションでさえ，株価に強い影響を与えることがある。このことは次のAmazon Primeの事例で説明できる。2022年2月4日，Amazonはアメリカでアマゾン Primeサービスの価格を年間119ドルから139ドルに引き上げると発表した。これは16.8％という大幅な値上げである。発表の前日，株価は139ドルだったが，発表後3日間で161ドルまで16％上昇した。その後，一時下落した後3月29日には169ドルと2月3日から22％上昇した。The Wall Street Jour-

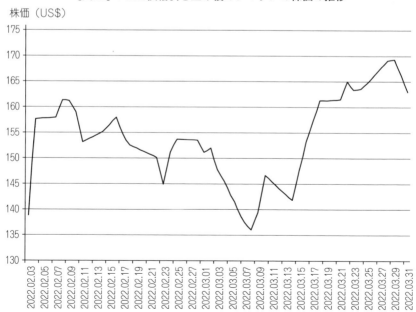

[図2.9] Prime価格引き上げ後のアマゾンの株価の推移

第2章　価格戦略①—目標，プライシング・パワー，株主価値—　◆57

nalは「投資家はこの値上げを歓迎した。」とコメントした [46]。**図2.9**はその推移を示している。

　このような株式市場の短期的な反応が続くかどうかは，もちろん企業の今後の発展にかかっている。

　もう１つの事例は，プライベート・エクイティ投資家が所有する，非上場の大手駐車場所有企業の事例である。この会社は売却計画に先立って，価格マネジメントによって企業価値を高めようとしていた。同社は大幅な値上げを実施した上で，顧客である駐車場の運営企業との長期契約に合意することに成功した。値上げにより，年間利益は約1,000万ドル上昇し，この企業は利益の12倍の価格で売却された。これは値上げによる企業価値の増加は１億2,000万ドルに相当することを意味する。

　強いプライシング・パワーは，大手ラグジュアリー商品メーカーでも見られる。Estée LauderのCEOであるTracey Travisは「我々は高級品企業であり，プライシング・パワーを持っている [47]。」と述べている。ラグジュアリーグッズ市場における，プライシング・パワーと株主価値に関する興味深い事例がある。Hermèsは高価格を厳守し，いかなる値下げも防ぐことで知られている。The Wall Street Journalには「Hermèsは高価格に賭けている。一方で，他の企業は値下げさえしている。」と書かれている [48]。他のラグジュアリーグッズメーカーとは異なり，Hermèsは危機的状況にあってもこの戦略を維持してきた。JB EF Luxury Brandsのインデックス株価が過去10年間で205％上昇した一方で，Hermèsの株価は396％増加したが，これにはHermèsの一貫した価格戦略が明らかに貢献している。

株主価値の破壊者としての価格

　事例研究から，現実の世界において価格が株主価値を高めることと同様に，価格マネジメントを誤ると，株主価値の破壊につながってしまうこともわかっている。DIY店舗を運営するPraktikerは誤った価格設定を行ったため，最も露骨な価値破壊を招いた。2007年半ば，Praktikerの株価は30ユーロ以上あった。Praktikerは「ペットフードを除きすべて20％引き」というスローガンを数年間掲げ続け，ドイツでObiに次いで２番目に大きなDIYチェーンに成長した。その後，Praktikerは，「プラグのついているものはすべて25％引き [49]」というように，特定の商品グループに関して25％引きを掲げる広告を出した。Praktikerは自らをDIYチェーンの中でハードディスカウンターとして位置づけ，最終的に低価格のみで自らを定義した。「ここでは価格がものをいう」というスローガンさえあっ

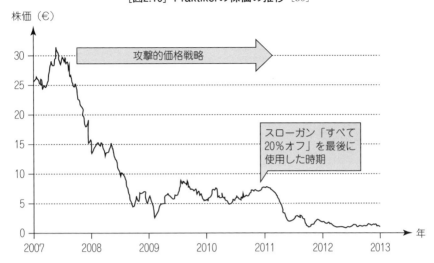

[図2.10] Praktikerの株価の推移 [50]

た。しかし，Praktikerの攻撃的な価格戦略は大惨事を招き，株価は10ユーロ以下にまで急落した。値引き戦略は明らかに誤ったもので，断念せざるを得ないことは明白だったため，リポジショニングが急務だった。しかし，Praktikerが採った大胆な措置はさらなるディスカウントで，「すべて20%引き」というスローガンが最後に実行された時，株価は再度急落した。**図2.10**は株価の推移を示している。

Welt am SonntagはPraktikerの経営陣を「ディスカウント文化からの脱却の難しさを軽視している。リポジショニングに長い時間がかかり，多額の資金がかかることが明らかになった頃には，市場の信頼は失墜していた」と非難した [51]。FAZはPraktikerについて次のように書いている。「『ペットフードを除きすべて20%引き』という顧客との約束をやめてしまう人は，それがいったい何を意味するのかを理解していないことを示している。Praktikerは実体のない企業である [52]。」

その他のDIYチェーンが繁盛し売上を10億ユーロ以上伸ばしたことは興味深い。この事例は，価格の安さだけでポジショニングを決める前に，利益や株価にどのような影響が出るかを注意深く考慮すべきであることを示している。Praktikerは，この戦略の選択だけでなく，その戦略からの撤退も悲劇的な結果に終わった。Praktikerは2013年の秋に債務超過になり，現在は存在しない。

価値破壊は，企業がそれまで平和的だった価格戦略を攻撃的なものに変えることでも引き起こされる。一例として炭酸カリウム（カリウム化合物）のグローバ

第2章　価格戦略①―目標，プライシング・パワー，株主価値―　◆59

[図2.11] Uralkaliの株価の推移 [53]

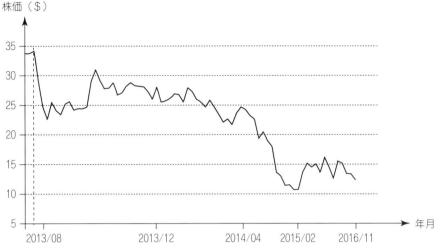

ルマーケットの例がある。この市場は，ロシア，ベラルーシ，カナダ，ドイツの4つの競合企業による寡占市場である。2013年半ば，ロシアの企業Uralkaliがベラルーシの企業と販売提携を解消し，同時に生産量を大幅に拡大すると発表した。これには，積極的な市場シェア目標と価格引き下げが伴っていた。**図2.11**は，Uralkaliの株価への影響を示しているが，他の競合企業の株価も，この期間中同様の傾向を示している。

　しかし，株主価値の破壊につながるのは値下げだけではない。アメリカの小売業J. C. Penneyの例が示すように，値上げも同様の効果をもたらす可能性がある。Ron JohnsonがCEOを引き継ぐと発表された時のことである。Johnsonはただの経営者ではなく，華々しい成功を収めたアップルストアの生みの親であった。Johnsonは起こりうる影響について事前調査をすることなく，J. C. Penneyの価格戦略の抜本的な変更を行った。その影響は検証されたのかという批判に対しては，彼は次のように返した。「Appleではテストしなかった [54]。」彼の在任前は，J. C. Penneyの全商品の約4分の3が50％以上の値引きで販売されていた。Johnsonは特別なプロモーションを事実上すべて廃止し100以上のブティックで高価なブランドを扱う大規模な高級品販売に力を入れた。翌年度の売上は3％下落し，より高価な商品を仕入れることによりコストも上昇した。これらの2つの影響によって，3億7,800万ドルあった税引後利益は，1億5,200万ドルの赤字に転落した。**図2.12**が示すように，新価格戦略の導入は株価の急落を招いた。Johnsonは，就

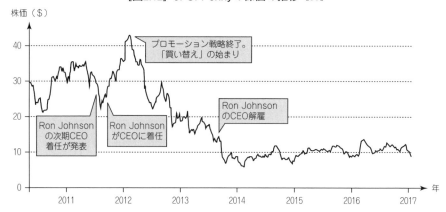

[図2.12] J. C. Pennyの株価の推移 [55]

任後わずか2年で解雇された。2020年，J. C. Penneyは破産申請し，8億ドルで投資家に買収された。Ron JohnsonがCEOに就いた時，J. C. Penneyの株式市場価値は80億ドルだった。

価格，マーケティングと株主価値

　学術的な研究では，価格やその他のマーケティング手段と株主価値の関係性についてほとんど検討されていない。たとえば，Marketing Science Instituteによれば，「プライシング・パワーは，投資家によって高く評価され，経営者によって追求されるが，マーケティングの学者にはほとんど無視されている [56]。」このことは，マーケティングの企業経営への影響力が限定的なものにとどまっている理由の1つかもしれない [57]。近年，良い変化が見られている。FischerとEdelingは83の研究のメタ分析から，広告はわずかに正の効果をもたらしており，いわゆるマーケティング資産変数（たとえば，ブランドや顧客との強い関係性）は株主価値に有意に強い影響を与えることを示した [58]。弾力性の平均値は，広告で0.04，マーケティング資産変数は0.54だった。つまり，マーケティング資産が1％増加すると，株主価値は0.54％増加する。このメタ分析では，サンプル数が不十分であったため，価格は明示的に含まれておらず，価格が株主価値に及ぼす弾力性に関して記述するのは不可能である。さらに，以下の3つの研究では，価格施策とイノベーションが株主価値にどのような影響を及ぼすか検討している。Pauwelsらは次のように結論づけている。「新商品の導入は企業価値を高めるが，プロモーションは企業価値を高めない [59]。」Srinivasan [40, 41] らの研究結果も同じ方向である。イノベーションとそのマーケティングによる支援は企業価値

を高めるが，価格関連のプロモーションは企業価値に負のインパクトを与える。Lim, Tuli, Dekimpe（2018）による最近の研究では，少し異なるタイプの価格プロモーションが検討されている[60]。イベント・スタディを用いて，値上げの発表が発表日と翌日に引き起こす異常な株式リターンを求めた。その値は0.51％であり，0とは有意な差がある。異常な株価のリターンは，発表された値上げ幅が大きく，値上げの理由として需要の増加が挙げられる場合には特に大きくなる。我々の経験からも，これらの知見は支持できる。ここまでに示したコメントと事例研究は，価格マネジメントが企業価値にとって戦略的な関連性が高いことを示している。高い企業価値は，適切な価格戦略によって生み出される。同様に，誤った価格ポジショニングは株主価値の破壊につながり，Praktikerの事例のように完全な崩壊につながることさえある。

結　論

　本章のテーマは価格マネジメントにおける基本的な戦略的課題についてであった。これらは目標，価値，プライシング・パワー，株主価値に関するものである。

- 専門的な価格マネジメントには，明確に定義された目標が必要である。実際には，利益目標と，売上/数量/市場シェア目標がしばしば対立することがある。特に成熟市場においては，両種の目標を同時に達成することは難しいことがわかっている。だからこそ，優先順位を明確にすることが必要なのである。
- 伝統的に，市場シェアが利益に強い影響を及ぼすと考えられてきた。しかし，最近の研究では，この因果関係については疑わしいことが示されている。大事なのは，市場シェアがどのように拡大したかであって，経験曲線によるコスト低減ではなく低価格によって市場シェアが拡大したのであれば，利益に対するプラスの効果は疑わしい。一方で，技術革新や品質を通して市場シェアを獲得した場合は，正の因果関係がある可能性は高い。
- 価格の背後には常に，顧客による知覚価値が存在する。それが顧客の支払意思額を決定し，最終的に企業が達成すべき価格を決定する。
- 適切な価格を設定し，必要な値上げを遂行できる能力，すなわちプライシング・パワーという概念は，ますます注目されるようになっている。しかし，ラーナー指数や価格弾力性に基づく排他的な定義は単純過ぎる。
- プライシング・パワーが大きければ大きいほど，値上げした時には絶対的な価格弾力性はより小さくなり，値下げした時にはより大きくなる。さらに，グーテンベルグの価格-売上関数における価格の閾値は右にシフトする。

- 価格は株主価値を決定する非常に重要な要素である。適切なプライシング戦略は持続可能な株主価値を生み出すことができる。同様に，誤ったプライシング戦略は株主価値の破壊につながる。

参考文献

[1] Sales or market share growth have a similar character to sales growth.

[2] Reinhard Kowalewsky, Lufthansa reaches old load factor, General-Anzeiger Bonn, October 28, 2022.

[3] Buzzell, R. D. & Bradley, T. G. (1987). *The PIMS Principles: Linking Strategy to Performance*. New York: The Free Press, p.94.

[4] Henderson, B. (1968). *Perspectives on experience*. Boston: The Boston Consulting Group.

[5] Farris, P. & Moore, M. J. (Eds.). (2004). *The profit impact of marketing strategy project: retrospect and prospects*. Cambridge: Cambridge University Press.

[6] Ailawadi, K. L., Farris, P. W., & Parry, M. E. (1999). Market share and ROI: Observing the effect of unobserved variables. *International Journal of Research in Marketing, 16*(1), 17–33, p.31.

[7] Lee, J. (2009). Does Size Matter in Firm Performance? Evidence from US public firms. *International Journal of the Economics of Business, 16*(2), 189–203, here: S. 200.

[8] Edeling, A. & Himme, A. (2018). When does market share matter? New empirical generalizations from a meta-analysis of the market share-performance relationship. *Journal of Marketing, 82*(3), 1–24.

[9] Bhattacharya, A., Morgan, N. A., & Rego, L. L. (2022). Examining why and when market share drives firm profit. *Journal of Marketing, 86*(4), 73–94.

[10] Lanzillotti, R. F. (1958). Pricing objectives in large companies. The *American Economic Review, 48*(5), 921–940.

[11] Armstrong, J. & Green, K. (2005). *Competitor-Oriented Objectives: the myth of market share*. Working Paper, Vol. 17 (05). Victoria: Monash University, p.2.

[12] Rego, L. L., Morgan, N. A., & Fornell, C. (2013). Reexamining the market share-customer satisfaction relationship. *Journal of Marketing, 77*, 1–20.

[13] Edeling, A., & Fischer, M. (2014). *Marketing's Impact on Firm Value: Generalizations from a Meta-Analysis*. MSI Report, Vol. 14–107. no: Marketing Science Institute.

[14] Sklenarz, F. A., Edeling, A., & Himme, A. (2022). Does Bigger Still Mean Better? How Digitization and New Business Models Change the Market Share-Profitability Relationship. Working Paper.

[15] Rifkin, J. (2015). *The Zero Marginal Cost Society: The Internet of Things, the Collaborative Commons, and the Eclipse of Capitalism*. New York: Macmillan.

第2章　価格戦略①─目標，プライシング・パワー，株主価値─　◆63

[16] Miniter, R. (2002). *The myth of market share*. New York: Crown Business.

[17] Baehny, A. M. (2015, September 17): "Growth vs. Profit: Perspective of a Swiss Hidden Champion", presentation at Simon-Kucher's 30th Anniversary Conference, Frankfurt, September 17.

[18] Chu, W., Chen, C. N., & Wang, C. H. (2008). The market share-profitability relationships in the securities industry. *The Service Industries Journal*, 28(6), 813-826.

[19] Simon, H. (2009). *Think – Strategic management instead of short-term thinking* (p.85). Frankfurt am Main: Campus. Original quote Peter F. Drucker: "Marketing means seeing the whole business through the eyes of the customer".

[20] Steinbrenner, F. & Turcinkova, J. (2021). Industry-Specific Factors Impeding the Implementation of Value-Based Pricing, *European Journal of Business Science and Technology*, 7(1), pp.27-46. The authors list 14 obstacles to value-based pricing.

[21] Ramanujam, M. & Tacke, G. (2016). *Monetizing Innovation: How Smart Companies Design the Product around the Price*. Hoboken: Wiley.

[22] The expression "lemon" for a bad product comes from a highly regarded article by the American economist George A. Akerlof in which he discusses the market for used cars and explains what signals are sent out by prices. Akerlof was awarded the Nobel Prize in 2001. Cf. Akerlof, G. A. (1970). The Market for "Lemons": Quality Uncertainty and the Market Mechanism. The *Quarterly Journal of Economics*, 84(3), 488-500.

[23] Gracián, B. (1601-1658). Spanish Jesuit, moral philosopher, and writer. http://www.aphorismen.de/zitat/6535 Accessed March 03, 2015. Original quote: "Better to be cheated in price than in goods."

[24] Ruskin, J. (1819-1900). *Law of economics*. http://www.iposs.de/1/gesetz-der-wirtschaft/. Accessed February 10, 2015.

[25] Kotler, P., Keller, K. L., & Bliemel, F. (2007). *Marketing management: strategies for value-creating action*. Halbergmoos: Pearson Studium, p.12.

[26] Original quote: "The single most important criterion in evaluating a business is pricing power." From the transcript of an interview with Warren Buffett before the Financial Crisis Inquiry Commission (FCIC) on May 26, 2010.

[27] Langley, K. (2022). Quest for pricing power drives stock gains. *Wall Street Journal*, April 17.

[28] Cf. https://www.ubs.com/content/dam/WealthManagementAmericas/documents/US-Equities-pricing-power-standouts.pdf.

[29] Thiel, P. (2014). *Zero to One. How innovation saves our society*. Frankfurt/M.: Campus.

[30] Burggraeve, C. R. (2021). *Marketing is not a black hole*. New York: Viscount, p.20.

[31] Simon-Kucher & Partners, Global Pricing Study 2011, Bonn 2011.

[32] Cf. https://www.ubs.com/content/dam/WealthManagementAmericas/documents/US-Equities-pricing-power-standouts.pdf.

[33] Yang, P, Gruca, T. S. & Rego, L. (2019). Measures, Trends and Influences on Firm

Value. *Marketing Science Institute Working Paper Series*, 19(112); and Bandilla, K. (2022). *How Much Pricing Power Do You Have?*. Paris: Simon-Kucher & Partners, April.

[34] Except for a Cobb-Douglas type price discount function, which is not very close to reality.

[35] Freytag, B. (2015). Force majeure to higher prices. *Frankfurter Allgemeine Zeitung*, May 23, p.30.

[36] Simon, H. (2018), Negotiating rationally is better than trench warfare. *Lebensmittel-zeitung*, 17.

[37] o.V. (2022). Dispute with Edeka burdens Eckes. *Frankfurter Allgemeine Zeitung*, April 7, p.25.

[38] Edeka loses supply dispute with Coca-Cola, Handelsblatt, September 30, 2022, p.23.

[39] Mars takes on Rewe and Edeka. *Frankfurter Allgemeine Zeitung*, October 13, 2022, p.22.

[40] Srinivasan, S., Pauwels, K., Silva-Risso, J., & Hanssens, D. M. (2009). Product innovations, advertising, and stock returns. *Journal of Marketing*, 73, 24–43.

[41] Shuba Srinivasan & Dominique M. Hanssens (2022), "Marketing and Firm Value," Foundations and Trends® in Marketing: Vol. 17: No. 2, pp.57–138.

[42] www.finance.yahoo.com. Accessed: November 11, 2015.

[43] Internal document of the software company anonymized here dated December 21, 2021.

[44] https://www.statista.com/statistics/1313360/container-freight-index-shanghai-rotterdam/. Accessed November 15, 2022.

[45] https://finance.yahoo.com/quote/KHNGF/history?period1=1546300800&period2=166708 8000&interval=1mo&filter=history&frequency=1mo&includeAdjustedClose=true. Accessed November 15, 2022.

[46] Gallagher, D. (2022). Amazon Flexes Its Pricing Muscles. *The Wall Street Journal*, February 3.

[47] o.V. (2021). Pricing Power is highly prized on Wall Street. *The Economist*, November 6.

[48] o.V. (2015). *The Wall Street Journal*, March 25, p.16.

[49] o.V. (2009). *Frankfurter Allgemeine Zeitung*, March 18, p.15.

[50] www.onvista.de. Accessed: November 11, 2015.

[51] Seidel, H. (2011). Praktiker: Es geht um 100 Prozent, *Welt am Sonntag*, July 31, p.37.

[52] Freytag, B. (2011). Magische Orte, *Frankfurter Allgemeine Zeitung*, December 29, p.11.

[53] www.onvista.de. Accessed: November 11, 2015.

[54] Mattioli, D. (2013). For Penney's Heralded Boss, the Shine is Off the Apple, *The Wall Street Journal*, February 25, p.A1.

[55] www.onvista.de. Accessed: November 11, 2015.

[56] Yang, P, Gruca, T. S. & Rego, L. (2019). Measures, trends and influences on firm value. Marketing Science Institute Working Paper Series, 19(112).

[57] Homburg, C., Vomberg, A., Enke, M., & Grimm, P. H. (2015). The Loss of the Marketing

Department's Influence: is it Really Happening? And Why Worry? *Journal of the Academy of Marketing Science*, 43(1), 1-13.

[58] Edeling, A., & Fischer, M. (2014). Marketing's Impact on Firm Value: Generalizations from a Meta-Analysis. *MSI Report*, Vol. 14-107.

[59] Pauwels, K., Silva-Risso, J., Srinivasan, S., & Hanssens, D. M. (2004). New products, sales promotions, and firm value: the case of the automotive industry. *Journal of Marketing*, *68*, 142-156, here: S. 142.

[60] Lim, L. G., Tuli, K. R. & Dekimpe, M. G. (2018). Investors' evaluations of price-increase preannouncements. *International Journal of Research in Marketing*, 35(3), 359-377.

第**3**章

価格戦略②
―価格ポジショニング―

概　　要

　本章では，価格ポジショニング（すなわち，商品のパフォーマンス・プロファイルと価格レンジの選択）を中心とする価格マネジメントの基本的な戦略に関わる問題に焦点を当てる。企業は，どの価格セグメントで事業を展開するかを意識的に決定する必要がある。本章ではラグジュアリー価格セグメント，プレミアム価格セグメント，中価格セグメント，低価格セグメント，超低価格セグメントの5つの価格セグメントを定義しているが，この価格セグメントは不変ではなく，顧客や分野，市場によって構造が全く異なる。企業はこれらの価格セグメントを踏まえて，自らがどのような価格ポジショニングを採るべきかを判断する際は，商品の価格のみならず，商品の価値を踏まえる必要がある。価値は，機能的，感情的，象徴的，倫理的な属性から構成され，これらの各属性は，特定の顧客のニーズを満たし，十分な支払意思を生み出すように設計されなくてはならない。

3.1　ポジショニング

　マーケティング・サイエンスは市場を「認知マップ（cognitive map）」として視覚化し，すべての商品を「認知マップ」上に配置する。これが，「ポジショニング」であり，「顧客の認知の中で，特別で，評価され，他の商品と差別化された位置を占めるように，提供商品・サービスを創り上げる企業の努力」と定義される。図3.1は，商品のポジショニングを示している。このように，ポジショニングとは，顧客の心の中で，商品が望ましいものとして認識されるように，価値，性能，価格の各要素をアレンジすることである。多くの市場では，5つの価値と価格のカテゴリーで差別化されている。価格レンジの最上限にあるのは，ラグジュアリー価格ポジション，最下限にあるのは超低価格ポジションであり，この最上限と最下限の範囲の中で，膨大な価格差が生じている。たとえば，自動車の場合，価格範囲は数千ドルから200万ドル以上まで幅広い。腕時計の場合は，そ

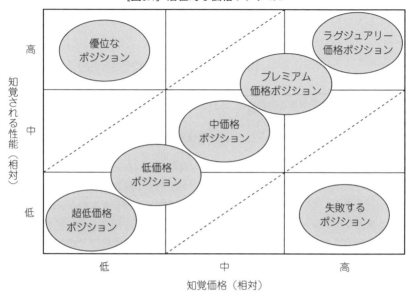

[図3.1] 潜在的な価格ポジション

の価格範囲はさらに広く，最も安価な腕時計は10ドル以下である一方，最も高価な腕時計は200万ドル以上にもなる。化粧品やファッションのような消費財もまた，価格レンジは非常に広い。

　商品のポジショニングは決して価格だけに基づくのではなく，むしろ，そのブランドなど，商品やサービスの価値の根底にあるものを反映すべきである。この意味においてポジショニングは，「価格-価値ポジショニング」あるいは「価格-性能ポジショニング」と同義である。商品のポジショニングは，価格決定の基本的な志向性を示すとともに値付けの余地を与える。ポジショニングは企業全体，特定のブランド，商品グループ，あるいは個々の商品にも適用することができる。

　顧客が認識する価値は，有形・無形両方の特徴を有し，その両方が利益をもたらし，ニーズを満たす。我々は，これらの価値と性能を4つのカテゴリーに分類する。

- 機能的属性
- 感情的属性
- 象徴的属性
- 倫理的属性

機能的属性は，顧客のニーズをどの程度満たせるか，どの程度ニーズに合致しているかという観点で測られる［1］。機能的属性によって，顧客は特定の課題を解決し，目的を達成できるようになる。たとえば，旅客航空会社の場合，A地点からB地点まで乗客を輸送することが課題の解決策となる。機能的属性には，それらの輸送ニーズを満たすために必要な資源やインフラも含まれる。スマートフォンの場合，画面サイズやバッテリー寿命のような属性が機能的属性となる。ノートパソコンの場合は，CPUの処理速度やメモリ容量などがそれに当たる。

感情的属性は，その商品がもたらすポジティブな感情によって，顧客が商品から得ることができる価値のことである。美しさ，官能的経験，喜び，興奮，変化や逃避の願望といったニーズは，感情的属性によって満たされる［1］。自家用車の場合，スポーツカーを運転する楽しさや，車の美しさ，デザインの良さなどがこれに当てはまる。高級ホテルで一夜を過ごす時，嬉しさだけでなく興奮さえ感じることがあるが，これらは感情的なベネフィットとみなされる。感情を刺激するような商品やサービスは，支払意思に顕著な影響を与える。

象徴的属性は，顧客が商品やサービスから，自信や自尊心を高めることで得ることができる価値のことである。この属性によって，顧客は自分自身を何らかのグループや人物と関連づけたり，特定のグループへの（実際の，あるいは願望的な）帰属を表現したり，反対に，あるグループからの分離や区別を表現することもできる。また，社会的な承認欲求を満たしたり，自己表現の一種ともなりうる［1］。ブランドは象徴的属性として非常に重要な役割を果たす。たとえばRolexのような非常に高価な腕時計や，Zegnaのような高級紳士服は，社会的な威厳を与え，その人が特別な社会階級に属しているという印象を与える。この象徴的属性は，ある集団の一員であることを示すという意味で，支払意思を向上させる強力な原動力となる。同様にPorscheを運転することとトヨタのプリウスを運転することは，象徴的属性が大きく異なる。

倫理的属性には，それが他者や社会，環境に有益な貢献を行ったという，ポジティブな感情を引き起こすものが含まれ，ミッション主導型のブランドの焦点となる。このポジティブな感情は，他の3つのカテゴリーの属性と同様に，顧客に価値を提供する。この属性を通して，人々は何らかの方法で他者を助けたいという願望を表現したり，道徳的，利他的に行動したいという一般的な願望を表明する［1］。倫理的属性の例として，Procter & Gambleの「One Pack＝One Vaccine」キャンペーンがある。このキャンペーンは，顧客がアメリカまたはカナダで紙おむつ「Pampers」を1パック購入するごとに，発展途上国の母親と新生児のための破傷風予防ワクチン1本分の資金を，UNICEFに寄付することを約

70

束するものである。その他にも，ミネラルウォーターのVolvicによる飲料水の取り組みや，Estée Lauderによる乳がん検診啓発キャンペーンなどの例がある。こうした企業は，慈善活動を支持する，あるいはより大きな社会的大義への貢献を行うというコミットメントを通して，顧客を惹きつけている。このようなコミットメントは支払意思に影響を与える可能性がある。

ポイント

　機能的属性，感情的属性，象徴的属性，倫理的属性という4種類の属性はそれぞれ，顧客ニーズを満たし，支払意思を生み出すことができる。つまり，商品の性能レベルや性質は，つねにポジショニングに組み込まれなければならない。すべてのマーケティング手段や，研究開発，調達，採用人事などの企業活動は，その企業が目指す価格ポジショニングと一致していなければならない。ラグジュアリーな乗用車と低価格モデルとでは，企業に求められるショールームも販売員の技量も根本的に異なる。このような一貫性に加えて，企業には持久力も必要とされる。望ましい価格ポジションを確立するには通常長い年月がかかるからである。

3.2　アプローチ

　価格と価値はつねに相対的に捉えるべきである。**図3.1**が示すように，価格と性能，あるいは価格と価値の関係性の観点から価格ポジションを解釈する必要がある。**図3.1**の一貫性の領域は超低価格，低価格，中価格，プレミアム価格，ラグジュアリー価格の価格ポジションを表している。価格と性能の象限はそれぞれのポジションで異なるレベルにあるが，互いにバランスは取れている。これらは，顧客の知覚する価格と性能であることに注意が必要である。

　一貫性のある領域から逸脱する場合，顧客の視点からは，公平であるとも不公平であるとも映る可能性がある。（顧客の視点から見て）公平または優位なポジションとは，価格と性能が好ましい関係であることを意味しており，顧客は，価格に比べて性能が良いと認識する。それとは反対に，不公平なポジションとは，価格と売り手が認識する価値あるいは性能が見合っていない場合に発生する。あるオランダ人顧客の，ドイツのエンジニアリング企業に対するコメントがこのことを示している。「この会社の価格は120万ユーロで，中国のサプライヤーの価格は75万ユーロである。この会社の商品のほうがより良いものだということはわか

るが，中国の会社の商品よりも60％優れているわけではないため，60％高価なことには納得がいかない。」結局，このオランダ人顧客は中国の会社の商品を購入した。

2016年，Sprintは，広告キャンペーンにおいて自社のメリットを伝えるために，上記の例と同様に，性能の数値化と，それを説得するための論理を使い始めた。「１％の違いのために２倍のコストをかけるな。」というスローガンの下，ネットワークの信頼性はAT&TやVerizonのような競合他社の性能と１％も違わないが，料金プランは50％も安いことを表すデータを示した。それとは反対に，比較のデータがなくても，価格と性能の関係が異常であると批判される企業もあり，McDonald'sはその一例である。「今やアメリカのビッグマックは4.80ドルもする！ ビッグマックにそんな値段を付けるなんて完全に狂っている！」と主張する人も存在する［２］。

商品やサービスの確かな価格ポジションを確立するために，３段階のアプローチを採ることをお勧めする。まず，価格と性能の観点から，顧客と競合の分析を含む，市場のセグメンテーションを実施すべきである。有効なマーケットセグメンテーションは，価格ポジショニングを確立する上で欠かすことのできない前提条件である。次に，１つ以上のターゲットセグメントを選び，そのターゲットセグメントごとに適切な価格ポジションを戦略的に選択する必要がある。最後に，異なる価格ポジションをカバーするために，１つのブランドを使用するのか，それとも複数のブランドを用いるのかを決定しなければならない。Appleが2015年にスマートウォッチを発売した時，「Apple Watch」というブランドは，349ドルから18,000ドルという，腕時計にしては極端な価格レンジを設定し，複数のセグメントをカバーしていた［３］。その後，「ラグジュアリー」ラインを廃止し，この時計は249ドルから1,399ドルで入手可能になった。

飽和市場や細分化が進んでいる市場では，通常，大まかなセグメンテーションでは不十分なことが多い。選択した価格セグメントの中で，さらに競合との差別化を図る必要がある。プレミアム商品のサプライヤーはラグジュアリーセグメントに進出するためのプライシングの余地が十分にあるかどうかを検討することができる。同様に，低価格商品のサプライヤーは，現在の価格水準より低い価格を設定することで，追加的な需要を満たせるかもしれない。実際のところ，格安の航空会社やホテルは，低価格セグメントにおいて旅行市場全体を大きく拡大してきた。

低価格セグメントでは，機能的属性が重視される傾向にある。このセグメントの顧客は，安価な移動手段といった，基本的な商品やサービスの機能に関心があ

る。パワフルなエンジン，快適性，スポーティさ，優れたデザイン，ステータスといった付加的なパフォーマンス属性は，副次的な要素である。一方で，プレミアムセグメントにおいては，顧客は機能的属性に高い水準の性能を求めるだけではなく，感情的属性，象徴的属性，倫理的属性といったその他のパフォーマンス属性も，より重視するようになる。電気自動車の購入者は，象徴的属性，倫理的属性を最も重要な意思決定要因としている。そのような顧客は，これらの属性が期待を満たす，あるいは上回る場合にのみ，適切な支払意思を持つようになる。

　価格ポジショニングは，それ自体に固有のリスクがあるため，戦略的な意思決定とみなされなければいけない。価格ポジショニングは長期的に確立されるため，途中で間違いを修正することは非常に難易度が高いのだが，実際には不適切なポジショニングを目にすることは，珍しいことではない。革新的なイノベーションでありカルト的な商品でもある，いわゆる「パーソナル・トランスポーター」とよばれるSegwayは，2001年に4,950ドルで発売された。今日，最も安価なモデルi 2 SEは6,694ドルであり，この種類の乗り物としてはラグジュアリーなポジションにあると断言できる。販売予測は初年度に5万台で，最初の5年間の年間平均販売台数は4万台を見込んでいたものの，実際にはわずか4,800台であった。当初の販売数量目標を88％も下回ったのである。この主な原因は，おそらく，商品の価格ポジショニングのズレである［4］。

　2014年，Amazonはスマートフォン「Fire」を200ドルで発売した。この発売価格は標準的なアンドロイド携帯と，より高価なiPhoneの中間の価格ポジションであった。しかし，この価格で「Fire」を購入する人はおらず，Amazonは価格を1ドルに引き下げて対応したが，この極端な値下げでもこの商品を救うことはできなかった。結果としてAmazonは，1億7,000万ドルを減損することになった。Amazonは消費者の支払意思を大きく見誤ってしまったようである［5］。

　同様に，ラグジュアリー・ブランドであるGucciは，高い価格を設定すれば，ブランドも自動的にラグジュアリー商品とみなされ，より人気が出ると思い込んでしまい，潜在的な顧客を正しく見極めることができなかった。当時のCEOであるPatrizio di Marcoによるハンドバックの値上げの試みは，顧客とその嗜好に関する判断の誤りにより，失敗に終わった。この事例は，高い価格のみがラグジュアリーブランドを作り上げたり，ブランド価値を改善するわけではないことを示している［6］。イギリスの革商品メーカーであるMulberryは相次ぐ値上げを行った結果，事実上の販売休止状態に陥った。顧客は数百ポンドの価格引き上げは不当であると感じた。単純にブランドのイメージが，その価格に見合っていなかったのである。収益の低下と顧客の不満増加は，価格リポジショニングが短

期間では効果が得られないことを証明している。価格リポジショニングは，社内と顧客の両方の目線から，長期的なプロセスとして展開されなければならない［7］。

　また，企業が選択する価格ポジションが低すぎる事例も数多く見られる。Playmobilは新しい「Noah's Ark」というおもちゃの価格を69.90ユーロに設定したものの，すぐにeBayで84.09ユーロで販売されるようになった。この商品の価格設定が低すぎたことは明らかである。2014年，Microsoftは，ノートパソコンに取って代わる可能性もあるハイブリッド・タブレット端末「Surface Pro 3」を発売したが，このタブレット端末はすぐに売り切れることとなった。AppleやSamsungのような競合他社のコンピュータと比べて価格ポジションが低すぎたためである。イギリスの通信会社Newnetは月額21.95ポンドで「通信上限なし」のサービスを導入したが，最初の600名の顧客でそのサービスに利用可能な容量を使い切ってしまった。その結果，同社は価格を60％引き上げて，34.95ポンドにした。台湾のコンピュータメーカーAsusはミニノートパソコン「EeePC」を299ユーロで発売したが，Microsoftのタブレット端末と同様，数日で品切れとなった。発売段階で，同社は実際の需要の10％しか満たすことができなかった。

　Audi Q 7 もまた，55,000ユーロという非常に低い価格で市場投入されたが，年間生産能力 7 万台に対し， 8 万台の受注があった。Procter & Gambleは，そのブランドの 1 つであるOlayの「Total Effects Creme」の価格設定を全面的に見直し，3.99ドルから18.99ドルへと価格を375％引き上げた。このクリームは以前よりも大幅に高い価格になったことにより，売れ行きが良くなり，後続商品もこの価格セグメントのポジションを引き継いだ。Procter & GambleはOlayというブランドを低価格ポジションから中価格ポジションに押し上げることに成功したのである［8］。これらの事例は，新商品を発売する際に最適な価格ポジションを見つけることが非常に重要であることを示している。

3.3　価格ポジション

　この節では， 5 つの基本的な価格ポジションについて詳しく説明する。 5 つの基本的な価格ポジションとは，ラグジュアリー価格ポジション，プレミアム価格ポジション，中価格ポジション，低価格ポジション，超低価格ポジションのことを指す。まず，ラグジュアリー価格ポジションから説明する。

3.3.1 ラグジュアリー価格ポジション

3.3.1.1 基本的な考え方

　ラグジュアリー価格ポジションは，企業が，（市場平均と比べて）きわめて高水準の品質もしくはサービスを，持続的かつきわめて高い価格で提供することを意味している。価格管理やマーケティング全般において，ラグジュアリー商品は際立った特徴を示す。高い評判，希少性，最高品質といったイメージを守るために，その商品やサービスの価格は非常に高く安定したままでなければならない［9］。したがって，ラグジュアリー商品の価格は，プレミアム価格ポジションの商品の数倍であることが多い。**表3.1**は，厳選されたラグジュアリー商品の価格とプレミアム・ブランドの価格を比較したものである。実際に，ラグジュアリー商品の価格はプレミアム商品の数倍の価格になっている。

　ラグジュアリー商品のもう1つの違いは，販売個数である。真のラグジュアリー商品では，全世界での年間販売個数は数百個，あるいは数千個にとどまることが多いが，プレミアム商品の場合には，数十万個から数百万個という規模になることもある。ラグジュアリー商品であるRolls Royceは2016年に4,011台，Ferrariは8,014台しか販売されなかった。対照的にPorscheは2016年に237,800台の新車を出荷した。このように，これら3つのブランドはラグジュアリーセグメントに属するが，販売台数は大きく異なる。ラグジュアリー商品市場は，過去数年間にわたって，力強い成長を遂げており，高い収益性を示している。現在，世界にはかつてないほどの多くの億万長者が存在する。ラグジュアリー商品の過去25年間の価格傾向には興味深いものがある。スイスの輸出腕時計の平均価格は

[表3.1] ラグジュアリー価格ポジションとプレミアム価格ポジションの例（2018年2月）

製品	プレミアム価格ポジション	ラグジュアリー価格ポジション
腕時計	Michael Kors Ceramic, MK5190　$348	A. Lange & Söhne, Lange 1, Tourbillon Platinum　$403,000
乗用車	BMW 7シリーズ, 基本価格　$83,100	Ferrari 458　イタリア, 基本価格　$264,000
ホテル	Hilton New York, ミッドタウン　$269	Burj al Arab　ドバイ, ロイヤルスイート　$13,058
航空	Lufthansa Business Class, フランクフルトーモスクワ　$1,031	Lufthansa Private Jet, フランクフルトーモスクワ　$20,794
Tシャツ	Ralph Lauren　$79	Prada　$740

第3章　価格戦略②―価格ポジショニング―　◆75

1900年以来，約250％上昇している［10］。Bentleyのような一部のラグジュアリー商品のメーカーはこの傾向を利用して販売数を伸ばそうとしているが，2013年にはすでに販売数量は19％増の10,120台にまでに達しており，それ以降もこの水準を維持している。2016年のBentleyの販売台数は11,023台だった。

　世界最大のラグジュアリーグループであるLVMHの2017年度のEBITマージンは19.5％で，その売上高は2007年以降毎年約10％ずつ増加している。世界第2位のスイスのラグジュアリー企業Richemontの2017年度のEBITマージンは16.6％であり，2007年以降の年平均の売上成長率は約9.2％であった［11］。この2社の時価総額は，利益と成長こそが株主価値創造の原動力であるという事実を反映しており，LVMHの2017年の売上高は520億ドル，税引き前利益は102億ドルで，2018年2月現在の時価総額は，2007年の時価総額350億ドルの4倍にあたる，1,448億9,000万ドルである［11］。Richemontは，130億ドルの売上高と22億ドルの税引き前利益で，時価総額は510億ドルであり［12］，LVMHと同様，時価総額は2007年から3倍以上にも成長した。ラグジュアリー商品はきわめて利益率が高く，成長という観点でも魅力的であるにもかかわらず，ニッチな市場であり続けている。

3.3.1.2　マネジメント

商品

　ラグジュアリー商品は，すべてのパフォーマンス属性において最高の性能と品質を提供しなければならない。これは機能的，感情的，象徴的な属性に当てはまる。Richemontの会長であるJohann Rupertは，「我々は，これまで以上に目の肥えた得意客の需要に応えるために，刺激的で革新的な商品を，優れたサービスで提供しなければならないことを理解している」［13］と述べている。Richemontは，細部における完璧さと，過剰なまでの豪華さを様々な面で兼ね備えている。ラグジュアリー・オーディオ・システムを製造するBurmesterは，電気を「クリーン」にする装置を開発し，特許を取得した。この「パワー・コンディショナー」は，電源からの交流電流に混じってわずかに残留する直流電流をフィルタリングすることで，音質を維持・向上させる。とはいえ，ラグジュアリー商品が，必ずしも機能的属性という点で，プレミアム商品と異なるという訳ではない。ラグジュアリー商品のトップメーカー28社を対象とした国際調査では，高い機能的属性ではなく，ブランドイメージ，品質，デザインが主な差別化基準であることが明らかになっている［14］。

　パーソナル・サービスは，ラグジュアリー商品の体験に不可欠な要素である。Burj Al Arabでは，スイートルームに24時間利用可能な専属の執事が常駐してい

る。高級カメラメーカーのLeicaはブルネイのスルタン（国王）のために金メッキのカメラを製造したこともある。Louis Vuittonは毎年，著名な顧客や富裕層の顧客のために約300個の特注品を製造しているが，1つの特注品につき2ヵ月から4ヵ月を要する。そのような特注品には，シャンパングラス用のケースや，高価なバトンのコレクション用のケースなども付随する。プレミアム商品ではオプション的な扱いをされるものが，ラグジュアリー商品では定番なものとなっている。

　実は，ラグジュアリー商品は倫理的属性に関して，矛盾を抱えている場合もある。16気筒エンジンで1,500馬力のBugatti Chironの価格は270万ドルであるが，プライベートジェットと同様，環境に優しい乗り物とは考えられていないのは確かである。

　ハンドメイドであることはラグジュアリー商品のもう1つの特徴である。本来，手作業による製造は生産量を制限する代わりに，商品に個別で独特な個性を与える。ハンドメイドの場合，ラグジュアリー商品メーカーはサプライチェーンを厳格にコントロールしようとするため，生産工程は高度に垂直統合され，アウトソーシングを回避する傾向にある。Hermèsは自社で牧場を持ち，縫製部門を持つほどである。Montblancは高級腕時計市場への参入を決めた時，スイスに独自の手作り工房を設立した。そのような施設を巡礼するほど熱心な顧客もいるほどである。このようにハンドメイド生産とユニークな作品づくりに集中的に取り組むことで，大衆市場では成功のチャンスがほとんどないような小規模企業にも，ラグジュアリー商品分野でのチャンスがもたらされる。その一例が，壁面装飾を専門とするベルリンのWelter Manufakturであり，ロンドンのデパートのHarrodsやドバイのWorld Trade Centerの壁を手がけたことで有名である。オーダーメイドの場合，1平方メートルあたりの料金は1,000ユーロから3,000ユーロと非常に高価格であるにもかかわらず，国際的なラグジュアリー市場で，その地位を確立している［15］。

　ラグジュアリー商品メーカーは，商品の価値を確実に維持するために，独自の商品ライフサイクル・マネジメントを実施している。理想的には，ラグジュアリー商品は時間の経過とともにその価値が上がっていくものであるため，限定版やコレクターズ・エディションはこのような効果を高め，望ましい独占性を提供するのに役立つ。2011年，HermèsのBirkinというバッグは，あるオークションで15万ドルという価格で落札された。バッグの本来の価格は5,300ドルから16,000ドルだった。

価格

「美し過ぎるものはない，高過ぎるものはない」というのがBugattiのキャッチフレーズである。Swatch Groupの最高経営責任者Nick Hayekは，「ラグジュアリー商品に限界はない」と言う [16]。それゆえ，ラグジュアリー商品の価格設定はこれ以上ないほど単純で「価格をできるだけ高くすればよい。」と考えるかもしれないが，それは幻想である。実際には，ラグジュアリー商品の価格マネジメントには，顧客と市場に関する非常に深い知識と，数量と価格の絶妙なバランス感覚が必要になる。

価格それ自体は，ラグジュアリー商品の品質と独占性を示す，きわめて優れた指標である。いわゆるスノッブ効果やヴェブレン効果は，ある価格レンジにおいて正の傾きを持つ価格反応関数で表される効果である [17]。言い換えれば，価格の上昇が，販売数量の減少ではなく増加につながる。単位当たりの利益率の上昇と販売数量増加の同時効果により，利益は上昇する。実際，ベルギーの高級バッグメーカーであるDelvauxが，価格リポジショニングの一環として大規模な価格引き上げを行ったところ，顧客はその商品をLouis Vuittonのバッグの代わりとみなすようになり，人気が急上昇し，販売数量が急増したケースもある。ラグジュアリー・ポジショニングの効果は，何も消費財に限ったことではなく，工業商品でも同様に起こりうる。ラグジュアリー・カーボンホイールを製造する「隠れたチャンピオン」であるLightweightは，4,000ユーロから5,000ユーロの価格レンジでホイールを販売している。これらのホイールは消費者市場向けではなく，むしろプロ市場向けである。それに加え，Lightweightは一切の値引きをしない。それにもかかわらず，ホイールの需要は増え続けている [18]。Porscheの革新的なカーボンブレーキの価格設定においても，同様の効果が見られた。社内では当初，Porsche 911モデルのオプションとして8,520ドルという価格は高過ぎると考えられていた。しかし，実際にはこの価格で市場に受け入れられ，このイエローのカラーのブレーキに高い需要があることが示された。通常の赤いブレーキディスクと比べ，黄色いブレーキディスクは車の所有者のステータスのシンボルとなり，象徴的属性としての役割を果たしたのである。かなりのプレミアム価格にもかかわらず，カーボンブレーキセットは多くのPorsche 911オーナーにとって「必需品」となった [19]。

しかし，価格反応関数の正の傾きを持つ部分は，価格設定には影響を与えない。最適価格は常に，価格反応関数曲線の負の傾斜部分に沿っているため，ラグジュアリー商品メーカーが最適な価格設定を実現したいのであれば，価格反応関数を知る必要がある。この知識がなければ，やみくもに価格を設定することになる。

非常に高い価格水準を支えるため，企業は通常，生産量を制限する。この意思決定は前もって行われ，市場に伝えられるため，限定版の生産量の制限には拘束力がある。たとえ予想外に需要が高まったとしても，この自主的な制限に違反することは，消費者の信頼を著しく損ねることになる。たとえば，BugattiはChironの生産台数を500台以下にする計画を立てている。Montblancは，アメリカ大統領に謹呈する万年筆を，大統領1人につき50本に制限している。デザインにもよるが，このようなペンは25,000ドル以上する。また，非常に高価な腕時計モデルは，100本以下に限定されることが多い。A. Lange & Söhneは，2013年のジュネーブ・ウォッチ・サロンで最も高価な腕時計をわずか6本しか作らなかった。価格は1本200万ユーロ弱であった。

ウェイティング・リストと納期が長いことは，希少性と永続的な価値の両方の印象を高める。Hermèsの前CEOであるPatrick Thomasは，この現象を次のように表現している。「実際，我々はパラドックスに対処する必要がある。魅力的で価値があるものであればあるほど，よく売れる。そして，よく売れれば売れるほど，価値が下がり，求められなくなる。たとえば，あるネクタイがあまりにも売れ過ぎると，生産を中止することもあるのだが，これは単純に，売れすぎる商品は平凡なものであるということを表しているかもしれないからである [20]。」ラグジュアリー商品メーカーの中には，間違った顧客（たとえば，高級ホテルのみすぼらしい宿泊客）がブランドのイメージを損なうことを防ぐために，顧客を注意深く選んでいる企業もある。

ラグジュアリー商品の価格と数量の設定アプローチは，他の市場とは根本的に異なる。コモディティ市場ではサプライヤーは実勢価格を受け入れる以外になく，市場に出す数量を決めることしかできない。非コモディティ市場では，サプライヤーが価格を設定し，市場が受け入れる販売数量を決定する。一方で，ラグジュアリー商品市場では，サプライヤーが価格と販売数量の両方を決定する。この組み合わせは非常に高水準の情報を必要とし，かなりのリスクを伴うのだが，次の実例がこのことを示している。あるラグジュアリー腕時計メーカーが，バーゼルで開催された（世界最大の）腕時計見本市で新しい腕時計を800個限定で発表した。先行モデルの人気が高かったため，腕時計メーカーは新モデルの価格を16,000ユーロから24,000ユーロへと50%引き上げたが，見本市では，なんと1,500本もの注文を受けたのである。価格24,000ユーロ，総生産数が800本の場合，この企業の売上は1,920万ユーロとなるが，もし1,500本の注文をすべて受けていれば，売上は3,600万ユーロとなっただろう。もしくは，価格を24,000ユーロではなく36,000ユーロに設定し，当初予定していた800個を完売していれば，売上は2,880

第3章　価格戦略②―価格ポジショニング―　◆79

万ユーロになったと考えられる。2,880万ユーロと実際の売上1,920万ユーロの差は，純粋な利益損失である。この企業は960万ユーロの利益機会を逃したことになる。つまり，数量や価格の見積もりが甘いと，メーカーは莫大な損失を被る可能性があるということである。

　反対に，ラグジュアリー商品のメーカーが需要を過大評価し，商品を過剰に生産することもまた，問題である。このような不安定な状況は，特に二次市場（中古市場）において値崩れを引き起こす危険性がある。厳しい生産制限と不安定な需要を調整することは難しいため，ラグジュアリーメーカー各社は，これらのバランスをとるためにあるアプローチを用いている。1つはバンドリングである。De Beersはダイヤモンドで何年もこのアプローチを採ってきた。顧客は，高品質のダイヤモンドと低品質のダイヤモンドを組み合わせたものを，セット価格で提供される。顧客は，セットで購入するかしないかの，オール・オア・ナッシングの意思決定を行わなければならず，欲しい物だけを選ぶことはできないのである。時計メーカーも同様のアプローチを採る。モデルAの需要は高い一方，モデルBの需要は低く，各モデルの生産能力は厳密に決まっているものと仮定する。あるディーラーはAモデルを20本注文したが，Bモデルは一本も購入したくないという。そのような場合，時計メーカーは，このディーラーがBモデルを5本購入する場合にのみ，Aモデルを10本提供する。その際，価格交渉は受けつけない。時計メーカーからすれば，このアプローチは合理的ではあるが，マイナス面もある。モデルBの時計はおそらく二次流通に流れ，そこで安価で売れてしまうと，時計メーカーが懸命な努力で確立し，守ってきた一貫した価格水準が危うくなる可能性があるのだ。このような価格下落や矛盾の最終的な原因は，需要と供給の計算ミスであるのだが，このような状況はラグジュアリー商品メーカーにとって非常に問題である。第一に，価格の下落は，正規の価格を支払った顧客の大きな不満につながる可能性がある。第二に，こうした影響はブランドイメージを棄損する。価格の安定性，継続性，一貫性は，ラグジュアリー商品にとって不可欠である。ラグジュアリー商品の神話は，それが永遠に続くことで成り立っているため，価格の変動とは相容れないものである。理想的には，中古のラグジュアリー商品の価格は時間とともに上昇することが望ましい。したがって，顧客の中には，ラグジュアリー商品を投資とみなす顧客もいる。ラグジュアリー商品の価格は通常，すべてのパフォーマンス属性を反映している。包括的なサービスやその他のパフォーマンス属性（たとえば，生涯保証，クラブ会員資格など）は価格に組み込まれている。言い換えれば，ラグジュアリー商品の価格は通常，「すべて込み」なのである。

流通

　ラグジュアリー商品の流通で重要なのは，選択性である。ラグジュアリー商品のメーカーは多くの場合，国ごとに厳選された少数の販売店しか持たない。腕時計メーカーのA. Lange & Söhneは，アメリカで25店舗，日本に15店舗しか展開していない。ドイツでは，Rolls Royceを購入できる都市は４つしかない。販売チャネルにおける独占性は，商品そのものの独占性を反映している。これは，店舗数だけでなく，売り場のデザインや外観，販売スタッフの能力や裁量などの，ブランドの品質基準にも当てはまる。こうした品質基準を維持するために，メーカーは厳しい監督と品質統制を行う必要がある。

　高い品質水準と価格の強制を求めるあまり，ラグジュアリー商品のメーカーはますます直営店に依存するようになっている。実際，LVMHやRichemontのようなグループはすでに，事業の売上の多くを，卸流通経由ではなく，直営店を通じて生み出している。ラグジュアリー・ブランド全体で見ると，卸売経由での売上が，依然として全体の64％を占めているものの，小売経由での売上は（現在の為替レートで）卸売の売上の２倍以上の速さで成長している［21］。イタリアのラグジュアリー・ファッショングループであるPradaの売上も，同様の内訳を示している。同グループは現在，総売上の82％を613の直営店を通じて生み出している［22］。直営店や自社管理店舗への移行は，プレミアムからラグジュアリーへの飛躍を図る企業にとって非常に重要である。とはいえ，ラグジュアリー商品メーカーもガソリンスタンドビジネスと同様に，代理店モデルを採用することもあり，その場合，ディーラー（取引業者）がメーカーを代表する代理店としての役割を果たす。しかし，いずれのシステムにおいても，メーカーが価格を含むすべてのパラメーターを完全にコントロールする。

　長い間，ラグジュアリー商品のメーカーは販売チャネルとしてインターネットを敬遠してきた。高級店でのショッピング経験や，パーソナライズされたサービスが非常に重要だと考えられてきたためである。そのため，ほとんどのラグジュアリー企業がオンラインにおいては，商品の説明を行うにとどまっており，最近になってようやく，オンラインショップを立ち上げる企業が現れた程度である。しかし，net-a-porter.comやmytheresa.comのようなオンライン販売業者が台頭してきているということは，ラグジュアリー商品の購入者がオンラインでも購入することを示している。ブランドは，デジタルの世界でいかに「ラグジュアリー」な魅力と独占性を維持するかに頭を悩ませている。とはいえ，一方でインターネットとソーシャルメディアは，ラグジュアリー商品業界にとってますます重要になってきていることも事実である。ラグジュアリー商品における電子商取引は，

2017年には市場の９％にまで成長し，そのシェアは５年前の２倍以上になっている [21, 23]。

コミュニケーション

ラグジュアリー商品は，そのブランドイメージを維持し，潜在顧客にその価値を伝えるために，洗練された素晴らしい広告，慎重に選択されたメディアの利用，最高の広告デザイナーや写真家とのコラボレーションを必要とする。メーカー各社は，売上全体の４分の１までをコミュニケーション予算に割り当てることが多い。一般的に，ラグジュアリー商品に対する世間の関心は高いため，マーケティングにおいては，コンテンツそのものだけでなく背景となるストーリーも含めて，顧客へのアプローチに，可能な限りの努力を行っている。ラグジュアリー商品の魅力は，一定程度その入手困難性に依存している。多くの人々にとって非常に魅力的な商品である一方で，ほとんどの人々はそれを買う余裕がなかったり，手に入れることができなかったりする。企業は意識的に，このような，人々が憧れる気持ちを作り出しているのである。広報活動やスポンサー活動は，そのような気持ちを醸成するのに重要な役割を果たすため，コミュニケーションは，華々しい活動やイベントによって支えられていることが多い。

また，伝統も，ラグジュアリー商品のイメージとコミュニケーションの重要な側面である。ブランドのイメージは長い時間をかけて洗練され，固まっていくものであるため，いくら素晴らしい広告活動を実施しようとも，ブランドの歴史に取って代わることはできない。RichemontとLVMHグループの各ブランドの平均継続期間は，それぞれ120年と110年であり，ラグジュアリー商品ブランドにとって，伝統がいかに重要かということを実証している。「クラシック」という言葉は古いという意味かもしれないが，時代遅れという意味ではないのである。

ラグジュアリー商品に関するコミュニケーションにおいて，あからさまに価格が登場することはほとんどない。ラグジュアリー・ブランドがパンフレットやホームページ，店頭で価格を示すことは稀であり，リクエストに応じて提示されるだけである。価格をめぐるこの準秘密性は，ラグジュアリー商品は，純粋な価値のみを重視しているいうことを強調するシグナルとなり，それゆえ，価格が明示的には示されないのである。この行動には，価格を尋ねる必要がある人は「本物の」ラグジュアリー商品の顧客ではないという考えが暗黙的にある。Rolls Royceの創業者であるCharles Rolls「それがいくらするのか，価格を訊かなければならないなら，あなたにはそれを買う余裕がない。」と表現している [24, p.229]。

表3.2は，ラグジュアリー商品のメーカーがどのようにマーケティング手段を

[表3.2] ラグジュアリー価格ポジショニングのマーケティング手段

商品	価格	流通	コミュニケーション
● 品質と性能の点において きわめて高い。特に感情的属性, 象徴的属性に関して高い。 ● 包括的, 個人的なサービス。 ● 最も独占性が高い ● 自社で製造。ハンドメイド, カスタマイズされていることも多い（アウトソーシングは非常に少ない）。	● 非常に高い。 ● 価値を保持するためチャネル間で一貫。 ● 何があっても値引きはしない。 ● 限定版。価格と製造量は合わせて計画される。	● きわめて選択的な流通。 ● 販売チャネルを厳格に統制。 ● 企業直営店舗や代理店システムを採用する傾向。 ● かなり少ないが, オンライン販売が徐々に増加。	● 洗練された広告。 ● 選択的なメディアの利用。 ● 特に印刷広告を利用（広告予算の60％超） ● PR, 記事広告, レポート, スポンサー, 特別イベントを重視。 ● 伝統を強調。 ● 積極的/明示的な広告コミュニケーションはしない。

構成しているかについて, 我々の洞察をまとめたものである。

3.3.1.3 機会とリスク

　世界中で富裕層が増加し, 新興国の市場が力強い成長を遂げていることが, ラグジュアリー商品市場の拡大を後押ししている。これは興味深いビジネスチャンスを生み出すと同時に, 次のような顕著なリスクも生み出している。

● ラグジュアリー商品市場は, 高い成長と高い収益性を兼ね備えているため, 非常に魅力的である一方, このような市場を開拓するのは容易ではない。ラグジュアリー商品は, 主にフランス, イタリア, スイスの企業がメインである。ラグジュアリーな車では, ドイツとイギリスのブランドが代表的である。新規参入企業は, ラグジュアリー・ブランドの真の名声と需要を確立するのに悪戦苦闘することが多い。
● 機能的属性でトップクラスのパフォーマンスを発揮することは前提条件だが, それだけでは成功には不十分である。商品は同時に, 非常に高い感情的価値と象徴的価値を提供しなければならない。
● ラグジュアリー商品が利益を上げるためには, ブランドを棄損しないよう適切な生産量を, 維持する必要がある。「少量の呪い」とよばれる, 生産量が少な過ぎて利益を上げられないこともリスクの1つである。
● 一方, 独占性の喪失も脅威となる。ラグジュアリー商品は, 本質的には権威的なものであるため, 独占性は権威性の維持に重要な役割を果たすのである。

第3章　価格戦略②—価格ポジショニング—　◆83

ブランドの独占性を薄めてしまうような成長戦略や拡大計画は避けなければならない。これは，新しい商品カテゴリーへの水平的拡大（ブランド拡張）だけではなく，垂直的拡大，すなわち大衆市場へのライン拡張にも当てはまる。ラグジュアリー商品にとって，ブランドに水を差すことはきわめて危険である。そのような拡張は，短期的には利益をもたらすかもしれないが，長期的にはブランドを平凡なものにすることにつながりかねない。

- ますます多くのラグジュアリー商品のメーカーが，価格と購入経験の質を維持するために，直営店をオープンするようになってきている。これは成長の機会を広げるが，巨額の資本を投下し，さらなるリスクを負うことが必要になることを意味する。

3.3.2　プレミアム価格ポジション

3.3.2.1　基本的な考え方

プレミアム価格ポジションとは，商品やサービスが，市場平均を顕著かつ持続的に上回る価格で提供されることを意味する。ほとんどすべての分野にプレミアム商品やプレミアム・サービスが存在する。消費財では，Mercedes-BenzやLexus（自動車），Miele（洗濯機），Nespresso（コーヒー），Starbucks（コーヒーショップ），Clinique（化粧品），Apple（家電やコンピュータ）などが挙げられる。プレミアム・サービスには，Singapore AirlinesやLufthansa，プライベート・バンク，InterContinentalやFour Seasonsなどのホテルチェーンが含まれる。

しかし，プレミアム商品は，決して一流の消費者向け商品に限定されるものではなく，B2B業界にも存在する。産業財に関して，「我々はこの業界のMercedes-Benzである」という表現を聞くことが多い。また，中規模の世界市場リーダー，いわゆる「隠れたチャンピオン」企業の商品は，通常市場平均より10〜15％高い価格水準にありながら世界市場におけるリーダーとしての地位を保っている [25]。

プレミアム価格ポジションでは，価格ではなく，サプライヤーの品質，能力，独自性が顧客の関心の中心にある。通常は，競合商品・サービスとの製造コスト差は，知覚される価値とその結果として生じる支払意思の差よりも小さい。知覚価値とそれに伴う支払意思は，プレミアム価格を設定することで収益として刈り取られる。あるプレミアム自動車会社の役員は，プレミアム価格ポジションについて「我々の価格は市場平均より12〜16％高いが，コストは6〜8％高いだけだ。この差がこのビジネスのうまみである」と説明している。

[表3.3] 市場平均価格とプレミアム価格の価格差（2018年1月）

製品	中価格ポジション	プレミアム価格ポジション
チョコレート（3.5オンス）	Cadbury：$1.93	Scharffen Berger：$4.99（＋159%）
アイスクリーム（35オンス）	Breyers：$2.18	Ben & Jerry's：$8.68（＋298%）
鉛筆（1本）	General's Kimberly Graphite Pencil：$0.95	Faber-Castell 9000 Pencil：$2（＋110%）
男性用ドレスシャツ（白）	Alfani：$52.50	Hugo Boss：$95（＋81%）
携帯電話	Huawei P10（64GB）：$449	iPhone X（64GB）：$999（＋123%）
HDTV（55インチ）	Toshiba：$449.99	Samsung：$1,099.99（＋144%）
中型車（基本モデル）	VW Passat：$22,995	Mercedes-Benz E-Class：$52,950（＋130%）
マイアミのホテル（1泊，クラシックルーム）	Hilton Miami South Beach：$217	Four Seasons $478（＋120%）

　表3.3の厳選された例が示すように，中価格ポジションとプレミアム価格ポジションには相当な差がある。価格プレミアムの大きさについては，一般的な経験則はないものの，特に消費財の場合，その差は数百%に達することもありうる。また，プレミアムとラグジュアリーの境界は流動的である。

　プレミアム商品は，機能的属性の観点で優れているだけでなく，感情的属性，象徴的属性，倫理的属性においても，強い性能を発揮し，高い品質と卓越したサービスを伴うべきである。イノベーションがその優位性の基礎となることも多い。また，高価格であること自体がポジティブな属性となることもあるが，これは，価格が品質の指標として機能することだけでなく，それが社会的シグナル（スノッブ効果またはヴェブレン効果）を発信することによってもたらされうる。プレミアム商品を購入し，使用することで，顧客は意識的に自分自身を大衆から切り離すが，（ラグジュアリー商品で起こりうるように）自分自身を主流社会から完全に隔てることはない。

3.3.2.2　マネジメント

商品

　品質への期待を考慮すると，プレミアム価格ポジションでは，商品そのものが中心的な役割を果たす。イノベーションから原材料の調達に至るまで，バリュー・チェーン全体で優れた能力が不可欠であり，それには安定した生産工程や，平均能力以上の販売・サービス組織も含まれる。実は（ラグジュアリー商品と比較しても）プレミアム商品ほどイノベーションが重要な商品カテゴリーはない。なぜなら，プレミアム商品のユニーク・セリング・プロポジション（unique

selling proposition, USP）は，イノベーションによって初めて確立されることが
多いからである。

　スマートフォン業界では，画期的なイノベーション（フロントカメラ，高精細
ディスプレイ，光学ズーム付きHDカメラ，ステレオスピーカー，３Dタッチ）
は一般的に（iPhoneのような）プレミアムモデルで導入され，その後，平均的な
価格セグメントや低価格セグメントに普及していく。つまり，イノベーションか
ら生じる競争の優位性は一時的なものに過ぎないため，プレミアム商品のサプラ
イヤーは絶えずイノベーションを起こし続けなければならないというプレッ
シャーに直面している。ブランドの中には，広告宣伝において，この絶え間ない
イノベーションを強調しているブランドもある。たとえば，プレミアム家電メー
カーのMieleは，1899年の創業以来，「forever better（より良いものを永遠に）」
というスローガンを掲げている。このスローガンは，同社の指針となる哲学を表
しており，そのスローガンどおり，Mieleは常に競合他社よりも秀でることに努め，
絶えず商品の改良を行っている。

　とはいえ，イノベーションだけがプレミアム商品の成功戦略ということではな
い。企業は，うまくいった結果残ったものに忠実であり続けることもできる。こ
のような異色の戦略を「"semper idem"（いつも同じ）」戦略とよぶ。「ゼンペル・
イデム（semper idem）」とは，ドイツ語圏で有名な薬草酒メーカー，Underberg
のモットーであり，ブレンデッド・ウイスキーのChivas Regalと同様，商品が決
して変わらないという事実こそが商品のUSPなのである。つまり不変性が優位性
となりうるのである。しかし，これは商品そのものにしか適用されないため，同
社はマーケティング手法や製造工程を調整し，時代に適応させる必要性がある。
プレミアム商品には，包括的で，かつ商品と同水準のサービスも必要である。こ
れを顧客に提供するために，企業は社内においても，販売・流通パートナーにお
いても，能力の高い従業員を必要とする。

価格

　相対的に高い価格は，プレミアム商品に不可欠な特徴であるため，値引きやス
ペシャル・オファー，その他類似する価格プロモーションを安易に利用してはな
らない。プレミアム商品のサプライヤーは，価格水準とその維持に高い価値を置
かなければならない。このことを，Porscheの元CEO，Wendelin Wiedekingは次
のように説明している。「ブランドを守り，中古のポルシェの残存価値の低下を
避けるために，価格を安定させることが我々のポリシーである。もし需要が減少
すれば，価格を下げるのではなく，生産台数を減らすのだ。」現在のPorscheの

マーケティングの意思決定者であるBernhard MaierとKjell Grunerは，この点について同様に明確な哲学を持っている。「高い独占性と高い残存価値というブランドの約束に忠実であり続けるために，我々はつねに，市場が吸収できる台数よりも1台少なく販売したいと考えている。販売台数で勝負しているのではなく，永続的なビジネスを義務づけられているのである」[26]。

この方針が上手く機能しているのには以下のようないくつかの理由がある。

- 価格の急激な変動は，プレミアム商品の持続的な高価値イメージとは相容れない。
- 一時的な値下げは，その商品を通常の（高い）価格で購入した顧客を失望させたり，怒らせたりする。
- 耐久消費財の場合，値下げにより中古商品の価格が崩壊するリスクがある。残存価値は，この種の商品にとって重要な購入基準であるため，残存価値の下落は，新商品への支払意思を減少させる可能性がある。

プレミアム商品においては，再販業者に対して推奨価格を設定し，それを義務づけるべきである。ましてや，（法的な理由から実現が困難だとしても），自社商品がロス・リーダー（客寄せのための非常に安価な価格設定）として使用されるのを断固として阻止すべきである。小売業者や再販業者は，再販価格を維持しようとするメーカーの努力を絶えずなきものにしようとする。

何よりも，サプライヤー自身が値下げへの誘惑に負けるべきではない。確かに，プレミアム商品の価格弾力性が非常に高い場合，大幅な値下げを実施することで，販売数量の急増につながることはありうる。しかし，この戦術を繰り返していると，その商品はプレミアム商品としての地位を失い，大衆向け商品になってしまう可能性がある。その例が，衣料品ブランドのLacosteである。フランスのプロテニスプレーヤーであるRené Lacosteが1933年に設立し，自身がデザインした，一目でそれと認識できるワニのエンブレムが付いたスポーツシャツは，独占的な威信を表し，高い価格と高い利益率を実現した。アメリカのDwight Eisenhower大統領やその他の有名人もLacosteのシャツを公の場で着用した。50年もの間，ラコステは上流社会階級を連想させるブランドであったが，時が経つにつれ，ラコステは大衆向け商品となった。価格が下落した結果，販売数量が減り，それがさらなる価格引き下げを引き起こしてしまい，最終的には利益が減少した。この事例は，プレミアム商品の価格水準がなぜそれほど重要なのかという問題を浮き彫りにするものである。

流通

　プレミアム商品の流通は，独占性と選択性によって成り立っており，まず商品の見せ方を管理することから始まる。これは視覚的なプレゼンテーションにとどまらず，販売員の資質や外見も含まれるのだが，この行動原理を実践することは困難であることも多い。衣料品や家電商品のような業界では，たとえそれが，望んだことではなかったとしても，プレミアム商品が中価格商品，あるいは低価格商品が多い環境下で，同様に販売されることは珍しくない。プレミアム商品の中には，自社商品を中価格商品から隔てるために，百貨店内に独立した「ショップ・イン・ショップ」スペースを設置することが増えている。このコンセプトには定評があり，プレミアム価格ポジションに適している。

　Lasslop［27］によれば，プレミアム商品の流通階層は3つの階層に分けられる。最も高い水準にあるのは旗艦店（flagship）であり，その主な目的はプレミアム・ブランドを「称賛し，崇拝する人を育てる」ことである。AppleやNike，コーヒーブランドのNespressoなどの旗艦店がその例である。これらの店舗は，高売上を達成することが主な目的ではなく，むしろ，“旗艦”という言葉が示すように，店舗自体がブランドのショーケースなのだ。消費者がブランドとその憧れ，プレミアム性に浸るための目的地となるのが旗艦店なのである。2つ目の階層は，フランチャイズ方式の独立型店舗で，そこではメーカーがすべての主要なパラメーターを管理する。3つ目の階層は，Sur La TableのNespressoブティックやアメリカのMacy'sのような専門店や高級店で構成される。特に高級店において，「ショップ・イン・ショップ」での店舗展開が定着している傾向にある。このような販売店には非常に高いレベルが要求されるため，その選定も非常に厳しい基準に従っている。質の高い商品の展示，洗練された雰囲気，優秀な人員といったメーカーの要求に応じる代わりに，選ばれた販売店は一定水準の地域独占権を得る。メーカーが独占的な流通システムを採用する場合もある。

　ファクトリー・アウトレット・センター（Factory Outlet Center；FOC）の全国ネットワークを通じたプレミアム商品の流通は，批判的に見るべきである。一方で，特定の地域でのみ営業する，真の独立型ファクトリー・セールスストアでは，プレミアム商品のイメージと価格をリスクにさらす可能性は低い。また，顧客が小売業者に対して強いロイヤルティを持たない傾向にある分野（繊維，家具，家電商品など）では，ファクトリー・アウトレット・センターは，興味深い選択肢となりうる。このようなセンターは，店舗に有利になりがちな小売業のパワーバランスを，メーカーに有利な方向に少しだけ傾ける。メーカーは，最新モデルよりも，前のシーズンの商品をFOCで提供したいと考えているからである。

ラグジュアリー価格セグメントは，その入手困難性と独占性から，オンライン販売の存在感は限定的であるものの，プレミアム価格セグメントではオンラインの流通チャネルの利用が増加している。現在，オンライン販売は，プレミアム・ブランドの売上の約17％を占めている [28]。プレミアム商品やプレミアム・ブランドを購入する時に，顧客は依然として優れたサービス，顧客志向，顧客への配慮 [29] を期待しており，そのことは，このセグメントにおいて支払意思を高めるための前提条件となっている。しかし，このようなサービスをオンラインで提供することは，非常に困難であることが多い。したがって，オンライン流通チャネルにおいて成功する機会は，その分野と，その商品がどの程度「説明集約的」であるかによって異なる。たとえば，消費者は，実際の商品を見なければ，購入の判断が難しい新しい洗濯機や家具を購入する場合よりも，iPhoneのアップグレードのような，文章を読むだけでその価値をすべて理解できるような商品をオンラインで進んで購入しようとする。

コミュニケーション

プレミアム商品においてブランディングは中心的な役割を果たすため，コミュニケーションが非常に重要であることはいうまでもない。コミュニケーションは，主に独占性，威信，継続性に焦点が当てられ，伝統的な広告だけではなく，「マスメディア以外の手段による広告（below-the-line）」活動により大きく依存するようになっている。PR，イベント・マーケティング，プロダクト・プレイスメントなどがそれにあたる。James Bondは『Tomorrow Never Dies』でBMW 750iLを運転している。BMWは，ハイブリッド電気自動車i8の発売を映画『Mission: Impossible』の「Ghost Protocol」と連動させ，Tom Cruiseにi8を運転させることで売り出した。「Mission to drive」というスローガンは，映画の評

[表3.4] プレミアム価格ポジショニングのマーケティング手段

商品	価格	流通	コミュニケーション
● 顕著な機能的性能と品質。 ● 包括的なサービスパッケージ。 ● 感情的属性，象徴的属性，倫理的属性の重要性が高い。	● 相対的に高価格を維持。 ● 妥協して値引きやプロモーションをしない。 ● 価格原則と価格維持は特に重要。 ● ファッション商品に関してのみクリアランスセールを実施。	● 独占性と選択性が高い。 ● 製品の展示を統制。売り手/小売業者での配架の需要が高い。 ● 選択的だが，オンライン販売の水準が増加しつつある。	● 非価格要因を強調。 ● メッセージの連続性。 ● BTLプロモーションの実施（例：プロダクトプレースメントの利用）。

判とi8を結びつける。Apple商品もまた，多くの映画の中で目立つように登場している。

　プレミアム商品のコミュニケーションは，性能，感情，社会的名声から生じ，価格は裏方にとどまる。企業がプレミアム・イメージの確立に成功すれば，価格は購買意思決定において二次的な役割を果たすことになる。

　表3.4は，プレミアム価格ポジショニングのためのマーケティング手段の構成の概要を示している。

3.3.2.3　機会とリスク

　プレミアム価格ポジションの論理は，単純化すると，高いマージンと妥当な販売数量が高収益につながるというものであるが，この論理が機能するのは，高価格にもかかわらず，十分に強い需要がある場合だけである。一般的に，価格が高ければ高いほど，その商品やサービスにアクセス可能なセグメントはより小さくなるからである。プレミアム商品のサプライヤーが平均以上の収益性を享受していることは，多くの実証的知見において示されている［1，30］。プレミアム価格ポジションには，以下のような機会とリスクがある。

- 高価格セグメントでは価格弾力性は比較的低いため，高いプレミアムを付けることができる。
- プレミアム価格セグメントの顧客は機能的属性に高い価値を感じるため，大衆市場よりも商品差別化の機会が多い。CanoyとPeitz［31, p.307］は，すべてのパフォーマンス属性は潜在的な競争優位性であるということを，顧客の視点から次のように評価している。「顧客の評価は低品質の範囲よりも高品質の範囲で，よりばらつきが大きい。」
- 競合との価格競争は，低価格セグメントよりもプレミアム価格セグメントのほうが危険性が低く，頻度も低い。このセグメントにおける「価格戦争」は，ブランドイメージを棄損するリスクがあるためである。
- 富裕層の増加と所得の増加によって，プレミアム価格セグメントが成長している。顧客は中価格セグメントからプレミアム価格セグメントへと移行している。
- 金融危機は，ラグジュアリー価格セグメントからプレミアム価格セグメントへの需要のシフトを引き起こしうる。
- 顧客の感情意識の高まりが観測されている。人口動態の変化，具体的にいえば社会の高齢化によって，その方向に傾いている。Accenture-GfKの調査に

よると，多くの年配の消費者は，高価格の商品や販売チャネルを好む [32]。

- 特に難しい課題は，高水準の品質とイノベーションを達成し，維持することである。それを裏づける品質を担保できないままの，イメージに基づく純粋な差別化だけでは長続きしないことを，Quelch [33, p.45] は「品質のリーダーシップのない単なる独占は，失敗のもとである」と表現している。

- もし企業が，プレミアム商品の顧客が期待するブランドのポジショニングやブランドそのものの維持に失敗すれば，その企業は困難な状況に陥る。VW Phaetonはその代名詞といっていいだろう。VWブランドは，プレミアム商品のセグメントでBMWやMercedesと競争するには弱過ぎることが証明されてしまった。

- 中価格セグメントからアップグレードした商品もまた，既存のプレミアム商品にリスクをもたらす。アップグレードを目指す企業が商品の品質とイメージの両方を改善できれば，その商品はプレミアム商品を下から攻撃することができる。このようなトレードアップ（上位モデル商品の投入）は多くの市場で起きている。わかりやすい例としてはトヨタのLexusがある。

- プレミアム商品の経営者は「大量生産・大量販売の誘惑」とそれが約束する成長に抵抗しなければならない。プレミアム価格ポジションを破壊する最も効果的で簡単な方法の１つは，大衆市場まで価格を下げること，すなわち，より多くの数量を販売し，より幅広い流通を実現することである。

- 耐久消費財においては，中古市場が新商品の価格を下落させるリスクがある。プレミアム商品は中古市場でも高い人気を誇っているが，インターネットの普及がこのリスクを悪化させている。これは自動車市場でよく知られていることであるが，中古市場が成長することで，新商品の需要を抑制し，新商品の価格に下落圧力をかける可能性がある。プレミアム商品メーカーは中古市場の動向を注視し，必要に応じて介入すべきである。

- プレミアム価格ポジションは，より複雑な商品・サービスのため，コストも高い傾向にある。高水準のパフォーマンスは低コストでは得られないからであるが，これはつまり，コストを統制できなくなるリスクがあることを意味する。プレミアム商品においては，商品の価格を高い水準に設定しているため，追加的な製造コストを価格に即座には反映できず，企業がそのコストを自身で吸収することになる可能性があるということを，常に確認する必要がある。顧客の支払意思を高めることに貢献しないコストは避けるべきである。

3.3.3　中価格ポジション

3.3.3.1　基本的な考え方

　中価格ポジションとは，顧客から見て，ある商品やサービスが，市場平均と比べ中程度の水準のパフォーマンスと，一貫した中程度の価格を保っていることを意味する。中程度の価格は，顧客が認識する市場平均の範囲内にあり，パフォーマンスの水準も同様に，平均の範囲内である。中価格ポジションにある商品には，Buick，家庭用品メーカーのWhirlpool，あるいはKrogerやTescoのような小売業者等，それぞれの市場での典型的なブランド商品が含まれる。中価格ポジションの商品とブランドは，市場の中でこれからも，そして今後も常に重要な役割を果たす。中価格ポジションの商品は，ブランド，担保された品質とイメージ，その市場を代表する商品であるということ（Kleenex，Q-Tips），どこでも手に入れることができることといった特徴から構成されている。

　ディスカウント店が市場に浸透するにつれ，中価格ポジションは脅威に晒されてきたものの，近年このトレンドが逆転し，中価格ポジションが再び優位性を取り戻している。中価格ポジションは，全体的な販売数量と金額では多くの市場で，依然として最大のセグメントを形成している。たとえば，GapやAmerican Eagleのようなブランドは，中価格ポジションで成功を収めた。中価格ポジションの小売業者が，H&M，Forever 21，Primarkといった低価格ポジションの競合企業と決定的に異なるのは，最新の現代的なデザイン及び，その品質水準の高さである。中価格ポジションの小売業者は，Hugo BossやRalph Laurenのような最高級の商品や素材を提供しておらず，象徴的属性もそれほど目立つ訳ではないが，価格もプレミアム商品より著しく低い。回転率の速い消費財の中にも，中価格ポジションの商品が支配的な商品カテゴリーが数多くある。たとえば，麺類市場の約60％の商品は中価格ポジションに属している［34］。

3.3.3.2　マネジメント

商品

　中価格ポジションの商品の重要な特徴は，良質で安定した品質である。サプライヤーは，低価格ポジションの商品と比べて，商品の性能を理由として顧客から選択されるように注意を払うべきである。これは主に，技術，イノベーションの度合い，信頼性や耐久性といった機能的属性の構成要素に影響する。特に消費財に当てはまることではあるが，中価格ポジションの商品は，機能的属性のみなら

ず，基本的な水準の象徴的属性と，パッケージやデザインといった感情的属性の面でも差別化を図るべきである。これらの理由から，中価格商品においてブランド・マネジメントは非常に重要である。中価格ポジションの商品はプレミアム商品よりも差別化されてはいないが，低価格ポジションの商品よりも多くのバリエーションとモデルを提供している。

規模の効果と経験曲線効果によって単位当たりの変動コストが低下した場合，企業は価格を引き下げるか，商品の性能を改善するかを決める必要がある。そのような状況において，低価格ポジションの企業は価格引き下げによって対応することが多い一方，中価格ポジションの企業は性能の改善を選択することが多いだろう。これは，「優れたパフォーマンス」という競争優位性をさらに拡張するために行われる。コンピュータ業界において，中価格ポジションの商品の価格は一般に下がらず，同じ価格で世代ごとに性能が良くなり，より多くの付属的機能が提供されることになるのは，そのことを示している。一方で，低価格にこだわるサプライヤーは「低価格」という競争優位性を強化するために，価格を下げる傾向にある。

価格

中価格商品の多くのサプライヤーは，ブランドイメージと安定した品質との一貫性を保つために，小売店レベルでの価格競争を抑制することで，できるだけ安定した価格水準を維持しようとしている。消費者価格を，ある価格範囲（価格コリドー）に収束させることを目的に，特別オファーや割引の頻度と程度を抑えることで，中価格商品のサプライヤーは積極的に価格維持を実践している。サプライヤーが最終的な販売価格を固定することは禁じられているため，商品が流通業者や小売業者を通じて販売される場合には，直接的に最終消費者価格を操作することはできない。しかし，メーカーは間違いなく最終消費者価格に何らかの影響を及ぼしている。具体的な手段としては，ロスリーダーの特定，グレーな輸入を防ぐための商品の流通経路のトラッキング，値引商品の買い占め，取引業者へのアピール，納品制限といった方法や，推奨価格を維持し，実施するようなインセンティブをチャネル・パートナーに与えることなどが挙げられる。これらはメーカーの力が下方に及んでいる事例であり，法的にはグレーゾーンである。

特別オファーは低価格商品よりも中価格商品においてより大きな役割を果たす。第一に，競合商品間での価格の幅がより大きいため，企業が一時的な値下げをする余地がある。第二に，通常は，特別オファーあるいは価格プロモーションの販売数量に及ぼす影響は大きい。プロモーション期間中の販売数量は，通常の売上

の5倍から10倍に増加することもある。また，特別オファーは，お買い得商品，低価格商品に切り替えた顧客を取り戻すために用いられることもある。しかし，そのような価格戦術を頻繁に用いたり，プロモーションを長期間実施したり，通常価格の水準を大幅に下回る価格を提示しないように注意する必要がある。そうしなければ，顧客は低価格に慣れてしまい，次第に価格が安い時にしか購入しなくなり，結果的にブランドイメージを損ねることにつながる。Banana Republic，Ann Taylor，J. Crewはすべてこの罠にはまってしまい，近年では販売数量を一定に保つために，1ヵ月に18日～20日ものプロモーション・デーを設定している。実態としては，そのポジションは低価格カテゴリーに足を踏み入れてしまっているが，低い価格の商品に本来あるべき低コスト構造で守られているわけではない。

　中価格ポジションの商品では，パッケージサイズや特徴の違いによる価格差別化が重要である。お買い得商品が型にはまった構成でしか入手できないことが多い一方で，中価格ポジション商品の顧客は，多くの選択肢から選ぶことができる。ディスカウント・ストアとは対照的に，一般的な店舗の中価格ポジションの品揃えは幅広く，価格差別化も進む傾向にある。もちろん，低価格商品と比べ，顧客はより適切なアドバイス，より良いサービス，より多くの好意的な接客を期待している。このため，価格をバンドリングしたり，特定のサービスに別料金を設定する（アンバンドリング）といった戦術が選択肢に上がってくる。

流通

　中価格ポジションのブランド商品の典型的な特徴はどこでも手に入ることであるが，流通チャネルという観点では，差別化が見られることがある。ディスカウント・ストアの中には，ブランド商品を提供するとしても，限られた数量のみを取り扱う店舗も存在するが，中価格ポジションの商品は多くのチャネルや仲介業者を通じて販売されており，流通網は広い。このことは新しい分野の商品でも同様である。

　中価格ポジションのブランド品のメーカーは，自らが主張している商品の品質との一貫性を保てるように販売チャネルに対して品質統制を行う必要がある。これは，法的責任を負う可能性のある商品や，広範なコンサルテーションを要するような商品においては，特に重要であるため，このような分野では依然として，専門店を介した取引が主流である。再販業者の能力の高さが求められるほど，それぞれのチャネルのマークアップはより大きくなる。ここで，プッシュ型商品とプル型商品を区別する必要がある。「プッシュ型」は，ドラッグストアでカウンター越しに市販薬を買う場合のように，再販業者が顧客にサービスを提供し，商

品を薦めることができる場合に発生する。このような場合，再販業者は，顧客が
どの商品を購入するかという意思決定に決定的な影響力を持つことが多く，この
接客に関して適切な報酬を求める。「プル型」の場合，顧客は自分自身でどの商品
を買うかを決定する。そのためメーカーは，最終顧客が，自社ブランドを選択す
るように広告を利用する。この場合，再販業者は主に物流の役割しか果たさない。

　オンライン販売は，中価格ポジションの商品にとってますます重要になってき
ている。多くの有名ブランドが，直接販売や第三者を介した販売を行うために，
インターネットやオンライン・ショップを利用しているが，オンライン販売の利
用は分野によって大きく異なる。食品やグローサリーの分野では，これまでオン
ライン・チャネルをあまり利用してこなかったが，アメリカではInstacart，
Amazon Fresh，Google Expressといったオンラインストアが，PeaPodのような
古い形態のサービスと並んで台頭してきており，状況が変わりつつあることを示
している。しかし現在では，ソフトウェア，電子商品，旅行業界などでは，オン
ライン・チャネルは必須なものとなっており，顧客は価格比較だけでなく，情報
収集にもインターネットを利用するし，電子機器や靴をオンラインで購入するの
もごく普通のことである。デジタル競争により，多くの実店舗は存続の危機に瀕
しており，オンライン店舗が提供する商品やラインナップと同水準のものを提供
することは困難である。主流の音楽店やビデオ店は，ストリーミング・サービス
のSpotifyや Netflixなどのオンライン・チャネルによって，ほぼ完全に消滅して
いる。

コミュニケーション

　中価格ポジションの商品においては，低価格ポジションの商品とは異なり，コ
ミュニケーションがより重要な役割を果たす。これには多くの理由がある。第一
に，多くの要素において性能と品質の観点で優位性を築くためには，価格優位性
というただ1つの要素を訴求する場合と比べ，より徹底的なコミュニケーション
を必要とする。第二に，ブランド認知とブランドイメージは，主にコミュニケー
ションを通じて作り出されるものであり，大きな意味を持つ。そのため，中価格
ポジションのサプライヤーは，低価格ポジションのサプライヤーよりもコミュニ
ケーションに多くの投資を行っている。幅広いターゲットにリーチするため，主
にマスメディア（テレビ，大衆雑誌など）を利用し，インターネットは，テレビ
を補完するコミュニケーション・メディアとして活用する場合が多い。これは，
特にインターネットと親和性が高い若いグループをターゲットとする際に有効で
ある。Spotify，Amazon，オンライン専門店といったデジタルでクラウドベース

第3章　価格戦略②―価格ポジショニング―　◆95

のサービスを提供する企業は，主に広告やバナーを通じて自身のサービスを売り込むことが多い。このようなオンライン・コミュニケーションは，もはやバナー広告やビデオ・クリップに限定されるものではなく，ソーシャル・メディアやブランド・コンテンツを利用して，伝統的な広告の代わりに広く行われるようになっている。中価格ポジションのブランドにおいては，Facebook，Twitter（現在のX），Instagram，Pinterestを通じて，ファンやフォロワーと直接コミュニケーションを取ることが通例となっている。

　広告の内容やデザインに関しては，性能と品質を伝えることが最も重要である。価格そのものがコミュニケーションの対象になることは稀で，その場合も通常は価格と価値の関係性の訴求にとどまることが一般的である。商品グループにもよるが，広告は感情的な要素を強調することが多い。企業は，商品とのつながりを育み，支払意思を生み出す感情や経験と商品を関連づけようとする。中価格商品は，社会的に中立な地位であるというイメージを想起させるという特殊な側面がある。これとは対照的に，低価格商品は社会的地位の低さを連想させる傾向があり，またプレミアム商品と，特にラグジュアリー商品は，より高い水準の社会的ステータスを与える。もちろん，こうした効果が支払意思に影響することはいうまでもない。

　表3.5は，中価格ポジショニングのマーケティング手段の構成をまとめたものである。

[表3.5]　**中価格ポジショニングのマーケティング手段**

商品	価格	流通	コミュニケーション
● 良好な機能的性能。 ● 継続的な性能の改善。 ● 感情的属性を備えている。象徴的属性，倫理的属性を備えている場合もある。 ● バリエーションが多い。 ● ブランドが非常に重要。	● 一貫した価格。 ● 監視と維持。 ● 特別オファーの利用。 ● 中程度/わずかな性能の差に基づいた価格差別化。 ● 複雑な価格構造の機会（バンドリングとアンバンドリング）。	● どこでも手に入れられる。 ● 販売チャネルが多い。 ● オンライン販売が重要。 ● チャネル間での品質統制。 ●（拡張的な説明を必要とする製品に関して）専門的な取引	● 比較的高投資。 ● 古典的な広告（TV広告や印刷広告などのマスメディア広告）の割合が比較的高い。 ● 価格ではなく性能と品質を強調。 ● 社会的に中立。オンライン販売とソーシャルメディアの利用が高くなりつつある。

3.3.3.3　機会とリスク

　長い間，中価格セグメントの終焉が差し迫っていると予測されていたが，こうした予測が的中することはなかった。中価格ポジションの商品は，以前と変わらず，多くの市場で需要の大部分を占めており，一部の市場ではさらにその勢いを増している。中価格ポジションは，以下のような機会とリスクに直面している。

- 中価格ポジションでの昔ながらのブランドの商品は，知名度が高いだけでなく，プラスのイメージも持たれている。それらは，公平性，誠実性/正当性，信頼性といった属性と関連している。
- 中価格ポジションの商品は，消費者に「安っぽさ」も「派手さ」も感じさせない。極端に安価もしくは高価な商品を避ける消費者のこのような傾向が，中価格ポジションの商品を支え続けている。価格は極端であることはなく，市場内での価格セグメントの上限にも下限にもならない。
- 中価格ポジションの商品は，消費者の検索コストとリスクを最小限に抑えることができるため，消費者が特定の商品について十分な情報を持っていない場合，選択される可能性が高い。このことについて，Hayward［35, p.66］は次のように述べている。「消費者は満足のいく性能が期待できれば，単純で理解しやすく，見つけやすく，選ぶコストがかからず，感情的にも経済的にもほとんどリスクがなく，信頼かつ信用できる選択肢を選ぶものである。」
- 一方で，中程度というポジションは，明確な商品特性を持っていないということの裏返しでもある。「低価格商品よりもかなり高価格ではあるが，プレミアム商品ほど良いものではない，妥協できるもの」という印象が，消費者が考えていることの本質である。
- 中価格ポジションの商品はその上下の商品から攻撃にさらされる。価格ポジションが上である，プレミアム商品の競合が中価格ポジションのセグメントを切り拓こうとするかもしれない。価格ポジションが下である低価格商品の競合が，品質を改善した商品で攻撃してくる可能性もある。食品やグロサリーでは，ディスカウント業者が，低価格を維持しながらも品揃えを向上させて，中価格ポジションの小売業者を攻めている。
- 企業は内部リスクにも直面している。コストへの圧力が，その企業の伝統的な優位性を低下もしくは完全に放棄させる可能性がある。俗に「サラミ・スライス」とよばれるこの戦術は，短期的には顧客に気づかれないかもしれないが，長期的には中価格ポジションの地位を破壊することになりかねない。

第3章　価格戦略②―価格ポジショニング―　◆97

このような事態を避けるために，どのような属性や性能の水準が顧客にとって必要不可欠であり，多少高くても喜んで支払うのをきわめて正確に理解する必要がある。

- 中価格ポジションの商品には長い伝統があることが多いため，コアとなる消費者の年齢層が上がるにつれて，時代遅れのものに見えてしまうリスクに直面する。つまり，若い購買者にとっての魅力を失う傾向がある。このような傾向に対しては，直接的，かつ毅然として対応する必要があり，商品のイメージを最新のものに保つ必要がある。時代遅れのイメージを補うために割引を行うのは効果的ではない。

「中間」のポジションそのものが弱くなっているのか，それとも強くなっているのかは議論の分かれるところである。市場の二極化により，中価格ポジションが危機にさらされている一方で，公平な価格で妥当な水準の性能の商品を提供する市場は常に存在すると考えられるからである。中間のポジションが強くなっていることを示す研究もあれば，その逆を示す研究もある。低価格商品とプレミアム価格商品のどちらも，中価格ポジションに向かっている。低価格商品のサプライヤーは，継続的に品質を改善することでこれを実現する一方，プレミアム商品のサプライヤーは，より好ましい価格で，商品のスリム化や縮小版を提供しようとしている。市場によっては，どちらの傾向も見られる。中価格ポジションもまた，必ずしも収益性の低い「中途半端なポジション」ではない。

Cronshawら，Davis and Kay［36, p.25］は，中価格商品を扱う企業は低価格商品を扱う企業よりも業績が良いことを発見しているし，Sharp and Dawes［37, p.749］は，中価格商品の企業やブランドの多くが，平均を上回る，持続的な成功を収めていると指摘している。ここでいう中価格商品を扱う企業とは，Toyota（自動車），LG（電子機器），Dove（化粧品），Best Western（ホテル），Pepsi（飲料・スナック），Kellogg's（朝食用食品）などを指す。

3.3.4　低価格ポジション

3.3.4.1　基本的な考え方

低価格ポジションとは，市場平均と比べて，低水準の性能の商品を，持続的に低い価格で提供することを意味する。低価格ポジションは，この数十年で重要性を増してきた。たとえば，ドイツの食品・グロサリー小売業界において，ディス

カウント・ストアのシェアは約45％にまで成長し，安売りで有名なALDIとLIDLはイギリスやアメリカを含む他国への浸透にも成功している。低価格のポジショニングをとる企業は他の分野でも同様であり，電子機器（Best Buy，Dell），衣料品（Forever 21，Primark，H&M），ビール（Keystone），モーテル（Motel 6，Red Roof Inn，Microtel），家具（IKEA）などがその例である。旅客分野においても，レンタカー（Enterprise，Budget）だけでなく，今日では多くの格安航空会社（Southwest Airlines，Ryanair，easyJet）が誕生している。

　インターネットを活用し，そのコスト削減分を顧客に還元している銀行も同様で，Bank of Internet USA や Capital One 360などがこれに該当する。購入前に慎重な検討が必要な分野でさえ，低価格ポジションをとる企業が市場をリードする地位を確立している。その一例として，欧州の度つき眼鏡市場のリーダーであるFielmannが挙げられる。Fielmannの価格は，伝統的な眼鏡小売業者の価格よりも大幅に低い。アメリカでも同様の傾向が見られ，Costcoが自社のCostco Optical部門を通じて低価格の眼鏡とコンタクトレンズを提供したり，Warby Parkerがオンラインメインで眼鏡を販売したりしている。

　また，低価格商品セグメントの中で，ファクトリー・アウトレット・センター（FOC）とよばれるチャネルが特に力強い成長を見せている。FOCは主に衣料品やファッション企業が利用する，新たな販売チャネルの形態であり，「アウトレット」の名のとおり，企業は売れ残ったブランド商品を，割引されたアウトレット価格で売り込む。場合によって，小売業者は低コストで低品質のアウトレット専用商品を作ることさえあるが，その場合でもブランドの価値は維持される。FOCの活用による，小売店を経由した場合のマージンや配送コストの削減分は，低価格という形で消費者に還元される。これは，自動車メーカーが従業員，レンタカー会社，その他の運送業者に車両を値引価格で販売する「セカンド・プライス・ストック」という手法に似ている。一部の自動車ブランドでは，販売台数のほぼ半分をこの手法で販売しており，利益が悪化している。

　低価格ポジションを採る企業は，大きな市場シェアを獲得することにおおむね成功している。一方で，高い収益性を実現できる企業は一握りであり，低価格企業の大多数は長期的には生き残ることができない場合が多い。ドイツのホームセンター・チェーンであるPraktiker AGは「全品20％引き」というスローガンを長年にわたり使っていたが，最終的には止めざるを得なくなった。しかし，こうした企業が長期にわたって存続する場合，成長率も収益も，より高価格なポジションの商品を提供する企業を大きく上回ることが多い。低価格ポジションで成功したALDI，IKEA，Ryanair，Southwest Airlinesなどは，いずれも高い成長

率と収益率を達成している。その証拠に，Ryanairの時価総額は約230億ドルであり，Lufthansaの約150億ドルを上回っている。インターネットによる価格透明性と，基本的なサービスはできるだけ低価格で済ませようとする傾向とが相まって，消費者の価格感度が高まり，低価格セグメントに新たな顧客を呼び込んでいる。

　前述した成功例は，低価格戦略は低コスト・ポジションに基づいた場合にのみ初めて意味を成すことを示しており，「低価格戦略など存在しない。競争に勝つ唯一の方法は，競争相手よりもコストを低くすることである。」[8, p.13]という言葉はこのことを端的に示している。コストを低く抑えない限り，低価格だけでは成功にはつながらないのだ。低コスト戦略の原則は，投資ファンドのような複雑な商品でも作用する。投資会社のFidelityとVanguardを比較すると，このことがよくわかる。Fidelityがアクティブ・ポートフォリオ運用に重点を置いているのに対し，Vanguardはインデックス・ファンド（ETF）で低コストの投資を提供し，業界最低水準のコストを維持することに成功している[37]。

3.3.4.2　マネジメント

　Michael Porterの考えに基づくと，低価格ポジションはコスト・リーダーシップと密接に結びついている[38, p.11-22]。低価格で長期的に生き残り，適切な収益を得るためには，企業は持続可能なコスト優位性の獲得を目指し，規模の経済と経験曲線を活用する必要がある。バリュー・チェーン全体を絶えず監視し，コストを最小化することが，低価格ポジショニングには不可欠なのである。また，コスト・リーダーシップは，商品あるいはサービスの簡素化とセットである。この簡素化は，商品やサービスを必要不可欠なものに限定すること，つまり，顧客のニーズを十分に満たすために最低限必要な機能的属性のみを提供することを意味する。低コストの企業は，価格以上の機能的属性の提供は避け，感情的，象徴的，倫理的属性のニーズへの追加的な対応を控え，特に追加的なコストや複雑性を伴うアクションを避ける傾向にある。

商品

　コスト・リーダーシップを目指す低価格企業は，商品やサービスを標準化することで，規模の経済と経験曲線の効果を最大限活用する必要がある。このような企業は，不要なコスト増を回避するために，品揃えに厳しい制限を設けている。たとえば，典型的なスーパーマーケットでは165種類のジュースが棚に並んでいるが，ALDIは57種類しか置いていない。一般的なスーパーマーケットなら223種類のコーヒーがあるが，ALDIは49種類である。

扱う品種を絞ることは，在庫回転率に大きな影響を与える。ALDIは年間2.6回資本を回転させているが，一般的なスーパーマーケットでは1回程度である［39］。ベースとなる少数のモジュールやバージョンを組み合わせ，比較的多くの最終商品のバリエーションを提供する，いわゆるプラットフォーム戦略を採る企業もある。このアプローチは，自動車産業，コンピュータ，そして最近では重機やエンジニアリングの分野でも広まっている。

しかし，商品の簡素化がコスト削減の最も重要な要因であることには変わりない。商品の簡素化は常に，「どの程度の機能があれば，顧客の問題を適切に解決するに足るか」という問いに帰着する。携帯電話会社のCongstar（「欲しければ，手に入れる（you want it, you got it)」）は，特別なサービスを何も提供していない。携帯電話の購入費用を割引することも，24時間サポートを提供することも，実店舗を構えることすらもしない。この企業が行っているのは，（特典なしの）プリペイド・テレフォンカードをオンラインで販売することだけである。つまり，Congstarが提供するのは，基本的で単純な機能そのものである。

同様に，格安航空会社は，従来の航空会社が提供するようなサービスの多くを省いている。格安航空会社は通常，座席予約，ラウンジ，ステータスカード，プログラム，雑誌を提供していない。飲食を提供したり手荷物を預かる場合は，追加料金を徴収する。2006年，格安航空会社のRyanairがそれまで当たり前であった乗客の手荷物預入サービスを切り離し，別途料金を請求し始めたところ，他の航空会社もこれに続くこととなった。

積極的な価格リポジショニングの一環として，HanseMerkur Insuranceは商品とサービスのポートフォリオを大幅に簡素化した。物理的な怪我や病気のリスク以外のすべて（たとえば，精神疾患等療法）を排除した保険を，低料金で提供することで，同社は医療保険市場の低価格セグメントでのポジションをうまく確立した。サービスの簡素化によって，顧客の保険料負担を低減しつつ，保険料売上の増加も達成している［40］。このように，低価格ポジションの企業は，機能的属性に焦点を当てていることが多い。

商品簡素化の原則は，企業のブランディングからも明らかである。低価格ポジションは，いわゆる「ノーネーム」ブランド，「ミー・トゥー」商品，あるいはストア・ブランドと同義とみなされることが多い。強力な商品ブランドの構築には多額の投資が必要であり，コスト・リーダーシップ戦略とは相容れない。低価格ポジションの企業は，商品のパッケージを利用した最小限で実用的なブランディングを行うことが重要である。選択肢は限られているが，食材など，顧客への営業や丁寧な説明が必要なく，顧客が自ら品質を判断できるような商品はその

第3章　価格戦略②—価格ポジショニング—　◆101

ようなブランディング手法と相性がいい。

価格

　低価格ポジションのUSP（ユニーク・セリング・プロポジション（unique selling proposition））及び競争優位性は価格そのものである。小売業では，これを「エブリデー・ロー・プライス（Every Day Low Prices；EDLP）」という慣行に置き換えている。他のすべてのマーケティング手段は，低価格を維持するためだけに用いられる。期間限定セールを定期的に繰り返す，いわゆる「Hi-lo」アプローチは，低価格サプライヤーにとっては一般的ではない。この点に関して，IKEAの成功事例を用いて説明する。スウェーデンの家具メーカーであるIKEAは，長年にわたり，多様な市場，言語，文化において，一貫した低価格で大量の商品を提供するという困難を乗り越えてきたが，これは，同じ品揃えで，毎年全く同じ商品を生産することにより成り立っている。これにより，IKEAはサプライヤーから低い原価で商品を確保し，その分低い価格で消費者に提供している。IKEAが店舗数を増やせば増やすほど，より多くの商品を生産することができるため，さらなる値下げを実施できるのである。IKEAの価格戦略のもう1つの重要な側面は，象徴的な商品の存在である。ビリー・シェルフのような非常に馴染みのある商品は，それ自体が低価格であるだけでなく，品揃え全体にハロー効果（一部の特徴的な商品の印象に引きずられて，他の商品を判断してしまうこと）を及ぼしている［41］。

　魅力的な価格イメージを維持するためには，定期的な値下げが有効である。低価格のサプライヤーは通常，コスト削減分をすぐに顧客に還元する。これは必ずしも利他主義によるものではなく，競合と比べて，より魅力的な価格イメージを維持するという目的によるものである。「結局のところ，ALDIは新たな値下げをすることで，何度もそのような安いイメージを再構築する必要がある」と，ある専門家はいう［42］が，「私たちの業務は，商品の品質とお客様の負担軽減を最大化することがすべてです。」というALDIの企業理念はそのことを裏づけている。ドイツのウェブサイト上では，「原材料価格の下落などのコスト削減の機会があればいつでも，すぐに小売価格を引き下げ，その削減分をお客様に還元します。」とまで書かれている［43］。しかし，原材料費が高騰すると，ディスカウント業者といえども値上げを避けることはできない。価格や販売に関する条件を定める際には，シンプルであることが重要である。支払条件や割引を含む複雑な価格体系では説明に時間がかかってしまうからである。

流通

　効率的な流通構造と数限られたチャネルを利用することで，販売管理でもコスト・リーダーシップに貢献することができる。オンライン販売は，低価格のサプライヤーの中でも，特にサービス業において，非常に重要な役割を果たしている。格安航空会社の航空券はオンラインか電話で購入できるが，旅行代理店を通しては購入できない。Dellは，ほぼすべてのコンピュータを最終顧客に直接販売している。このような流通チャネルは，大規模な営業部隊を必要としないことが最大のメリットである。現物の取引においては，近年ではディスカウント・ストアでさえも都心部のより高価な立地を探す傾向が強くなっているものの，車で簡単にアクセスできる，より安価な立地を探すのが低価格サプライヤーの通例であった。シンプルさへの徹底的なこだわりは，店舗の立地だけでなく，店舗自体の外観や内部プロセスの標準化にまで及んでいる。たとえば，店内の同じ場所に常に同じ商品を置くことにはメリットがあり，商品を運搬するパレットや出荷時の元々のカートンのまま陳列を行う小売店も多い。

コミュニケーション

　低価格サプライヤーのコミュニケーションは，相反する要求に直面している。低価格を優位性としている以上，多額の広告予算を投じる余裕がないため，コミュニケーション・コストを厳格に統制し，最小化することが必要不可欠である一方で，それに見合うだけの数量と市場シェアを獲得するためには，ターゲット層に低価格であることを効果的に伝える必要がある。

　低価格サプライヤーの中には，広告宣伝を完全に控える代わりに，利用する流通チャネルの吸引力に頼るところもある。広告を出すとしても，それは主に価格の優位性を伝えるためであり，安価なメディアを通じて行われる。たとえば，ヨーロッパの度付き眼鏡のリーダーであるFielmannは，ラジオと新聞広告に頼っている。低価格商品を扱う企業の広告予算は通常，業界平均を下回ることが多いが，企業（特に小売業者）は，「低価格」の看板をかけて激しい広告合戦を繰り広げることがある。これに関しては，WalmartとBest Buyの事例が有名である。

　低価格サプライヤーは，メディアからの注目を集めるために，目を見張るような行動や挑発的なメッセージを用いることがあるが，これは，メディアを「無料広告」として利用する戦術を採るためである。RyanairのCEOであるMichael O'Learyは，挑発的な言動で有名である。Michael O'Learyは，機内での乗客のトイレの使用を有料化する可能性があると発表したり（この会社が実際に実施したことは決してない），「Ryanairがとにかく常に最も安い航空会社である」と発言

第3章 価格戦略②—価格ポジショニング— ◆103

[表3.6] 低価格ポジショニングのマーケティング手段

商品	価格	流通	コミュニケーション
●本質的機能属性に焦点（中心的な性能） ●感情的性能，象徴的性能，倫理的性能はいずれも低い ●品揃えは限定的	●低価格を持続（EDLP） ●特売はほとんどなし ●複雑な価格システムなし ●値引きなし	●製品サポートサービスは何もなし ●制限された販売チャネル ●安価な立地と販売手法 ●オンライン販売の重要性がきわめて高い	●価格を強調（価格広告） ●手頃なメディアを限定的に利用 ●長期間にわたって有効なシンプルなスローガン

したこともある［44］。またRyanairは，自社のホームページですべての航空会社の価格比較を提供したいとさえ考えているなど，自身特有の過激な発言を繰り返している。

　低価格ポジションで成功を収めるには，積極的な広告を使い，低価格を主張し，できるだけ多くの顧客を納得させることが必要だ。いったん低価格のイメージが顧客の心にしっかりと定着すれば，企業は広告費を節約することができるだろう。インターネットは，低価格であることを伝えるのに特に適している。価格比較サイトは多くの閲覧者にリーチし，サプライヤーに有利に働く。

　低価格ポジションを採用する企業にとって，価格は中心的なメッセージであり，最も重要なセールスポイントである。そのほかの要素は二の次となる。価格の情報は非常に積極的に掲示される傾向があり，たとえば印刷媒体では，価格は商品そのものよりも大きく表示されることが多い。ラジオ広告やテレビ広告では，価格を主張するスローガンが何度も繰り返し力説される。

　表3.6は，低価格ポジションをとる企業のマーケティング手段の概要を示している。このようなポジショニングでは，バリュー・チェーン全体が低コストと最高の効率を有することが求められる。これは調達やバックオフィス業務のコスト，そして人件費にも当てはまる。従来のスーパーマーケットでは，人件費が売上の12～14％を占めることもあるが，ハード・ディスカウンターでは，こうしたコストを売上高の5～7％に抑えている［45］。低価格セグメントで成功するためには，これらの原則を業務全域に適用することが必要である。

3.3.4.3　機会とリスク

　事例が示すように，すべての低価格サプライヤーが成功するわけではない。このセグメントで成功するには，多くの前提条件を満たす必要がある。

- 低価格セグメントは市場として成立する十分な大きさを持つ必要がある。このセグメントは支払意思が低いだけでなく，価値の観点で劣る商品を受容できなくてはならない。低価格セグメントは上の価格セグメントからの需要（消費者の社会的地位の低下）と，下の価格セグメントからの需要（特に新興国において顕著である，所得の増加）を引き出し，新たな需要（低価格のアピールによって，本来購入しない新たな顧客の獲得）を喚起することができる。このような3つの潜在需要は，それぞれが重要な役割を担う。たとえば先進国市場においては，実質所得が伸び悩むと消費者はより安価な商品に買い替えるようになる。それとは対照的に，新興国市場では，多くの消費者が初めて低価格商品を購入できるだけの売上を稼げるようになっている。実際，格安航空会社が極端に低い価格設定を行ったことで，新しい需要層の開拓につながっている。
- 低価格サプライヤーは，十分な利益を獲得できる水準にまでコストを下げる必要がある。こうしたコスト優位性は，新しいビジネスモデル（例：IKEA, Dell, Ryanair, Amazon）と，大量生産，高稼働率から生じる規模の優位性を通して達成される。しかし，このことは，多くの市場の低価格セグメントにおいて，少数の企業のみが生き残り，長期的に成功することを意味している。
- コストを下げる必要がある一方で，商品の品質は最低限の水準を維持する必要がある。低価格サプライヤーは「安いから」成功するのではなく，最低限受容される水準の品質と低価格を両立させているから成功するのである。ALDIはこの戦略をとっている顕著な例である。ALDIは商品の品質を最低限担保することによって，これまでに高価格帯で買い物をしてきた顧客を引き付けることに成功している。
- 一般的に，高価格ポジションのメーカーにとって，低価格ポジションの競合他社による市場参入に対応することは非常に困難である。高価格ポジションのメーカーには，既存の価格契約，それまでに行ってきた投資，立地，技術，企業文化といった構造的な障壁が立ちはだかる。
- 低価格サプライヤーには，特別なマーケティング能力が必要となる。価格と商品価値のバランスやコスト削減という観点から，顧客の知覚価値を棄損しすぎることなく，提供する商品やサービスから取り除けるものを見つけ出す必要がある。低価格ポジションのマーケティングが簡単だというのは思い違いであり，実際にはその逆である。
- 低価格サプライヤーは，そのコストの低さにもかかわらず，複数の価格セグ

メントでビジネスを展開している。これは，低価格ポジションといえども，一部の商品やサービスには高い価格または追加料金を設定し，支払意思の高い顧客を獲得する必要があることを意味している。たとえば格安航空会社は，予約が遅い顧客やフライト直前に予約する旅客，ビジネスクラスを利用する顧客に対しては高い価格を設定している。小売業を例に挙げると，眼鏡メーカーのFielmannは非常に安い価格で基本モデルを提供しているが，より高価な眼鏡も販売しており，追加料金が発生するオプション（例：特殊レンズ，反射防止，保険）も多数提供している。

- 低価格を採用する企業は多くのリスクに直面するが，最大のリスクはコストがコントロールできなくなることである。これは企業のコスト意識が弱まる時（最も一般的には，洗練された高品質な商品を提供する企業への転換を図りたいと考えた時），あるいは特定のコストドライバーが制御不能に陥った時に起こりうる。たとえば，格安航空はコストに占める燃料費の割合が通常の航空会社よりも大きいため，燃料費が高騰した場合にはより大きな影響を受ける。別の例を挙げると，中国の多くの企業は，市場でのポジションやブランド形成に失敗してしまい，人件費の高騰を商品価格に転嫁できないケースが多い。社会環境もまたリスク要因となりうる。低価格サプライヤーのメインの顧客層や特定の国全体が社会的地位の転落にあった場合，それまで相対的に高価格で購入していた顧客が離反してしまう可能性がある。こうなると，低価格サプライヤーは採算が取れなくなってしまう。

3.3.5 超低価格ポジション

3.3.5.1 基本的な考え方

　超低価格ポジションは，極端に低い価格で提供される，最小限の要素のみを持つ商品を表している。先進国では，前項で述べた低価格セグメントが市場の価格セグメントの下限を形成している。その一方で，新興国市場では，ここ数年で全く新しい，超低価格セグメントが誕生しており，この価格は，低価格セグメントの価格の半分以下になることさえある。

　2人の インド系アメリカ人教授が，この新しい超低価格セグメントの誕生を数年前に指摘していた。戦略の専門家である故C.K. Prahaladは，その著書『ピラミッドの底辺の幸運（*The Fortune at the Bottom of the Pyramid*）』で，新興国で急成長している低価格セグメントでのビジネスチャンスを初めて指摘し

た［46］。中国やインドなどの新興国市場における堅調な経済成長は，毎年何百万人もの消費者の購買力が向上し，最低価格のセグメントとはいえ，工業生産品の新たな需要層が創出されていることを意味する。

　Vijay Mahajanは著書『86％のソリューション（*The 86% Solution*）』の中で，このセグメントを「21世紀の最大の市場機会」とみなしている［47］。この本のタイトルにある86％とは，人類の86％の年収が10,000ドル以下であるという事実を指している。この所得層の人々は，自動車やパーソナルケア商品のような，先進国において一般的な商品を買うことはできないものの，購買力は着実に成長しており，非常に安価な商品の需要が増加し続けることで，超低価格セグメントが誕生したのである。各企業は，このセグメントに参入できるかどうか，そして参入するとしたらどのように参入すべきかを決める必要がある。超低価格ポジションで収益性を確保するためには，他の価格セグメントとは根本的に異なる戦略で戦うしかないだろう。

　このような動きはアジアだけでなく，東欧でも起こっている。自動車メーカーであるRenaultは，ルーマニアで製造しているDacia Loganというモデルで大成功を収めている。この車は7,990ユーロからという，Volkswagen Golfの一般的な車の半分以下の低価格で，2017年までに300万台以上が販売された［48］。Dacia Loganですら既存の車よりかなり安価であるが，新興国市場の超低価格車はDacia Loganの価格さえ大幅に下回っている。インドの車メーカー，Tataの小型車Nanoは3,000ドル弱という非常に安価な車体価格によって世界中で大注目を集めている。それだけ安価な価格にもかかわらず，Nanoはビジネス上の大きな困難に直面しており，市場で大躍進を遂げるには至っていない。超低価格車セグメントでは，多種多様な小型車が世界中で既に約1,000万台販売されており，超低価格というだけでは成功することは難しくなっているのである。このセグメントは，自動車市場全体の２倍のスピードで成長している。

　新興国では超低価格商品が急速に普及している。NestléやProcter & Gambleのような大手消費財メーカーは，所得の非常に低い消費者が自社商品を試せるように，非常に小さなパックサイズ（お試しシャンプーなど）を１つ数セントで販売している。インドでは，Gilletteが0.11ドルの剃刀を発売したが，これは既成品の価格より75％安い。超低価格の商品は工業商品市場でも一般的になりつつあり，医療機器や工作機械といった業界ではすでにかなりの市場シェアを獲得している。

　新興市場の超低価格商品が高所得国にも浸透するかどうかは興味深い点であるが，その兆しはすでに見られる。Dacia Loganはもともと東欧市場を想定して開発されたが，西欧でも成功を収めている。Siemens, Philips, General Electricは，

第3章 価格戦略②—価格ポジショニング— ◆107

アジア市場向けに簡素な医療機器を開発したが，これらの超低価格機器は現在，アメリカやヨーロッパで販売されている。しかし，このような超低価格の医療機器は，必ずしも，病院や専門的な診療所で使用される，はるかに高価な医療機器とカニバリゼーションを起こしている訳ではない。これまで高価な機器を購入することができなかった，一般的な医療診療所などがこの種の医療機器にアクセスできるようになり，自身で基本的な診断を下せるようになったことで［49］，医療機器市場全体が拡大している。

3.3.5.2　マネジメント

商品

　超低価格戦略においては，極端に低いコストの実現が必須条件であり，その他すべての要素は低コストを実現させるために存在する。そうなると，商品は絶対に必要不可欠な機能的属性のみによって構成される必要があり，顧客にとって「なくてはならないもの」でない要素は，すべて除外される。開発から調達，生産，販売，サービスに至るバリュー・チェーン全体が，最高のコスト効率と簡素化を実現するために設計されなければならない。ある研究では，「工作機械メーカーや工場設備メーカーが中国やインドなどの成長市場を獲得したいのであれば，商品コンセプトを徹底的に簡素化する必要がある」と述べている［50］。

　さらに，高所得国の技術者を使って，超低価格商品の開発はできない［51］。つまり，新興国市場で生産能力を確立するだけでなく，研究開発も行わなければならないということであり，バリュー・チェーン全体を新興国市場内で構築することが，超低価格ポジションで競争する唯一の方法なのである。『リバース・イノベーション（*Reverse Innovation: Create Far From Home, Win Everywhere*）』という書籍がこのプロセスを分析し，大きな反響をよんだ［52］。この書籍の通りに，Boschはインドの自動車であるNanoのために，徹底的に簡素化され，きわめて安価なコモンレール技術を開発した。ただし，超低価格商品が売上だけでなく利益を生み出せるかどうかは依然としてはっきりしていない。

　自社単独で超低価格セグメントに進出する選択肢の他に，すでにこのセグメントで活躍している現地企業を買収する方法もある。粉砕技術（ミル技術）のグローバル市場リーダーであるスイスの企業のBühlerは，中国市場への進出時に現地メーカーを買収した。CEOのCalvin Griederによると，買収によって，従来のスイス製の高価格で複雑な商品のみを提供していた場合よりも，商品価値と顧客の期待度とのバランスをとることができるようになったという。産業用レーザーの分野で世界市場を牽引するメーカーであるTrumpfも中国企業を買収した。

2014年から2017年にかけて，32のドイツ企業が中国企業を買収しているが，その目標は通常，超低価格セグメントへのアクセスを得ることである。

　トリコット編機の世界市場で75％のシェアを持つKarl Mayerは，２通りの戦略を採用し，プレミアム・セグメントと超低価格セグメント双方でのポジションの確立を目標に掲げている。CEOのFritz Mayerは開発チームに，超低価格セグメントではこれまでと同じパフォーマンスを25％低いコストで実現する商品を開発すること，プレミアム・セグメントではこれまでと同じ価格で25％高い性能を実現することを要請した。チームはこのきわめて野心的な目標を達成することに成功し，Karl Mayerは価格とパフォーマンスの幅を上方にも下方にも拡張することで，中国での市場シェアを取り戻すことができた。

　徹底的な簡素化により，きわめて低いコストと価格で満足のいく水準の機能的属性の実現が可能になることは，先進国でのビジネス機会を創り出すことにもつながる。超低価格ポジションへの進出は，新興国市場における新しいセグメントの獲得のみならず，高価格ポジションの先進国への潜在的かつ逆輸入的な効果をももたらす。

価格

　超低価格戦略において，価格は唯一絶対のセールスポイントである。このような商品の価格は，大雑把にいって低価格ポジションの商品の価格より50〜70％安い。新興国市場の何億人もの消費者が，所得が上昇するにつれ，工業的に生産された消費財や耐久消費財を初めて購入するようになってきている。ベトナム市場における事例を用いて説明しよう。

　Hondaは二輪車の世界市場リーダーであると同時に，小型ガソリンエンジン市場でも世界一のメーカーであり，年間2,000万台以上を生産している。かつてHondaはベトナムのバイク市場で90％のシェアを独占しており，ベストセラーモデルであるホンダ・ドリームは当時2,100ドル相当で販売されていた。競合が存在しない時期にはこの価格で十分であったが，ある時中国の競合他社が550ドルから700ドル，つまりホンダ・ドリームの４分の１から３分の１の価格で，超低価格市場に参入してきた。中国メーカーは激しい価格攻勢をホンダに仕掛け，その結果市場シェアをひっくり返したのだ。中国メーカーが年間100万台以上のバイクを販売したのに対し，ホンダの販売台数は約100万台から17万台にまで減少した。

　ほとんどの企業ならば，この時点で諦めるか，プレミアム・セグメントにフォーカスしただろう。しかしホンダは違った。当初の短期的な対応は，ホン

ダ・ドリームの価格を2,100ドルから1,300ドルに引き下げることであったが，ホンダはこのような低価格では長期的には採算が合わないことを知っていたし，値下げを行ったとしても，ホンダ・ドリームの価格はまだ中国製バイクのおよそ2倍であった。そこで，ホンダはもっとシンプルで非常に安価な新モデルを開発し，ホンダ・ウェーブと名づけた。この新しいバイクは，顧客が許容できる最低限の水準の品質と可能な限り低い製造コストという特徴を併せ持っており，「ホンダ・ウェーブは，コストを削減した現地製の部品とホンダのグローバルな購買ネットワークを通じて入手した部品を使用することで，低価格でありながら高い品質と信頼性を実現した」と同社は述べている。この新商品は，ホンダ・ドリームの旧価格より65％安い732ドルという超低価格で市場に投入され，ホンダは見事にベトナムの二輪車市場シェアを再び獲得し，最終的には中国のほとんどのメーカーを市場から追い出すことに成功した。

この事例は，いくつかの重要な教訓を与えてくれる。

- 超低価格セグメントの価格レンジは，従来の価格水準よりも，一般的に50％〜70％低い。
- 所得の低い発展途上国において，企業が超低価格戦略を採用するのは，極端な価格競争を仕掛けてくる新規参入者から身を守る場合に限られる。
- Hondaのような先進国の中価格ポジションの企業であっても，新興国市場において超低価格の競合他社に対抗することは可能ではある。しかし，従来の通常の商品では成功できないため，競合他社に対抗するためには，抜本的な方針の見直しと再設計，大幅な簡素化，現地生産，徹底したコスト意識が必要となる。

流通

生産効率について述べたことは，流通にも同様に当てはまる。超低価格ポジションを取る場合は，第三者である販売業者/仲介業者にはわずかなマージンしか提供できないため，販売数量を大幅に増やす必要がある。非常に時間のかかるコンサルティングや手厚いサポートを提供したり，顧客の特別な要望に応じたりする余地はない。この観点から，販売効率の高いインターネットは，超低価格戦略に非常に適しており，eコマースは，このセグメントでの成功に必要不可欠な存在といえるだろう。超低価格ポジションの商品はきわめてシンプルであり，販売員やサポート要員の必要性も少ないため，結果的に販売コストも抑えられる。新興国市場では，修理やメンテナンスを提供するサービス業者は通常，昔ながらの工具しか持っておらず，自動車の修理でさえ道路脇で行われることが多い。こ

うした事情を踏まえると，部品はできるだけ簡単な方法で，取り外したり交換したりできなければならない。このように，超低価格商品は，新興国市場特有の環境や背景を考慮して設計される必要がある。

コミュニケーション

　超低価格セグメントにおいては，超低価格そのものが中心的なメッセージとなる。多額の広告予算はないため，非常に安価な価格設定そのものが注目を集め，メディアがそれについて報道し，コストをかけずに広告効果を生み出すようにする必要がある。Tata のNanoは，このようなコミュニケーション戦略の典型的な例であり，その過激なアプローチにより，短期間で大きな注目を集めた。同様に，欧州では，Renault のDacia Loganについてメディアが何度も報道した。このような広告効果を得るためには，必要最低限の機能しか提供しないとしても，最低限の品質が担保された商品を作る必要がある。そうすることで，超低価格が話題を呼び，効率的な口コミ広告が期待できる。また，当然ながら，こうした商品にとってインターネットは有用なコミュニケーション・チャネルであり，特に低コストのSNSは重要な役割を果たす。Tata NanoやDacia Loganのようなモデルは，超低価格セグメントを切り拓いた「パイオニア」として位置づけられており，より多くの広告効果を得ることができたため，知名度が高まるという恩恵を得ることができた。AIDA（Attention-Interest-Desire-Action）モデルによれば，注目や知名度の向上は市場成功への第一歩である。

　表3.7は超低価格ポジションのマーケティング手段を表にまとめたものである。

　このように，企業が超低価格商品を提供する場合，従来のマーケティング戦略の多くは途中でうまくいかなくなる。きわめて低いコストと価格が戦略全体に浸

［表3.7］超低価格ポジショニングのマーケティング手段

商品	価格	流通	コミュニケーション
●最も本質的な性能のみ。絶対に必要なもの以外は取り除く。 ●最もシンプルな製品デザインと用途。 ●本質的に感情的性能，象徴的性能，倫理的性能はなし。 ●バリエーションはほとんどなし。1種類のみの場合もある。	●きわめて低い価格。市場水準の50〜70％程度低い価格。 ●値引きやリベートはなし。価格を下げる余地はないため。 ●一価格のみ。価格設定は複雑にしない。	●きわめて低コストの流通。 ●できる限り最低水準のコンサルティング，サービス。とにかく提供される程度で。 ●オンライン販売。	●価格がコミュニケーション。 ●できるだけ有料のコミュニケーションはしない。 ●「パイオニア」の地位から無料PR。 ●クチコミ広告。SNSを通じてオンラインで実施。

透しているからである。

3.3.5.3　機会とリスク

すでに述べてきたように，超低価格商品の収益性については未だ議論の余地がある。他の戦略でも同様ではあるが，超低価格戦略を採用するに当たっては，機会とリスクを天秤にかけ判断する必要がある。

- 超低価格セグメントは，他のセグメントと比べて成長する可能性が最も高い。Prahalad 教授とMahajan教授は数年前にこのことを指摘しており，実際に，新興国市場における所得向上により，何億人もの消費者の購買力が増加し，工業生産された商品を初めて購入できるようになっている。
- 商品を必要最低限の要素で構成することが，成功の前提条件である。徹底的な簡素化こそが，このセグメントにおける最も重要なポイントである一方で，最低限の品質水準を満たす必要もある。Dacia Logan はそのハードルを越えているのに対して，Tata Nanoは未だこの点を達成しきれていないのかもしれない。
- 新興国での商品開発が，このセグメントに適したソリューションを開発するための唯一の方法である。その一方で，新興国で研究開発部門を立ち上げイノベーションプロセスを確立することはかなりのリスクを伴う。
- 適切な設計で最低製造コストを確保し，最低賃金の工場で商品を製造することは，機会とリスクの両方をもたらす。
- 極限のコスト低減の考え方は，マーケティングや販売手法，カスタマーサービスの提供方法にも求められる。ユーザーの教育レベルが低いことやサービス業者が利用できるツールが限られていることを考慮し，商品は扱いやすく，メンテナンスしやすいものである必要がある。
- 一方で極端なコスト低減圧力は，品質をリスクにさらす可能性がある。市場で持続的に成功するためには，超低価格商品であっても，顧客が許容できる品質水準を安定的に担保する必要がある。

超低価格戦略の最も重要な課題は，関連するコストの徹底的な最小化を通して，顧客にとっての価値を確立し，十分な数の顧客に受け入れられることである。

3.3.6 価格ポジショニングのダイナミクス

　商品，ブランド，企業のポジショニングには，明確かつ着実な，長期的方向性が必要である。イメージや価格ポジションは，短期間に，あるいは自由に変えることはできない一方で，市場はダイナミックに変動しうる。技術，コスト，消費者行動，競争環境といった要素は絶えず変化するため，商品の性能と価格ポジショニングの定期的な見直しと検討，そして必要に応じた調整が必要となる。

　顧客の嗜好性の変化などのさまざまな要因により，商品の価格レンジの変更や，新たな価格セグメントへの参入，特定の価格セグメントからの撤退などを迫られる可能性がある。過去20年の間に，一部の市場では，中価格セグメントが縮小し，プレミアム・セグメントと低価格セグメントの両方が利益を獲得するようになったが，コーヒー市場の例がこの傾向を端的に表している。McDonald'sのスモールコーヒーがたった1ドルであるのに対し，Starbucksのスペシャルティコーヒーは5ドル以上する。ある小売業者は，「消費者はいつも値引価格で購入している」と指摘する。また，別の小売業者は，特売の濫用に不満を持っており，「顧客はいつも買っているブランドが，おおよそ4週間に1度の特売になるまで生活必需品の購入量を控えるようになる」という[53]。その一方で，消費者はNespressoのような，1杯あたりの価格が何倍もする，新しい調理法のコーヒーを好むようになっている。最近の調査では，Nespresso，Tassimo，Dolce Gustoなどのブランドを含むスーパーマーケットのポッドコーヒーやカップコーヒーの売上が，一般的なレギュラーコーヒーを追い越す可能性があることが明らかになった[54]。このような市場の変化が起こると，企業は既存の価格ポジションを見直さなければならない。

　価格リポジショニングの典型的なきっかけは，性能の向上やコストの低減をもたらす新技術の登場であり，これは，既存商品の価格ポジションに影響を与える可能性がある。たとえば，伝統的な通信会社は，インターネット会社やケーブル会社，あるいはSkype，WhatsApp，WeChatのような全く新しいモデルによって価格圧力にさらされた結果，大幅に価格を下げざるを得なくなった。一方で，価格リポジショニングが正当化されない場合もある。たとえば，郵便会社が，送付に数日かかる郵便と比較して瞬時に情報を伝えられる電子メールの普及に対応して，切手の価格を引き下げることにはあまり意味がないということは容易に理解できるだろう。電子メールの限界コストは実質的にゼロであり，それに比べれば郵便料金の現実的な価格はまだ高過ぎるし，さらにいえば，これら2つのコミュニケーション形態は完全な代替財ではない。たとえば，多くの請求書や小切

第3章　価格戦略②—価格ポジショニング—　◆113

手などの物理的な文書は，未だに従来の郵便で送られている。

　価格リポジショニングのもう1つのきっかけは，競合の参入である。たとえば，医薬品業界では，医薬品の特許が切れると類似品やジェネリック医薬品の急速な市場参入が予想される。このような新たな競合他社は，元々ある商品よりもはるかに低い価格レンジで市場に参入してくる。既存企業は，このまま従来の高価格ポジションで販売し続けるべきか，大幅な値下げを行い低価格ポジションに新規参入すべきか，あるいは自社のジェネリック医薬品を提供すべきか，といった価格調整の可能性を早期に検討する必要がある。

　剃刀と個人衛生商品の分野で世界的な大手メーカーであるGilletteは，プレミアム価格設定の典型的な例である。Gilletteは長年にわたり，イノベーション（例：より良いデザイン，より多くの刃など）を導入するたびに価格を上げ続ける戦略をとってきた。たとえばアメリカのGillette Fusion ProGlideという剃刀の価格は，その前身のMach 3というモデルの価格の2倍以上であった。しかし，Gilletteの新モデルをより高い価格で提供するという戦略に対する消費者の抵抗は近年高まっている。オンラインの競合他社がこの市場のチャンスに気づき，Gilletteに対して，低価格セグメントからの攻勢を仕掛け始めたのである。この動きを見た伝統的な消費財大手メーカーの中には，新興企業の可能性を認識し，それに応じるような行動を起こしてきた企業も存在する。Unileverは2016年に新興メーカーのDollar Shave Clubを10億ドルで買収しシェアを伸ばしたことで，Gilletteの市場シェアは70％から54％に低下した。Gilletteはこれに対抗し，（商品やパッケージのサイズにもよるが）小売業者への卸売価格を最大20％引き下げたが，結果として，Gilletteはプレミアム・セグメントで継続的に高い価格を設定するという本来の戦略から大きく逸脱することとなった。

　競合商品の価値やコスト構造との間に大きな差がある場合は，価格リポジショニングが意味をなさないことがある。一部の国（中国，フランス，スペイン，ドイツなど）で，高速列車による長距離移動が飛行機に取って代わるようになっているのは，その一例である。航空会社は，所要時間や料金の点で高速列車には太刀打ちできないため，値下げを行ったとしても客数を取り戻すことはできない。航空会社は路線を廃止するか，顧客層の減少を受け入れるしかない。

　ファッション，消費財，小売，サービスなどにおいても，市場や価格ポジションの変動が見られる。一時期，フランスのある衣料品メーカーは，プレミアム・セグメントにおける価格ポジショニングに悪戦苦闘していた。このブランドは本来中価格セグメントに属すべきであったため，我々の分析通りに価格のリポジショニングを行い，平均15％の値下げを実施したことで，販売数量を45％増加す

ることができた。リポジショニング前も十分な利益率を確保できていたため，価格をさらに下げことにより，利益額は急増したのである。Hugo Bossというブランドはその逆で，戦略的にプレミアム・セグメントへの移行を図った。かつて国営企業であったLufthansaも同様で，プレミアム・セグメントへの移行により現在では世界の航空市場でトップの地位を占めている。一方で，価格リポジショニングが失敗したり，裏目に出た事例もある。アメリカ市場や他の市場でも大成功を収めている小売業者のWalmartは，他の小売店の店舗を買収する形でドイツ市場に参入した。Walmartは収益性を高めるために，買収した店舗をリポジショニングし，価格を大幅に引き下げた。だがこの試みは失敗し，Walmartはドイツ市場から撤退することになり，同様の失敗によって韓国市場からも姿を消した。

　価格ポジショニングは，企業に対してある種の長期的な拘束力を持つようになることがその特徴である。一度価格ポジショニングを確立した後は，特に短期間で，自由にこれを変更することはできない。より高い価格セグメントへの価格リポジショニングの場合は，さらに困難になる。J. C. Penneyは，急激な高価格ポジションへのリポジショニングの危険性を示す最も重要な例である。顧客の商品やブランドに対する認知や嗜好は簡単には変わらないため，価格のみをリポジショニングしても，顧客は購入をためらうのだ。上位の価格ポジションから下位の価格ポジションへのリポジショニングは相対的に容易なように思われる。確かに，プレミアム・ブランドが低価格セグメントに参入すれば，短期的には販売数量が伸びるだろう。しかしそれと同時に，高価格ポジション向けに設計された企業のプロセス，コスト，販売，インフラ，文化といった要素が，低価格セグメントではほとんど競争力を発揮しないため，企業の利益率が悪化する可能性もある。ALDI，Ryanair，Dell，IKEAのような低価格ポジションにおいて成功を収めた企業は，典型的な中価格サプライヤーやプレミアム価格サプライヤーとは根本的に異なる戦略を採用している。戦略や方向性といった企業内部の体質は，理論上は変えられるものであるが，実際に変えることは困難を極める。この意味で，価格ポジションは企業の外部と内部の両方からの制約を受けることになる。

　ここまで述べてきた価格ポジショニングの変更の事例から，次のような結論が得られる。

- 市場，顧客，競争環境の変化により，既存の価格ポジションを根本的に変更することが必要となる場合がある。
- そのような価格リポジショニングの動きに関連する課題とリスクは，過小評価されやすい。価格リポジショニング自体の実現可能性だけでなく，リポジ

ショニングの達成までにかかる時間についても軽んじられている。どんなに厳密な分析を行っても価格リポジショニングが成功するかどうかについては高い不確実性が伴うため，細心の注意をもって変革に臨むべきである。

- 高価格なイメージは，商品やブランドにポジティブな影響を与えているため，相対的に低い価格セグメントへの価格リポジショニングは，比較的迅速に行うことができる。しかし，価格的に下方方向のセグメントへの移行によって，既存の商品やブランドイメージを損なうことも多い。価格をあまりにも下げすぎる（オーバーストレッチ）と，下げたとはいっても依然高いところにある自社のブランド・ポジションが危うくなる可能性がある。また，低価格セグメントへの価格リポジショニングは，販売数量と売上の成長をもたらすかもしれないが，利益を増加させるとは限らないことに加え，参入と同時にコストの削減を行う必要がある。前述したように，バリューチェーンのすべての領域において，コスト効率性とコスト意識を高める必要があるため，時には組織文化の改革をも必要とする場合がある。

- 既存ブランドの高価格セグメントへの価格リポジショニングは，より困難で長期化する傾向にある。より高い価値の商品やサービスを提供するために，企業は様々な機能（研究開発，品質，デザイン，販売）を改善することが求められる。高価格セグメントへの価格リポジショニングに取り掛かる前に，どの企業も自社が高い価格にふさわしい競争力を持っているか，もしくは開発できるかを自問自答する必要がある。高価格ポジションは，単なるマーケティング，価格マネジメント，コミュニケーションの問題にとどまらず，企業の内部構造の改革をも必要とする。最も大きな障壁の１つは，価格リポジショニングの達成に必要な努力を続けるための忍耐力と耐久力である。Audiの事例が示すように，高価格セグメントへの価格リポジショニングには何十年もかかる可能性があるからだ。

- 既存の商品やブランドの価格リポジショニングの代わりに，新しいブランドを創り出すことも選択肢の１つである。企業はこれを，セカンド・ブランド，マルチ・ブランド，あるいは「対抗ブランド」という形で展開する。確立された既存の価格ポジションとそれに付随するイメージから脱却することは，通常，既存ブランドのテコ入れよりも，新ブランドの展開を通じて行われる方が障壁が少なく，より迅速に行うことができる。しかし，既存ブランドとの明確な分離を成し遂げるためには，一般的に，独立した商品，工場，デザイン，販売チャネルを必要とするため，新ブランドの創出は，短期的にも長期的にも，多大なコストがかかるアプローチであることが多い。一連のアプ

ローチに伴う追加的なコストは，その新ブランドが十分な販売数量と利益を達成して初めて回収できる。

- 既に望ましい価格ポジションに位置するブランドや企業を買収することもアプローチの１つとなりうる。このアプローチは，スピード感を持った実行が可能であり，リスクも限定されている。LVMHやRichemontのようなラグジュアリー商品の企業グループは，きわめて魅力的なブランド・ポートフォリオを構築・拡大するために買収という手段をよく利用してきた。車業界のBMWがMiniとRolls Royceを買収したのも同じ理由である。VolkswagenはAudi，Porscheをブランドに加える一方で，大衆市場においては SeatとSkodaを取り込み，さらに，ラグジュアリー・セグメントではBentley，Bugatti，Lamborghiniを傘下とした事例も存在する。

- 買収による価格リポジショニングを行う場合であっても，買収企業は，買収したブランドの価格ポジショニングを維持できるよう努力する必要がある。General MotorsがSaabを買収した事例が示すように，同業他社を買収した場合でさえ，買収先の価格ポジションを維持することは難しいのである。これは，Ford がVolvoやLand Roverといったブランドを買収してプレミアム・セグメントでのポジションを確立しようと試みたり，Walmartが買収によってドイツ市場への参入を企てた時も同様に当てはまる。ラグジュアリー価格ポジションの商品はもちろん，プレミアム価格ポジションのサプライヤーに求められるリーダーシップは，低価格サプライヤーに課される課題とは全く異なる。組織間の文化的な障壁が統合を失敗させることもあるため，価格リポジショニングや新しい価格セグメントへの参入を考える際には，これらの要因をすべて考慮する必要がある。

結　論

　本章では，企業の目標，価値ドライバー，価格ポジショニング（すなわち，商品のパフォーマンス・プロファイルと価格レンジとの選択）など，価格マネジメントの基本的な戦略に関わる問題に焦点を当ててきた。最後に，以下のとおりに要約する。

- 価格マネジメントを適切に行うためには，目標を明確化することが前提条件である。利益目標と売上，販売数量，市場シェアといった目標は，相互に矛盾が生じる可能性がある。特に成熟市場では，すべての目標を同時に達成することは難しく，これらの目標間の優先順位を設定する必要がある。

第3章　価格戦略②—価格ポジショニング—　◆117

- 経営者は従来，市場シェアが利益に強い影響を与えると認識してきた。しかし，最近の研究では，シェアの獲得方法によって利益に与える影響が異なるため，シェアと利益の因果関係については懐疑的な見方が強まっている。低コスト構造への変革を伴わないままの低価格設定によって市場シェアを獲得した場合，利益を増やせるかは疑わしい。対照的に，合理的なコスト構造と十分な品質によって高い市場シェアを獲得しているのであれば，高い利益を得られるであろう。

- 価格は，株主価値の重要な決定要因である。企業は適切な価格戦略によって，持続的な株主価値を創り出すことができる。同様に，誤った価格戦略は株主価値を棄損し，急速かつ永遠に破壊する可能性すらある。

- 企業は，どの価格セグメントで事業を展開するかを意識的に決定する必要がある。我々はラグジュアリー価格セグメント，プレミアム価格セグメント，中価格セグメント，低価格セグメント，超低価格セグメントの5つの価格セグメントを定義しているが，これらのセグメントは境界がはっきりと定められている訳ではなく，また必ずしもすべてのセグメントがすべての市場に存在する訳でもない。

- 価格セグメントは変化するものであり，顧客や分野，市場によって構造が全く異なる。商品カテゴリーや経済状況によって異なる価格セグメントで買い物をするハイブリッド顧客も存在する。中価格セグメントが縮小している分野もある。発展途上国や新興国では，超低価格セグメントが最も大きい。

- 価格ポジショニングを考える際には，商品の価格のみならず，商品価値を踏まえる必要がある。価値は，機能的，感情的，象徴的，倫理的な属性から構成され，これらの各属性は，特定の顧客のニーズを満たし，十分な支払意思を生み出すように設計される必要がある。

- 価格ポジショニングは，研究開発，設計，技術，生産，マーケティングなど，企業のあらゆる領域の方向性を決定づける。特に，すべてのマーケティングは，望ましいポジションを支援することを目的として用いられるべきである。

- ラグジュアリー価格セグメントは小さいものの，成長と収益性の点で非常に期待できるセグメントである。ラグジュアリー商品は他の市場とは大きく異なり，その多くは手作業で製造されたり，少量生産であることが多く，ブランドの歴史も長いことが多い。価格そのものが決定的なステータスや名声となるため，価格反応関数の曲線が右上がりに傾斜する部分がある。メーカーは，供給量を抑えて価格を高く維持するために，ラグジュアリー商品の生産量を制限している。流通，コミュニケーション，パーソナライゼーション，包括的なサービスの独占性は，ラグジュアリー商品の一部分である。商品を構成するあらゆる要素において，完璧とまではいかないまでも，最高水準のパフォーマンスを発揮することが絶対条件である。

- プレミアムセグメントの商品は高い機能的属性を提供し，感情的，象徴的，倫理的属性の点で，中価格セグメントの商品と差別化される。相対的に高い価格は，価値の持続性を示している。プレミアム商品では，特売や値引きによる安売りはできるだけ避け，価格の維持にも注意を払うべきである。流通は選択的で，アクセス範囲の広さよりも品質が重視される。広告は感情的，象徴的，倫理的属性を強調する。

- 中価格セグメントでは，機能的属性と価格の両方が，市場平均に近い水準となる。このセグメントでは，商品と価格の差別化が最も重要であり，感情的属性とブランドの重要度は相対的に低い。戦略的な値引きの提供やプロモーションが意味を持つこともある。幅広いターゲットへの流通を実現するために，マルチチャネル・アプローチが用いられる。コミュニケーションでは，性能や価格と価値の関係性が焦点となり，価格だけが焦点となることはない。

- 低価格セグメントは，十分な機能的属性と，好ましい価格との組み合わせによって成り立っている。企業は，顧客が受け入れられる，必要最低限の機能を持つ商品を設計する必要がある。販売コストは最小限に抑え，追加的なサービスの提供は控えるべきである。顧客コミュニケーションの訴求ポイントは，低価格であることそのものである。

- 超低価格セグメントでは，極端に低いコストと価格のみが重要であり，商品に不可欠な要素以外はすべて排除される。バリュー・チェーン全体にわたって徹底的な簡素化が要求される。この低コストの原則は，流通やコミュニケーションにも同様に当てはまり，インターネットが重要な役割を果たす。このセグメントの商品は新興国で今後飛躍的に成長する可能性が高いものの，先進国にどの程度まで浸透するかは，今のところ未知数である。

- 市場，顧客，または競合環境の変化によって，商品の価格リポジショニング，つまり価格ポジションの変更が必要になることがある。高価格ポジションの商品を低価格ポジションへリポジショニングする場合は，既存の高級なイメージが助けとなり，比較的容易に達成できるが，それに併せてコストを削減しなければ，上位の価格セグメントで確立された本来のポジションを危険にさらし，収益性を棄損する可能性がある。対照的に，高価格セグメントへのリポジショニングは難易度が高く，時間がかかる。低価格セグメントにおいてはコスト面の，高価格セグメントにおいてパフォーマンス面の競争力を向上させる必要がある。そのためには，どちらの価格リポジショニングにおいても多くの業務（研究開発，生産，品質，設計，販売）の再設計が必要になる。既存商品やブランドの価格リポジショニングの代替策として，参入したい価格セグメントにおけるセカンド・ブランドの構築や，他社の既存ブランドの買収も候補となる。

第3章　価格戦略②—価格ポジショニング—　◆119

　価格戦略は，価格決定の戦術の枠組みを規定する。価格戦略には，目標の設定，価格ポジション，企業としての市場構造の変化への対応などが含まれる。これらの基本的な価格戦略上の意思決定が同じ方向を向くことで初めて，戦術としての価格マネジメントが成功するのである。

参考文献

［1］ Wiegner, C. M.（2010）. *Preis-Leistungs-Positionierung: Konzeption und Umsetzung.* Frankfurt am Main: Peter Lang.

［2］ Kowitt, B.（2014）. Fallen Arches: Can McDonald's Get its Mojo Back? Fortune. http://fortune.com/2014/11/12/can-mcdonalds-get-its-mojo-back/. Accessed 10 February 2015.

［3］ Linder, R., & Heeg, T.（2015, March 10）. Eine Uhr so teuer wie ein Auto. *Frankfurter Allgemeine Zeitung*, p.22.

［4］ Valentino-DeVries, J.（2010）. From Hype to Disaster: The Segway's Timeline, The Wall Street Journal. http://blogs.wsj.com/digits/2010/09/27/from-hype-to-disaster-segways-timeline/. Accessed 10 February 2015.

［5］ Lashinsky, A.（2014）. Amazon Goes to War Again（and Again）, Fortune. http://fortune.com/2014/11/13/amazon-jeff-bezos-retail-disruptor/. Accessed 10 February 2015.

［6］ Mesco, M.（2014, December 15）. Struggling Gucci Reshoes Top Ranks. The Wall Street Journal. http://www.wsj.com/articles/SB22501900001083983765804580332323358192104. Accessed 10 February 2015.

［7］ Löhr, J.（2014, December 23）. Auf den Hund gekommen. *Frankfurter Allgemeine Zeitung*, p.23.

［8］ Martin, R. L., & Lafley, A. G.（2013）. *Playing to Win: How Strategy Really Works.* Jackson: Perseus Distribution.

［9］ Fassnacht, M., Kluge, P. N., & Mohr, H.（2013）. Pricing Luxury Brands: Specificities, Conceptualization, and Performance Impact. *Marketing ZFP – Journal of Research and Management*, 35(2), 104–117.

［10］ Preisentwicklung der Schweizer Uhrenexporte（2013, October 5）. *Finanzwirtschaft*, p.15.

［11］ LVMH（2017）. Annual Report. https://r.lvmh-static.com/uploads/2017/11/2017-financial-documents.pdf. Accessed 13 February 2018.

［12］ Richemont（2017）. Annual Report. https://www.richemont.com/images/investor_relations/reports/annual_ report/2017/ar_fy2017_f73jdsf82s64r2.pdf. Accessed 13 February 2018.

［13］ Richemont（2007）. Annual Report. https://www.richemont.com/investor-relations/reports/report-archive.html. Accessed 10 February 2015.

[14] von der Gathen, A., & Gersch, B. (2008). *Global Industry Study: Profit Excellence in the Luxury Goods Industry*. Bonn: Simon-Kucher & Partners.

[15] Wüstefeld, E. (2014, December 19). Sie stehen nicht mit dem Rücken zur Wand. *Frankfurter Allgemeine Zeitung*, p.23.

[16] Stock, O. (2006, April 7). Sechs Fragen an Nick Hayek. *Handelsblatt*, p.16.

[17] Fassnacht, M., & Dahm, J. M. (in press). The Veblen Effect and (In) Conspicuous Consumption: A State of the Art Article. *Luxury Research Journal*.

[18] Braun, S. (2015, January 20). Die Kunst, Atome richtig anzuordnen. *Frankfurter Allgemeine Zeitung*, p.2.

[19] Feth, G. G. (2005). Die Keramikbremse ist auf dem Weg in die Großserie. Frankfurter Allgemeine Zeitung. http://www.faz.net/aktuell/technik-motor/auto-verkehr/porsche-die-keramik-bremse-ist-auf-dem-weg-in-die-grossserie-1114868.html. Accessed 10 February 2015.

[20] Tuma, T. (2012). Wir sind Handwerker. Spiegel Gespräch mit Patrick Thomas, Hermès. Der Spiegel. http://www.spiegel.de/spiegel/print/d-90254957.html. Accessed 10 February 2015.

[21] Bain & Company (2017). Luxury Goods Worldwide Market Study, Fall-Winter 2017. http://www.bain.de/Images/BAIN_REPORT_Global_Luxury_Report_2017.pdf. Accessed 13 February 2018.

[22] Prada Group (2017). H1 2017 Results. https://www.pradagroup.com/en/investors/investor-relations/results-presentations.html. Accessed 14 February 2018.

[23] Wilken, M. (2013). Prada mit Rekordzahlen. Fabeau. Fashion Business News, http://www.fabeau.de/news/prada-mit-rekordzahlen/. Accessed 10 February 2015.

[24] Kapferer, J. N. (2012). *The Luxury Strategy: Break the Rules of Marketing to Build Luxury Brands*. London: Kogan Page Publishers.

[25] Simon, H. (2009). *Hidden Champions of the 21st Century*. New York: Springer.

[26] Reidel, M. (2014, December 11). Hintergrund. Wir kaufen keine Freunde. *Horizont*, No. 50, p.16.

[27] Lasslop, I. (2002). Identitätsorientierte Führung von Luxusmarken. in H. Meffert, C. Burmann, & M. Koers (Ed.), *Markenmanagement* (pp.327–351). Heidelberg: Gabler.

[28] Anonymous. (2014). Erfolgreiche Marken nutzen alle Vertriebswege. Auch die Discounter. http://www.absatzwirtschaft.de/erfolgreiche-marken-nutzen-alle-vertriebswege-auch-die-discounter-2747/. Accessed 10 February 2015.

[29] Anonymous. (2010). Erwartungshaltung an Premiummarken hört nicht beim Produkt auf. http://www.absatzwirtschaft.de/erwartungshaltung-an-premiummarken-hoert-nicht-beim-produkt-auf-9387. Accessed 10 February 2015.

[30] Buzzell, R. D., & Bradley, T. G. (1987). *The PIMS Principles: Linking Strategy to Performance*. New York: The Free Press.

[31] Little, A. D. (1992). *Management von Spitzenqualität*. Wiesbaden: Gabler.

第3章　価格戦略②—価格ポジショニング—　◆121

[32] Canoy, M., & Peitz, M. (1997). The Differentiation Triangle. *The Journal of Industrial Economics*, 45(3), 305-328.

[33] Anonymous. (2008, June 24). *Frankfurter Allgemeine Zeitung*, p.14.

[34] Quelch, J. A. (1987). Marketing the Premium Product. *Business Horizons*, 30(3), 38-45.

[35] Gruner & Jahr (2003, December 29). Nudeln, Kartoffelprodukte und Reis. *Märkte + Tendenzen*, pp.1-4.

[36] Hayward, S. (1990). Opportunities in the Middle Market. *Marketing Research*, 2(3), 65-67.

[37] Cronshaw, M., Davis, E., & Kay, J. (1994). On Being Stuck in the Middle or Good Food Costs Less at Sainsbury's. *British Journal of Management*, 5(1), 19-32.

[38] Sharp, B., & Dawes, J. (2001). What is Differentiation and how Does it Work? *Journal of Marketing Management*, 17(7-8), 739-759.

[39] Porter, M. E. (1985). *Competitive Advantage: Creating and Sustaining Superior Performance*. New York: The Free Press.

[40] Anonymous. (2014). *Lebensmittelzeitung*. December, p.31.

[41] Krohn, P. (2015, January 19). Das Enfant terrible unter den Versicherern. *Frankfurter Allgemeine Zeitung*, p.19.

[42] Kowitt, B. (2015, March 15). It's IKEA's World. *Fortune*, pp.74-83.

[43] Anonymous. (2014). Deutschlands Discounter sind angriffslustig wie lange nicht mehr. http://www.faz.net/aktuell/finanzen/meine-finanzen/geld-ausgeben/aldi-und-lidl-deutschlands-discounter-sind-angriffslustig-wie-lange-nicht-mehr-13297814.html. Accessed 10 February 2015.

[44] Aldi Süd (2015). ALDI SÜD oder: Die Konzentration auf das Wesentliche. https://unternehmen.aldi-sued.de/de/ueber-aldi-sued/philosophie/. Accessed 19 February 2015.

[45] Anonymous. (2014, November 11). Ryanair will das Amazon der Lüfte werden. *Frankfurter Allgemeine Zeitung*.

[46] Laudenbach, P. (2011). Schwerpunkt Großorganisation, Geiz ist geil. Service ist geiler. http://www.brandeins.de/archiv/2011/grossorganisation/geiz-ist-geil-service-ist-geiler/. Accessed 10 February 2015.

[47] Prahalad, C. K. (2010). *The Fortune at the Bottom of the Pyramid*. New Jersey: Financial Times Press.

[48] Mahajan, V., & Banga, K. (2006). *The 86% Solution: How to Succeed in the Biggest Market Opportunity of the 21st Century*. New Jersey: FT Press.

[49] Renault (2017). Annual Financial Report 2016. https://group.renault.com/wp-content/uploads/2017/05/dr-2016-version-anglaise.pdf. Accessed 14 February 2018.

[50] Interview with former Siemens CEO Peter Löscher at the Asia-Pacific Conference in Singapore on May 14, 2010.

[51] Anonymous. (2007, March 30). VDI-Nachrichten, p.19.

[52] Ernst, H., Dubiel, A., & Fischer, M. (2009). *Industrielle Forschung und Entwicklung in*

Emerging Markets. Motive, Erfolgsfaktoren, Best-Practice Beispiele. Wiesbaden: Gabler.

[53] Govindarajan, V., & Trimble, C. (2013). *Reverse Innovation: Create far from Home, Win Everywhere.* Boston: Harvard Business Press.

[54] Hanke G. (2014, March 21). Essay Pfeile im Köcher Aldis. Pressenkungen zeigen Wirkung. *Lebensmittelzeitung,* No. 12, p.32.

第**4**章

分析①
―価格の経済学―

概　要

　顧客価値，費用，競合商品・サービスは，価格の経済的な決定要素である。この章は
これら3つの決定要素とその相互関係性を検討する。費用は価格の最下限を表すに過ぎ
ない。価格の最も重要な決定要素は顧客価値であり，それは支払意思（WTP），価格反
応関数，価格弾力性に影響を及ぼすものである。典型的には，競合企業の商品・サービ
スとその価格もまた，商品の販売数量に影響する。この章では，主に価格が販売数量に
与える効果の理解と解釈に焦点を当てる。専門家による判断，顧客調査，実験，市場の
観察などの適用可能な手法について詳しく説明し，実践に基づいた事例を示していく。

4.1　イントロダクション

　本章では，価格マネジメントの経済学的な決定要素について議論する。ここで
の決定要素とは，本質的には，費用，顧客価値，競合の価格である。この後の第
5章において，価格マネジメントの心理学的側面に焦点を当てる。当然，それら
もまた販売数量，市場シェア，売上，利益に作用しうるが，本章においては，経
済学的な側面のみを取り扱う。

　マネージャーに，どのように価格を設定しているか，あるいはどんな情報に基
づいて価格を決めているかを尋ねると，通常，以下のような答えが返ってくる。

- 市場における顧客の購買履歴データから決まる。
- 費用を計算して，それに業界の一般的なマークアップを適用する。
- 競合の行動に合わせる。
- 市場において価格は自動的に決まっている。
- 顧客価値を推定し，これを反映しようとしているが難しい。

　これらの答えのすべてが，価格設定に影響を与えているのは事実である。しか
し，このような答えが得られたからといって，それは適切な価格マネジメントが
できていることを示している訳ではない。多くの場合，企業は，顧客のニーズや

支払意思額（WTP）などについてのきちんとした情報を十分に収集できているとはいえない。価格を変えることが販売数量にどのような効果をもたらすかについて，定量化されることはほとんどない。言い換えれば，企業は価格反応関数を特定しようとしてはいないのである。マネジメントはこの概念はあまりにも理論的で，また，はっきりしないものであると感じている。最終的には，意思決定者は価格反応関数を知らないため，正しく価格の意思決定を行おうとした場合，最適な価格に影響するすべての要因を新たに検討せざるを得なくなる。

次の節では，価格マネジメントの分析段階において必要となる情報について述べる。その後，価格マネジメントの中心的な概念である価格反応関数について詳細な説明を行った上で，実務においてこの関数がどのように決定されうるのかを示す。

4.2 価格関連情報の分析

図4.1は，企業が価格設定においてどの程度の裁量を発揮する余地があるかに影響を及ぼす要因を例証している。顧客価値と競合の価格は設定可能な価格の上限を決定する。そして実務においては，この2つの要因のうちのより強いほうが上限価格を決定する。顧客価値と競合価格によって定めることができるのは（純粋なコモディティを除いて），上限価格となる明確な価格ポイントではなく，一定のレンジである。企業の費用は価格の下限を決定する。短期的にはそれらは固

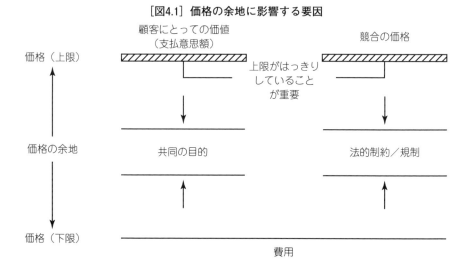

[図4.1] 価格の余地に影響する要因

第4章　分析①—価格の経済学—　◆125

定費と変動費だが，長期的には，１単位当たり費用（総単位費用）である。企業の目的と法的/規制的制約は価格の上限と下限をシフトさせうる。たとえば，もしある企業が価格設定に最小マージンの制約を課すのであれば，価格は上方にシフトするし，一方で最低限の市場シェアを課すのであれば，それは下方にシフトする。

4.2.1　コストプラスプライシング

　企業は，価格を設定する際に，企業の目標と同様に費用を考慮する必要がある。したがって，ここでは費用情報に焦点を当てる。このことは，企業の収益性を確保するためにも，価格の下限を設定するためにも重要である。歴史的な理論の中には，費用を価格の唯一の決定要素としているものもあるが，この文脈においては価値を有さない。最も有名な理論は，Karl Marxの労働価値説である。それによれば，商品価値は，商品を製造するのに必要となる労働力によってのみ決まる。したがって，Marxは，労働価値を価格の唯一の決定要素とみなしている。1865年にMarxは次のように書いている。「財の価格は賃金によって決まり，調整される[1]」。今日，この理論は時代遅れのものとされ，仮に支持するものがいるとすれば，筋金入りのマルクス主義者のみである。費用だけでは最適価格を設定するのに十分ではない。しかし，費用，特に限界費用を徹底的に理解することは，あらゆる価格意思決定の基盤となる。のちに議論する新しい現象のように，限界費用が０でない限り，Karl Marxの考えを完全に無視することはできないことも事実である。

　価格決定に関して，費用分析の最も重要な側面は，固定費と変動費を明確に区別することである。固定費は，定義上，生産量に依存しない。変動費は生産量に依存して変化する。価格反応関数と比べて，費用関数は単純に決まる。なぜなら，必要な情報は企業内にあるからである。費用関数は，限界費用の性質に従って分類できる。限界費用は，生産量が一単位増減する時，どのように費用が変化するかを表したものである。実際には，通常２つの形状が見られる。限界費用が一定の線型費用関数と，限界費用が減少する，凹型の単調増加費用関数である。**図4.2**は，限界費用が一定の費用関数と限界費用が減少する費用関数の例を示している。

　費用情報によって，企業は，販売数量の関数としての利益への効果だけでなく，価格の下限を決定できる。価格の下限は，ある商品が販売される時あるいはその企業が受注する時の最低価格となる。

　価格の下限を決める際には，長期的な下限と短期的な下限とを分けて考える必

[図4.2] 重要な費用関数と限界費用

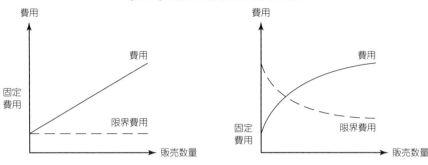

要がある。企業は長期的には，その価格が変動費と固定費の両方をカバーできる場合にのみ販売する。したがって，長期的な下限価格は，固定費をも完全に含んだ単位当たり費用によって決定される。

　短期的に見た場合には，この状況は異なる。定義上，企業は短期的には固定費を削減することはできず，固定費を最大限カバーできるような価格設定を行わなくてはならない。貢献利益（すなわち，この固定費の部分をまかなう利益）は，価格が単位当たり変動費を超える時はいつでも得られる。したがって，短期的な下限価格は，単位当たり変動費と等しくなる。価格と単位当たり変動費の差が貢献利益である。（短期的な観点からは）売上が正の単位当たり貢献利益を生み出す場合に商品を販売できるという言い方もできる。

　もしも個々の商品単位ごとに（つまり注文品の場合のように）異なる価格を設定できるならば，単位当たり変動費ではなく，限界費用が価格の下限となる。そのような場合（注文間の独立性と十分な生産設備が仮定できるならば），その企業は，その価格が限界費用を上回る限り，追加的な注文を受注できる。もしある企業が複数の商品を製造していて，他の商品の製造量を減らすことで，ある商品の増分の注文を受注できるような場合，製造量を増やした商品の限界費用に，残りの商品から得られる逸失利益（いわゆる機会費用）を加える必要がある。言い換えれば，そのような場合には，その価格の下限は，製造量を増やした商品の限界費用と製造量を減らした商品の機会費用の合計になるということである。

　より広義な機会費用は，販売（需要）側と同様に，製造（供給）における，全体としてのダイナミックな関係性から生じうるものである。結果として，価格の下限は，複雑な構造を持ち，とても一般化することはできない。

　価格の下限に関する最も重要な洞察には次のようなものがある。

- 長期的な価格の下限：固定費を含んだ，完全な単位当たりコスト

第4章　分析①─価格の経済学─　◆127

- 短期的な価格の下限：
    均一価格の場合：単位当たり変動費
    差別的な価格の場合：限界費用
    生産力の制約，ボトルネックがある場合：限界費用＋機会費用

4.2.2　顧客

　顧客情報の核となる部分は，顧客の支払意思額である。それは，顧客の知覚価値（顧客にとっての価値）を反映する。個々の顧客レベルで知るべきは，個々の顧客の支払意思額はどの程度か，また異なる顧客の支払意思額の分布はどのようなものなのか，といった点になる。市場全体のレベルでは，異なる価格は，販売数量にどのような効果をもたらすのか，すなわち，価格反応関数はどのようなものであるか，ということになる。この章では，ミクロ経済学の視点，すなわち，顧客にとっての価値，支払意思額，価格反応の関連性を考察していく。これらの要因は，価格決定の基礎を形成する。こういったミクロ経済学の視点に加えて，第5章において，心理学的な視点からの補足を行う。

　顧客にとっての価値とその結果としての支払意思額は，本来であれば商品開発段階もしくはそれ以前から考慮されるべきものである。開始点は，単なる商品全体ではなく，それを構成する個々のパフォーマンス属性についての考察が必要となる。顧客にとっての価値とその結果としての支払意思額は個々のパフォーマンス属性から生じているためである。もしこの考察を正しく行うことができれば，商品は，顧客のニーズを満たし，利益を上げることができる。

　企業は伝統的に，商品開発に向けて「インサイド・アウト」の視点をとっている。商品が着想を得て，開発され，そしてコストプラスに基づいて価格が決まる。この流れを「デザイン-ビルド-価格（design-build-price）」ということもできる。このアプローチはオーバースペックに陥る可能性があるが，今日でも広く用いられている。この「インサイド・アウト」アプローチの結果として，商品の中には開発はされたが，発売されなかったものや，発売されても大失敗に終わるものもある。理想的には企業は，この流れを逆にして，「価格-デザイン-ビルド」の流れに変えるべきである［2］。「開発したばかりの商品のコストはどうあるべきか」という問題は，購買者がその商品にいくら支払いたいと考えるかをもとにして，「開発しようとする商品にどのくらいコストをかけるべきか」という問題に置き換えられる。このアプローチはターゲット・プライシングとよばれる。

　ターゲット・プライシングは，支払意思額から始まる。商品と価格のデザインは，顧客の視点から厳密に導かれる。顧客の需要と支払意思額は，一番最初から，

設計と開発のプロセスに取り込まれている。このアプローチのモダンな別の用語として，「デザイン・シンキング」という言葉がある［3］。この概念は，顧客は，技術的な商品構成要素に関心があるのではなく，顧客にとっての価値に関心があるという考え方を認めている。言い換えれば，このアプローチは，機能・特徴ではなく価値に関心を置いている。コストを下回る価値しかない商品の機能・特徴は，商品化において考慮されない。商品開発プロセスは，商品のパフォーマンス属性から始まるのではなく，そこから価格が決まるものでもない。これとは逆に，価格について考えることから開発が始まり，その後で商品が設計され，ターゲット価格に合うように作られる。このことは，研究開発段階のきわめて初期の段階で，顧客調査が行われるべきことを示している。それは，顧客の将来のニーズについての情報を明らかにすることでもある。

　商品の必要条件は，顧客ごとに異なると考えられる。これは，顧客にとっての価値や支払意思額は顧客によって異なることを意味する。ターゲット・プライシングを行う場合，企業は最初の段階で，同じあるいは類似の条件と支払意思額を有している顧客を識別し，顧客セグメントとしてグループ化すべきである。そしてそのターゲットセグメントに向けて，「パフォーマンスの束」とよばれる商品のアイディアを定式化する必要がある。それぞれの価値が生み出す機能・特徴への支払意思額の合計が，その商品のターゲット価格となる。初期の市場調査が妥当な結果を生み出すと仮定すれば，企業は市場においてターゲット価格で販売することが可能となるはずである。ターゲット価格から必要となる利益マージンを引けば，ターゲット費用が求められる［4，5］。これらのターゲット費用は，個々の商品属性の費用のガイドラインとして用いることができる。ターゲット・プライシングの目標は，それぞれの商品の機能・特徴の費用が，顧客の支払意思額よりも低くなるように保つことである。企業はターゲット・プライシングによって，費用が支払意思額を超えている商品の機能・特徴を廃止したり，変更したりできる。この方法で，企業は，利益を上げ，かつ実現可能な商品の開発に集中できるのである。

　衛生要因と動機づけ要因とを区別するHerzbergのモデルと同様に，顧客にとっての価値が及ぼす効果に従って，パフォーマンス属性を分類できる［6］。Herzbergの二要因モデル［7］に基づいて，狩野は狩野モデルを開発した。狩野モデルは，Herzbergの考え方を「当たり前」属性（衛生要因）と「魅力」属性（動機づけ要因）の観点から，消費者がある商品に必要とする用件を定義したモデルである。当たり前属性に関しては，商品が期待を大きく上回るパフォーマンスを示したとしても，これを評価しない。その一方で，企業は，当たり前属性に関し

て，そのパフォーマンスが期待を下回ることによる顧客の不満を回避しなければ
ならない。自動車業界の例を用いて説明する。通常の乗用車のブレーキは効かな
ければならないが，レーシングカーのブレーキのパフォーマンスほど高くある必
要はない。このような当たり前要件が満たされないと，顧客との関係性が壊れる
リスクがある。パフォーマンスを高め過ぎれば，必要のない費用を負担すること
になるため，利益を脅かすことになる。顧客の基本的なニーズを満たすことは
"conditio sine qua non（不可欠条件）"であるが，これは支払意思額をさらに高
めるようなものではない。

　パフォーマンス要件に関しては，「価値に見合う価格（"money for value"）」
という公式が当てはまる。顧客にとっての価値は，各属性のパフォーマンス水準
に比例して増減する。このことを，乗用車の燃費の例に当てはめてみる。燃費の
高い車は支払意思額がより高くなり，より高価格，という形で金銭化される。し
かしながら，商品のパフォーマンスを革新的に高めることには限界がある。改善
は，その商品が先発商品と比べて明らかに優れていると，顧客に確信させるレベ
ルでないといけない。たとえば，デンマークの製薬会社Novo Nordiskは，イン
シュリンのわずかな改良によって価格プレミアムを得ることができなかった。改
善を行うたびに，価格を引き上げても，顧客の支払意思を引き出すことはできず
に終わる［8］。

　魅力属性に関しては，パフォーマンス水準が改善すると，顧客満足が幾何級数
的に増加する。車でいえば，ブランド，デザイン，ブレイクスルーを起こすイノ
ベーションなどが考えられる。これらの魅力属性は非常に効果的な利益ドライ
バーに変わりうる。より高いパフォーマンス水準を導入すること（それは必ずし
も費用をかけたものである必要はないが）は，その費用を大きく上回る支払意思
額の上昇をもたらす。

　このような種類の情報は，コンジョイント測定法によって収集することができ
る。コンジョイント測定法は，個別の商品属性の支払意思額を定量化する手法で
ある。まとめると，顧客にとっての価値と支払意思額は，価格マネジメントのた
めの顧客情報の中心的な部分となる。

4.2.3　競争

　企業は主に3つの理由から，価格決定において，競争を考慮する必要がある。

- 多くの市場において，競合の価格は企業の販売数量に強く影響する。言い換
えれば，いわゆる交差価格弾力性は統計的に0ではない。

- 競合企業が価格という手段によって脅威を感じれば，競合企業は反応する傾向にある。すなわち，反応弾力性は同様に有意である。
- 企業は迅速に価格行動を実行できるが，競合企業も多くの場合，すぐに対抗可能である。

相互反応とその効果は，価格マネジメントにおいて，最も複雑な問題をいくつか生み出す。以下の3つのタスクを行うことによって，体系的に競合企業を監視することを強く推奨する。

- 関係のある競合企業の特定
- 競合の現在の価格の分析
- 潜在的な将来の価格行動の予想

最初の段階は関連する競合企業を特定することである。一見したところ，このタスクは単純に見えるかもしれない。ほとんどすべての人は，Coca-ColaがPepsiと競争していること，BMWはMercedes-Benzの競合とみなされていることを知っている。しかし，このような単純な見方は，必ずしも十分であるとはいえない。もし，同じ顧客から金銭を受け取るすべての企業の競争にまで，定義を広げるのであれば，異なる領域の競争が存在することになる。ただし，こういった異なる領域の競争については，価格決定においては分けて考える必要がある［9］。FassnachtとKöseは競争を次の3つに区別している［10］。

- 狭義の競争（類似商品・同質的商品）
- 広義の競争（同種の商品）
- 領域外の競争（類似的価値・関連する価値を与える商品）

航空会社が価格を設定する時，他の航空会社の価格を考慮するだけでなく，鉄道やバスのような同種のサービスを提供する企業や同じ顧客のニーズを満たす異業種のサービスを提供する企業（ビデオ会議等）もまた考慮する必要がある。価格意思決定においては，現在の競合だけではなく潜在的に新たな競合となる可能性のある相手も考慮すべきである。

さらには，競合の現在の状況や将来の状況を分析するのもよい。現在の状況を表す情報は，商品のパフォーマンス属性と価格，売上と市場シェア，顧客構造，顧客の視点からの知覚価値を含む。競合企業の将来の可能性を評価するのに用い

られる情報には，コスト構造，資本構造，財務力，設備能力，製造技術，特許，販売組織などがある。企業は競合企業の行動と反応を予期し，価格設定を行う際に，それらを考慮すべきである。競合のモニターには，かなりの時間と資金を要することもある。その一方で，競合についてしっかりした情報がなければ，価格決定に，より多くの費用がかかることになってしまう。

　競合企業の過去の価格設定行動に関するデータは比較的容易に収集できるが，将来の計画に関する情報はすぐに入手できない。この種類の情報（投資，新商品，改良商品，価格手段）は内的な性質を備えており，時にはトップシークレットとして扱われる情報であるためである。競合は，そのようなトップシークレットを直接，間接に開示する調査や実験に参加することはまずない。

　競合商品の費用を決定する1つの方法として，リバース・エンジニアリングがある。リバース・エンジニアリングとはそのプロセスと成果を理解するために，企業が競合商品を購入し，分解し，競合のサービスをテストする方法である。この過程によって，企業は競合の費用を復元し，製造プロセス，サービス・プロセスの違いを見つけ，コストの差異を特定することができる。

　企業がそのような競争の情報に依存するウェイトは，第一に，市場構造（独占市場，競争市場）と商品の同質性に依存する。独占市場では直接的な競合企業は存在しないが，それでも，価格決定において潜在的な競合企業を考慮する必要がある。独占市場であっても，価格に関する意思決定（例，高価格戦略）が他社がその市場に参入する誘引とならないかどうかを考慮する必要がある。

　競争市場では，価格の影響は商品がどのくらい同質的かによって変わる。同質的で，容易に代替可能な商品の場合，価格設定の余地に厳しい制約がある。もし顧客が特定のサプライヤーを明確に好んでいるという訳ではない場合は，商品の販売数量は，競合の価格水準に強く依存することになる。この代替可能性は，一方的な価格の引き上げは，販売数量の大きな減少を引き起こしうることを示唆している。また，価格引き下げは，破滅的な値下げスパイラルを引き起こしうる。差別化された同質的な市場においては，企業は競合の価格にはあまり影響を受けず，一定水準の「独占的な」価格設定の余地を持つ [11]。単発的なわずかな価格の引き上げは販売数量のわずかな減少をもたらすにとどまり，価格引き下げが競合に追随されるリスクも限られる。

4.3 価格反応関数

4.3.1 価格反応関数の分類

需要曲線，価格反応関数は，価格 p と販売数量 q の関数的な関係性を記述している。

$$q = q(p) \tag{4.1}$$

価格は独立変数であり，販売数量は従属変数である。経済学の教科書では，多くの場合，販売数量が独立変数，価格が従属変数となっている関数 $p = p(q)$ を見ることがある。この需要関数は，サプライヤーがある販売数量を提供すると，市場が価格を決めるという考えに基づいている。現代の異質的な市場に関しては，(4.1) 式の関数はより現実的である。

価格反応関数は，価格最適化の前提条件である。実際には，価格反応関数の知識は限られており，誤差は大きくなりがちである。価格反応関数は，次の基準に従って分類される。

- 集計レベル：個別価格反応関数か集計価格反応関数か。個別価格反応関数は個々の顧客の需要は価格によってどのように変化するかを記述する。集計価格反応関数は，すべての顧客の需要が価格関数としてどのように変化するかを統合している。
- 市場の形態：市場の形態は，市場が独占市場か競争市場かに分けられる。独占市場では，需要水準は単に，独占企業の価格に依存する。競争市場においては，競合企業の価格はある企業の販売数量に影響を与え，それゆえ，価格反応関数において独立変数として含まれる必要がある。
- 形状：価格反応関数は，表の形状，グラフの形状，あるいは数式として表現される。
- データソース：価格反応関数を決定するのに用いられるデータは，専門家の判断によるものか，顧客情報によるものか，実験によるものか，市場データによるものかのいずれかである。

第4章　分析①─価格の経済学─　◆133

4.3.2　価格反応関数と価格弾力性

4.3.2.1　個別価格反応関数と集計価格反応関数

まず個別価格反応関数を考察した後，集計価格反応関数をいかにして求めるかについて説明を行う。

個人の需要に関して，2つのケースを区別する必要がある。

- 耐久財のケース

　需要曲線は個々の顧客ごとにイエス−ノーの形の意思決定を反映したものとなる。これを「Yes-No」型とよぶことにする。人々は洗濯機を1台買い，スマートフォンを1台買い，カメラを1台買い，ノートブックPCを1台買う。あるいは，全く買わないかのどちらかである。

- 消費財のケース

　消費財のケースでは，購入者は，価格に応じて，同時に数単位を購入する。これを「変動量」型とよぶことにする。ヨーグルトやソフトドリンクのような食品はこのカテゴリーに該当する。映画鑑賞のようなサービスも同様である。価格が引き下げられれば，個々の顧客はより多く購入し，より頻繁に消費する。

図4.3の左側の図は「Yes-No」型を図示したものである。顧客は，価格がその商品の（知覚）価値を下回る場合に購入する。顧客がその商品に支払ってもよい

[図4.3]「Yes-no」型の価格反応関数と「変動量」型の価格反応関数

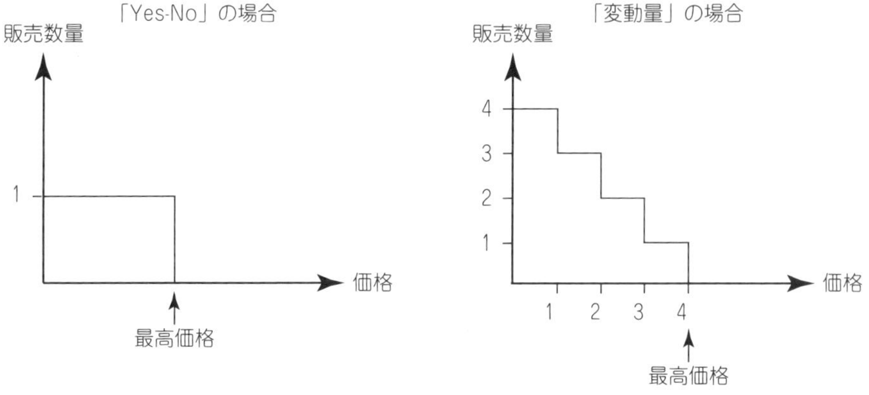

と考える最高額は，その商品の知覚価値に相当する。（経済学の文献では，「留保価格」，「禁止的価格」ともよばれる）。

「変動量」型においては，似たように，その商品の単位ごとに，顧客は価格と価値を比較する。図4.3の右側の図に示されているように，顧客は最初の一単位には4ドル支出しようとするが，2単位目には3ドルしか支出しようとしない。支払意思額がこのように減少することは，ゴッセンの2番目の法則を反映している [12]。この法則は，限界効用（顧客にとっての限界価値）は商品の消費が増加するにつれて減少すると述べている。ある商品の2単位目，3単位目，4単位目は，その前よりも，追加的な効用は少なくなる。「変動量」型の結果，価格が高くなればなるほど，個々の顧客が購入する数量は少なくなる。「変動量」型を考える最もよい方法は，「Yes-No」型の連なりとして考えることである。連続的なそれぞれの単位に関して，顧客は追加的な単位の知覚価値に基づいた「Yes-No」型意思決定をしている。

価格が個別に設定されているとき，この2つのケースの示唆は異なる。「Yes-No」型においては，売り手は個々の顧客の最大価格とその価格における正確な需要を見つけ出そうとするだろう。これは，価格がそれぞれの顧客と個別に交渉される場合の価格設定における主な問題となる。「変動量」型においては，2つの選択肢がある。すなわち，購買された量にかかわらず単位当たり価格を均一に設定することも，購買量によって価格を差別化することもできる。後者は非線型価格設定とよばれる。「変動量」型においては，個々の価格反応関数を決定させるために，その商品の各単位の限界効用がわかっている必要がある。

4.3.2.2　全体価格反応関数

全体価格反応関数は，すべての顧客の各価格ポイントにおける購入量を合計したものから得られる。顧客は理論上は同質的なことも異質的なことも有りうるが，現実にはほぼすべて異質的であり，異なる最大価格を持つ。**図4.4**では，異質性を仮定しており，「Yes-No」型と「変動量」型の3人の顧客の集計を示している。

両方のケースにおいて，全体価格反応関数は，右下がりであり，すなわち，価格が高くなると販売数量は少なくなる。もし非常に多くの顧客を価格反応関数に取り入れるならば，関数の形状は連続的な曲線に近づく。

4.3.2.3　価格弾力性の定義

価格の販売数量への影響は，価格弾力性によって測定される。弾力性は，変化を引き起こす変数の1％の変化量が及ぼす変化量の比率である。弾力性には次元

第4章 分析①—価格の経済学— ◆135

[図4.4] 3名の顧客の異なる価格反応関数の集計

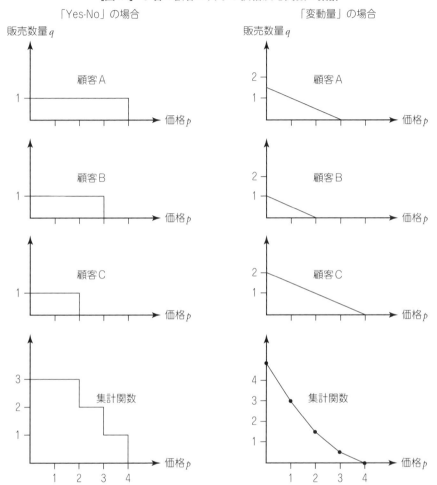

はない。価格弾力性は次のように定義される。

$$\varepsilon = \frac{販売数量の変化量（％）}{価格の変化量（％）} \quad (4.2)$$

もしも10％の価格の引き下げが20％の販売数量の拡大をもたらすならば，価格弾力性は−2になる。マイナスの符号は，販売数量と価格の変化が逆の方向に動いていることを示す。価格弾力性が−2であるということは，％で表した販売数量の変化は％で表した価格の変化の2倍であるということである。価格弾力性のごくわずかな変化に関して，数学的に次のように定義される。

$$\varepsilon = \frac{\partial q}{\partial p} \times \frac{p}{q} \tag{4.3}$$

ここで，$\frac{\partial q}{\partial p}$ は価格反応関数 $q = q(p)$ の一次導関数，q は販売数量，p は価格を表している。

4.3.2.4 独占市場における価格弾力性と線型価格反応関数

販売数量 q の価格 p への線型依存性は，最も単純な仮説である。

$$q = a - bp \quad a > 0, \quad b > 0. \tag{4.4}$$

図4.5は，独占市場における線型価格反応関数を表している。パラメータ a は販売数量の軸の切片を表し，（価格が 0 円の時の）最大販売数量を表している。$\frac{a}{b}$ の割合によって，販売数量が 0 となる価格が決まる。この価格は価格の軸の切片に当たる。これが（集計レベルの）最高価格となる。

パラメータ b は価格反応関数の傾きである。言い換えれば，価格 1 単位の変化によって生じる販売数量の変化を示している。b が大きくなるほど，販売数量は価格によりセンシティブになる。線型関数の傾きは一定であるため，1 単位の価格変化に対応する販売数量の変化はどこでも同じである。つまり，それは価格変更前の価格水準から独立している。線型関数の価格弾力性は，$\varepsilon = -\frac{bp}{a - bp}$ である。これは負の値となるが，価格弾力性について議論する場合，絶対値で表されることが多い。線型価格反応関数に関しては，価格弾力性は図4.5に示されるパターンに従う。価格が高く，最大価格に近づく場合には，絶対値は非常に高くなる。

線型価格反応関数の最大の利点は単純であり，解釈しやすい点にある。関数を 1 つに決定するには，a と b という 2 つのパラメータだけが推定されればよい。この関数から価格決定について単純なルールを導き出せるものの，線型関数は理論的基盤を欠いている。以下の文章が示唆するように，線型関数は，理論的空間において考えられたものである。「直線を引くことは，それ以外の形の線を任意に引くことと，同じ程度の正しさしか有さない [13]」。しかしながら，単純ではあるが，線型関数は実証データによく適合していることが多い。我々の経験では，線型関数は考慮している価格のレンジが既存の価格レンジから大きく逸脱しない場合にのみ用いるとよい。大きな価格変化に関しては，線型関数は誤った結論を導くことになりかねない。しかしながら，合理的な区間内ならば，より複雑なモ

[図4.5] 線型価格反応関数（独占市場の場合）

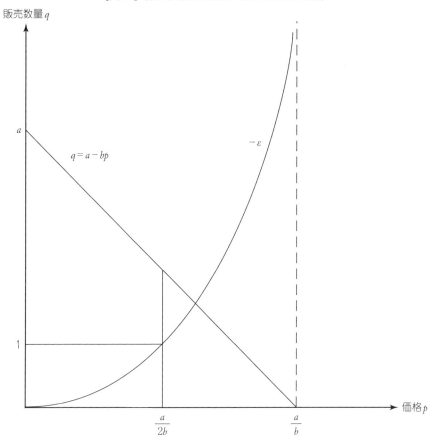

デルを用いた場合よりも悪い結果とならない可能性が高い。「迷ったら単純に」という格言のとおりである。

4.3.2.5　競争市場における価格弾力性と線型価格反応関数

競争市場において，市場シェア，相対価格，価格差のような変数は，価格反応関数に取り込まれるべきである。

独立変数

自社ブランドの価格p_iに加えて，競合ブランドの価格を独立変数として考慮する必要がある。**表4.1**は，どのように用いることができるかについての選択肢を

[表4.1] 競合を考慮した価格反応関数における，独立変数の代替的な操作

従属変数	No.	独立変数
販売数量q_iまたは市場シェアm_i	1	自社の価格p_iと競合それぞれの個々の価格p_j
	2	p_iと競合製品の平均価格$\bar{p}$
	3	p_iと$\bar{p}$の絶対価格差
	4	相対価格$p_i/\bar{p}$

示している。

代替案1は非常に集中的な分析を要し，多重共線性問題のため，一般的に考慮から除外される。多重共線性とは，それぞれの価格の効果が区別できないという問題である。代替案2から4は平均価格$\bar{p}$を定義する必要があるが，その場合は単純な平均を求めるか，重みづけされた市場シェアによる平均を用いることができる。Kucherは，市場シェアで重みづけされた平均価格は説明力が高く，統計的に有意となり，経済学的に理にかなった結果となることを示している [14]。

競合の価格が自分の販売数量に及ぼす効果は，交差価格弾力性によって測定される。交差価格弾力性は競合の価格が自身の販売数量に及ぼす効果を定量化する。

$$\varepsilon_{AB} = \frac{商品Aの販売数量の変化量（\%）}{商品Bの価格の変化量（\%）} \tag{4.5}$$

変化量がきわめてわずかな場合には次式になる。

$$\varepsilon_{AB} = \frac{\partial q_A}{\partial p_B} \times \frac{p_B}{q_A} \tag{4.6}$$

交差価格弾力性は，商品Bの価格が1％変化した時の，商品Aの販売数量の変化量（％）を表している。もし商品Aと商品Bが代替的であれば（すなわちFordのFocusとHondaのシビックのように直接の競合関係にある場合)，価格弾力性はプラスの値となる。競合が10％価格を引き下げた時に，自身の販売数量が5％減少したならば，交差価格弾力性は0.5になる。両方の変化が同じ方向に動いているので，符号はプラスになる。もしも両方の商品が（コピー機とカートリッジのように）補完的であれば，（4.2）式における直接的な価格弾力性と同じように，交差価格弾力性はマイナスになる。

競争市場の場合において，従属変数を定義するいくつかの方法がある。従属変数は商品iの市場シェアあるいは販売数量のいずれの場合もありうる。Qを選択された市場の総販売数量とすると，2つの変数には次のような関係がある。

$$m_i = \frac{q_i}{Q} \qquad q_i = m_i \times Q. \tag{4.7}$$

販売数量q_iと市場シェアm_iの価格弾力性に関して，次式を得る。

$$\varepsilon_{qi} = 総需要Qの価格弾力性 + 市場シェアm_iの価格弾力性 \tag{4.8}$$

総需要のQの価格弾力性がゼロである場合にのみ，従属変数として，販売数量q_iもしくは市場シェアm_iを用いることができる。もし，Qが実際に価格に依存しているならば，2つの価格反応関数（総需要Qの価格反応関数と市場シェアm_iの価格反応関数）が必要となる。下位モデルは両方とも分けて扱われるか，価格の販売数量q_iへの影響を捉えるモデルとしてまとめられる。従属変数を決定する際には，どの変数が価格によって影響を受けるかを注意深く見る必要がある。独立変数を決定する方法を一般化することは意味がない。それぞれ個別のケースにおいて，様々な代替案を分析すべきである。これが妥当な価格反応関数を作る一番の方法である。

4.3.3　その他の価格反応関数

線型モデルに加えて，競争市場の場合に当てはめられる，3つの形状の価格反応関数がある。**表4.2**に示される，積乗型モデル，魅力度モデル，グーテンベルグモデルである。

[表4.2] 競合を考慮した価格反応関数式

モデル	従属変数	式
線型	q_iあるいはm_i	$a - bp_i + c\bar{p}$
積乗型	q_iあるいはm_i	$a(p_i/\bar{p})^b$
魅力度型	m_i	$a_0 + a_i p_i^{b_i} \big/ \sum_j a_j p_j^{b_j}$
Gutenberg型	q_iあるいはm_i	$a - bp_i + c_1 \sinh(c_2(\bar{p} - p_i))$

積乗型モデル

積乗型モデルの良いところは，単純であり，係数は価格弾力性，もしくは交差価格弾力性として解釈できる点である。**図4.6**に示される積乗型価格反応関数において，相対価格（自社ブランドの価格/競合ブランドの価格）は独立変数として用いられる。指数bは価格弾力性であり，価格水準から独立している。このモデルは，交差価格弾力性とも等しい一定の価格弾力性を持っている。積乗型モデ

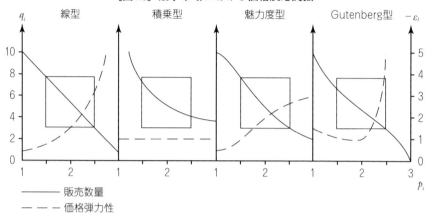

[図4.6] 競争市場における価格反応関数

ルの最も良い点は，その単純な点である。価格弾力性が一定であるため実際に議論がしやすくなる。しかし，線型価格反応関数と同じように弾力性が一定であるという理論的基盤はない。

　積乗型モデルにおいて価格弾力性が一定であるということは，実際にはあまり現実を反映していない。非常に高い価格であっても販売数量が0にならないのは現実的ではないと考えられる。線型モデルとは異なり，最大価格は存在しない。したがって，積乗型モデルが価格引き上げにかなり余地があることを示す場合には，その結果を疑うべきであろう。積乗型モデルは，少なくとも高価格の範囲では，モデルは価格弾力性を過小推定すると強く疑われる。実際に，積乗型モデルの実証的な推定値においては，価格弾力性は1より小さい値で（一定で）あることが多く，価格最適化という観点からいえば，理解できない。このような状況は，すべての価格引き上げによってより高い利益を得られることを意味している。我々の経験に基づけば，積乗型モデルは線型モデルほど頑健ではない。既存の価格周辺の狭い区間においてのみ用いられるべきである。

魅力度モデル

　これまでのモデルとは異なり，魅力度モデルは行動理論に明確なルーツを持っている。仮説は，商品iの市場シェアm_iは商品に関連する魅力度によって決定されるというものである。市場シェアm_iを説明するために，その市場のすべての競合商品の魅力度の合計に対する，商品iの魅力度の比率を用いる。

$$市場シェア\ m_i = \frac{商品\ i\ の魅力度}{すべての商品の魅力度の合計} \tag{4.9}$$

「魅力度」という名前は，このモデルでは，品質属性，広告の魅力度を計測することが可能であると考えられていることに由来している。魅力度は，効用や選好として解釈することができる。価格は魅力に対して，明らかにネガティブな効果を持つ属性である。魅力度モデルの利点はその論理的一貫性にある。つまり，それぞれの商品の市場シェア m_i は 0 から100の間にあり，合計すると100になるという点である。

具体的な商品仕様とは関係なく，魅力度モデルは，価格以外の商品属性が重要性を持ち，効用値あるいは選好値としてそれらを測定できる場合に適している。たとえば，これはコンジョイント測定法に適用することができ，魅力度モデルでは，ある特定の価格における販売数量，売上，利益を計算する基礎として効用値が用いられる。

魅力度モデルでは価格効果に関して，軸の両極端の正確性を疑ってかかるべきである。図4.6に示されるように，競合の価格に近い所での価格差や価格変更の効果は比較的強く，競合の価格との距離が大きくなるにつれて減少する。この仮説は，Gutenbergモデルとは全く逆である。Gutenbergモデルがしっかりした実証的妥当性を備えている点については次項にて示す。この知見を我々の経験と結びつけて考えると，これまでの価格水準から大きく逸脱するような価格設定を検討する場合に魅力度モデルを用いるのであれば，非常に注意を払ったほうがよい。魅力度モデルには関数の両端において誤差が生じるリスクがある。しかし，狭い価格範囲に限定すれば，魅力度モデルの結果は受容できる。

一般化には及ばないが，ここに別の実証的結果がある。経験的にマーケット・リーダーは魅力度モデルの予測よりもより高い市場シェアを占めていることがよくある。明らかに「マーケット・リーダー・ボーナス」とよべるものが存在するのである。このことは別の見方をすると，小さい競合の実際の市場シェアはモデルが予測するよりもより小さい傾向にあるということを意味する。

Gutenbergモデル

Gutenbergモデルは，2つの屈折点を持った価格反応関数としてよく知られている。しかしながら，実際にはGutenbergはより緩やかに転移するカーブを持つバージョンのモデルの方を2つの屈折点を持った曲線のモデルとしてみなした[11, 15]。これらのモデルは**図4.7**に示されており，ここで，$\bar{p}_i$ は商品 i と競合する商品の平均価格を表す。

[図4.7] 屈折型のGutenbergモデルと連続型モデル

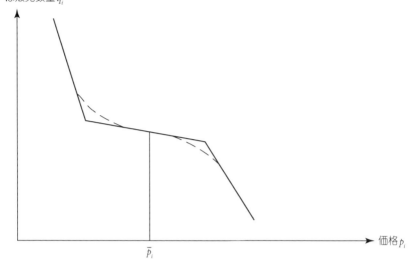

わずかな価格の変更と価格差では，わずかな顧客しか商品購入の変更を行わない。価格反応関数の中間の平らな部分は「独占的区間」とよばれる。この部分が，独占的な地位にある企業の価格反応関数に似ているからである。しかしながら，このモデルでは，価格引き下げの場合には，「自身の販売価格と競合の平均価格との差が大きくなるにつれて，以前は他のブランドを購入していた顧客からの切り替え購入の割合がより多くなることになる」。価格引き上げの場合には，「引き上げによる最初の価格からの乖離が大きいほど，変動の大きさはますます増加する[11]」。

専門家に十分に大きな価格範囲の中で販売数量を推定してもらうと，その結果は一般的に，Gutenberg曲線に類似したものとなる。企業のマネージャーあるいは専門家は，販売数量が著しく変化する価格閾値に注意を払っている。このことは，実務家がGutenbergモデルを支持する行動をとっていることを意味する。市場データを用いて計量経済学的な分析を行う場合，Gutenbergモデルが確認されることはあまり多くない。これは，実証研究において観測される価格の変動幅が小さ過ぎるために，「独占的区間」の外側に当たるデータが観測されにくいことが原因かもしれない。「独占的区間」の外側に設定されるような価格は，市場において多くの場合長くは続かない。

4.3.4 価格弾力性の実証的発見

価格弾力性は価格マネジメントにおいて重要性の高いものなので、価格弾力性に関する科学的研究は多い。価格弾力性の比較には多くの理由から問題があるものの、Bijmoltらによるメタ分析からは興味深い洞察が得られている [16]。この研究は、実際のB2Cの購買データに基づいた1,851の価格弾力性の推定値を扱っている。Hanssensの編著『マーケティング・インパクトの実証的一般化（原著名：*Empirical Generalizations about Marketing Impact*）』においては、それらの推定値を消費財の代表例として扱っている [17]。1,851の価格弾力性の値の分布を**図4.8**に示す。

推定値の絶対値の平均は2.62であり、中央値は2.22である。価格弾力性の議論においては、中央値の方が外れ値に影響を受けないため、より意味がある。図4.8は、価格弾力性にはかなりのばらつきがあることを示している。Bijmoltらによって集められた価格弾力性は1961年から2005年の間のものである [16]。一方で、**図4.9**に示されている価格弾力性は、Friedelによるより最近のメタ分析に基づくものである [18]。この研究は、価格弾力性に関する現在のところ最も包括的な実証的評価を行った研究である。まずFriedelは、1981年から2006年までに出版

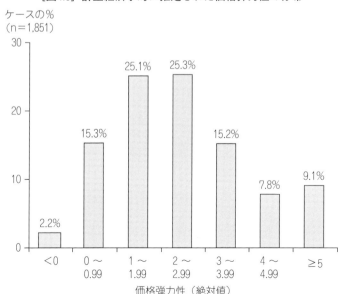

[図4.8] 計量経済学的に推定された価格弾力性の分布

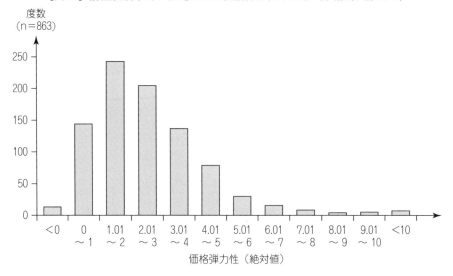

[図4.9] 計量経済学的に推定された価格弾力性の分布（学術的文献より）

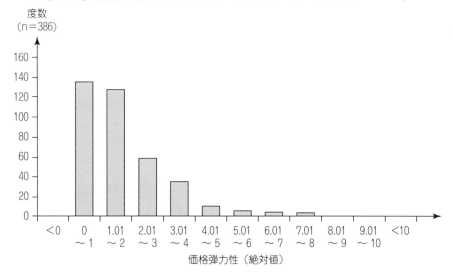

[図4.10] 価格弾力性の分布（コンサルティング・プロジェクト・ベース）

された学術雑誌から863の実際の価格弾力性を検討した。Friedelのメタ分析のうち，この863の価格弾力性の平均値は2.51，中央値は2.21である。Friedelの分析とBijmoltらの研究結果[16]は一致する点が非常に多い。

　続いての調査においては，Friedelはコンサルティング業務によって得られた

データをサンプルとして用いた。**図4.10**に示された価格弾力性の分布は，Simon-Kucher & Partnersのコンサルティング・プロジェクトに基づいている [18]。これらのプロジェクトのデータは，2003年から2007年のもので，386の価格弾力性を含んでいる。その絶対値の平均は1.73，中央値は1.29である [18]。これらの価格弾力性の値は，文献において報告されている値とは非常に異なっている。

Simon-Kucher & Partnersのデータは，自動車，医薬品，電子部品，産業財，保険，化粧品，台所用品のような，非常に広範囲にわたる商品・サービスを網羅している。一方でBijmoltらのメタ分析は，本質的に回転の速い消費財に限定されている [16]。価格弾力性は，10%価格が増減したケースで計算されており，その値の平均値が用いられている。このような条件を前提にすると，ディスカウントやプロモーションによる価格の下落が，Bijmoltらのデータの大部分を占めているのではないかと考えられる [16]。コンサルティング・プロジェクトにおいて推計される，長期的な価格弾力性に比べて，ディスカウントやプロモーションの場合における価格弾力性はより高くなる傾向にあり，このことはHanssensによる調査においても確認されている [17]。

全体としては，Simon-Kucher & Partnersのコンサルティング・プロジェクトで扱われた多様な財の価格弾力性の平均は，回転の速い消費財の価格弾力性よりも低いことが示されている。Simon-Kucher & Partnersのデータセットは，価格弾力性が比較的低い，専門的な産業財，職業安全衛生商品，先進医療，ラグジュアリー品を含んでいるので，回転の速い消費財に比べて価格弾力性が低くなる。

最後に，FriedelのSimon-Kucher & Partnersのデータセットを用いた研究 [18] によって，価格の引き上げ，引き下げの効果に関する更なる洞察が得られている。**表4.3**は価格引き下げ，または引き上げによる386の価格弾力性の平均値と中央値を示している。価格引き下げの価格弾力性の平均は－1.62で，価格引き上げの価格弾力性の平均は，－1.84である。引き下げの価格弾力性の中央値は－1.07，それに対して，引き上げの価格弾力性の中央値は－1.50であった。これらの結果は，販売数量は価格引き下げよりも価格引き上げにより強く反応することを示している。競合の反応パターンの違いが，この価格引き下げと価格引き上げの効果の違いの原因である可能性がある。

[表4.3] 値上げ時と値下げ時の価格弾力性の比較

価格変更の方向	平均	中央値
値下げ	－1.62	－1.07
値上げ	－1.84	－1.50

[表4.4] 実証的に計測された価格弾力性

製品カテゴリー	価格弾力性（絶対値）
消費財	
非耐久財	ほぼ 2 以上
耐久財	変動が大きい
医薬品	
革新的製品	0.2 － 0.7
模倣製品	0.5 － 1.5
ジェネリックス	0.7 － 2.5
市販薬	0.5 － 1.5
産業財	
標準製品	2.0 －100
特別製品	0.3 － 2.0
乗用車	
プレミアムセグメント	1.0 － 3.0
中型，コンパクト	2.5 － 5.0
タイヤ	1.3 － 4.3
サービス	
航空	1 － 5
鉄道	1.0未満
物流サービス	
手紙/郵便	0.2 － 0.9
宅配便/小包	1.0 － 3.0
貨物	0.5 － 2.0
銀行サービス	
個人口座料金	0.2 － 1.4
投資口座料金	0.05－ 0.5
モーゲージ/家庭用ローン	0.8 － 1.9
携帯電話プラン（音声）	
月額基本料金	0.5 － 0.9
一分当たり価格	0.3 － 1.1
その他のサービス	
コンピュータ/ITサービス	0.5 － 1.5
オンラインゲーム	0.6 － 3.5
広告	0.8 － 2.1

第4章　分析①─価格の経済学─　◆147

表4.4は，実証的に得られた，様々な商品カテゴリーの価格弾力性をまとめたものである。

このカテゴリー一覧は，代表的なサンプルを意味するのでも，すべてを網羅した完全なものでもなく，実証的に得られた価格弾力性値の範囲が非常に広いことを感覚的に理解してもらうためのものである。価格弾力性が非常に高いカテゴリーも存在する。あるたばこブランドが13.2％の価格引き下げを行った際には，市場シェアが1,300％上昇した事例もあるが，これは価格弾力性の絶対値がほぼ100であることを意味する。産業財に関しても，価格弾力性の範囲は広い。ある機械メーカーに対する調査では，価格弾力性は1よりも大幅に低いものと推計された。コモディティ財のサプライヤーに関する，専門家に対する調査では，2％の価格引き上げは，販売数量を50％下落させるという結果が得られた。これは言い換えれば，価格弾力性の絶対値が25ということである。

次は，価格弾力性が極端に低いケースである。ドイツにおけるアメリカ自動車協会（American Automobile Association；AAA）に当たる組織である，ADACの会費の事例を紹介する。ADACの会員数は1,900万人であり，ヨーロッパ最大の自動車クラブである。ADACは，10年ほど維持されていた会費を引き上げた[19]。クラシック会員の年会費は10.1％引き上げられ，44.50ユーロから49ユーロになった。「プラス」とよばれるメンバーの年会費は，13％引き上げられ，79.50ユーロから89.50ユーロとなり，すべての会員クラスで平均すると，価格は12％の引き上げとなった。かなりの価格引き上げにもかかわらず，翌年に退会したのは，ほんの0.1％の会員（1,892万人のうちの18,956人）だけだった[20]。これらの数字に基づいた価格弾力性は－0.01（＝－0.1％/12％）であり，事実上，0に等しいものだった。価格弾力性を推定するために大規模タクシー会社のデータを用いた研究もある。このデータセットは5,000万人のデータを含んでおり，価格弾力性は－1.5から－2の範囲内にあるとの結果となった[21]。この事例から，ビッグデータ（取引データ，ウェブ需要データ）が価格弾力性を推定するのに有効であることがわかる。

価格弾力性が高い条件，もしくは低い条件を識別しようとする学術論文も多い。それらの実証実験は，ほとんどの場合，明確な結果を出すことができない。価格弾力性は，商品属性や競争環境に非常に大きく依存するため，我々は価格弾力性を一般化することの危険性を警告したい。たとえば，高品質商品は比較的価格弾力性が低いと想定する人がいるかもしれない。この仮説は，直感的には尤もらしく思える。しかしFriedelの実証分析[18]は，この仮説を否定している。実際には，高品質商品の価格弾力性は高いという分析結果が得られている。Friedelの研究

によれば，価格引き下げの場合により高い価格弾力性が見られるものの，この効果は価格引き下げだけでなく，引き上げにも見られた [18]。

　商品ブランドは，価格弾力性のドライバーとなりうる。トップブランドの値引きへの反応は，それ以外のブランドがプロモーションをした時に見られる反応よりもずっと強い。Fongらは，ストアブランド（PB）の価格弾力性は，メーカーのNBよりも低いと主張している [22]。しかしながら，Bijmoltらの研究では，ブランドの違い（PBかNBか）については，価格弾力性に与える効果を有意には検出できなかった [16]。KrishnamurthiとRajは，特定のブランドに対してロイヤリティを持つ顧客は，そうでない顧客よりも商品を選択する際の価格弾力性が低いと結論づけた [23]。しかし，商品をいくつ買うかという意思決定に関しては，ブランドにロイヤリティを持つ消費者の価格弾力性は高い。商品の質と量に加えて，価格行動の期間も価格弾力性に影響する。Olbrichらは，食品や日用品において，価格行動の有効性を経時的に分析した。この分析から，価格行動の効果は時間が経つと減少することが明らかになった [24]。

　これらの知見を補うものとして，Friedelは，商品の差別化の程度が価格弾力性に有意な効果を持つと報告している [18]。商品ごとの主要な属性における，競合との知覚差異が大きくなればなるほど，商品の代替性と価格弾力性は低くなる [18]。Friedelの研究によれば，このことは価格引き上げの場合にも，価格引き下げの場合にも起きることが明らかになっている [18]。

　顧客に知覚される商品の複雑性が価格弾力性に与える影響について，Friedelの研究によれば，価格引き上げの場合にも価格引き下げの場合にも同じような結果が起きることが明らかになっている [18]。どちらの場合においても，この研究によって，商品の複雑性の程度が大きいと価格弾力性が低くなるという結果が示された [18]。このような結果となる説明としては，複雑な商品の場合，価格は購買意思決定において二次的な要素にしかならず，顧客は他の商品属性と比べて，価格にあまり注意を払わないということが考えられる [18]。

　顧客満足度が価格弾力性に与える影響は価格の引き上げと引き下げによって異なる可能性がある。Koschateは，商品に満足している顧客は，満足していない顧客に比べて，価格の引き上げにあまりセンシティブではないことを示している [25]。しかしながら，顧客満足度が，価格を引き下げた場合においても価格弾力性に影響するかどうかは明らかではない。

ポイント

Simon-Kucher & Partnersのプロジェクトの膨大なデータセットと文献から，以下の各属性が，価格弾力性を上げる傾向にあると結論づけられる。

商品特性
- 競合商品間で類似性と代替性が高くほとんど差別化されていない
- 購買頻度が高い
- マスマーケット向けの品質，ポジショニング，流通チャネルである
- 総費用における当該商品の価格が占めるシェアが高い
- ディスカウントの頻度が高い：価格広告が多い
- 商品の複雑性が低い
- （バンドリングやソリューションとは異なり）1つずつ販売される
- その商品が小売業者と売買される商品群の中で主要な商品となる
- プロモーションで販売される割合が高い

市場特性
- 販売サイドにおける競争圧力が高い
- 価格透明性が高い
- 利益率の低い業界，部門である
- 顧客からの価格圧力が高い（調達時点/購買時点）
- 顧客レベルでの集中度が大きい
- eコマースのシェアが大きい

顧客特性
- 顧客の価格認知度が高い
- 顧客のリスク受容が高い
- 顧客が商品知識を十分に持っている：顧客が客観的に商品を評価できる
- 顧客のブランド認知が低い，または進んでいない
- 顧客にとってイメージや威光が重要ではない
- 顧客のブランド・ロイヤリティが低い
- 顧客の品質認知が低い
- 顧客の利便性の重要性が低い，ワン・ストップ・ショッピングの重要性が低い

究極的には，価格弾力性はケースバイケースで決定される。学術研究においては，価格弾力性に関していくつかの知見があるものの，確かな結果を示すものは少なく，互いに矛盾する結果すら生じている。Friedelの研究結果 [18] においても，実証

的に推定された価格弾力性とその影響要因に関して我々がまとめた内容は支持されるものではあるが，その内容は議論の開始点あるいはガイダンスとして扱われるべきであり，一般化や，普遍的に適用されるルールとして扱うことは推奨しない。

4.4　価格反応関数の実証的決定

　調査法と観察法は，価格反応関数を決定するために必要なデータを集めるための基本的な方法の2つである。調査法にはいくつかの種類があるが，専門家の判断を聞く調査方法と，様々な形で行われる顧客調査方法を区別して紹介する。観察法については，実験データの観察法と，市場データの観測を区別する。**表4.5**は概要を表している。

[表4.5] **価格反応関数を特定する手法**

調査		観察			
専門家の判断	顧客調査	実験		市場の観察	
	直接	間接	価格実験	実験的オークション	市場データ	オンラインオークションデータ

4.4.1　調査方法

4.4.1.1　専門家による判断

　専門家判断に基づく手法は，市場，個々のマーケットセグメント，専門的な価格知識などに関し，深い知識を持つ専門家に対する調査を行うものである。価格反応関数を推定できる専門家とは以下のような人々である。

- 企業の重役，マネージャー，営業チームメンバー，マーケティングチームメンバー
- 市場や市場セグメント，商品，価格マネジメント全般の知識を持つ経営コンサルタント
- 市場調査機関の専門家
- ディーラー，流通業者あるいは顧客アドバイザー（機関）

顧客への調査が非常に高額で，時間がかかり，実施しにくい場合には，専門家の判断を仰ぐのが適切である。きわめて革新的な，新たな状況（たとえば，新しい競合が既存市場に参入する場合）において，専門家による判断は唯一の実践的な選択肢となる。その手頃さとスピードから，専門家の判断は他の手法を補うために，頻繁に用いられる。調査は非構造的な形式（自由回答インタビュー）で行われることも，質問表やワークショップ形式を用いた構造的な形式で行われることもある。自由な，非構造的な調査形式は，価格設定に関する新しい側面を明らかにするのに役に立つ。構造化された調査形式は，データを準備し分析しやすくするが，この場合は，コンピュータを用いた調査と分析ツールを使うことを勧める。構造化された個々のインタビューとして行われた専門家の調査は，市場傾向，顧客反応，商品・パフォーマンス評価の調査に適している。ワークショップの場合には，複数の有識者に同時に質問することや，掘り下げたディスカッションを行うことができる。

専門家のインタビューに関して，次の点を実施することを推奨する。

- 5人から10人の専門家に対する調査を行うべきである。専門家が行う推計が，専門家の間で大きく異なることは珍しくない。調査する専門家の数を増やすことができれば，その信頼性が高まる。
- 専門家は，組織における幅広い機能と，役職（たとえば，営業管理職と営業担当）を代表すべきであり，当該市場について関連する知識（価格感度，市場規模，競争など）を有している必要がある。
- 調査は，中立的な，外部の第三者（例：コンサルタント）によって行われるべきである。

専門家判断を活用する調査は，次の3つのステップに従うことを推奨する。最初の段階では，複数の専門家の間で，競争環境，市場環境の詳細な分析を含む，基本的なデータを議論すべきである。そこでは，個々の顧客セグメント，競合，競合商品，業界の環境が識別され，分析される。専門家は，市場価格と販売数量に関する，主要な前提条件の整合性を図る必要がある。新商品の場合，想定される価格と大まかな販売数量について合意しておく必要がある。

実際の調査は2段階目で行われる。まず，専門家は特定の価格を設定した場合の，販売数量を推計する。それらの数値をベースとして，異なる価格における販売数量を推定する。競争の反応を取り込みたければ，競合がそれぞれの価格でどのように反応するかを評価し，これに従って，その価格での販売数量に関する

元々の推定値を修正する必要がある。理想的には，データを編集し，分析し，結果をグラフにする（Simon-Kucher & Partnersが開発したPRICESTRATのような）プログラムを用いる。

　最後の3段階目では，専門家はディスカッションに再び参加する。特に価格と販売数量の関係についてグラフで示された調査結果を準備しておくと，よりディスカッションしやすくなる。ここでの結果の妥当性についてのチェックは，個々の専門家から回答された外れ値や極端な推定値を精査することである。推定値の背後にある思考プロセスと論理を議論することで，推計値が導き出された文脈を理解することが可能となる。図4.11は，リゾートについて，専門家による判断を使うアプローチの例を示している。専門家は価格を－15％から＋15％の範囲で変更させることを検討し，販売数量への影響を推定した。

　価格の変更がわずかな範囲内にある場合，販売数量に及ぼす影響は弱い。しかし，価格引き上げには5％という閾値があり，もし価格引き上げが閾値を超えた場合，それは大幅な販売数量減の引き金となる。専門家の推定によれば，15％の価格引き上げは26％の顧客を失うことになる。価格弾力性は，－1.73（＝－26％／＋15％）に達する。価格引き下げに関しては，価格弾力性の絶対値はより小さくなり，15％の価格引き下げの場合，価格弾力性は1.33となる（＝＋20％／－15％）。価格反応関数の曲線はGutenbergモデルの形状を示し，この形状は，専門家による判断では一般的な形状といえる。

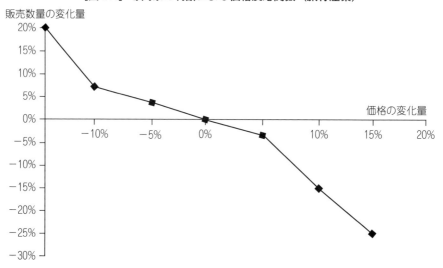

[図4.11] 専門家の判断による価格反応関数（旅行産業）

専門家の判断には，いくつかの利点と欠点がある。

利点
- 専門家による判断のプロセスは，顧客調査よりも，扱いやすく，単純である。一般的に，すぐに結果を得ることができ，比較的安価で調査できる。
- 体系的なモデル（例：PRICESTRAT）を用いて，専門家への質問を構造化することは，良い結果をもたらす。定量的なアプローチは，問題を構造化し，自社の市場に関する知識と経験を引き出すのに役立つ上，議論の中から，感情を排すことにつながる。
- 競合の反応と新たな状況を予測し，取り込むことができる。
- テストする価格の変更が大きくなるにつれ，誤差が大きくなるリスクはあるが，このプロセスは非常に広い価格区間を扱うことができる。

欠点
- 顧客に対する調査ではなく「内部の」専門家による推定である。
- 専門家は誤った仮定のもとで回答したり，グループシンキングの罠に陥ったりすることがある。
- 専門家の間で，推定値は時には10から20倍異なることがある。そのような状況においては，平均値さえほとんど役に立たない。さらに危険なのは，高い地位の人が，必ずしも市場に関する知識を最も有している訳ではない場合でさえも，自身の推定値を押し通そうとすることがある。

4.4.1.2　顧客調査

　直接的な顧客調査による質問は，その目的を直接的に達成するために行う。たとえば，顧客に直接，当該商品もしくはサービスにどのくらい支払う意思があるか，価格の変更にどのように反応するかを尋ねることによって，価格弾力性を求める。顧客調査には，自由回答も含め，次のように多くの選択肢がある。

- この商品にどのくらい支払ってもよいと思いますか。
- この商品を買ってもよいと思う最高価格はいくらですか。
- あなたは価格○○ドルでこの商品をどのくらい買いますか。
- あなたが商品Aから商品Bにスイッチするのにどのくらいの価格差が必要ですか。

「イエス・ノー」形式での回答を求めるのか，「変動量」を回答させるかによって，質問は変わる。上記のような質問への回答から，価格反応関数を導くことができる。

　図4.12は産業材の場合の直接質問の使用例である。競合の価格がすべて一定である場合に，いくら価格が引き上げられたら，他のサプライヤーにスイッチするかを顧客に尋ねた。その結果，5％の価格引き上げで，9％の顧客がスイッチし（価格弾力性−1.80），10％の価格引き上げで，31％の顧客がスイッチすると答えた（価格弾力性−3.10）。価格が引き上げられるほど，価格弾力性の絶対値はより大きくなる。20％の価格引き上げでは，そのサプライヤーを購入し続ける顧客はいなくなった。価格反応関数は，Gutenbergモデルの右側の部分に対応している。

　次の事例は，ノートパソコンの価格反応関数の計測を示している。購入者への質問は「この商品にどのくらいなら支払ってもよいですか」という質問である。回答者は最大の支払意思額，いわゆる最高価格のみを回答する。図4.13はその結果であるが，750ドルが明確な価格閾値となっている。

　別の方法は，回答者にある価格を提示し，その価格で商品を購入するかどうかを尋ねる方法である。回答者は，「イエス・ノー」で答える一連の質問がなされる。事前に指定した価格に対して，「イエス・ノー」で回答させるか，回答者に価格そのものを回答させるかの，どちらの方法がより妥当な結果を生じるかは明らかではない。

　ここまで述べてきた，直接的な顧客調査には，いくつかの利点と欠点がある。

利点

- ターゲットを絞った方法で，望ましい価格を調べることができる。
- 専門家へのインタビューとは対照的に，推定値は顧客から直接得られる。
- 経験上，直接的な質問は消費財よりも産業財において妥当性が高い。妥当性の検証のため，（他の手法分析のように）通常は，その他の手法と組み合わせて，この直接的な手法を用いることを勧める。

直接的な質問は，妥当性と信頼性に関して限界があり，特に，次の欠点がある。

欠点

- 実際には顧客は，常に価格と価値を対比するものであるが，直接的な質問手

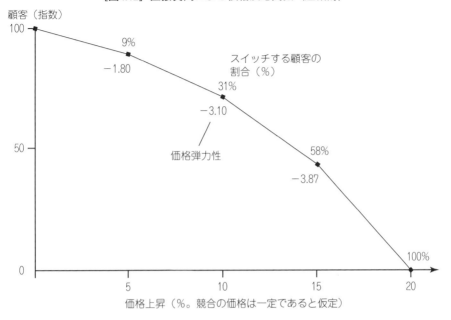

[図4.12] 直接質問による価格反応関数（産業財）

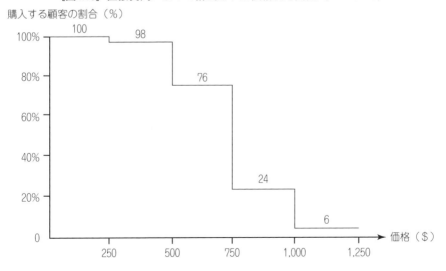

[図4.13] 直接質問によって計測された価格反応関数（ノートPC）

法では，価格が独立したものとして考慮される。直接的な質問を行う手法では，価格をあまりにも強調し過ぎることとなり，その結果，価格の効果を過剰推定する場合がある。

- 価格行動についての質問においては，その調査で「顧客が何をいったか」と「実際にどのようにふるまうか」の間の不一致が生じるリスクがある。これはプレステージ効果のためである。回答者の回答は社会的に望ましいと考えられる方向に歪められてしまう可能性があり，これは調査の妥当性を脅かしうる。直接的な質問と観測された市場行動の間の実証的比較が行われたが，その結果はこの不一致の存在を支持するものであった [26-29]。

- 直接的な質問を用いるのは，「変動数量」を回答させる場合に特に問題となる。なぜなら顧客は一般的に追加的な一単位の限界効用を定量化することに苦痛を感じるためである。

ファン・ウェステンドープ法

ファン・ウェステンドープ法は，直接的な顧客調査の特別な形態である。顧客の支払意思額は，最高価格（「私はスマートフォンに最高400ドル支払う」）と価格範囲（「私はスマートフォンに200ドルから400ドル支払う」）の両方によって表すことができるという，基本的な前提に基づいている。この前提条件に従った場合，支払意思額は必ずしも特定の価格点や参照価格を示唆しているわけではない。言い換えれば，それは同化対比理論（第５章参照）の考えに基づいた，価格範囲という概念として考慮されうる。したがって，顧客は，価格が高すぎる時も低すぎる時も購入しない。

ウェステンドープの手法の最初の段階では，回答者は４つの質問に答える。

質問A
「あなたがその商品を高過ぎて買わないと考える価格はいくらですか」
質問B
「あなたがその商品を高いと感じるけれども購入してもよいと考える価格はいくらですか」
質問C
「あなたがその商品をお得感があり，安いと感じて，受け入れられる価格はいくらですか」
質問D
「あなたがその商品の価格が安過ぎ，品質を疑うため，その商品を買わないと

[図4.14] van Westendorpモデルから得られる曲線

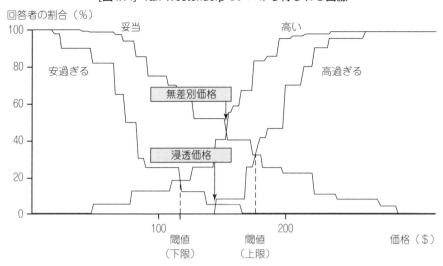

思う価格はいくらですか」

　これらの回答から，それぞれの回答者の4つの価格点を得る。そして，それらから累積頻度分布を求める。**図4.14**は，その結果となる曲線を表している。
　これらの曲線とその交点は，次のように解釈される。
- 質問B（高い）と質問C（受け入れられる）：この交点は，いわゆる「無差別価格」を示している。無差別価格はその商品を「高い」と答える回答者と「受け入れられる」と答える回答者が同数である価格である。無差別価格は，回答者の50%がその商品にバランスのとれた価格イメージ（安過ぎない，高過ぎない）を持っている。価格イメージからいえば，無差別価格は，一種の最適な妥協点を表している。
- 質問A（高過ぎる）と質問D（安過ぎる）：この交点は，「浸透価格」といわれる。浸透価格では，回答者はその商品を受け入れられると考える。浸透価格は，あまりにも高価格過ぎるということはないので，商品を購入しないという回答者の数が最も少なくなる価格である。販売数量は浸透価格で最大となる。
- 質問Bと質問Dの曲線の交点は価格閾値を定義する。この値を下回ると，品質が悪いという印象がもたれるため，購買する可能性は急速に落ちる。この閾値は関連する価格閾値の下限を形成する。
- 質問Aと質問Cの曲線の交点は価格閾値の上限を定義する。この価格閾値を

超えると，高価格であることにより，購買する可能性が急激に落ち込む。

履行可能な価格を決定するためには，質問Bと質問Cへの曲線を考慮する。これらの曲線は，高価格と受容価格を表している。最適価格はこの価格近辺になる。

ウェステンドープの方法は，価格反応関数を定義するのではなく，多くの顧客が受け入れ，購買する価格の範囲を明らかにするものである [28]。この方法で測定される支払意思額は，正確な販売予測に変換することはできない。実際に，価格がより低価格であるときに販売数量は多くなると仮定されるが，データに基づいて一般化することはできず，決して定量化できない。その商品は高価格であると知覚される価格であっても，その価格よりも安い代替商品よりも好まれる場合もある。しかしながら，「高過ぎる」価格点を超えた価格で，販売数量は急激に落ち込むと考える必要がある。

ファン・ウェステンドープ法には，次の利点と欠点がある。

利点
- 設定，実行，分析が単純である。
- 価格閾値を決定するのに適切である。
- 商品が高過ぎると感じられる価格範囲，商品が安過ぎると感じられる価格範囲を定義するのに役に立つ。
- 浸透価格と無差別価格に関する情報を与える。

欠点
- 価格だけが他の要素と切り離して考慮されるので，価格について過剰に意識した結果となるリスクがある。
- 特定の価格点と関連する販売数量が定量化できない。すなわち，売上を最大化する価格，利益を最大化する価格を特定することができない。
- 競争は暗示的に考慮されるにすぎない。

ポイント

ファン・ウェステンドープ法は，市場において達成可能な価格範囲を知るのに役に立つ。近年，市場調査において，この手法の重要性が高まっている。その結果は販売数量の予測には十分ではないため，ファン・ウェステンドープ法は単独のアプローチとして用いられるべきではないが，（コンジョイント測定法のような）他の手法からの結果を検証する上で有効である。

間接的な顧客調査

　間接的な顧客調査では，価格を独立したものとして扱うことを避ける。その目的は，実際の購買状況を復元することである。顧客は商品やサービス自体に対価を支払うというよりはむしろ，自身のニーズの充足に対価を支払うのである。実際の購買状況において，顧客は価格のみに基づいて購買意思決定を行っているのではなく，むしろ，様々な商品属性によって知覚される効用の大きさに基づき，トレードオフを行っている。コンジョイント測定法は，これらのトレードオフを定量化するのに有効である。コンジョイント測定法は，マーケティングにおいて，最も優れ，最も頻繁に用いられる分析手法である。それは，商品属性の効用と価格効果の同時推定を可能とし，商品と価格マネジメントにおける広範囲の問題に適用することができる。

　コンジョイント測定法の主な目的は，次のような問題に答えることである。「所与の商品に関して，顧客はどのくらいの効用と支払意思を有するか」。回答者は価格について直接尋ねられるのではなく，代替可能ないくつかの商品と価格のプロファイルを示される。言い換えれば，顧客は，価格を含む異なる属性水準の組み合わせの中で，どの選択肢を好ましいと考えるかについて，尋ねられる。回答者は，提示されたもののうち，自身がどの選択肢を好むかについて答えるだけである。コンジョイント測定法は，このようなすべてを含んだ選好の回答から，価格の影響だけでなく，商品と価格の組み合わせを構成する商品属性の影響も併せて導き出す。従って，コンジョイント測定法は，価格の影響を測定するのに適しているというだけでなく，価格以外の属性の効用を定量化するのにも適している。

　コンジョイント測定法は，以下のような問いに対する答えを示す。
- 品質，サービス，デザインを改善することは，顧客にとって，価格に置き換えるといくらくらいの価値があるか。
- あるブランドは他のブランドと比べて，価格に換算してどのくらいの価値があるか。
- 価格の変更は知覚効用と選好にどんな効果をもたらすのか。

　コンジョイント測定法は価格マネジメントにおいて非常に重要な手法である。毎年，世界中で，何千ものコンジョイント測定法の調査が行われている。この手法は，コンジョイント自体の有する適用可能性の高さだけでなく，コンピュータの発達の恩恵を受けた継続的な改良によって，着実に進化している。その結果として，現在，非常に多くのコンジョイントアプローチが存在する [30-32]。

最も重要な使用方法に言及する前に，典型的なアプローチと古典的なコンジョイント測定法の背後にある基本的な考え方を紹介したい。

コンジョイント測定法を用いて価格の効果を測定するためには，以下のような手順を用いることになる。

- コンジョイント測定法で扱う属性を決定する。
- 各属性の水準を決定する。
- 質問表を設計し，実査を行う。
- 選好関数と部分効用を計算する。
- 価格反応関数を計算する。

これらのステップは価格の効果についての分析をカバーし，その結果は価格推奨，セグメンテーション計画，ポジショニング戦略につなげることができる。まず，属性の選択と属性水準の設定が非常に重要である。このプロセスはマネジメントと協力して行われるべきであり，我々の経験上，必要な議論を円滑に行うためには，ワークショップが一番良い形式である。できることならば，マネジメントの判断と意見がフォーカスグループインタビューによって補われるとよい。コンジョイントでテストする属性水準の範囲の設定は特に重要である。この範囲は，全体の最適な区間をカバーできるように，あまり狭くすべきではない。だが一方で，現実的ではない属性水準や，顧客が慣れている通常の水準の外の属性水準を広く含め過ぎてしまうと，結果が歪んでしまうことがある。

もう1つの重要な点は，属性当たりの水準数である。属性によって水準数が異なると，より属性水準数が多い属性がより重く重みづけられてしまうことになり，全体の結果に影響してしまうということがこれまでに示されている。通常は属性ごとの水準数を同数かほぼ同じ数にすることを勧める。ただし，実際には，この考えは価格に関しては必ずしも理に適っているとはいえないこともあるため，その場合は意図的に，他の属性よりも価格属性の属性水準数をより多くすることもある。

属性と属性水準が一旦設定されると，3段階目に移る。すなわち，実際の調査画面を回答者にどのように提示するかを決定する。フル・プロファイル法では，価格を含むすべての属性が同じプロファイルに示される。言い換えれば，回答者は，部分的に示されたある特定の属性のみを見るのではなく，すべての属性が示された商品の全体像を常に見ることになる。別の方法としては，トレードオフ行列を使った，二要因手法を用いる場合もある。この手法では，回答者は二属性を重みづけてそのトレードオフだけを考慮すればよい。適応型コンジョイント

（Adaptive Conjoint Analysis；ACA）手法によって，回答者は（すべての属性についてではなく）いくつかの属性から構成されるプロファイルの対を比較する。フル・プロファイル法は，実際の購買意思決定に非常によく似ているという利点があるが，回答者にとっては複雑なものとなる。

コンジョイント測定法は，コンピュータを用いて対面かオンラインで実施することが容易でかつ妥当といえる。まず，コンピュータによって，非常に多くの属性と属性水準を扱うことができる。次に，Sawtooth Softwareの適応型コンジョイントのように同時に（直接回答法を含めた）いくつかの手法を用いることが可能となり，ステップ・バイ・ステップでプロファイルを作成していくことができる。第4段階としての，選好の分析と部分効用の計算は通常，回答者ごとに行われる。このアプローチによって，平均を求めることで顧客ごとの差異が消し去られてしまうことを避け，マーケット・セグメンテーションや価格差別化のために必要な情報を得ることができる。第5段階では，全体価格反応関数を求めるために，個々の価格反応関数が集計される。

以下の事例は，コンジョイント測定法アプローチの事例である。

事例：自動車の事例研究

コンジョイント測定法で価格の問題を解決するために，**表4.6**に示された属性とその水準を選び，自動車メーカーを支援した事例を紹介する。これらの属性と属性水準は，この企業のマネジメントの協力を得て，議論し，設定されたものである。

それぞれの車のプロファイルは，4つの属性によって定義され，それぞれの定義は3つの属性水準を持っている。このことは，この調査では，81（3×3×3

［表4.6］ 自動車調査の属性と属性水準

属性	属性水準
• ブランド	VW, Ford, Buick
• 価格	$20,000, $22,000, $24,000
• 最高速度	110mph, 120mph, 130mph
• 燃費	42mpg, 35mpg, 28mpg
サンプル・プロファイル	
• ブランド	Ford
• 価格	$20,000
• 最高速度	110mph
• 燃費	42mpg

[図4.15] 自動車の一対比較（フルプロファイル法）

乗用車B				乗用車C	
ブランド	Ford			ブランド	Buick
価格	$22,000	比較		価格	$24,000
最高速度	120mph	⟺		最高速度	130mph
燃費	35mpg			燃費	28mpg

×3）種類の異なる「車」があることを表している。ここでは一対比較によるフル・プロファイル法を用いている。それぞれの対において，回答者は2台の「車」を見て，どちらを好むかを回答する。**図4.15**はそのような一対となる比較を示したものである。

車Cと車Bはブランドが異なり，CはBよりもスピードが速いが，より高価で，燃費も悪い。もし回答者がCを選んだのであれば，ブランドの差と最高スピードの違いは，価格と燃費の差を埋め合わせていることになる。一対比較では，回答者はそれぞれのプロファイルをもう1つのプロファイルと比べて，利点と欠点を重みづけする。これは購買を行う際に起こる典型的な状況と同じであり，価格について回答者に直接尋ねるよりも，より現実的な方法である。同様の一対比較への回答を相当数得ることで，その回答者にとってそれぞれの属性がどのくらい重要かを明らかにできる。さらに，回答者がそれぞれの属性水準からどのくらいの効用を得るかについても知ることが可能である。

コンジョイントの課題は，回答者が一対比較を行う回数にある。この調査で81の潜在的な「車」に関しては，3,240組の一対比較が存在する。ただしこれについては，"一部実施要因計画"を用いることにより，必要な一対比較の数を有意に減少させることができる。実際には，10対から20対の間で十分である。

一旦データが収集されれば，部分効用が計算される。それぞれの個別の属性水準の部分効用から，総効用を求めることになる。ソフトウェア（例：Sawtooth Software）は，データ収集と分析の両方を支援する。**図4.16**のサンプルの結果は，ある回答者の効用値を示している。

部分効用は，属性水準を変更した時に車の全体効用がどのように変化するかを示す。効用の最大差は，「価格」属性水準を変更した時であり，差が最小となるのは，「最高速度」属性の水準を変更した時である。顧客の選好への影響と購買意思決定への影響は，属性によって変わる。

部分効用は，それぞれの属性の重要度を決定する上でも使うことができる。概して，部分効用の値の差が大きくなればなるほど，その属性はより重要なものに

第4章　分析①—価格の経済学—　◆163

[図4.16] ある回答者の部分効用

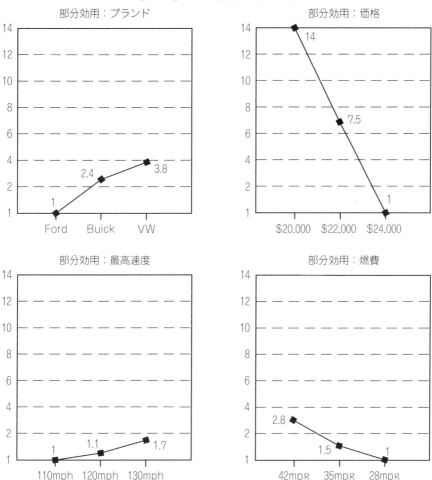

なる。属性 j の重要度 w_j は，その属性水準の最大部分効用と最小部分効用の差によって決まる。これらの値は，相対重要度 $\bar{w}_j$ （％）に変換することができる。

$$相対重要度\ \bar{w}_j = \frac{ある属性\ j\ の重要度\ w_j}{重要度の合計値\ \sum_{j=1} w_j} \times 100\% \qquad (4.10)$$

表4.7は，その属性の絶対重要度と相対重要度を示している。価格は，この回答者にとって最も重要な属性であるが，最高速度は，この回答者にとって4番目に重要な属性に過ぎない。この回答者は価格をブランドよりもより重要な基準と

[表4.7] 属性の重要度の計算

属性	重要度 w_j	相対重要度 $\bar{w}_j$
価格	14.0−1.0＝13.0	13.0/18.3×100％＝71.0％
ブランド	3.8−1.0＝2.8	2.8/18.3×100％＝15.3％
燃費	2.8−1.0＝1.8	1.8/18.3×100％＝9.9％
最高速度	1.7−1.0＝0.7	0.7/18.3×100％＝3.8％
計	18.3	100％

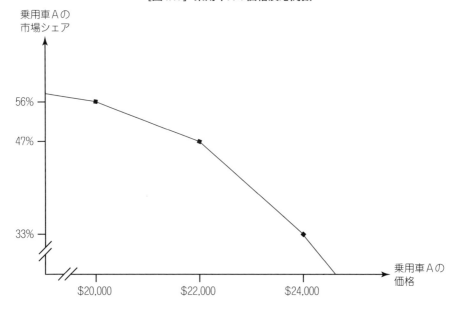

[図4.17] 乗用車Aの価格反応関数

して重みづけており，あまり高価ではないコンパクトカー，ミッドサイズカーのセグメントにおいて，より一般的に観察される重みづけであると考えられる［33］。

部分効用は，属性水準を変えた場合の価格を求めるために直接的に用いることができる。**図4.17**の購買者の場合，次のようなことがいえる。

- VWのブランドの価値は，Fordのブランド価値862ドルを超える。
- 最高速度を時速110マイルから130マイルに増加させると，価値が215ドル上昇する。
- 燃費効率を28マイル/ガロンから42マイル/ガロンに増加させると，価値が554ドル上昇する。

第4章　分析①―価格の経済学―　◆165

[表4.8]　3台の自動車の効用値の計算（個人ベース）

自動車A		自動車B		自動車C	
水準	部分効用	水準	部分効用	水準	部分効用
VW	3.8	Ford	1.0	Buick	2.4
$20,000	14.0	$22,000	7.5	$24,000	1.0
110mph	1.0	120mph	1.1	130mph	1.7
42mpg	2.8	35mpg	1.5	28mpg	1.0
効用	21.6	効用	11.1	効用	6.1

　ここでは，線型選好モデルを用いている。ある特定のモデルの車の総効用を決めるためには，図4.16に列挙されたそれぞれの属性水準についての部分効用を合計する。**表4.8**は3つの車についてこのプロセスを示している。

　車Aは，3台の中で総効用が最も高く，回答者が選好する車である。車Cは，価格が2,000ドル下がれば，車Bよりも総効用が高くなる。しかし，どのような価格以外の変更を行っても，車Bあるいは車Cが車Aよりも効用を上回ることはない。これは，「価格」という属性の貢献する効用の差が非常に大きく，また価格が顧客にとって重要度が高いためである。

　次の議論において，車A，B，Cのみを取り上げて，個々の価格反応関数の決定について考えていく。このケースにおける購買意思決定は「イエス・ノー」である。

効用から販売数量へ

　効用から販売数量を導出するために，2つの基本的なモデルがある。決定的モデルは，効用が最大の商品が購入されると仮定し，確率モデルは効用値が購入確率を決定すると仮定する。次の例では確率モデルを用いることとする。効用から価格反応関数を求めるためには，魅力度モデルを用いる。購入確率は市場シェアとして解釈される。

$$市場シェア\, m_i = \frac{モデル\,i\,の効用}{すべてのモデルの効用の合計} \tag{4.11}$$

　このアプローチによって，各回答者の購入確率と，3つの代替的な価格の商品の購入確率を得る。このプロセスは**表4.9**で選択された回答者に関して示されており，図4.17においてグラフとして表されている。価格が20,000ドルから22,000ドルに引き上げられる時，市場シェアは56％から47％に減少する（価格弾力性は－1.6となる）。もし価格が22,000ドルから24,000ドルに引き上げられれば，市場

[表4.9] ある回答者の乗用車Aの市場シェアの計算

価格	$20,000	$22,000	$24,000
「価格」属性の部分効用	14	7.5	1
価格を除く部分効用の合計（乗用車A）	7.6	7.6	7.6
価格p_iの時の総効用	21.6	15.1	8.6
全プロファイル間での総効用	38.8	32.3	25.8
プロファイルiのシェア	56%	47%	33%

シェアは33％に減少し，絶対値でとられた場合の価格弾力性は3.3まで急激に高くなる。すべての回答者の結果を集計することによって，全体的な市場シェアを求めることができる。

　現実に非常に近い市場シェアを決定するアプローチは，多項ロジットモデルに基づくものであり，市場におけるライバル商品との関係だけでなく，個々の総効用を説明する。多項ロジットモデルでは，車Aと車Cが同様の効用値を持つ状況においては，どちらか片方の車種が強く選好されている状況よりも，一方の車種の効用値を高めた場合，購入確率は急激に変化することとなる。

コンジョイント測定法のさらなる展開

　ここでは，文献と実践において最も高い関連性のあるアプローチに焦点を当てる。これらのアプローチは，どのように推定アルゴリズムの選択を行い，選好判断を得るか，という点において異なる[31, 32, 34]。基本的に，次のように区別する。

- 古典的アプローチ（トレードオフ法とプロファイル法）(trade-off and profile methods)
- ハイブリッド・アプローチ（適応型コンジョイント）(Adaptive Conjoint Analysis (ACA))，（適応・選択型コンジョイント）(Adaptive Choice-Based Conjoint (ACBC))
- 離散選択モデリング (Discrete Choice Modeling (DCM))，選択型コンジョイント (Choice-Based Conjoint (CBC))，定和コンジョイント (Constant-Sum Conjoint (CSC))

　古典的アプローチは，属性の数が多くなる場合に，結果の妥当性の問題に直面する。これらの問題に対しては，ハイブリッドなコンジョイント測定法のアプローチが有効である。ハイブリッド・アプローチは，構成的手法と分解的手法を

組み合わせたアプローチであり，コンジョイント測定法と同様にスコアリングモデルを用いている。2つのアプローチを組み合わせることによって複数の回答者間で，包括的に部分コンジョイントを当てはめることができる [30, 34]。ハイブリッドな分析によって，回答者は，最初の（構成的な）段階で，属性と属性水準の重要性について別々に判断する。二番目の（分解的な）段階で，選ばれた属性の組み合わせについて評価する。このアプローチは回答者の認知的負担を緩和させる一方で，データを収集する労力は増加する。最もよく用いられるハイブリッド・コンジョイント測定法は適応型コンジョイント（ACA）である。

　適応型コンジョイントでは個々の回答者に，継続的にコンピュータ上での質問を行い，その場で自動分析を行う。この分析により，その後の質問が，回答者にとって最も重要な部分に焦点を当てられるように調整されることとなる。こうすることによって，必要となる質問数を減らし，インタビューを簡潔にし，回答者の調査への取り組み姿勢を向上することで，回答の質を高めている。

　適応型コンジョイントのインタビュー調査は，典型的に以下のステップを踏む。

- 受け入れられない属性の決定（任意）
- 属性水準の選好の評価
- 属性の重要度の評価
- 一対比較

　回答者が意味のある意思決定を行えるように，提示する選択肢は，可能な限り減らす必要がある。そのために，最初の段階で，それぞれの回答者が明らかに選択しないであろう属性水準を除外すべきである。除外対象となった水準は，その後の調査を通して質問されることはない。適応型コンジョイントで自動車について分析する例を考えてみよう。最初の段階で，回答者が，何らかの状況下でフォードを買いたくないことを示したのであれば，フォードという属性水準は，それ以降，「ブランド」属性から取り除かれる。この作業によって，その後の調査において回答者に提示されるプロファイルの適切性を向上させ，必要となる一対比較の数を減らすことができる。

　次の段階では，回答者は一定の方向性がない属性水準の選好について回答する。一定の方向性がない属性とは，属性水準が上がるにつれて必ずしも選好が上がるとは限らない属性（例：エンジンの馬力）や，また，先験的な順番のない属性（例：ブランド）のことである。エンジンの馬力については，すべての購入者が確実に，より大きな馬力の車を好むとは必ずしも仮定できない。対照的に，価格

のような，方向性のある属性に関しては，一般的に，属性水準と選好には相関があると仮定できる。すなわち一般的に，低価格の商品は高価格の商品よりも好まれる（ラグジュアリー商品を除く）。

　三番目のステップでは，回答者は，ある尺度に基づいて，個々の属性の重要性を評価するように指示される。それぞれの属性に関して，回答者は，他の属性と比べて最も良い水準，最も悪い水準を判断し，それらの差がどのくらい重要なのかを回答する。重要度の評価についての回答が一旦収集されると，選好と効用の予備的な推定値が求められる。適応型コンジョイント分析では，次の調査段階において行う質問を決定するのに，これらの推計値を用いる。次の段階では一対比較を回答者に実施してもらうことになり，この手法のコアとなるステップといえる。図4.18は回答者が選択する一対比較の例を表している。

　回答者は，９段階で，２つの車を評価する。１は左側の車が明らかに選好されることを表し，９は右側の車が明らかに選好されることを表す。両方の車のどちらが良いかを選ぶことが難しい場合は，５が選ばれる。

　一対比較は，その２つの選択肢に対する回答者の選好度に大きな差が出ず，それぞれの「車」についての全体効用がほぼ同じになるよう設定されている。回答者が選好を示すとすぐに，適応型コンジョイントプログラムはその情報を用いて効用の推定値を導出し，新しい一対比較を選ぶ。各質問ごとに効用値を算出し，

[図4.18] 適応型コンジョイント分析（ACA）における一対比較

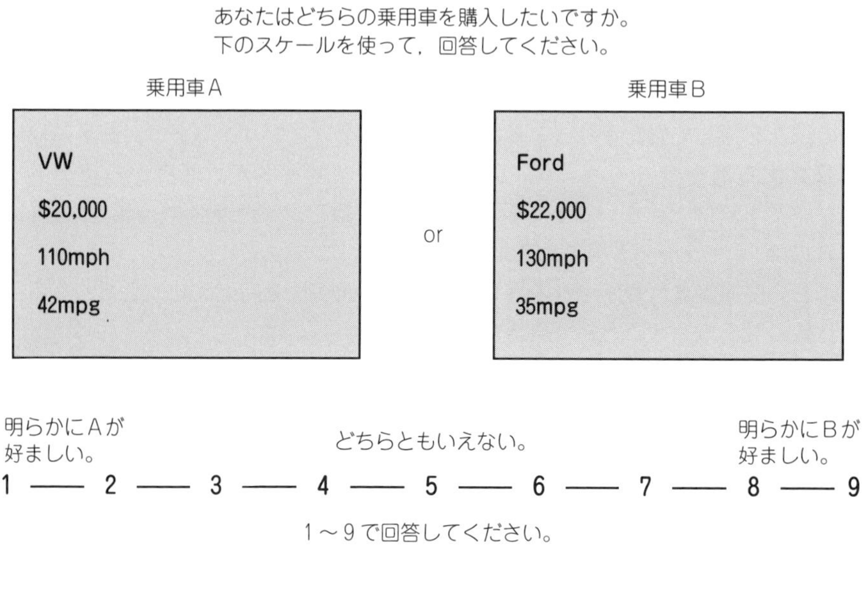

あなたはどちらの乗用車を購入したいですか。
下のスケールを使って，回答してください。

乗用車A

```
VW

$20,000

110mph

42mpg
```

or

乗用車B

```
Ford

$22,000

130mph

35mpg
```

明らかにAが 好ましい。				どちらともいえない。				明らかにBが 好ましい。
1 —	2 —	3 —	4 —	5 —	6 —	7 —	8 —	9

１〜９で回答してください。

提示する一対比較の最適化を行うため，回答を繰り返すにつれて，回答者にとって選好の回答が難かしくなるような選択肢が提示されることとなる。さらに次の段階では，これらの効用値に基づいて，市場シミュレーションモデルを用いて価格反応関数を推定する [34]。適応型コンジョイント分析の利点と欠点を含めた，適応型コンジョイントのプロセスの詳細な記述については，Herrmannらが参考になる [35]。

コンジョイント測定法の複合的なアプローチとして，Sawtoothによって開発された適応・選択型コンジョイント（ACBC）とよばれるものが存在する。このアプローチでは，回答者の属性と属性水準の選好順位によって，回答者が実際に考慮する商品の組み合わせを導き出す。ACBCでは，この「考慮集合」を用いて，コンジョイント測定調査を行っていく [36]。

別のアプローチとして，離散選択モデリング（DCM）とよばれるものがある。DCMでは，選好の代わりに購買意思決定（「買う」「買わない」）について質問する。選択型コンジョイント（CBC）は，Sawtoothが開発したDCMのソフトウェアの名前である。定和コンジョイント（CSC）は，選択型コンジョイントをさらに発展させた手法であり，DCMの一種である。

図4.19は選択型コンジョイントの調査での一般的な質問項目を示している。ここでは，伝統的なコンジョイントや適応型コンジョイントとは対照的に，回答者は購買意思決定を行う必要がある。回答者は複数の選択肢のうち，無理やりどれか1つを選ぶ必要はなく，それぞれの質問において，どの商品も選ばないという選択肢がある。

これらの前提条件に鑑みると，選択型コンジョイントはここまでに議論してきた手法とは根本的に異なる [37]。個人レベルの効用値の確定に制限があるので，選択型コンジョイントは比較的同質な選好構造を持つ市場に最も適している。選

[図4.19] 購買意思決定（選択型コンジョイント分析）

択型コンジョイントは今日，頻繁に用いられるコンジョイント手法の1つとなっている［38］が，これは何よりも，妥当な支払意思額を測定できることによるものである［39］。DeSarboらは，このアプローチの利点と欠点について徹底的な議論を行っている［40］。

　最後に選択型コンジョイントの展開に注意を払うことにする。近年，価格調査の最先端の手法として，定和コンジョイント（CSC）が用いられるようになっている。これまでの手法では「1つを選ぶ」そして「最も良い−最も悪いものから選ぶ」というように離散的な選択をしていたのに対して，定和コンジョイントでは，回答者は点数で選好の程度を示す。ここで，配分する点数の総数は10点，100点などのように一定になっている。また階層ベイズモデルを用いることもできる。階層ベイズモデルは，個人レベルで効用値を推定することができる［41，42］。SawtoothのHB-Sumは定和コンジョイントを扱ったモデルである［43］。ここで回答者が行う作業は，商品集合の中からの選択意思決定において，数字を割り当てることである。CSCにおいては，回答者は，2つ以上の商品を等しい確率で購入するかもしれないという事実を踏まえている。たとえば，医者は，異なるタイプの患者の病気の治療に，異なる医薬品を用いることがある。この手法には，既存商品に加えて，テストしたい新商品も含むことができるという利点がある。（おそらくすでに回答者に知られているであろう）既存商品に関しては，詳細な説明を行う必要がないため，フル・プロファイル法を使わずに済ますことができる。概していえば，このアプローチは，実際の意思決定状況をかなりうまく反映しており，情報の効率性が高く，伝統的なコンジョイント測定法よりも妥当性が高い。図4.20は典型的な質問項目の一覧である。この例では，医者は，患者ごとに，どの薬を処方するかを変えるため，自身が受け持つ患者全体を想定し，競合するそれぞれの医薬品の使用割合を記入している。

　離散選択モデリング（DCM）のパフォーマンスは，他のアプローチと組み合わせることによって改善されうる。Albersらは，選択型コンジョイントを他のアプローチと組み合わせて用いることで，セグメントレベルで，商品価格設定とコミュニケーション意思決定を同時に支援することができるようになるとしている［44］。それはまた，バンドリングにおける支払意思額の算出も可能にする。しかしながら，DCMという特定のコンジョイント測定手法が他の手法よりも優れているという一般化は控えるべきである。ある手法がどのくらい適切であるかは，直面している課題，データ収集方法，そしてデータがどのような文脈で集められるかに依存する［45］。

　技術的進化は，コンジョイントの分析手法に著しい効果をもたらしている。今

[図4.20] 定和コンジョイントを用いた意思決定状況

日，コンピュータを使ったコンジョイントによる調査は標準的なものとなっている。パワフルな分析手法と現代の情報技術を組み合わせることによって，属性や属性水準の数に制限なく調査を行うことができるようになった。このことにより，複雑な商品や複雑な意思決定状況をコンジョイントによって分析できるようになった。Srinivasanは，コンジョイント測定法の検出力を高めるための拡張的な手法として，Adaptive Self-Explication Method（ASE Method）を開発した[46]。代替的な選択型コンジョイント測定手法としては，SchlerethとSchulzのRestricted Click-Stream Analysisがある[47]。この手法は，妥当性の観点から，他の選好測定手法と比較することができる。選択型コンジョイントが購買プロセスを用いている一方で，SchlerethとSchulz [47] では，購買プロセスにおける情報探索について検討している。顧客がある商品属性にかける注意の相対的な時間は，その相対的な重要度のウェイトと相関があると述べている。

　コンピュータの使用に関していえば，視覚的，聴覚的要素を用いれば，グラフィカルでより魅力的に選択肢を表示することが可能になるだろう[48]。たとえば，ある架空の商品をバーチャル・リアリティを使って，現実味を持って表現することができれば，回答者の選択行動をゆがめることなく調査が行えるようになる。これによってもはやプロトタイプを使わなくてもよくなることもあるだろう。将来，拡張現実（AR）はさらに調査のプロセスを改善することになると思われる。一方で，使いやすいコンピュータプログラムの利用可能性は，コンジョイントが，手法の複雑性を理解されることなく用いられるというリスクをはらんでいる。コンジョイントのような先進的で高い需要のある手法を用いて，でき合

いの色を塗るだけで絵が完成する「ペイント・バイ・ナンバー」のような適用の仕方がされないように注意する必要がある。データ収集と分析が単純化されるほど，その手法が，ある特定の状況に十分にカスタマイズされないまま適用されてしまうリスクは大きくなる。これは偏った結果を生じさせ，誤った解釈につながりかねない。この点に関しては，複数の手法，アプローチを用いてもう一度十分な検討することを推奨する。できる限り，他の手法を使って，コンジョイント測定法の結果の交差妥当性について検討すべきである。

コンジョイント測定法は，理論家だけでなく多くの実務家にとって，顧客の選好と価格効果を測定する最も優れたアプローチとしてみなされている。ただし，実務における様々な用途は，この手法が需要選好を測定する上での適切性を示す一方で，購買状況が部分的に仮説的であるという性質のために，その妥当性が担保されないケースがあるとの批判もある [30, 49, 50]。

ポイント

コンジョイント測定法は，顧客に価格行動を直接的に尋ねる手法ではない。その代わりとして，選好もしくは購買意図の回答結果から間接的に，価格の効果を導き出す手法である。回答者は，様々な価格レベルおいて，知覚した価値を重みづけて答えるように要請される。コンジョイント測定法はきわめて多目的な手法であり，既存商品にも新商品にも用いることができる。その結果は調査のデザインによって影響されるため，調査設計を行う際は，最大限の注意と事前の探索的な調査を行うことを勧める。また，コンジョイントから得られた結果についても，他の手法によってその妥当性を検証すべきである。

4.4.2 観察

価格効果は観察を通じて測定することもできる。ここでの観察には，実験と市場の観察が含まれる。調査結果の正当性は，回答者の言葉で明らかになるのではなく，実際の購買行動を通じて明らかになるものであり，そのための観察が不可欠となる。

4.4.2.1 実験

価格実験

価格実験においては，被験者は，現実の，あるいは現実を模した購買状況にお

第4章　分析①―価格の経済学―　◆173

いていくつかの価格を示される。ここでは，フィールド実験，実験のための特別な施設を用意した実験（lab experiment），そして特別な形式としてダイレクト・マーケティングを区別する。デジタル化がさらに市場に浸透するにつれて，価格実験はより行いやすくなっている [51]。

　フィールド実験は，現実の購買状況における価格設定測度（価格変動，価格広告，価格ディスプレイ，価格差別化の形式）の効果をテストする。調査対象の商品は，その購買環境から除かれたり，個別に扱われることはない。価格以外の要因を可能な限り一定に保った状態で，独立変数（この場合には価格）だけが変更される。通常，被験者はこの実験には気がつかない。

　古典的な市場テストアプローチと店舗テストは区別される。古典的な市場テストは，地域ごとに割り当てられた市場における価格設定の測度の効果を調べるものである。このテストアプローチは，コストや時間がかかり，テストの秘匿性が保てないため，実務においてあまり大きな役割を果たしていない。店舗テスト，市場シミュレーション・テストのような比較的コストのかからない手法が，古典的な市場テストの代わりとなっている。店舗テストでは，価格設定測度の効果が，選ばれたテスト店舗において検討される。通常，このタイプのテストにおいては，いくつかのテスト店舗が選ばれるが，それらは必ずしも店舗を代表するものである必要はない。このようなテストは，メーカーが行う場合には，小売業者に参加してもらうための費用を払う必要があるため，多くのコストがかかることになる。

　店舗テストをさらに洗練させたのが，ミニ市場テストである。ミニ市場テストは，店舗テストと家計パネルを組み合わせた手法である。テスト店舗におけるデータの捕捉は，スキャナーを使って行う。スキャナーは購買を正確かつリアルタイムに捉え，緻密な割付を可能とするだけでなく，低コストでこれらを実現できるようにする。価格調査の良いところは，データに極度の粒状性がある点と，多様な方法でこれらを組み合わせることができる点にある。このことによって，幅広い測定とセグメンテーションの可能性が高まるのである。

　ミニ市場テストにおいては，商品の購買時点の，価格，時間，場所，購入品の内訳についてデータを集めることができる。同時に，他の商品の価格と販売数量だけでなく，購買者が選ばなかった代替商品，補完商品（とその価格）に関するデータも収集可能である。全体的にこのデータセットは，包括的な方法で競合状況を網羅し，価格調査に必要不可欠なすべての情報を記録している。

　市場シミュレーション・テストは，もう1つの手法であり，現実の市場をまねた仮想空間のテストスタジオにおいて行われる。このスタジオは，代表的な母集団にとって魅力的で，適切な小売構造を反映する場所（たとえばデパートの店内

のような場所）を想定して設定される。シミュレーションテスト環境においては，被験者は，コンピュータを使った価格実験に参加する。この方法は，これまでに述べた「実際の」テスト市場と比べて，時間とコストの面で利点がある上に，メーカーは，商品と価格のテストについての情報を競合から守ることができる。古典的な市場テストよりもより高い秘匿性を保つことができるのである。

デジタル化とeコマースは，価格実験をより行いやすくしている。オンラインの，コンピュータを使ったアルゴリズムによって，消費者の行動を予測するという最終的な目標のために，データを収集し，加工し，分析する統計的モデルを構築することができる[52]。価格は，テストの目的のために変更され，価格が販売数量へ及ぼす効果は，追加的なコストをかけずに測定することができる。使用するデータが取引データであったり，購買者に特定的なデータだからである。データを様々な形式に集計，加工することも可能である。たとえばAmazonは，価格が販売数量に与える効果を分析するために，1日に何回か価格を変える[53]。eコマースのシェアが増大するにつれ，フィールド実験による価格の調査は大幅に増加すると考えられる。

テストオークションは，もう1つの，実践的で意味のある，オンラインの価格テストの形式である。ある商品・サービスについて特定の価格を設定した場合，これを購入するかどうかの価格効果のテストを実施できる。以下の例は，価格を最適化するためにオンラインオークションを用いた事例である。

この事例では，ディーラーはeBayでNikonのデジタルカメラ Coolpixを1,000台販売したいと考えているが，どのように価格を設定したらよいか，わかっていない。ディーラーは次のような価格実験を行った。

- 初日に50台のカメラを，1台400ドルで提供する。
- 2日目に50台のカメラを，1台350ドルで提供する。
- 3日目に，さらに50台のカメラを，1台300ドルで提供する。

図4.21は，その結果の価格反応関数を表している。

初日のカメラの販売台数は，10台であったが，2日目に価格を350ドルに引き下げたのち，販売台数は20台に増えた。さらに3日目，価格を300ドルにすると，販売数量は40台に上昇した。3日間の間に相互依存性がないと仮定した場合に，その結果は，価格最適化に役に立つ価格反応関数となる。

フィールド実験と対照的に，実験室実験では，価格の影響を分析できるようにするために，価格以外のすべての変数を，一定に保つ必要があるが，それは困難である。したがって，実験室実験におけるシナリオは，現実を完全に反映したものではないということを受け入れる必要がある。シミュレーション形式の購買に

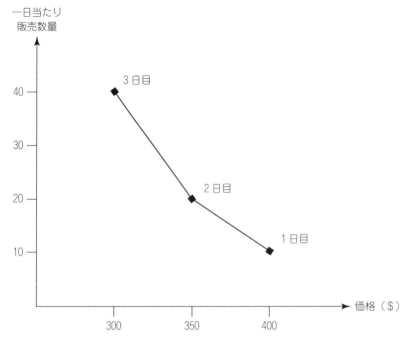

[図4.21] オンライン価格テスト

おいては、被験者は、一定量の金額を受け取ったとの想定で、買い物をすることになる。その中では、競合商品も提示される。グループによって、販売数量への効果を観測するために異なる価格パラメータ（例：価格水準、価格構造、価格の提示方法）を変化させることもある。このような実験は、IpsosやGfKのような企業によって行われている。

　価格調査に関する、最新の実験室実験は、脳科学研究領域の立場に立ったものがある。いわゆる「ニューロプライシング」の分野は、人間の脳が価格情報にどのように反応するかを調査している（第5章参照）。脳科学者のKai-Markus Müllerは「価格を知覚することは、そのほかの痛みとなる刺激を知覚することと差異はない」といっている [54]。価格の知覚は、研究者が測定できる脳における反応を引き起こす。脳科学研究は、客観的に、消費者自身も気づいていないようなプロセスを捉える。次の章では、この新しい分野についてより深く議論していく。妥当性、あるいは現実性に関する実験室実験における一般的な懸念事項は、脳科学実験に対して、より多く当てはまるといえる。被験者は、特殊な実験室を訪れ、診察を受ける必要がある。そのサンプルと測定結果がその条件下でどのく

らい代表的か，そしてそれらが現実世界にどのくらいうまく当てはまるかは，まだ十分に知られていない。

> **ポイント**
>
> 実験室実験とフィールド実験の主な利点は，低コストであること，外的な影響をコントロールできること，時間的なコミットメントがあまりないこと，秘密を厳守できること，にある。実験室実験の主な問題点は，人工的な購買状況では実際の購買状況を復元できないため，外的妥当性に限界があるという点である。そのようなテストに参加した被験者の認知は，通常の購買行動を表さないかもしれない。

実験オークション

インターネットが普及するにつれて，オークションの重要性は急速に高まった[55]。eBayやAlibabaのようなオークション・プラットフォームにおいて，財とサービスは，より高い価格で入札され販売されるようになった。Googleはオークション型広告で数十億ドルを稼いでいる。GoogleのチーフエコノミストであるHal Varianは，Googleのほとんどすべてはオークションから生まれたものであり，自社の新規株式公開（IPO）さえオークションであると述べている[56]。しかしながら，オークションは，価格を設定するのに適しているというだけでなく，支払意思額を定める機会を与えてもいる。実験オークションでは，実験ではあるものの，実際に被験者が購入するという点も，実験オークションの優れた点を裏づけている。

学術論文では，オークションを4つのタイプに分類している。イギリス型オークション，オランダ型オークション，最高価格オークション，ヴィックリー・オークションの4つである。これらのオークション形式の概要は，McAfeeとMcMillan[57]やSkieraとSpann[55]において示されている。SkieraとRevenstorffは，支払意思額の補足のための手段として，ヴィックリー・オークションの使用について述べている[58]。ヴィックリー・オークションは，価格反応関数を決定するのに特に適している[58, 59]。

- 通常のオークションとは対照的に，ヴィックリー・オークションは，基本的な2つの特徴によって，注目される。一番目の特徴は，入札者はその入札を通じて，直接的に購買価格に影響を与えることができないという点である。二番目の特徴は，購買価格は最高入札価格に対応しておらず，二番目に高い

入札価格に基づいて決まるという点である。一番高い価格で入札した入札者がその商品を手に入れることができるが，二番目に高い入札価格で購入することになる。ヴィックリー・オークションのメカニズムを用いたオークション・プラットフォームの最も有名な事例はeBayである。購買価格は，二番目に高い入札者が提示した価格にそのオークションにおける最小入札単位を合わせた価格となる。

- それぞれの入札者は，合理的な観点から，この入札のプロセスによって自らの真の支払意思額で入札しようとするインセンティブが働く［29, 58, 59, 60, 61］。したがって，Wolfstetterは，ヴィックリー・オークションはインセンティブに基づいた唯一のアプローチであるとしている［61］。
- この親和性に加えて，ヴィックリー・オークションにはまた，すべての参加者が入札をする必要があるという利点がある。
- この参加者の入札によって，価格反応関数，最適価格，市場シェアを導出することができる。

追加的なオークション形式としては，いわゆるペイ・パー・ビッド・オークションがある。これは，金額が上がっていくタイプのオークションにおいても下がっていくタイプのオークションにおいても用いられる。このオークションは，それぞれの入札回にはカウントダウン付きの時間制限（例：20秒）があり，入札者は入札のたびに一定金額を支払う点に特徴がある。入札されるとすぐに，カウントダウンが再び始まる。これは，競合する入札者に，より高い（より低い）入札額を提示する機会を与える。それは，入札のたびに一定の金額を支払わなければならなくなっているからである。新しい入札がなく，カウントダウンが終わった場合，オークションの勝者はより直近の入札額に対応する価格でオークション対象物を購入する権利を得ることになる［62］。

ポイント

　実験オークションは，価格研究において，新しく，革新的なアプローチである。オンラインオークションは比較的安価で，伝統的なアプローチを改善し，代替するものとなる。

　オークションの他に，支払意思額のデータを集めるのにくじを用いることもできる。支払意思額を測定するこのアプローチは，Beckerらによって提案された

ものであり [63], 二段階で構成されている [50]。

- 最初の段階では, 回答者は, 直接的な価格調査によって, 支払意思額を回答する。
- 二番目の段階では, くじによってなんらかの価格が選ばれる。もしこの価格がその回答者の支払意思額を超えれば, 回答者はくじで引き当てた価格でその商品を購入する。

ヴィックリー・オークションと同様に, くじは誘因両立である。ヴィックリー・オークションとくじを比較した実証研究では, 両手法は, 個人の支払意思額の測定において信頼でき, 妥当であることを示している [63, 64]。

4.4.2.2 市場の観察

市場のデータ

一般的に, 価格分析に用いられる市場データは, 別の目的で事前に集められている。多くの市場において, 価格決定に用いられる標準化されたデータを入手可能である。基本的に販売数量, 市場シェア, 価格のデータを収集する, IRI, NielsenやGfKのような市場調査機関に加え, 小売業者は価格と販売数量のデータを収集するのに, スキャン技術を用いている。また, 政府のデータソースや業界団体などから, 価格分析に有益な統計データを得ることもできる。

データには, 時系列データとクロスセクションデータがある。クロスセクションデータは, 異なる販売地域, 国, マーケットセグメントなどから集められたデータである。市場データを価格効果の測定に用いる際に絶対に必要な前提条件は, 独立変数である価格に十分な変動があることである。時系列データで価格が経時的に変化しない場合, あるいはクロスセクションデータでセクション間で価格に変動がない場合, 価格効果を測定することはできない。この点に関しては, は決して例外はない。競合企業は決まりきったやり方で価格を設定していることが多く, 相対的価格は経時的に一定である。

通常, 市場データを分析するには計量経済学的な回帰分析手法を用いる。しかしながら, 学術研究において, この手法が優位であるとされる点は, 実務においては当てはまらない。コンジョイント測定法に基づいた顧客調査, あるいは専門家による判断は, 実務において大きな役割を果たしている。価格実験は, インターネットのおかげで, ますます一般的な手法となっている。価格反応関数を確定するために購買履歴データを用いる場合の問題点は, 考慮されなくてはならな

い。もし価格弾力性が低ければ、大きな価格差（価格変更）があったとしても、販売数量や市場シェアに重大な影響をもたらすことはないであろう。このことは、独立変数の変動が大きいにもかかわらず、従属変数はわずかな変動しか示さないことを意味している。逆に価格弾力性が高ければ、その逆の効果が当てはまる傾向がある。相対的価格は、価格変更に対して競合が素早く価格を調整してくるので、ほとんど変わらない。Telserは、これらのような価格の効果を測定するために回帰分析を用いることの弱点を指摘している [65]。過去40年間以上の価格研究と価格コンサルタントの経験からこの点については強調しておきたい。

　市場データに依存することの欠点は、顧客の反応は、反応の原因（例：価格広告、価格変動、競合の行動）についての合理的な示唆を与えるものではないという点である。意思決定支援の観点から、データが過去に基づいているという欠点もある。そのような履歴的な価格の効果が、将来にも当てはまるかどうかは常に不確実性を有する。新しい競合の市場参入のような、市場における構造的な変化は、価格効果の再検討を必要なものとする。そのような構造的なシフトによって、購買履歴データの予測妥当性が低下することはよくある。

　図4.22において、価格反応関数を決定する購買履歴データの利用について例を示している。これは、アメリカの一般的なフィルム市場に関するものである。コダックは、この期間のマーケット・リーダーで、富士フイルムはアタッカーであった。独立変数は相対価格 $\frac{p_{Fuji}}{p_{Kodak}}$、従属変数は富士フイルムの市場シェアである。

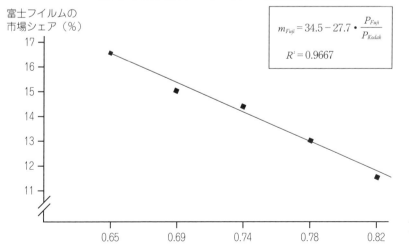

[図4.22] 購買履歴データに基づいた価格反応関数

$$m_{Fuji} = 34.5 - 27.7 \cdot \frac{p_{Fuji}}{p_{Kodak}}$$

$$R^2 = 0.9667$$

独立変数と従属変数はどちらも，かなり分散が大きい。線型価格反応関数 $m_{Fuji} = 34.5 - 27.7 \times \frac{p_{Fuji}}{p_{Kodak}}$ は分散の97％を説明している（$R^2 = 0.9667$）。相対価格を0.78から0.74に5.1％減少させた場合，富士フイルムの市場シェアは8.6％上昇する。したがって，この点での価格弾力性は $8.6 / -5.1 = -1.69$ である。

　市場データを用いて回帰分析を行う場合，経済学的な尤もらしさ（表面的妥当性）は，統計基準と同じくらい重視されるべきである。すべての需要と競争的状況に適用できる標準的なモデルは存在しない。実際には，事例ごとに，どのモデルが正しく，どの変数が正しく，どの特定化が正しく，そして選ばれるべきかについて，注意深く検討することが，絶対的に必要である。

　レジで直接収集された価格と販売数量に関するスキャンデータは，価格反応関数を決定するのに適している。**図4.23**はあるチェーンの異なる店舗で収集された，あるコーヒーブランドの価格と販売数量の例である。このデータは週次データである。

　価格と販売数量のデータの入手可能性はその産業部門に依存する。時系列デー

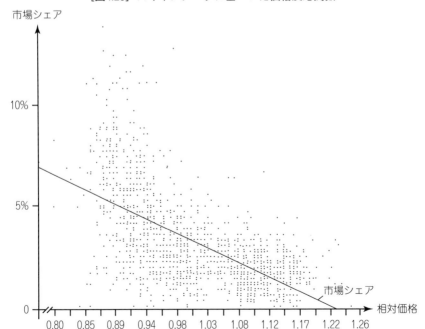

[図4.23] **スキャンデータに基づいた価格反応関数**

タが入手できなければ，その代わりとしてクロスセクションデータを用いることができる。また，時系列データとクロスセクションデータをまとめて，回帰分析を実行することもできる。

価格アナリストは，価格効果についての洞察を得るために，データの獲得と，その解釈において創造的でなければならない。価格と販売数量の関係性を決定するために二次データを用いる場合には，以下の点によく注意すべきである。

- 履歴的データからグラフを作成し，視覚的に検討するとよい。この段階だけでも，役に立つ洞察が得られることがある。
- 履歴的データに影響する条件は，将来にも当てはまる必要がある。この前提条件は，ダイナミックな市場の場合には，批判的に検討されるべきである。（計量経済学的な用語でいえば，）構造的な変化が生じることは頻繁にある。その変化は，計量経済学的分析の結果を役に立たないものにする。
- 価格効果に関して，異なる仮説をテストすべきである。価格だけではなく，できるだけ多くのマーケティング変数についても考慮すべきである。
- 経済学的な尤もらしさは，統計的な精度と同等に重要である。

ポイント

　価格と販売数量の関係性を確定するのに加えて，市場の購買履歴データにより，競合の価格設定行動に関する洞察を得ることができる場合がある。さらに，市場データを用いて，将来の行動を予測するために，価格オークションと競合の反応を分析することができる。また，市場データは，財務状況，戦略，将来の見込み，生産能力の観点から，競合を評価するのに役に立つ。

オンラインオークションからのデータ

　インターネットの進展によって，逆プライシング（reverse pricing）を採用する新しいビジネスモデルがオンラインで登場した。そのような逆プライシングを行う調達者には，アメリカのPricelineやドイツのihrPreis.deのような企業が含まれる。顧客の入札価格はまとめられ，一般的にはクレジットカードによって決済される。顧客の入札額がサプライヤーの最低価格の閾値（サプライヤーのみが知っている）を上回るとすぐに，顧客はその商品を受け取り，入札した金額を支払う。

　そのような価格反応関数の例が**図4.24**に示されている。この商品はノートパソコンである。ここでは，250ドルが重要な価格閾値となっていることがわかる。

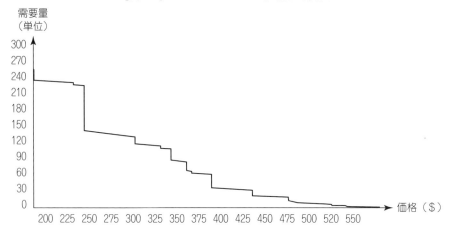

[図4.24] ノートブックPCの価格反応関数

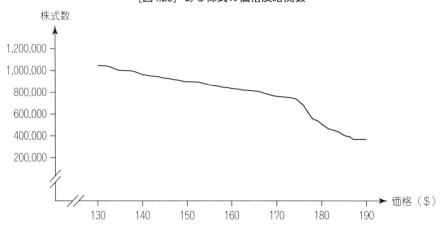

[図4.25] ある株式の価格反応関数

価格がこの水準を下回ると販売数量は跳ね上がるが，この水準よりも高価格帯においては，価格反応関数は明らかに平らになっている。

　図4.25はインターネットから得られた価格反応関数の，2つ目の例を示している。この事例は株式の購入に関するものである。あらかじめ定義された価格区間内で，購買者はそれぞれの価格点で購入したい株の数量を答えている。その需要は170ドルから180ドルの範囲で急激に落ちこんでいることがわかる。この価格反応関数の形状は，魅力度モデルの形状である。株式市場において，需要曲線は同様の方法で確定する。実際の株式市場では，購買者は異なるそれぞれの価格での

購入希望量を答える訳ではないものの，集計すると，図で示した曲線と類似した曲線を得ることができる。

ポイント

インターネットを通じて，真の価格反応関数をたやすく確定させることができる。インターネット上のデータは，顧客の実際の支払意思額についての洞察を提供するため，価格マネジメントの専門化に貢献しうる。

4.4.3 手法の概要

これまで価格情報を収集するための数多くの手法について論じてきたが，これらの手法を適用することで，価格反応関数を計測することができる。**表4.10**はそれぞれの手法の強みと弱みを要約したものである。必要とされる分析のための労力は，なしうる価格決定の適切さと相関がある。収集される情報が豊富であるかどうかは，手法を選択する重要な要因となるが，情報収集に必要とされる費用や時間もまた考慮する必要がある。

[表4.10] 価格反応関数特定手法の適合性

		手法				
		調査			観察	
		専門家の判断	直接的な顧客調査	周接的な顧客調査	実験	市場の観察
基準	妥当性	中	低/中	高	内的妥当性：高 外的妥当性：疑わしい	高
	信頼性	中/高	不明	高	中/高	低
	コスト	きわめて低	低/中	中/高	高	利用可能性とアクセスによる
	手法の複雑さ	低/中	低/中	高	高	中
	新製品に関しての利用可能性	○	馴染みのある製品に関して：良好 真のイノベーションに関して：疑わしい	真のイノベーションに関しては疑わしい	○	×
	既存製品に関しての利用可能性	○	○	○	○	○
	全体評価	適切	部分的に適切	きわめて適切	適切	部分的に適切

結 論

　本章では，価格マネジメントにおける経済学的分析の役割に焦点を当てた。価格効果の定量化は，価格最適化のために必要不可欠な前提条件である。価格マネジメントの文脈においてどのような情報が必要で，それらの情報をどのように獲得するかについて解説を行った。価格マネジメントの目標は，最適価格を決定することである。そのためには価格反応関数と価格弾力性の定量化が必要となる。この章を要約すると以下のとおりである。

- 価格設定の行動の範囲を理解し，最適価格を決定するために，自社と顧客と競争相手を正確に分析する必要がある。
- 価格設定の余地は，限界費用によって下限が決まり，競合の価格と，顧客にとっての価値によって上限が決まる。
- 企業の情報は，企業の目標と費用を含む。様々な知見の収集とコスト構造の完全な理解は，適切な価格決定に必要不可欠である。
- 顧客にとっての価値と支払意思額は，価格決定に関する顧客情報の中でも絶対的に必要な情報となる。
- 競争は，企業の価格設定の余地を制限し，自身の価格の効果にも影響を与える。したがって，関連する競合を識別し，競合の価格を分析し，競合の将来の価格行動を予測することが必要である。
- 最適な価格決定をするために，価格と販売数量の関係性を関数で求める必要がある。価格反応関数はこの関係性を表している。
- 価格弾力性は，価格が販売数量に及ぼす影響の測度である。価格弾力性は，価格の変化量（％）に対する，販売数量の変化量（％）の比率を表している。価格弾力性は，需要がどのくらい強く価格の変化に反応するかを測定する。
- 価格と販売数量の関係を決定するために，次のような手法を選ぶことができる。専門家の判断，直接的な顧客調査，間接的な顧客調査，実験，市場の観測。これらの手法のそれぞれに利点と欠点がある。実際には，専門家の判断，間接的な顧客調査，インターネットの利用が重要な役割を果たしている。
- 有識者による判断は，新商品発売時のように，これまでにない新しい状況に特に適した，シンプルであまり費用がかからない手法であるが，その妥当性は企業の内的知識に依存している。
- 顧客の選好と価格の効果を定量化する有力な手法として，コンジョイント測定法がある。この手法は，顧客の視点から，商品の総効用とその構成属性を測定する。顧客はその価格行動について，直接尋ねられることはない。直接回答の代わりに，

第4章 分析①―価格の経済学― ◆185

価格の効果は選好に基づいた回答から導出される。

- コンジョイント測定法は，ブランドの価値，技術的特徴の価値，サービスの価値のような要因を定量化し，通貨単位で表現するものである。この手法は，非常に多目的な手法であり，価値志向の価格を決定するための基礎を提供する。
- 価格実験は，価格が実際の購買状況もしくはシミュレーションの購買状況における販売数量に及ぼす効果を捉える。フィールド実験と実験室実験に加えて，実験オークションは，支払意思額を決定するのに用いることができる。
- 価格の履歴データと販売数量のデータは，価格反応関数を決定するのに使うことができる。前提条件は，価格と販売数量が十分な分散を持っているということである。データは，その市場において直近の期間に構造的な変化がない場合の予測的な価格決定にのみ適している。
- インターネットにより，新しい手法で価格マネジメントのデータを収集できるようになった。真の価格反応関数をオンラインでたやすく確定させることができる。しかし，その知見をそのほかの購買状況やチャネルに適用できるかどうかについては入念な検討が必要である。

　この章では，非常に多くの要因が価格最適化に関連することを示してきた。これらの要因は顧客，競合，自社のビジネスを反映している。そして，それらは価格弾力性を計算するための価格反応関数に統合されることとなる。価格決定の妥当性は，それがもとにしている反応測定手法の妥当性に大きく依拠するものとなる。

参考文献

[1] Marx, K. (1951). *Wages, Price, and Profit* (p.28). Moscow: Foreign Languages Publishing House.

[2] Ramanujam, M. & Tacke, G. (2016). *Monetizing Innovation: How Smart Companies Design the Product Around the Price*. Hoboken, New Jersey: John Wiley & Sons.

[3] Lockwood, T. (2009). *Design Thinking: Integrating Innovation, Customer Experience, and Brand Value*. New York: Allworth Press.

[4] Freidank, C. C. (1994). Unterstützung des Target Costing durch die Prozesskostenrechnung. In K. Dellmann, & K. S. Franz (Ed.), *Neuere Entwicklungen im Kostenmanagement* (pp.223-259). Bern: Paul Haupt.

[5] Clifton, M. B., Townsend, W. P., Bird, H. M., & Albano, R. E. (2003). *Target Costing: Market Driven Product Design*. New York: CRC Press.

[6] Herzberg, F. (1968). One more Time: How Do you Motivate Employees? *Harvard Busi-*

ness Review, 46(1), 53-62.

[7] Matzler, L., Hinterhuber, H. H., Bailom, F., & Sauerwein, E. (1996). How to Delight your Customers. *Journal of Product & Brand Management,* 5(2), 6-18.

[8] Roland, D. (2017). The New Innovator's Dilemma: When Customers Won't Pay for Better. https://www.wsj.com/articles/when-new-and-improved-fails-insulin-maker-stumbles-when-customers-balk-1502809045. Accessed 14 February 2018.

[9] Kotler, P., Armstrong, G., Wong, V., & Saunders, J. (2011). *Grundlagen des Marketing* (5. ed.). München: Pearson.

[10] Fassnacht, M., & Köse, I. (2002). Marketingstrategien und Preisfindung für Unternehmensgründer. In H. Corsten (Ed.), *Dimensionen der Unternehmensgründung: Erfolgsaspekte der Selbständigkeit* (pp.159-199). Berlin: Erich Schmidt.

[11] Gutenberg, E. (1984). *Grundlagen der Betriebswirtschaftslehre: Der Absatz.* (Volume 2). Berlin: Springer.

[12] Gossen, H. H. (1854). *Entwicklung der Gesetze des menschlichen Verkehrs, und der daraus fließenden Regeln für menschliches Handeln.* Braunschweig: F. Vieweg.

[13] Fog, B. (1960). *Industrial Pricing Policies.* Amsterdam: North Holland.

[14] Kucher, E. (1985). *Scannerdaten und Preissensitivität bei Konsumgütern.* Wiesbaden: Gabler.

[15] Gutenberg, E. (1965). Zur Diskussion der polypolistischen Absatzkurve. *Jahrbücher für Nationalökonomie und Statistik* (Volume 177, pp.289-303).

[16] Bijmolt, T., van Heerde, H. J., & Pieters, R. (2005). New Empirical Generalizations on the Determinants of Price Elasticity. *Journal of Marketing Research,* 42(2), 141-156.

[17] Hanssens, D. (Ed.) (2015). *Empirical Generalizations about Marketing Impact.* Cambridge, MA.: Marketing Science Institute.

[18] Friedel, E. (2014). *Price Elasticity: Research on Magnitude and Determinants.* Frankfurt am Main: Peter Lang.

[19] Anonymous. (2014). Auch ohne Maut: 19 Millionen Autofahrer zahlen drauf. http://www.focus.de/auto/ratgeber/kosten/adac-beitraege-2014-erhoeht-19-millionen-autofahrer-zahlen-bald-kraeftig-drauf-1_id_3518905.html. Accessed 04 June 2015.

[20] Anonymous. (2015, 27 April). ADAC Gelber Engel, goldene Nase. *Wirtschaftswoche,* 18, p.12.

[21] Cohen, P., Hahn, R., Hall, J., Levitt, S. & Metcalfe, R. (2016). Using Big Data to Estimate Consumer Surplus: The Case of Uber, Working Paper: NBER.

[22] Fong, N. M., Simester, D. I., & Anderson, E. T. (2010). Private Label vs. National Brand Price Sensitivity: Evaluating Non-experimental Identification Strategies. Working Paper: MIT.

[23] Krishnamurthi, L., & Raj, S. P. (1991). An Empirical Analysis of the Relationship between Brand Loyalty and Consumer Price Elasticity. *Marketing Science,* 10(2), 172-183.

[24] Olbrich, R., Battenfeld, D., & Grünblatt, M. (2005). Zum langfristigen Wirkungsverlauf

第4章　分析①—価格の経済学—　◆187

von Preisaktionen. *Jahrbuch der Absatz- und Verbrauchsforschung*, 50(3), 266-287.

[25]　Koschate, N. (2002). *Kundenzufriedenheit und Preisverhalten: theoretische und empirisch experimentelle Analysen*. Wiesbaden: Gabler.

[26]　Gabor, A., Granger, C. W., & Sowter, A. S. (1971). Comments on "Psychophysics of Prices". *Journal of Marketing Research*, 8(2), 251-252.

[27]　Harrison, G. W., & Rutström, E. E. (2001). Experimental Evidence of Hypothetical Bias in Value Elicitation Methods. Columbia: The Darla Moore School of Business, University of South Carolina'. Working Paper B-00-05.

[28]　Stout, R. G. (1969). Developing Data to Estimate Price-Quantity Relationships. *Journal of Marketing*, 33(2), 34-36.

[29]　Völckner, F. (2006). Methoden zur Messung individueller Zahlungsbereitschaften: ein Überblick zum State of the Art. *Journal für Betriebswirtschaft*, 56(1), 33-60.

[30]　Hensel-Börner, S., & Sattler, H. (2000). Ein empirischer Validitätsvergleich zwischen der Customized Computerized Conjoint Analysis (CCC), der Adaptive Conjoint Analysis (ACA) und Self-Explicated-Verfahren. *Zeitschrift für Betriebswirtschaft*, 70(6), 705-727.

[31]　Hillig, T. (2006). *Verfahrensvarianten der Conjoint-Analyse zur Prognose von Kaufentscheidungen: Eine Monte-Carlo-Simulation*. Wiesbaden: Gabler.

[32]　Eggers, F., & Sattler, H. (2011). Preference Measurement with Conjoint Analysis. Overview of State-of-the-Art Approaches and Recent Developments. *GfK Marketing Intelligence Review*, 3(1), 36-47.

[33]　DAT Group. (2014). Deutsche Automobil Treuhand Report 2014. http://www.dat.de/uploads/DATReport_2014/pubData/source/804.pdf. Accessed 12 February 2015.

[34]　Backhaus, K., Erichson, B., Plinke, W., & Weber, R. (2011). *Multivariate Analysemethoden: Eine anwendungsorientierte Einführung* (13. ed.). Heidelberg: Springer.

[35]　Herrmann, A., Schmidt-Gallas, D., & Huber, F. (2001). Adaptive Conjoint Analysis: Understanding the Methodology and Assessing Reliability and Validity. In A. Gustafsson, A. Herrmann, & F. Huber (Ed.), *Conjoint Measurement: Methods and Applications* (2. ed., pp.279-304). Berlin: Springer.

[36]　ACBC Technical Paper. (2014). Sawtooth Software Technical Paper Series.

[37]　Louvriere, J. J., & Woodworth, G. G. (1983). Design and Analysis of Simulated Consumer Choice or Allocation Experiments: An Approach Based on Aggregate Data. *Journal of Marketing Research*, 20(4), 350-367.

[38]　Hartmann, A., & Sattler, H. (2002). Commercial Use of Conjoint Analysis in Germany, Austria and Switzerland. Research Papers on Marketing and Retailing (6 ed.). Hamburg: University of Hamburg.

[39]　Huber, J. (1997). What We Have Learned from 20 Years of Conjoint Research: When to Use Self-Explicated, Graded Pairs, Full Profiles or Choice Experiments. Sawtooth Software Research Paper Series, 1-15.

[40] DeSarbo, W. S., Ramaswamy, V., & Cohen, S. H. (1995). Market Segmentation with Choice Based Conjoint Analysis. *Marketing Letters*, 6(2), 137–147.

[41] Gensler, S. (2003). *Heterogenität in der Präferenzanalyse*. Wiesbaden: Springer.

[42] Rossi, S. E., & Allenby, G. M. (2003). Bayesian Statistics and Marketing. *Marketing Science*, 22(3), 304–328.

[43] Deal, K. (2002). Hierarchical Bayesian Applications Expand. *Marketing Research*, 14(2), 43–44.

[44] Albers, S., Becker, J. U., Clement, M., Papies, D., & Schneider, H. (2007). Messung von Zahlungsbereitschaften und ihr Einsatz für die Preisbündelung. *Marketing – Zeitschrift für Forschung und Praxis*, 29(1), 7–22.

[45] Weiber, R., & Rosendahl, T. (1997). Anwendungsprobleme der Conjoint-Analyse: Die Eignung conjointanalytischer Untersuchungsansätze zur Abbildung realer Entscheidungsprozesse. *Marketing – Zeitschrift für Forschung und Praxis*, 19(2), 107–118.

[46] Srinivasan, V. (2006). Adaptive Self-Explication of Multi-Attribute Preferences. Monterey. Presented at the ART Forum, 12. June 2006.

[47] Schlereth, C., & Schulz, F. (2014). Schnelle und einfache Messung von Bedeutungsgewichten mit der Restricted-Click-Stream Analyse: Ein Vergleich mit etablierten Präferenzmessmethoden. *Schmalenbachs Zeitschrift für betriebswirtschaftliche Forschung*, 66(8), 630–657.

[48] Jaeger, S. R., Hedderley, D., & MacFie, H. J. H. (2001). Methodological Issues in Conjoint Analysis: A Case Study. *European Journal of Marketing*, 35(11/12), 1217–1237.

[49] Heidbrink, M. (2007). *Reliabilität und Validität von Verfahren der Präferenzmessung: Ein meta-analytischer Vergleich verschiedener Verfahren der Conjoint-Analyse*. Saarbrücken: VDM Verlag Dr. Müller.

[50] Sattler, H., & Nitschke, T. (2003). Ein empirischer Vergleich von Instrumenten zur Erhebung von Zahlungsbereitschaften. *Schmalenbachs Zeitschrift für betriebswirtschaftliche Forschung*, 55(4), 364–381.

[51] Müller, H. C. (2014, 15 December). Digitalisierung der Betriebswirtschaft. *Handelsblatt*, 241, pp.14–15.

[52] Hoffmann, T., & Schölkopf, B. (2015, 29 January). Vom Monopol auf Daten ist abzuraten. *Frankfurter Allgemeine Zeitung*, 24, p.14.

[53] Rueter, T. (2014). The price is right then it's not. http://discover.360pi.com/acton/attachment/9666/f-01e2/1/-/-/-/-/IR_ThePriceIsRight_1408.pdf. Accessed 12 February 2015.

[54] Müller, K.-M. (2012). *NeuroPricing*. Freiburg: Haufe-Lexware.

[55] Skiera, B., & Spann, M. (2003). Auktionen. In H. Diller, & A. Herrmann (Ed.), *Handbuch Preispolitik: Strategien – Planung – Organisation – Umsetzung* (pp.622–641). Wiesbaden: Gabler.

[56] Bernau, P., & Budras, C. (2015). Google macht uns Angst, Herr Varian. Vivanty, pp.84–

第4章　分析①─価格の経済学─　◆189

89.

[57] McAfee, R. P., & McMillan, J. (1987). Auctions and Bidding. *Journal of Economic Literature*, 25(2), 689-708.

[58] Skiera, B., & Revenstorff, I. (1999). Auktionen als Instrument zur Erhebung von Zahlungsbereitschaften. *Schmalenbachs Zeitschrift für betriebswirtschaftliche Forschung*, 51(3), 224-242.

[59] Vickrey, W. (1961). Counterspeculation, Auctions and Competitive Sealed Tenders. *Journal of Finance*, 16(1), 8-37.

[60] Wertenbroch, K., & Skiera, B. (2002). Measuring Consumers' Willingness to Pay at the Point of Purchase. *Journal of Marketing Research*, 39(2), 228-241.

[61] Wolfstetter, E. (1996). Auctions: An Introduction. *Journal of Economic Surveys*, 10(4), 367-420.

[62] Kim, J.-Y., Brünner, T., Skiera, B., & Natter, M. (2014). A Comparison of Different Pay-Per-Bid Auction Formats. *International Journal of Research in Marketing*, 31(4), 368-379.

[63] Becker, G., DeGroot, M., & Marschak, J. (1964). Measuring Utility by a Single-Response Sequential Method. *Behavorial Science*, 9(3), 226-232.

[64] Schreier, M., & Werfer, J. (2007). Auktionen versus Lotterien: Ein empirischer Vergleich zur Messung von Zahlungsbereitschaften. *Die Betriebswirtschaft*, 67(1), 22-40.

[65] Telser, L. G. (1962). The Demand for Branded Goods as Estimated From Consumer Panel Data. *The Review of Economic Statistics*, 44(3), 300-324.

◆191

第 5 章

分析②
―価格の心理学的効果―

概　　要

　価格の心理学的効果を解明することで，古典派経済学の視点に立ったプライシングで欠けた部分を補い，価格の持ちうる効果をより包括的に理解することができる。経済学とマーケティング理論は，古典派経済学が仮定するホモ・エコノミカス（経済人）の経済的合理性にのみ基づいている訳ではない。このことと同様に，価格マネジメントやそのプロセスを，経済的合理性という観点にのみ基づいて捉えるべきではなく，行動科学の観点からこれを補うべきである。本章では，価格の心理学的効果を概観し，「行動科学の知見に基づくプライシング」という新たな研究分野における多様なテーマを紹介する。

5.1　イントロダクション

　第 4 章では，価格の経済学的な効果について取り扱った。価格は独立変数（原因）として，販売数量は従属変数（結果）として扱われる。第 4 章の目的はこれらの変数の量的な関係を理解することであったが，その関係を説明する理論的根拠となるモデルは，いわゆる刺激-反応モデル（S-Rモデル）である。しかし，古典派経済学は量的な分析に終始するので，価格に対する反応における「なぜ」という問い，つまり「価格」という刺激と「販売数量」という反応の間で一体何が起こっているのかという問いに，答えを出すことはできない。言い換えれば，古典派経済学は意思決定において顧客という「有機体」内で何が起こっているのかを説明しようとはしない。これが，S-Rモデルをブラックボックスと表現する理由である。経済学的な分析におけるもう 1 つの重要な本質的要素として，顧客があらゆる情報を手にしており，基本的には経済合理的に行動するという仮定がある。顧客は商品の価格を正確に知っており，商品の価値を正しく評価できるという仮定である。したがって，価格反応関数は，一部の例外的な場合を除いて，右下がり（価格が高くなれば販売数量が減少する）となる。

しかしながら，現実の価格マネジメントは，経済学的な分析が前提とする単純化されたモデルよりも複雑なプロセスで，不確実性をはらんだものである。ブラックボックスとなっている，「価格」という刺激と「販売数量」という反応の間には，顧客の行動という重要で複雑な側面が存在する。この側面には，顧客の知覚，感情，リスク許容度，判断，購入後の顧客体験が含まれる。刺激‒有機体‒反応モデル（S-O-Rモデル）は，これらの側面を媒介変数として取り入れることができる。

顧客はみな，自分がいつも合理的なホモ・エコノミカスとして行動する訳ではないということを知っている。したがって，S-Rモデルが価格に対する実際の顧客の行動を完全には表すことができないということは，驚くべきことではない。価格に対する知覚は，文脈や状況によっても変わる。顧客の価格に関する知識と記憶は，価格の持つ効果に影響を及ぼす。同様に，サプライヤーへの信用もまた，顧客の行動に影響を与える。こうした事実から，以下に挙げるような，価格マネジメントに関する多くの問いとそれらに対する結論が導かれる。

- どのように価格を伝えるべきか。
- 何が価格のアンカーとなり，どれほどの重要性があるか。
- サプライヤーは割引や特別な値引きをすべきか。
- 競合の価格と比べて自社の価格をどのように表示すべきか。
- サプライヤーは一元的な価格構造を用いるべきか，それとも多元的な価格構造を用いるべきか。
- 時間に基づいた価格構造をどのように構成すべきか。（例：年額支払いか，月額支払いか）
- 代替的な選択肢となりうる商品や価格の投入はどのような効果を持つか。
- 定額料金制度をどのように理解すべきか。

これらの問いの背後にある価格の心理学的な効果は，決して，価格反応関数の重要性を否定したり，矮小化したりするものではない。価格反応関数は常に重要である。価格反応関数は，ある商品が特定の価格で売られる場合の販売数量を示す関数であるが，多くの場合，販売数量は，価格そのもの，すなわち「客観的な価格」だけで決まる訳ではない。販売数量は，顧客が価格をどのように知覚するか，その顧客にとって価格はどのような役割（例：品質や評判のインディケーターとしての役割）を果たしているのか，そしてその価格はどのような方法で，またどのような文脈で伝えられているのかにも依存する。価格デザインと価格コ

ミュニケーションは，価格反応関数に強い影響をもたらす。S-O-Rモデルによって，顧客がある価格に対してなぜ特定の反応を示したのかを理解することができる。

　本章では，学術研究における2つの潮流とそれらの知見を詳細に紹介する。価格の心理学とよばれるより古い研究領域と，行動経済学あるいは行動科学的プライシングとよばれるより新しい研究領域である。Daniel KahnemanとAmos Tverskyは，1979年に「プロスペクト理論」を発表し［1］，行動経済学という研究領域を確立した。Kahnemanはこの業績によって2002年にノーベル経済学賞を受賞した。奇妙なことに，行動経済学を確立したのは経済学者ではないのだが，これまでにもすでに，経済学理論の変化に大きな影響を与えており，今後も与え続けるであろうと考えられる。行動経済学の中心的な理論に関するより詳細な説明については，Kahnemanの『ファスト＆スロー』（原書名：*Thinking Fast and Slow*）［2］を参照することを勧める。行動経済学に関する出版物の数は爆発的に増加している。2017年，行動経済学者であるRichard Thalerは，ノーベル経済学賞を受賞した。Thalerの研究業績は，価格に関する驚くべき，そして直感に反した発見である。人間の「非合理的」に見える行動パターンが発見されることは珍しいことではない［3，4］。ただ，そうした行動が本当に人間の非合理性を表しているのか，それとも，単に顧客が意思決定を単純化しようとした結果でしかないのかは，まだ議論の余地がある。行動経済学に基づくこれらの新たな知見を踏まえた延長線上でこそ，古くから知られている，「価格が高いほど販売数量は減少する」という経済学の基本的な原則に矛盾する価格の心理学的な効果について，理解することができる。行動科学的なプライシングについての新たな発見を紹介する前に，本章ではまず，これらの価格の心理学的効果について紹介する。なお，この2つの研究領域には重複した部分もある。

5.2　伝統的な価格の心理学

5.2.1　価格の威光効果

　心理学的な価格の効果は，一世紀以上にわたって研究されてきたが，威光効果は，その初期の成果である。威光効果は1899年に，Thorstein Veblenが出版し，高い評価を得た著書『有閑階級の理論』（原著名：*The Theory of The Leisure Class*）［5］において発表された。この一般的に「スノッブ効果」とよばれ，ヴェブレン効果としても知られる現象が生じると，たとえ価格が引き上げられても，

商品の需要はより大きくなる。消費者はそうした高価な商品を使用することで，他者よりもより高い社会的地位を確立したり強化したりすることができるからである。Veblenはこの効果に関し，次のように述べている。「人間が名誉を獲得し，保つためには，単に富と権力を所有するだけでは十分ではない。名誉は，富や権力の証拠となる物品がある場合にのみ与えられるので，人は富や権力をそうした物品に投資する必要がある［5］」。第3章におけるニーズの分類に関する議論とも一致しているが，象徴的な価値を持つという商品の特徴がこうした効果を生む。古典的な経済学理論によれば，価格が高くなればその分だけ，商品を手に入れた際の正味価値は減少するが，「ヴェブレン」財に関しては，むしろ高価格であることにより商品価値が高まる。消費者はより高い商品を購入することによって，自分には金銭的な余裕があり，同様の商品を購入できない人々よりもより高い社会階級に所属しているというシグナルを送ることができる［6］。

　このヴェブレン効果とよばれる現象は，実際に観測されている。ベルギーの高級ハンドバッグのメーカーであるDelvauxは，ブランドのリポジショニングに合わせて価格を大幅に引き上げ，結果として販売数量は急激に伸びた。消費者は，Delvauxのハンドバッグを，Louis Vuittonのバッグと同等のブランドとみなしている。有名なウイスキーブランド，Chivas Regalは，売れ行きが停滞した際に，ブランドのリポジショニングを決めた。Chivas Regalは，よりモダンで魅力的なラベルに変更し，価格を20％引き上げた。商品そのものは変わらなかったが，販売数量は大いに増加した［7］。ChanelのWild Stitchとよばれるバッグの価格は，過去5年間で70％引き上げられた。また，クラシックなLouis VuittonのバッグSpeedyは7年前と比べて32％高くなっている。その他のラグジュアリー商品メーカーも過去数年間，同じように価格を引き上げている。しかしながら，Mulberryやpradaは，もはや価格を引き上げても販売数量の増加に結びつかないレベルに到達してしまったようだ。これらの企業の売上成長率は減少した。対照的に，Chanelは，大幅に価格を引き上げたにもかかわらず，このような問題に悩まされてはいない［8］。

　これらの事例が示すように，威光効果は，ラグジュアリー商品においては非常に大きな力を持つ。価格反応関数は，少なくともその曲線のどこか一部において，右上がり（価格が高くなれば販売数量が増加する）であるが，ラグジュアリー商品のサプライヤーは，自社商品の価格反応関数を知る必要がある。そうでなければ，根拠もなく当てずっぽうに価格を決めることになるだろう［9］。Chivas RegalとDelvauxの事例のように，新しいパッケージデザインやパッケージの改良を，高価格帯へのリポジショニングと同時に行うことは，功を奏すことが多い。

5.2.2 ギッフェン・パラドックス

「通常の」経済行動においてさえ，価格が引き上げられた場合でも販売数量が増加することはありうるだろうか。このような経済学の原則に矛盾するように見える事例が，実際に存在する。スコットランドの統計学者Robert Giffen（1837-1910）から名づけられた，ギッフェン・パラドックスである［10］。このパラドックスは，購買力，つまり予算に一定の限界がある場合に起こる。たとえば，限られた予算の中で，パンか肉しか食べない消費者を仮定しよう。今，パンと肉両方の価格が引き上げられたとする。消費者はカロリーを確保するため，より多くのパンを購入する必要があるかもしれない。なぜなら，もう肉を購入する余裕，少なくとも多く購入する余裕がないからである。言い換えれば，パンの価格が引き上げられたにもかかわらず，消費者はより多くのパンを購入する。しかしながら，ギッフェン・パラドックスの存在を実証的に証明することはほとんどできていない。ギッフェン・パラドックスを世に知らしめたAlfred Marshallでさえ「そのような事例はきわめてまれである」と述べている［11］。そのような珍しい事例の１つは，かつて中国で見られた。米の価格が１％上昇した時に，米の消費量は0.24％上昇した。価格弾力性はプラスの0.24である［12］。こうした事例は存在するものの，高度に発達した先進国においては，ギッフェン・パラドックスは実務におけるプライシングにおいてはほとんど関係しない。

　価格が上昇した場合に販売数量が増えることを表すデータのすべてが，価格弾力性が真に正であることを意味する訳ではない点に注意が必要である。その一つの例が薪の市場である。2005年，薪は１立方メートル当たり16ドルだった。2012年までにその価格は２倍の32ドルにまで上昇した。同じ期間，消費量もまた同様にほぼ２倍になった。ある広大な森林地帯においては，販売数量は2005年の時点では10,000立方メートルだったものが，2012年には18,000立方メートルになった［13］。これはギッフェン・パラドックスだろうか。いや，我々はそうは思わない。薪の需要曲線は2005年から2012年にかけて上方にシフトしており，これによって価格は急激に引き上げられている。価格と販売数量のデータを解釈する際には，相関関係と因果関係を混同しないように注意する必要がある。薪の価格と販売数量の変化を誤って解釈してしまうと，価格反応関数は右上がりになる。このような間違った因果関係を仮定した場合，価格弾力性は（（80％の販売数量増加）÷（100％の価格引き上げ）＝）0.8と算出され，その結果販売数量を増やそうとして，更に価格引き上げを企図するかもしれない。しかし，この試みはほぼ間違いなく失敗に終わるであろう。

5.2.3 品質インディケーターとしての価格

　古典派経済学における価格のモデルでは，顧客は完全情報を得ていることが仮定されている。顧客は価格に関係なく，商品の品質を評価することができるという仮定であり，価格は効用関数に対して負の効果を与えるものとなる。したがって，価格反応関数は右下がりになる。しかしながら，顧客が価格とは関係なく品質を評価するというこの仮定は，現実の現象にそぐわないかもしれない。

　価格は品質を示すインディケーターとなりうるし，その場合には特定の部分において価格反応関数は右上がりとなる。この現象は多くの状況において実証的に検証されている。価格は，家具，カーペット，シャンプー，歯磨き粉，コーヒー，ジャムとゼリー，ラジオといった多様な商品カテゴリーにおいて，品質インディケーターとして機能することが確認されている。同じような効果は，レストランやホテルといったサービス業においても観測されている [14-17]。価格の引き上げに伴って販売数量が増加したものとしては，点鼻薬，ナイロンの靴下，インク，電器製品などがある。ある電気カミソリが価格を大幅に引き上げて，市場のリーダー，そして品質のリーダーであるBraunとの価格差を縮めたところ，その販売数量は4倍にまで増加した。Braunとの価格差は，それでも購入のインセンティブとなるのに十分なほど大きいが，ほとんどの顧客がこのカミソリの品質を疑うには至らない程度には小さくなったのである。

　価格が品質インディケーターとして機能するのは決して消費財に限られる話ではなく，BtoBにおいても起こりうる現象である。あるソフトウェアメーカーは，企業向けクラウドソフトウェアを1ヵ月1台当たり19.90ドルというきわめて低い価格で市場に投入した。比較対象となる競合商品は1ヵ月100ドル以上で売られていた。数ヵ月後，その企業のCEOは「小規模の企業は我々の価格に本当に熱狂した。彼らは初めて，このようなソフトウェアを使うことができたのだ。しかし，我々の価格ポジショニングは非常に低いため，大企業は我々の商品を信用しない。極端に低い価格は，優位性ではなく，販売への障害となってしまっている」と認識した。この場合の解決策は，商品差別化と価格差別化にある。この企業は，その商品に新しく追加的な機能を持たせたパッケージを開発し，大企業向けに大幅に高い月額利用料金を設定した。このパッケージはそれでもかなり低価格であるが，以前と比べて，一般的な価格−価値フレームワークによりよく合致したものとなった。このような修正によって，このソフトウェアメーカーは，低価格であることから生じるネガティブなイメージを取り除くことができた。

　価格と品質には正の関係があると信じてしまうことにより，顧客は，安い商品

は高い商品と比べて実際のところよく「機能」しないのではないかと思ってしまう可能性がある。実際に，商品間に物理的な差異が全くない場合でさえ，このような思い込みに陥ってしまうことがある。ある実験によれば，被験者は同じエナジードリンクを飲んだ場合でも，より値段の高いエナジードリンクであると伝えられた被験者のほうが，そうでない被験者よりも，パズルの成績が有意に高かった。別の実験においては，同じ鎮痛剤を飲んだ被験者のうち，薬の価格をより高く伝えられた被験者は，そうでない被験者に比べて，薬の有効性を有意に高く評価した [18]。医薬品においては，このようなプラセボ効果はよく知られている。

　価格は，顧客が商品の品質を正確に評価できない時にはいつでも，品質インディケーターとしての性質を帯びる。このような現象は，顧客が商品を評価する能力を持ち合わせていない時，時間的制約がある時，あるいは徹底した評価を行うためにはコストがかかり過ぎる時に生じる。そのような場合には，顧客は意思決定プロセスを単純化し，品質の代理指標として価格を用いるからである。現実には，顧客は，不完全情報下において購買意思決定をせざるを得ない場合が少なくない。顧客は，品質を評価するための基準やインディケーターを使って，知覚リスクとそれによって生じる認知的不協和を低減させようとする。顧客は，手早く確認することができ入手可能で，おそらく「客観的な」品質と高い相関がありそうだと考えられる何らかのインディケーターに頼ることになる。顧客は，価格だけではなく，原産や生産国（例：○○産），ブランド名，メーカー，小売業者，販売員のようなものまで，品質を推定するインディケーターとして使用するかもしれない。価格は特に，頻繁に品質インディケーターとして使われることがわかっている [14, 17, 19]。顧客は価格と品質に強い関係性があるものと推測することが多く，より高価格の商品をより高品質であることと重ね合わせてしまう。

　このような価格に基づいた品質判断のようなヒューリスティックスは，経済学的な視点からは合理的でありうる。客観的な品質情報を入手するには，機会費用（例：時間の損失）や直接的な費用（例：実験の報告書，インターネット検索）を要する。ある商品の購買における総費用は，実際の価格と探索費用の合計値である。顧客は価格と品質に正の相関を想定することで，探索費用を抑えることができるので，より高い商品を購入することが「より安い」解決策となりうる。しかしこうした状況は，インターネットの進展によってすでに変化しており，また今後も変化し続けるのかもしれない。情報に容易にアクセスできることは一定程度の重要性を持つが，実際の消費者からのレビューを利用可能な場合は，さらに決定的な影響を意思決定に与えうる [20-22]。こうした情報は，ブランドや価格のような伝統的な品質インディケーターに部分的，あるいは全体的に取って代わ

るものとなりうる。

　なぜ顧客は品質インディケーターとして価格を用いるのだろうか。それにはいくつかの尤もらしい理由がある。

- 経験からすると，どう考えてみても，高価格であることは低価格である場合よりも，品質の高さをより保証する。そのような経験は，「品質には値段がある」「何かを失わずして何かを得ることはできない」「安物買いの銭失い」といったことわざからも明らかである。
- 価格は多くの場合一元的であり，購買時点で知っているものである。購入を検討する場合，人は価格によって直接的に，また客観的に商品を比較することができる。消費財の場合，価格は決まっている場合が多く，価格交渉はできない。価格は，価格交渉が可能な場合（たとえば，産業財あるいは東洋の国でのバザールなどの商品）には，品質インディケーターとしてはあまり機能しない。
- 価格は，売り手が伝える，信用性の高いシグナルである（対照的なものとしては，たとえば，広告における言葉による表現がある）。多くの顧客は，価格と商品に投入された費用の間には密接な関係があると考えている。言い換えれば，コスト積み上げプライシング・アプローチは，売り手だけではなく，顧客の心理においても支配的な考え方となりうる。

　価格に基づいて品質を判断することがより妥当であるのは，以下のような特性を持つ商品を購入する場合である。

- ブランド名やメーカー名が意味をなさない場合。
- その商品が新商品であったりめったに購入できないものであるために，直接的に経験することができなかったり，入手できない場合。新商品に関しては，顧客が似た商品を経験したことがある場合にのみ，価格は効果的な品質インディケーターとなりうる。本格的なイノベーションの場合，買い手は似たような経験をしたことがないと想定されるため，価格は品質インディケーターとはならない。
- 顧客の前回の購買・使用からかなり時間が経っている場合。
- 顧客が通常，その特定の商品についての経験を互いに共有しない場合。
- 耐久性や信頼性のような特徴が特に重要となるため，あるいは技術的な複雑性のために，客観的な品質が推定しづらい場合。特に経験財や信用財の場合

第5章　分析②―価格の心理学的効果―　◆199

に当てはまる。

- 顧客が商品間で，品質に大きな差異があると知覚する場合。
- 絶対的な価格が高すぎない場合。絶対額としての価格が高い商品の場合は，品質インディケーターとして価格に頼ってしまうことのリスクが高いため，客観的な品質情報を探すことにより価値がある。リスクが大きくなれば大きくなるほど，価格のような代理指標の重要性は小さくなる。

さらに，価格は，以下のような場合に，品質インディケーターとしてより強く影響すると推定できる。

- 時間的制約が強い場合。
- 購買の複雑性が高い場合。
- 価格透明性が低い場合。
- 価格に関する情報を「提供してくれる」人への信用が大きい場合。

同様に，顧客個人の要素も価格の効果に重要な影響力を持つ。顧客が以下のような性質を持つ場合には，品質インディケーターとしての価格の重要性は高まる。

- 自信がない。
- 浪費家である。
- 速く簡単に消費したい。
- 認知的不協和（cognitive dissonance）を避けたい。
- 購買力が大きい。
- 商品に対して知識がない。

価格に基づいた品質判断は，価格マネジメントに非常に多くのインプリケーションをもたらす。そこには，価格レンジ，マーケットセグメンテーション，市場参入戦略，価格コミュニケーションなども含まれる。

5.2.4　特殊な事例

威光効果，ギッフェン・パラドックス，品質インディケーター以外にも，価格と販売数量が正の関係となるような特殊な事例があるが，薪の事例に見られるように，これを解釈する場合には常に注意が必要である。価格と販売数量に正の関係性があっても，右肩上がりの価格反応曲線が観測されているという訳ではなく，実際には需要と供給のバランスが変化した結果として，価格反応曲線がシフトし

ているだけ，ということは起こりうる。これに関して，ドイツのBahnCardの興味深い事例がある。BahnCardとは，年会費を支払うことで，Deutsche Bahnが管轄する旅客鉄道システムの切符が割引されるカードである。BahnCard 50の所有者は，あらゆる切符を50％引きで購入でき，BahnCard 100の所有者は，あらゆる切符を100％引きで購入できる（そう，つまりいつでもどこでも無料で乗車できるということである）。

　1年間に1度だけ切符を買えば良いというアイディアは，新しいものではない。Deutsche Bahnは数年間，年間パスであるネットワークパスを提供したが，それに気がついた顧客はほとんどなく，購入者数は年間1,000人を下回る程度であった。Simon-Kucher & Partnersは，このネットワークパスをBahnCard 100として，既存のBahnCardシステムの中に含めるようDeutsche Bahnに提案した。この施策によって，価格は引き上げられたにもかかわらず，売上高は数倍に増加した。今日，BahnCard 100の価格は一等車両が7,225ユーロ，二等車両が4,270ユーロであり，以前よりも明らかに高いにもかかわらず，BahnCard 100の所有者数は47,000人以上にまで上昇している。

　威光効果，品質インディケーター，あるいはそれ以外の類似した価格効果が市場に存在する時，こうした効果は，企業の価格ポジショニング，戦術的選択，価格コミュニケーションに大幅なインパクトを与える。最適価格は，価格反応関数が右上がりになっている部分には決して存在することはなく，常により高い価格がより良い価格となる。このような状況では，市場競争における1つの武器としての価格の力は弱まる。値下げや特別な値引きは推奨されないし，効果的でもない。威光効果や類似した効果が影響している市場においては，もし売り手が極端に積極的な低価格で市場シェアを高めようとすれば，それが失敗するのは目に見えている。最悪の場合，価格の引き下げにもかかわらず，販売数量と市場シェアが減少することも考えられるし，挑戦的なプライシング，すなわち浸透価格戦略を通して市場参入を行うことを難しくする。このような場合には，低価格で顧客を獲得しようという企ては機能しない。ここで述べた2つの効果によって，なぜ有名でない商品あるいは弱小ブランドの値引きが多くの場合に効果的ではないかを理解することができる。顧客は低価格から，低品質や低い威光を連想する。Volkswagen Phaetonは品質的には良い車であるにもかかわらず，同様の現象が起きた。Phaetonは威光が十分でないために，ドイツ国内においてはあまり売れなかった。Volkswagenというブランドは，中間層セグメントには非常に強い一方で，ラグジュアリーセグメントやプレミアムセグメントにおいてはそれほどには強くなかった。その結果としてPhaetonは，他の高級車と比べると低価格で，

第5章　分析②─価格の心理学的効果─　◆201

リース料金も低く設定されたにもかかわらず，販売数量に特筆すべき変化はなかった。ブランドが弱い場合，値引きが功を奏することは滅多にない。

　売り手は，価格が市場競争において効果を発揮しない場合，何をすべきだろうか。おそらく最も良い方法は，商品が持つ真の品質に対応する価格の範囲に，商品をポジショニングすることである。このアプローチを取る場合，顧客がその商品の品質と，価格と価値の関係を客観的に理解し，評価するのを待つ必要があるため，忍耐が必要である。

5.3　行動科学的なプライシング

　行動科学的なプライシングは，行動経済学に含まれる研究領域とみなされている。行動経済学の知見が得られる実験においては，ほとんどすべての場合，価格は主要な役割ではなく，補助的な役割を与えられている。行動経済学に関する一般的な著書の1つ『ファスト・スロー』（原著名 *Thinking Fast and Slow*）[2]において，著者のDaniel Kahnemanは「プライシング」という言葉を2回しか使っていない。「価格」という語は索引に全く出てこない。にもかかわらず，行動経済学における知見は，価格マネジメントにおいて非常に重要である。Enrico Trevisanは，著書『合理的でない消費者』（*The Irrational Consumer*）[4]において，行動経済学の知見をプライシングに適用することによって，このことを例証している。この本の中で，「価格」という言葉は最もよく現れるキーワードであり，60回以上使われている。「プライシング」という用語も20回以上使われている。

5.3.1　理論的基礎

　行動科学的なプライシングは，この後，簡単に説明する理論的モデルの上に成り立っている。これらのモデルによって，古典派経済学では決して説明できなかった，多くの価格に関する現象が理解され，整理されるようになった。

プロスペクト理論

　限界効用逓減の法則は，1854年，Hermann Heinrich Gossenによって定式化され [23]，経済学の中で最も広く知られた法則の1つとなっている。この法則は，財の単位当たり限界効用が，財の消費量が増えるに従って減少することを表している。Gossenは利得と損失の差異を明示しなかった。心理学者のKahnemanとTverskyは，プロスペクト理論という理論によって，Gossenのアイディアを修正

[図5.1] Kahneman and Tverskyのプロスペクト理論

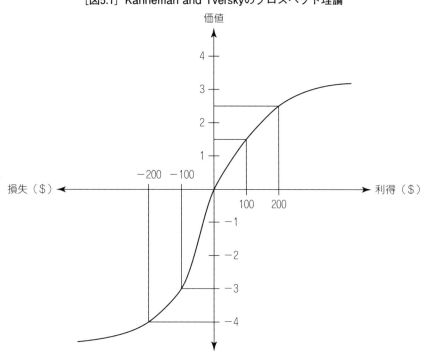

した［1］。彼らは，利得の限界価値と損失の限界価値を区別した。プロスペクト理論の基本的概念は**図5.1**で示されている。

　第Ⅰ象限の価値関数が正の部分は，このGossenの法則に対応している。利得の知覚価値は連続的に増加し続けるが，限界的な価値は減少していく。最初の100ドルの利得の価値は，追加的な100ドルの利得の価値よりも大きい。損失の曲線は第Ⅲ象限である。おそらく「限界損害」という言葉のほうが，価値の限界損失という表現よりもより適切であろう。限界損害は，損失または損害の程度が増えるにつれ，大きくなる。これは驚くべきことではなく，Gossenの法則に基づいて予測されることである。プロスペクト理論が実に画期的である点は「同程度の利得と損失に関して，損失による価値の差は，それに対応する利得による価値の差よりも大きい」ことを示した点である。これは驚くべき，しかし同時に非常に現実的な結果である。絶対値としての正味価値は重要ではないということである。重要なのは，正味価値を形成する利得と損失，そしてそれらの順序である。

　次のような日常的な事例は，この効果をよく表している。6桁の数字からなる宝くじについて考えてみよう。何百万人もの人がテレビの生中継で当選発表を見

ている。宝くじの数の5桁，6桁の数字が当たった時，直ちに劇的に正の価値が高まる。その後すぐに，宝くじの委員会が，「ドラムに2つのボールを入れ損ねたため，今晩の当選発表は無効である」とアナウンスする。このニュースはその晩の賞金獲得者になるはずであった人々に対して，非常に大きな負の価値を与えることになる。莫大な利得が「取り上げられてしまった」からである。しかし，古典派経済学の立場からは，こうした「賞金獲得者」にとっては何も変わらないはずである。くじの前に100万ドルはなかったし，くじの後にも100万ドルはないというだけである。しかし，現実には，こうした「賞金獲得者」の正味価値は負，それもとても大きな負となるであろう。その失望から立ち直るには，数週間とはいわずとも，おそらく数日はかかるだろう。

　プロスペクト理論はプライシングにとって大きな可能性をもたらす。価格に対して支払いを行うことは，負の価値を生み出す。人は支払いの量を損失として知覚する。対照的に，商品の購買と利用は，正の価値を生み出す。正の値と負の値の非対称性は，結果として奇妙な効果を生み出す。その1つはKahnemanらによって示された実験が示す，授かり効果として知られている [24]。多くの学生を2つのグループに分け，1つのグループは大学のロゴの入ったマグを受け取る。それらは1つ約6ドルの価値がある。もう1つのグループは何も受け取らないが，受け取ったグループの学生からマグカップを買うことができる。ここで，マグカップを受け取ったグループにマグカップの売価を尋ねたところ，回答の平均は7.12ドルであった。一方で，マグカップを購入するグループに購入したいと思う価格を尋ねたところ，平均価格は2.87ドルであり，大きな差異が見られた。学生はランダムに2グループに分けられているので，それぞれのグループはそのマグカップから同じ価値を見出し，同じ価格を期待したと仮定できる。古典派経済学では，この2つの価格の大きな差異を説明できない。しかし，プロスペクト理論では説明することができる。すでに持っている何かを失う時の負の価値は，最初に買った財から得られる正の価値よりも大幅に大きい。我々は誰でも，ギフトとして受け取ったもの，あるいは購入したものを手放すことを嫌がるということになる。

　またプロスペクト理論によって，一見したところ，不合理な価格構造を説明できる。アメリカにおける自動車販売において確立した戦術として，いわゆる「キャッシュバック」とよばれる戦術がある。30,000ドルで自動車を購入し，2,000ドルのキャッシュバックを受け取る。このことには一体どのような意味があるのだろうか。プロスペクト理論はこれに対する1つの答えを示している。30,000ドルの支払いは，新車を獲得する正の値と相殺される，大幅な負の価値を生み出す。

その上で，現金2,000ドルという形で追加的な正の価値が与えられる。どうやら，自動車の購入者の一部にとっては，ただ単純に28,000ドルを支払って自動車を購入し，キャッシュバックを受け取らない場合よりも，30,000ドルを支払って2,000ドルのキャッシュバックを受け取る方が正味の知覚価値を高めるようである。もしディーラーが小切手，引き落とし，クレジットカードでの支払いを受け入れるならば，現金で支払う場合よりも正の値はより大きくなるかもしれない。これらの支払いの方法は，支払いによる負の価値がより小さいからである。対照的に，「キャッシュバック」は物理的な金銭の形でそれが示されるものである。

キャッシュバックの例において見られたように，顧客は価格の要素を統合し，包括的な印象を持つようになる。または，顧客は価格を項目ごとに分離し，それぞれの項目ごとに価値を判断し，それを組み合わせて全体的な評価にたどり着くということもあるかもしれない。もし，顧客はその価値を最大化しようとする，という仮定の下で考えれば，顧客は無意識下に知覚する損失を最小化し，利得を最大化するであろう。

プロスペクト理論における価値関数の損失の部分（負の部分）によると，複数の損失は，1つの損失としてまとめたほうが負の価値を小さく感じると結論づけられ，これは負の限界価値の低減という考え方と一致する。顧客が支払内容を複数の項目に分けて，負の効果を別々に判断した場合，その負の効果の合計値は，同程度の負の価値を1回だけ判断する場合よりも，より大きな負の価値を持つことになるだろう。BauerとWübkerは銀行口座管理料を用いてこのことを示した [25]。総支出額が同額であるにもかかわらず，1ヵ月3ドルの料金よりも，合算された年間36ドルという料金の方が消費者にとって受け入れやすい。国際的なクラウドコンピューティングソリューションのサプライヤーであるSalesforceは，この原則を活用している。Salesforceは，月額ベースの価格を設定しているが，顧客は年額料金であらかじめ払う必要がある。Schulzらは，電気料金の支払いのように，よくある月額払いの状況における，プロスペクト理論とメンタル・アカウンティングの効果について研究を行った [26]。この支払方法においては，消費者は，前払い金額と実際の月額利用状況の差異に基づいて，年に一度清算する必要がある。清算によって払い戻しを受け取った場合，顧客の価格認知を下げ，その企業を他者に勧める可能性を高める一方で，顧客がサプライヤーを変更する可能性は低下することが研究からわかっている。また，この傾向は，払い戻しが高過ぎない限り，当てはまる。この手法を採用する企業は，月額料金を十分に高く設定することで，年に一度の清算の際に顧客が追加支払いをする可能性を減らし，逆に払い戻しを受け取る可能性を高めるべきである。

他方で，これらの洞察を一般化することは避けるべきだ。フィットネススタジオは顧客に，年額料金を課すべきであろうか，それとも12ヵ月の分割払いを課すべきであろうか。GourvilleとSomanはこの問題について調査した [27]。プロスペクト理論に基づいて考えると，年額料金を選びたくなるかもしれない。というのも，年額料金が顧客を「傷つける」のは一度だけであり，負の価値は最小化されるからである。フィットネススタジオもまた，1回払いを好むであろう。というのも，キャッシュをすぐに得ることができ，取引費用も低いからである。しかし，フィットネススタジオの場合，また別の効果も考慮する必要がある。支払いをしたのち，顧客はその金額の「元を取りたい」と考えて，より多くフィットネススタジオを利用する可能性があるが，支払いを行ってからの時間が経つと，利用頻度が少なくなるという点である。月額払いは，顧客が「元を取る」ために，毎月，新鮮なインセンティブを与える。利用頻度は高く保たれ，そしてより重要なことは，1年後の更新率は有意に高くなることである。したがって，この事例においては，プロスペクト理論とは矛盾するが，月額払いのシステムを勧める。

複数の利得の評価は，どのように複数の損失を評価するか，という問題のちょうど対になる。複数の利得の価値を評価する際には，まとめて1つの利得として価値を評価した場合よりも，個別に利得を評価した場合の価値の合計の方が大きく知覚される。顧客は別々の，分けられた利得の方に，まとまった単一の利得よりも高い価値を見出す。結果として，個々の利得を分離することによって，統合した場合よりもより高い価値を生じさせることができる。たとえ最終的な割引額が全く同じであったとしても，異なる財の間での別々の割引は，バンドリングされた全体に対しての単一の値引きよりも，より良いものとして顧客にはみなされる。顧客にとって，100ドルのボーナスを毎月受け取ることは，1年間に一度1,200ドルのボーナスを受け取ることよりもより高い価値を生み出す。

メンタル・アカウンティング

2017年ノーベル経済学賞を受賞したRichard Thalerは，プロスペクト理論を拡張し，メンタル・アカウンティング理論を発表した [28]。この概念によれば，顧客は別々の心理的な口座に「利得」と「損失」を記録する [29]。それぞれの口座は，利得と損失に関して，個別の価値曲線を保持しており，食品，趣味，車，ギフトなど異なるカテゴリーごとに用意されている。そのような分類によって，支出を計画し，予算のやり繰りを容易にする（例：「休暇のために最大で○○ドルまでは支出する」）。支出行動や価格感度は口座によって異なりうる [30-32]。

売り手は，顧客が特定の商品をどの口座に計上すべきものと考えているか，そ

してそのカテゴリーの価格感度はどのようになっているのかを知る必要がある。この点については，きわめて大きな差異が存在する。消費者の食品や生活雑貨カテゴリーについての感じ方が国ごとにどのように違うかを調査した研究がある。GfKの調査によれば，ドイツ人の半分にとって，日用雑貨の場合，価格は唯一の判断基準である。食料品への支出が家計に占める割合は，イタリアとスペインでは15％，フランスでは13.4％であるのに対して，ドイツでは10％である。これと対照的にアメリカでは，家計のたった6.9％しか食料品に支出しない［33］。自動車と関連商品の心理的な口座については，また異なる様子が見てとれる。ドイツでは，食用油よりも自動車オイルに対してずっと多く支出する。「自動車」とラベルされている心理的な口座は，ドイツ人にとって非常に特別なものののように思える。ドイツの消費者は，自動車を購入する際には，運転手の「快適な」シートのために2,000ドル以上多く支出するのに対して，オフィスの新しい椅子には800ドル「しか」支出しない。このような支出の差異は，商品が類似している時でさえ，人々が異なる心理的な口座に商品を割り当てることを示しており，メンタル・アカウンティング理論を支持する現象である。

　メンタル・アカウンティングの並々ならぬ効果を明らかにした有名な実験がある。映画チケットに10ドルかかる場合を想定する。この実験では，グループを2つに分け，1つのグループは映画館の前に来て，チケットを失くしたことに気がついた状況を想定する。もう1つのグループは，映画館の券売所でこれからチケットを買う必要があるが，映画館に到着するほんの少し前に10ドルを落としてしまった状況を想定する。このような状況において，実験参加者の何人が映画を見に行くだろうか。それはなぜだろうか。最初のグループでは，54％の人が失くしたチケットの代わりにもう1枚チケットを購入すると答えた。ところが，もう1つのグループでは，88％の人が，10ドルを落としたすぐ後に，チケットを購入すると答えた。チケットを失くした人は，「映画館に行く」という心理的な口座に，代わりとして購入するチケットの価格と失くしたチケットの価格の両方を書き入れることになる。そのバケツに入る合計の「心理的な」価格は，20ドルに上る。この金額は実験参加者の46％にとって高過ぎる金額であった。現金で10ドルを失くしたグループの人は，「現金」の心理的な口座に損失を書き入れる。この人達にとっての映画館に行くための「心理的な」価格は10ドルのままであり，88％の人が映画を見るという選択をした。利得と損失は，異なる口座に書き入れられている。損失の回避は特に顕著である。損失の回避の典型的な結果の1つとして，人々は通常株価が下落することを恐れるがゆえ，株を購入するのが遅過ぎたと後悔することになるのである［34］。

売り手は顧客に，より好ましいカテゴリーの中に当該商品を「書き込ませよう」として，口座の選択に影響を与えることもできる。たとえば低価格であることだけが関心を引くような口座（たとえば，ドイツでは食料品と日用品）の場合には，商品を高価格に設定したり，高価格を維持したりすることは難しい。ヨーロッパ市場における高級近代木造住宅市場のリーダーであるHufに関する研究では，フランスのプレハブ住宅はきわめて廉価なイメージを持たれている。フランスの消費者は，プレハブ住宅を，価格感度の高い低価格カテゴリーに分類してしまう。Hufの住宅は，そのカテゴリーには当てはまらない。Hufはそうしたセグメントにおいて価格競争に勝つことはできないし，そもそも競争に陥りたいとは考えていない。我々は，Hufに自らのポジションをプレハブ住宅からできるだけ遠ざけ，独自の「Hufの住宅」というカテゴリーを確立するように推奨した。それは新しい心理的な口座を開設するということである。そうした試みに成功すれば，これまでの価格感度の高い心理的な口座に囚われていた時とは完全に違った，新たなプライシングの機会を得ることとなる。

ポイント

　プロスペクト理論とメンタル・アカウンティングに関して，以下のとおり，重要な点を要約する。

- プロスペクト理論によれば，価値関数は利得と損失に関して非対称である。同程度の利得と損失を考えた場合には，損失による負の価値は，利得による正の価値よりも大きい。
- 複数の利得もしくは損失については，それらを統合して価値の判断を行うのか，それとも別々に判断を行うのかを知ることは重要である。
- 参照価格よりも低い価格での支払いは，プロスペクト理論において利得としてみなされる。逆に参照価格を超えた価格での支払いは損失とみなされる。
- メンタル・アカウンティング理論は，消費者が異なる心理的な口座に利得と損失を割り当てることを表している。

その他の理論

　これまで紹介した以外にも，価格マネジメントに関連する，様々な心理学の理論がある。しかしながらそれらはプロスペクト理論ほど重要ではない。したがって本書では，簡単に述べるにとどめる。

　ウェーバーの法則，そしてウェーバー＝フェヒナーの法則は，実験知覚心理学

の下位領域である，心理物理学の古典的法則に属する。ウェーバーの法則の中心的な信条は，2つの刺激の間の知覚差異が，最初の刺激に依存するということである。最初の刺激の強度が大きいほど，知覚されるもう1つの刺激の変化や差異は大きくなる。価格への適用事例の1つは次のようなものである。もしも8ドルのボトルワインの値引きが顧客に知覚されるには2ドル以上の値引きが必要であれば，12ドルのボトルワインの価格の値引きは，同じ価格差異の知覚効果を得るために3ドル以上必要になる。パーセントで考えた際に，2番目の刺激の変化の大きさは最初の刺激の変化の大きさに対応する必要がある。

　対照的に，ウェーバー＝フェヒナーの法則は，主観的な感覚の強度に，客観的な刺激の強さの対数変換を仮定する。感覚には，刺激を感じるための上限と下限がある。価格に当てはめると，人間がある価格差をどのように感じるかは，やはり最初の価格，開始点となる価格に依存するが，同一の価格差に関して，絶対的な価格水準が高くなるにつれて，主観的に知覚される価格は，比例するほどには高まらない。つまり，価格が高くなるほど，企業は顧客に魅力的な値引きを提供するには，より大きな値引きをする必要がある。実験によると，通常価格15ドルの商品が5ドル割り引かれると，被験者はより遠くの店舗まで買い物に行くようになる。しかし，通常価格120ドルの商品がやはり同じように5ドル値引きされていても，顧客はもはや遠くまで買い物には行かない。いずれの場合においても5ドルの値引きとなっていることから，この発見は非合理性を示唆するものである。ウェーバー＝フェヒナーの法則は，この非合理性に対する説明の1つとなりうる [31]。価格の変更と価格差は，絶対的なものではなく相対的なものとして分類される。

　Helsonによる順応水準理論は，人々は知覚した刺激を過去の経験に基づいた順応水準と比較して，感覚的な判断を形成することを示している [35]。ある人間がある時点に知覚する価格は，順応水準である自身の中に用意された参照価格と比較される。言い換えれば，人々は現在の価格を過去に同じ商品の価格に対してどのように知覚したかと比較する。

　参照点に基づいた順応水準理論とは対照的に，レンジ理論は，人々が適応する参照範囲という概念を用いる。Volkmannによるレンジ理論によれば，人々は期待価格の上限と下限を，記憶している価格を用いて形成する [36]。この記憶している価格の範囲内のどこに現在の価格が位置するかによって，現在の価格に対する評価が行われる。したがって，顧客は価格が低すぎる場合や，値引き額が大き過ぎる場合であっても，記憶している価格の範囲を超えてしまっている場合には購買しない，という意思決定をするかもしれない。この例としてアメリカの

ニュース雑誌Timeの90％の値引きをした「Preferred Subscriber」がある。ニューススタンドで販売されているTimeの52週分の価格は305.49ドルであったが，この出版社は，定期購読者に対し，275.49ドルのディスカウント，すなわち30ドルで販売した。このような低価格は，価格構造全体の信憑性を疑わしいものにするかもしれない。

同化対比理論は，個人は新しい刺激を過去に体験したものと比較するという，順応水準理論と類似した前提条件を置いている [37]。刺激は過去の経験に基づいて，異なって判断される。同化対比理論によれば，過去の経験から作り出された参照価格に類似する新しい価格刺激は，実際以上により類似したものとみなされ（同化効果），一方で，記憶をもとにした参照価格から大きく異なる新しい価格刺激は客観的にそうである以上に外れているものとみなされる（対比効果）。

これらの理論の結果は，行動科学的なプライシングの実験からの知見と部分的に重複する。たとえば，価格アンカリング効果はその一例である。

5.3.2　行動科学的な価格設定の効果

行動科学的なプライシングは一見したところ非合理的に見えるが，価格マネジメントにおいて考慮する必要がある様々な効果を含んでいる。

価格閾値効果

価格閾値は，その価格を超える際に販売数量が大きく変化する価格である。一般的に，価格閾値は，5，10，100のような切りのいい数字のほんの少し下である。これらの効果が生じる最も重要な理由は，顧客は数値の桁を左から右に読み，強度を低下させながらそれらを知覚するというものである [38]。したがって，最初の桁は価格の知覚に最も強い影響力を持つ。たとえば9.95ドルという価格は「9といくつか」として知覚される。この仮説に従うと，顧客は最初の桁以下の部分，端数を過小評価する。この結論から，顧客は最初の桁の価格を過度に重視して評価することが示唆される [39]。

そのような価格閾値効果が存在するという事実（あるいは信念）によって，実際に端数価格が異常なほどにまで一般的に用いられている。端数価格は，特に小売業においてよく見られる [40-42]。Kucherは18,096もの消費財の価格の末尾の数値の頻度分布を調べた [43]。このサンプルにおいて，価格の末尾が0である価格は1つもなかった。末尾が9となる価格はすべての価格の43.5％を占めた。その後に続く研究も，こうした知見を確認するものである。Levyらは，食料品と日用品18,000品目の分析から，69％の価格の末尾が9であることを報告した

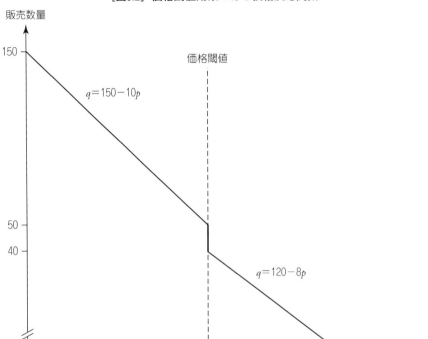

[図5.2] 価格閾値効果のある価格反応関数

[44]。ThomasとMorwitzもまた，切りのいい価格よりも少し下の価格（例：$2.99）は，切りのいい価格（例：$3.00）に比べて大幅に安く知覚されることを示した[45]。たとえ消費者がこれらの価格差をごくわずかであると認識する場合でさえも，無意識的にその影響を受けている。

　価格閾値効果が存在する場合，価格反応関数は価格閾値で屈折する。**図5.2**は価格閾値が10ドルである場合の数量的な事例を示している。閾値の左では，価格反応関数が，$q = 150 - 10p$である。この時，qは販売数量，pは価格を表している。閾値の右では，価格反応関数は$q = 120 - 8p$である。この関数は$p = 10$で切れており，販売数量が50から40に急に減少している。

　消費者は端数価格に慣れているので，価格が価格閾値を超えた時，価格感度が高くなることがよくある。**表5.1**のMummとFürst von Metternichというスパークリング・ワイン2ブランドの価格引き上げの比較は，Mummの場合には価格閾値の効果が存在していることを示している[46-48]。

　どちらの事例も，パーセントで見た場合，価格引き上げの程度はほぼ同じであ

第5章　分析②─価格の心理学的効果─　◆211

[表5.1] スパークリングワイン（2ブランド）の値上げとその効果

	Mumm		Fürst Metternich	
	値上げ前	値上げ後	値上げ前	値上げ後
価格（€）	4.99	5.49	7.75	8.50
販売数量（値上げ前を100とした指数）	100	63.7	100	94
価格弾力性	−3.64		−0.62	

る（Munnは10％，Fürst von Metternichは9.7％）。Mummの価格引き上げは5ユーロという閾値を超えている。販売数量の減少は，Fürst Metternichの価格引き上げによる減少分よりも大幅に大きい。Mummの価格弾力性は−3.64である。価格の引き上げが閾値を超えないFürst von Metternichの価格弾力性は−0.62であり，著しく小さい。

　多くの事例が報告されているという事実に反して，科学的な証明も価格閾値効果の一般的な妥当性を示す証拠も示されてきていない。Ginzbergはすでに，1936年にこの現象について調査している [49]。Deanは1951年に，価格閾値の近くで価格を変更させるという，通信販売会社によって行われた実験から，以下のような報告を行っている [50]。「結果は驚くほどばらばらである。価格を2.98から3.00に引き上げた時に，大きく売上が増加するものもあれば，低下するものもある。価格に対する反応が集中するような数字が存在する証拠を示すことはできなかった。」Kucherもまた，価格閾値を超えた場合の体系的な効果を表す理論を確立することはできなかった [43]。このように価格閾値について明確な結果は得られてはいないが，これはGaborとGrangerの市場において一般に見られる端数価格の存在が価格閾値の存在を示しているという仮説 [51] と合致する。同じように，KaasとHayは価格閾値効果を「自己実現的予言の結果」とみなしている [52]。あらゆる人々が，すべての人々がそうしているのだと信じることで，最終的に消費者は仮説通りに行動する。これは確かに，順応水準理論が示していることに対応している。したがって，価格閾値は戦略的な課題というよりもより戦術的な課題といえるだろう。

　価格閾値効果は，インフレ傾向にある状況では，企業はコスト高を価格に反映させることが難しくなるという問題を引き起こす。コスト高によって閾値を超えざるを得ない企業と，そうでない企業が混在するような場合には，状況は特に変動的になる。閾値を超えて価格を上げざるを得ないような場合には，閾値を少し超えたところではなく，一気に大幅に値上げしてしまうことが理に適っている。

もし実際に，価格閾値効果が強く発揮されるならば，単位当たりの貢献利益を上昇させることよって，少なくとも部分的には販売数量の減少の影響を相殺することができるだろう。問題のある戦術ではあるが，他の方法としては，価格閾値以下の価格に保ちつつ，パッケージサイズを減少させるという戦術もある。一方で，DillerとBrielmaierは，価格閾値を妄信することで失っている可能性のある利益を計算した [53]。「価格の末尾を9に設定する」というポリシーにこだわることは，価格閾値効果が妥当ではない時には，かなりの利益を失いうることを示している。GedenkとSattlerもまた，価格閾値の誤解は大きな負の結果をもたらしかねないと主張している [54]。ある小売業者の売上高利益率が1％である時，販売数量が変化しないと仮定するならば，0.99ドルから1.00ドルへの価格の引き上げは利益を2倍にする。たとえ販売数量が（たとえば10％）大きく減少したとしても，利益効果はまだ正の値である。我々の経験によれば，0.95，4.90，9.50といった数字で終わる価格に設定する意味は，ほとんどない。価格が価格閾値以下である範囲内では，その価格上限を完全に活かすべきであり，たとえば，0.99，4.99，9.99といった価格に設定すべきである。これらのわずかな価格差は販売数量に何らかの負の効果を与えることはほとんどなく，単位当たり貢献利益が小さい時には大幅な利益の改善を見込むことができる。

　価格の知覚における数字の末尾の数値の影響に関する仮説もあり，ここでは価格イメージ効果と品質イメージ効果を区別する。ある研究によれば，末尾の数字が9であることは，特に好ましいオファーであることのシグナルとなっている（価格イメージ効果）が，それはまた同時に低品質のインディケーターともなる（品質イメージ効果）。他方で，価格の末尾が0であることは，価格イメージ効果も品質イメージ効果も持たない「通常価格」として見られやすいと考えられる [55]。

価格アンカリング効果

　顧客は価格判断について不確実性を感じると，参照先，いわゆるアンカーを探す。アンカーは興味深い効果を及ぼす。異なるインディケーターが価格アンカーとして用いられるが，こうしたアンカーはいつも意識的なプロセスの中で働いている訳ではない。つまり価格アンカーは，無意識に用いられる頻度が高い [56]。

　このような価格アンカリング効果を示す，古い逸話がある [57]。1930年代，シッドとハリーはニューヨークで洋服店を営んでいた。シッドは店員で，ハリーは仕立屋である。シッドは，顧客がスーツを気に入ったことに気がつくと，耳が悪い人のふりをする。顧客が価格について尋ねると，シッドは，店の奥にいるハリーに尋ねる。「ハリー，このスーツはいくらだった？」「そのいいスーツか？

第5章　分析②―価格の心理学的効果―　◆213

42ドルだよ。」ハリーは叫ぶ。するとシッドは，あたかも聞こえなかったような
ふりをして「いくらだ？」ともう一度訊く。「42ドルだ」ハリーは繰り返し叫ぶ。
そしてシッドは，顧客のところに戻り，スーツの価格は22ドルだという。顧客は
ためらうことなく，即座に22ドルをカウンターにおいて，スーツを買って帰った。
この兄弟の価格アンカーは，計画通りに機能した。

　価格アンカーは消費者だけでなく，ビジネスパーソンにも効果的に機能する。
Mussweilerらは，被験者に中古車の価格を推定してもらう実験を行った [58]。
全く脈絡もなく，車の横に立っている人物が，この車の価格について「この車は
○○ユーロの価値があるね」と発言する。この実験には60人の自動車専門家が参
加し，意味もなく偶然車の横に立っていた人物が3,800ユーロという価格アンカー
を与えた時には，車の価値は3,563ユーロと推定された。しかし，同様の人物が
その車の価格を2,800ユーロといった時には，車の推定価値は2,520ユーロとなっ
た。どこの誰ともしれない人物の即興の発言は，専門家の知覚を1,043ユーロ変
えるのに十分な力を持っていた。中間をとった価格の3,300ユーロをもとにすると，
これは32％の変化である。類似した価格アンカリング効果を検証した研究は他に
も多くある。Mussweilerらは，「この結果は，アンカリングは避けることが難しい，
きわめて頑健な現象であることを示している」と述べた [58]。

　価格アンカリング効果の下では，たとえ誰も買わないような商品だとしても，
商品のポートフォリオに含む価値があるような商品が存在することになる。次の
話はこのことを例証している。ある顧客がかばんを１つ買おうと店舗に入った。
店員は予算を尋ねた。「200ドルくらいを考えているのですが」と顧客が答えると，
「丁度よいカバンがあります」と店員の女性はいい，「ですが，選択肢を絞る前に，
いくつか良いものをお見せしてよろしいでしょうか」と尋ねた。店員は客に商品
の幅を知らせることだけが目的で，高いカバンを押しつけようとするものではな
いと付け加えた。店員はそれから，品質，デザイン，ブランドの点においてトッ
プモデルの，500ドルのスーツケースを顧客に見せた。それから顧客が述べた価
格カテゴリーにおけるスーツケースを紹介しつつ，顧客が想定していた200ドル
という価格よりもわずかに高い，250ドルから300ドルの商品に注意が向くように
仕向けた。どのようにこの顧客は反応しただろうか。ラインのトップモデルであ
る500ドルのスーツケースがアンカリング効果を生み出し，顧客が最初に考えて
いた200ドルのスーツケースではなく，250ドル，300ドルのスーツケースを買う
可能性は高い。高価な500ドルのスーツケースを誰も買わないような場合でさえ，
その店舗の商品ラインナップに500ドルのスーツケースがあることには意味があ
る。500ドルという価格を見せることで，200ドルから300ドルの価格範囲の知覚

を変化させ，顧客の支払意思額を上方にシフトさせることになる。

極端の回避，松竹梅効果

　もう1つの興味深い効果は，顧客は中間の選択肢を選ぶ傾向にある，ということである。ある価格が，他の価格と比べてどのようなポジションにあるかは，顧客行動に強く影響する。たとえ10ドルであっても，その価格がそのカテゴリーにおいて最も高い価格か，最も低い価格か，その中間の価格かによって，全く異なる顧客反応を引き起こす。ある顧客が南京錠を購入する場面を考えてみよう。この顧客は前回の購買の時の記憶がなく，今南京錠がどのくらいで売られているのかわからないとする。地元のホームセンターでは，適当な南京錠の価格帯が4ドルから12ドルである。この顧客はどのように反応するだろうか。この顧客の安全に関する必要度は，最も高い錠を購入することを正当化するほどではないが，また，最も安価な錠の品質も疑わしく感じられる。したがって，この顧客は最高価格と最低価格の中間の価格である8ドルの錠を選ぶことになる。

　もし顧客がある商品がいくらくらいするか知らず，また特に明確なニーズ（例：高品質か，最低価格かなど）もないとしたら，一般的には中間の価格のほうに引きつけられるだろう。もし，ホームセンターで南京錠の価格範囲が4ドルから12ドルではなく，4ドルから16ドルであったとしたら，顧客は10ドルの南京錠を購入していた可能性が高い。これは，この店の売上が25%増えることを意味し，より高い貢献利益を得られていたことを意味する。顧客がレストランでワインを選ぶ時も，同じ行動が観察される。ワインメニューを一通り確認した後，ほとんどの顧客は中間的な価格帯からワインを選ぶことになるだろう。最も高価なワインや，最も安価なワインはめったに選択されない。中間の選択肢が選ばれる傾向を活かせば，サプライヤーは価格範囲を用いて顧客がある特定の商品を買うように仕向けることができる。商品の特徴と価格を顧客が知らなければ知らないほど，この効果はより強くなる。この行動は，顧客が持つ情報が限定的である場合，ある程度合理的である。中間の価格帯から商品を選ぶことで，品質のあまりに低い商品を買ってしまうリスクを避けつつ，あまりに価格の高すぎる商品を買ってしまうリスクも避けることができる。同時に，顧客は商品選定に必要な情報の探索費用がかかり過ぎることも避けることができる。

品揃え効果

　ここで述べる顧客行動は，品揃えの計画と，それに関連する価格マネジメントに関してチャンスを広げるものである。10ドルから20ドルの価格帯のレストラン

の提供メニューがあり，顧客の20％が18ドルのメニューを注文すると仮定しよう。もしこのレストランが25ドルのメニューを追加した場合，18ドルのメニューを注文する顧客は増加するだろう。同様に，もしこのレストランが，最も安い10ドルのメニューよりもさらに安価なメニューを追加した場合，10ドルのメニューの売上は増加するだろう。この現象は，たとえこれまで，ほとんどの顧客が選ばなかったメニューであったとしても発生する［59］。

　きわめて驚くべき行動科学的プライシングの研究結果が**図5.3**に示されている。ビジネス誌The Economistによるこの実験は，2つのテストを含んでいる。

　オファーAでは，2つの選択肢が示されている。年間59ドルのオンライン定期講読と年間125ドルの組み合わせの定期購読（オンライン＋紙面）である。回答者の68％は安価なオンラインの定期購読を選び，32％はより高い組み合わせ定期購読を選んだ。オファーBには3番目の選択肢が追加されている。組み合わせの定期購読と同じ価格に設定された，年間125ドルの紙媒体のみの定期講読である。このバージョンでは，84％が125ドルの組み合わせ媒体を選んだ。誰も紙媒体のみを選んだ回答者はいなかった。この結果は，古典派経済学の前提となる経済的合理性を否定している。誰も欲しがらない選択肢を投入しただけで，組み合わせの定期購読を選ぶ回答者の割合は32％から84％まで，52％上昇した。オファーAとオファーBの両方が10,000人の新しい定期購読者を得たと仮定する。オファーAの追加的な売上は801,200ドルであるが，オファーBの売上は合計114万ドルになり，42.8％も多い。新しい定期購読者一人当たりの平均価格は，オファーAで80.12ドル，オファーBでは114.40ドルである。

　この現象をどのように説明できるだろうか。1つの可能性としては「ゼロのマジック」とよばれる現象である。紙媒体だけのものと，オンライン版と組み合わせたパックを同じ価格に設定することで，後者のパックは無料で追加的な価値を提供することとなる。多くの顧客にとって，この無料の追加価値は無視できず，より付加価値の高い選択肢，この場合では組み合わせの定期購買を選ぶ。Thalerはこれを「取引き効果」とよんでいる［28］。オファーBにおける3つの消費のうちの2つが125ドルなので，価格アンカーがより高い方向にシフトする。

　Arielyが見つけた，追加的な選択肢の投入が顧客の商品選択に強い影響を及ぼすというこの現象［3］は，Simon-Kucher & Partnersがコンサルティングプロジェクトにおいて頻繁に観察していることである。**図5.4**は2つのオファーに関する調査結果を示している。オファーAにおいて，回答者には2つの選択肢が提示された。1ヵ月1ユーロの手数料がかかる当座預金口座と，1ヵ月2.5ユーロの手数料がかかる当座預金口座とクレジットカードの組合せ商品である。59％の顧客

[図5.3] 代替案が2つの場合と3つの場合の販売数量効果

オファー　A		
オンライン	$59	68%
紙面＋オンライン	$125	32%

オファー　B		
オンライン	$59	16%
紙面	$125	0%
紙面＋オンライン	$125	84%

[図5.4] 代替案が2つの場合と3つの場合の銀行サービス

オファー　A		
当座預金口座	€1.00	41%
当座預金口座＋クレジットカード	€2.50	59%

オファー　B		
当座預金口座	€1.00	17%
クレジットカード	€2.50	2%
当座預金口座＋クレジットカード	€2.50	81%

が組み合わせ商品を選び，41％の顧客が当座預金口座のみの選択肢を選んだ[60]。

オファーBにおいては，クレジットカードは3番目の選択肢として，組み合わせ商品と同じ価格で導入された。実験デザインは先に示したArielyの実験[3]に対応しており，その結果もまたArielyの実験の結果に似ている。2％のみがクレジットカードのみの選択肢を選び，組み合わせを選んだ回答者の割合は59％から81％に急上昇した。顧客当たりの平均売上は1.89ユーロから2.42ユーロとなり，28％上昇した。この追加的な売上は価格の引き上げではなく，単にポートフォリオの変更によって達成されている。

これらの例が示すように，選択肢の追加は，劇的な効果を生み出す可能性を秘めている。**表5.2**では，さらに拡張した品揃え効果のテスト結果を示している。

[表5.2] 代替的な銀行口座の品揃え効果

代替提供商品の数	月額価格（€）	最もよく選ばれる代替商品		達成平均価格（€）
		価格（€）	割合	
2	0, 1	0	66	0.33
3	0, 1, 2	1	56	1.20
4	0, 1, 2, 4	2	54	2.18
5	0, 1, 2, 4, 8	4	44	3.96
6	0, 1, 2, 4, 8, 10	8	40	5.88

テストグループには，0ユーロ，2ユーロ，4ユーロ，8ユーロ，10ユーロと，異なる価格の銀行口座が示された。より高い価格の選択肢は，より付加価値の高い（よりよい特徴を持つ，またはより多い特徴を持つ）口座である [61]。

　0ユーロと1ユーロで2つの選択肢のみが提供される場合，回答者の66%が0ユーロの口座を選んだ。回答者あたりの月額平均価格は0.33ユーロである。3番目の選択肢として2ユーロの口座を加えると，56%の回答者は1ユーロの口座を選び，月額平均価格は1.20ユーロとなった。選択肢が新たに追加される度に，最も多く選ばれる選択肢は，2番目に高い価格のものにシフトした。結果として，6つの選択肢がある場合の平均価格は5.88ユーロになった。どのラインナップをオファーしている場合においても，低価格の選択肢が常に含まれていることに注意が必要である。選択肢の追加は常に，より高価格の選択肢を追加することによって行われている。したがって，選択肢が2つしかない状況では回答者の66%が無料の選択肢を選んでいるが，選択肢の追加による効果は「ゼロのマジック」よりも強い。選択肢が追加される度に，より多くの回答者がより高い価格の商品を選んでいる。この現象に対して，より高付加価値の商品から得られる価値が，追加される選択肢のより高い価格によって失う価値よりも大きいという説明ができるかもしれない。しかし，この結論は，各ラインナップにおいて顧客が示した選好と一致しない。もし先述の説明が正しいならば，回答者の大部分は（2つの選択肢がラインナップされた時点で）1ユーロの選択を選ぶはずであるし，その後選択肢が加えられる度に高価格の選択肢を選ぶはずである。実際には，選択肢が増えると支払意思額は上方にシフトしている。

　こうした知見を踏まえると，企業はできるだけ多くの選択肢を提供すべきだといいたくなるかもしれないが，注意が必要である。品揃えを拡張し過ぎると，選択が複雑になり，消費者にとって選択が難しくなる。実証研究において，選択肢が多過ぎると，購買意思決定があまりにも難しくなるので，消費者は何も買わなくなってしまうことが示されている [62, 63]。

　続いて通信部門のプロジェクト事例を示す。最初のテストでは，回答者は月額25ドルと60ドルの2つの選択肢からプランを選んだ。回答者の78%は安価なプランを選び，22%は高価なプランを選んだ。このテストのユーザー1人当たりの平均支出（ARPU）は32.80ドルだった。この売上は，他のネットワークからの通話など，すべての追加的な料金を含んでいる。2回目のテストでは，回答者は25ドル，50ドル，60ドルの3つの選択肢からプランを選んだ。最も高い価格と最も低い価格は前回と同じ価格で設定された。違いはそれらの間に50ドルのプランが追加されたことである。その結果，これまでの実験と同じ効果が確認された。1

回目のテストでは回答者の78%が最も安い選択肢を選んでいたのに対し，2回目のテストでは，回答者の44%だけがこのプランを選んだ。最安のプランとほとんど同程度の回答者（42%）が，新しい50ドルのプランを選び，残りの14%の回答者が最も高いプランを選んだ。追加的な料金を含んだARPUは40.50ドルに上昇し，1回目のテストよりも23%上昇した。これは非常に大きな追加的な売上である。この事例において中間の選択肢が選ばれることはどのように説明できるだろうか。これには，次のような4つの仮説が考えられる。

- 不確実性：顧客は毎月の使用量の推定が難しく，松竹梅効果が働くため，顧客は「真ん中の選択肢が妥当なのではないか」と考える。
- 品質期待：顧客は「もし基本料金がそんなに安いならば，そのサービスはおそらく良いものではないのだろう」と考える。
- 平穏な気持ち/リスク回避：「もしたくさん電話をかけることになってしまったら，基本料金は低くても変動分が高いので，実際にはより多くの料金を支払うことになるだろう」と考える。
- 地位：「自分にはそれを契約するだけの金銭的な余裕がある」と考える。

　実際には，こうした個々の効果は個別に効果を発揮する訳ではない。むしろ相互に影響し合っている。これらの実証事例のすべてが，心理学的な効果が極めて重要であり，価格設定と品揃えに非常に強く影響を及ぼすことを示している。価格構造や品揃えの小さな変更は，費用をかけることなく，売上と利益に劇的なインパクトを与えうる。

その他の効果

　これまでに説明してきた現象に加えて，価格マネジメントにはそれほど重要ではない効果として，所有効果，分離効果，自己統制効果などがある。Trevisanは著書の中でこれらの効果について詳しく説明している［4］。

　プライシングに影響する別の現象は，価格フィギュア効果と価格シェイディング効果である。価格フィギュア効果は，顧客が価格の1桁ごとの順番に何らかの法則を知覚する際に生じる。単純な例を挙げれば，減少していく並び（例：4.32ドル）と，増加していく並び（例：2.34ドル）がある。別の形のものとしてはすべての桁の数字が同じというもの（例：4.44ドル）がある。StivingとWinerの研究結果は，顧客は価格を全体的に1つの数値として知覚せず，個々の桁の数値のそれぞれを知覚することを示している［55］。価格フィギュア効果に関する一般

的な妥当性のコンセンサスは得られていないが，消費者が数字を「左から右に」比較することは有力な知見であると考えられている。左の桁の数字は，右の桁の数字よりも，価格の知覚により大きな影響力を持つ。このことは左から右に，各桁の数値を増加させていくことの妥当性を説明している。しかしながら，そのような推奨には注意が必要である。なぜなら，価格フィギュア効果に関する研究の知見は非常に多種多様であり，決定的な結論は得られていないからである。それにもかかわらず，実務においては，価格フィギュア効果を用いたと思われる価格設定が多く見られる。ヨーロッパの家電小売チェーン，MediaMarktとSaturnは444ドルや555ドルのような価格を頻繁に用いている。これらの2つの小売チェーンは，価格フィギュア効果は，自らに有利に働くように顧客の知覚価格に影響すると仮定しているに違いない。

　価格シェイディング効果は，顧客がこれまで経験した価格と価値の関係性を一般化してしまうという現象であり [64]，この効果によって顧客は価格提示のされ方から価値を解釈しようとする。この解釈は，消費者の価格の知覚に影響を与えるため，価格の視覚的な提示とコミュニケーションは，重要な役割を演じる。「最安値」「底値」「超低価格」「どこにも負けない低価格」のようなフレーズを用いて，価格の知覚に強く影響を与えることもできる。宣伝された価格の数字やその選択だけでなく，色や，フォント，フォントサイズなどもすべて，価格の知覚に影響する [65, 66]。雑誌Scientific Americanはこの効果をうまく利用しようとしている。定期購読に「最大割引」という宣伝文句をつけるだけでなく，次の割引キャンペーンでは価格が上がることも注記する。このコミュニケーション方法によって，顧客に対して「ラストチャンス」となる現在の割引キャンペーンを活用するように圧力をかけている。しかしながら，そのような脅しが，望まれる売上の増加につながるかどうかは疑わしい。Müller-Hagedornらの研究は，ある価格がどの程度低い，あるいは望ましい価格であるかという判断は，宣伝されている商品の数と1回の買い物ごとの支出によって影響を受けるということを示している [67]。多くの低価格商品が示されている折込チラシは，その店舗が高くない，良心的な価格の店だという非常に強い知覚を与える。週末の割引や，タイムセールなどで顧客を誘い出そうとするスーパーマーケットが増えている。ディスカウントチェーン店は，個別の商品に非常に大きな割引を与えることによって，顧客にその店舗で一週間分の買い物をすべてさせようとしている [68]。このような事例では，小売業者は，いくつかの個別の商品に大きな値引きを行うことで，顧客がその店舗全体を安い店だと知覚するように仕向けている。Inmanら [69] は，制約を含むシグナルが，販売数量を急激に高めうることを示した。これには，時

間制約（「今週限り」「今日限り」）や，数量制約（「おひとり様2つまで」）など
が含まれる。こうした制約は，価格は良心的であり，供給量が少ないことを顧客
に暗示している。

　2012年のロンドン・オリンピックは素晴らしい成功を収めた。この大会は，多
くの革新的なプライシング・スキームを適用している［70］。価格の桁の数値そ
のものが，敢えて説明しなくとも意味を持っていた。最低（基準）価格は20.12
ポンドで，最も高額なチケットは2012ポンドであった。2012という数字は，オリ
ンピック開催年であり，すでに述べたように，価格の数値である。消費者は一目
見ただけで，その価格が2012年ロンドン・オリンピックを意味することがわかる。
ロンドン・オリンピックではこどもや青年には，「ペイ・ユア・エイジ」キャン
ペーンを行った。つまり，その年齢と同じだけ支払いなさい，ということである。
6歳のこどもは6ポンド，16歳のこどもは16ポンドであり，この価格構造には非
常に大きな，肯定的な反響があった。メディアは何千回もこのことを報じた，エ
リザベス女王や首相でさえも，ペイ・ユア・エイジを称賛した。これらの価格は
コミュニケーションの点において効果的であるだけでなく，きわめて公正なもの
として知覚された。シニア世代もまた，合理的に価格設定されたチケットを購入
することができた。

　ペイ・ユア・エイジ以外には，一切値引きを行わなかった。ロンドン・オリン
ピックの運営陣は，売れ残りのあるイベントでさえ，このポリシーを貫いた。こ
うしたポリシーが，チケット，ひいてはイベントには，この価格に見合う価値が
あるという明白なシグナルを送った。また，スポーツにおいてよく採用される手
法である，チケットのバンドリングも行わなかった。すなわち，魅力的なイベン
トとそうでないイベントを1つのパッケージにして販売することはしなかった。
しかしながら，地方の公共交通機関の切符は，オリンピックのチケットとのバン
ドリングを行った。また，オリンピック委員会は，コミュニケーションと販売の
両方について，多くの部分をインターネットによって行った。チケットのおよそ
99％はオンラインで販売された。オリンピックが開催される前のチケットによる
売上の目標は，3億7,600万ポンドであったが，巧妙な価格構造とコミュニケー
ション・キャンペーンの結果，最終的に6億6,000万ポンドの売上を獲得した。
このチケット売上金額は，当初の予想売上を75％上回るものであり，前回3大会
（北京，アテネ，シドニー）のチケット売上を合わせた額よりも多くなっている。
この事例は，心理学的効果に精通した価格マネジメントによる，売上と利益の拡
大の可能性を例証している。

　免税日，免税週間は，小売業者が採用するもう1つの，よく見かける価格戦術

である。消費税を課税しない（つまり小売業者が顧客の代わりに消費税を払う）ことによって，顧客は，消費税分を割り引かれているように感じる。しかし，これは誤りである。たとえば20％の消費税が課される場合，消費者は20％の割引を受ける訳ではなく，割引は16.7％となる。100ドルの購買価格に課税すると，合計120ドルになる。税金20ドルを引くことは，ディスカウントが20÷120＝16.7％であることを意味している。

5.3.3　ニューロ・プライシング

　学術研究の最新の方向性は，行動科学的プライシングに基づいており，価格による刺激への物理的反応の測定にその領域を拡張している。脳科学研究は，無意識に起こる神経のプロセスを調査の対象とする。「価格の知覚のされ方はその他の刺激の知覚のされ方と全く同じである」と脳科学研究者は述べている [65]。価格の知覚は，脳内での反応を引き起こすため，この反応を高い精度で測定する。これに関して最もよく知られる手法はMRIであるが，ポジトロン断層法，脳磁図，脳波記録法（EEG）なども用いられる [71]。

　広告の刺激と商品の刺激はこの研究領域の最前線であるが，価格に関する刺激についてもある程度の結果が蓄積されている。Elgerは「割引の表示は，購入を検討する際の良い点と悪い点を比較考量するという通常の行動を大きく抑制する」と述べている [72]。単なる割引の表示が示されているだけで，脳内において，合理的な判断をする能力を低下させてしまうような反応が起きる。価格情報は，脳の痛みを処理する中枢を活性化し，そこで処理されることがわかっている。実際に，顧客が価格を不快な感情と連想させていたとしても驚くべきことではない。

　ニューロ・プライシングは，古典的な手法を補う価値のある情報を提供する。それは，顧客は気がつかないが，購買意思決定に影響を与えているプロセスを客観的に測定することである。ニューロ・プライシングは，実験参加者から言葉で回答してもらうことなく，そうした客観的な測定を実施することができる。ニューロ・プライシング・リサーチの目標は，そのようなプロセスをより良く理解し，売り手の視点からそれらに影響を与えることである。これは，倫理的にセンシティブな領域であることは明らかである。

　こうした研究結果の外的妥当性には疑問が残る。まずサンプリングの問題がある。サンプル選択が，古典的な市場調査におけるサンプル選択方法に従う一方で，いくつかの重大な差がある。まず，研究の被験者は特別な実験施設に行く必要があるという点がある。多くの潜在的な候補者は，マーケティングの目的での脳科学研究の実験台になりたくないであろう。測定の状況もまた，典型的な購買状況

からかなりかけ離れたものである。このような状況において，実験の測定結果を
どの程度，現実の世界に外挿的に当てはめることができるかは疑わしい。

　今までのところ，実践的な価格に関する推奨を得られるような研究結果はほと
んどない。ある書籍ではStarbucksで行われた調査から，「消費者がコーヒー一杯
に支払いたいと考える金額は，Starbucksが考えるよりも明らかにずっと高い。
Starbucksは消費者の支払意思額を考慮していないがために，何百万ドルもの利
益を得るチャンスを逃している」という結論を導出している [65]。コーヒー市
場についてそれなりに知識を持っている人であれば，Starbucksのコーヒーの価
格はすでに非常に高いということを知っているだろう。したがって，きわめて注
意深くこれらの指摘を受け取るべきである。

　しかしながら，脳科学研究は，価格のデザインに関する興味深い洞察をもたら
している。たとえば，「$16.70」というような価格の通常の表記が，脳内の痛み
を処理する中枢を特に強く活性化させる。しかし，通貨の印を外す，先ほどの例
であれば「16.70」と表記するだけで，この痛み中枢の活性化は弱まる。このよ
うな標記の場合，脳はすぐにこの数字が価格であるとは解釈しないのである。切
りのいい数字を使う，先ほどの例であれば「17」と表記すると，脳の活性化はさ
らに弱くなる。このような価格コミュニケーションは，レストランのメニューに
おいても見られることがある。「seventeen」のように価格が数字ではなく言葉で
表記されている場合，知覚される痛みは最も低い。このような標記がメニューや
価格表に使われるようになるのかは，未だ定かではない。広告における通貨記号
の使用は，自己イメージと威光が顧客にとって重要でない限り，そしてそれらが
価格によって伝えられない限りは，避けたほうが良い。また，色の効果に関する
知見（例：赤い色のタグは割引やスペシャルオファーのシグナルとなっているな
ど）や支払い方法が現金払いである場合に関する知見も得られている。現金払い
である場合，クレジットカード払いである時よりも，脳の痛みを処理する中枢が
より活性化される。

　マーケティングとプライシングのための脳科学研究の利用は，まだ非常に初期
の段階にあるといって良い。この分野の知見の多くは未だ予備的なものである。
しかし，この科学技術が新しい知見をもたらすことは疑うべくもない。他方で，
それが価格マネジメントにどのような効果をもたらすかを展望するには尚早であ
る。

全体的評価

　行動経済学，神経経済学はすでに古典派経済学を変えてきており，また今後も

変え続けると思われる。ここまで見てきた行動研究の結果は非常に興味深いものばかりである。この新しいアプローチは，古典派経済学が答えられなかった多くの現象を説明できている。しかしながら，この点については，まだ注意をする必要があり，現に，経済学の基本的な原則は，ほとんどの取引において支配的な原則であり続けている。ある状況下において価格がより高ければ，販売数量はより高くなるという現象が発生するが，そうした現象はこの原則の例外でしかない。また別の問題として，結果の一般化という問題がある。どのような場合に顧客に年額払いをさせるのが良いのだろうか，またはどのような場合に4半期ごと，月ごとに支払わせるのが良いのだろうか。そこには，質問への一般的な回答も，問題を整理する明確な方法もない。経済史研究者，哲学者であるPhilip Mirowskiは，行動経済学は「合理的な活動の基礎について理解を深めているが，その理解の上に何も示せていない」というもっともな批判をしている [73]。行動経済学は未だ，完璧な，統合された理論を示していない。

　行動経済学の実験結果のいくつかは，批判にさらされている。ほとんどの知見は，現実の生活の状況への適用可能性が疑わしい実験施設での実験から得られている。それらの実験における刺激の中には，ある方向に消費者の行動を導きうる方法で提示されているものもある。この点は，脳科学研究においてより当てはまるといえる。Beckは次のような結論にたどり着いた。「行動経済学に対する理論的，実証的根拠は，我々に注意深くあることを促し，『合理的な人間』という考え方を完全に捨て去るべきではないことを意味している [74]」。人間は，古典派経済学が考えるようには合理的ではないが，行動経済学が推測するようには非合理的でもない。価格マネジメントにおいては，両方の研究の潮流を考慮すべきであるし，その際には注意もすべきであろう。さらには，2つの研究の潮流を組み合わせることによって，すなわち，現実のデータや計量経済学的なモデリングと，実験的なアプローチを組み合わせることによって，企業の価格マネジメントにより関連性の高い，多くの研究の可能性を示すことができる [75]。

結　論

　価格効果を分析する際には，経済学的な側面だけでなく，行動科学からの知見もまた考慮すべきである。価格の心理学は，古典派経済学の視点を補完し，結果として，価格効果のより包括的な理解のために本質的貢献をしている。行動研究分野は何年にもわたって，古典派経済学モデルが基盤とする仮定よりも，より現実に近い形で，ブレークスルーを起こしてきている。したがって最適な結果を得るためには，両方の視点が，価格コミュニケーションと価格デザインにおいて考慮されるべきで

ある。ここで，以下の点を強調しておく。

- 刺激–有機体–反応モデル（S-O-Rモデル）は，経済学におけるブラックボックスモデルを拡張したものであり，価格の効果をより良く理解することに貢献するものである。
- 純粋な経済学の視点からは非合理的であり，直感に反しているように見える，数多くの価格に関する現象は，行動科学の知見によって説明することができ，そしてそれは効果的な価格設定手段のためのガイダンスとなる。
- 価格は，ネガティブな値としての特徴しか持ち合わせていない訳ではない。価格は，威光を伝えたり，品質インディケーターとして機能したりする。このことは部分的に価格反応関数が右上がりである可能性を意味している。このような場合，価格弾力性は正の値をとる。
- プロスペクト理論は，効用の利得と損失は非対称であることを仮定している。人は損失を回避する傾向があるため，効用の損失分の絶対量は，効用の利得分の絶対量よりも大きい。この非対称性は価格と価格構造のコミュニケーションとデザインに影響を与えるものである。
- メンタル・アカウンティングは，消費者が商品をカテゴリーに分け，分けたカテゴリーによって価格に対して異なった反応をすることを仮定している。
- 顧客は，その商品に関心がない（低関与である）時や，情報を収集したり吟味したりするのに情報処理能力が限られている時に，価格決定を単純化するために慣習や戦術を用いる。そのような行動の結果として，極端の回避，価格閾値効果，価格アンカリング効果，品揃え効果のような，価格マネジメントに重大な示唆を与える現象が生じている。
- 価格とその効果に関する現代の脳科学研究は，きわめて初期の段階にある。この分野は価格が脳の痛みを処理する中枢を活性化させることを明らかにした。そして価格の提示は購買意思決定にかなり影響を与えうることを明らかにした。

　本章は，行動科学的プライシングの領域における様々な研究に光を当てた。これらの新しい知見はすでに，経済学に強い影響を与えている。今後も，たとえば脳科学研究から，より多くのブレークスルーが現れるものと考えられる。顧客行動は単純に，古典派経済学の基礎にあるホモ・エコノミカスの経済合理性の仮説だけでは説明できない。行動科学研究からの多くの知見は驚くべきものであり，一見したところ，非合理的であるように思われる。しかし，現実には，それらは古典派経済学のモデルよりも消費者行動をよりよく表している。行動科学研究は多くの具体的で確かな影響を価格マネジメントに与えているにもかかわらず，注意を要する。多く

の知見は典型的な購買状況からかなりかけ離れた条件下で導出されたものである。これらの知見がどの程度一般化できるかはあまり明らかにされていない。しかしながら，我々はこの研究領域から重要な洞察を今後も得られると期待している。価格マネジメントは行動科学を考慮すべきであり，古典派経済学の教義にのみ依拠すべきではない。

参考文献

[1] Kahneman, D., & Tversky, A. (1979). Prospect Theory: An Analysis of Decision under Risk. *Econometrica*, 47(2), 263-291.

[2] Kahneman, D. (2012). *Thinking, Fast and Slow*. Farrar, Straus and Giroux: New York.

[3] Ariely, D. (2010). *Predictably Irrational: The Hidden Forces that Shape our Decisions*. New York: Harper Perennial.

[4] Trevisan, E. (2013). *The Irrational Consumer: Applying Behavioural Economics to Your Business Strategy*. Farnham: Gower.

[5] Veblen, T. (1899). *The Theory of the Leisure Class*. New York: Macmillan.

[6] Fassnacht, M., & Dahm, J. M. (2018). The Veblen Effect and (In) Conspicuous Consumption A State of the Art Article. *Luxury Research Journal*.

[7] Rohwetter, M. (2012). Das will ich haben!. http://www.zeit.de/2012/18/Verkaeufer. Accessed 17 March 2015.

[8] Milligan, L. (2014). Would You Pay 70 Per Cent More for Chanel? http://www.vogue. co.uk/news/2014/03/05/price-increases-for-luxury-items---chanel-louis-vuitton-bags. Accessed 2 April 2015.

[9] Fassnacht, M., Kluge, P.N., Mohr, H. (2013). Pricing Luxury Brands: Specificities, Conceptualization, and Performance Impact. Marketing ZFP – *Journal of Research and Management*. 35(2), 104-117.

[10] Krelle, W. (1976). *Preistheorie*. Tübingen: J.C.B. Mohr.

[11] Marshall, A. (1920). *Principles of Economics: An Introductory Volume*. London: Macmillan.

[12] Tigges, K. (2007). Chinesen sind paradox: Wirtschaftstheorie. http://www.faz.net/aktu ell/wirtschaft/wirtschaftstheorie-chinesen-sind-paradox-1461300.html. Accessed 17 March 2015.

[13] Grossarth, J. (2013). Tannen zapfen: Das Brennholz wird knapp. http://www.faz.net/ das-brennholz-wird-knapp-tannen-zapfen-12047380.html. Accessed 17 March 2015.

[14] Völckner, F. (2006). Determinanten der Informationsfunktion des Preises: Eine empirische Analyse. *Zeitschrift für Betriebswirtschaft*, 76(5), 473-497.

[15] Anonymous (2013). Was ist Preis-Wert? http://www.gfk-compact.com/index.php?arti cle_id = 236&clang = 0. Accessed 17 March 2015.

[16] Teas, R. K., & Agarwal, S. (2000). The Effects of Extrinsic Product Cues on Consumers' Perceptions of Quality, Sacrifice, and Value. *Journal of the Academy of Marketing Science*, 28(2), 278–290.

[17] Brucks, M., Zeithaml, V. A., Naylor, G. (2000). Price and Brand Name As Indicators of Quality Dimensions for Consumer Durables. *Journal of the Academy of Marketing Science*, 28(3), 359–374.

[18] Shiv, B., Carmon, Z., Ariely, D. (2005). Placebo Effects of Marketing Actions: Consumers May Get What They Pay For. *Journal of Marketing Research*, 42(4), 383–393.

[19] Grewal, D., Nordfält, J., Roggeveen, A., Olbrich, R., Jansen, C. H. (2014). Price-Quality Relationship in Pricing Strategies for Private Labels. *Journal of Product & Brand Management*, 23(6), 429–438.

[20] Hu, M., & Liu, B. (2004, August). Mining and Summarizing Customer Reviews. Proceedings of the tenth ACM SIGKDD international conference on Knowledge discovery and data mining (pp.168–177). ACM.

[21] Yang, Z., & Fang, X. (2004). Online Service Quality Dimensions and their Relationships with Satisfaction. *International Journal of Service Industry Management*, 15(3), 302–326.

[22] Cheung, C. M., & Thadani, D. R. (2012). The Impact of Electronic Word-of-Mouth Communication: A Literature Analysis and Integrative Model. Decision Support Systems, 54 (1), 461–470.

[23] Gossen, H. H. (1854). *Entwickelung der Gesetze des menschlichen Verkehrs, und der daraus fließenden Regeln für menschliches Handeln*. Braunschweig: F. Vieweg.

[24] Kahneman, D., Knetsch, J. L., Thaler, R. (1990). Experimental Tests of the Endowment Effect and the Coase Theorem. *Journal of Political Economy*, 98(6), 1325–1348.

[25] Bauer, C., & Wübker, G. (2015). *Power Pricing für Banken: Wege aus der Ertragskrise*. Frankfurt am Main: Campus.

[26] Schulz, F., Schlereth, C., Mazar, N., Skiera, B. (2015). Advance Payment Systems: Paying Too Much Today and Being Satisfied Tomorrow. *International Journal of Research in Marketing*, 32(3), 238–250.

[27] Gourville, J. T., & Soman, D. (1998). Payment Depreciation: the Behavioral Effects of Temporally Separating Payments From Consumption. *Journal of Consumer Research*, 25(2), 160–174.

[28] Thaler, R. H. (1980). Toward a Positive Theory of Consumer Choice. *Journal of Economic Behavior & Organization*, 1(1), 39–60.

[29] Thaler, R. H. (1985). Mental Accounting and Consumer Choice. *Marketing Science*, 4(3), 199–214.

[30] Thaler, R. H., & Sunstein, C. R. (2009). *Nudge: Improving Decisions about Health, Wealth and Happiness*. London: Penguin.

第5章　分析②—価格の心理学的効果—　◆227

[31] Thaler, R. H. (1999). Mental Accounting Matters. *Journal of Behavioral Decision Making*, 12(3), 183-206.

[32] Thaler, R. H. (1994). *Quasi Rational Economics*. New York: Russell Sage Foundation.

[33] Strobel y Serra, J. (2012). Schluss mit der Geschmacklosigkeit!: Die Ernährung der Deutschen. http://www.faz.net/aktuell/feuilleton/die-ernaehrung-der-deutschen-schluss-mit-der-geschmacklosigkeit-11680616.html. Accessed 17 March 2015.

[34] Tversky, A., & Kahneman, D. (1981). The Framing of Decisions and the Psychology of Choice. Science, 211 (4481), 453-458.

[35] Helson, H. (1964). Current Trends and Issues in Adaptation-Level Theory. *American Psychologist*, 19(1), 26-38.

[36] Volkmann, J. (1951). Scales of Judgment and their Implications for Social Psychology. In J. H. Rohrer, & M. Sherif (Eds.), Social Psychology at the Crossroads. The University of Oklahoma Lectures in Social Psychology (pp.273-298). Oxford: Harper.

[37] Sherif, M., & Hovland, C. I. (1961). *Social Judgment: Assimilation and Contrast Effects in Communication and Attitude Change*. Yale Studies in Attitude and Communication. New Haven: Yale University Press.

[38] Baumgartner, B., & Steiner, W. J. (2007). Are Consumers Heterogeneous in their Preferences for Odd and Even Prices? Findings from a Choice-Based Conjoint Study. *International Journal of Research in Marketing*, 24(4), 312-323.

[39] Gedenk, K., & Sattler, H. (1999). The Impact of Price Thresholds on Profit Contribution – Should Retailers set 9-ending Prices? *Journal of Retailing*, 75(1), 33-57.

[40] Pauwels, K., Srinivasan, S., Franses, P. H. (2007). When Do Price Thresholds Matter in Retail Categories? *Marketing Science*, 26(1), 83-100.

[41] Bösener, K. (2014). *Kundenzufriedenheit, Kundenbegeisterung und Kundenpreisverhalten. Fokus Dienstleistungsmarketing*. Wiesbaden: Gabler.

[42] Schröder, H. (2012). *Handelsmarketing: Strategien und Instrumente für den stationären Einzelhandel und für Online-Shops mit Praxisbeispielen* (2nd ed.). Wiesbaden: Gabler.

[43] Kucher, E. (1985). *Scannerdaten und Preissensitivität bei Konsumgütern*. Wiesbaden: Gabler.

[44] Levy, D., Lee, D., Chen, H., Kauffman, R. J., Bergen, M. (2011). Price Points and Price Rigidity. *Review of Economics and Statistics*, 93(4), 1417-1431.

[45] Thomas, M., & Morwitz, V. (2005). Penny Wise and Pound Foolish: The Left-Digit Effect in Price Cognition. *Journal of Consumer Research*, 32(1), 54-64.

[46] Anonymous (2005). Rotkäppchen-Mumm steigert Absatz. http://www.lebensmittelzeitung.net. Accessed 17 December 2014.

[47] Anonymous (2006, 26 April). Rotkäppchen will nach Rekordjahr Preise erhöhen Jeder dritte Sekt stammt aus dem ostdeutschen Konzern / Neuer Rosé / Mumm verliert weiter: Unternehmen. *Frankfurter Allgemeine Zeitung*, p.23.

[48] Anonymous (2007). Sekt löst Turbulenzen aus. http://www.lebensmittelzeitung.net.

Accessed 17 March 2015.

[49] Ginzberg, E. (1936). Customary Prices. *The American Economic Review*, 26(2), 296–310.

[50] Dean, J. (1951). *Managerial Economics*. New Jersey: Prentice Hall.

[51] Gabor, A., & Granger, C. W. J. (1964). Price Sensitivity of the Consumer. *Journal of Advertising Research*, 4(4), 40–44.

[52] Kaas, K. P., & Hay, C. (1984). Preisschwellen bei Konsumgütern: Eine theoretische und empirische Analyse. *Schmalenbachs Zeitschrift für betriebswirtschaftliche Forschung*, 36 (5), 333–346.

[53] Diller, H., & Brielmaier, A. (1996). Die Wirkung gebrochener und runder Preise: Ergebnisse eines Feldexperiments im Drogeriewarensektor. *Schmalenbachs Zeitschrift für betriebswirtschaftliche Forschung*, 48(7/8), 695–710.

[54] Gedenk, K., & Sattler, H. (1999). Preisschwellen und Deckungsbeitrag: Verschenkt der Handel große Potentiale? *Schmalenbachs Zeitschrift für betriebswirtschaftliche Forschung*, 51(1), 33–59.

[55] Stiving, M., & Winer, R. S. (1997). An Empirical Analysis of Price Endings with Scanner Data. *Journal of Consumer Research*, 24(1), 57–67.

[56] Jung M. H., Perfecto H., Leif D. N. (2016) Anchoring in Payment: Evaluating a Judgmental Heuristic in Field Experimental Settings. *Journal of Marketing Research*, 53(3), 354–368.

[57] Cialdini, R. B. (2008). *Influence: Science and Practice* (5th ed.) Boston: Allyn and Bacon.

[58] Mussweiler, T., Strack, F., Pfeiffer, T. (2000). Overcoming the Inevitable Anchoring Effect: Considering the Opposite Compensates for Selective Accessibility. *Personality and Social Psychology Bulletin*, 26(9), 1142–1150.

[59] Huber, J., & Puto, C. (1983). Market Boundaries and Product Choice: Illustrating Attraction and Substitution Effects. *Journal of Consumer Research*, 10(1), 31–44.

[60] Trevisan, E. (2014). *The Impact of Behavioral Pricing*. Bonn: Simon-Kucher & Partners. August.

[61] Trevisan, E., Di Donato, M., Brusco, R. (2013). Zero-Pricing. *The Journal of Professional Pricing*, 22(4), 10–16.

[62] Polman, E. (2012). Effects of Self-Other Decision Making on Regulatory Focus and Choice Overload. *Journal of Personality and Social Psychology*, 102(5), 980–993.

[63] Iyengar, S. S., & Lepper, M. R. (2000). When Choice is Demotivating: Can One Desire too much of a Good Thing? *Journal of Personality and Social Psychology*, 79(6), 995–1006.

[64] Diller, H. (2008). *Preispolitik* (4th ed.) Stuttgart: Kohlhammer.

[65] Müller, K.-M. (2012). *NeuroPricing: Wie Kunden über Preise denken*. Freiburg im Price Breisgau: Haufe.

[66] Pechtl, H. (2014). *Preispolitik: Behavioral Pricing und Preissysteme* (2nd ed.) Konstanz: UVK/Lucius.

[67] Müller-Hagedorn, L., Schuckel, M., Helnerus, K. (2005). Zur Gestaltung von Einzelhandelswerbung. Die Auswirkungen von Art und Anzahl der Artikel sowie der Abbildungsgröße. Working paper, Vol. 14. Cologne: University of Cologne.

[68] Schnitzler, J. (2015). „Framstag" und „Supersamstag". http://www.wdr2.de/service/quintessenz/lockangebote-100.html. Accessed 17 March 2015.

[69] Inman, J. J., Peter, A. C., Raghubir, P. (1997). Framing the Deal: The Role of Restrictions in Accentuating Deal Value. *Journal of Consumer Research*, 24(1), 68-79.

[70] Williamson, P. (2012). Pricing for the London Olympics 2012. Bonn: Simon-Kucher & Partners World Meeting. December.

[71] Kenning, P., Plassmann, H., Ahlert, D. (2007). Applications of Functional Magnetic Resonance Imaging for Market Research. Qualitative Market Research: *An International Journal*, 10(2), 135-152.

[72] Elger, C. E. (2008). Freiheitsgrade: Werbung, Manipulation und Freiheit aus Sicht der Hirnforschung. *Forschung & Lehre* (3), 154-155.

[73] Anonymous (2013, 16 February). Die Ökonomen haben ihre Erzählung widerrufen. *Frankfurter Allgemeine Zeitung*, p.40.

[74] Beck, H. (2013, 11 February). Der Mensch ist kein kognitiver Versager. *Frankfurter Allgemeine Zeitung*, p.18.

[75] Koschate-Fischer, N., Wüllner, K. (2017). New Developments in Behavioral Pricing Research. *Journal of Business Economics*, 87(6), 809-875.

◆231

第6章

価格決定①
―一元的な価格―

――――――――――――　概　　要　――――――――――――

　本章では一元的な価格決定を扱う。言い換えれば，一時点の一製品の価格設定についての意思決定である。コストプラス型の価格設定，競争志向の価格設定といったように，1つの要素にのみ基づく厳密な価格設定プロセスは実務において広く用いられている。しかしこうした手法は，価格設定に内在する難しさや複雑性に対応しきれてはいない。包括的なプロセスとは，様々な目標，生産数量（販売数量）の効果，費用，競合の行動など，価格設定に関連する要因をすべて価格決定に取り込むプロセスのことである。この包括的なプロセスを用いて，最適な価格を得るための一般的な法則を導き出すことができる。この場合における最適価格とは，弾力性に基づくマークアップを限界費用に上乗せしたものである。寡占市場の場合には，競合の反応を考慮する必要があるので，複雑性はより高まる。その場合もシグナリングを用いることで，競合の反応に影響を与えることができる。

6.1　イントロダクション

　価格決定について3つの章に分けて議論する。本章では，一時点，一製品の価格設定，つまり一元的な価格の最適化について検討する。一元的な価格設定の場合，価格を構成するパラメーターは1つだけで構成される。第7章においては，複数の製品の価格における最適化について紹介する。第7章では，ある企業が同じ製品に異なる価格を設定する場合，あるいはバリエーションのある製品に異なる価格を設定するような状況を表す言葉として，「価格差別化（price differentiation）」という言葉を用いる。また，売上や費用が相互に関連しあう製品群の価格も検討する。トピックとしては，価格バンドリングや同一製品ラインの価格設定を含む。最後に第8章では，長期価格最適化，つまり複数の時点にわたった価格設定について検討する。**表6.1**はこのような異なるタイプの価格決定を示している。

[表6.1] 価格決定の分類

価格決定	商品の数		価格の数	
	1	2以上	1	2以上
一元的価格（第6章）	○	−	○	−
価格差別化（第7章）	○	−	−	○
複数製品の価格設定（第7章）	−	○	−	○
長期的な価格決定（第8章）	○	−	−	○

　多元的な価格決定は，一元的な価格決定よりも，明らかに複雑で難しいものとなる。同時に，多元的な価格構造から得られる潜在的な利益は，一元的な価格構造よりも多いので，より一層の努力をする価値がある。一元的な価格よりも多元的な価格のほうが，より効果的に，市場の利益の機会を獲得することができる。

6.2　一元的な価格設定プロセスの分類

　ここではWiltinger［1, pp.100-108］が提案した一元的な価格設定プロセスの分類を用いる。この分類においては，プロセスが依拠する情報と，その情報がどのように用いられるかが主な基準である。価格における1つの側面のみに依拠する厳格な価格設定プロセス，柔軟で直感的な価格設定プロセス，包括的な価格設定プロセスという3つのカテゴリーが存在する。厳格な価格設定プロセスでは，自社の費用や競合の価格のように，単一の情報を用いて，1ステップで価格を設定する。これに対し，意思決定者が様々なタイプの情報を，複数のステップに分けて処理することを，Wiltinger［1, p.102］は柔軟で直観的な価格設定プロセスとよんだ。まず，根幹となる情報に基づいた価格案を設定する。続いて，追加的な情報に基づいて最初に決めた価格案を直感に基づいて補正する。最初に参照する，価格の根幹となる一次情報は，そのプロセスの本質，すなわち，コストプラスプライシングの場合にはコスト，競争志向プライシングの場合には競合の価格に対応する。追加的に参照され，根幹となる情報を補完する二次情報は，柔軟で直感的な価格設定プロセスと包括的な価格設定プロセスの両方で用いられる。この追加的な情報には，前期の価格や最大価格等の情報が含まれる。包括的な価格設定プロセスは，情報処理が並行して同時に行われるという特徴がある。価格決定には，市場，コスト，様々な目標の情報を取り込むことができ，複数の価格案が考えられ，評価され，比較される。包括的な価格設定プロセスには，利益計算，ディシジョン・ツリー，その他の意思決定支援システムの他，限界費用や限界利益の

第6章　価格決定①—一元的な価格—　◆233

分析を含めることができる。

　価格設定プロセスを，それぞれのプロセスが用いる情報によって分類することには，3つのメリットがある。1つ目に，分析段階におけるデータ収集を効果的に行うことができる。2つ目に，実際に企業が価格決定を行うのに似た形で，様々なタイプの情報を，柔軟で直観的な価格設定プロセスや包括的な価格設定プロセスに反映させることができる。3つ目に（情報収集とその活用という）この分類の基準は，価格決定における複雑性を認知させるものである。

6.3　厳密な価格設定プロセス

　厳密な価格設定プロセスであるコストプラスプライシングと競争志向プライシングについて検討していく。

6.3.1　コストプラスプライシング

　コストプラスプライシングでは，1単位当たり費用に対するマークアップ率によって価格 p が決まる。

$$p = (1 + マークアップ率) \times 1 単位当たり費用 \tag{6.1}$$

　マークアップ率を掛ける1単位当たり費用は，1単位当たり総費用（すべての費用の合計）か，1単位あたり変動費（部分的な費用の合計）のいずれかである。マークアップ率は，業界に共通の一般的な値や，その企業の慣習に基づく値，経験則に基づく大雑把な値などが用いられる。

　コストプラスプライシングにおいては，費用の変化に比例して，価格が変化する一方で，需要の変化のような，その他のパラメータの変化は無視される。ディスカウント小売業者のALDIはその一例であり，コモディティ商品の価格が下がると自社の商品の価格を下げる。約75％の企業はコストに基づく価格設定を実践している［2，p.22，3，p.137，4，p.14］。コストプラスプライシングには重大なデメリットがある。特に問題なのは，マークアップ率を掛ける1単位当たり費用を，総費用として計算している場合である。この場合，もし販売数量が減少すると，1単位当たり費用も上昇し，これにより価格が上昇することになる。価格の上昇は通常，さらに販売数量を減少させることになり，先ほどと同様にさらに高い価格を設定することになる。需要が増える，つまり1単位当たり総費用と価格が低下する場合には，逆のことがいえる。要するに，固定費も含めた総費用にマーク

アップ率を掛けるという価格設定は，価格が需要に及ぼす影響を無視することになる。このアプローチを用いる場合，需要が低下した時に価格が上昇することで市場から退場するリスクを冒し，需要が上昇した時には価格が低下することで十分な利益を得る機会を失うリスクを冒すことになる。

　企業が複数の異なる種類の製品を製造している場合，総費用に基づくプライシングによる別の問題が生じる。異なる製品に共通してかかる費用を，それぞれの製品に明確に配賦できることは滅多にない。定率配賦，部門別配賦，階梯式配賦，活動基準原価計算などの伝統的な費用配賦法はすべて，異なる種類の製品間で共通する費用を，できるだけうまく配賦しようとする方法である［5，pp.107-124］。しかし，こうした配賦方法や，その結果として算出される価格水準には，大いに主観的な部分が含まれており，「受け入れてもよい」と考えるレベルに過ぎない。アメリカにおいては，費用の配賦は「論理的かつ合理的」に行われなければならないとされているが，真に客観的な配賦や，100％正確な配賦というものは存在しない［6，p.677］。

　それにもかかわらず，コストプラスプライシングはその扱いやすさから一般的に広く用いられる手法となっている。コストプラスプライシングは，特定の状況を満たす場合においては理論的にも大きな問題のない価格設定手法である。戦略的な観点からいえば，1単位当たり費用は最低価格を規定することとなる。固定費も含めた，1単位当たり総費用は，長期的な観点における最低価格といえる。短期的な観点では，少なくとも価格は1単位当たり変動費をカバーすべきということになる。最後に，コストプラスプライシングの利点と欠点をまとめる。

利点

- プロセスは単純で使いやすい。
- 価格は「ハードな（しっかりした）」費用データに基づいている。コストプラスプライシングは，市場志向のプロセスよりも，価格設定に関する不確実性を減少させるように見える。
- 取扱品目の多い企業は，価格設定において，単純で，枠組みによって体系的に価格を決めるプロセスを用いざるを得ない。
- 競争的な観点からは，コストプラスプライシングは，競合が同じようなコスト構造を持ち，同程度のマークアップ率を用いる場合に，最適価格をもたらす可能性がある。そのような状況下では，コストプラスプライシングは，実際には競合との暗黙的な価格調整機能を発揮することになる。

欠点

- コストプラスプライシングは，明示的には需要側の要因を考慮しない。
- 顧客の支払意思額は，商品の費用からではなく，商品の性能と，その結果として得られる顧客価値から導出されるものである。
- コストプラスプライシングを総費用に適用してしまうと，固定費を算入してしまうことになり，論理的な欠陥を避けられない。固定費は最適価格に影響を与えないはずである。

6.3.2　競争志向価格設定

　競争志向の価格設定とは，競合の価格がその企業の価格設定のベースとなることを意味している。厳密な競争志向価格設定では，競合の価格のみに基づいて価格決定を行う。このような形式の価格設定は通常，石油，ガス，電気のような同質的な製品市場において見受けられる。また，この価格設定プロセスは小売業界においても頻繁に見られる。ある大手小売業のCEOは，数百におよぶ製品の価格において，ALDIの価格に追随して価格設定を行っていると述べている。

　この派生形となる価格設定手法としては，柔軟で直感的な競争志向の価格設定がある。この手法では，自社の価格設定に対する競合の反応など，競合価格以外の追加的な情報を，自社の価格決定に盛り込むものである。たとえば，その業界における最大手の競合企業（表向きの，その市場の価格リーダー）の価格をベースとして用いて，営業チームからのアドバイスに基づいて数パーセントずつ価格を調整する方法がある。

　競争志向の価格設定には2つの形態がある。調整戦略とニッチ戦略である。

調整戦略

　調整戦略は，基本的に「オリエンテーション・プライス」を用いて価格を設定する。オリエンテーション・プライスは，たいてい，価格リーダーもしくはマーケット・リーダーによって設定される価格である。この戦略は，「価格フォロワー」戦略としても知られる。航空業界，燃料業界，通信業界など，多くの市場においてこの戦略が採用されている。

　調整戦略が機能するためには，市場リーダーとそのフォロワー間でコスト構造が類似しており，また価格リーダーにある程度の信頼が置かれている必要がある。また，市場リーダーが意識的にフォロワーの弱体化を狙った価格設定を行わないということも条件となる。

　調整戦略の結果は，その業界に慣習的なマークアップ率に基づいたコストプラ

スプライシングの結果とよく似たものとなる。つまり，各社の価格方針は暗黙的に調整され，競争的なメカニズムは抑制される。調整戦略は広く用いられる大雑把な方法であり，この場合価格リーダーは，自社の価格変更に競合（フォロワー）がどのように反応するかを確実に予測できる。このような方法で，調整戦略はすべての競合にとって最適な結果をもたらしうる。

ニッチ戦略

調整戦略とは対照的に，ニッチ戦略は競合の価格からの意識的な差別化によって定義される。ニッチ戦略が取られる場合，価格は，市場においてまだ競合が占めていないある１つのスポットに設定される。そのような価格ポジションとは，競合の価格によってカバーされない範囲内か，一般的な価格帯よりも高い，もしくは低い範囲に存在する。顧客の選好と購買力の観点から，より細分化された市場であればあるほど，ニッチ戦略は根本的により適切なものとなる。ニッチ戦略の場合，競合に反撃される可能性も低い。たとえば，ニッチ価格と既存の価格の差が大きいことで，それまではその商品を購入しなかった，潜在的な顧客の需要を喚起する可能性がある。LCCはこの一例である。ニッチ価格に反応する顧客の大部分がこの潜在的な需要であった場合，既存の競合の売上への影響はほとんどないだろう。この場合，競合が反撃する可能性は高くない。ニッチ戦略は，望ましくない競合の反撃を避けるのにも有用である。「ブルーオーシャン戦略」の精神で，意識的に競争を回避することが可能だ［7］。

住居用清掃製品市場は，興味深い例を示している。最も重要な５つのブランドのうちの３つが，同一の非常に狭い価格帯で商品を販売している。５番目のブランドは，著しく低いニッチ価格であり，４番目は著しく高いニッチ価格である。**表6.2**は，高価格帯と低価格帯のニッチ価格の価格弾力性は，残りの３つのブランドが共存するセグメントの価格弾力性よりも，明らかに低いことを示している。どうやら，この２つのニッチブランドは，価格戦争からある程度逃れることがで

[表6.2] **様々な価格範囲の価格弾力性**

製品	中央値の価格からの偏差	価格弾力性（絶対値）
ブランド4	7％	1.34
ブランド1	+0.6%	6.28
ブランド2	0％	3.58
ブランド3	−2.7%	5.61
ブランド5	−8.9%	1.73

第6章　価格決定①――一元的な価格――　◆237

きているようだ。これらニッチブランドの価格行動は，残りの３つのブランドが共存するセグメントにおける販売数量にわずかな影響しか与えない。

　競争志向の価格決定については，２つの問題に気をつけるべきである。まず，多くの市場において，競合の価格の情報は必ずしも確かではない。また，自社とその製品の性能は往々にして直接的に比較できない。

6.4　包括的な価格設定プロセス

　包括的な価格設定プロセスにおいては，市場とコスト情報の両方を考慮する。このプロセスでは，貢献利益の計算，ディシジョン・ツリー，意思決定支援システム，限界費用や限界利益の分析を含み，複数の価格案を比較，評価する［1，p.104］。貢献利益の計算とディシジョン・ツリーが，２，３の価格ポイントのみを考慮する一方で，意思決定支援システムは，非常に多くの価格ポイントを取り込んで検討することができる。限界費用，限界利益分析では，関数を調整することであらゆる価格ポイントを取り込んで検討することができ，潜在的な価格ポイントに対する非常にきめ細かい評価が可能となる。

　一元的なプロセス，厳密なプロセス，柔軟で直感的なプロセスには，共通する，重大な限界が１つある。それは，価格とその価格決定要素の間の相互の関係性について，前提条件を置いていないという点である［1，p.105］。一元的なプロセス，厳密なプロセスにおいては，価格は競合の価格あるいは費用の関数である。つまり，費用と競争が価格を決める。包括的なプロセスにおいては，価格に効果や影響を及ぼすすべての要因それ自体が，価格の関数でもある。このことは費用，需要，競合の価格は，**図1.7**で示されるように，価格に依存するものとして考える必要があることを意味している。論理的な観点からは，これが唯一の正しい意思決定プロセスである。意思決定においては，意思決定に依存するすべての変数が考慮される必要がある。

6.4.1　損益分岐点分析

　損益分岐点分析は，費用と販売数量の情報を用いて，複数の価格についての評価を行う分析である。概念的には，固定費と変動費を厳密に分けることが必要になる［8，9，p.76］。固定費はブロックとして取り扱われる。固定費は定義上，特定の期間において意思決定から独立しているので，検討中の価格決定の影響を受けない。ここでの焦点は貢献利益である。損益分岐点販売数量あるいは最大総貢献利益は，価格決定の基準として用いることができる。

損益分岐点分析は次のステップで行われる。

1．分析対象となる価格を選択する。
2．単位当たり貢献利益を，価格 p から単位当たり変動費 k を引くことによって計算する。損益分岐点分析は線型の費用関数を前提としており，単位当たり変動費と限界費用は一定で，一致する。単位当たり貢献利益は次式で表される。

$$d = p - k \tag{6.2}$$

3．固定費 C_{fix} を単位当たり貢献利益 d によって割ることで，損益分岐点販売数量 q_{BE} を計算する。

$$q_{BE} = \frac{C_{fix}}{d} \tag{6.3}$$

この販売数量は，固定費をちょうどカバーし，利益は0となる。したがって，損益分岐点販売数量は，利益の閾値ともなる。
4．1で選択した価格において，販売数量が損益分岐点販売数量を超えるか超えないかを評価する。もし期待販売数量が損益分岐点販売数量を超えるならば，製品は利益を生み出す。もしも期待販売数量が損益分岐点販売数量を下回るならば，その製品は損失を生み出す。

4番目のステップでは，ある価格における販売数量を特定しなければならないので，価格反応関数を導出し，計算に使う必要がある。

もし特定の1つの価格についてのみ，ステップ1から4までを検討する場合には，その価格でその製品を提供できるか否かに関する「イエス・ノー」の意思決定のみがなされることになる。価格決定に損益分岐点分析を用いるためには，複数の価格案について，1から4のステップを踏むべきである。4番目のステップにおいて，どの価格案ならば，損益分岐点販売数量に到達するか，もしくは損益分岐点販売数量を超える確率が最大になるかを評価する必要がある。

[表6.3] 代替価格の損益分岐点販売数量

価格 p（＄）	単位当たり貢献利益 d（＄）	損益分岐点販売数量 q_{BE}（単位）
6	1	100,000
7	2	50,000
8	3	33,333
9	4	25,000
10	5	20,000

表6.3は，単位当たり変動費が5ドル，固定費が100,000ドルという単純な例で，このアプローチを示している。この表は，5つの価格案について損益分岐点販売数量を示している。

図6.1はこの関係性をグラフで表している。損益分岐点販売数量は，価格が上

[図6.1] 損益分岐点販売数量と価格の関係性

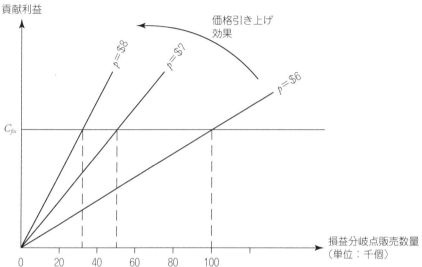

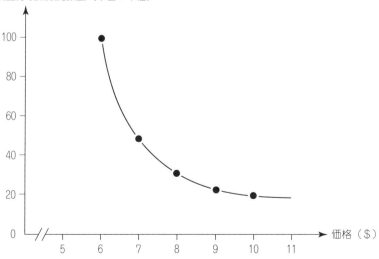

がるにつれて，指数関数的に減少していく。しかしながら，このことから，より低い損益分岐点販売数量はより容易に達成できると結論づけるべきではない。より低い損益分岐点販売数量は，より高い価格を意味するので，一般的には，より多くの販売を行うことが困難になるからである。

どの価格と損益分岐点販売数量の組み合わせを最善とするかは，マネジメントの責任である。複数の価格案における損益分岐点販売数量を達成する確率が有意な差を示す場合にのみ，価格決定のために損益分岐点分析を用いることが有効となる。（異なる価格で）異なる損益分岐点販売数量に到達する確率，あるいは超える確率がほぼ同じであるということは，よくある。言い換えれば，損益分岐点数量という基準は価格による利益の違いを十分には差別化できない不完全な基準である。それは，損益分岐点以外の要因を考慮していないからである。損益分岐点分析は，製品を投入するか，維持するか，撤退するかといった「イエス・ノー」の意思決定においては有用な道具となっているものの，価格決定にはあまり適していない。

価格変更に関する意思決定にも，同じプロセスを用いることができる。**図6.2**は，

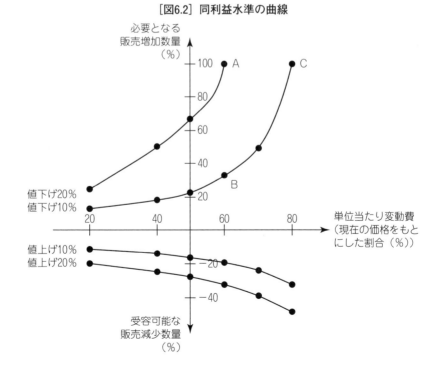

[図6.2] 同利益水準の曲線

価格引き下げ，価格引き上げの単純な例を示している。この図は，価格の変更と，それに伴い現状の利益を保持するのに求められる販売数量の変化を示している。横軸は単位当たり変動費を，現状の価格の％で表している。縦軸は，値下げされた場合に利益を保持するために必要な販売数量の増加率と，値上げした場合に同じ利益を達成するために受け入れられる販売数量の減少率を示している。価格を10％変化させた場合と20％変化させた場合について検討する。

　まず，図の上部にある価格を引き下げた場合の曲線を見てみよう。20％の価格引き下げの曲線は，単位当たり変動費が現在の価格の60％を占めている時に，利益を一定に維持するのに必要な販売数量増加率は100％であることを示している（点A）。もし価格が10％だけ引き下げられた場合には，利益を維持するのに必要な販売数量増加率は，33％となる（点B）。この数値に基づく事例により，単位当たり変動費が比較的高い場合に，利益は価格の変更に対して非常に敏感なのが明らかになる。単位当たり変動費が高いほど，曲線はより急になる。もし単位当たり変動費が価格の80％を占めているならば，10％の価格引き下げ分を相殺し，利益を維持するためには，100％の販売数量の増加が必要になる（点C）。

　対照的に，図6.2の下部の10％，20％の価格引き上げの曲線は，より平らで，互いにより近くにある。このことは，価格を引き上げる際に許容できる販売数量の減少は，単位当たり変動費率（％）にあまり敏感に反応しないことを示している。このような利益を保つために必要な販売数量の変化量を示すグラフは，価格の変更を評価する際に有益な意思決定支援の道具となる。

貢献利益の最大化

　ある価格において期待される総貢献利益に焦点を当てることで，損益分岐点販売数量にのみ基づくよりも，より良い価格設定を実施できる。固定費は一定であるので，貢献利益が最大となる価格は，利益を最大化する。つまり，貢献利益の最大化は，利益最大化と同じこととなる。貢献利益算出の前提条件は，価格案を特定し，その価格での販売数量を推定できるということである。言い換えれば，価格が販売数量に与える効果を明確に算定している。このアプローチは**図6.3**に示されている。

　貢献利益の最大化は，論理的に正しい価格最適化手法である。利点の１つは，この手法が単純であることである。関数も，洗練された数学的最適化手法も必要としない。いくつかの候補となる価格案について貢献利益を計算し，比較するだけでよい。したがって，このプロセスは実務において非常に適切といえる。コストプラス法による意思決定よりも，明らかに優れている。

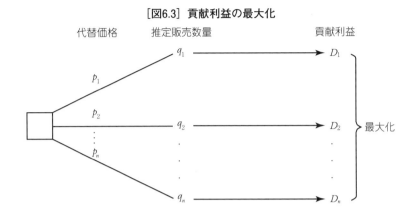

[図6.3] 貢献利益の最大化

6.4.2　意思決定支援システム

　これまでに見てきた手法は，現実の複雑な価格決定を取り扱う場合には，必ずしも適切ではなく，包括的な意思決定支援システムの利用がより妥当である。

　意思決定支援システムは，顧客の選好とニーズ，購買意思決定，（自社商品と同様に競合についての）市場構造とトレンドについての情報を，そのほかのマーケティング手段（コミュニケーション，販売，流通）と同様に，統合する。**図6.4**に示されるように，この情報は，意思決定支援システムに統合され，異なる価格での販売数量の予測を可能にする。異なるサプライヤー間での顧客のスイッチング，同じサプライヤーの中での商品カテゴリー間でのスイッチング，同一商品カテゴリー内でのスイッチングなどで，非常に多くの価格の効果を推計することとなる。社内システムに商品の費用の情報があれば，利益の計算も行うことができる。

　意思決定支援システムにおいて現実の購買意思決定を表すために，次の影響要因を考慮すべきである。

- まず，正確に市場を定義する必要がある。たとえば，自動車市場の場合，プレミアムクラスのみが含まれるのか，大衆マーケットまで含まれるのか。将来の商品意思決定は，個人の顧客や消費者にのみ影響するのか，あるいはビジネス顧客の購買意思決定にも影響を与えるのか。市場の定義によって，どの商品（競合製品と自社製品）がそのシステムに組み込まれるべきかを決定する。
- 意思決定支援システムの核となる要素としては，購買意思決定プロセスと同様に，顧客のニーズと選好も挙げられる。顧客調査を通じて，これら両方の

[図6.4] 意思決定支援システムの構造

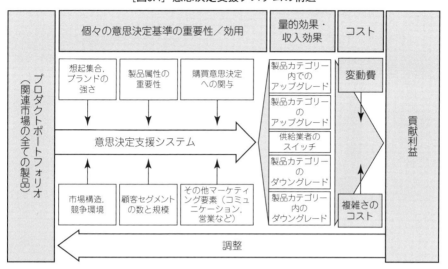

側面に関して情報を集めていく。
- 購買意思決定プロセスは，商品と状況によって異なる。低関与商品に対する購買意思決定プロセスは，高関与商品のプロセスとは異なる [10, p.41]。
- 意思決定支援システムの構築における最後のステップは較正である。元になるアルゴリズムと収集されたデータから，できるだけ現実に近づけるように，市場シェア予測を調整する。これらの調整はマニュアルで行われる。結果として得られる市場シェアは基本的なシナリオとなり，その後のシミュレーションに用いられる。このプロセスは，気象学において用いられるプロセスに似ている。気象学では，将来の天気を予測する前に，複雑な気象予測モデルを，過去のデータを用いて較正している [11]。

究極的には，できるだけ現実に即した形で，個々の顧客が意思決定を行う文脈と，その場合における価格反応を模倣することになる。それは，個々の顧客レベルの関連する特徴についての深い理解を必要とする。マネジメントが答えを求める問いのレベルによって，意思決定支援システムから得られる結果がどのくらい詳細であるべきかが決まる。

事例研究：イノベーションのための意思決定支援システム
　企業は，新商品を投入する際に，大きな不確実性の中で最適な価格設定を行わ

[図6.5] あるアイロンがけシステムの意思決定支援システムのユーザー・インタフェースと価格反応関数

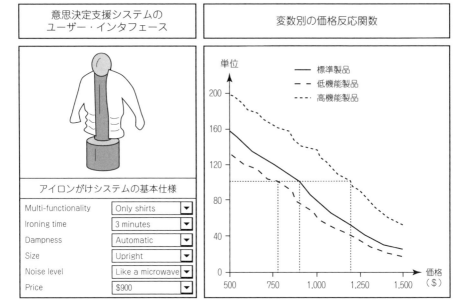

なければならない。新市場を創造するような，イノベーティブな製品の場合，この不確実性はより重大な問題となる。最初のポジショニングにおける誤りは修正が難しい。このような状況において意思決定支援システムを用いることは，異なる価格水準が売上や利益に及ぼす効果を定量化するのに役に立つ。図6.5は，非常に革新的なシャツのアイロンがけシステムにおいて，意思決定支援システムを使用した例を示している。

　図6.5の左側は，製品スペックと，基本的な価格構成とアイロンがけシステムの商品画像を示したものである。右側は，意思決定支援システムから導かれた，3つのバリエーションの価格反応曲線を描いたものである。もし，それぞれのバリエーションについて費用の情報があるならば，バリエーションごとの利益を計算することができる。これをベースにして，戦略的目標（販売数量目標，利益目標）を考慮に入れた，基本的な価格決定が可能となる。意思決定支援システムが機能するための重要な要因は，潜在的な市場規模の定量化と，個々の商品属性と価格についての顧客価値を正確に決めることである。

ポイント

意思決定支援システムの利用については,以下のように要約できる。
- 意思決定支援システムは,複雑な価格決定の支援に非常に適している。
- 次の2つの要因が特に重要である。(1)特定の状況へのモデルの適用と較正,(2)手法に関する深い専門性。手法やシステムの内的な関係性についての徹底した理解が十分にないまま標準的なモデルを適用してしまうと,間違いを起こすリスクを高めてしまう。
- 妥当で信頼できる結果を得るためには,複数の情報源と複数の分析手法を統合することを勧める。

6.4.3 数学的な価格最適化

最もエレガントで正確な価格最適化は,数学的な価格最適化である。数学的な関数で価格-販売数量の関係性を表すことによって,利益を最大化する価格を決める。この手法では,事前に選んだいくつかの価格ポイントについて検討するのではなく,特定の区間内のすべての価格について検討する。最適価格は離散的な値の比較で決まるのではなく,全体的な利益曲線の検討によって決まる。このようにして,特定の価格反応関数と費用関数に関して,シンプルな最適性の法則を導き出すことができる。

6.4.3.1 独占市場の場合

まず,独占市場の場合を検討する。独占市場の場合,競合の価格を考慮する必要はない。利益関数は,次式となる。

$$\pi = R - C = p \times q(p) - C[q(p)] \tag{6.4}$$

ここで,Rは収入,Cは費用,pは価格,qは販売数量を表し,$q(p)$は価格反応関数を表す。

利益を最大化するために,利益関数を微分し,次式を得る。

$$\frac{\partial \pi}{\partial p} = \underbrace{q(p) + p\frac{\partial q}{\partial p}}_{\text{限界収入}} - \underbrace{\frac{\partial C}{\partial q}\frac{\partial q}{\partial p}}_{\text{限界費用}} = 0 \tag{6.5}$$

最適価格 p^* で，この導関数は 0 になる。これは，（価格の関数として）限界収入と限界費用が等しい場合のケースである。「限界収入＝限界費用」という条件は，収入と費用の変化がバランスがとれていることを表している。もしも価格が最適価格よりも低ければ，費用は収入よりもより速く増加する。逆に，価格が最適価格よりも高ければ，収入は費用よりも速く減少する。いずれの場合にも利益は，最適価格 p^* の時よりも低くなる。

したがって，価格の変更時に逆の方向に動く単位当たり貢献利益とその時の販売数量をもとに，価格が最適価格からずれることによる効果を説明できる。

- 最適価格から価格を引き上げる：最適価格と比べて，価格を引き上げると，より高い単位当たり貢献利益を得られる。単位当たり貢献利益の増加率（％）は，販売数量の減少率（％）よりも小さい。したがって，全体では利益に負の効果を与える。
- 最適価格から価格を引き下げる：最適価格から価格を引き下げると，販売数量は増加するが，販売数量の増加率（％）は単位当たり貢献利益の減少率（％）よりも小さい。したがって，引き上げの場合と同様に，全体では利益に負の効果を与える。

条件（6.5）もまた，限界費用だけが最適価格に影響を与えることを示している。最適価格は固定費には依存しない。費用関数を微分すると，固定費は定数なので，式からなくなる。したがって，固定費の関数として最適価格を設定しようとする価格設定手法はすべて，論理的に正しくないということになる。（6.5から）価格弾力性を用いて，最適価格 p^* の単純な式を導出することができる。次式で表される，いわゆるアモローソ・ロビンソンの関係式である。

$$p^* = \frac{\varepsilon}{1+\varepsilon} C' \tag{6.6}$$

ここで，$\varepsilon = \dfrac{\partial q}{\partial p} \dfrac{p^*}{q}$ は価格弾力性，$C' = \dfrac{\partial C}{\partial q}$ は（販売数量の関数としての）限界費用である。

したがって，最適価格は弾力性に基づいたマークアップを限界費用に上乗せしたものになる。しかしながら，（6.6）は最適価格 p^* を解いていない。むしろ，必要条件「限界収入＝限界費用」を単に再定式化しただけである。価格弾力性と限界費用 C' それ自身は価格の関数である。価格弾力性（の絶対値）が高いほど，つまり需要が価格の変化により敏感であるほど，最適価格はより低くなる。最適

価格はいつも，価格弾力性（の絶対値）が 1 よりも大きい範囲内にある。収入を最大化する価格での価格弾力性は− 1 に等しいので，利益を最大化する価格はつねに，収入を最大化する価格よりも高い。価格の引き上げは，価格弾力性の絶対値が 1 よりも小さい時に，利益を増加させる。たとえば，価格を10％引き上げると販売数量が 5 ％減少するならば，価格弾力性は−0.5となり，価格を引き上げることが理にかなっている。

6.4.3.2 積乗型価格反応関数における価格最適化

第 4 章からわかるように，積乗型価格反応関数の場合，価格弾力性は一定である。もし限界費用もまた一定ならば，すなわち費用関数が線型ならば，価格決定のルールとして（6.6）式を直接用いることができる。たとえば，価格弾力性が− 2 ならば，最適なマークアップ係数は 2 である。限界費用にその100％を加えたものが価格となる。もし価格弾力性が− 3 ならば，マークアップ係数は1.5であり，限界費用にその50％を加えたものが価格となる。もし価格弾力性が− 5 ならば，マークアップは25％しかない。価格弾力性が 1 に近づくほど，マークアップ係数は上昇する。価格弾力性が−1.2では，マークアップは500％となる。

6.4.3.3 線型価格反応関数における価格最適化

線型価格反応関数と線型費用関数に関して，最適価格の式は次式となる。

$$p^* = \frac{1}{2}\left(\frac{a}{b}+k\right) \tag{6.7}$$

比率a/bは最大価格である。つまり，販売数量が 0 となる価格である。

最適価格p^*は，この最大価格と単位当たり変動費kのちょうど中間になる。したがって，線型関数の場合，最適価格を決定するために，単位当たり変動費と最大価格がわかればよい。

（6.7）式から，コストが増加した場合，その半分の量だけの価格引き上げとなる。同じように，コストの削減はその半分が顧客に還元される。実際に，企業費用の変化を完全には価格に転嫁していないことが観測されている。たとえば，牛乳の価格が10セント上昇した時，ALDIは消費者に 7 セントのみ転嫁している [12]。対照的に，ALDIの運営会社の 1 つ，ALDI Südのウェブサイトによれば，コスト削減は，通常，直接，消費者に還元されている [13]（もう 1 つのALDI Nordは，アメリカでTrader Joe'sを運営している）。

もう 1 つの事例では，あるビル清掃サービスの会社は，人件費上昇の80％のみを顧客に転嫁している [14]。原油価格の下落後，RyanairのCEOであるMichael

O'Leary［15］は，顧客にコスト削減分のすべてではないものの，ほとんどすべてを還元していると述べた。「ほとんどすべて」とは，削減分の一定額のみが，航空チケットの値下げとして反映されていることを意味していると解釈できる。賢明な行動であろう。

　ここではファッションブランドにおける，線型価格関数と線型費用関数の価格最適化の例を扱う。固定費は295万ドル，変動費は1単位当たり60ドルである。価格反応関数は次式で表される。

$$q = 300,000 - 2,000p \tag{6.8}$$

　したがって，最大価格は$p^{max} = 300,000/2,000 = \$150$である。最適価格は次式の通りである。

$$p^* = \frac{1}{2}(150 + 60) = \$105 \tag{6.9}$$

　図6.6はこの最適化をグラフに示したものである。105ドルという価格は，ちょうど単位当たり変動費60ドルと最大価格150ドルの間になる。総貢献利益，つまり単位当たり貢献利益と販売数量の積は，グラフでは長方形で表される。利益曲線は，長方形の大きさを描いている。価格が単位当たり変動費と最大価格の中間にある時に，長方形の面積（つまり総貢献利益）が最大に達する。この価格での販売数量は90,000単位，最大利益は110万ドルである。企業が設定する価格がこの最適価格から離れれば離れるほど，利益はより大きく減少する。利益曲線は対称的であり，最適価格から上方に価格が離れている場合と下方に離れている場合で，利益に対して同じ強さの効果を持っている。

6.4.3.4　Gutenberg関数における価格最適化

　Gutenberg価格反応関数（**図4.6**参照）は，より複雑な利益曲線となる。この曲線は1つの最大値もしくは2つの極大値を持つ。これらの点のそれぞれにおいて，一般的な条件「限界利益＝限界費用」が満たされる。したがって，この条件が満たされる価格が1つだけわかるだけでは十分ではない。その価格が利益の最大値であることを確かめる必要がある。

　それぞれのケースについては，定量的な事例によって説明するのが一番わかりやすいだろう。次のGutenberg価格反応関数を仮定する。

$$q = a - c_1 \sinh\left[c_2(p - \bar{p})\right] \tag{6.10}$$

変数$\bar{p}$は競合の価格（競合との価格差に注目する場合），あるいはこれまでの

[図6.6] 最適価格の決定（線型価格反応関数と線型費用関数の場合）

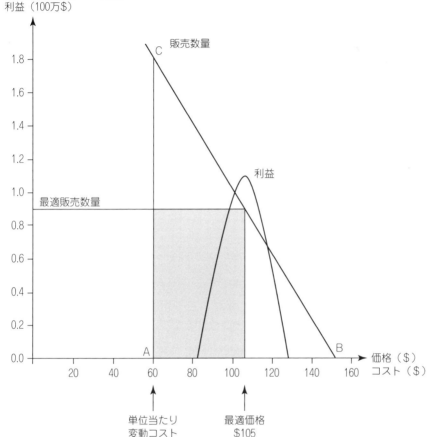

価格（価格変更の効果に注目する場合）を表している。それぞれの例において，$a=10$，$\bar{p}=2$とする。単位当たり変動費kである線型費用関数を仮定すると，**表6.4**に示されるように，3つの事例が考えうる。

ケース1：利益極大となる価格が1つだけある場合
ケース2：利益極大となる価格が2つあり，高いほうの価格で利益が最大となる場合
ケース3：利益極大となる価格が2つあり，低いほうの価格で利益が最大となる場合

[表6.4] 3つの事例におけるGutenberg関数のパラメータ値

パラメータ	ケース1	ケース2	ケース3
c_1	3	0.2	0.4
c_2	1	5	4
k	1.20	0.65	0.25

図6.7はこれら3つの場合をグラフにして表している。

上側のグラフは，利益関数を示していて，この関数から利益の極大値と最適価格をすぐに把握することができる。下側のグラフはこれらの曲線がどのように導出されるかを表している。実線の曲線は，収入Rと限界収入R'を表している。点線の曲線は費用Cと限界費用C'を示している。細い垂線は，それぞれ利益関数の極大値と極小値の位置を表している。このような位置では，常に限界収入と限界費用が等しくなる，つまり曲線の交点に一致している。

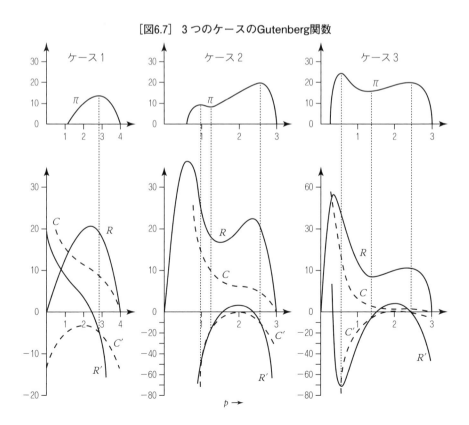

[図6.7] 3つのケースのGutenberg関数

第6章 価格決定①——元的な価格— ◆251

ケース1：利益が極大となる点が1つの場合

　もしGutenberg関数がわずかに曲がっているだけならば，利益が極大となる点は1つだけである。価格の切り下げは十分な需要の喚起につながらず，利益を減少させる。最適価格は，Gutenberg関数の「独占市場的な」（第4章参照）部分の上端になる。

ケース2：利益が極大となる点が2つある場合；高いほうの価格が最適価格である場合

　この場合，Gutenberg関数は大きく曲がっており，低価格で二番目に利益が高くなるポイントが存在する。しかし，屈曲が十分に強くない，つまり低いほうの価格ポイントでの販売数量は，単位当たり貢献利益の減少分を補うことはできない。高いほうの価格ポイントはより高い利益をもたらす。したがって，最適価格は関数の「独占市場的な」範囲の上端になる。この価格ポイントはプレミアム価格設定を示している。

ケース3：利益が極大となる点が2つある場合；低いほうの価格が最適価格である場合

　このケースは，ケース2と同様にGutenberg関数が顕著な屈曲を持っている時に該当する。販売数量は，価格の乖離や低下が小さい時よりも，大きい時により強く反応する。価格の引き下げ幅に対応する価格弾力性がより大きいほど，ケース3が生じ，低価格で利益の最大値が得られる可能性は高くなる。低価格ポジショニングは，そのような場合に最適となる。

　表6.5はGutenberg関数の3つのケースにおける最適価格についての概要をまとめたものである。

　費用関数は，価格ポジショニングに関する示唆を含んでいる。販売数量の増加に対して，限界費用が低く一定している，もしくは減少する場合は，低価格ポジショニングと相性がよい。また，販売数量の増加に対して限界費用が高く一定し

[表6.5] 3つの事例におけるGutenberg関数の最適値

結果	ケース1	ケース2	ケース3
最適価格p^*	2.87	2.46	0.54
最大利益	11.77	16.31	22.84
局所最適価格	－	0.96	2.40
局所最大利益	－	8.72	19.46

ている,もしくは急激に増加する場合は,プレミアム価格ポジショニングのほうが有利である。

費用と価格効果(価格反応関数の屈曲が「強い」場合と「弱い」場合に分けることができる)の面からまとめると,**表6.6**に示されるような推奨ができる。

[表6.6] 限界コストとGutenberg関数の配置の違いに関する質的な推奨

限界コスト	価格反応関数	
	弱い屈折あり	強い屈折あり
高コストで一定,あるいは徐々に増加	明らかにプレミアム価格が最適	プレミアム価格が最適となる傾向がある
低コストで一定,あるいは徐々に低下	プレミアム価格が最適となる傾向がある	明らかに低価格が最適

ポイント

まとめると,Gutenberg価格反応関数によって価格ポジショニングに関する次のことを示すことができる。利益については,2つの極大値が存在しうる。1つ目は,プレミアム価格の場合である。2つ目は,あるとすれば,非常に低い価格の場合である。低価格の場合に利益最大化となる前提条件としては,限界費用が低く,かつ価格反応関数が大きく屈曲しているという条件が挙げられる。利益極大値が2つ存在する可能性があるため,価格反応関数の測定と分析は広い価格範囲において行われる必要がある。限界売上と限界費用が等しくなる点を1つだけ見つけたとしても,利益の最大化が保証されている訳ではない。どちらの利益極大値が全体の最大値なのかを調べる必要がある。

6.4.4 寡占市場における価格最適化

寡占市場の場合,企業は,競合の反応を考慮する必要がある。このことは価格決定を非常に複雑なものとする。一般的には,寡占市場において決定的な最適価格は存在しない。最適価格は競合がどう行動すると仮定するかに依存している。難しいのは,競合が反応した後に最適化されるように価格を設定することである。正確に最適な価格に設定するために,顧客の価格反応関数だけでなく,競合の反応関数も考慮する必要がある。

$$p_i = r_i(p_1, \cdots, p_{i-1}, p_{i+1}, \cdots p_n) \quad i = 1, \cdots, n \tag{6.11}$$

反応関数 r_i は，寡占市場の企業 i が，競合 j がとった価格方針にどのように反応するかを表している。理論的には，様々な反応関数が正当化されうる。なぜなら，競合は実際，様々な異なった反応をする可能性があるからである。しかし，そのような詳細な関数を実証的に特定することは現実的ではない。価格反応関数の推定と同様に，反応関数を統合した関数を用いることが理にかなっている。したがって，次式のように，寡占市場の競合 j から見た，競合企業の平均価格を説明変数として用いる。

$$\bar{p}_j = r(p_j) \tag{6.12}$$

したがって，個々の競合企業の反応関数を特定する必要はないが，この場合個々の競合企業の異なる反応は捉えられない。(6.11) と (6.12) の間の妥協案としては，(たとえば，SB（ストアブランド）とNB（ナショナルブランド），ブランド品とノーブランド品というように）類似した反応を示すブランドをまとめてしまうことが考えられる。一般的には，より単純な形式を選ぶことが多い。ここでは次のような考え方にしたがって，単純化したものを用いる。

反応関数 (6.12) を価格反応関数（個別の製品を示す番号を除いたもの）

$$q = f(p, \bar{p}) \tag{6.13}$$

に代入して，次式を得る。

$$q = f[p, \bar{p}(p)] \tag{6.14}$$

販売数量 q はここでは，自社の価格 p と競合の価格 $\bar{p}$ によって決まる。この競合の価格もまた，自社の価格によって決まっている。最適価格を決定するために，利益関数を p に関して微分し，導関数は 0 となると設定する。

$$\frac{\partial \pi}{\partial p} = \underbrace{q + p^* \frac{\partial q}{\partial p}}_{\text{限界収入}} - \underbrace{C' \frac{\partial q}{\partial p}}_{\text{限界費用}} = 0 \tag{6.15}$$

ここで，$C' = \dfrac{\partial C}{\partial q}$ は，販売数量当たりの限界費用となる。「限界収入＝限界費用」という基本的な原則は，寡占市場においても不変である。この式を整理すると，最適価格に関する次式を得る。

$$p^* = \frac{\varepsilon + \sigma\varepsilon_k}{1 + \varepsilon + \sigma\varepsilon_k}C' \qquad (6.16)$$

ここで,

$\varepsilon = \dfrac{\partial q}{\partial p} \times \dfrac{p}{q}$ 　　直接価格弾力性

$\varepsilon_k = \dfrac{\partial q}{\partial p} \times \dfrac{\bar{p}}{q}$ 　　当該自社製品と競合の価格の交差価格弾力性

$\sigma = \dfrac{\partial \bar{p}}{\partial p} \times \dfrac{p}{\bar{p}}$ 　　競合の価格と当該自社製品の価格の反応弾力性

　反応弾力性は,自社が価格を1％変化させたときの競合の価格変化の割合（％）を示している。

　この最適性の条件は,構造的に（6.6）のアモローソ・ロビンソン関係式に似ている。しかし,寡占市場において,限界費用へのマークアップは,直接価格弾力性だけでなく,競合の反応を取り込み「調整された」弾力性（$\varepsilon + \sigma\epsilon_k$）によって決まる。（$\varepsilon + \sigma\epsilon_k$）という式は「競合の反応後の価格弾力性」として解釈される。

　マークアップを決めるには,直接価格弾力性だけでなく,交差価格弾力性,反応価格弾力性も知る必要がある。ここで,この等式の右辺の項のすべてがp^*によって決まるので,（6.16）式はp^*を解くものではないということを再度注意しておく。

　競合製品間の交差価格弾力性は正の値をとる。反応弾力性は,通常,非負の値をとる。つまり,競合は全く反応しないか,最初の企業の価格変更の方向と同じ方向に価格を変更する。競合が価格を変更させる場合には,最適価格は競争の反応を考慮するので,反応を考慮しない場合の,「独占的な」アモローソ・ロビンソン関係式（6.6）に基づいた意思決定をした場合の価格以上になる。もし反応弾力性が0ならば,（6.16）式はアモローソ・ロビンソン関係式に対応する。

　積乗型価格反応関数と反応関数の場合,（6.16）式は直接,価格決定ルールとして用いることができる。価格弾力性が－2,交差価格弾力性が0.5,反応弾力性が1である状況を仮定する。そして,限界費用が一定であると仮定（つまり線型費用関数を仮定）すると,この等式のマークアップ係数は3となる。このことは,限界費用に対するマークアップ率は200％となることを表している。もし反応弾力性を0.5とし,そのほかのパラメータが先ほどの仮定と同じであるとすると,マークアップ率は133％にしかならない。反応弾力性が低くなると,最適マークアップは減少する。

ポイント

競合の反応を考慮した場合の，価格最適化のために重要な点をまとめる。
- 寡占市場における最適価格の条件は，アモローソ・ロビンソン関係式に類似した関数で表すことができる。
- 最適価格は，直接価格弾力性，交差価格弾力性，反応弾力性によって決まるマークアップ係数を限界費用に掛けた値と等しくなる。

6.4.4.1　線型価格反応関数，線型反応関数

ここでは，線型価格反応関数と線型反応関数の場合を考える。一般的に，費用関数もまた線型であると仮定する。

線型反応関数
$$\bar{p} = \alpha + \beta p \tag{6.17}$$

を線型価格反応関数 $q = a - bp + c\bar{p}$ に代入すれば，競争反応を取り込んだ価格反応関数

$$q = (a + c\alpha) - (b - c\beta)p \tag{6.18}$$

を得る。

この「反応を調整した」関数に（6.7）式における独占市場を仮定した場合の価格決定ルールを当てはめて，最適価格

$$p^* = \frac{1}{2}\left(\frac{a+c\alpha}{b-c\beta} + k\right) \tag{6.19}$$

を得る。

括弧内の比は，反応を調整した最大価格に当たる。最適価格は，この最大価格と単位当たり変動費用 k のまさしく中間点になる。最適価格は，価格反応関数と反応関数のすべてのパラメータによって決まる。

弾力性が一定である場合，（6.19）の最適価格は，競争反応パラメータ β によって上昇する。競合が自社の価格変更に強く反応すれば，最適価格は高くなる。

6.4.4.2　ケーススタディ

ここでは，家庭用洗剤市場のケーススタディから，反応行動に光を当てていく。**図6.8**はこの市場における主要4ブランドの実際の価格の変動を表している。

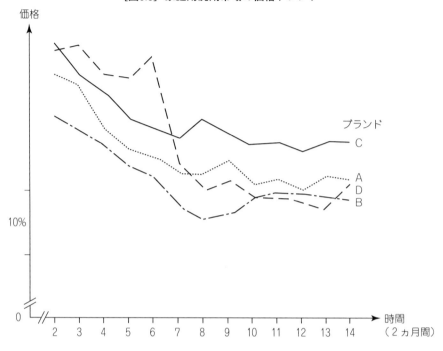

[図6.8] 家庭用洗剤市場の価格トレンド

[表6.7] 4種類の家庭用洗剤の線型反応関数

変数		α	β	R^2
従属変数	独立変数			
$\bar{p}_A$	p_A	0.131	0.927	0.9462
$\bar{p}_B$	p_B	−0.306	1.284	0.8882
$\bar{p}_C$	p_C	−0.184	1.037	0.8464
$\bar{p}_D$	p_D	0.876	0.436	0.7180

　観測期間は2年4ヵ月である。グラフからわかるように，ブランドA，B，C，Dの価格は，同じように変化している。各ブランドの反応には相互依存性が存在しているように見える。線型反応関数（6.17）は，市場シェアで重みづけられた競合の価格の推移をうまく説明している。決定係数R^2はすべて高く，すべての係数が10%水準で統計的に有意である。**表6.7**はその結果を表している。

　価格決定の例として，ブランドDを選ぶことにする。ブランドDの反応係数βは0.436である。ここで用いる線型価格反応関数は，独立変数として（絶対価

格ではなく）価格差を用いるモデルである。Dの価格反応関数として，次式を得た。

$$q_D = 3,373 - 8,624(p_D - \bar{p}_D) \tag{6.20}$$

　Dの「反応を調整した」最大価格は，キロ当たり2.25ドルであり，「反応を調整した」価格反応関数の価格軸の切片は2.25ドルのところになる。限界費用は0.85ドルである。最適価格に関しては，競合の反応を考慮して，(6.19) 式を用いると次式を得る。

$$p^* = \frac{1}{2}(2.25 + 0.85) = 1.55 \tag{6.21}$$

　推定された関数に従って競合が反応するならば，競合もまた，0.876＋0.436×1.55＝1.55，すなわち同じレベルで（平均）価格を設定するだろう。

　このように価格が設定された場合，ブランドDの販売数量は3,373トンとなり，貢献利益は236万1千ドルとなる。直接価格弾力性と交差価格弾力性は，絶対値で $|\varepsilon| = \varepsilon_k = 3.96$ となり等しくなる。反応弾力性σは，$\bar{p}_D = p_D$ として0.436である。

　この最適価格と，競合の反応を考慮しない場合の価格を比較すると，興味深い結果が得られる。競合の価格を1.55ドルと仮定し，この価格を所与として考える。競合反応を考慮しない最適価格は次式のように算出される。

$$p^* = \frac{1}{2}(1.94 + 0.85) = 1.40 \tag{6.22}$$

　競合が反応しなければ，その価格でブランドDの販売数量は4,667トン，貢献利益は256万7千ドルとなる。これは先に示した場合の236万1千ドルよりも多くなる。実際には，すなわち測定された反応関数が妥当ならば，競合は反応し，$p_D = 0.876 + 0.436 \times 1.40 = \$1.49$ に価格を設定する。この価格で，ブランドDは（誤って予測された4,667トンではなく）4,149トンしか売れない。貢献利益は228万2千ドルに減少し，競合の反応を考慮した時の最適値（236万1千ドル）よりもより小さくなる。

6.4.4.3　競合の反応を主観的に推定した場合の価格最適化

　マネージャーによる主観的な推定は，購買履歴データを用いた反応関数の計量経済学的な計測の代替的な手段ともなりうる。そのような推定値に基づいて，反応を調整した価格反応関数を導き出すことができる。**図6.9**は，このアプローチをグラフで示したものである。マネージャーには，5つの価格案を示し，競合の反応を予測してもらった。そして，この反応の予測に基づいて，推定される市場シェアが求められた。価格引き下げの場合や10％の価格引き上げの場合，回答者

[図6.9] 主観的な推定に基づいた価格反応関数と利益曲線（競合の反応がある場合とない場合）

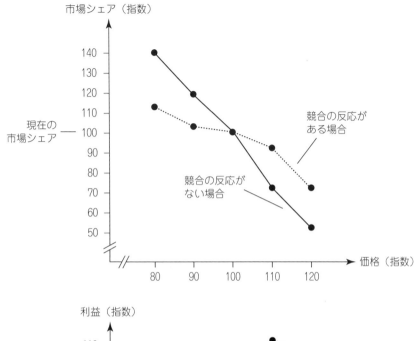

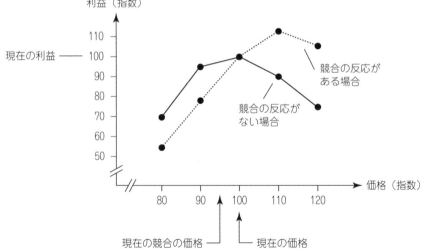

は競合が追随すると考えた。対照的に，20％の価格引き上げを行った場合には，競合は追随してこないだろうと考えた。この反応から，$p=110$への価格引き上げが最適となる。

第6章　価格決定①――元的な価格―　◆259

　主観的な推定による手法は実際に適用しやすく，市場データから反応関数を導き出す方法よりも，より柔軟な方法である。反応行動に影響しうるすべての側面を考慮することができる。しかし他方で，このような概算が必ずしも競合の反応の問題を解決するとは限らない。マネージャーは，価格反応関数を推定するようには，競合の反応を確実に予測できないことが多い。

6.4.5　寡占市場における反応仮説

　固定的な反応関数（例：線型関数，積乗型関数）の仮定は，競争がすべての価格変更に反応関数で規定されるように反応することを前提としている。そのような厳密な反応パターンに基づく寡占理論は，ヒューリスティックであるといわれている。より洗練された寡占理論は特定の反応を前提とするものではなく，最適化の文脈から反応を推測するものである。これらの理論の背後にある主要な潮流は，ゲーム理論から派生したアイディアである。ゲーム理論は，価格決定のための確かな法則を示すことはほとんどないが，マネージャーに戦略的思考における一般的なフレームワークを提供する。

　競合の反応を予期するためには，競合の立場に立って，いうなれば競合になりきって，どんな反応をするのが最適なのかについて問いを立てる必要がある。そのような問いに答えるためには，競合の目標，費用，財務状況に関する知識を要することは明らかである。これらの質問の多くについては，憶測に基づいて答えることになる。

　競合の思考プロセスには，競合の反応に対する我々の反応を憶測することも含まれるため，状況はより複雑になる。実際，自社の反応に関する競合の憶測は，競合の意思決定において重要な役割を果たすことがある。したがって，競合が自身の状況についてどう考えているかについてだけではなく，我々の状況について競合がどう考えるのかということも，我々は推測する必要がある。ここで，3つの段階の最初，すなわち，自社のプライシングの変更は競合にどのように影響するかを検討する。ここでは，自社がそうであるように，競合は利益最大化を目指すと仮定する。したがって，競合は何もしない場合よりも反応を起こした方が高い利益を得られる場合にのみ，反応すると仮定する。

　寡占市場における関係性を理解しやすくし，解決策を得やすくするために，線型価格反応関数を用いる。対称的で，企業Aと企業Bから構成される（いわゆる複占である）寡占市場を検討する。寡占市場における企業iの価格反応関数は

$$q_i = a - bp_i + cp_j \quad i, j = A, B$$

(6.23)

260

[表6.8] 競合の反応を考慮した場合としない場合の分析結果

		複占企業 A社	複占企業 B社
開始状況	価格（$）	20	20
	販売数量（単位）	500	500
	利益（$）	6,500	6,500
競合B社の反応なし	価格（$）	17.50	20.00
	販売数量（単位）	625 （＋125）	437.5 （－62.5）
	利益（$）	6,812.50 （＋312.50）	5,562.50 （－937.50）
競合B社の反応あり	価格（$）	17.50	17.50
	販売数量（単位）	562.50 （＋62.50）	562.50 （＋62.50）
	利益（$）	6,031.00 （－369.00）	6,031.00 （－369.00）

である。ここで，パラメータは$a = 1,000$，$b = 50$，$c = 25$とする。同様に費用関数は$C_{fix} = \$1,000$で，$k = \$5$である。

表6.8は３つの状況を示している。最初の状況では，競合する両者が同じ価格$p_{A0} = p_{B0} = 20$を設定している。それぞれ500単位を販売し，6,500ドルの利益を得ている。

複占市場の企業Aは，自社のプライシングの検討に着手するが，その場合，２つのケースを考える。最初に，Aが「Bは反応しない」と推測するケースを検討する。次に，Aが「Bは反応する」と推測するケースを検討する。

6.4.5.1 クールノー仮説

ケース１：Aが，Bは自社の価格変化に反応せず，現在の価格を維持することを仮定するケースである。これは，いわゆるクールノー仮説を反映したものである。クールノー仮説は，寡占市場における発見を促す，最も古い仮説である。Aの価格反応関数は，

$$q_A = (a + cp_{B0}) - bp_A = (1,000 + 25 \times 20) - 50p_A \tag{6.24}$$

となる。この仮説の下では，最適な価格は，（6.7）式で示される独占市場の状況で計算され，次式となる。

第6章　価格決定①――元的な価格―　◆261

$$p_A^* = \frac{1}{2}\left(\frac{a+cp_{B0}}{b}+k\right) = \frac{1}{2}\left(\frac{1,500}{50}+5\right) = 17.50 \qquad (6.25)$$

　この価格はクールノー価格とよばれる。Bが実際にAの価格変更に反応しなければ，Aの販売数量は625，利益は$6,812.50となり，価格変更前の$6,500よりも利益が大きくなる。Bの利益はどうなるだろうか。もしBが何もしなければ，顧客をAに奪われてしまう。Bの販売数量は500から437.50に減少し，利益は$5,562.50に下落する。**表6.8**はこの結果を表している。複占市場の競合Bが「愚か」であったり，価格の変更を感知しないということはないと考えると，Bはこの利益が低下する状況をそのまま受け入れることはないだろう。このことから，BはAの価格変更に反応すると考えられる。もしBも同様に価格を17.50に引き下げるとすると，Aの価格反応関数は

$$q_A = a-(b-c)p_A = 1,000-25p_A \qquad (6.26)$$

となる。

　Bが反応するので，Aの販売数量は，Aが本来期待した，625に増加することはない。販売数量の上昇は562.50にとどまり，利益は6,031ドルにとどまる。これは当初の利益6,500ドルよりも低い。Bの利益もまた6,031ドルに低下するが，「何もしない」場合の利益5,562ドルよりは大きい。表6.8はこれらの結果を示している。したがって，BがAの価格引き下げに自身の価格引き下げで対抗する確率は高い。もしAがこのような状況を予期するのであれば，Aは価格引き下げを避け，価格を20ドルで据え置くだろう。なぜならAの価格引き下げはBの反応を引き起こすことになり，Aにとっては価格を据え置く場合と比べて悪い結果となるからである。

6.4.5.2　チェンバレン仮説

事例２：この事例では，Aは価格方針を見直す際に，「BはAの価格変更に完全に反応する」，すなわち，(6.26)で示される価格反応関数が適用されると仮定する。もしAがこの仮定の下に価格を最適化すれば，最適価格は次のようになる。

$$p_A^* = \frac{1}{2}\left(\frac{a}{b-c}+k\right) = \frac{1}{2}\left(\frac{1,000}{25}+5\right) = 22.50 \qquad (6.27)$$

　この価格はいわゆるチェンバレン価格である。この価格で，Aは437.50単位を販売し，6,656ドルの利益を得る。これは当初の利益の6,500ドルよりも多い。

　Bはどうなるだろうか。もしBが，Aが予想した通りに反応し，22.50ドルに値上げしたならば，Bもまた6,656ドルの利益を得て，当初の状況よりも利益が改善することになる。しかしBが反応しなければ，より良い結果を得ることになる。

反応しなかった場合，Aからスイッチングした顧客の流入の恩恵を受けて，販売数量は562.50に増加し，Bの利益は7,438ドルに増加する。複占市場のBがそれ以上は考えないと仮定すれば，BはAの価格引き上げに反応しない。しかしながら，Bがもし「何もしない」という反応をするならば，Aは22.50ドルへ価格を引き上げた場合，Aの利益は5,562.50ドルに減少する。したがって，もしAが「Bは反応しないだろう」と考えるならば，Aは価格引き上げの意思決定を速やかに撤回し，それまでと同じ水準の価格を維持するであろう。

6.4.5.3　ゲーム理論による解釈

上述した考え方は，複占市場のBが，予め定められた対応策に固執するのではなく，理にかなった賢明な行動をとると仮定している。しかし，Bの思考プロセスは，少なくともAの理解においては，少なくとも1段階早く終わる。

考え方は次のとおりである。

- BはAの価格引き上げに反応しない。「何もしない」という反応がBにとってより良い状態となるからである。
- Aは，そのことを理解しており，価格を引き上げない。両方の企業が最初の状態にとどまっている。もしもBがさらに考えるならば，Aの価格引き上げに「何もしない」という反応は，何かリアクションを起こすよりはよいことになるが，Bが「何もしない」という反応をとるであろうとAは予測するので，Aは価格引き上げを行わない。このように価格が硬直することは，AB両者の地位を固定的なものにし，Bの利益は6,500ドルとなり，Aの値上げに追随した場合の6,656ドルよりも少なくなる。

表6.9に示されるこのような状況は，ゲーム理論では囚人のジレンマとして知

[表6.9] 寡占状況における囚人のジレンマ

選択肢	B　値上げしない （$p_B = \$20$）	B　値上げする （$p_B = \$22.50$）
A　値上げしない （$p_A = \$20$）	領域1 $\pi_A = \$6,500$ $\pi_B = \$6,500$	領域2 $\pi_A = \$7,438$ $\pi_B = \$5,563$
A　値上げする （$p_A = \$22.50$）	領域3 $\pi_A = \$5,563$ $\pi_B = \$7,438$	領域4 $\pi_A = \$6,656$ $\pi_B = \$6,656$

られる。「引き上げない」という選択肢は，ゲーム理論におけるもう一人の囚人の「裏切り」という選択肢に当たる。「価格を引き上げる」という選択肢は，「黙秘する」という選択肢に当たる。

寡占市場において企業が成功するかどうかは，競合に対してどう反応するかによって決まる。競合が価格を変更すると，自社の利益は即座に著しい影響を受ける可能性がある。寡占市場における価格変更は，競合の反応の如何によって，大きな不確実性をはらんでいる。この不確実性を減少させるための最も単純な方法は，寡占市場における企業間での契約上の合意や調整を図ることである。しかし，そのような価格カルテルは，反トラスト法，競争法によって禁じられているばかりでなく，その罰則化が進んでいる。

価格設定の状況は，（組織の理由，契約上の理由，またはその他の理由によって）値上げがより長い期間強制される場合は特に，ジレンマの兆候を呈する。もしAが価格を引き上げてもBが追随しなければ，Aは利益を損ねる（フィールド3，p_A = \$22.50；p_B = \$20)。Bにとっては，フィールド3は好ましい状況であるため，これは魅力的な選択肢である。このように主導権を握る企業にとっては，価格引き上げはリスキーな選択であり，いわば「殉教者」の役割を果たすことになる。また「殉教者」には，価格引き上げを撤回しなければならないリスクもあり，それは企業イメージを傷つけうる。もしもAがBを信用しなければ，Aは最も悪い状況において利益を最大化する戦略（マックスミニ戦略）を選ぶだろう。言い換えれば，価格をp_A = \$20のまま変えずにおくであろう。この価格でAの利益は\$6,500となり，最もリスクは低くなる。

しかし，Aがそれまでの経験に基づいて，Bは価格引き上げに追随するだろうと予測する場合，Aは価格を引き上げるだろう。チェンバレン仮説によれば，実際にBが価格引き上げに追随したならば，両者の利益は最初の状況と比べて増加し，両社ともに最大値となる。この状況は，価格リーダーシップや価格調整戦略を通じて，または慣習的な産業におけるマークアップでのコストプラス計算を通じても達成されうる。そのような大雑把なやり方であっても，寡占市場においては最適な結果を導きうる。

Stigler［16］は寡占市場問題への最もよい解決策として，価格リーダーシップを挙げている。多くの場合，この戦略は支持されている。少なくとも，競合企業間でコストや販売数量がほぼ同じ場合には，市場におけるすべての企業にとって満足のいく結果となる。しかしながら価格リーダーシップには限界もある。価格リーダーシップやそれに類する行動をとるためには，相当な戦略的知性と競合企業間の相互信頼を必要とする。また，コスト，目標，需要構造の面において企業

間である程度，類似性が保たれている必要がある。このような条件は，多くの企業同士が「互いによく知っている」ような，歴史ある成熟した市場において最も成り立ちうる。しかし，そのような環境においてさえも，価格戦争を引き起こす「非常識な」業界あるいは企業は存在する。

ダイナミックな市場では，そのような連携した行動がとられることはめったにない。新規の競合，特に海外からあるいは他の業界から参入する新たな競合（多様化）は，既存の価格設定のルールを無視し，攻撃的な価格を用いて強引に市場に参入するかもしれない。

（たとえば，経験曲線効果やネットワーク効果を通した）異なるコストポジションが存在する場合，あるいは達成可能な場合，価格に関して均衡点は得られそうにない。新興市場であるヨーロッパの都市間長距離路線バス市場や，アメリカのいくつかの地域における再興市場は，初めから価格競争の様相を呈していた。これらの市場は非常にシビアだったので，1年と持たない企業もあった[17]。市場の初期段階において，競合企業が考えるのは2つの目標である。まず，自動車や列車からバスに顧客を引き寄せるために低価格にしようという考え方がある。2番目は，市場シェアを高めるために，財政的に弱い競合をその市場から力づくで追い出そうという考え方である[18]。Flixbusは，3年のうちに両方の目標を達成した。ドイツ市場の90％以上を獲得し，競合企業は3社しか残っていなかった[19]。一般的に，このようなM&Aの後には，価格が上昇し始める。この市場においても価格は上昇し，1四半期あたり平均で15％価格が上昇した[20]。

クラウドサービスの市場もまた，AmazonとGoogleの間で繰り広げられる価格戦争によって，同じような状況にあることがわかっている[21]。競合企業の財務力は，特に市場の初期の段階においては，成功するか失敗するかを決める要因となる。より財務力の強い企業はキャパシティと市場シェアを拡大する間，より長期にわたって損失に持ちこたえ，利益を先送りすることができる。

ポイント

寡占市場における価格最適化のカギとなる側面については，次のようにまとめられる。

- 寡占市場においては，決定的な唯一の最適価格はない。最適価格は競争の反応に依存する。したがって，価格設定においては，競争の反応を考慮すべきである。
- 寡占市場は，次の条件が保たれるならば，共同で独占価格に到達するか，少なくとも近い価格となりうるだろう。その条件とは，競合企業が同じようなコストと

市場ポジションを持ち，同様な目標を追い求め，十分な戦略的知性を持ち，互い
にある程度，信頼しているという条件である。

• 寡占市場においては，上記の条件が適用されない場合，あるいは，何らかの理由
で，価格を引き上げて共同で達成する独占価格に近づけようとしない企業がある
場合には，大きな価格変化を避けるべきである。しかしながら，寡占市場に存在
するすべての競合企業に影響するようなコストの増加があった場合には，コスト
の増加を埋め合わせるために，価格を引き上げる可能性も検討しうる。同様に，
価格切り下げは，最初に引き下げた企業に持続的な優位性をもたらすものではな
い。なぜなら，競合企業が同じやり方で反応し，価格戦争を引き起こし得るから
である。

6.4.5.4　シグナリング

　シグナリングとは，公の意思表示あるいは合図であり，寡占市場の企業が計画
している価格調整の準備段階で市場に発信するものである。これらのシグナルは，
出版物，ラジオ，テレビ，インターネット，その他のコミュニケーション方法を
通じて伝達される。Porter [22, p.75] は，市場シグナルを「意図，動機，目標，
内的状況の直接，あるいは間接の意思表示となる競合による行動」として定義し
ている。シグナルには，声明や行動といった形がありうる [23, p.28]。企業の中に
は，嘘の声明によって競合を都合のいい方向に誘導しようとする企業もあるため，
声明は行動ほどの信憑性はないと考えられる。効果的にシグナルを送るためには，
企業は出した声明と一貫性がある行動をとらなくてはならないし，また，声明を
出す場合は，それまでの行動と一貫性のある声明でなくてはならない [24, p.113]。
　シグナリングの概念は，企業の行動は，その企業が競争的な状況にある限り，
つまり交差価格弾力性が 0 ではない限り，何らかの反応を引き起こすという考え
に基づいている [25, p.8]。このシグナリングの概念は，競合企業が値引きや値上
げをするときに追求する目標について，考えさせることとなる。これらの目標を
どう解釈するかによって，反応を引き起こすシグナリングを促進することとなる。
　シグナリングは企業にとって次のように役に立つ。

• 潜在的な競合が市場に参入することをあきらめさせたり防いだりできる。
• 価格の変化，特に価格引き下げを正当化できる。たとえば，もし企業がライ
フサイクルの終わりの段階にある製品を持っていれば，在庫処分のためにそ
の製品をディスカウントするかもしれない。期間限定のディスカウントであ
ることを伝えることによって，競合がその値引きを攻撃的な値引きであると

誤解したり，対抗して同様の値引きをしたりすることを回避することができる。

- 特定の行動に従うように，競合を動機づけることができる。これは価格引き上げにおいて重要である。この場合，企業は，競合だけでなく，顧客（小売業者，再販売業者，消費者）が価格引き上げの必要性に気づき，理想的には受け入れるようにするために，その引き上げの背後にある理論的根拠を伝えることもよくある。

市場シグナルの解釈は，きわめて重要である。競合の価格引き下げは，市場シェアの引き上げを狙っている可能性もあれば，在庫の減少を狙ったものである可能性もある [26, p.755]。市場シェアの引き上げであった場合は，在庫を捌くよりもずっと攻撃的な行動として知覚されるかもしれない [27, p.225]。この状況は，なぜ同じ価格の変更が，異なる反応を誘発しうるのかを説明している。シグナルの特徴を正しく検討することによって，その意図に関する価値ある手掛かりを得ることができる。HeilとBungert [28, p.93] は次のようにシグナルの特徴を分類した。

- シグナルの効果とは，競合企業の告知あるいは実行された価格変更が自社の利益や市場シェアにどのくらい影響を与えるかについての，企業の評価を表す。
- シグナルの攻撃性は，価格引き下げのレベルとそれが競合に与えうる脅威によって決まる。
- シグナルは，解釈の余地がほとんどない場合に明瞭なものとして認識される。明瞭なシグナルは迅速な反応をもたらす。不明瞭なシグナルは（誤った）解釈の幅を広げてしまう。
- シグナルの一貫性は，同じ企業が他の市場や市場セグメントに送るシグナルの整合性を表す。
- シグナルの拘束力の強さは，それがどのくらい可逆的であるかについての関数である。
- シグナルの送り手の信頼性は，アナウンスされた計画が実際に実行される可能性に影響する。信頼性は，シグナリングにおける決定的な要因である。

ドイツの自動車保険市場はシグナリングが成功した事例である。この市場は何年もの間，マーケット・リーダーの一社が先導した価格戦争に陥っていた。2011年10月，ドイツのビジネス紙は，「ドイツ最大の保険会社グループであるAllianzが2012年1月から価格を大幅に引き上げる」と報じた [29]。その他のすべての

保険会社も同様に価格を引き上げることを公表した。2012年の間に，価格は平均で7％上昇した。Allianzの最大のライバルであるHUKコバーグの会長は，「2013年に再度，価格を引き上げる」ことを公表した［30］。実際に2013年に，価格は約6％上昇した。プライスリーダーシップは，その役割を演じる企業が存在し，競合企業がそれをプライスリーダーだと認識する場合にのみ，生じる。

　企業はまた，競合企業が価格引き下げのような行動方針をとらないようにするために，必要に応じた報復の意思を知らせるのにシグナリングを用いる。韓国の自動車メーカーである現代自動車のCOOであるIm Tak-Ukは，もし「日本の自動車メーカーが攻撃的なインセンティブの引き上げを行い，我々が販売目標を達成することが難しくなるようなことがあれば，我々も購入者へのインセンティブを引き上げる必要がある」と公に明言している［31］。「インセンティブ」とは，大幅な値引き，言い換えれば，価格切り下げのことである。これ以上なくはっきりと意図が述べられている。

　しかしながら，そのような発言は反トラスト法，競争法に抵触しないように，注意深く練られる必要がある。競合企業の協調的行動を直接的に誘発するようなことが禁じられるばかりでなく，いわゆる「瓶の中の手紙」アプローチ（手紙を用いて顧客に対して価格引き上げを通知する手法）は，もしもその根本的な意図が，価格引き上げを顧客ではなく競合に知らせようとするものであるとみなされれば，批判的に受け止められる。企業は，反トラスト法に触れる懸念を払拭できるように，企業コミュニケーションに関する明確なルールを採用する必要がある。

ポイント

シグナリングに関して3つのポイントがある。

- 寡占市場においては，価格の変更は注意深く準備すべきである。シグナリングは，意図を市場にあらかじめ伝える手段となり，その結果として，競合から望ましい反応を促すことになる。
- シグナリングは，すべての市場参加者に，自らが計画している行動を知らせることができる。企業は，単にシグナルを送ることもできるし，行動で示すこともできる。シグナルは顧客にも情報を与えることになる。そうすることで，顧客に価格引き上げを受け入れやすくさせ，または価格引き下げの効果を強めることができる。
- シグナリングによって，すべての寡占市場において，有益な結果をもたらす可能性を高めることができる。

結 論

　本章では，一元的な価格のガイドラインと意思決定ルール，手法を紹介した。最適な価格の設定プロセスと価格決定は次のようにまとめられる。

- 厳格なプロセスとはコストだけを考慮する（コストプラスプライシング）か，もしくは競合の価格だけを考慮する（競争ベース価格設定）ものである。
- 限界分析や損益分岐点の計算，価格決定支援システムを含む包括的なプロセスは，価格とその決定要素の相互関係性を捉えて構成されている。それらの包括的なプロセスは，同時に，市場，コスト，目標の情報も考慮する。
- 損益分岐点分析は，「イエス・ノー」意思決定に最も適しており，値上げ，値引きに関する意思決定に役に立つ。
- 意思決定支援システムにおいては，市場のシミュレーションを実施する。意思決定支援システムは，顧客の選好とニーズ，購買意思決定プロセス，市場構造とトレンドに関する情報を統合的に扱うことができる。これが頑健な意思決定の基盤となる。
- 限界分析は，価格と販売数量の関係性を数学的関数に体系的に変換する。これによって，離散的ないくつかの価格点ではなく，すべての潜在的な価格から，最適な価格を特定することができる。またこれらのモデルは，最適価格の一般的なルールを示す。
- 最適価格はいわゆるアモローソ・ロビンソン関係式によって決定され，弾力性に依存したマークアップを限界費用に上乗せしたものとなる。固定費は最適価格に影響しない。
- 積乗型の価格反応関数は価格弾力性が一定であるため，アモローソ・ロビンソン関係式は意思決定ルールとして直接用いられる。
- もし価格反応関数と費用関数が線型ならば，最適価格は最大価格と限界費用のちょうど中間の値になる。限界費用の変化量の半分のみが顧客の負担となる。
- 価格反応関数がGutenberg型である場合，2つの利益極大値がある。1つは高価格であり，もう1つはきわめて低い価格である。そのような場合，広い価格区間を考慮する必要がある。
- 独占市場における価格最適化のためには，顧客の反応のみを考慮すればよい。
- 寡占市場における価格最適化のためには，競合の反応も予測する必要がある。
- シグナリングは競合の反応に影響を与える手段である。

6.5 背景情報

(6.7) の導出

　価格反応関数が線型，すなわち $q = a - bp$ で，また，単位当たり変動費を k とした時の費用関数が線型で $C = C_{fix} + kq = C_{fix} + k(a - bp)$ であるならば，利益関数は $\pi = (a - bp)p - C_{fix} - k(a - bp)$ として定義される。「限界収入＝限界費用」という条件で p について解くと，最適価格に関する公式

$$p^* = \frac{1}{2}\left(\frac{a}{b} + k\right)$$

が得られる。(6.14) の微分 $\dfrac{\partial q}{\partial p}$ は，競合の反応を表す項を加えることで，寡占市場の場合とは異なり次式の通りとなる。

$$\frac{\partial q}{\partial p} = \frac{\partial q}{\partial p} + \frac{\partial q}{\partial \overline{p}}\frac{\partial \overline{p}}{\partial p} \tag{1}$$

(6.15) 式に(1)式を代入すると，以下を得る。

$$q + (p^* - C')\left(\frac{\partial q}{\partial p} + \frac{\partial q}{\partial \overline{p}}\frac{\partial \overline{p}}{\partial p}\right) = 0 \tag{2}$$

$\dfrac{p}{q}$ をかけて，最後の項を $\dfrac{\overline{p}}{p}$ で展開すれば次式を得る。

$$p + (p^* - C')\left(\frac{\partial q}{\partial p}\frac{p}{q} + \frac{\partial \overline{p}}{\partial p}\frac{p}{\overline{p}}\frac{\partial q}{\partial \overline{p}}\frac{\overline{p}}{q}\right) = 0 \tag{3}$$

(3)について，下に示す弾力性の表記で置き換えると，次式を得る。

$$p^* + (p^* - C')(\varepsilon + \sigma\varepsilon_k) = 0 \tag{4}$$

　ここで

$\varepsilon = \dfrac{\partial q}{\partial p} \times \dfrac{p}{q}$　　直接価格弾力性

$\varepsilon_k = \dfrac{\partial q}{\partial \overline{p}} \times \dfrac{\overline{p}}{q}$　　当該製品の競合製品の価格との交差価格弾力性

$\sigma = \dfrac{\partial \overline{p}}{\partial p} \times \dfrac{p}{\overline{p}}$　　競合製品の価格の当該製品の価格との反応弾力性

である。

p^* を左辺に移項し，(6.16) 式を得る。

参考文献

[1] Wiltinger, K. (1998). *Preismanagement in der unternehmerischen Praxis*. Probleme der organisatorischen Implementierung. Wiesbaden: Gabler.

[2] Graumann, J. (1994). Die Preispolitik in deutschen Unternehmen. Ein Untersuchungsbericht über Preisstrategien, Kalkulationsmethoden, Konditionensysteme und ihre betriebswirtschaftlichen Auswirkungen. München: Norbert Müller.

[3] Wied-Nebbeling, S. (1985). *Das Preisverhalten in der Industrie*. Ergebnisse einer erneuten Befragung. Tübingen: J. C. B. Mohr (Paul Siebeck).

[4] Fabiani, S., Druant, M., Hernando, I., Kwapil, C., Landau, B., Loupias, C., Martins, F., Mathä, T. Y., Sabbatini, R., Stahl, H. & Stokman, A.C.J. (2005). The Pricing Behaviour of Firms in the Euro Area. New Survey Evidence. Working Paper, No. 535. European Central Bank.

[5] Götze, U. (2010). *Kostenrechnung und Kostenmanagement* (5th ed.). Berlin: Springer.

[6] Plinke, W. (2000). Grundzüge der Kosten- und Leistungsrechnung. In M. Kleinaltenkamp, & W. Plinke (Ed.), *Technischer Vertrieb. Grundlagen des Business-to-Business Marketing* (2nd ed., pp.615–690). Berlin: Springer.

[7] Kim, W. C., & Mauborgne, R. (2005). *Blue Ocean Strategy. How to Create Uncontested Market Space and Make the Competition Irrelevant*. Boston/Massachusetts: Harvard Business School Press.

[8] Kilger, W., Pampel, J. R., & Vikas, K. (2012). *Flexible Plankostenrechnung und Deckungsbeitragsrechnung* (13th ed.). Wiesbaden: Gabler.

[9] Dahmen, A. (2014). *Kostenrechnung* (3th ed.). Frankfurt am Main: Vahlen.

[10] Rumler, A. (2002). *Marketing für mittelständische Unternehmen*. Berlin: Teia.

[11] Hoffman, R. N. (2004). Controlling Hurricanes – Can Hurricanes and Other severe Tropical Storms be Moderated or Deflected? *Scientific American*, 291(4), 68–75.

[12] Anonymous. (2008, 12 June). Preiserhöhung passé. *General-Anzeiger Bonn*, p.20.

[13] Anonymous. (2015). ALDI SÜD oder: die Konzentration auf das Wesentliche. https://unternehmen.aldi-sued.de/de/ueber-aldi-sued/philosophie/. Accessed 19 February 2015.

[14] Berg, W. (2015). Preiserhöhung. Postwurfsendung der Gebäudereinigung Berg GmbH. January 2015.

[15] Anonymous. (2015, 9 February) Die Luft wird dünner. *General-Anzeiger Bonn*, p.7.

[16] Stigler, G. J. (1947). The Kinky Oligopoly Demand Curve and Rigid Prices. *Journal of Political Economy*, 55(5), pp.432–449.

[17] Anonymous. (2014, 31 December) Fernbusse werden langsam profitabel. *Frankfurter Allgemeine Zeitung*, p.18.

[18] Anonymous. (2015, 19 September). Fernbusbranche rechnet mit teureren Tickets. *General-Anzeiger Bonn*, p.12.

[19] Anonymous. (2015, 21 September). Jeder zweite Fernbuspassagier ist berufstätig.

第６章　価格決定①――元的な価格―　◆271

Frankfurter Allgemeine Zeitung, p.22.

[20]　Anonymous.（2015, 27 April）. Institut: Fernbusse werden teurer. *General-Anzeiger Bonn*, p.7.

[21]　Hook, L. （2015）. Amazon to Bring Cloud Services Out of Shadows. *Financial Times.* 14 April, p.13.

[22]　Porter, M. E. （2004）. *Competitive Strategy: Techniques for Analyzing Industries and Competitors*. New York: The Free Press.

[23]　Gelbrich, K., Wünschmann, S., & Müller, S. （2008）. *Erfolgsfaktoren des Marketing*. Dresden: Vahlen.

[24]　Simon, H. （2009）. *33 Sofortmaßnahmen gegen die Krise. Wege für Ihr Unternehmen*. Frankfurt am Main: Campus.

[25]　Heil, O. P. & Schunk, H. （2003）. Wettbewerber-Interaktion. Wettbewerber-Reputation und Preiskriege. *Marketing- und Management-Transfer. Institutszeitschrift der Professur Zentes. Universität des Saarlands* 24, pp.8–16.

[26]　Kotler, A., Armstrong, G., Wong, V., & Saunders, J. （2011）. *Grundlagen des Marketing* (5th ed.). München: Pearson.

[27]　Schunk, H., Fürst, R., & Heil, O. P. （2003）. Marktstrategischer Einsatz von Signaling in der Hersteller-Handels-Dyade. In D. Ahlert, R. Olbrich, & H. Schröder （Ed.）, *Jahrbuch Vertriebs- und Handelsmanagement* (pp.221–233). Frankfurt am Main: Deutscher Fachverlag.

[28]　Heil, O. P., & Bungert, M. D. （2005）. Competitive Market Signaling. A Behavioural Approach to Manage Competitive Interaction. Marketing – *Journal of Research and Management*, 1(2), pp.91–99.

[29]　Anonymous.（2011, 26 October）. Allianz erhöht Autotarife. Versicherungskonzern nimmt Kundenschwund in Kauf. *Financial Times Deutschland*, p.1.

[30]　Anonymous.（2013, 20 March）. Kfz-Versicherung 2013. Aktuelle Entwicklungen in einem dynamischen Markt. 9. MCC-Kongress. http://www.my-experten.de/upload/exp 13pdf00010136.pdf. Accessed 20 January 2015.

[31]　Hyundai Seeks Solution on the High End. （2013） *The Wall Street Journal Europe*. 19 February, p.24.

第**7**章

価格決定②
―多元的なプライシング―

概　　要

　これまでの章で議論した一元的なプライシングは，現実の経済においてかなり例外的なものである。企業は一般的にターゲットとする顧客属性，地域，販売時期，購買量によって，同一商品の価格を変える。このようなタイプの価格差別化を行うには複数の価格および価格パラメータの設定が必要である。多くの企業は複数の商品を販売しており，それらの売上は互いに影響し合っていることが一般的である。価格マネジメントでは，商品ラインの利益を最大化する上で，このような商品間の依存性を考慮する必要がある。たとえば，いくつかの異なる商品を単一のパッケージにまとめて値引きして販売することは，価格バンドリングとよばれる。この方法はより洗練されたマーケット・セグメンテーションを行う場合に有効であり，より効果的に顧客の支払意思を引き出すことにつながる。多元的なプライシングをするには，一元的なプライシングよりも詳細な情報をもとに，商品間の価格設定の相互作用をより深く理解する必要がある。本章はそのために必要な知識を読者にもたらすであろう。

7.1　イントロダクション

　第6章では，一元的なプライシングについて見てきた。本章では多元的なプライシングを扱うが，このようなプライシングでは同時に複数のプライシングを検討する必要がある。これは同一の商品においても複数の価格，価格パラメータを検討するもので，価格の差別化とよばれるものであり，複数の商品に対する複数のプライシングにも関係している。商品ラインのプライシングや価格バンドリングといったプライシングがその最たる例である。

　多元的なプライシングはきわめて複雑である。一元的な価格決定のかわりに，企業はいくつかの意思決定をする必要がある。たとえば自動車部品メーカーであれば，価格は販売数量と深く関係しており，幅広い価格体系を提供している。値引きシステムは販売数量や売上金額の閾値だけでなく値引き水準のようなパラメータの設定も必要とする。ソフトウェア，銀行サービスのような多元的なプラ

イシングを要するビジネスでは，数百もの価格パラメータの検討が必要となるかもしれない。7.2では，価格差別化の基本的な概念について議論し，7.3では複数商品間での価格決定を分析する。

7.2 価格の差別化

顧客が目にするほとんどすべての製品・サービスの価格は，差別化されている。
この顕著な事例としてCoca-Colaの事例がある。図7.1はCoca-Colaの20オンスボトルの価格が，顧客の購入地域によって，1ドル25セントから3ドル49セントまで多岐にわたることを示している。最も高価格のコーラは最低価格の約2.8倍であり，一都市内のどこにでも販売されている単一商品の価格として考えると著しい違いがあるといえる。各顧客がこれらの価格を日常的に支払っているという事実は，顧客間で支払意思が異なることを示している。
Coca-Colaの事例は価格差別化が顧客に一般的に受け入れられていることの証

[図7.1] アメリカ主要都市におけるコカ・コーラ・20オンスボトルの価格（税および容器回収デポジット除く）

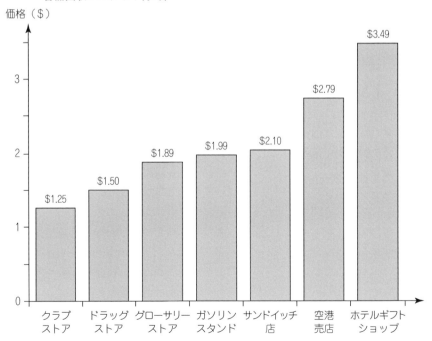

第7章　価格決定②―多元的なプライシング―　◆275

明であり，顧客自身がどこで買うか，いくらで買うかを選んでいるため，なおのことそういえる。このような事例は顧客の自己選択による価格差別化である。

　以下のテストは，同じ商品の支払意思額が状況によって非常に異なることを示している。たとえば浜辺でくつろいでいる人がいるとしよう。その友人が飲み物を買ってくるといい，支払ってもよいと考える最高額はいくらかを尋ねるとする。それから以下のように情報を補足する。テストAでは，友人は「フードスタンドで飲み物を買うつもりだ」といい，テストBでは，「浜辺のそばの素敵なホテルで飲み物を買うつもりだ」というのである。その結果，グループAの最高額は1.5ドルであったのに対して，グループBの最高額は2.65ドルであった［1］。価格差別化は異なる支払意思を捉える上で有効であるが，一方で繊細なテーマでもある。日本ではCoca-Colaは温度によって価格を差別化しようとした［2］。暑い日はソフトドリンクの価値は高くなる。したがって，暑い日に高価格に設定することは合理的であるように思える。方法はシンプルで，自動販売機に設置された温度計に基づいて自動的な価格の調整を試みた。しかしながら，この計画が消費者に漏れ伝わると抗議運動が起こった。消費者はこのような価格差別化は不公平だと考えたのである。そこでCoca-Colaはこの計画を中止せざるを得なくなった。その後スペインではマーケティング代行会社のモメンタムがこれとは逆の戦術をとった。すなわち，モメンタムは気温が上がった時にコーラの価格を下げたのだ。しかしながらこれは，企業の本格的なマーケティング活動というよりは，ジョークの類の活動に過ぎないとされた［3］。

　価格差別化の事例は世界中に満ち溢れている。Coca-Colaのように，何百万もの消費財の価格は流通チャネルによって変えられている。回転率の高い消費財やファッションアイテムの非常に多くが，値引きプログラムによって販売されており，それらの中には通常価格の75％引きで売られているものもある。またホテルの宿泊金額は需要によって差別化されている。たとえば，市内で商業イベントが開催される時，価格は通常時の数倍に跳ね上がる。航空産業は，できることならば，すべての座席に個別の価格を設定して販売したいと考えている。また電気通信料金は一日の時間帯や曜日によって変えられている。

　レストランは値引き価格でランチメニューを提供しているが，夕方には同じメニューが明らかに高価格に設定されている。リピーターには価格を下げたり，早期予約の顧客に値引きすることは非常によくある。レンタカーの価格は利用予約の空き状況のほか，数千もの条件によって差別化されている。保険会社，ホテルチェーン，通信会社，旅行会社はすべて，アメリカ自動車協会（AAA）や類似した団体等のメンバーに特別な値引きを提供している。AAAの会員は，多くの

ホテルやアウトレットモールなどで10%の値引きを受けることができる。また，映画館，劇場，スポーツチームは，学割やシニア割を設定している。我々はほとんどのものにおいて，購入量割引，数量割引を受けることができる。そして，多くの事例において，国際的に同じ商品であっても，はっきりした価格差が存在する。一言でいえば，価格差別化はどこにおいてもなされており，価格差別化を実践しない企業は非常に多くの利益を犠牲にしているといえる。

7.2.1 価格の差別化の基盤としてのマーケット・セグメンテーション

一般的に，市場は異なる支払意思，所得，選好，購買習慣を持った顧客から構成されている。企業はこれらの異なる顧客に個別に対応することも，十把一絡げに対応することもできる。しかしほとんどの場合は，完全に個々の顧客に対応したプライシングは実行可能でないばかりか，経済的にも理にかなってはいない。個々の顧客の価格弾力性を正確に知ることはできず，また個々の顧客ごとに価格を設定することは組織的に困難であることから，実際に実行することはできない。経済学的な見地からも，顧客はセグメントごとに類似した行動をとるため，ほとんどの場合，完全に個々の顧客ごとに分けて価格を設定することには意味がない。個々の顧客ごとの価格設定によって得られる利益の増加に比べ，プライシングに必要となるコストの方が高額になってしまう。

それゆえ，価格に基づいたマーケット・セグメンテーションの役割は，顧客を何らかの基準に基づくセグメントに分割することである。同じセグメント内の顧客は，できるだけ同質的であるべきであり，一方で別々のセグメントはできるだけ異質的であるべきである。価格の差別化では，異なる顧客セグメントに対して異なる価格を提示し，セグメント間での支払意思額の差をメリットとして役立てている。つまり，価格主導のマーケット・セグメンテーションとは，顧客セグメントの定義と，各セグメントへの顧客の分類という2つのステップからなる作業であるといえる。

マーケット・セグメントの定義

マーケット・セグメントの定義では，最初にセグメンテーションの軸を確立し，これらの軸に基づいてセグメントを定義する。そしてその次に，セグメンテーションを事業上の活動（オペレーション）に組み込むことである。そうすることにより，セグメンテーションに基づくマーケティング活動を行うことが可能となる。セグメンテーションの軸は基本的に，デモグラフィック基準（購買者自身の

[図7.2] マーケット・セグメンテーションの基準

購買者の特性	行動特性
1. 人口動態的特性（居住地域，性別，年齢，家計規模…）	1. 購買行動（購買者と非購買者，高頻度利用者と低頻度利用者…）
2. 社会経済学的特性（収入，購買力，学歴，職歴…）	2. 価格関連行動（価格弾力性，支払意思額，価格感度，価格態度，価格知識，値引き行動…）
3. 心理学的特性（パーソナリティ，ライフスタイル…）	3. その他のマーケティング手段に対する行動

属性）と行動的基準（購買者の行動特性）の2つの軸に分類される（**図7.2**）。セグメンテーションの軸は次の必要要件を満たすべきである。

- 行動的妥当性：セグメンテーション基準は，顧客の購買/消費行動と強いつながりがあるべきである。
- 観測可能性と測定可能性：セグメンテーション軸は観察可能かつ，一貫して測定可能な視点に基づくべきである。
- 経時的安定性：各セグメントの顧客は，一定の期間において，行動特性が安定的であるべきである。
- 到達可能性：企業は，各顧客セグメントに対して施策を打つためのマーケティング手段を持つべきである。

　セグメンテーションに際して企業は，セグメントを定義する上で，行動的特性のみ直接的な関連性を有するというジレンマにたびたび陥ることがある。しかし行動特性に基づくセグメンテーションの基準はほとんどの場合，観測・測定が困難であり，顧客を特定してマーケティング施策を打つことも容易ではない。対照的に購買者のデモグラフィック特性を観察し，これらの基準に基づいてターゲティングすることは容易である。たとえそのデモグラフィック特性と行動的特性の関連性が不明瞭で疑わしいものであっても，である。この問題を解決する1つの可能性は，次のような多段階アプローチをとることである。

1. セグメントを行動的特性に基づいて定義する。
2. 行動的特性と一般的な購買者特性の関係性を見出す。
3. ターゲットとすべきセグメントを，行動的特性と強い相関を持つ，一般的な購買者特性に基づいて再定義する。

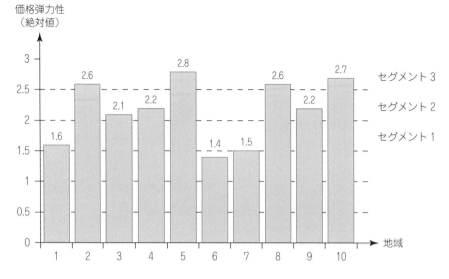

[図7.3] 価格弾力性に基づいた地域セグメンテーション

1, 2については,（回帰分析を行うなどして）連続的に行われる場合もあれば,（クラスター分析を用いるなどして）同時的に行われることもある。

図7.3は, 価格弾力性に基づいてマーケット・セグメンテーションを行うとどのようになるかを示している。これは, ある家電ブランドについて, ヨーロッパの10の地域で価格弾力性を特定したものである。測定された弾力性の絶対値は1.4から2.8の間で, かなり幅広く分布している様子が見て取れる。これほどの差異が存在する最大の理由は, 個々の地域間でブランド価値に大きな違いがあるためである。このような場合には, 価格を単一設定してしまうと, 企業はかなりの利益を犠牲にすることになってしまう。一方で, この事例において10の異なる価格を設定することは, 企業マネジメントの観点から考えると現実的な策であるとは考えられない。したがって, この企業は市場を3つのセグメントに分けることとした。

セグメント1：価格弾力性：低　1.4〜1.9（地域1, 6, 7）
セグメント2：価格弾力性：中　2.0〜2.5以下（地域3, 4, 9）
セグメント3：価格弾力性：高　2.5超（地域2, 5, 8, 10）

そしてこの企業は, これら3つのセグメントの価格弾力性をもとに, 最適なプライシングを行うことを目標とした。

価格に基づいたマーケット・セグメンテーションには, 基本的な2つのアプ

ローチが考えられる。

1. セグメントを，何らかの価格反応につながると想定される基準に基づいて決めるアプローチ。価格弾力性はこれらのセグメントごとに計算される。
2. 個々の顧客ごとの価格弾力性を最初に計算し，それから同じ価格弾力性の顧客を同じセグメントに分類するアプローチ。

　2つ目のアプローチは，セグメント特定的な戦略を策定し実行するものである。価格差別化とは，同時にこれらの作業，すなわち，各セグメントにおける最適な価格の決定とその実行を指す。その中でも中心的な作業となるのが，フェンシングとよばれる，各市場セグメントの効果的な分割である。フェンシングは，支払意思の高い顧客が，より低い価格による購買に流れることを防ぐように設計されている。

　eコマースとビッグデータの存在は，マーケット・セグメンテーションの基礎をより一層，奥深いものにしている。実際の購買行動は自動的に記録され，各セグメントへの顧客分類のしやすさは急速に改良されている。極端なことをいえば，一人一人に異なる価格を設定することも技術的には可能である。

　価格に基づいたマーケット・セグメンテーションは，一言で語られるような手段ではない。それは，様々な手法を用いて取り扱われる複雑なテーマであり，その手法は，純粋な直観によるものからクラスター分析のような多変量解析まで多岐にわたる。

7.2.2　価格差別化の基本理論

　価格差別化の目標は，単一価格設定によって得られる以上の利益を得るために，顧客の異なる支払意思額に見合った価格を設定することである。

7.2.2.1　価格差別化の定義

　価格差別化は，企業が，同一商品もしくは類似性の非常に高い商品について，空間・場所，時間，パフォーマンス，数量の違いによって，異なる価格を設定するような場合に生じる。たとえば商品のバリエーションによる異なる価格設定がこの定義に含まれることは自明である。なぜなら，それらの商品は需要の観点から密接な代替的関係にあるといえるからである［4］。

　以下は，価格差別化のために必要な前提条件である［5］。

• 顧客は異なる支払意思額，そして異なる価格弾力性を持っている。

- 顧客を少なくとも2つの，互いに区別可能なセグメントに分けることができる。
- 企業が消費者余剰や超過利潤を引き出せるような，何らかの独占性を持っている—このことは不完全市場においてよくある—ことである。ゆえに，価格弾力性が無限大であることはない。

最初の2つの前提条件は実務的な要件に整合している。しかしながら3番目の前提条件が有効となるためには，企業は何らか適切な手段を講じる必要がある。企業はその商品・サービスがユニークな価値を提供していると顧客に認識されている時，独占的地位をより確立しやすい。

7.2.2.2　価格差別化の目標

企業は価格差別化を通じて，消費者余剰からより多くの利益を得るだけでなく，その他の目標の達成をも追求できる。**図7.4**の戦略的三角形はこのことを図示したものである。

顧客視点でのコスト削減は，たとえば購入量に応じた割引によって達成可能である。顧客は購入量に応じたディスカウントを提示されれば，より多く購入できると思うだろう（購入量が変数である事例）。同時に，取引費用は低くなる。このことは，より多くの販売数量が達成できるのは，より多くの顧客が購入するからではなく，同一の顧客がより多く購入するからだということを意味している。顧客に関わる価格差別化の目標は，顧客の維持と顧客満足度の向上に焦点を当て

[図7.4] 価格差別化の目標

ており，これはロイヤリティに基づくディスカウント，もしくはAmazon Prime
が提供しているような二元的な価格スキームによって達成されうる。

　また，価格差別化によって企業は競争的な目標を追求することができる。これ
を行う上での企業の反応的なアプローチとして，競合の価格体系に基づいて自ら
の価格体系を調整するというものがある。顧客が価格と価格体系を集中的に比較
する場合に見られる方法である。前向きな競争目標には，（たとえばリベート・
プログラムによって）顧客による他社への切り換えの障壁を築くことや競合の参
入障壁を築くことなどが挙げられる。また，企業が競争を避けるためにその商品
の価格帯域の中でニッチなポジションを確立しようとする場合にも，価格は差別
化されることになる。

7.2.2.3　価格差別化を実現するための作業

　セグメント特定的な価格差別化は，2つの作業から構成される。まず，各セグ
メントの最適な価格を決める。続いて，意図した目標が達成され，裁定取引を防
ぐような方法で，価格差別化を実行する。以下，3つのケースに区別して説明する。

ケース1：完全に分離した市場セグメント

　このようなセグメンテーションでは，セグメント間での裁定取引は起こらず，
あくまでセグメント i の販売数量は価格 p_i^* にのみ依存する。したがって，セグメ
ント間の交差価格弾力性はゼロになる。最適化のために，セグメントが「自然に」
分けられたものか「恣意的に」分けられたものかは問題とならない。問題となる
のは，そのセグメンテーションが実際のところ，効果的なのかということである。

　この条件において，価格の差別化の仕方はシンプルである。各市場セグメント
の最適価格は，セグメントごとのアモローソ・ロビンソン関係式によって決定する。

$$p_i^* = \frac{\varepsilon_i}{1+\varepsilon_i} C_i' \tag{7.1}$$

　ここで，ε_i はセグメントごとに決まる価格弾力性であり，C_i' はセグメントごと
の限界費用を表す。言い換えれば，各セグメントは，「限界収入＝限界費用」条
件を満たす必要がある。したがって，もし2つのセグメントの（価格に関する）
限界費用が等しいならば，限界収入（価格ではない）もまた，最適なケースにお
いて等しくなる必要がある。

ケース2：部分的に分離した市場セグメント

　ケース1のようにセグメントの孤立あるいは分離がない場合，セグメント特定

的な価格反応関数は以下のような形式をとる。

$$q_i = f(p_1, \cdots, p_i, \cdots, p_n) \tag{7.2}$$

２つのセグメント間の交差価格弾力性は，競合商品の場合と同様に，正である。このことは，一方のセグメントの価格が引き上げられると，価格がより低いもう一方のセグメントに顧客の一部が移行することを意味している。最適な，セグメント特定的な価格は，利益関数の偏導関数とその結果である連立方程式を解くことによって特定できる。いくつかの段階から最適解条件を得る。

$$p_i^* = \frac{\varepsilon_i}{1+\varepsilon_i}C_i' - \sum_{j=1, j \neq i}^{n}(p_j - C_j')\frac{\varepsilon_{ij}}{(1+\varepsilon_i)}\frac{q_j}{q_i} \tag{7.3}$$

ここでε_iは直接価格弾力性，ε_{ij}はセグメントjの価格p_iに対する交差価格弾力性を表している。(7.3) 式は複数商品を扱う企業の価格最適化に関するいわゆるニーハンスの公式（7.8）に構造的に対応している。右辺の第一項は，アモローソ・ロビンソン関係式であることがわかる。右辺の第二項は，価格p_iが他のセグメントの需要に及ぼす影響を考慮している。この項において，$(1+\varepsilon_i)$だけが負の値となるので，第二項全体としても負の値をとる。第二項の前のマイナスの符号と合わせると，ケース１の完全に分けられたあるいは孤立した市場セグメントの時の最適価格よりも，ケース２の最適価格は高くなる。

異なる市場セグメントの最適価格の差は，次のような場合に，より大きくなる。

- 交差価格弾力性がより大きい場合。
- 他のセグメントにおける単位当たり貢献利益がより大きい場合。
- セグメントjがセグメントiよりも規模的に大きい場合。

ケース３：価格差別化の古典的モデル

このケースでは，（セグメントが最適に分割されないとしても）最適価格とセグメントを同時に決定する価格反応関数は１つしかないと仮定する。

古典的な価格差別化は線型価格反応関数を用いて最もよく示される。価格差別化によって利益を向上させることは，消費者余剰から利益を得た結果である。**図7.5**は均一価格設定と古典的な価格差別化を比較したものである。市場は独占市場であり，限界費用は一定，価格差別化にコストはかからないものとし，線型価格反応関数を仮定している。

潜在的な総利益は三角形ABCの面積にあたる。(6.7) 式から，利益を最大化す

[図7.5] 均一価格設定と古典的差別化

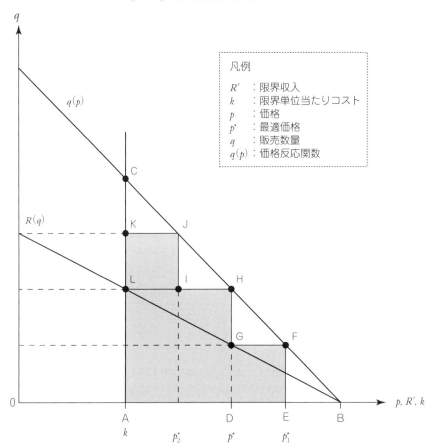

る均一価格p^*は，最大価格Bと単位当たり変動コストkの中間点にある。均一価格p^*で企業が稼ぐ利益は長方形ADHLによって表される。したがって，均一価格からの利益は，「潜在的な利益」を表す三角形ABCの中の長方形によって表される。三角形DBHの面積は消費者余剰，すなわち獲得できていない支払意思額を表す。

もしも3つの価格p_1^*，p^*，p_2^*の価格差別化を図るのであれば，長方形DEFGと長方形LIJKによって表される利益を得ることができる。このケースにおける消費者余剰は，三角形IHJ，三角形GFH，三角形EBFによって示される面積分だけ減らすことができる。このことは，価格差別化からより高い利益を得ることによって，消費者余剰が減少することを明らかにしている。そのため，「長方形から三角形に」動く必要があるということによって，古典的な価格差別化を表すことが

できるのである。

　この図からは，線型価格反応関数と費用関数もまた読み取ることができ，完全に個々の顧客に対応した価格差別化が行える場合，総利益は均一価格時の利益の二倍になることがわかる。2つの三角形DBHとLHCを合わせた部分は，長方形ADHLの面積と等しくなる。

7.2.3　価格差別化の実施

　市場をどのようにセグメンテーションし，「フェンス」を作るかという問題は，最適価格を見つけることでは解決しない。企業にとって，それぞれのセグメントの顧客に対して提示した価格を受け入れてもらえるか，そしてそれを維持できるかは非常に重要な課題である。その結果として生じる問題は，価格差別化の形式と条件の両方に依存する。問題を調べ，理解するために，まずPigouの分類に従って，価格差別化のタイプ分けを行う。そして，それぞれの価格差別化の実施について個別に扱っていくことにする。

　Pigouは，その価格差別化が消費者余剰を獲得する程度によって，1次の価格差別化，2次の価格差別化，3次の価格差別化に区別している [6]。

　1次の価格差別化では，売り手は一人一人の買い手に厳密に最高価格を設定する。消費者余剰を完全に引き出して獲得することになるので，この事例は完全価格差別化といわれる。

　もし売り手が，異なる最大価格で規定されるセグメントに顧客を区別することができ，それぞれのセグメントごとに価格を設定できる場合は，2次の価格差別化といわれる。

　2次の価格差別化では，顧客には，セグメントに縛られず，商品を自由に選択する余地がある。また，売り手は管理するためのコストはかからないため，比較的問題も少ない。2次の価格差別化の成功の可否は，市場セグメントごとに顧客への提供価値と価格のバランスが保たれた商品を選定できるかどうかにある。

　3次の価格差別化では，セグメントは観測可能かつ規定可能な基準に基づいて定義される。それぞれのセグメントの最適価格は，この基準に従って決定される。3次の価格差別化においては，セグメント間のスイッチングはほぼ起こりえない。なぜなら，特定のセグメントに属するかどうかはそれぞれのセグメンテーション基準を満たしているかどうかのみにより決まるからである。

　図7.6はPigouによる価格差別化の三分類と，各分類において典型的な価格差別化の形態を示したものである。なお地域による価格差別化は，2次の価格差別化，3次の価格差別化のいずれにも分類されうることに注意する必要がある。顧客は

[図7.6] 価格差別化のタイプとその実施形態

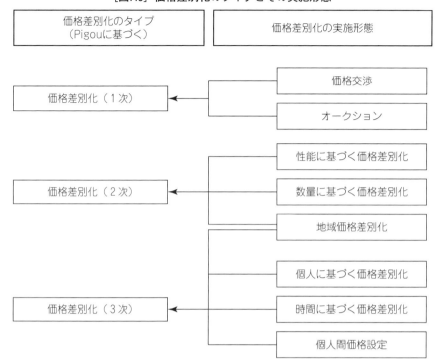

距離に応じて地域間の価格差に反応し，より低価格で商品を買うために移動する。たとえば，ガソリン，たばこ，アルコールなどの商品はある国や州では別の国や州よりも明らかに低価格で販売されているということはよくある。そのような購買行動が不可能な場合には，3次の価格差別化が当てはまる。たとえば，買い物をする際に，特定の国や州，地域の住所が必要となるような場合である。

7.2.3.1 個別の価格差別化（1次の価格差別化）

個別の価格差別化は，顧客がそれぞれ，ある価格を支払い，理想的にはその価格がその個人の支払意思額を正確に表す，いわゆる最大価格であることを意味する。このやり方として，アメリカのいくつかの大学は個々の学生の所得状況に基づいた授業料を課しているというものがある［7］。裁定取引は起こらないので，1次の価格差別化においては，必ずしも「フェンス」をつくる必要はない。

しかし，個々の顧客に応じた価格差別化はめったに採用されることはない。なぜならこの方法は，個々の顧客それぞれの支払意思額を把握する必要があるから

である。顧客の実際の支払意思額を確かめることは難しい。そのための情報を収集し，個々の顧客に対して価格を設定するような企業は，消費者余剰全体を引き出して実際に獲得する追加的収入以上の費用を負担する事態に陥りかねない。

インターネット上では個別の価格差別化を行いやすい [8]。インターネットでは顧客データを収集・分析しやすくなったことにより，個々の顧客に商品をカスタマイズできるようになっただけではなく，個々の顧客に合わせた価格を提示できるようになった。オークションもまたインターネットにおいて大きな役割を果たしている。オークションは顧客の支払意思額を引き出すのに非常に効果的なものとなりうる。

一次の価格差別化に類似した事例として，価格交渉やオークションなどがある。

- 価格交渉：多くの産業において，最終的な取引価格は，売り手によって設定されるのではなく，交渉の結果として決定される。B2Bにおいては，このような価格設定の形態が一般的である。個別の価格交渉の場合には取引価格は，本質的に売り手と買い手それぞれの強さと交渉の立場に依存する。このことは，個々の顧客に応じた価格交渉は個々の顧客に応じた価格差別化と解釈できることを意味している。
- オークション：オークションにおける価格とは，商品・サービスが何度もオークションにかけられた結果としての個別価格である。この価格は，オークションの勝者の支払意思額を反映した価格となり，個人ごとに異なる。第4章では，オークションは個々の支払意思額についての情報を収集する手段であると述べている。

7.2.3.2　自己選択を通じた価格差別化（2次の価格差別化）

2次の価格差別化では，購買者は自らをいずれかの価格セグメントに割り当てる。この文脈では，価格差別化を実施する基本的な方法として，パフォーマンスに基づいた価格差別化と購入数量に基づいた価格差別化の2つの方法がある。

パフォーマンスに基づいた価格差別化

パフォーマンスに基づいた価格差別化は，企業がパフォーマンスと価格の点では異なるが，場所，時期，数量といったその他の点では同一である商品を販売するような場合に生じる。このような価格差別化においてはまた，企業は価格だけではなくマーケティング手法を差別化することもある。

商品特定的な差別化の例は，クレジットカード（スタンダード，ゴールド，プ

第7章　価格決定②—多元的なプライシング—　◆287

[表7.1] 性能に基づいた価格差別化：Netflix　ビデオオンデマンド [9]

	基本パッケージ （SD）	標準パッケージ （HD）	プレミアムパッケージ （Ultra-HD）
価格（月額）	$7.99	$10.99	$13.99
性能属性	● HD品質なし ● 映画，テレビ番組， 　1台だけ視聴可能	● HD品質 ● 映画，テレビ番組，2 　台まで同時視聴可能	● HD品質 ● Ultra-HD品質（オプ 　ションで利用可能） ● 映画，テレビ番組，4 　台まで同時視聴可能

ラチナ）や航空券（エコノミー，プレミアムエコノミー，ビジネス，ファースト
クラス），鉄道チケット（一等，二等）などが含まれる。

　表7.1は，ビデオオンデマンドにおけるパフォーマンスに基づいた価格差別化
を示している。Netflixは，画質属性，パフォーマンス属性の違いに基づいて3つ
のサブスクリプション水準を提供している。

　パフォーマンスに基づいた価格差別化が成功するには，価値の差が意味のある
ものであり，その差が実際に顧客にも知覚されているという前提条件が必要となる。

　たとえば，Lufthansa航空のヨーロッパ圏内でのビジネスクラスとエコノミー
クラスの差は，非常にわずかなものである。2つのクラスを分ける主なものは
カーテンであり，サービスの違いは限られている。結果として，フライトによっ
てはビジネスクラスは空席が目立ち，エコノミークラスでは満席であることもあ
る。長距離のフライトにおいては，LufthansaやUnited Airlinesなどの多くの航
空会社は，プレミアムエコノミーとよばれる，中間クラスの新しいサービスを導
入している。このクラスで旅行者が享受できることは，レッグルームが広く足が
伸ばせ，ビデオ画面が大きく，ウェルカムドリンクがあることである。このクラ
スは，企業の内規で割高なビジネスクラスに乗ることのできないビジネス客を惹
きつけている。United AirlinesやAmerican Airlinesはまた，より一層サービス
の少ない「ベーシックエコノミー」運賃を導入している。旅行客は座席を選ぶこ
とができず（航空会社がチェックイン時に割り当てる），頭上の荷物入れを使う
こともできず，飛行機には最後に搭乗しなければならない。

　Financial Timesは，パフォーマンス水準によって価格の異なるサブスクリプ
ションを提供している（**表7.2**参照）[10]。

　航空券の価格とは対照的に，オペラや劇場のチケットの価格差別化は，座席の
位置やステージとの相対的な距離に基づいている。この場合の価値の差別化のド
ライバーは，ステージへの視線，音響効果，ステージの近くで鑑賞しているとい

[表7.2] 性能に基づく価格差別化：Financial Times [10]

	紙面 ＋オンライン	オンライン （プレミアム）	オンライン （スタンダード）
価格（1週間当たり）	$11.77	$9.75	$6.45
Financial Times（FT）ブログ	✓	✓	✓
記事への無制限アクセス	✓	✓	✓
電子紙面アクセス	✓	✓	－
自宅もしくは職場への配達	✓	－	－

うプレステージである。ロイヤリティの高い常連客はそのような価格差別化を受け入れている。

　B2Bにおけるパフォーマンスに基づいた価格差別化の例としては，オフィスビルやショッピングセンターの照明モジュールの構築がある。照明モジュールには多様な機能があるが，まずはセット価格で基本的な機能が有効化される。もし顧客が追加的な機能を求めるのであれば，それはオプションとして追加料金を払うことで有効化される。

　パフォーマンスに基づいた価格差別化は，販売チャネルの差別化となることも頻繁にあり，図7.1で示されたCoca-Colaの例は，販売チャネルによる価格差別化を反映したものとなっている。販売チャネルの差別化の別の例として，ファクトリーアウトレットセンターがある。ファクトリーアウトレットセンターでは，消費者は専門店よりも大幅に低い価格でブランド品を購入することができる。しかしながら，そこでは同時に商品の差別化も行われており，アウトレットは昨シーズンの商品あるいは低品質仕様の商品を販売している。販売チャネルの差別化に対応した新しい価格差別化の形態としては，オンライン・ショッピングがある。タブレット端末やスマートフォンで購入する人は誰でも，サーチャージを支払っているかもしれない。というのも，オンラインショップは，顧客がオンラインでどのデバイスを用いているかを示すトラッキングシステムを使用しているからである。たとえば，ホームデポは，顧客がどのOSを用いているかによって，同一のオンライン情報探索でも異なる結果を示すように設定している。平均して，アンドロイド携帯のユーザーは支払額が6％高いことが示されている [11]。

購入量に基づいた価格差別化

　購入量に応じた価格差別化の出発点はGossen [12] では第一法則である。ゴッセンの第一法則は，数量が増加するにつれて商品の限界効用が低減することを示

している [12]。ある商品が一単位追加されるごとに，より少ない量の増分効用がもたらされる。喉をカラカラにした登山者にとって，宿屋での最初の一杯目のビールは二杯目，三杯目，五杯目のビールの効用よりも大きい。購入量に基づいた価格差別化は消費量の変動に関連して変化する効用に関係しているので，主に「購入量が可変的な場合」に適用される。顧客はその商品の価格と効用を単位ごとに比較し，そして，n番目の商品単位について，その効用が価格よりも大きい場合にのみ購入する。したがって，購入量に基づいた価格差別化は売り手によってなされるものではない。しかしながら，顧客がそれぞれ，自らの購入量を選ぶことによって，異なる平均価格を支払うことになる。このタイプの価格設定は非線型としても知られる。単位当たり支払価格は数量が増えるにつれ低下し，購入数量と非線型の関係になるからである [13]。このような非線型価格設定の例として，ヒューストンにある駐車場の例がある。顧客は一時間当たり4.5ドルを支払うが，駐車場の営業時間（6：00-22：00）中，つまり16時間ずっと駐車した場合の価格は総額で18ドルであり，1時間当たりでは1.13ドルになる [14]。

　数量に基づいた価格差別化は，同質的な顧客グループ，異質的な顧客グループの両方に用いることができる。それぞれのケースは以下に示される。ここで限界費用は0と仮定している。

- 同質的な顧客グループの場合：もしもすべての顧客がある商品1単位（一単位目，二単位目，三単位目など）に関して，同じ最大価格を持つならば，1人の顧客について検討するだけで十分である。この状況は**図7.7**で構造的に示されている。抽出可能な全体的な利益は，三角形0ABの範囲である。す

[図7.7] 顧客が同質的な場合の均一価格設定と非線型価格設定

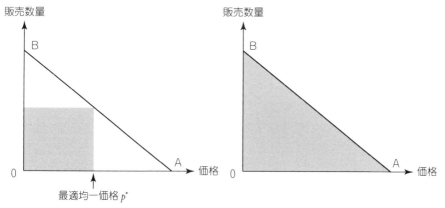

でに示した通り，単一価格によって，この潜在的な利益の半分のみを得ることができる。この考え方は，異なる顧客に異なる価格を適用しているという意味で古典的な価格差別化とよく似ているが，ここでは購買量に従った価格差別化を扱っている。均一価格設定と比べて，数量に基づいた価格差別化は，顧客が同質的な場合により有効である。図の右側は，三角形で表される潜在的な利益を顧客から完全に引き出すことを示している。

- 異質的な顧客グループの場合：実際には，顧客は決して完全に同質的ではない。異質的な顧客への購入量に基づいた価格差別化を議論するために，**表7.3**の例を説明する。この企業は映画館を経営している。顧客セグメントA，B，Cという3つのセグメントは，ある1ヵ月の1回目，2回目，3回目…の来館に異なる最大価格を持っている。最適な均一価格は$p^* = \$5.50$である。この価格でセグメントAの顧客は2,000回，セグメントBの顧客は3,000回，セグメントCの顧客は4,000回，映画を見に行く。この時，1ヵ月の来館者は9,000人になり，49,500ドルの利益をあげることになる。

最適な非線型価格差別化を見出すには，いくつかのステップが必要になる。最初のステップは，初回訪問における利益を最大化する価格の決定である。この価格は$p_1^* = \$9$である。3つのセグメントすべての顧客が来館すれば，利益は27,000ドルとなる。もしも価格が$p_1 = \$10$ならば，セグメントBとCのみが来館し，利益は20,000ドルに減少するだろう。また，もし価格を$p_1 = \$12$にしたならば，セグメントCのみが来館し，利益はほんの12,000ドルにしかならない。

もし映画館にその後も継続して来館させようとするならば，表7.3に示した，非線型の価格体系が考えられる。最適価格は，初回来館の9ドルと5回目の来館

[表7.3] 異質な消費者セグメントA，B，Cが存在する場合の，量に基づいた価格差別化

来館数	最高価格（\$）			非線型最適価格構造（\$）	販売数量（単位：千回）	利益（単位：千\$）
	A	B	C			
1	9.00	10.00	12.00	9.00	3	27.00
2	6.00	7.50	10.00	6.00	3	18.00
3	3.50	5.50	8.00	5.50	2	11.00
4	2.00	4.00	6.00	4.00	2	8.00
5	1.10	1.50	3.50	3.50	1	3.50
計					11	67.50
最適均一価格				5.50	9	49.50

[図7.8] 消費者が異質な場合の，均一価格設定と数量に基づいた価格差別化

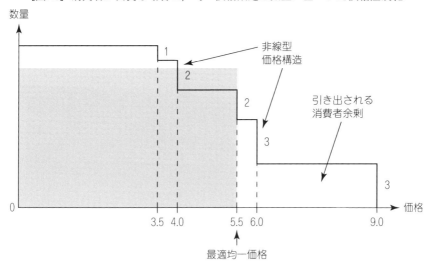

の3.50ドルの間で変動している。この場合の67,500ドルという総利益は，均一価格設定の場合の利益49,500ドルよりも大幅に高くなる。

図7.8は異質な顧客セグメントについて，購入量に基づいた価格差別化を行った場合の利益へのインパクトを示している。影をつけた部分は均一価格設定の場合の利益を表しており，階段状の曲線の下の部分は，非線型価格設定の場合の利益を表している。非線型価格設定は消費者余剰を引き出し，同時に，最適な均一価格のもとでは捉えることができなかった需要も取り込むことができている。購入量に基づいた価格差別化構造においては，購入量が増えるにつれて，価格は限界費用に近づくように低下していく。購入量に基づいた価格差別化は，均一価格設定と比べて，最適な均一価格より高い価格と低い価格の両方で潜在的な利益をうまく捉えることができる。

購入量に基づく価格差別化にはいくつかの形態がある（**表7.4**参照）。最も重要で最もよく見られるものについて簡単に説明する。

二部料金制は，ある一定の期間に一度だけ支払う固定料金と単位当たりの追加料金から構成される。典型的な例は，電話料金プランの古典的な価格モデルである。そこでの料金は，月当たりの基本料金と1分当たりの価格から構成されている。電気料金の典型的な価格モデルも同様の価格体系である。二部料金制の追加単位当たりの料金は一定であるが，顧客が支払う平均的な単位当たり料金の総額は，購入量が増加するにつれて減少する。これは，使用量が増えるにつれ，より

[表7.4] 販売数量に基づく価格差別化の形態（非線型価格設定）

形態	定義	注記
二部料金設定	$p(q) = f + p \times q$	$p(q)$：支払価格
ブロック料金設定	$p(q) = \begin{cases} p_1 \times q & q < q_b \text{の時} \\ f + p_2 \times q & q \geq q_b \text{の時} \end{cases}$	f：固定された基本価格 p：価格 q：数量
総量ディスカウント	$p(q) = \begin{cases} p_1 \times q & q < q_b \text{の時} \\ p_2 \times q & q \geq q_b \text{の時} \end{cases}$	q_b：分割数量（超過した場合に，異なる価格が適用される）
増分数量ディスカウント	$p(q) = \begin{cases} p_1 \times q & q < q_b \text{の時} \\ (p_1 - p_2) \times q + p_2 \times q & q \geq q_b \text{の時} \end{cases}$	
価格点	数量によって価格は明示的に特定される。	
連続価格構造	その他のタイプの非線型価格設定の場合，特性共有する微分可能な連続関数	

多くの単位に基本料金が割り振られることになるためである。

　ブロック料金制は二部料金制と均一価格を組み合わせたものである。ブロック料金制においては一般的に，数量別にn個の区間から構成され，多くの二部料金制を組み合わせたものとなっている。**図7.9**はエネルギー料金のブロック料金制の事例である。この事例は，固定料金と消費単位当たり料金から構成されている。固定料金が高ければ高いほど，変動する消費単位当たり料金はより低くなる。低消費電力料金から基本消費電力料金価格に移る点が損益分岐点となっており，114.61キロワット時間での価格となる。

　購入量ディスカウントはより多くの数量を購入する場合により高い割引率を適用する。したがって，購入量が増えるほど，平均単価は減少する。ここで，購入総量に対するディスカウントと増分に対するディスカウントを区別する。もしも割引率が購入総量に対して適用されるならば，全体量ディスカウント，総量ディスカウントになる。定められた購入数量の閾値を超えた場合に適用される割引率が全体数量に適用されることにより，顧客は余儀なく効率的ではない数量を購入することになるだろう。この場合，顧客は割引が適用される次の最大購入量の閾値（割引率が上がる点，つまり，全体購入量の価格が大きく下がる点）で購入することになる。**図7.10**はこのような例を示している。おそらく顧客は実際に必要としている241個ではなく，250個を割引価格で購入するだろう。これは，250個以上に適用される割引率が購入した全体量に適用されるからである。

　一方で，もしも割引率がある区間内の数量にのみ適用される場合は，増分ディスカウントとよばれる。

第 7 章　価格決定②―多元的なプライシング―　◆293

[図7.9]　ブロック料金の例

区分	電力価格	
	基本価格（月額）	単位当たり価格
低消費量区分	$0.00	ct31.99/kWh
固定価格区分	$12.08	ct21.45/kWh

凡例

p(q)：数量に依存する総価格
kWh：キロワット時間

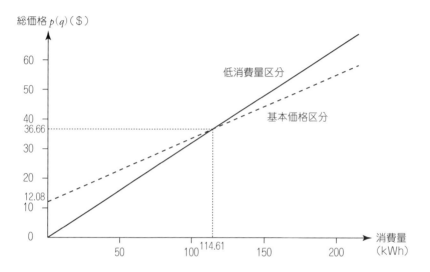

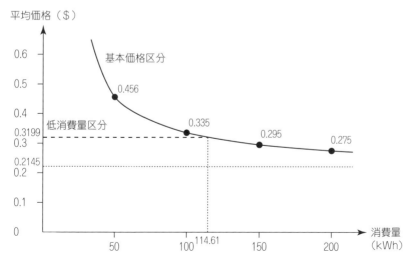

[図7.10] 販売数量に基づくディスカウントの例

販売数量	値引き
> 10 units	9%
> 20 units	12%
> 50 units	15%
> 100 units	17%
> 250 units	20%
> 500 units	23%

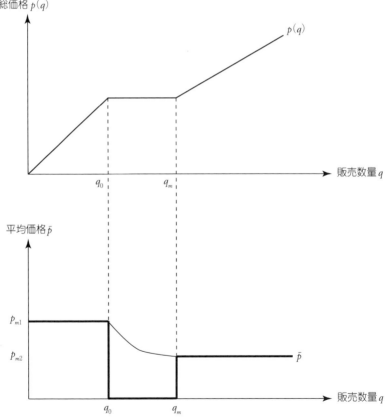

"プライス・ポイント"体系は，離散的に設定された購買量に対して，特定の価格が設定されており，このことは，顧客は決められた特定の数量だけを購入できることを示唆している。たとえば，パスポートなどの証明写真は，3枚，6枚，12枚というように決められた枚数のみが購入できるようになっている。3枚の写真の費用は18ドル（1枚当たり6ドル），6枚では27ドル（1枚当たり4.50ドル），12枚では48ドル（1枚当たり4ドル）といった具合である。

連続的な価格体系の場合，数量に依存する価格の逓減は数式で表すことができる。実務にはほとんど関連しないが，ここでは網羅的に説明することにする。

7.2.3.3　顧客水準に基づいた価格差別化（3次の価格差別化）

3次の価格差別化は4つの実施形態を区別できる。これらには個人に基づいた価格差別化，時間に基づいた価格差別化，地域に基づいた価格差別化，顧客グループによる価格差別化がある。すべての形態に共通する特徴は，顧客は自らが属するセグメントを選ぶのではなく，売り手によって，何らかの特徴に基づいたあるセグメントに割り当てられるということである。この特徴は顧客の支払意思額と関わりのあるものとなる。

個人に基づいた差別化

個人に基づいた価格差別化は，買い手の特徴に従ったセグメンテーションに基づいている。それらの特徴は，年齢（こども料金，シニア料金），就学状況（大学生，高校生），企業や団体（協会，団体）への所属のような，社会学的特性に基づいて決められている。サービスの場合，このような形態の価格差別化は実施しやすく，明快である。しかし，購入状況や使用状況を追跡するのが難しい商品の場合，セグメントに基づいた支払意思額を捉えようとしてもうまくいかない。また，差別化の基準となる購買者の特徴次第では，セグメンテーションが有効かどうかをチェックするのに追加的なコストがかかってしまう。

購買者の特徴は，顧客の購買行動特性が反映されたものであるべきである。購買行動に基づいた価格差別化の例は，インパッケージ・クーポン，ロイヤリティ・リベート，あるいは単純な購買量によるものがある。Müller，CVS，Walgreensのようなドラッグストアは，顧客のレシートにディスカウントクーポンを印刷しており，顧客は次回の来店時にそのクーポンを利用できる。この方法による顧客維持の効果は強力である。顧客は次の購買時にそのディスカウントを適用するかどうかを決めることができるので，これは一種の自己選択ともなっている。個人に基づいた価格差別化の例としては以下のようなものがある。

- 美術館では，顧客が学生であるか否かが，価格差別化の基準となっている。ニューヨーク近代美術館（MoMA）では，大人の入場料は25ドルだが，学生は14ドルである。
- 年齢は，価格差別化の基準としてよく用いられる。ディズニーワールドでは，3歳まではマジックキングダムに無料で入場でき，4歳から9歳までのこどもは「バリュー・デー」に101ドルで入場できる。10歳以上の来場者は107ドルを支払う。ヨーロッパ・パークでは，4歳から11歳のこどもとシニア（60歳以上）の入場料は37ユーロ，12歳から60歳未満の入場料は42.50ユーロである。Best Western Hotels & Resortsは，55歳以上の宿泊客には最低10%の割引を適用している。数多くの交通機関では，同様のディスカウントチケットをシニアに提供している。
- アメリカのAAAに当たるドイツのADACは，新規のドライバーと経験豊富なドライバーを区別している。運転免許を得て数年のドライバーから会員料を取らず，それ以外のドライバーからは年間49ユーロを徴収している。AAAは，家族の誰かがメンバーである場合に，仮免許証を持ったティーンエイジャーのドライバー向けに無料会員制度を提供している。
- 年齢に基づく割引制度は自動車保険においてもよく見られる。50歳から59歳のドライバーは保険料が最も低く，平均で480ドルである。24歳以下のドライバーの場合，平均で1,948ドルかかり，これは50代のドライバーの保険料の306%増に当たる。60歳以上のドライバーの場合，60歳を迎える前から加入していた保険は平均で10%以上保険料が増え，529ドルとなる。しかしながらこれらの価格は，事故を起こすリスクに比例していない。50歳から59歳までのドライバーの走行距離1億マイル当たりの事故件数は285件である。60歳以上のドライバーに関しては，事故件数は692%増加し，2,257件である。10%の保険料の差は，増加する事故発生率つまり増加する保険会社にかかるコストよりもずっと低い。24歳以上のドライバーにおいても状況は似ている。1億マイル当たりの事故件数は4,085件であり，50歳から59歳までのドライバーの1,333%増である。しかしながら，支払う保険料は306%強高いだけである [15]。
- 健康保険会社は，喫煙者と非喫煙者を区別している。保険会社は健康関連アプリを用いて，健康に関するデータとフィットネスに関するデータを集め，より健康的な生活をしている人には値引きしている。同様に自動車保険会社はブラックボックスを車に設置し，運転手の行動を監視し，それに従って料金を割り増したり割り引いたりしている。
- 教会やクラブは会員と非会員で異なる価格を設定している。アメリカマーケティ

ング協会の会員の年次大会参加費は550ドルであり，非会員は765ドルである。

- スイスの旅客輸送会社各社は，若者を対象に「Swiss Travel Pass」を発行している。割引率は約17％である［16］。

時間に基づいた価格差別化

　時間に基づいた価格差別化は，それぞれの期間において場所，パフォーマンス，購入量に関しては同じ特徴を持ったある商品に関して，時間によって売り手が異なる価格を設定することを意味している。同じようなものとして，特定の条件に当てはまる場合には「ダイナミック・プライシング」といわれる。

　時間に基づいた価格差別化には，時間帯（電話，電力など），休日（入場料，交通チケット），季節（航空，旅行）などが含まれる。**表7.5**にはいくつかの例が示されている。たとえば，フィットネススタジオは，時間帯によって価格設定が異なる。朝と夕方は日中ほど高くない価格に設定されている（1ヵ月31.9ドル/29.9ドルと39ドル）。映画館やスパは，曜日によって価格が変動する傾向にある。

　その他，時間に基づいた価格差別化の例としては次のようなものがある。

- Lufthansaは，ドイツ国内で直行便に週末価格を設定している。対照的にRyanairは火曜日と水曜日に特に価格を低く設定している。
- あるベーカリーは「ハッピーアワー」を設定しており，閉店時間の1時間前，パンの価格が30％引きになる。
- ホテルの料金価格は，その都市で見本市などのイベントがあるかどうかによって，非常に大きな変動がある。**表7.6**はドイツのフランクフルト・アム・マインのいくつかのホテルの料金価格を示したものである。合衆国の主要都

［表7.5］時間に基づいた差別化の例 ［17-20］

フィットネススタジオ		駐車場（空港）		映画館		ウェルネスホテル（シングルルーム）	
時間帯	価格	時間帯	価格	時間帯	価格	時間帯	価格
制限なし	$39.00（月額）	平日料金（月曜－土曜）	$29	月・火・水	$7.00	金・土・祝日	$220
		日曜・祝日	$3	木曜－日曜（17：00以前）	$8.00	日曜－木曜	$149
10：00-12：00	$31.90（月額）	－		木曜（17：00以降）	$9.00		
19：30-21：30	$29.90（月額）	－		金曜－日曜・祝日（17：00以降）	$10.00		

[表7.6] フランクフルト・アム・マインのホテルの価格差別化（スタンダード・ルーム，朝食あり/なし）（単位はすべて€）[22-27]

	シングルルーム	シングルルーム	シングルルーム
	月曜日－金曜日	土曜日・日曜日	展示会期間
Le Méridien Parkhotel Frankfurt	219.00 （朝食あり）	139.00 （朝食あり）	369.00 （朝食あり）
Mercure Hotel & Residenz Frankfurt	79.00 （朝食なし）	79.00 （朝食なし）	199.00 （朝食なし）
Maritim Hotel	122.55 （朝食なし）	84.55 （朝食あり）	437.00 （朝食なし）
Marriot Hotel, Frankfurter Messe	189.00 （朝食あり）	129.00 （朝食なし）	479.00 （朝食なし）
Sheraton Hotel & Towers	224.00 （朝食あり）	185.00 （朝食あり）	274.00 （朝食あり）
Steigenberger Frankfurter Hof	249.00 （朝食なし）	199.00 （朝食なし）	649.00 （朝食なし）

市も同様の料金体系であり，シカゴのホテルの宿泊料金は見本市の期間には通常期間の3倍にまで上昇する。

- 貸別荘の価格は季節によって変動する。夏には貸別荘の需要は高まり，結果として価格が上昇する。繁忙期には，閑散期の価格の3倍以上の価格に跳ね上がることもある。
- 夜になると日中よりも需要が高まるため，オンラインで販売される商品の価格が割高になることがある [21]。

Amazonのケースはまさしく，デジタル化が，いかに強力に価格差別化を引き起こしたかを証明している。オンライン小売業者は1日当たり250万回以上価格を変更している。これに対して，古典的なブリック・アンド・モルタル市場に焦点を当てているBest Buy とWalmartは1ヵ月に約50,000回，価格を変更しているが，この価格変更の頻度はAmazonの0.1％にも満たない。

時間に基づいた価格差別化は，キャパシティの管理にも用いられる。商品やサービスの需要が急増する際にはいつでも，価格は高くなる。キャパシティの稼働状況を安定した水準に維持するためである。ダイナミック・プライシングとよばれる，（時間的に）動的な価格差別化の事例として，ライド・シェアリングサービスのUberの「サージ・プライシング」がある。ある時点において需要が高まれば高まるほど，価格はより高くなる。ニューヨーク市が吹雪の時，一時的に

第7章　価格決定②―多元的なプライシング―　◆299

Uberは価格を通常価格の2倍から4倍に，劇的に引き上げた [28]。ダイナミック・プライシングをある特別な用途に使うことで，現代社会において多大な犠牲が払われている問題の1つを解決することができる。その問題とは道路の交通渋滞である。この分野はダイナミック・プライシングの成功が最も見込まれる分野の1つであるが，今までのところ，渋滞緩和策として用いられたことはあまりない。ここからは，この道路の変動料金制の例について紹介する。アメリカ（ミネアポリス，ワシントンDC，サンディエゴ，デンバー，カリフォルニアのオレンジカウンティなど）においては渋滞回避のためのプライシングが取り入れられている。カリフォルニアの価格は1.15ドルから9.25ドルの範囲で変動し，高速道路に入る前に支払う前払い方式になっている。運転手はここで示した有料レーンとは別に無料レーンも選択することができる。

　シンガポールはこの分野のパイオニアである。シンガポールでは，乗用車がセントラルビジネス地区に入る場合には，追加料金（「セントラル地区プライシング」）が課せられる。その結果，相乗りの割合が30%増加した一方で，私的な目的での車の使用が73%減少した。また混雑回避のための価格設定は，その後3つの主要な幹線道路にも拡張され，幹線道路の平均速度は時速31キロから時速67キロに上昇した。シンガポールを訪れる人はみな，他の大都市と比べて渋滞が少ないことに驚くことであろう。その違いはすべてプライシングにある [29]。

　時間に基づいた価格差別化はまた，レストランでもよく採用されている。よくある形態としては，通常午後の遅めの時間帯や夕方の早めの時間帯の数時間の間，値引きを行う「ハッピーアワー」がある。しかしながら，ハッピーアワーが成功するかどうかは価格弾力性次第である。たとえば値引き後の価格が，引き寄せたい顧客にとって十分に魅力的でないことも起こりうる。レストランの中には，比較的需要が少ない平日に，価格を引き下げるレストランもある。しかしこのことは同じ問題を引き起こす。対照的に，需要のある時期に価格を引き上げることは比較的安全な策である。需要過多な状況では，価格を高くすることによって，レストランの収容能力にあわせて客数を調整することができる。そうすることによって，満席のために来店した客を断る必要はなくなる。ただし，価格の引き上げによって得意客の機嫌を損ねてしまうリスクはある。また，顧客のサービス需要が特定のタイミングにおいてのみ存在するのでなければ，顧客はより安い価格が設定された別のタイミングで利用しようとするだろう。ピークロード・プライシングとレベニュー・マネジメントはそのような問題に対処するものであり，詳細は実践に関する章（第10章）で議論する。

　もし裁定取引の可能性がないのであれば，時間帯，曜日，季節といった，時間

（時期）に基づいた価格差別化は，利益を向上させる効果的な手段となる。このアプローチは，管理するための追加的なコストをほとんど必要としない。

顧客グループ別プライシング

　顧客グループに基づいた価格差別化は，顧客のグループに対する，製品・サービスの売上に関するものである。顧客グループ別プライシングを用いる企業には次のようなものがある。

- 旅行代理店：休暇旅行の場合，同行者やこどもなどの価格を割り引いたり無料にすることがある。
- 航空会社：ある条件を満たせば，配偶者やそのほかの同行者の航空料金を半額もしくは無料にすることがある。
- 公共交通：親が同伴しているこどもの運賃は無料になる。
- レストラン：2人目のメインコースは半額もしくは無料になる。
- 音楽のストリーミング配信：Apple MusicとSpotifyは，特別な家族料金を提供しており，世帯の個人が，それぞれ別々にサブスクリプション契約をする必要はない。Appleの家族向けパッケージの料金は6人まで14.99ドルで，Spotifyは1人当たりの追加料金を5ドルに設定している [30, 31]。

顧客グループ別価格設定は3つの形態に分けられる [32]。

- 購入量により価格が変動する顧客グループ別価格設定においては，顧客は自らの行動でその要求をかなえることができる。カタログやオンライン小売業者への複数の注文をまとめることでディスカウントが受けられるような場合である。
- 購入量が固定的な顧客グループ別価格設定においては，顧客はそれぞれ決められた数量の商品やサービスを注文する。このような形態の顧客グループ別価格設定は，たとえば，美術館の団体割引料金などが挙げられる。
- 3番目の形態は，単一商品の顧客グループ別価格設定である。あるグループが1つの商品を同時に購入する場合であり，たとえば鉄道の団体チケット，複数のユーザーが使えるライセンスを与えるソフトウェアなどがある。

　顧客グループ別価格設定による利益の増加は2つの効果をもたらす。第一の効果は，異質な顧客からうまく消費者余剰を引き出すことができることであり，第二の効果は，ある顧客から別の顧客に消費者余剰を移転できることである。
　これらの効果は**図7.11**に示されている。ここでは，単純化するために固定費と

第 7 章　価格決定②—多元的なプライシング—　◆301

[図7.11]　均一価格設定と複数人での利用における価格差別化

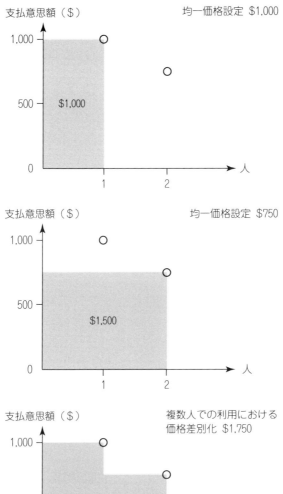

限界費用は0と仮定している。ビジネスで出張する人の配偶者が，その出張についていくことを考えているとする。このビジネス出張の最大支払意思額は1,000ドルである。そして配偶者の支払意思額は750ドルである。もし1人当たり均一料金が1,000ドルならば1人だけ旅行し，その場合の利益は1,000ドルとなるだろう。もしこの航空会社が750ドルという単一価格を設定すれば，2人とも旅行することになるだろう。この場合，利益は750ドルが最適価格として，1,500ドル（750ドル×2）に上昇する。しかしながら，顧客グループ別価格設定を用いると，この航空会社は2人で総額1,750ドル（1,000ドル＋750ドル）の料金を設定できる。これは，最適な均一価格と比べ，利益が16.7％増加することを意味している。顧客グループ別価格設定は，利益を最大化させるために，それぞれの顧客の最大支払意思額を得ることができる。

　ある顧客の消費者余剰は別の顧客の消費者余剰に移転できることを理解するために，少し数字を変えて上記の試算を繰り返してみる。ビジネス旅客の最高支払意思額が900ドルで配偶者の最高支払意思額が850ドルならば，価格が1人当たり1,000ドルの場合には1人も旅行しないだろう。しかしながら，総費用が1,750ドルならば，2人とも旅行することになるだろう。なぜなら合計したこの価格は支払意思額の合計に相当するものだからである。

地域による価格差別化

　売り手が，顧客の居住地や購買場所など地域によって，同じ商品に異なる価格を課す場合，地域による価格差別化という。**表7.7**はアメリカ地域別のレンタカー料金を示している。

　地域による価格差別化は，多くの市場において適用されている。たとえば，燃料，食料，日用雑貨，各種サービスなどがある。価格差別化の理由づけには，購買力や購買行動，費用，競争，販売チャネルの違いなどがある。このアプローチ

[表7.7] アメリカにおける自動車レンタル価格（中型クラス，一週間）[33]

都市	一週間当たり価格（＄）	平均からの乖離（％）
ニューヨーク	345	＋12.8
シカゴ	370	＋21.0
ロサンゼルス	245	−20.0
デトロイト	360	＋17.7
マイアミ	210	−31.4

第7章 価格決定②―多元的なプライシング― ◆303

では，その地域の価格弾力性と費用に基づいた，それぞれの地域に最適な価格を決めることが求められる。このような価格の差別化が効果的に機能するには，地域の境界をどのように設定するかが重要である。この問題は，国際的な価格差別化（9.2.1）と構造的に類似している。

7.2.3.4　複数の形態の価格差別化を組み合わせた価格差別化

これまで，純粋な形態，つまり単一の価格差別化について様々な実践形態を見てきた。しかし実務上，企業は複数の形態の価格差別化を組み合わせていることがよくある。これらの組み合わせは顧客セグメントにより正確に対応する役目を果たしている。Fassnacht［4］は，サービス部門において調査を実施し，47.5％の企業が2つの形態の価格差別化を同時に利用していたことを示した。最もよくある組み合わせは，時間に基づいた価格差別化とパフォーマンスに基づいた価格差別化を組み合わせたもの（28.8％），時間に基づいた価格差別化と購入量に基づいた価格差別化を組み合わせたもの（25.8％），価格バンドリングと連動した，人に基づいた価格差別化（12.1％）である。

多元的組み合わせの例の1つとして，アメリカマーケティング協会の提供サービスの例が**表7.8**に示されている

この例から，価格差別化が以下のような実践形態であることがわかる。

[表7.8] アメリカマーケティング協会の多次元価格差別化 ［34］

種別	アメリカマーケティング協会		
	アメリカ	カナダ	その他海外
専門家			
1年間	$240＋支部会費	$195＋支部会費	$195
2年間	$460＋支部会費	―	―
3年間	$640＋支部会費	―	―
研究者	$240＋支部会費	$195＋支部会費	$195
若手研究者	$120＋支部会費	$120＋支部会費	$105
博士課程大学院生	$120＋支部会費（任意）	$120＋支部会費（任意）	$105
学生	$50＋支部会費（任意）	$50＋支部会費（任意）	$50
団体			
4名－9名	$255（1名当たり）	$255（1名当たり）	―
10名以上	$230（1名当たり）	$230（1名当たり）	―

- 地域に基づいた価格差別化：異なる国間で比較をする時，「国際会員」料金はアメリカ，カナダの料金よりも安いことがわかる。更には，支部会費は，最高額が70ドル（シカゴ，ロサンジェルスなど），最低額が24ドル（タルサなど）で，非常に大きな変動がある。
- 人に基づいた価格差別化：アメリカ会員，カナダ会員，国際会員は，職業や資格（専門職，研究職など）によって異なる会費を支払っている。
- グループに基づいた価格差別化：4名〜9名のグループメンバーは，1人当たり255ドルを支払う。これには支部会費もまた含まれる。したがって，グループに基づいた割引の程度は，支部会費に依存して変わる。メンバーが10人以上いる場合，メンバー1人当たり230ドルになる。メンバーが10人以上の場合，シカゴやロサンジェルスでは26％の割引になり，タルサでは13％の割引になる。
- 時間に基づいた価格差別化：2年単位あるいは3年単位の会員登録は，1年単位の会員登録よりも登録料が割安である。3年単位の会員登録は，1年単位の会員登録と比べ11％の割引を受けることができる。したがって，会員登録期間によって価格は低下する。

表7.9の例は，様々な価格差別化の形態の，もう1つの組み合わせの例を示している。

- 時間に基づいた価格差別化：レンタカーの時間当たり料金は，借りた時間帯が昼間か夜間かによって変わる。
- 人に基づいた価格差別化：顧客がBahnCardを持っているかどうかによって，

[表7.9] 多元価格差別化：Flinkster Car sharing [35]

	小型車	中型車
時間当たり価格		
・8：00-22：00	€5.00	€7.00
・22：00-8：00	€1.50	€1.90
1日間料金（1日目）	€50.00	€70.00
1日間料金（2日目）	€29.00	€49.00
キロ当たり（電気，ガソリン）消費料金	€0.18	€0.20
登録費用（初回のみ）		
・BahnCard なし	€50.00	€50.00
・BahnCard あり	無料	無料

第7章　価格決定②—多元的なプライシング—　◆305

[表7.10]　多元価格差別化：The Economist [36]

	年間購読（12か月）	年間契約・学生（12か月）
紙面またはデジタル	$152	$115
紙面およびデジタル	$190	$142

登録料が変わる。

- パフォーマンスに基づいた価格差別化（1番目のケース）：時間当たりの料金は，借りたレンタカーのサイズによって変わる。
- パフォーマンスに基づいた価格差別化（2番目のケース）：1キロ当たりの価格は，借りたレンタカーのサイズによって変わる。
- 数量に基づいた価格差別化：2日目の価格は，1日目の価格よりも安い。

　同様に表7.10のThe Economistの例は，複数の形態の価格差別化の組み合わせを示している。

- 人に基づいた価格差別化：学生は25％程度の割引を受けることができる。
- パフォーマンスに基づいた価格差別化：雑誌の価格は，印刷媒体か電子媒体かといった，読者が選んだ形態によって変わる。

　このように価格差別化を組み合わせることの利点は，顧客が異なるパフォーマンスパラメータの中から異なる価格を選んで支払うことができ，その結果として効果的に消費者余剰を引き出すことができるという点である。しかし，企業がそのような価格差別化の形態を組み合わせて提供する際には，顧客はその価格体系を非常に複雑に感じてしまいかねないという点に気をつけるべきだろう。企業は，このような複雑性が，価格透明性という観点から望ましいものであるかどうかを，場合によっては評価する必要がある。複雑性が高いと，顧客は価格を比較しにくくなる。それはまた，意図したインセンティブ効果が働かなくなったり，あからさまに顧客の反発を買ったりすることにつながる可能性もある。同時に，複数の形態の価格差別化を用いることによって追加的なコストがかかることになる。それらは内的コストと外的コストに分けられる。内的コストには市場調査活動や追加的な組織的努力などがある。価格差別化による外的コストは潜在的な顧客の離反に由来するものである。顧客は複雑に差別化された価格を，理解しがたい，不透明な価格体系と感じるかもしれない。こうなると顧客の支持を失い，類似したサービスの探索を招き，究極的には競合にスイッチすることにつながってしまう。

したがって，この教訓から学ぶべきことは，価格差別化には，価格形態の数を最大化することが目的なのではなく，最適化することが目的だということである。

実際，価格差別化のコストは，価格差別化の実践によって得られる効用を上回る速度で増加する。同時に，売り手にとっての価値，すなわち利益は比例的には増加していかない。

これらの相殺効果は，価格差別化の実践形態の数を最適化する必要性を示すものとなる。図7.12はこの関係性を図式化したものである。

複雑な価格体系が取り入れられている業界においても，単純な価格体系を採用する企業を目にすることもある。一部の売り手が市場の価格体系をより複雑なものにした一方で，その競合企業は「単純化というニッチ市場」を開拓することになる場合がある。そのような単純化の1つの例は，ある財を単一価格で無制限に使用できる，いわゆる固定料金という概念である。この概念は根本的に，顧客にとってもシンプルであり，たとえば，週7日間，毎日24時間，どれだけ通話をし，メッセージを送っても固定料金で利用できるというようなものである［37］。固定料金は，日々の生活の中で多くの分野において導入されている。たとえば，無

[図7.12] 価格差別化のコストと効用

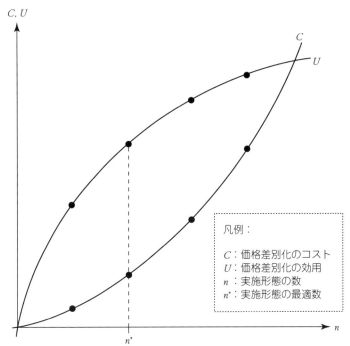

凡例：

C：価格差別化のコスト
U：価格差別化の効用
n：実施形態の数
n^*：実施形態の最適数

制限に鉄道旅行ができる，ドイツ鉄道のBahnCardの例がある。固定年会費の例
では，Amazon Primeは，対象商品をアメリカ全土において2日間で配送する。
またその他にも，「Kindle Unlimited」の名前で電子書籍を固定料金で提供したり，
拡張的なビデオ・オン・デマンドプログラムや「Prime Music」と呼ばれるスト
リーミングサービスを提供している。Amazon Primeの年間料金は，アメリカで
99ドル，EU諸国では69ドルである。スイスの旅客輸送会社各社は，「Swiss
Travel Pass」とよばれる，固定料金の共通パスを提供している。このパスを買
えば，鉄道，バス，ボートの輸送サービスを一定期間（3日間，4日間，8日間，
15日間），無制限に利用できる[16]。

　固定月額料金制の自動車のサービス契約もこのパターンに当てはまる。固定料
金にすることによって，顧客は価格体系が複雑ではなくなったと認識するようで
ある。Fritz, Schlereth, and Figgeら[38]は，固定料金の導入によって価格の
透明性が確保され，コストが抑制されることによって，消費者の購買意思決定が
単純化するだけではなく，複雑な価格の比較を不要とする役割を果たすことを示
している。シンプルなプライシングを採用する企業は，差別化された複雑な価格
体系を保つためのコストを必要としないので，コスト優位性を確保できる。

7.3　商品間の価格決定

7.3.1　商品ラインの価格決定

　企業が，1つの商品あるいは1つのサービスしか提供しないことはまれであり，
ほとんどの企業は複数の商品やサービスを扱っている。この複数の商品を取り
扱っているという性質が価格マネジメントに影響を与えるかどうかは，個々の商
品間で，販売数量および費用がどの程度相互に依存しているかによる。しかし商
品の市場やセグメントが完全に分かれていない限り，そのような相互依存性は存
在すると考えられる。

7.3.1.1　理論的基礎

　ある商品ラインの各商品間に相互依存性が存在する場合，利益を最大化する価
格は，個別の商品ごとに決定できるものではない。利益を最大化するには，商品
間の相互依存性を考慮する必要がある。ここでは，商品間の異なる4つの内的関
係性を区別する。

代替関係

　同じニーズあるいは類似したニーズを満たす商品は，互いに競争的あるいは代替的な関係にあると考えられる。一般的に，顧客はいくつかの選択肢の中からある商品を選び，またある商品を多く買う場合には他の商品の購入量を減らす。したがって，代替的な商品間の交差価格弾力性は正の値をとる。ある商品の価格を引き上げるとその商品の需要は低くなり，代替商品の需要が高くなる。完全に代替していると考えられる商品の例は，自動車や休暇向けのパッケージ旅行である。その他，異なる種類のワイン間や，鉄道の旅と飛行機の旅の間でも，緩やかな代替関係が見られる。

　通常，商品ライン内に代替的な商品を持つ企業は，自社商品間のカニバリゼーションを低く抑えるように努めている。価格マネジメントは，この目的を達成するための重要な手段である。

補完関係

　複数の商品を組み合わせることで価値が生じる場合，それらの商品は互いに補完的な関係を持っているという。顧客がある商品をより多く買う場合に，もう一方の商品もより多く買うことになる。補完関係にある商品間の交差価格弾力性は負の値をとる。つまり，ある商品の価格を上昇させると，その商品の販売数量だけでなく，補完関係にある商品の販売数量も減少する。補完関係の程度は，固定的（限定的）な場合も変動的な場合もある。固定的な関係の例としては，自動車とエアコン，住宅とヒーターなどがある。変動的な関係の例としては，コーヒーと砂糖，ワインとチーズなどがある。

動的な関係性

　時間は往々にして，商品間の内的な関係性に作用する。ある主要商品の購買後，関連する別の商品やサービスの購買が経時的に発生する場合がある。ディーゼルエンジンや，機械，ジェットエンジンのようにひどく消耗する商品の場合，追加的な商品やサービスの支出が主要商品の価格の何倍にもなる。その他にも，商品間で動的な関係性を持った例として，コピー機とカートリッジ，血糖値測定器と試験紙などがある。

　場合によっては，主要商品をコストを下回る価格で販売するのが最適な場合もあるだろう。そのようにしても，追加的な商品が高いマージンを有する価格で販売される限り，全体的な結果としては最適となる。このような価格差別化の施策は，主要商品と追加的な商品の両方の価格弾力性が大きく異なるという事実に基づいている。

第7章 価格決定②—多元的なプライシング— ◆309

　動的な観点からは，代替財と補完財の境界ははっきりしていない。静的な観点から代替的と考えられる2つの商品は，動的には補完的であることもありうる。たとえば，それは多様なニーズの結果として生じるものである。長いスパンで考えると，多くの顧客は常に同じブランドの同じ商品だけを購入するのではなく，そのブランドのバリエーションを一通り選ぼうとする。ソフトドリンク，ヨーグルト，アイスクリームはその一例である。

イメージの波及

　同一企業の商品間には，用途に基づいた関係性に加えて，より一般的なイメージの波及関係がある。ある商品についての肯定的な経験あるいは否定的な経験のイメージは，同じメーカーの他の商品に波及し，商品の支払意思額に正のインパクトもしくは負のインパクトを与える。Simon〔39〕はそのような「のれん」の波及効果について分析した。これらのイメージは広く伝播することから，価格マネジメントの優位性は，イメージの波及効果の強度に依存する。したがって，ある導入期の商品，エントリーレベルの商品，あるいは基本商品を，ほどよく低い価格，あるいは原価を下回る価格で提供することによる効果は存在する。それは顧客の体験をポジティブなものにし，その企業の他の商品に持ち越されるのれんを生み出すためである。

7.3.1.2　商品ラインの価格最適化

　独占市場において，次のような一般的な式で表される，多商品の交差商品価格反応関数を仮定する。

$$q_i = f(p_1, \cdots, p_i, \cdots, p_n) \tag{7.4}$$

　ここでq_iは，商品iの販売数量である。変数$p_1, \cdots, p_n$は，商品ラインにおけるn番目の商品の価格を表す。ここでは静的な状況を仮定しているので，時間は除外する。

　(7.4) 式において，直接価格弾力性は

$$\varepsilon_i = \frac{\partial q_i}{\partial p_i} \times \frac{p_i}{q_i} \tag{7.5}$$

となり，交差価格弾力性は

$$\varepsilon_{ij} = \frac{\partial q_i}{\partial p_j} \times \frac{p_j}{q_i} \tag{7.6}$$

となる。

交差価格弾力性 ε_{ij} は，商品 j の価格が1％変化した時の商品 i の販売数量のパーセント変化量を表している。

目的関数は，商品ラインの総利益の最大化であり，次式で表される。

$$\text{Max } \pi = \sum_{i=1}^{n} \left[p_i q_i - C_i(q_i) \right] \tag{7.7}$$

$C_i(q_i)$ は通常，商品 i の費用関数を表す。ここでは，相互依存性は存在しないものと仮定する。全価格の利益関数の偏導関数をとり，式を変形することにより，商品 j の最適価格の条件を得る。

$$p_j^* = \frac{\varepsilon_j}{1+\varepsilon_j} C_j' - \sum_{\substack{i=1 \\ i \neq j}}^{n} (p_i - C_i') \frac{\varepsilon_{ij}}{(1+\varepsilon_j)} \frac{q_i}{q_j} \tag{7.8}$$

これはいわゆる，ニーハンス公式とよばれる [40]。(7.8) 式の第1項から，我々はすでに知っている，(6.6) 式のアモローソ・ロビンソン関係式であることがわかり，他の商品の相互依存性を考慮せずに，個別の最適価格を決定できることがわかる。交差商品最適価格は，個別の最適価格と商品ライン間の相互関係性を反映した修正項を合計した値となる。修正項には，弾力性，販売数量，単位当たり貢献マージンが含まれる。n 種類ある商品すべてを同時に (7.8) 式で考慮するならば，それぞれの価格は商品ライン全体の，すべての弾力性とすべての限界費用に依存することになる。最適価格への交差商品間の相互関係性の効果について，一概に述べることはできない。なぜなら，すべての価格は互いに依存しているからである。解釈可能な結論にたどり着くためには，他の条件が同じであるという仮定を置く必要がある。すなわち，(7.8) 式の右辺において，一度に1つの変数しか変化しないと仮定し，(7.8) で表される必要条件に加えて，十分条件を決定する必要がある。全商品の直接的な価格効果の大きさを表す係数が間接的な係数よりも大きい時に，十分条件は満たされる [41, 42]。

商品ラインが代替的な商品から構成されている時に，すべての交差価格弾力性 ε_{ij} は，正の値になる。この場合，もし $\varepsilon_j < -1$ ならば，(7.8) 式の合計値は負の値をとる。このことは，交差商品最適価格 p_i^* は他の条件が一定ならば，アモローソ・ロビンソン関係式によって示されるように，個別の最適価格よりも高くなることを表している。個別の最適価格と比べて，交差商品最適価格 p_j^* は以下の場合に高くなる。

- 商品の数が多い場合。
- 交差価格弾力性 ε_{ij} が高い場合。
- 他の商品の単位当たり貢献マージンが大きい場合。

- 直接価格弾力性ε_jが－1に近い値の場合。
- iとjの販売数量の比が大きい場合。

　もしも商品同士が完全に代替関係にあるならば，商品ラインの価格設定は，個々の商品を別々に価格設定する場合よりもより高い価格になる。

　関係性がもっぱら補完的である場合には，すべての交差価格弾力性ε_{ij}は負の値をとるため，もし$\varepsilon_j < -1$ならば，（7.8）式における合計項は正の値をとり，アモローソ・ロビンソン項から引くことになる。そのため交差商品最適価格p_j^*は，次のような場合に個別の最適価格と比べてより低くなる。

- 商品ラインがより多くの商品を含む場合。
- 交差価格弾力性ε_{ij}（の絶対値）がより大きくなる場合。
- その他の商品の単位当たり貢献利益がより大きくなる場合。
- 直接価格弾力性ε_jが－1により近づく場合。
- 販売数量iとjの比率がより大きくなる場合。

　補完商品の商品ライン価格設定の典型的な事例は，小売業者による特売やディスカウントである。小売業者は，特売対象となった商品に関し，その単位当たり貢献利益が低かったり，赤字でさえあっても，進んで受け入れる。これは，そのような特売によって引き寄せられた顧客の一部が，より高価格でより利益率の高い商品を一緒に購入すると考えるからである。（7.8）式から，最適価格は関連する商品の限界費用よりも低くなる可能性があり，マイナスになることさえありうる（第15章参照。）ビジネス上の観点では，複数の商品を扱う企業が特定の商品を限界費用より安く販売するのを禁じることは正当化できない。

　条件（7.8）は，たとえコストが同じであっても，同一商品の最適価格がなぜ企業によって異なるかを表している。このことはスーパーマーケットに併設されたガソリンスタンドが，独立したガソリンスタンドよりも，なぜガソリンを低価格で販売しているのかの説明となる。

　ある商品ラインにおいて代替関係も補完関係も存在している場合，（7.8）式の合計項の符号を明確に決めることはできない。そのような場合，最適な交差商品価格が個別の最適価格よりも高いか低いかは，代替効果と補完効果の強さによって決まる。ここでは代替関係と補完関係のそれぞれについて例を示し，そこから得られる洞察について紹介する。

代替関係の例

ここでは**表7.11**に示すパラメータを含む線型価格反応関数と費用関数を仮定する。交差価格効果を表すパラメータ b_{ij} を除き，両商品のパラメータは同一である。交差商品最適価格を決定するために，(7.8) 式を用いて $p_1^* = \$18.16$ と $p_2^* = \$17.61$ を得る。全体的な最大利益の十分条件は満たされている。直接的な価格効果を表すパラメータはすべて，間接的なパラメータよりも大きい値を示しているためである。

結果は**図7.13**に示されている。無差別曲線（等利益曲線）を用いて，異なる p_1 と p_2 の組み合わせの状況を示し，個別の商品（π_1 と π_2）それぞれに関しては等しい利益を表す曲線が点線で表わされている。一方で全体の利益 π は実線で表されてい

[表7.11] 代替関係にある商品事例のパラメータ

商品 i	a_i	b_i	b_{ij}	C_i'
1	1,000	50	25	5
2	1,000	50	10	5

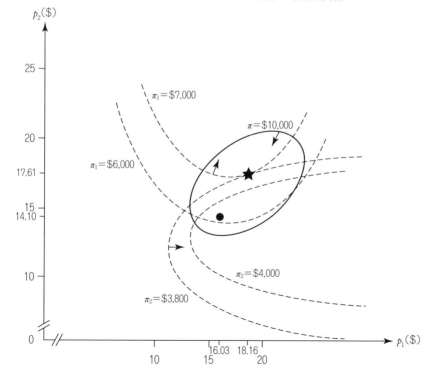

[図7.13] 2つの代替商品がある場合の等利益曲線

第7章 価格決定②─多元的なプライシング─ ◆313

[表7.12] 代替関係がある商品の最適値

最適値	代替関係を考慮する場合		代替関係を考慮しない場合	
	商品1	商品2	商品1	商品2
価格 p_j^*	\$18.16	\$17.61	\$16.03	\$14.10
販売数量 q_j	532	301	551	455
収入 R_i	\$9,663	\$5,305	\$8,835	\$6,418
利益 π_j	\$7,003	\$3,798	\$6,078	\$4,143
総利益 π	\$10,801		\$10,221	
価格弾力性 ε_j	−1.71	−2.92	−1.50	−1.50
交差価格弾力性 ε_{ij}	0.83	0.60	0.64	0.35

る。矢印は，利益増加の向きを示している。p_1 が上昇すると，他の条件が同じならば，商品2により多くの需要が流れ込むので，商品2の売上と利益が増加する。これは商品2の価格が変わらず，単位当たり貢献利益が正であると仮定した場合である。企業の関心は個々の商品の利益ではなく，総利益にある。図7.13では星のついた点が，最大総利益を表している。交差商品最適価格は，$p_1^* = \$18.16$ と $p_2^* = \$17.61$ である。

比較のため，個別の最適価格を計算してみる。最適価格は $p_1^* = \$16.03$ と $p_2^* = \$14.10$ となる。図7.13では，これらの価格は大きな点で示されている。交差商品の最適価格と個別の最適価格の結果は，**表7.12**に並べて示されている。

商品1と商品2の交差商品最適価格は，それぞれの個別の最適価格よりも，13.3%，または24.9%高い。商品2のほうがその差が大きいのは，より低価格である p_1 の商品1の方が商品2よりも販売数量への負のインパクトがずっと強いためである。このことは，交差価格効果の係数がより大きい値であることから説明できる（25と10）。

交差商品価格最適化による総利益は，個別に最適化した場合よりも580ドル，すなわち5.7%高い。しかしながら，個別商品の利益状況は非常に異なっている。理論上は，商品2は個別に価格を最適化した場合のほうが，利益は345ドル高くなる。商品1に関しては逆に，個別に価格を最適化した場合のほうが，交差商品価格を最適化した場合よりも利益が925ドル少なくなる。一方，興味深いことに，総売上では逆の傾向が見られ，交差商品を最適化した場合において，総売上は285ドル，すなわち1.9%低くなる。この事例では，企業はより利益率の高い商品1から売上，利益をより多く得るために，商品2の売上機会を最大化していないのである。

補完関係の例

表7.11に示される2つの商品のパラメータの値を用いる。しかしながらここで

[図7.14] 補完関係がある2つの商品の等利益曲線

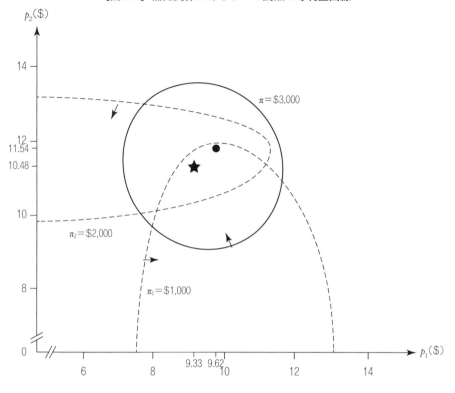

は，補完商品の交差効果のパラメータ b_{ij} の符号は負である。

補完商品の状況は**図7.14**に示されている。商品1と商品2の等利益曲線は破線で表され，実線の楕円は，総利益 π を表している。星印は，総利益を最大化する価格の組み合わせである。丸い点は補完関係がなかったと仮定した場合に，個々の商品をそれぞれ値づけした時，総利益が最大になる組み合わせを表している。矢印は利益の増加する向きを示している。

等利益曲線の形は，代替商品の等利益曲線を回転したものとなっており，商品1の価格が引き上げられると，商品2の利益が減少する。なぜなら販売数量 q_2 が減少するからである。

表7.13はその結果を示している。交差商品価格最適化を行うと，価格は低くなるが，総利益は別々に最適化した場合よりも高くなる。企業は商品2の利益を40ドル失うかわりに，商品1から得られる利益が110ドル増えるのである。この場合，交差商品の価格を最適化した場合の総売上は551ドル高くなる。

第7章　価格決定②—多元的なプライシング—　◆315

[表7.13]　補完関係にある商品の最適値

最適値	補完関係を考慮した場合		補完関係を考慮しない場合	
	商品1	商品2	商品1	商品2
価格 p_i	\$9.33	\$10.48	\$9.62	\$11.54
販売数量 q_i	271	382	231	327
収入 R_i	\$2,532	\$4,010	\$2,219	\$3,772
利益 π_i	\$1,175	\$2,098	\$1,065	\$2,138
総利益 π	\$3,273		\$3,203	
価格弾力性 ε_i	−1.72	−1.37	−2.10	−1.80
交差価格弾力性 ε_{ij}	−0.97	−0.24	−1.30	−0.29

商品ライン全体の価格決定

　商品間の価格最適化は個別に最適化する場合よりも，より複雑である。これには2つの問題がある。まず，商品間の価格最適化は，それぞれの交差価格効果を表す係数として妥当と思われる値を測定可能な場合にのみ効果があるということである。2つ目の問題は，すべての関連商品の価格決定にコアコンピタンスがあることが前提条件となっているということである。

　交差価格係数を測定するために，企業は基本的に，第2章および第3章で述べられたあらゆる分析手法とデータソースを活用する必要がある。しかしながら，商品数が多い（$n>3$）場合には，これはさらに困難である。計量経済学的な推定における大きな問題は，多種多様な価格の間での多重共線性が生じることである。より適切なアプローチとしては，専門家による推定やコンジョイント測定がある。最もよいアプローチは，代替的関係や補完的関係について詳細にシミュレーションすることができる意思決定支援モデルである。Simon-Kucher & Partnersは，自動車，医薬品，銀行その他の業種の市場において，そのような何千ものシミュレーションを行い，確かな成果を上げてきた[43]。

　商品間で価格の最適化を試みると，分権的組織においては対立が生じることもある。なぜなら，ある商品の利益を高めるために，別の商品の利益が犠牲になることがあるからである。それらの商品が異なるプロフィットセンターに属する場合，「犠牲になる」プロフィットセンターは商品間の利益最大化には関心はない。このことは，商品間の関係性が代替的であっても補完的であっても起こりうる。

　実務においては，商品間の関係が次に示されるようなものの場合に，このような対立の起きる可能性が潜在的に高い。

- 初回購入品と追加購入の部品・サービス
- 機械と消耗品
- 銀行における法人顧客と一般顧客
- 乗用車と商用車

　可能ならば，商品の交差的な関係性は，組織体制確立の段階で考慮されるべきである。潜在的な対立を管理するもう1つの方法は，他の部門あるいは他のプロフィットセンターの利益のために犠牲となっているプロフィットセンターにクレジット（評価）を与える方法がある。このクレジット（評価）を与えるというやり方は理論的には正しいが，クレジットを付与する側の部門からは反発を招くかもしれない。商品間の関係性を測定した結果がより信頼できるものであるほど，そのようなシステムが受け入れられる可能性はより高まるだろう。

7.3.2　価格バンドリング

　バンドリングは2つ以上の商品もしくはサービスを組み合わせ，一括価格で提供するものである。価格バンドリングとは，企業が複数の異質な商品を，1つのパッケージもしくはバンドルとして組み合わせ，全体価格（バンドル価格）で提供することを指す [44]。
　多くの企業において，価格バンドリングの事例が見られる。

- ファストフード店では，固定した価格での，ドリンクとフードのセットメニューが設定されている。
- ケーブルテレビ会社，通信会社は，固定電話，携帯電話，インターネット，ケーブルテレビを含むパッケージを販売している。
- インターネットやスマートフォンの契約には，NetflixやSpotifyのようなストリーミングサービスの利用料が含まれている。
- 洗濯機や食洗器のメーカーは，使用する洗剤をセットにしたパッケージを提供している。
- ソフトウェア企業は，複数のアプリケーションを含むパッケージを提供している。

企業は以下のような様々な目標のために，価格バンドリングを用いている。

- 価格差別化によって利益を高める：価格バンドリングで販売される場合，顧客が支払う価格は同じであるが，バンドリングを構成している個々の商品へ

第7章　価格決定②―多元的なプライシング―　◆317

の支払意思額には個人差があるため，企業は暗黙的な価格差別化を行っていることになる。

- 価格セグメンテーション：顧客がバンドリング販売されているものと，バンドリングを構成する個々の商品が個別に販売されているものを選べる場合は，バンドリングの有無によって顧客をセグメンテーションしていることになる。
- 価格弾力性を下げる：弾力性が高い商品と弾力性が低い商品を組み合わせたバンドリングの場合，価格弾力性は低くなる。
- 個々の価格を偽装する：顧客にバンドリング価格のみが示されている場合，顧客は，個々の商品の価格がいくらなのか容易に推測できない。
- 価格引き上げを目立たなくする：価格バンドリングは，顧客が不公平だと感じることなく巧妙に価格引き上げを行う適切な手段である。
- 心理的な価格評価プロセスによるメリットの享受：プロスペクト理論（第5章参照）の考え方に基づけば，個々の商品に対して個別に価格を支払うよりも，バンドリングされた商品の価格を支払うほうが，顧客が支払いに対して感じる負の効用は薄められる。

7.3.2.1　価格バンドリングの理論

　価格バンドリングの形態は多岐に亘っており，その類型を図7.15に示した。ほとんどの価格バンドリングは「Yes-No」形式の意思決定，つまり，顧客がそのバンドル商品を買うか買わないかによるものである。「購入量変動型」の事例は，タイインセールス，販売リベートである。

　これまで，価格バンドリングはバンドリングされる商品間の補完性だけでなく，製造，取引，情報に関わるコストの削減という点で最適であると説明されてきた [45~47]。コスト削減においてバンドリングが有効な手段となることは明らかである。補完性は価格バンドリングの優位性を高めるが，前提条件ではない。補完性のない商品のバンドリングもまた有効である。

　Adams and Yellen [48] は，企業は価格バンドリングによって，別々に価格を設定して販売するよりも，異質な顧客の消費者余剰をよりうまく引き出すことができることを示している。価格バンドリングは非線型プライシングと類似している。Orenら [49] は，複数の商品間の非価格プライシングの概念を当てはめて，両者には次のような大きな違いがあることを示している。

- 非線型プライシングは顧客が同質的な場合にも異質的な場合にも効き目があるが，価格バンドリングは顧客が異質的である場合にのみ効果的である。

[図7.15] 価格バンドリングの形態 [44]

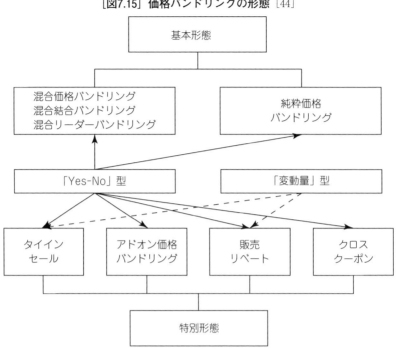

- 非線型プライシングは「購入量が変動的」である場合にのみ妥当なプライシングである一方で，価格バンドリングは，主に「購入するかしないか」に妥当なプライシングであって，「購入量が変動的」である場合にはあまり適していない。

これらの価格バンドリングの実践を説明するために，表7.14の例を見てみる。

[表7.14] 個々の製品と価格バンドリングの最高価格

顧客	最高価格（$）		
	A	B	A＋B
1	6.00	1.00	7.00
2	1.80	5.00	6.80
3	5.00	4.00	9.00
4	3.00	2.50	5.50
5	2.40	1.80	4.20

[図7.16] 均一価格設定と価格バンドリング

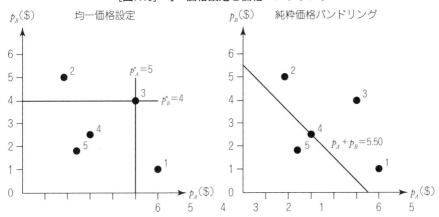

この表は5名の顧客に対して，商品A，商品Bの最大価格を示している。最大価格はそれぞれの顧客がこれらの商品から得る価値に対応している。バンドリングした商品A＋Bの価格は，両商品の最大価格の和と等しくなっている。

すべての顧客にとっての商品Aと商品Bの最大価格のポジションは，**図7.16**の左側の図に示されている。ここでは単位当たり変動費は0であると仮定している。この仮定は，その根本的な原則の一般的な妥当性を狭めるものでも損ねるものでもない。個別の最適価格はそれぞれ $p_A^* = \$5$ と $p_B^* = \$4$ である。このような価格の場合，顧客はそれぞれ次のような行動をとるであろう。消費者1は商品Aだけを買い，消費者2は商品Bだけを買い，消費者3は商品AとBを買い，消費者4と5はどちらも買わない。商品A，Bともに2単位のみ販売され，総利益は $\$5 \times 2 + \$4 \times 2 = \$18$ である。利益は $\pi_A = \$10$, $\pi_B = \$8$ となり，それぞれ最大値となる。

7.3.2.2　価格バンドリングの形態

純粋バンドリング

純粋バンドリングでは，バンドリングを構成する商品は，バンドリングによるパッケージと価格によってのみ販売される。つまり，バンドリングを構成する個々の商品を個別に購入することはできない。顧客はそのバンドリングされた商品を買うか買わないかを決めることしかできない。

ある企業が表7.14の商品Aと商品Bを価格バンドリングとして提供する場合に何が起きるだろうか。最適バンドリング価格は5.50ドルである。この状況は図7.16の右側の図に示されている。45度の負の傾きの線に従うと，$p_A + p_B = \$5.50$ である。

純粋バンドリングは，それ以前の市場構造（図の左側に明示されている，４つの顧客セグメント）を２つのセグメント，すなわちバンドリングの購入者と非購入者に再分割する働きを持っている［5,50］。購買者セグメントには顧客１，２，３，４が含まれているが，顧客５は非購入者となり，含まれていない。価格バンドリングによって顧客間の異質性を減少させることができる。この企業はバンドリングによって$5.50×4＝$22の利益を得ることになるが，これはバンドリングを行わなかった場合の最高利益よりも22％高い。5.50ドルというバンドリング価格は，商品Ａと商品Ｂを別々に販売した時の最適価格の合計である９ドルよりもかなり低いことを考えると，これは非常に驚くべきことである。顧客５を同様に獲得するのであれば，バンドリング価格は4.20ドルまで下げる必要がある。この時，総利益は5×$4.20＝$21にまで減少する。しかしそれでもなお，バンドリングをしなかった場合の最高利益よりも，高い利益となっている。

18ドルから22ドルに利益が改善した理由は，バンドリングには，顧客余剰をうまく引き出す働きがあるからである。本質的に，純粋バンドリングはその企業が新商品を創り出すことにほかならない。バンドリング価格は，ある商品で獲得した顧客の消費者余剰が，新しく組み合わされる商品に移転するように設定される。たとえば，顧客１はバンドリングされていない場合には$6－$5＝$1の消費者余剰を有しているが，商品Ｂの支払意思額は$3と非常に低い。企業が純粋バンドリングを選ぶ場合，バンドリング価格は，顧客１が持つ商品Ａと商品Ｂの最大価格の合計価格より値引きしたものである。顧客１にこのバンドリングの購入を動機づけさせるには，価格を5.50ドルにすれば十分である。顧客２の場合は顧客１とは逆である。顧客２は商品Ｂの消費者余剰は１ドルだが，商品Ａの支払意思額は3.2ドルと非常に低い。商品Ａと商品Ｂを個別に販売した時の最大価格の合計値と比べてバンドリング価格を安くすることによって，顧客４がバンドリングを購入するように十分，仕向けることができる。企業はたとえバンドリングによって全体の利益を高めたとしても，個別の顧客セグメントに対しては，個別に販売した場合に得られる利益よりもバンドリングから得られる利益が減少することもありうる。これは顧客３の場合である。顧客３は，商品Ａと商品Ｂが個別に販売されたとしても両方の商品を合計９ドルで購入する。純粋バンドリングの場合，顧客３は5.50ドルしか支払わないことになり，顧客３のみに限定していえば，利益を3.50ドル減らすことになる。

混合バンドリング

混合バンドリングでは，顧客は固定された価格でバンドリングされた商品を買

うこともできるし，個々の商品を別々に個別の価格で購入することもできる。これはまた，任意的バンドリングともいわれる。ほとんどの場合，混合バンドリングのバンドリング価格は，個々の商品を個別に購入する場合の合計価格よりも低く設定されている[51]。

表7.14の例は，混合バンドリングの利点をわかりやすく示している。この例では5.50ドルのバンドリング価格の他に，商品Aを2.40ドル，商品Bを4ドルで別々に販売している（p_Bは3.10ドルよりも高い。したがって，個々の商品の価格の合計額は，バンドリング価格よりも低くならない）。混合バンドリングは**図7.17**に示されている。

この新しい価格の場合，今度は顧客5は商品A（だけを）を購入し，利益は22ドルから24.40ドルになる。一般的には，三角形X内の顧客は商品Aを購入し，三角形Y内の顧客は商品Bを購入する。このことは純粋バンドリングよりも，混合バンドリングのほうがより多くの顧客が商品を購入することを意味する。混合バンドリングによって，より適切なマーケット・セグメンテーションがなされ，より多くの消費者余剰を引き出すことができるようになる。

Schmalensee[50]は，価格バンドリングという問題について，次のように自身の見解をまとめている。

「純粋バンドリングの利点は，顧客の異質性を効果的に低減できることにある。一方で，バンドリングせず別々に販売する利点は，片方の商品にのみ関心を持ち，

[図7.17] 混合価格バンドリング

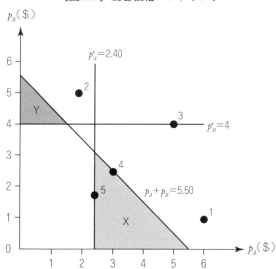

もう一方の商品にほとんど関心を持たない買い手に対し，高い価格で販売できることにある。混合バンドリングは，ある顧客グループに対してはバンドリングによって効果的に異質性を減少させて販売し，主に一方の商品にのみ強い関心を持つ，極端な選好を示す顧客グループには高いマークアップをつけて販売することによって，両方の利点をうまく利用することができる。」

価格バンドリングの特別な形態

特別な形態の価格バンドリングとして以下のようなものがある。

- 抱き合わせ販売：抱き合わせ販売は，顧客は主要商品と合わせて，1つ以上の同質的な補完的商品を買わなければならないというものである。通常は，主要商品である耐久財に消耗品が抱き合わせられる。たとえば，プリンターとトナーカートリッジ，カミソリとカミソリの刃などの例がある。
- アドオン価格バンドリング：アドオン価格バンドリングでは，顧客はすでに主要商品を購入した場合にのみ，副次的な商品（アドオン商品）を購入する。抱き合わせ販売との違いは，顧客はアドオン商品を購入しなくても主要商品を使用できるという点である。拡張的な機能を購入することもできるが，購入しなくても基本的なプレイができる，コンピュータゲームの例はその一例である。
- 購入リベート：購入リベートでは，顧客は一定の期間ののち，クレジットあるいは払戻金として，一定量の金額や総支払額の数パーセントを受けとる。他のバンドリング形態にはない購入リベートの特徴は，当該期間に顧客が購入した商品の種類を必ずしも問うものでないという点である。つまり，個々のバンドリングを構成している商品が何であるかにはよらず，購入リベートでは総購入額のみが問題となる。この形態のバンドリングはよく，カスタマーロイヤリティプログラムと併わせて提供される。
- クロスクーポン：これは，顧客が商品Aを購入すると商品Bのクーポンを受け取る場合である。これは価格バンドリングの一種と考えることができる。

アンバンドリング

アンバンドリングは，バンドルとして提供されている商品やサービスを別々に分けて販売することである。以下のような条件に当てはまる場合において，アンバンドリングは望ましい価格設定手法となる。

第7章　価格決定②―多元的なプライシング―　◆323

- アンバンドリングによってより高いマージンが得られる時：個々の商品の価格弾力性が低い場合に起こりうる。バンドリング「システム」の進展に伴って，バンドリング価格が非常に高い状況において起こりうる。
- 市場開拓をする時：企業は，商品をアンバンドリングで販売することによって潜在需要や新しいマーケット・セグメントを喚起することができる場合がある。
- バンドリングサービスが一般化し，競合に置き換えられやすくなっている場合：バンドリングを構成する商品がより一般化し，競合商品に置き換わりやすくなるにつれ，純粋バンドリングのリスクは高まる。顧客は複数の売り手から個々の商品を別々に購入してもバンドリング商品と同じ効用を得られるようになるからである。このことは，（純粋バンドリングによる）競合に対するフェンシングの構築とアンバンドリングによる商品販売の拡大のどちらを選択するかに関しての意思決定を迫るものとなる。プロダクト・ライフサイクルにおいて市場が成熟していくにつれ，アンバンドリングが選ばれるようになりバランスが崩れる。
- 付加価値が別の対象に移行する場合：多くの業界において，かつては商品の購入価格に含まれていたサービスに対して別料金を課すような傾向が見られている。

　興味深い例は，BMW 7シリーズのテレビ機能の例である。7シリーズのナビゲーションシステムの第1世代には追加料金なしでテレビ機能が含まれていたが，その後の世代では，別料金でテレビ機能が提供されるようになった。第5世代のテレビ機能の追加料金は1,250ユーロとなっている［52］。

　電子書籍が隆盛を誇る時代にあって，書籍が章単位でアンバンドリングされることは珍しいことではなくなりつつある。Harvard Business School 出版局は Harvard Business Review（HBR）の記事や書籍の章を8.95ドルで販売している。他の出版社もこのアラカルトモデルを採用している。このような販売方法は，書籍の特定の話題や側面にのみ関心を持つ読者にとって魅力的である。HBRの年間購読は99ドルかかる。年間11本未満の記事しか読まない読者は，個別に記事を購入したほうがよいだろう。記事を5本しか読まない読者はアラカルトモデルにすれば支払額を50％減らすことができる。売り手にとっては，アンバンドリングはある程度のリスクを伴うため，導入前に潜在的な導入に伴うリスクを注意深く考慮する必要がある。

　アンバンドリングの革新的な形態はiTunesによってもたらされた。iTunesは，

アルバムで丸ごと買うのではなく，個々の楽曲を購入できるようにした。その目覚ましい成功は，革新的な価格モデルによって実現した部分もある。しかし，将来も成功し続ける保証はない。Spotify，Amazon，Deezer，Tidalといった音楽配信サービスは固定料金モデルで提供されており，顧客は月額制のサブスクリプション料金で，オンラインでもオフラインでも，音楽を好きなだけ聞くことができる [53, 54]。同様にAmazonは，Amazon Primeの契約者にAmazon Musicへの無制限アクセスサービスを提供している。

　別のアンバンドリングの例として，航空券の手荷物預かり料金を分離した事例がある。Ryanairが嚆矢となって，今や多くの航空会社が手荷物預かり料金を徴収している。高速道路の休憩エリアに設置されているSanifair社の有料トイレのシステムは，アンバンドリングの別の事例である。伝統的にはドイツの州間高速道路（Autobahn）沿いのトイレは無料で使用できたが，2003年，一定の身長以下のこどもを除くすべての人々に対して，トイレを使用するのに50セント支払う制度が導入された。これは家族向けの価格差別化の形態であった。身体障害者もまた無料でトイレを使用することができた。そして使用者は50セントと引き換えに休憩エリアの売店で使用できるクーポンを受け取った。この価格モデルは，（50セントを支払って）トイレを利用したいだけの人と，他の商品を買いたくて50セントのクーポンを受け取る人々（つまりトイレを無料で使用する人）の差別化を図ることを可能にした。2010年にトイレの使用料金は70セントに引き上げられたが，クーポンの価値は50セントのままである。

価格表示
　価格バンドリングは2段階で行われている。第1段階では，企業は価格バンドリングの形態を決定する。第2段階では，企業は以下の3つのアプローチのうちの1つを用いて，価格水準を設定する。

1．合計価格バンドリング：合計価格バンドリングでは，バンドリング価格は，個々の商品の価格の合計値とちょうど等しくなる。合計価格バンドリングは，Amazonのサイトで，書籍，台所用品，家庭用用品において採用されている。
2．合計価格を上回る価格バンドリング：バンドリング価格が個々の価格の合計値を上回る場合であり，このようなケースは非常にまれである。例としては，切手の完全なコレクションのセット販売価格などがある。完全に揃ったセットであるため，売り手は価格にプレミアムを上乗せすることができる。
3．合計価格を下回る価格バンドリング：このようなバンドリングには割引が

第7章　価格決定②—多元的なプライシング—　◆325

含まれ，バンドリングされた価格は個々の商品の価格の合計値よりも低くなる。これは，典型的に採られるアプローチである。

　合計価格を下回る価格バンドリングの重要な点は，価格引き下げがどのように表されているかという点である。価格あるいは割引の表し方には3つの方法がある。

- 共同バンドリング価格設定：個々の品目の価格とともに割引価格が示されているバンドリング価格設定である。（例：レストランのメニュー）
- リーダー・バンドリング価格設定：顧客は主要商品は通常価格で購入するが，付随するバンドル商品は大幅な割引を受けたり，場合によっては無料になる場合である。Tie Rack や Jos. A. Bankのような衣料小売業者はこのアプローチを採用しており，一点目の品目は通常価格で販売し，二点目以降の品目は半額以下で販売している。
- 合成バンドリング価格設定：バンドリングされたすべての商品が割り引かれるバンドリングである。例として，ワインのオンライン・サービスで，6種類のワインのパックを注文する場合に，個々のワインの価格の合計額から15ドル割り引かれるような場合がある。

　複数の商品をバンドリングとして組み合わせて1つの価格で販売することは，潜在的な利益を引き出す効果的な方法である。バンドリングは需要の異質性を減少させる。これは純粋バンドリングにおいても混合バンドリングにおいても当てはまる。企業はどのバンドリングの形態がよいか，あるいはアンバンドリングがよいかについて，ケース・バイ・ケースで考える必要がある。バンドリングについての意思決定は顧客の支払意思額の分布に左右されるので，一般的なルールを示すことはできない。

結　論
　本章では，多元的な価格の最適化と，それが利益に及ぼす影響について示してきた。本章の内容は次のように要約される。

- 一元的な価格設定と比べ，多元的な価格設定は，十分に大きな利益を生み出すことができる。その理由は，幾何学的な表現でいえば，潜在的な利益は三角形の領域に類似するからである。一元的な価格設定つまり均一価格は長方形の領域を切

り出すだけであり，多元的な価格設定が切り出す三角形の領域よりも必ず小さくなってしまう。

- 多元的な価格の最適化には，一元的な価格設定よりも，市場のより深い理解と，価格差別化に関するより多くの情報が必要になる。

- 価格差別化は，顧客の支払意思額や，その他の価格に関連する要素において顧客間に差がある場合は常に考慮する価値がある。価格差別化は，時期，地域，商品，数量，その他購買者の特徴に基づいて差別化される。またいくつかの形態を組み合わせることもできる。

- 価格の多元性は，異なる価格パラメータから導出されうる。すなわち，直接的な数量割引によって，あるいは固定価格要素と変動価格要素を組み合わせることによって，あるいは2段階もしくは多段階に分割したブロック料金によって，あるいは離散的な価格点によって，あるいは購入量に基づいて，価格差別化を行うことができる。いずれの場合においても，効果的なフェンシングを維持することが重要である。つまり，支払意思額の高い顧客がより低い価格で購入することを防ぐ必要がある。これは，利益の三角形から潜在的な利益をできるだけ多く引き出すための唯一の方法である。フェンシングが効果的でないと大きなリスクを負うことになる。

- 顧客グループ別価格設定は，ある顧客から引き出せなかった支払意思額を他の顧客に転移させるものである。

- 2つ以上の商品を提供している企業は，価格を最適化する場合の費用と商品間の相互依存性を考慮すべきである。相互依存性のある商品の価格は同時に最適化される必要がある。ある商品の価格が他の商品の利益に及ぼす影響と企業の総利益に及ぼす影響を考慮すべきである。

- 代替関係にある商品の場合，一般的な原則として，ある商品の交差商品最適価格と，個別の最適価格の差は代替商品の数，商品間の交差価格弾力性，商品の単位当たり貢献利益に依存する。これらの要因が大きくなればなるほど，交差商品最適価格と個別の最適価格の差はより大きくなる。

- 補完関係にある場合，逆のことがいえる。これらの要因が大きいほど，ある商品の交差商品最適価格は個別の最適価格と比べてより低くなる。この場合，ある商品の最適価格は限界費用よりも小さくなったり，あるいはマイナスになることさえありうる。

- 価格バンドリングにおいては，商品は個別に販売されるのではなく，パッケージとして提供される。一般的に，バンドルされた価格は商品個別の価格の合計額よりも低く設定される。価格バンドリングには，純粋な形態（顧客はそのバンドルされた商品だけを購入する）のバンドリングと混合形態（顧客はそのバンドルさ

れた商品を購入する場合もあれば，バンドルを構成する商品を個別に購入するかもしれない）のバンドリングがある。価格バンドリングの優位性は，ある商品から引き出せなかった支払意思額を他の商品に移転させるところから成り立っている。これは，価格差別化がより効果的になることによって顧客の異質性が減少するということを示しているのと等しく，価格バンドリングは大幅に利益を改善しうるといえる。

- 価格は差別化されるほど，複雑性とコストが高まることになる。したがって，価格差別化にかかるコストとベネフィットを天秤にかける必要がある。価格を最大限差別化することが目的なのではなく，価格差別化による限界利得と限界費用の間のバランスの最適化が目的なのである。また組織的側面と法的側面についても注意を払う必要がある。

　価格差別化は常に優位であると一概にいい切ることはできないが，価格差別化はほとんどのケースにおいても理にかなっているということはできる。しかしながら，適切に価格を差別化するには，様々な価格差別化の形式を完全に理解すること，必要なデータ・情報を得ること，効果的な差別化を実行すること，という前提条件が存在する。もしも企業が，支払意思額の違いによって顧客セグメントをうまく分けることができなければ，実際のところ，価格の差別化は利益を損なうことにつながる。適切に価格を差別化できた場合にのみ，利益を大幅に上昇させることができるのである。

7.4　背景情報

　最適価格 $p_1^*, \cdots, p_n^*$ を決定するために，全価格の利益関数の偏導関数を設定し，次式を得る。

$$\frac{\partial \pi}{\partial p_j} = q_j + (p_j - C_j') \frac{\partial q_j}{\partial p_j} + \sum_{\substack{i=1 \\ i \neq j}}^{n} (p_i - C_i') \frac{\partial q_j}{\partial p_j} = 0$$

　ここで，C_i' は商品 $i, i = 1, \cdots, n$ の限界コストを表す。商品ラインのすべての価格を最適化するために，全商品 n についての導関数が 0 になるように設定する必要がある（必要条件）。単純に再定式化（q_j で割って，p_j を掛け，（7.7）式と（7.8）式に従って弾力性を代入）することにより，最適化の条件が導出される。

参考文献

[1] Poundstone, W. (2010). *Priceless: The Myth of Fair Value (And How to Take Advantage of It)*. New York: Hill and Wang.

[2] Hays, C. L. (1999, 28 October). Variable Price Coke Machine Being Tested. *The New York Times*, p. C1.

[3] Morozov, E. (2013, 10 April). Ihr wollt immer nur Effizienz und merkt nicht, dass dadurch die Gesellschaft kaputtgeht. *Frankfurter Allgemeine Zeitung*, p.27.

[4] Fassnacht, M. (1996). *Preisdifferenzierung bei Dienstleistungen: Implementationsformen und Determinanten*. Wiesbaden: Gabler.

[5] Philips, L. (1983). *The Economics of Price Discrimination*. Cambridge: Cambridge University Press.

[6] Pigou, A. C. (1932). *The Economics of Welfare* (ed. 4). London: Macmillan.

[7] Pechtl, H. (2014). *Preispolitik: Behavioral Pricing und Preissysteme* (ed. 2). Wirtschaftswissenschaften. Konstanz: UVK / Lucius.

[8] von Thenen, S. (2014). E-Commerce in privaten Haushalten 2013. Wirtschaft und Statistik 8, 450–454.

[9] Netflix International (2018). https://www.netflix.com/. Accessed 27 February 2018.

[10] Financial Times (2016). https://sub.ft.com/spa2_5/?countryCode=USA. Accessed 15 December 2016.

[11] Hannak, A., Soeller, G., Lazer, D., Mislove, A. & Wilson, C. (2014): Measuring Price Discrimination and Steering on E-Commerce Web Sites, in: IMC'14 Proceedings of the 2014 Conference on Internet Measurement Conference, pp.305–318.

[12] Gossen, H. H. (1854). *Entwicklung der Gesetze des menschlichen Verkehrs, und der daraus fließenden Regeln für menschliches Handeln*. Braunschweig: Vieweg.

[13] Tacke, G. (1989). *Nichtlineare Preisbildung: Höhere Gewinne durch Differenzierung*. Wiesbaden: Gabler.

[14] BestParking.com (2016). http://www.bestparking.com/houston-parking. Accessed 15 December 2016.

[15] Tefft, B. C. (2012). Motor Vehicle Crashes, Injuries, and Deaths in Relation to Driver Age: United States, 1995–2010. AAA Foundation for Traffic Safety. November 2012.

[16] Swiss Travel System (2015). http://www.swisstravelsystem.com/de/tickets/swiss-travel-pass.html. Accessed 18 November 2015.

[17] Fitness-Center Scheel (2015). http://www.fitness-center-scheel.de/fitness-center/preise-beitraege. Accessed 18 December 2016.

[18] Flughafen Köln/Bonn (2015). http://www.koeln-bonn-airport.de/parken-anreise/parken.html. Accessed 18 December 2016.

[19] Cinedom Kinobetriebe (2015). http://cinedom.de/kino/tree/node1006/city78. Accessed 18 December 2016.

第7章　価格決定②―多元的なプライシング―　◆329

[20] Wald & Schlosshotel Friedrichsruhe (2015). http://schlosshotel-friedrichsruhe.de/. Accessed 18 December 2016.

[21] Wienand, K. (2015). BILD lüftet das Geheimnis der Achterbahn-Preise. BILDplus. http://www.bild.de/bild-plus/geld/wirtschaft/online-shopping/wann-man-billig-einkaufen-kann-40108716.bild.html. Accessed 18 March 2015.

[22] Iona Hotels (Deutschland) (2015). http://www.lemeridienparkhotelfrankfurt.com/de/. Accessed 18 March 2015.

[23] Accor (2015). http://www.mercure.com/de/hotel-1204-mercure-hotel-residenz-frankfurt-messe/room.shtml. Accessed 18 March 2015.

[24] Maritim (2015). http://www.maritim.de/de/hotels/deutschland/hotel-frankfurt/uebersicht#hotel_content. Accessed 18 March 2015.

[25] Marriott International (2015). http://www.marriott.de/hotels/travel/fradt-frankfurt-marriott-hotel/. Accessed 18 March 2015.

[26] LE-BE Hotel (2015). http://www.sheratonfrankfurtairport.com/de/club-lounge. Accessed 18 March 2015.

[27] Steigenberger Hotels (2015). http://de.steigenberger.com/Frankfurt/Steigenberger-Frankfurter-Hof. Accessed 18 March 2015.

[28] Hecking, M. (2014). Wenn der Algorithmus die Macht übernimmt. manager magazin. http://www.manager-magazin.de/unternehmen/handel/uber-mytaxi-co-wenn-der-computer-den-preis-macht-a-946122.html. Accessed 13 June 2015.

[29] Cramton, P., Geddes, R. R., & Ockenfels, A. (2018). Markets for Road Use – Eliminating Congestion through Scheduling, Routing, and Real-Time Road Pricing. Working Paper. Cologne: University of Cologne.

[30] Apple (2016). https://support.apple.com/en-us/HT204939. Accessed 19 December 2016.

[31] Spotify (2016). https://www.spotify.com/us/family/. Accessed 19 December 2016.

[32] Wilger, G. (2004). *Mehrpersonen-Preisdifferenzierung: Ansätze zur optimalen Preisgestaltung für Gruppen*. Wiesbaden: Deutscher Universitätsverlag.

[33] Hertz Autovermietung (2015). www.hertz.de. Accessed 18 December 2016.

[34] American Marketing Association (2017). Membership Pricing. https://www.ama.org/membership/Pages/Dues.aspx. Accessed 27 March 2018.

[35] DB Rent (2015). https://www.flinkster.de/index.php?id=416&. Accessed 18 March 2015.

[36] The Economist (2016). https://subscription.economist.com. Accessed 19 December 2016.

[37] Berke, J., Bergermann, M., Klesse, H.-J., Kiani-Kress, R., Kroker, M., & Seiwert, M. (2007). Die Welt ist flat. *Wirtschaftswoche*, 52, 88–94.

[38] Fritz, M., Schlereth, C., & Figge, S. (2011). Empirical Evaluation of Fair Use Flat Rate Strategies for Mobile Internet. *Business & Information Systems Engineering*, 3(5), 269–277.

[39] Simon, H. (1985). *Goodwill und Marketingstrategie*. Wiesbaden: Gabler.

[40] Niehans, J. (1956). Preistheoretischer Leitfaden für Verkehrswissenschaftler. *Schweizerisches Archiv für Verkehrswissenschaft und Verkehrspolitik*, 11(4), 293–320.

[41] Krelle, W. (1976). *Preistheorie* (ed. 2). Tübingen: J.C.B. Mohr.

[42] Selten, R. (1970). *Preispolitik der Mehrproduktunternehmung in der statischen Theorie*. Ökonometrie und Unternehmensforschung. Berlin: Springer.

[43] Simon, H. (2012). How Price Consulting is Coming of Age. In G. E. Smith (Hrsg.), *Advances in Business Marketing and Purchasing. Visionary Pricing. Reflections and Advances in Honor of Dan Nimer* (pp.61–79). Emerald: Bingley.

[44] Wübker, G. (1998). *Preisbündelung: Formen, Theorie, Messung und Umsetzung*. Wiesbaden: Gabler.

[45] Coase, R. H. (1960). The Problem of Social Cost. *The Journal of Law & Economics*, 3(1), 1–44.

[46] Demsetz, H. (1968). The Cost of Transacting. *The Quarterly Journal of Economics*, 82 (1), 33–53.

[47] Burstein, M. L. (1960). The Economics of Tie-In Sales. *The Review of Economics and Statistics*, 42(1), 68–73.

[48] Adams, W. J., & Yellen, J. L. (1976). Commodity Bundling and the Burden of Monopoly. *The Quarterly Journal of Economics*, 90(3), 475–498.

[49] Oren, S., Smith, S., & Wilson, R. (1984). Pricing a Product Line. *The Journal of Business*, 57(1), 73–100.

[50] Schmalensee, R. (1984). Gaussian Demand and Commodity Bundling. *The Journal of Business*, 57(1), 211–230.

[51] Prasad, A., Venkatesh, R., & Mahajan, V. (2015). Product Bundling or Reserved Product Pricing? Price Discrimination with Myopic and Strategic Consumers. *International Journal of Research in Marketing*, 32(1), 1–8.

[52] Bayerische Motoren Werke (BMW) (2015). http://www.bmw.de/de/neufahrzeuge/7er/limousine/2012/start.html. Accessed 05 November 2015.

[53] Garraham, M., & Bradshaw, T. (2015, 4 April). Jay Z Relaunches Tidal as a Friend of Artists. *Financial Times*, p.10.

[54] Gropp, M. (2015, 1 April). Eine musikalische Unabhängigkeitserklärung: Popstars wie Madonna, Rihanna und Jay-Z fordern digitale Musikdienste mit einem eigenen Angebot heraus. *Frankfurter Allgemeine Zeitung*, p.15.

第8章

価格決定③
―長期価格最適化―

概　　要

　企業の目的は，短期的な利益ではなく長期的な利益の最大化であり，これは，株主価値の最大化と同義である。本書ではこれまで，利益の経時的な関係性については検討してこなかったが，経時的・長期的な価格最適化に関しては，目的関数・価格反応関数・費用関数など，動的な決定要素を考慮する必要がある。競合状況もまた，一般的に商品あるいは市場のライフサイクルを通じて変化する。本章では，価格変更の効果，繰り越し効果，経験曲線が価格最適化においてどのように影響するかに焦点を当てる。特に商品の導入期においては，スキミング価格戦略，浸透価格戦略という2つの標準的な戦略を検討する。それからいくつかの事例を用いて，短期価格最適化と長期価格最適化の違いを示していく。本章の最後には，価格マネジメントとリレーションシップ・マーケティングについて定性的議論を行う。

8.1　長期最適価格における決定要素

　第6章では，一元的な価格について検討を行ったが，そこでは価格最適化を1つの商品・1つの価格・特定時点という状況に限定して議論を行った。第7章ではこの視点を多元的な価格決定へと拡張した。つまり，単一もしくは複数の商品における複数の価格に関する意思決定について議論を行った。どちらの章においても，共通して特定時点の分析，すなわち静的な分析のみを仮定し，時間に基づいた差別化について言及する場合においても，時点間の関係は考慮しておらず，比較的静的な観点から検討を行ったものである。この章では，明示的に複数時点を考慮し，現在の価格が将来の販売数量や利益に影響を与えうることを示す。企業は現在価格を設定する際にこの点を必ず考慮する必要があるが，実際には，単一商品/時点に制限して考えてしまう傾向が強い［1］。複数時点を考慮することの目的は，長期価格最適化である。

8.1.1 長期的な目的関数

動的な視点は，価格決定におけるすべての要素に影響する。

- 目的関数（すなわち，何を最大化しようとしているのか。）
- 価格反応関数
- 費用関数

実際のビジネスにおいて，ほとんどの企業は特定時点の短期的な利益を最大化するのではなく，より長期的な利益の確保・最大化を目指す。つまりこれは，第2章で述べたとおり，株主価値の最大化そのものといえる。複数時点を計画に取り入れることは，複数のキャッシュフローが異なる時点において生じることを意味する。このような時間差の問題は，長期的な目的関数において，価格決定時点 $t=0$ に割り引くことで解消される。長期的な利益最大化のための目的関数は次式で表される。

$$\pi_L = \sum_{t=1}^{T}(p_t q_t - C_t)(1+i)^{-t} \tag{8.1}$$

ここで，各変数は以下を表す。

π_L：割り戻された利益の合計（添え字Lは長期（long-term）を表す。）

p_t：各時点 $t=(1,\cdots,T)$，における価格

q_t：時点 t における販売数量

C_t：時点 t における費用

i ：利率

特定時点の価格が将来の販売数量・利益に影響を与える効果が，複数時点にわたって存在するならば，長期的な利益最大化において各時点の価格 p_t, $t=(1,\cdots,T)$ はすべて同時に価格決定に組み込まれる必要がある。長期価格最適化における主要課題は，短期的な利益最大化と，長期的な利益最大化のどちらを優先するのかという点にある。利率 i が高いと，将来キャッシュフローの割引が大きくなり，長期的な利益全体への貢献が小さくなる。つまり割引率が大きい場合，長期最適価格と，対極にある静的・短期最適価格の類似性は高くなる。しかしながら，企業は実際には1時点にのみ拘束力のある価格の設定・実施をするのみである。したがって，企業は1時点の価格を最適化するように設定し，定量的な方法あるいは少なくとも定性的な方法によって将来についての効果を検討するのが一般的である。

第8章　価格決定③—長期価格最適化—　◆333

8.1.2　長期的な価格反応関数

長期的な視点は価格反応関数の拡張にもつながる。

- ある商品の市場/競合状況は経時的に変化し，多くの場合は製品ライフサイクルのパターンに従う。
- 現在の価格は将来の販売数量と将来の価格に影響する。

これらの条件は長期価格最適化の根本的な決定要素である。

8.1.2.1　製品ライフサイクル

商品もしくはブランドのライフサイクルは，売上の時系列によって表すことができる。ライフサイクルの概念は，経時的にどのように売上が計上されるかを記述し説明する最も一般的なアプローチである。一般的に，製品ライフサイクルは4つの段階に分けられる。すなわち，導入期・成長期・成熟期・衰退期である。この概念に関する統合的・理論的な基礎は存在しない。典型的なライフサイクル曲線として知られるS字カーブは通常，普及理論の研究から得られた結果によって説明されている。特にRogers［2］の仮説が参照されるが，これはある商品が市場に投入されてから消費者に受容されるまでの経過時間の分布が，正規分布で近似されるとする仮説である。新しい商品をすぐに受容する人と，これに非常に長い時間がかかる人は，中程度の時間で商品を受容する一般的な人々と比較して少数派となる。

このように理解が容易な製品ライフサイクルの概念は，マーケティングの考え方に強い影響を与えてきた。しかしながら，製品ライフサイクルの曲線形状を一般的な仮定として設定することは避けたほうがよいであろう。実際には商品のライフサイクルは一般的な法則に従って展開していくものではなく，むしろ，商品特有の決定要素によって展開していくものである。それらの要素とは，イノベーションの程度や，顧客や流通業者が商品に慣れ親しむのに必要となる学習量や，競争上のダイナミクスなどである。その中でも，価格は普及の速度に強い影響を与えうる。

一般的な製品ライフサイクルの概念は，ライフサイクルの後半の段階において，特に当てはめるのが難しい。すべての商品が自然なライフサイクルに従い，自動的に衰退を迎えるという仮定は，誤っており危険である。古参のブランドであるにもかかわらず，衰退することなく需要と人気を保っている商品やブランドは数多く存在する。Aspirin，Nivea，Mercedes-Benzといったドイツのブランド，Ford，Coca-Colaといったアメリカのブランドはすべて100年以上続いているが，衰退の兆しを示していない。もちろんそれらのブランドの商品とデザインは新技

術や流行などを反映して，調整されている。しかしながら，市場に投入されてから一定時間が経過することで商品やブランドが自動的に衰退すると，単純に仮定を置くことはできないことがこれらの例からわかる。衰退に至る潜在的な決定要素については，事例ごとに分析し，理解する必要がある。

価格弾力性のダイナミクス

　価格マネジメントにおける最も興味深いテーマの1つとして，製品ライフサイクルを通じた価格弾力性変化が挙げられる。このことに関して最初に明示的にコメントしているのは，Mickwitz[3]の研究である。Mickwitzは，製品ライフサイクルの初期において（絶対値での）価格弾力性は低く，導入期，成長期，成熟期において上昇し，衰退期に低くなると仮定している。この仮定は，Mickwitz以外の多くの他の著書においても採用されている。普及理論の研究もこの仮定を裏づけており，新商品の最初の購買者/ユーザーであるいわゆるアーリー・アダプター[4，5]は，それ以降に受容する層と比べて所得が高く，価格感度が低い傾向にあることが示されている。しかしながら，Simon[6]は実証研究によって逆のパターンが存在することを確認した。すなわち，（絶対的）価格弾力性が導入期に比較的高く，成長期，成熟期に下降し，衰退期に再び上昇するパターンを確認している。Friedel[7]も同様にこのことを確認している。

　製品ライフサイクルにおける段階ごとの価格弾力性の変遷について普遍的で正当な見解を示すことは不可能である。しかしながら，革新性がきわめて高い商品と模倣商品を区別することは意味があると考えられる。さらに，一般的な妥当性を保った上で，次のように述べることができる。革新性がきわめて高い商品の製品ライフサイクルにおいて，最初の段階の価格弾力性は相対的に低く，その後，経時的に上昇する。特に競合商品が増え競争が激しくなる場合や，商品標準化が進む際にその傾向は顕著である。模倣商品の場合には，最初から競争に直面するため，価格弾力性は導入期において比較的高くなる。その後の成長段階において，顧客の認知と信頼が高まることで価格弾力性は減少する。成熟期において価格弾力性は最小になり，衰退に再び上昇する。

8.1.2.2　競合のダイナミクス

　製品ライフサイクルの各段階で生じる競争環境の変化は，長期的な価格マネジメントにおいて非常に重要である。典型的な競争状況は製品ライフサイクルの各段階に起因しているとする研究が存在する。これらの研究によれば，製品ライフサイクルの最初の段階で競合の数が増え競争が激しくなり，成熟期において最大

に達し，衰退期に減少に転じるとされている。このライフサイクルを通じた展開により，競争の激しさの急速な上昇と減少がもたらされる。結果として，競争の手段としての価格の重要性が，ライフサイクルの段階ごとに変わることとなる。

　価格マネジメントの視点からいえば，単に競合の数だけを見るのではなく，需要と生産能力の比率を見ることに，より大きな意味があるといえる。製品ライフサイクル全体にわたって生産能力過多になった際に，価格は競争の手段として，より攻撃的に用いられる可能性が高い。生産能力過多になることは，理論的には製品ライフサイクルのどの段階においても起こりうる。しかしながら，生産能力過多は成熟期に入った段階で最も典型的であり，特に企業が過剰に成長を見込んでいる場合に起こる可能性が高い。衰退期に入った段階においても，企業が衰退を予期できていない際に生産能力過多になることが多い。価格を競争の手段として攻撃的に使用し，価格戦争が発生してしまう確率は，そういった段階において大きく高まる。しかし，導入期においても価格戦争は起こりうる。導入期における価格戦争は，市場シェアの獲得，市場におけるリーダーシップの地位の確立を目的として発生する。例として，2013年にドイツで初めて認可された，定期長距離バスの事例が挙げられる。この定期長距離バスは非常に早い時期から価格戦争を経験しており，最初の2年の間にほとんどの企業が市場から退出している。

8.1.2.3　経時的な価格効果

　現時点での価格p_tが及ぼす影響は，その時点にとどまらず，経時的なものとなる。そのような経時的な効果は様々な形で生じ，それぞれ異なる要因に基づいている。はじめに，t期の価格は将来価格のアンカーとなる。価格の心理学からも知られているように，そのようなアンカリング効果の影響は大きい。このような意味からいえば，価格決定には二通りの意思決定しかない。すなわち，新商品の導入価格の意思決定と，既存商品の価格の維持・変更に関する意思決定である。企業は一度だけ，まっさらな状態から価格を設定する機会を持つ。それは新商品の導入段階における価格決定である。そしてその後のすべての価格は，既に認知が広まった初期価格の，維持・変更に関する意思決定となる。

　静的な分析では，価格変更そのものによる効果は考えない。つまり，価格効果と価格弾力性は当該時期における絶対価格だけに依存している。この仮定は多くの事例において現実的とはいえない。10ドルという価格は，その前の期に15ドルだったか，10ドルだったか，5ドルだったかによって，異なる効果を持つと考えられる。その前の時期に15ドルだった場合には33％の価格の減少，10ドルだった場合には価格は一定であり，5ドルの場合には顧客は100％の価格引き上げに直

面することになる。ここで述べた状況は次のような疑問をもたらす。

- 価格変更はどのような効果をもたらすのか。
  - —対称な効果か，非対称な効果か（価格引き下げは価格引き上げと同程度の効果をもたらすのか。それとも程度の異なる効果をもたらすのか。）
  - —比例的な効果か，不均衡な効果か
- 価格変更後，どのようにして均衡状態に戻るのか。
  - —急激に戻るのか。徐々に戻るのか。
  - —新しい均衡点と比較して，価格変更後，販売数量は短期的には過剰に増減するのか，もしくは反対に増減は小さいのか。

対称性について，多くの事例で非対称な価格効果が観測されている。一方で，より強い効果をもたらすのが価格引き下げなのか価格引き上げなのかについては一般化することはできない［7］。理由として，価格効果の非対称性が競合の反応やその他の要因に依存していることが挙げられる。プロスペクト理論（第5章参照）は，そのような非対称性を仮定している。プロスペクト理論において，人間は利得よりもそれと同程度の損失に対し，より大きな効果（影響）を知覚するとされている。このことは，価格引き上げから知覚される損失が価格引き下げから知覚される利得と等しい場合，価格引き上げ時の価格弾力性は，価格引き下げ時の価格弾力性よりも大きいことを意味する［8］。

価格変更による効果の比例性に関しては，一般的に価格変更が小さい場合には効果は過剰に小さくなり，価格変更が大きい場合にはその効果は過剰に大きくなると仮定できる。この仮定はGutenberg 仮説（第4章参照）に沿ったものである。専門家による調査においても，多くのケースでこのような形状になることが示されている。

他の価格変更による効果には，期待効果や投機効果とよばれているものが存在する。これらの効果は，以前の価格変更に基づいて顧客が将来価格についてなんらかの期待値を形成する場合に生じる。これらの効果により，見かけ上矛盾した顧客の反応がもたらされうる。たとえば，価格引き下げは需要の減少につながる可能性が存在する。これは，顧客が将来の価格引き下げを期待して，購買を延期する際に生じる。逆の効果は価格引き上げ時にも起こる。この場合，顧客が将来的に更に価格が引き上げられると考えたことで需要が高まると考えられる。結果として，価格引き上げ直後であっても，短期的には多くの商品が購入されることが起こりうる。実際に灯油の価格引き上げは，更なる価格引き上げの前兆とみなされることがよくある。予期される更なる価格引き上げに対抗して，顧客は灯油価格が

引き上げられたにもかかわらず，灯油を買いだめする。逆の効果が生じる一般的な例は電気製品である。価格引き下げはさらなる引き下げを期待させる。その結果，顧客は価格引き下げ後においても購入せずに，さらなる引き下げを待つことになる。

　上記の状況とは異なり，もし顧客が価格引き上げもしくは価格引き下げが一時的なものであると考えた場合，反対の購買行動が生じる。価格が引き上げられた際には，顧客は将来的に価格が引き下げられると期待するため，需要が減少する。逆に，価格引き下げ後は，低い価格で買う機会をつかむため，需要が増加する。後者の効果は特に特別な割引オファーの場合に当てはまる。これは一般的に「期間限定オファー」といわれる。一時的な価格引下は全体的な売上の増加にはつながらない。顧客は期間限定オファーの間にのみ，より多くの商品を購入し，その後あまり購入しなくなる。消費財に関しては，この効果は「在庫補充（pantry fill-ing）」とよばれる。耐久財に関しては，顧客が購買を前倒しすることを意味する。

　General Motors（GM）の事例は，この前倒し効果を示している。2005年の春に事業が非常に悪化していたため，GMは従業員にのみ適用される割引率を市場全体に導入することを決めた。この割引は，2005年6月1日から同年9月30日まで実施された。**図8.1**はその結果を表している。

[図8.1] GM従業員割引率適用プロモーション：前倒し効果

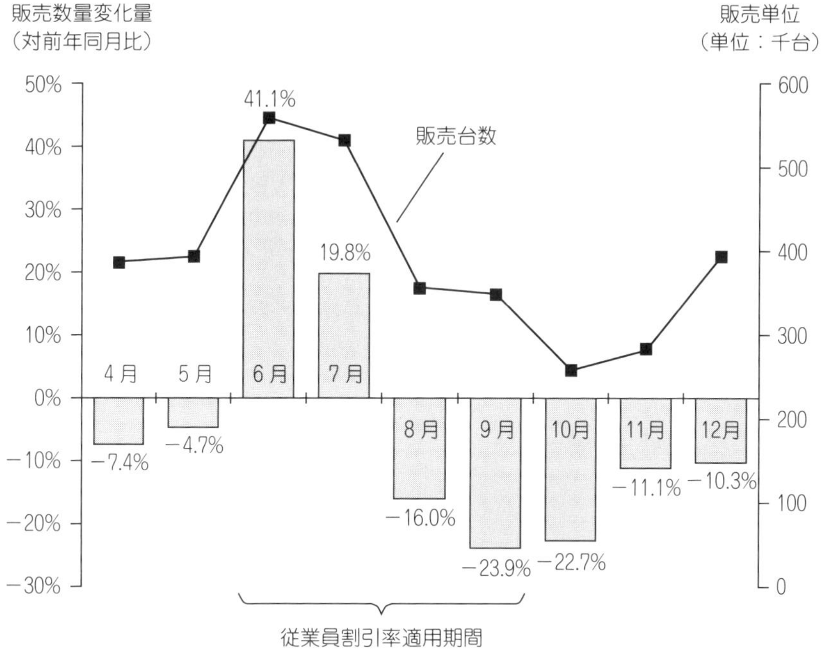

この通常では見られない割引率の適用により売上は急上昇した。販売数量は6月に前年比で41.1％上昇し，7月は前年比19.8％上昇した。しかしながら，そのような高揚感は急速に弱まることとなった。その年の夏期の販売数量の増分は，将来からの「借り入れ」であることが判明したためである。この割引率の適用は9月まで続けられたが，売上は8月には急激な下降を示し始めていた。GMの成長率は2005年の残りの期にはマイナスになった。図中の実線は8月以降の劇的な販売数量の減少を示している。GMは6月に600,000台近く販売したが，10月には300,000台以下であった。GMは1台当たり平均で3,623ドルの値引きを行い，105億ドルの損失となった計算となる。GMの時価総額は8月の時点で209億ドルあったものが，12月には125億ドルまで減少した。

価格の変更によって，販売数量がどの程度調整されたかという検証には注意が必要である。この議論をするためには，以前の価格と同様に変更後の価格においても，販売数量の均衡点が存在すると仮定する。**図8.2**では，価格の引き上げ・引き下げそれぞれにおいて，3つの調整の形態が存在する。ケースAでは，調整は速やかになされる。需要は価格変更に直ちに反応する。短期的な価格弾力性と長期的な価格弾力性は同程度である。ケースBにおいては，販売数量は徐々に新しい均衡に近づく。これは部分調整モデルとよばれる。短期的な価格弾力性は長期的な価格弾力性と比較して小さくなる。対照的にケースCにおいては，価格変更への反応は短期的には非常に強いが，経時的に減少していく。短期的な価格弾力性は長期的な価格弾力性よりも（絶対値として）大きい。Kucher［9］は，消費財のスキャンパネルデータの実証分析から，ケースCで示された調整が最も一般的であることを確認している。

動的な条件下では，販売数量は現在の価格水準のみならず，それ以前の期の価格によっても影響される。価格引き下げそのものが販売数量に影響を及ぼし，その効果は比例的な場合もあればそうでない場合もあり，対称的な場合もあれば非対称的な場合もある。期待効果が生じるような場合には，価格の変更は，その方向への更なる価格の変更のための指標として解釈される。その時の需要はそれぞれの期待に沿って反応する。

8.1.2.4　繰り越し効果

時点 t の販売数量がその後の期の販売数量に及ぼす効果を繰り越し効果という。そのような効果は多くの要因によって生じるが，最も重要な要因はリピート購買行動である。もしある顧客が購買した商品に一度満足したならば，その顧客は再び商品を購買する可能性が高い。顧客体験の拡散（口コミ）や，顧客による社会活動に

第8章 価格決定③—長期価格最適化— ◆339

[図8.2] 価格変更後に起こりうる調整の形態 [9]

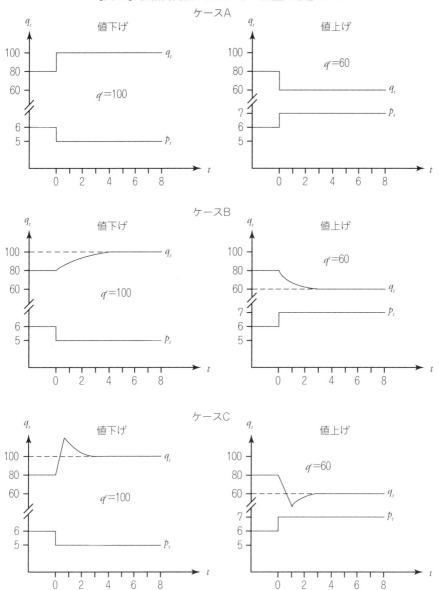

よっても，現在の販売数量は将来の販売数量に影響をもたらしうる。これらの要因に共通することは，繰り越し効果は価格に直接関係している訳ではなく，商品の特徴，個々人の意思決定プロセス，社会的相互作用に関係しているという点である。これらの関係性は長期価格最適化において非常に重要である。なぜなら時点 t の価格は，繰り越し効果によって将来の期の売上に影響を与え続けるからである。

繰り越し効果の最も単純な形式は，線型価格反応関数において，次式でモデル化される。

$$q_t = a + \lambda q_{t-1} - b p_t \tag{8.2}$$

パラメータ λ は繰り越し係数を表している。パラメータ λ は数多くの研究によって実証的に推定され，販売数量がどう変化するのかを説明する際に非常に重要な役割を果たしてきた。しかしながら，長期価格最適化に関連する因果性について結論を出そうとする場合には，注意が必要である。それは販売数量 q_t と q_{t-1} の因果関係に基づいていない潜在的な市場トレンドを，λ が考慮している可能性があるからである。

(8.2) 式は，消費財と耐久財のいずれにも適用できる。しかしながら，適用には購買とリピート購買の時間差を観測する必要がある。消費者が思い入れを持っており，慣習的に購買される消費財において，繰り越し係数は特に大きくなる。そのような商品としては，たばこ，医薬品，化粧品などが挙げられる。**表8.1**は実証的に計測された繰り越し係数の一覧である。n は調査された商品数を示している。

カスタマー・ロイヤリティによって，通信，電気，ガス，水道，ヘルスケア，税務サービスのようなサービスの繰り越し係数は大きくなると考えられる。乗用車，家電製品のような耐久財に関しては，買い替えまでの期間が長い。しかしながら，これらの事例においてもこの式で表されている関係性は適用される。高級洗濯機のマーケット・リーダーであるミーレ（Miele）というブランドの初回購入者の90％以上が，買い替え時に同じくミーレの製品を購入している。**表8.2**はコンパクトカー・ブランドの繰り越し係数をいくつかのブランドを選んで示したものである。

繰り越し効果の強度は，顧客価値，顧客生涯価値といった概念と密接に関係している。本書ではそれらについて後に詳細に調べていく。繰り越し効果は消費財と耐久財の両方にとって重要な役割を果たしている。繰り越し効果はリピート購買とブランド・ロイヤリティの結果として生じる。したがって，繰り越し係数の大きさはこれらの効果の測度と考えることができる。実証分析によって得られたこの係数の推定値は一般的に0.3〜0.6の間にあり，商品カテゴリーごと，ブランドごとにその値は異なる。繰り越し効果は長期最適価格に影響を与えている。

第8章　価格決定③—長期価格最適化—　◆341

[表8.1] 実証的に測定された消費財の繰り越し効果

製品カテゴリー	計量経済学的推定値		パネルデータによる推定値	
	n	λ	n	λ
化粧品	9	0.6344	—	—
医薬品	25	0.6272	—	—
飲料	22	0.6080	—	—
たばこ	46	0.5680	—	—
ガソリン	14	0.5630	—	—
コーヒー	16	0.5044	12	0.5294
オレンジジュース	7	0.4940	12	0.3839
マーガリン	25	0.4603	12	0.5139
洗濯用洗剤	29	0.3832	12	0.4195
小麦粉（ブレンド）	—	—	9	0.4885
ペーパータオル	—	—	6	0.4811
ケチャップ	—	—	8	0.3948
歯磨き	—	—	12	0.3749
シャンプー	—	—	12	0.3084

[表8.2] コンパクトカーの繰り越し係数

ブランド	繰り越し係数 λ
VW　ゴルフ	0.615
オペル　カデット	0.460
フィアット　128	0.503
フォード　エスコート	0.656
プジョー　204	0.357

8.1.3　長期的な費用関数

　単位当たり費用・限界費用が長期的に一定であるとは仮定できない。製品ライフサイクルのすべての段階にわたって，2つの要因が費用の変化に影響している。まず，販売数量（そして生産数量）が増加すると規模の経済性が機能するようになるので，企業はより効率的なプロセスを用いることができるようになる。しかしながら，それらは本質的には静的な現象である。静的な規模の経済性と動的なコスト・リレーションシップの根本的な差異について，前者は時間の遅滞がなく

342

生産能力を増強することによってのみ生じる。対照的に，後者は時間のかかる学習プロセスから生じる。生産活動とマーケティング活動そのものが，ノウハウと経験を蓄積する学習プロセスとなる。この学習プロセスに関する慣習的な測度は，それぞれの商品の総生産量・累積生産量である。

経験曲線

　累積生産量と単位当たり費用の関係性は経験曲線とよばれる。単位当たり費用は，累積生産量が増えるにつれて指数的に減少すると仮定されている。マネジメントにおいて，戦略的計画を策定する上で経験曲線は広く用いられているが，それはまた長きにわたって，科学的研究の対象にもなってきた。最初の体系的な調査は1936年にさかのぼる。Wrightは航空機の製造に要した時間数と累積生産量の関係性を分析した [10]。第二次世界大戦中には，数多くの同様の研究がこの関係性について観測している。そしてHendersonによる研究はマネジメントが経験曲線を戦略的プランニングに活用する際のブレイクスルーとなった [11-13]。ことに経験曲線は電子産業において顕著な役割を演じている。Texas Instruments，National Semiconductor，Intelといった企業はゆるぎない一貫性をもって，この関係性をもとに戦略を策定している。**図8.3**は今まさに起こっている事例である。この例は，2001年から2015年までアメリカ国立ヒトゲノム研究所（NHGRI）が追跡し，分析したDNAシークエンシングにかかるコストを示している。このデー

[図8.3] DNAシークエンスのゲノム当たりコストの経験曲線 [14]

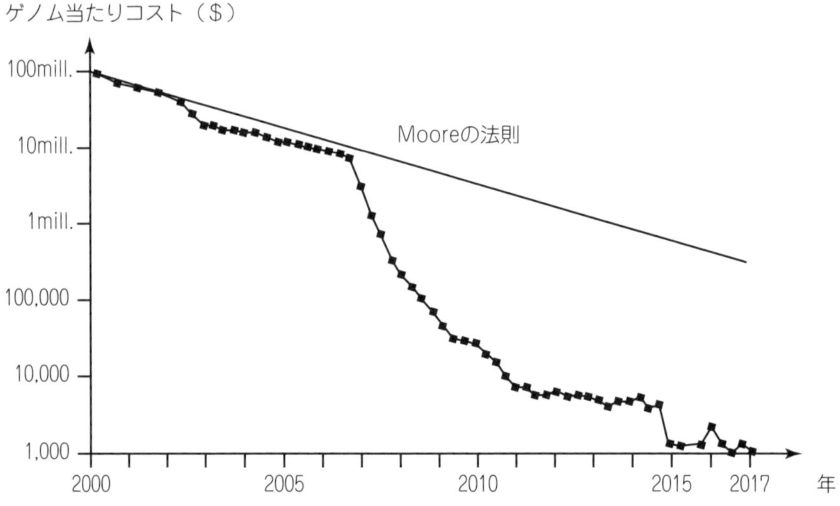

タは，NHGRIのゲノム・シークエンシング・プログラム（GSP）のDNAシークエンシング能力の確立と，DNA追跡技術の改善評価における重要なベンチマークとして使われている。DNAシークエンシング技術とデータ生成パイプラインの改良によって，2008年以降，コストが急速に下がったことが観測されている [14]。

今日，経験曲線は懐疑的に捉えられている。企業の中には，価格戦略策定において極端なまでに経験曲線を用いた企業も存在する。そのような企業は，経験曲線がもたらす競争優位性の程度を過剰に見積もってしまったがために困難に陥った。経験曲線の効果は，かつて考えられていたよりも急速に競合他社においても広がるようである。

経験曲線によって仮定される（インフレ調整後）単位費用 k_t と累積生産量 Q_t の関係性は，次式で表すことができる。

$$k_t = k_0'(Q_t/Q_0)^\chi \tag{8.3}$$

ここで，各変数は以下を表す。

k_0'：$Q_t = Q_0$ における初期単位当たり費用

Q_0：初期の生産量（もしくは試験的な生産など，$t=0$ までの生産量。）

χ ：パラメータ（$\chi < 0$）

パラメータ χ は累積生産量に対する単位当たり費用の弾力性である。これは，累積生産量が1％増加した時に，単位当たり費用が何％減少するかを表すものである。(8.3) 式のモデルでは弾力性は一定であり，累積生産量 Q_t の変化量当たりの費用 k_t の減少量は一定となる。しかしながら，絶対的な費用の逓減は，累積生産量が増加するにつれてより小さくなる。Q_0 は一定であるので (8.3) 式は次式のように単純化できる。

$$k_t = k_0 Q_0^\chi \ \text{ここで} \ k_0 = k_0'/Q_0^\chi \tag{8.4}$$

対数をとることによって，次式の通り，線型関数を得る。

$$\ln k_t = \ln k_0 + \chi \ln Q_t \tag{8.5}$$

図8.4は，経験曲線について，指数をとった曲線と対数をとった曲線を示している。典型的な経験曲線の概念において，累積生産量が2倍になるごとに実際の単位当たり費用は数％率ずつ減少する，と表現することができる。これは学習率といわれている。図8.4では，学習率 α は20，初期費用 k_0 は10と仮定している。

批判的な見方もあるが，経験曲線は実務において重要な役割を果たし続けてい

[図8.4] 指数型，対数型の経験曲線

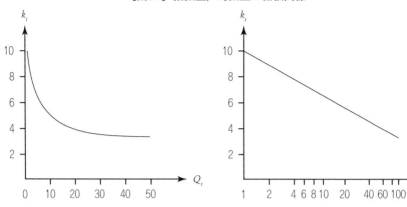

る。特に経験曲線が重要となるのは，費用や価格の予測である。経験曲線はMooreの法則に似ている。Mooreの法則はトランジスタ1個当たりの費用は18カ月から24カ月ごとに半減することを示したもので，提唱されてから2015年で50周年を迎えた。Mooreの法則は50年以上にわたり妥当であり，少なくとも今後数年間は妥当なものと考えられている。

図8.5と**図8.6**はコストが大幅に低下した2つのケースを示している [15]。図8.5はトランジスタサイクル1個当たりのコストをドルで示している。y軸は対数をとっている。

x軸は，Mooreの法則と同じように時間を表しており，累積生産量ではない。しかし，コストの減少率に合わせて，累積生産量は指数的に増加している。図8.6は2種類のバッテリーの連続した製品世代を表している。この図より，新しい世代になるたびにコスト低減効果が生じていることがわかる。このことから，ほとんどすべての分野の経験曲線効果は，技術が高い水準で進歩することによって妥当なものとなっていると考えられる。

このような経験曲線は，長期的な価格予測を行う際に有効である。価格予測の他にも，長期価格最適化と経験曲線に関連する別の重要な問題が存在する。企業は攻撃的な価格設定により生産量を増加させることでコストを下げるべきか，あるいはコストが低下するまで待ってから価格を引き下げるべきか，という問題である。元々Henderson [12] の見解では，相対的な市場シェアを最大化するために，積極的に価格を引き下げるべきだとされている。ここで，相対的な市場シェアは，業界一位企業の市場シェアに対する自社の市場シェアの比率として定義される。これは累積生産量（経験）における競合とのギャップ，つまりコストにおける競合とのギャップの測度として使われる。この市場シェアの拡大を目的とした攻撃

[図8.5] マイクロプロセッサーのコストダイナミクス [15]

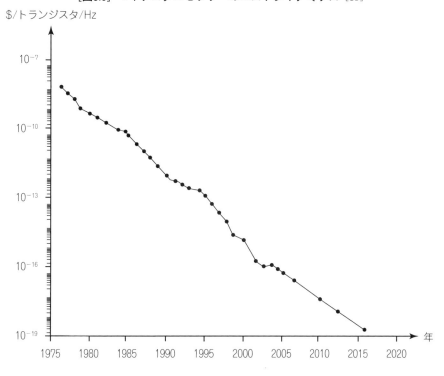

[図8.6] バッテリーのコストダイナミクス [16]

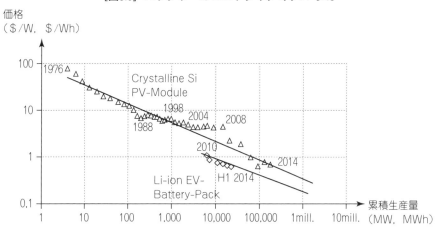

的な価格政策は，ライフサイクルの初期の段階で重要となる。これらの段階においては成長率は高く，累積生産量は低い。したがって短期間で累積生産量を2倍にし，関連するコストを低下させることができる。たとえ当初の価格が単位当たりコストよりも低くても，迅速にコストを削減することによって，より長期にわたってプラスのマージンを確保できる。

このような価格設定はオンライン・ビジネスにおいて非常に重要である。それは，コストに関してではなく，むしろ市場における支配的な地位を急速に築くことができるかという意味で重要となる。多くのデジタル市場は，ネットワーク効果によって独占市場へと自然と向かう傾向にある。このことは，市場におけるリーダーシップを勝ち取ることと，市場を独占する企業・ブランドとして確立することが重要であることを示唆している。

ポイント

要約すると，経験曲線は動的なコスト効果を操作する上で非常に有効な手法となっている。経験曲線の考え方に従えば，インフレ調整後の単位当たりコストは，累積生産量が2倍になるごとに，「学習率」として表される一定のパーセントで減少している。これらの効果は長期価格最適化と価格予測において考慮される必要がある。

8.2 長期価格最適化

これまで長期最適価格の決定要素について見てきたが，本節ではこれら決定要素間の関係性の影響を検討する。**図8.7**は，考慮しなければならない要素の，複雑な内的関係性を表している。

長期価格最適化は，一元的な価格決定よりも，より複雑な価格決定となる。ここでは，競合による反応のないケースのみを考えることとする。競合の反応までを考慮すると，価格最適化はさらに複雑なものとなる。こういった複雑性の背景としては，現在の価格 p_t が将来の販売数量・売上・コスト・利益に様々な効果をもたらすという点が挙げられる。価格 p_t を最適化する時にこれらの効果を考慮することは必要不可欠である。正確にいえば，現在時点の価格と，将来時点の価格を同時に最適化する必要がある。しかしながら，既に示したように，拘束力があり，直ちに決めることができるのは価格 p_t だけである。将来価格はすべて暫定的なものであり，予測と実績に乖離がある場合には設定後に修正される可能性が高

[図8.7] 長期価格最適化システムの相互関係

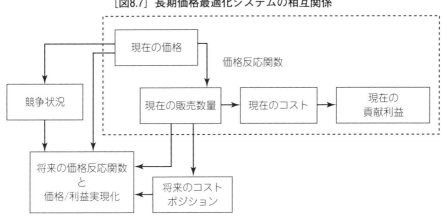

い。つまり、将来のすべての時点の価格を同時に最適化することは、実際にはあまり役に立たない。したがって、ここではt期における長期最適価格の議論に限定する。特に、長期最適価格が、現時点のみを考慮した短期最適価格からどのくらい変化するかに着目したい。どのような環境において長期最適価格は高くなり、また低くなるのか。はじめに、長期価格最適化についての定性的な経験則を述べた後、動的な価格反応関数や費用関数の決定要素が、長期最適価格に及ぼす影響について検討していく。

8.2.1 長期的な価格決定に関する経験則

製品ライフサイクルの各段階にわたる価格決定について、様々な経験則に基づく価格設定方法が存在する。この経験則に基づく長期価格最適化は定性的なもののみであるが、それでも有益で実用的なものとなっている。

8.2.1.1 導入期と成長期における価格決定

新商品の導入期と成長期における長期価格最適化に関しては、2つの基本的な価格戦略が勧められる。スキミング価格戦略と浸透価格戦略である。図8.8に理想的な図式でスキミング価格戦略・浸透価格戦略のそれぞれを示している。

スキミング価格戦略

スキミング価格戦略では、新商品の価格は高水準に設定される。スキミング価格戦略では通常、価格は長期間にわたって維持されることはなく、段階的に連続して引き下げられていく。スキミング価格戦略における「高い」発売価格という

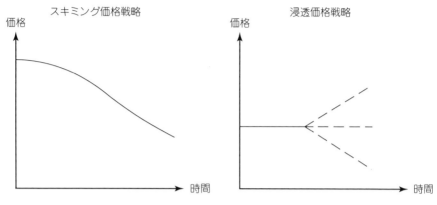

[図8.8] スキミング価格戦略と浸透価格戦略

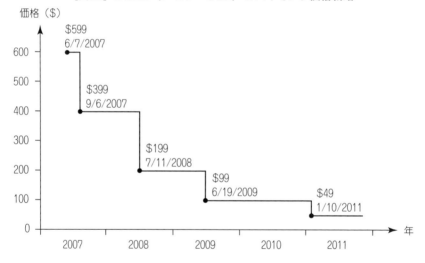

[図8.9] iPhone（メモリ：8 GB）のスキミング価格戦略

用語が正確に何を意味するかについては，定性的な議論の余地が残されている。正確さと一貫性を保つため，ここでは発売期に短期的な利益を最大化するために著しく高く設定された価格をスキミング価格とよぶこととする。

Appleの初代のiPhoneは，明らかなスキミング価格戦略の例であるといえる。**図8.9**は容量8 GBの初代iPhoneにおける価格の変遷を示している。

発売価格599ドルは非常に高価格であるといえるが，そのわずか3ヵ月後，Appleは価格を399ドルまで大幅に引き下げた。導入価格をこのように高くした理由は何だったのだろうか。599ドルという価格は，プレステージ（名声）と，高い

技術力，高品質のシグナルとなっていた。高価格であるにもかかわらず，iPhone
が発売された時，アップルストアの外にはiPhoneを購入するために並んだ顧客の
長い列ができた。399ドルまでの大幅な値下げは需要を強く押し上げた。200ドル
値引きしたことによる効果は，価格が初めから399ドルで発売された場合よりも
強かったと考えられる。言い換えれば，価格変更の効果が非常に大きかったとい
える。プロスペクト理論の考え方によれば，価格引き下げそのものが追加的な効
用の獲得を意味することとなる。しかしながら，この値引きには599ドルで購入し
たアーリー・アダプターの怒りや抗議を引き起こしたという負の側面が存在する。
Appleは，これら初期購入者に対し100ドルのクーポンを配布することで対応した。
　その後数年間，Appleはさらに価格を引き下げた。Appleの明確なスキミング
価格戦略は，市場の需要のみを考慮して策定されたのではなく，時間経過によっ
て生じる支払意思額の差異をうまく捉えることを目的としたものであった。また，
技術の進展と「爆発的な」販売数量の獲得により，コストも大幅に下がった。
Appleは2013会計年度，2014会計年度で，1億6,900万台を販売し，1,019億ドル
の売上を達成した。これは，Appleの総売上の約55％を占めた [17]。売上を販売
台数で割った，iPhone 1台あたりの平均価格は603ドルになる。対照的に，興味
深いのはコストに関する数値である。IHSテクノロジーによれば，2014年の製造コ
ストは，最小がiPhone 6の200ドルで，最大がiPhone 6 Plusの216ドルである [18]。
その後の世代のiPhoneも成功している。最初の10年間のiPhoneの販売台数は12億
台であり，累積で7,680億ドルの売上と1,000億ドルを超える総利益を生み出した。
Appleの時価総額は2017年末には8,980億ドルになり，世界で最も価値のある企業
となっている。すべてのiPhoneの販売価格は平均で640ドルとなり，他社のスマー
トフォンの約2倍となっている。この際立った価格ポジションによって，iPhone
は世界のスマートフォン市場の総利益の約80％を確保した [19]。価格戦略がこ
の成功に根本的に貢献しているといっても過言ではない。

浸透価格戦略

　浸透価格戦略は，市場への商品導入期に著しく低い価格を設定する価格戦略で
ある。浸透価格戦略では，発売時の価格は，短期的に利益を最大化する価格より
も大幅に低い価格に設定される。しかし，その後の期間，価格をどうするかにつ
いて一般的なルールは存在しない。
　トヨタは，アメリカで新たなプレミアムブランドであるレクサスを発売した時，
古典的な浸透価格戦略を採用した。当時，レクサスはまだ新しく，ブランド名も
知られておらず，その広告ではレクサスとトヨタの関係は示されなかった。それ

にもかかわらず，レクサスは当時アメリカで年間100万台以上の車を販売していたトヨタが生産していることは広く知られていた。トヨタはカローラやカムリといったブランドでトップの売上を達成し，その信頼性と高い残価価値から好評を博していた。しかし，カローラやカムリが成功していたからといって，トヨタがプレミアム価格ポジションのモデルを市場に導入できるという確証はなかった。レクサスは35,000ドルという価格で発売され，一年目に16,000台販売した。

それからその後6年間にわたって，価格は48%引き上げられた。2年目の販売台数は63,000台に跳ね上がった。初期の購入者はレクサスLS400について，ポジティブな口コミを広めた。Consumer Reportsは，年報でレクサスLS400について次のような熱狂的な記事を掲載している。「LS400は，快適性，安全性，アクセサリーなど，考えられるほとんどすべての機能を備えた，先進的な技術の粋を集めた車である。本誌がこれまでテストした車の中でも，最も評価の高い車といえる」。LS400は当該セグメントにおける，価格と価値が釣り合った車のスタンダードになった。そして常に，顧客満足度ランキングのトップに登場し続けた。当初のトヨタがプレミアム自動車を造ることができるのかという疑念は払しょくされた。トヨタは頻繁にレクサスの価格を引き上げた。導入価格を低価格に設定したことによって，レクサスの市場参入は容易になり，注目を集め，羨むほどの評判を得るようになった。これは古典的な浸透価格戦略の例である。確かに35,000ドルという市場参入価格は非常に低く，短期的な利益を最大化することはできなかった。だが，ブランドの長期的な成長のための礎を築いたのである。アメリカでの成長とは対照的に，レクサスはドイツではまだブランドを構築できていない。その理由として，ドイツではプレミアムブランドの車や高級車が，アメリカよりも品質やステイタスの指標としてより強く機能するという事実が挙げられる。そのような環境においては，浸透価格戦略はうまくいかない。

浸透価格戦略が成功したもう1つの例として，半導体メーカーのIntelの事例がある。Intelは，2007年にサーバーシステム向けのx86マイクロプロセッサを429ドルで市場に投入した。低価格であったことが幸いし，このセグメントにおいてマーケットリーダーシップを獲得した。Intelは何段階かにわたってx86マイクロプロセッサの価格引き上げを行い，2014年までに629ドルにまで引き上げた。そのような価格引き上げができたことは，相当なプライシング・パワーがあったことを証明している。しかし他の市場においては，Intelの価格でさえも下落した。たとえばノートパソコン用のマイクロプロセッサの価格は，33%の大幅な下落となった。**図8.10**は，アメリカのサーバー用マイクロプロセッサ市場における，Intelの浸透価格戦略を表している [20]。

スキミング価格戦略と浸透価格戦略のどちらについても，**表8.3**に示される幅

第8章 価格決定③—長期価格最適化— ◆351

[図8.10] Intelの浸透価格戦略 [20]

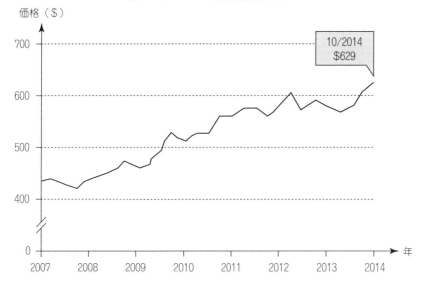

[表8.3] スキミング価格戦略と浸透価格戦略に関する議論

スキミング価格戦略	浸透価格戦略
・短期的利益を実現する。値引きをしない。 ・真のイノベーションであり，独占市場である期間は利益を実現化し，長期的な競争リスクを減らす。迅速に研究開発費を償却する。 ・ライフサイクルの早期段階で利益刈り取りを実現。陳腐化のリスクを減らす。 ・将来的な値下げの余地を作り，潜在的な正の価格変更効果のメリットを確保する。 ・（時間に基づいた価格差別化によって）可能な場合は支払意思額（消費者余剰）を徐々に引き出す。 ・（安全策を採る場合には）価格引き上げの必要性を避ける。 ・高価格設定により，価格と品質の正の関係を示す。 ・高い生産能力を持つことを避け，資金需要を減らす。	・単位当たりの貢献利益は低くても，迅速な販売数量の成長によって高い貢献利益を確保する。 ・繰り越し効果（非耐久財の場合には個人内の繰り越し効果，耐久財の場合には個人間の繰り越し効果）により，長期的に優位な市場ポジション（将来的に高価格，高販売数量であるポジション）を確立する。 ・市場リーダーシップの迅速な確保，独占的地位の確立。 ・静的な規模の経済のメリットによる，短期的なコストの削減。 ・累積販売数量の迅速な増加による，経験曲線の急速な低下。競合にとって困難なコスト優位性の確立。 ・低い発売価格によって失敗する確率を下げることによる，失敗リスクの軽減。 ・競合が市場に参入する可能性を回避する。

広い様々な側面と関わっている。

どちらの戦略を採る場合もその根拠となる考え方は明確であり，それ以上に細かく検討する必要はない。2つの戦略は正反対なので，一方の戦略を支持する見解は他方の戦略を否定する見解となっている。本質的に，どちらの戦略を採るかの意思決定は，「短期的に確実な利益機会と長期的に不確実な利益機会を天秤にかける」という古典的な問題と照らし合わせて，企業がその戦略的なオプションをどのように考えるかに帰結する。スキミング価格戦略は，早い段階でより多くの利益を生み出す戦略である。一方で，浸透価格戦略は長期的により多くの利益をもたらすと考えられる。ある戦略が別の戦略よりも好ましいかどうかは，その企業の財務体質にもよる。短期的な流動性を必要とする企業はスキミング価格戦略を選ぶであろう。スキミング価格戦略は短期的な利益とキャッシュフローにより重きを置いているからである。また，不確実性が非常に高い・割引率が非常に高いなどの理由で，長期的な効果やリターンが見込めない場合にも，スキミング価格戦略は望ましい戦略であるといえる。対照的に，浸透価格戦略は，より長期的な視点に立った時に正当化される価格戦略であり，将来を見据えた計画を仮定している。浸透価格戦略においては，短期的な損失を受け入れる覚悟ができていること，財務体質が安定していること，リスクをとる覚悟があることが必要になるだろう。

eコマースやソフトウェアの部門では，何年も前から確立している企業レベルでの浸透価格戦略の事例が存在する。1994年創立のAmazonは，2015年までに利益を生み出した会計年度は1回のみであった [21]。しかし2017年末，Amazonの時価総額は5,710億ドルに到達した。この時価総額はWalmartの時価総額（2,880億ドル）の2倍に当たる。Walmartの売上はAmazonの売上の3倍以上あるにもかかわらず，である。Salesforceは1999年の創立以来，同じような展開を見せている。このソフトウェア企業は，年間の利益を計上してこなかった。しかし，2017年末には時価総額が770億ドルになった。いずれの企業も，時にはコストを下回るような価格となる顕著な浸透価格戦略を，企業規模で継続的に行っている。その目標はできるだけ大きな顧客と売上の基盤を築くことであり，その基盤がゆくゆくは高い利益と株主価値を生み出すことが期待されている。証券取引市場の反応はこの戦略が支持されていることを明らかに示している。

Spannら [22] のデジタルカメラ市場の研究は，ほとんどの企業がスキミング価格戦略も浸透価格戦略も意識して行っていないことを明らかにしている。そうではなく，それらの企業は競合の価格水準に合わせて発売価格を決めている。我々の経験によれば，割引政策に関しても同じことが当てはまる。革新的な商品

やサービスでさえ，製品ライフサイクルの初期段階で大幅に割引販売されている。第6章で紹介した分類スキームのもと，カメラメーカーは競争志向の価格設定を実践している。この事例は，競争が激しい市場において，商品差別化が比較的小さくなり，短期志向の価格マネジメントがなされていることを示唆している。

8.2.1.2 製品ライフサイクル後期段階における価格意思決定

成熟期初期や時には成長期において（これらの境界はあいまいだが）は，新たな競合が市場に参入するようになる。また，2つ目の側面として，市場が成熟すると，競争がゼロサムゲームに変わるという点が挙げられる。言い換えれば，ある企業が競合他社から市場シェアを奪うという競争相手の犠牲無くして，成長は起こりえなくなる。これらの変化は価格マネジメントに大きな影響を与える。

競合他社による市場参入を見越して，企業は図8.11に示されるような選択肢を持っている。先行的価格引き下げとは，競合他社が実際に市場に参入する前に，パイオニアである企業が価格を引き下げることである。先行的価格引き下げは，短期的な利益最大化と長期的な利益最大化の妥協策でもある。短期的には，企業は利益をいくらか犠牲にするが，長期的な市場でのポジションをより効果的に守ることになる。この戦略はまた，その企業が，新規参入企業による激しい圧力によって値下げしなければならない時に，既存顧客に不満を感じさせないための手段にもなる。このような潜在的な利点にもかかわらず，実務において先行的価格引き下げは例外的な手段として扱われる傾向にあり，競争がない限りは企業が値下げをすることはほとんどない。先行的な値引きは競合他社の市場参入を延期させる参入制限価格設定である，という意見も存在する。しかし，現実には，その市場が魅力的である場合には，この手法が競合の参入を遅らせることはめったにない。

[図8.11] 競合の市場参入に対する戦略的選択肢

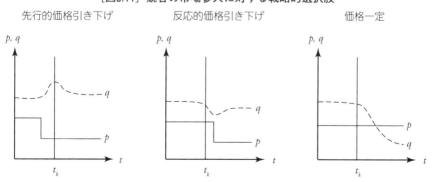

これらの理由から，パイオニアである最初に市場参入した企業は，図8.11における2つ目の選択肢を選ぶことになる。この選択肢は，競争参入後に価格を引き下げるものであり，反応的価格引き下げとよばれている。反応的価格引き下げでは，新たな競合他社の市場参入を受けて実際に市場シェアが危うくなって初めて，既存企業が価格を引き下げる。ドイツの食料品店のケースはその一例である。ALDIがその品揃えに，競合と同水準か少し低い価格で，新しいブランドの商品を加えると，LIDLは通常価格を十分に切り下げることで対抗する。ALDIはその価格引き下げに追随し，時には，他のディスカウンターも加わって，最初の価格水準よりもかなり低い水準に落ち着くことになる。2015年，ALDIはRed Bull 250ml缶を0.95ユーロで販売した。スーパーマーケット・チェーンのEDEKA とREWEが価格を同水準まで引き下げることで，これらのスーパーマーケットでは250ml缶の飲料が0.95ユーロという低価格で購入できるようになった [23]。

髭剃りで有名なGilletteは，違ったアプローチをとった。フランスのBICが使い捨てカミソリ市場への参入計画を発表した時，Gilletteは前もって価格を引き下げた。数ヵ月後，実際にBICが市場に参入すると，Gilletteは，それまでの商品よりも31％割安な，新しいモデルを投入した。このようにしてGilletteは市場での地位を守り，BICの攻撃をかわした。Gilletteは明らかに，ボールペン市場やライター市場におけるBICの攻撃から教訓を得ていた。これまで，Gilletteはこれらの市場でBICが参入してかなりの市場シェアを奪われてから価格を引き下げていた。Gilletteは，ボールペンとライターの両方の市場でマーケット・リーダーシップを失っていた。

「価格一定」という選択肢を選ぶ場合には，マーケット・リーダーは競合が市場に参入した後も（高い）価格を維持することにより，市場シェアをある程度失うことも受け入れる。この戦略は，マーケット・リーダーである企業が市場からの撤退を計画している場合や，後継商品の投入を検討している場合には，理に適った有益な戦略である。もしもその企業がロイヤル顧客を基盤としているならば，古くからの商品は長期間にわたって利益を生み出し続けるだろう。

衰退期における競合商品の参入は，これまでの議論とは全く別の状況となり，価格設定に関してより警戒を高める必要がある。製品ライフサイクルの終わりに近づいている商品にのみ限定すると，価格弾力性の（絶対）値が高い場合は，一般的には競合商品が参入した際には価格を引き下げるのが最適である。この方法は，衰退を完全にくい止めるものではないが，価格を一定にした場合よりもこれを緩和させることができる。時代遅れの商品や競争力を失った商品の衰退をくい止めたり遅らせたりしようとしても，価格設定という手段はほとんど意味をなさ

ない。

　衰退期における競合商品の参入において，価格引き下げの代替方法として「刈り取り戦略」が挙げられる。刈り取り戦略では，企業は衰退期においても高い価格を維持する。この戦略では，企業は販売数量の減少を受け入れる一方で高いマージンを獲得し続けることができる。また，古い商品を引き継ぐ新商品の導入を計画している場合においても，高い価格を維持することは望ましいといえる。これにより，新商品の価格を旧商品の価格と比較して大幅に引き上げる必要性をなくすことができる。さらには，旧商品を比較的高い価格で維持することでカニバリゼーションが加速し，旧商品を市場からうまく撤退させることができる。旧商品を市場から無理に撤退させた場合，既存顧客を不快にするリスクがあるが，旧商品の価格が高いことによって，顧客の自由意思で新商品にスイッチさせることが可能となれば，そのリスクは小さい。

8.2.2　長期価格最適化の定量的手法

　本項では，長期最適価格とその決定要素の相互依存関係性，および長期最適価格と短期最適価格の違いについて述べていく。それぞれの効果について個別に見るために，まずは動的な価格反応関数と動的な費用関数のうちいずれか1つのみに着目する。

8.2.2.1　動的な価格反応関数を仮定した長期最適価格

　目的関数（8.1）を用いて，長期的利益を最大化する。ここでは，動的な価格反応関数 $q_t = f(p_t, \cdots, p_{t-T})$ を用いる。

　再定式化を行い，長期最適価格について以下の条件式を得る [24]。

$$p_t^* = \frac{\varepsilon_t}{1+\varepsilon_t} C_t' - \frac{\varepsilon_t}{1+\varepsilon_t} m_t = \frac{\varepsilon_t}{1+\varepsilon_t}(C_t' - m_t) \tag{8.6}$$

ここで，p_t^* は長期最適価格，ε_t は短期的な価格弾力性を表し，次式で表される。

$$m_t = \sum_{\tau=1}^{T} \frac{\varepsilon_{t+\tau,t}}{\varepsilon_t}(p_{t+\tau} - C_{t+\tau}') \times \frac{q_{t+\tau}}{q_t}(1+i)^{-\tau} \tag{8.7}$$

$$\varepsilon_{t+\tau,t} = \frac{\partial q_{t+\tau}}{\partial p_t} \frac{p_t}{q_{t+\tau}} \tag{8.8}$$

　$\varepsilon_{t+\tau,t}$ は，動的な価格弾力性であり，t 期の価格設定が $t+\tau$ の販売数量に与える効果を捉えるものである。通常の表記に倣って，q_t は販売数量を表し，p_t は価格，C_t' は限界費用，i は割引率をそれぞれ表している。

この条件式 (8.6) は，直感的に解釈しやすいように非常にうまくできている。修正項 m_t が加わることによって，(6.6) 式のアモローソ・ロビンソン関係式で表された短期最適価格の条件式と，長期最適価格の条件式は異なったものとなっている。この修正項は，t 期の価格変更により生じた将来貢献マージンの割引現金価値に対応する。これらの効果は将来の時点で生じる効果だが，t 期の価格設定による結果であるため，現金価値と同量の限界費用の増減として（符号によって）表されている。ここで，長期最適価格と短期最適価格が乖離している場合，その企業がより高い長期的な利益を得る代わりに，短期的な利益を失うことを意味している。

修正項 m_t が正の時，長期最適価格は短期最適価格よりも低くなる。これは，すべての動的な価格弾力性が負であるケース，つまり，今の価格引き下げが，将来の高い販売数量をもたらすケースである。これは正の繰り越し効果の場合に明確に当てはまる。一方で，動的な価格弾力性がすべて正であるときに，長期最適価格は短期最適価格よりも高くなる。このことは，現時点の価格を低くすると将来の販売数量が減少することと同義である。このケースは，現時点での追加的な売上が将来の売上からの「借り物である」場合に起きる（前倒し効果）。また，価格変更による効果が発生する場合，m_t は負の値をとり，長期最適価格はより高くなる。

動的な価格弾力性の符号が一定であるとき，他の条件が同じならば，以下のような結果が導かれる：長期最適価格と短期最適価格が大きく乖離するのは，次のような場合である。

- 動的な弾力性と短期的な弾力性の比率 $\varepsilon_{t+\tau,1}/\varepsilon_t$（の絶対値）が大きい時。
- 将来貢献マージンが大きい時。
- 割引率 i が小さい時。
- 計画期間 T が長い時。
- $q_{t+\tau}/q_t$ の比率が大きい時：他の条件が一定であれば，製品ライフサイクルの曲線が上向きとなる成長期において，成長期以降と比較して，この比率 $q_{t+\tau}/q_t$ は大きくなる。したがって，短期最適価格と長期最適価格の乖離は，製品ライフサイクルの初期の段階の方が，後期の段階よりも大きくなる。

これらの記述の共通項は，現在の価格設定から得られる将来の利益がより大きくなると，乖離が大きくなるということである。m_t の絶対値が大きくなると，動的な補正を通して限界費用がより大きく変化する。

長期価格最適化を図ることによって犠牲となる短期的な利益は，長期的な利益を生み出す「マーケティング投資」として解釈することができる。

繰り越し効果を仮定した長期最適価格

(8.2) 式に従った繰り越し効果がある場合，非常に単純に補正項 m_t を表すことができる。ここでは，将来の単位当たり貢献マージン $p-C'$ は一定であると仮定する。

$$m_t = \left[\frac{1}{1-\lambda/(1+i)}-1\right](p-C') \tag{8.9}$$

このことを，繰り越し係数を $\lambda=0.45$ とした数値例で表してみる。表8.1からわかっているように，この数値は消費財においては一般的な繰り越し係数である。期間は2ヵ月であり，割引率 i は，2％（年率換算で12.6％）と設定する。(8.2) 式に従った，動的な線型価格反応関数のその他のパラメータは $a=100$，$b=10$，$C'=5$，$q_0=40$ とする。

長期最適化，短期最適化を行ったそれぞれの場合における最適価格・販売数量・利益を表8.4に要約する。第1期の長期最適価格は，短期最適価格よりも9％低い。第2期については，価格差は小さいものの，最適価格の大小関係は逆転している。この企業は長期最適化を図るため浸透価格戦略を採っており，第1期においては，販売数量が高い一方で，利益は低い。第2期においては，（繰り越し効果により）優位な状況での時期始まりとなり，より高い利益を得ることができている。第1期で犠牲になる利益は5.78ドルである。この5.78ドルの「マーケティング投資」は227.88ドルの総利益をもたらしており，短期最適化を図った場合よりも5.68ドル総利益が高くなる。繰り越し効果が強くなるほど，この差はより大きくなる。

［表8.4］ 長期最適化と短期最適化の結果

最適化	t	p_t（\$）	q_t	利益（\$）	資本価値（\$）
長期最適化	1	7.64	41.6	109.82	225.57
	2	8.44	34.3	118.06	
短期最適化	1	8.40	34.0	115.60	220.11
	2	8.27	32.6	106.60	

価格変更による効果を仮定した長期最適価格

ここでは対称的な価格変更による効果について検討する（すなわち，同程度の価格引き上げと価格引き下げは，販売数量に対し同程度の効果を持つと仮定する）。この種の効果により，長期最適価格は短期最適価格よりも低くなる。初期の価格をより高くすることで，企業は将来的に価格引き下げを行う余地をもたせ

ておく。そのような将来の価格引き下げは，価格変更の効果によって販売数量に影響を及ぼす。製品ライフサイクルの初期の段階において，この価格変更の効果により，価格引き下げを段階的に行うスキミング価格戦略はより有効なものとなる。

　非対称な価格変更の効果が生じる場合（価格引き上げよりも価格引き下げのほうが，販売数量により大きな効果をもたらす場合），パルス戦略として知られる長期最適価格戦略が適している。このパルス戦略では，最適価格は上限と下限の間で「パルス（脈動）する」ことになる。**図8.12**はパルス戦略を表しており，式としては次に示す動的な価格反応関数によって表される（＋は価格引上，－は価格引下を表す）。

$$q_t = a_t - c_1(p_t - p_{t-1})^+ - c_2(p_t - p_{t-1})^-$$

ここでは，耐久消費財の例で，この戦略を実証する。耐久消費財の例では，広告が重要な役割を担っており，対数を取った広告変数$\ln A_t$を入れて，次の関数を推定した。

$$q_t = 2{,}866 + 1{,}249.5 \ln A_t - 39.57(p_t - p_{t-1})^+ - 40.48(p_t - p_{t-1})^- \qquad (8.10)$$

すべてのパラメータは，5％水準で有意である。価格引き上げと価格引き下げの効果は非対称である。

　限界費用$C' = \$180$，割引率を0％とした場合，最適価格の下限は233.40ドル，

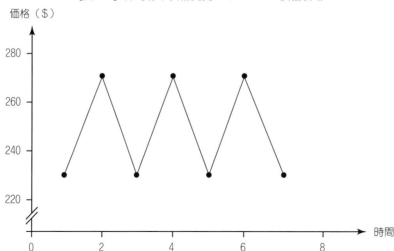

[図8.12] 非対称な価格変更のあるパルス価格戦略

上限は269.48ドルで，パルス戦略を採った時の期間あたりの平均利益は176.15ドルである。一方で，均一価格とした際の最適価格は242.26ドルであり，利益は153.39ドルとなる。両者を比較すると，パルス戦略を採った時の利益は均一価格よりも14.8％高くなる。いわゆるHi-Lo価格戦略はそのようなパルスのパターンに従っている［25］。Hi-Lo価格戦略では，多かれ少なかれ規則的に，高価格と低価格が交互に繰り返される。非対称な価格変更の効果は，このような価格設定計画がなぜよいのか，論理的に説明しているといえるだろう。

効果が比例的ではない場合は，グーテンベルグモデルが示唆しているように，価格変更の幅が小さいとその効果はわずかである（比例的な効果の場合よりも小さくなる）。一方で，価格変更の幅が大きい場合には顕著に大きくなる（比例的な効果の場合よりも大きくなる）。この反応パターンを踏まえると，価格変更を繰り返し行うことは有効といえる。大きく価格を切り下げたのち，段階を分けて小刻みに値上げをするのである。この不均衡なパルスは**図8.13**にグラフとして示されている。

実際のビジネスにおいても，価格の上方への修正は数回にわたって行われることが確認されている。我々のコンサルティングでも，クライアントに対しこの戦術をアドバイスすることがある。回転の速い消費財の，税の引き上げに伴う値上げには，「我々の経験から，大きな値上げを一度に行うよりも，適度な値上げを二度に分けて実施したほうが市場シェアへの負の効果が小さい」ということが一般的にはいえる［26］。

また，業務用の人工呼吸器について行われたコンジョイント分析からは，メー

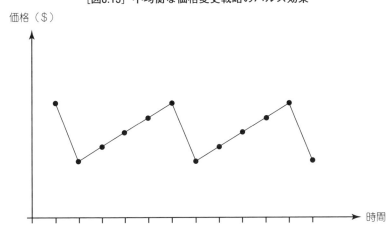

［図8.13］不均衡な価格変更戦略のパルス効果

カーはより優れた価値を提供することで価格を25％引き上げられることが明らかになった。この企業は一度に大きな値上げをする代わりに，7％の値上げを3回行ったが，実質的に販売数量や顧客を失うことはなかった。

しかし，大幅な価格引き下げを行う場合には注意が必要となる。大幅な価格引き下げを行った場合には，価格をもとの水準に戻せなくなるというリスクが存在するからである。ディスカウントやプロモーションキャンペーンを通して後から値下げする狙いで，前もって値上げすることを，競争法によって禁じている国もある。（「値引き」にするために）非合理的なほど短い期間だけ高価格に設定したのちに，大幅な値引きによって顧客を引き付けようとすることは誤りである。なぜならそのようなケースにおける違法性の判断基準は，ディスカウント前の価格水準がどの程度であったか，並びにその価格水準がどの程度維持されていたかであり，その立証責任は売り手にある。

ポイント

価格変更の効果が生じる際（つまり価格引下そのものが販売数量に追加的な影響を及ぼす場合），長期最適価格は短期最適価格よりも高くなる。後から価格を下げていくスキミング価格戦略は，このシナリオを前提としたものである。初期の価格を高価格に設定することで，後に販売数量の増大を目的として価格引き下げを実施する余地を残すことができる。もし価格変更の効果が非対称なものであるならば，すなわち，値上げよりも値引きのほうがより強い効果を持つ場合には，パルス価格設定が最適である。もし価格変更の効果が比例的でないならば，パルス価格設定の中でも不均衡のものが推奨される。価格引き上げは小刻みに実施されるべきだが，一方で価格引き下げは大幅に実施されるべきである。もし期待効果が存在するならば，顧客による将来の期待価格が高いか低いかによって最適価格の方向性は変化する。

8.2.2.2 動的な費用関数を仮定した長期最適価格

ここでは動的な費用関数を仮定する。この仮定は，コストが前期の販売数量（前期の価格）に依存すること，現在の価格は現在の販売数量と将来のコストに影響を及ぼすことを意味している。売上については，決定要素の動的な相互依存関係性を仮定しないこととする。動的な費用関数 $k_{t+\tau} = k(p_t, \cdots, p_{t+\tau-1})$ を長期的な利益に関する目的関数（8.1）に当てはめて，p_t について微分する。t 時点における単位当たり費用 k_t は一定である。簡便化することによって，長期最適価格の条

件式を次式で表すことができる [24]。

$$p_t^* = \frac{\varepsilon_t}{1+\varepsilon_t}(k_t - z_t) \qquad (8.11)$$

ここで各変数は以下を表す。

$$z_t = -\sum_{\tau=1}^{T} \frac{\chi_{t+\tau,t}}{\varepsilon_t} \times k_{t+\tau} \times \frac{q_{t+\tau}}{q_t}(1+i)^{-\tau} \qquad \chi_{t+\tau,t} = \frac{\partial k_{t+\tau}}{\partial p_t} \times \frac{p_t}{k_{t+\tau}} \qquad (8.12)$$

単位当たり費用弾力性$\chi_{t+\tau,t}$が正の値を取る場合（通常，費用弾力性は正），長期最適価格は短期最適価格よりも低くなる。2つの価格の乖離は以下の場合により大きくなる。

- 単位当たり費用弾力性$\chi_{t+\tau,t}$が大きい時。
- 単位当たり費用$k_{t+\tau}$が大きい時。
- 比率$q_{t+\tau}/q_t$が大きい時。この比率$q_{t+\tau}/q_t$は製品ライフサイクルの初期の段階において特に高くなりうる。つまり，経験への「投資」はこの段階で特に効果的である。
- 割引率iが小さい時。

すでに述べた，動的な価格最適化を「投資」として解釈する考え方は，ここでも同じように当てはめられる。ここで，短期的な利益の犠牲には意味があるといえる。なぜなら，長期的にはコストのポジションはより好ましいものとなり，利益はより高くなるからである。

コストのダイナミクスに関して次のように結論づけることができる。もし現時点の値引きによって販売数量が増加し，その後の期間の単位当たりコストが下がるならば，長期最適価格は短期最適価格よりも低くなる。長期最適価格が短期最適価格を下回ることは，短期的な利益を犠牲にすることで，長期的にはより高い利益が得られることを意味している。

コストのダイナミクスを考慮した場合，現在の単位当たりコストよりも長期最適価格が低くなるという状況が発生しうる（総コストの場合も限界費用の場合も存在）。動的な条件下では，一般的に，価格の下限をある値に固定することはできない。繰り越し効果と経験曲線効果は，長期最適価格を著しく低くする働きを持っている。以下のような条件下において，長期最適価格は限界費用よりも一層低くなりうる。

- 短期最適価格と短期的な下限価格の差が小さい時（短期的な下限価格の例：

限界費用）。
- 繰り越し係数が大きい時。
- 経験曲線の学習率が大きい時。

コストを下回る価格は，新商品の場合にはとりわけ，経験的な妥当性を有している。これは新商品の場合，繰り越し効果と学習率が高くなる傾向にあるためである。多くのデジタル材がそうであるように，限界費用が0あるいは0に近ければ，長期最適価格は負の値になることさえある（第15章参照）。

8.2.2.3　長期価格最適化に関する概要

ここまで，需要とコストに関する動的な関係性が，長期最適価格に対しどのような影響を与えるかを示した。最適価格の条件式は，長期最適価格と短期最適価格の比較という形で定式化された。このアプローチにより，長期価格最適化の理解が可能となり，動的な効果の方向性について明確な結論づけができた。実際に，短期最適価格を始めに決定し，それからその価格をもとに動的な最適価格における乖離の方向性（符号）と大きさを定める段階的なアプローチは，長期最適価格を決定する上で推奨される。**表8.5**に，個別の動的な効果に基づき推奨される価格設定アプローチをまとめる。

本節で議論した各効果は個別に検討されたものであるため，表8.5にまとめた影響も個別の効果を検討する場合にのみ当てはまる。実際には，これらの効果は同時に発生することや，互いに相乗効果を持つことや，相殺効果を持つことがあ

［表8.5］**動的な効果と，その長期最適価格へのインパクト**

動的な効果の種類	長期最適価格（短期最適価格と比較して）
正の繰り越し効果	低い
負の繰り越し効果	高い
部分的に正および負の繰り越し効果	特定できない
価格変更効果	高い
値下げによる強い販売数量効果がある場合の，非対称な価格変更効果	パルス型
比例的ではない価格変更効果	一段階の大幅な値下げ，段階的な小幅な値下げ
値下げ（値上げ）が予期される場合の期待効果	特定できない
経験曲線	低い

る。したがって，もし正の繰り越し効果と経験曲線の効果が同時に発生するならば，長期最適価格は急速に下落する。これら2つの効果はともに浸透価格戦略をより効果的なものとする。その一方で，即時的な繰り越し効果と価格変更の効果の2つを検討した場合は，それぞれに相殺効果が発生するため，明確な指針を示すことはできない。

　動的な価格による効果と，コストによる効果がそれぞれ対立する可能性があることは，長期価格最適化において非常に重要となる。長期最適価格の水準とその後の展開について，一般的な指針を示すことはできない。動的な効果のうちどれが生じるのか，それぞれの効果は相対的にどれだけ強いのか，どのくらいの期間続くのかは，対象となる商品と市場状況に依存する。

8.3　長期的な価格決定とリレーションシップ・マーケティング

　最近，マーケティングの分野においてカスタマー・リレーションシップに焦点が当てられている。そのため，リレーションシップ・マーケティングがよく話題になる。取引としてのマーケティングが「どのように商品を売るか」をテーマとする一方で，リレーションシップ・マーケティングは「どのように顧客を獲得し，維持するか」がテーマとなる。リレーションシップ・マーケティングを行うためには，顧客一人一人が識別され，それぞれの取引データが収集，蓄積される必要がある。リレーションシップ・マーケティングの隆盛は，1つには情報技術（顧客カード，カスタマー・リレーションシップ・マネジメント（CRM），インターネットなど）の進展と普及によるものである。銀行，保険，ブッククラブ，新聞，雑誌などの出版業界，エネルギー，通信，郵便，B2Bなど多くの部門において，かねてより顧客情報は収集され，取引データは記録されてきた。しかし，たとえば顧客カードの浸透により，さらに多くの企業が顧客との取引やリレーションシップを体系的に管理し，顧客に働きかけることが可能となった。新たに顧客マネジメントが可能となった企業には，航空会社，旅客鉄道，ブリック・アンド・モルタルの（実店舗型）小売業，ホテル，そのほか多くのサービス提供業者などが含まれる。インターネットとeコマースは，顧客とサプライヤー間のリレーションシップをより深く理解するのに非常に大きな貢献をしている。

　リレーションシップ・マーケティングは価格に特定的に焦点を当てるのでも，価格に限定されるものでもなく，マーケティングミックス全体を含むものである。しかしながら，リレーションシップ・マーケティングには価格設定に関わる多く

の顧客接点が関係している。Amazonのような大規模オンライン業者は，一日のうちに価格を変動させている。たとえば，テレビの価格が午前中は午後よりも100ドル安いことがある。この価格変動の根本にあるダイナミクスは，ある時点における顧客数と顧客の選好の分析である。このアプローチは今や，店舗販売型の小売業者にも広がっている。それらの業者は電子棚札を導入し，価格を頻繁に変更できるようにしている。eコマースにおいては，それぞれの顧客の異なる特性に基づいて価格を設定する，個別価格がホット・トピックとなっている。しかし，今のところ，Amazonのようなオンライン業者は，顧客ごとの価格設定ではなく個別の割引に対しより焦点を当てている [27]。

　リレーションシップ・マーケティングは，顧客によって生み出される長期的な利益を最大化することにもつながる。長期的な目的関数 (8.1) は，個別の顧客にも顧客グループにも当てはまる。いわゆる顧客価値は，特定の顧客がその企業にもたらす貢献利益の純現在価値である。繰り越し効果のような効果は顧客ロイヤリティから生じている。顧客との強固な関係性は取引コストを低下させることから，費用のダイナミクスも存在する可能性がある。企業が数年間にわたって顧客との信頼関係性を築いた際，与信調査を省くことや，口頭での合意で取引を行うことができる。たとえば，Amazonのリレーションシップ・マーケティングの例がある。顧客との関係性をより密接にするために，Amazonは，顧客がテレビ画面でHD品質のオンラインビデオを観ることのできる「FireTV stick」を導入した。オンラインビデオとしては，Amazon Primeのストリーミングサービスを提供している。Amazonはこのオファーをより魅力的なものにするために，ドイツでは通常は39ユーロするFireTV stickを，年間契約した場合にはわずか7ユーロで提供した [28]。

　顧客価値の話題は，財務報告においても注目されており，その重要性は高まっている。顧客基盤の価値（顧客エクイティ，顧客生涯価値 [29]，顧客資本 [30, 31] などともよばれる）は，全体的な企業価値に大きく貢献しうる。重要なことは，顧客の数や長期間にわたるロイヤリティではなく，期間当たり・顧客1人当たりのキャッシュフローである。そして，それらは価格に依存している。このような依存にはいくつかの原因がある。1つは，価格は顧客1人当たりの平均売上（ARPU＝Average Revenue Per User）に直接影響するという点である。一方で，顧客ロイヤリティと関係性の持続は，価格と価格インセンティブの形態に依存している。2014年に，通信会社のO2はイギリスの顧客に対して，特定プランの契約期間によって，無料の通話時間，SMS，データ通信量を差別化した。たとえば，「3G Pay & Go Go Go」プランを3ヵ月以上契約した顧客には，10ポンドで150分

の通話，SMS送信1,000回，500MBのデータ通信量が追加料金なしで利用可能とした（通常は同額で，75分の無料通話，SMS送信500回，250MBのデータ通信量しか提供されない）。顧客価値は，新規顧客の獲得，既存顧客の維持，離反顧客の再獲得を目的とした投資の決定的な指針となる。このような投資は，（プロモーション，景品などの）支出の形態で行われることも，割引の形態で行われることもある。

8.3.1　長期的な価格決定と顧客の獲得

　価格は新規顧客の獲得に関して決定的な役割を果たす。様々な産業において提示されている多くの価格は，新規顧客の獲得を目指したものとなっている。

- 通信会社やケーブルテレビ会社は，他社からのスイッチャーや新規顧客を惹きつける特別なオファーを提示している。場合によっては，長期的に契約している顧客は，同等のオファーを得るためにスイッチするそぶりを見せる必要がある［32］。
- コンピュータ・メーカーやソフトウェア・メーカーは学校や教育機関に自社の機器や商品を非常に低価格で提供したり，無料で提供したりする。これは，学生に自社のシステムに慣れてもらい，将来の顧客として獲得するためである。
- 製薬業界では，医師は慣習的に新しい医薬品のサンプルを無料で受け取っている。医師が新しい医薬品について知見を得て，その経験が良いものであれば，その医薬品を日常的に処方してくれる可能性があるからである。
- 新規テナントの家賃無料期間は，非常に広く普及している戦術である。新規テナントにとっては，すでに引っ越しや改装の費用が負担となっていることから，家賃無料期間は魅力的なオファーとなる。一方で，家主にとっては，無料期間を設けることで，新規テナント募集のために通常家賃を引き下げる必要がなくなるため，家主が不動産を売却することも視野に入れているなら，建物の売却価値を高く維持するのに役に立つ可能性がある。
- Software-as-a-Service（SaaS）において，新規顧客向けに期間限定の無料サービスや低価格の導入価格を提供することは一般的である。Scopevisioという企業は30日間無料評価版の提供を行っている。
- Amazon（例：Amazon Vine）のような企業はさらに掘り下げて，潜在的な顧客に謝礼を払って新商品を評価してもらうプログラムを実施している。
- 新規顧客は，顧客になるために謝礼を支払われることもある。Commerzbankは新規顧客1人につき50ユーロ支払っている。PayPalは導入期に，新規顧客に10ドル支払った。中国の自転車レンタルサービス「Mobike」は，

自転車を利用する顧客に金銭を支払っている。このような取り組みは負の価格として解釈できる。というのも，顧客は何も払わないだけでなく，実際には売り手から金銭を受け取っているからである [33]。（第15章参照）

　これらの事例のそれぞれにおいて，値下げという形での「マーケティング投資」が行われている。投資の最適水準は，それぞれの顧客価値に依存している。顧客価値は，他の条件が同じであれば（つまり，期間あたりの支出や費用が同じであれば），年齢の高い顧客よりも年齢の低い顧客のほうがより高くなる。Volkswagenの，運転免許証を取得したばかりの人々に特別な割引を提供する戦術は，この点において理にかなっている。同じように，医療保険会社が年齢の低い顧客を獲得するために保険料の低い保険を提供していることも理にかなっているといえる。というのも，年齢の低い顧客は年齢の高い顧客よりもずっとコストが低く，さらにはそのうちの多くは長期間，その保険会社の顧客であり続けるからである。このようなメカニズムの下で，長期最適価格は，短期最適価格よりも常に低くなる。
　価格コミュニケーションは，獲得段階において重要な役割を果たす。既存顧客と比べて，顧客になっていない人々はサプライヤーの価格についてあまり情報を得ていない。言い換えれば，新規顧客は古くからのロイヤルな顧客と同じようには価格差を知覚していない。つまり，企業が価格差の発生理由を説明することが重要となる。同時に，新規顧客と既存顧客の取引を差別化するべきといえるだろう。新規顧客は価格の優位性を知覚するときにのみ，商品を購入する。賢明な価格コミュニケーションは，顧客と企業の最初のコンタクトのきっかけになりうる。たとえばDollar Shave Clubのように，その（印象づけたい）価格を頻繁に繰り返すこともその１つの方法である。Dollar Shave Clubでは，会社名の中で１日当たりの剃刀の価格を示している。他には，革新的な価格設定，あるいはユーモラスな価格設定は関心を生み出すことがある。たとえば，ある眼鏡チェーンは顧客の年齢に基づいて割引を行った。ロンドン・オリンピックでは，こどもたちに向けて同じアプローチを適用している。

8.3.2　長期的な価格決定と顧客維持

　顧客ロイヤリティは長期的な収益性の一要因として注目されている。複数の研究において，企業はロイヤルな長期的顧客から平均以上の利益を上げていることが報告されている [34]。また，新規顧客を獲得するよりも既存の顧客を維持するほうがずっとコストがかからないと考えられている。その中でも，価格は顧客維持のための重要な手段である。多くの研究が，顧客はなぜサプライヤーをス

イッチするのかを研究しており，次に示すSimon-Kucher & Partnersの業種横断的な調査結果はその代表的なものといえる。この調査では，顧客の52%がスイッチした主な理由として，サービス関連の問題あるいは従業員の行動関連の問題を挙げた。一方で顧客の29%は価格，18%は商品の品質が劣っていることをスイッチした主な理由として挙げた。価格は顧客維持の中心的な役割を担っており，その理由の1つには，価格はサービスや従業員の行動，商品品質よりも速く，簡単に変更できることがある。しかし，このことは企業が，潜在的なスイッチ予備層の顧客を維持するために価格を低くする余裕があることを意味する訳でも，そのような割引が賢明であることを意味する訳でもない。貢献マージンと利益へのインパクトを避けるために，価格引下の取り組みには十分注意をすべきである。一般的に，既存顧客，特にいわゆる「戦略的」顧客には過剰な割引が与えられることが少なくない。したがって我々は，既存顧客に対する早まった，不必要な譲歩をしないように強く警告したい。利益のためには，顧客満足をある程度は犠牲にしてもよいだろう。ビジネスの目標は，顧客満足を最大化することではなく，長期的な利益を最大化することである。企業は自身のパフォーマンスについて顧客の満足を得る必要はあるが，顧客が価格についてある程度の不満を覚えることは仕方がなく，多くのケースで避けられないものである［35］。

　今や，顧客維持やロイヤリティ・プログラムは非常に一般的なものになっている。顧客ロイヤリティは肯定的な意味合いを含んでおり，そのため，ほぼすべての企業はそれを伸ばすことが義務であると感じている。ほとんどの顧客ロイヤリティ・プログラムは，何らかの，特別な価格構成要素を含んでいる。顧客ロイヤリティ・プライシングに含まれる，潜在的・間接的な方法には，数量に基づいた割引，時間に基づいた価格，ロイヤリティに基づいた価格が挙げられる［36］。典型的な，顧客維持志向のプライシングの例は，ポイントを将来の旅行に交換できる，マイレージプログラムである。

　顧客ロイヤリティを高めるための価格政策は，顧客との関係性の継続期間や強さ（売上，購入頻度など）に基づき，売り手が値引きをすることに焦点が当てられる。売り手の視点からは，購買量や購入頻度の高いロイヤリティの高いリピート顧客は，その場限りの顧客やたまたま来た顧客よりも，より良い顧客であると評価される。

- 自動車保険会社において，事故の頻度と同じように，その保険会社との関係性の長さは，顧客の保険料の上下に影響する。その差は時間が経つにつれて，かなり大きくなりうる。

- 顧客と企業が契約関係にある場合には，割引を契約期間によって変えることが簡単にできる。そのような契約の下では，売り手は顧客から定期的に支払いを受け取ることが多く，割引への「投資」は顧客からの売上によって償却される。これには，一般的に契約期間が長いほど価格が下がる，雑誌の定期購読の例が挙げられる。*Time*という雑誌は，2年間の契約でニューススタンドの価格が通常の86％割引となる「Preferred Subscriber」料金を設定していた。顧客が即時に支払う選択をした場合，さらに6ヵ月間，無料購読期間を延長した [37]。

- ある地域の公益事業会社は契約している顧客に払い戻し制度を提供した。契約期間が長いほど，払い戻し額は高くなり，それは年間の基本料金に適用される。払い戻し額は最初の1年目は5％，2年目は10％，3年目以降は15％であった。

- 小売業の場合，現金ではなく将来の購買のためのクーポンの形で割引を与えるシステムが一般的である。オフィス用品チェーンのStaples，スポーツ用品小売店のDick's，Gapなどの衣料品店はそのような仕組みを採用している。

- 変わらぬ古典的な例としては，アメリカで数十年間にわたり人気を誇った，S&H Green Stampsのような割引スタンプの例が挙げられる。購入者は購入量に準ずるディスカウントスタンプを受け取り，それらを冊子に貼りつける。顧客はスタンプで冊子を完成させたら，伝統的には購入額の3％程度の価値の商品と交換することができる。現代のスマートフォンアプリの時代には，同じようなプログラムとしてStarbucksの「Bonus Star」が挙げられる。顧客は（スタンプで冊子を満たすのと同じように）ある一定の数のStarを貯めたのち，それらのStarを対象商品の中から選んだ商品と交換することができる。この場合には，割引額は，顧客が交換する際にどの商品を選ぶかによって変わるため，固定的ではなく変動的である。

- 一般的ではないがより効果的なのは，前払いした顧客が，その後の特定期間内の購買において割引を受けられるシステムである。最も成功し，最もよく知られている事例はAmazon Primeの事例である。これはDeutsche BahnのBahnCard（第5章参照）のビジネスモデルの構造とよく似ている。Amazon Primeの顧客には2日以内に配達が行われることが保証される。また，無料の電子書籍，電子書籍やビデオの割引，ビデオや音楽のストリーミングコンテンツへのアクセスなども含まれている。EU圏内ではAmazon Primeの価格は年間69ユーロで，アメリカでは年間99ドルとなっている。Amazon Primeの登録者数は2017年時点，全世界で6,500万人と推定されており，650

第8章　価格決定③─長期価格最適化─　◆369

億ドルの売上を上げている。Amazon Primeの会員はAmazonに，年間1,000ドル以上支出しており，非会員と比べ4.6倍にもなっている。Amazon Primeを購入したアメリカの顧客は，Amazonに年間1,500ドル，かつての3倍を支出している。しかし，Amazonは，Amazon Primeの会員料金そのものからは利益を上げていない。Prime顧客1人当たりのコストは会員料金を超えてしまっているのである。Amazonはこのプログラムを顧客ロイヤリティへの投資とみなしている。「顧客のロイヤリティを高めることができるならば，Amazon Primeの損失を補填しても，より多くの利益を上げられる」とAmazonの元マネージャーは述べている［38］。Amazon Primeのようなシステムにおいては，顧客は前払いした料金分を取り戻したいと考えるため，「与えられる」だけのロイヤリティ・ボーナスよりも，より強い結合効果を生み出す。このような理由で，前払いした顧客がその後の特定期間内において割引を受けるシステムは他の業種においても十分な可能性を秘めている。

　価格による顧客維持やロイヤリティ・プログラムについては，実際には企業は様々な方法を採ることができる。しかし，そのプログラムにかかるコストと効果を注意深く天秤にかける必要がある。そのロイヤリティ効果は実際にどのくらい強いのか。それは測定し，検証できるのか。割引と企業が犠牲にするマージンを比較した場合に，そのシステムは見合うのか。また，別の問題は，ほとんどの顧客ロイヤリティ・プログラム，特に単純な割引に基づいたプログラムは競合に模倣されやすいということである。多くの顧客ロイヤリティ・プログラムは，割引の形で値引きを提供するものに他ならない。すべての競合が単純にそのやり方をまねると，価格下落のスパイラルに陥ってしまう。最終的には，顧客ロイヤリティを高めることにはならず，価格が低水準になってしまうだけである。したがって価格を，顧客ロイヤリティを向上させる手段として用いようと考える場合は，注意深く検討する必要がある。

8.3.3　長期的な価格決定と顧客の再獲得

　価格と顧客の再獲得の問題は難解である。我々の知見・調査では，顧客再獲得に関するプログラムは確実に効果があることを示している。我々は，いくつかの業種において，一旦失った顧客の10％から30％は呼び戻すことができることを明らかにした。ここで，価格は決定的な役割を担っている。企業が失った顧客に低価格のオファーをすることはよくある。しかし，今一度，そのようなオファーの利益への効果について注視する必要がある。目標は，顧客そのものを呼び戻すこ

とではなく，自社の利益状況を改善することにある。そのオファーを通して顧客に提示される条件で十分なマージンが得られない，または負のマージンとなるのであれば，そのオファーは利益目標にそぐわない。マージンを損ねる価格譲歩を避けることができるため，より良いサービスや品質を通して顧客を呼び戻すほうが理にかなっている。顧客を呼び戻すために提示される条件が期間限定である場合，このようなやり方は実際に，長期的な価格戦略に適している。これは，新規顧客を獲得する状況と似ており，一時的な投資は潜在的な顧客を獲得する（この場合には再獲得する）ことを目的として行われる。

結　論

　複数の時点を考慮することによって，価格決定はより複雑なものとなる。しかし，多くの業界において経時的な効果は非常に強いため，この効果を無視することは長期的な利益を考える上では悪影響をもたらす。本章は以下の点に要約される。

- 長期価格最適化は，価格決定のすべての要因（すなわち，目的関数，価格反応関係性コスト）に関係している。
- 目標は短期的な（1時点の）利益を最大化することではなく，複数の時点にわたる利益を最大化することである。これには，将来の期におけるキャッシュフローの割引を考慮することが必要となる。
- 動的な価格反応関数は，製品ライフサイクル環境と経時的な効果を捉えるものである。
- 製品ライフサイクルは普遍的な法則に従うものではなく，むしろ市場環境，競争環境，そしてそれらを考慮した最適な価格水準が経時的に変化することを示している。
- 長期価格最適化に関する示唆を与える，競争のダイナミクスと価格弾力性のパターンが観測されている。
- 時点を隔てた価格反応関係は，繰り越し効果，価格変更効果，期待効果に分類される。
- コストのダイナミクスは，特に経験曲線という形で，長期価格最適化において重要な役割を演じる。経験曲線は注意深く解釈し，用いられるべきである。
- スキミング価格戦略と浸透価格戦略は，長期志向の価格決定の指針となる。スキミング価格戦略は，比較的高い価格で市場に商品を投入し，その後価格を引き下げていく価格戦略である。一方で，浸透価格戦略は，低い価格で発売を開始する価格戦略であるが，その後の価格変更には一般的なパターンはない。

第8章　価格決定③—長期価格最適化—　◆371

- 競合他社の参入，特に，製品ライフサイクルの成長期や成熟期に起きる参入には，先行的な値引きと反応的な値引きのいずれかで対応する。先行的な値引きの狙いは，パイオニアとしての市場でのリーダーシップを守ることであるが，短期的な利益が犠牲になるリスクをはらんでいる。反応的な値下げは，新規参入者からの競合圧力に直面して行われる場合，顧客からの不満を引き起こすリスクがある。反応的な値下げにより，値下げスパイラルが引き起こされる可能性も存在する。競合の参入に対する3つ目の対応は高価格を維持することだが，この場合はある程度の市場シェアの低下を受け入れる必要がある。
- 成熟期においては，市場の成長が止まりゼロサムゲームとなるため，断固とした利益志向に焦点を移行すべきである。攻撃的な価格によって価格戦争に陥る状況は避けるべきであり，より平和的な形での価格競争に努めるべきである。
- 衰退期になると，企業は需要の減少分を相殺するために価格を切り下げる。しかし場合によっては，価格を高い水準で維持し，収益を得る戦略を追求することに，より意味がある。
- 定量分析によって，長期最適価格が短期最適価格よりも高くなる条件，低くなる条件を正確に特定することができる。
- 以下のような場合に，長期最適価格は短期最適価格よりも低くなる。
  - 正の値をとる繰り越し効果がある時。
  - 経験曲線が適用される時。
- 逆に，長期最適価格は以下の場合に短期最適価格よりも高くなる。
  - 負の値をとる繰り越し効果がある時。
  - 価格変更の効果がある時。
  - （場合によっては）期待効果，投機効果が発生する時。
- 非対称な価格変更の効果，あるいは不均衡な価格変更の効果は，価格パルス戦略をより効果的なものとする。
- 価格変更の効果が比例関係を上回っている場合，企業は大幅な値下げを一度に行い，小幅な値上げを複数回に分けて行うべきである。
- リレーションシップ・マーケティングにおいては，長期価格最適化を考慮すべきといえる。価格設定はリレーションシップ・マーケティングの3つの段階において重要な役割を演じる。3つの段階とは，顧客獲得，顧客維持，顧客の再獲得である。
- 価格が顧客価値に与える影響，さらには企業価値に与える影響は，財務報告において重要である。価格はキャッシュフローに効果を及ぼすだけでなく，顧客数や顧客ロイヤリティに直接的，間接的な効果を及ぼす。そして，企業価値の決定に大きな役割を果たす。

本章の議論は，長期価格最適化には非常に詳細な情報とその深い理解が必要であることを示している。ここでの主な目的は，これらの相互作用を直観的に例示することである。読者が本章から，より良い長期志向の価格マネジメントのための洞察を得てくれたのであれば幸いである。

8.4　背景情報

1　価格弾力性のそれぞれの要素に注意すると，価格弾力性は時間が経つにつれてどのように変化していくのかの理解が可能である。

$$\varepsilon_t = \frac{\partial q_t}{\partial p_t} \times \frac{p_t}{q_t}$$

この式には絶対価格効果$\partial q_t / \partial p_t$，販売数量$q_t$，価格$p_t$が含まれている。上昇段階・下降段階から構成される典型的な製品ライフサイクルを仮定した際に，販売数量q_tは成熟期に最高水準にまで増加する。価格効果が一定で，同じ価格を仮定すると，（条件が一定ならば）ε_tは製品ライフサイクルの上昇段階において減少する。下降段階においてはこの逆が当てはまる。このような販売数量の増加には，値引きが伴うことがある。この場合，弾力性はより弱くなる。Mickwitz［3］が前提条件としたように，製品ライフサイクルの上昇段階において，価格弾力性（の絶対値）が大きくなるためには，以下の条件が満たされる必要がある。

- 価格が一定の場合，価格効果による販売数量の増加は，ライフサイクルの上昇段階における販売数量の増加よりも急激に大きくなる必要がある。実際のq_tの成長の程度（ライフサイクルの上昇段階における販売数量は頻繁に10倍，20倍，そして100倍にさえなることがあること）を思い起こせば，この仮定の問題点は明らかである。
- 価格が低下している場合には，比率（p_t / q_t）の減少よりも価格効果を速く高める必要がある。そのような展開は，特に経験曲線効果が強い市場においては起こりえない。電卓，クォーツ時計，携帯電話，デジタルカメラの価格は，数年の間に，最初の価格水準のわずか数分の一に減少している。

価格弾力性は相対的な測度であることをつねに念頭に置く必要がある。導入期に10%の値下げを行い，販売台数が10個から14個に増えた（つまり4台増えた）場合には，$\varepsilon_t = -4$つまり価格弾力性は−4になる。販売数量がその後1,000

個に増加したならば，同じ幅の値下げは，価格弾力性が−4となるように販売数量を400個増加させることとなる。そのような展開は，少なくとも市場構造に大きな変化でもない限り，起こりえない。

2　(8.2) 式では，繰り越し効果は一定と仮定されている。しかし，もし製品ライフサイクルを考慮するならば，その商品の既存顧客を維持する力や新規顧客を惹きつける力は，時間が経つにつれて減少する。このことは少なくとも成熟期と衰退期の始まりにおいて起こりうる。したがって，繰り越し係数は時間が経つにつれて減少する。もし $(1-r)$ という割合での指数的な減少を仮定するならば，(8.2) 式は以下のように修正される。

$$q_t = a + \lambda r^t q_{t-1} - b p_t$$

　このような，時間経過によって変化する繰り越しモデルは，測定の観点から単純で使いやすい。このモデルは，製品ライフサイクルの非常に異なる形状を捉えることができる［6］。

3　(8.3) 式において，$Q_t = 2Q_0$ と $k_t = (1-\alpha)k_0$ を代入することによって学習率 α と弾力性 χ の関係は明らかになる。
$Q_0 = 1$ の時，次式を得る。

$$(1-\alpha)k_0 = k_0 2^\chi$$

対数を取り，結果を解くと，

$$費用の弾力性\quad \chi = \ln(1-\alpha)/\ln 2$$

または

$$学習率\quad \alpha = 1 - 2^\chi$$

である。ここで，差 $(1-\alpha)$ は，経験曲線の「傾き」を表している。

4　長期的な最適性条件の動的費用関数による微分：
長期的な利益関数を p_t で微分し，次式を得る。

$$\frac{\partial \pi_L}{\partial p_t} = q_t + (p_t - k_t)\frac{\partial q_t}{\partial p_t} - \sum_{\tau=1}^{T} \frac{\partial k_{t+\tau}}{\partial p_t} q_{t+\tau}(1+i)^{-\tau} = 0$$

p_t/q_t をかけて価格弾力性 ε_t を代入し，次式を得る。

$$p_t + (p_t - k_t)\varepsilon_t - \sum_{\tau=1}^{T} \frac{\partial k_{t+\tau}}{\partial p_t} \times \frac{p_t q_{t+\tau}}{q_t}(1+i)^{-\tau} = 0$$

$k_{t+\tau}/k_{t+\tau}$ を加え，t 期の価格に関する $t+\tau$ 期の単位当たり費用の弾力性を表す次式に代入する。

$$\chi_{t+\tau,t}=\frac{\partial k_{t+\tau}}{\partial p_t}\times\frac{p_t}{k_{t+\tau}}$$

p_t について解くと次式を得る。

$$p_t^*=\frac{\varepsilon_t}{1+\varepsilon_t}k_t+\frac{1}{1+\varepsilon_t}\sum_{\tau=1}^{T}\chi_{t+\tau,t}\times k_{t+\tau}\times\frac{q_{t+\tau}}{q_t}(1+i)^{-\tau}$$

この式は，以下のように書くことができる。

$$p_t^*=\frac{\varepsilon_t}{1+\varepsilon_t}(k_t-z_t)$$

ここで

$$z_t=-\sum_{\tau=1}^{T}\frac{\chi_{t+\tau,t}}{\varepsilon_t}\times k_{t+\tau}\times\frac{q_{t+\tau}}{q_t}(1+i)^{-\tau}$$

である。

参考文献

[1]　Simon, H. (1985). *Goodwill und Marketingstrategie*. Wiesbaden: Gabler.

[2]　Rogers, E. M. (1962). *Diffusion of Innovations*. New York: The Free Press.

[3]　Mickwitz, G. (1959). *Marketing and Competition*. Helsingfors: Centraltryckeriet.

[4]　Robertson, T. (1960). The Process of Innovation and the Diffusion of Innovation. *Journal of Marketing*, 31(1), 14-19.

[5]　Rogers, E. M. (1983). *Diffusion of Innovations*. New York: The Free Press.

[6]　Simon, H. (1979). Dynamische Erklärungen des Nachfragerverhaltens aus Carry-over-Effekt und Responsefunktion. In H. Meffert, H. Steffenhagen, & H. Freter (Ed.), *Konsumentenverhalten und Information* (pp.415-444). Wiesbaden: Gabler.

[7]　Friedel, E. (2014). *Price Elasticity: Research on Magnitude and Determinants*. Frankfurt am Main: Peter Lang.

[8]　Thaler, R. H. (1985). Mental Accounting and Consumer Choice. *Marketing Science*, 3(4), 199-214.

[9]　Kucher, E. (1985). *Scannerdaten und Preissensitivität bei Konsumgütern*. Wiesbaden: Gabler.

[10]　Wright, J. (1936). Factors Affecting the Cost of Airplanes. *Journal of Aeronautical Sciences*, 4(3), 122-128.

[11]　Henderson, B. (1968). *Perspectives on Experience*. Boston: The Boston Consulting Group.

第8章　価格決定③―長期価格最適化―　◆375

[12] Henderson, B. (1984). *Die Erfahrungskurve in der Unternehmensstrategie*. Frankfurt am Main: Campus.

[13] Henderson, B. (1984). The Application and Misapplication of the Experience Curve. *Journal of Business Strategy*, 4(3), 3–9.

[14] National Human Genome Research Institute (2016). The Cost of Sequencing a Human Genome. https://genome.gov/sequencingcosts/. Accessed 19 December 2016.

[15] Kurzweil, R. (2005). *The Singularity Is Near*. New York: Penguin.

[16] Korstenhorst, J. (2015). *The Accelerating Energy Revolution*. Rotterdam: Cleantech Summit.

[17] Apple Annual Report 2014 (2015). http://investor.apple.com/secfiling.cfm?filingid=1193125-14-383437. Accessed 14 February 2018.

[18] Kirst, V. (2014). Ein iPhone 6 kostet 156 Euro in der Produktion. http://www.welt.de/wirtschaft/webwelt/article132573424/Ein-iPhone-6-kostet-156-Euro-in-der-Produktion.html. Accessed 22 February 2015.

[19] Anonymous. (2017). Die Welt des iPhone. Absatzwirtschaft, 12/2017, 26–27 and own calculations.

[20] Clark, D. (2014, May 14). Intel's Sway Boosts Prices for Server Chips. *The Wall Street Journal*, p.10.

[21] Clark, M., & Young, A. (2013). Amazon: Nearly 20 Years In Business And It Still Doesn't Make Money, But Investors Don't Seem To Care. http://www.ibtimes.com/amazon-nearly-20-years-business-it-still-doesnt-make-money-investors-dont-seem-care-1513368. Accessed 30 November 2015.

[22] Spann, M., Fischer, M., & Tellis, G. J. (2015). Skimming or Penetration? Strategic Dynamic Pricing for New Products. *Marketing Science*, 34(2), 235–249.

[23] Reichmann, E. (2015). ALDI und LIDL liefern sich erbitterten Preiskampf. http://www.stern.de/wirtschaft/news/preiskampf--discounter-aldi-und-lidl-werden-noch-guenstiger-6346226.html. Accessed 3 September 2015.

[24] Simon, H. (1992). *Preismanagement: Analyse – Strategie – Umsetzung*. Wiesbaden: Gabler.

[25] Fassnacht, M., & El Husseini, S. (2013). EDLP vs. Hi-Lo Pricing Strategies in Retailing – A State of the Art Article. *Journal of Business Economics*, 83(3), 259–289.

[26] Anonymous. (1991, June 14). Zigaretten werden in zwei Schritten teurer. *Frankfurter Allgemeine Zeitung*, p.21.

[27] Gassmann, M., & Reimann, E. (2015). Wann Sie im Internet am billigsten einkaufen. http://www.welt.de/wirtschaft/article138271393/Wann-Sie-im-Internet-am-billigsten-einkaufen.html. Accessed 6 June 2015.

[28] Anonymous. (2015, March 25). Amazon bindet jetzt auch die Fernsehkunden an sich. *Frankfurter Allgemeine Zeitung*, p.21.

[29] Berger, P., & Nasr, L. (1998). Customer Lifetime Value: Marketing Models and Applica-

tions. *Journal of Interactive Marketing*, 12(1), 18–30.

[30] Reinartz, W., & Kumar, V. (2000). On the Profitability of Long-Life Customers in a Non-contractual Setting: An Empirical Investigation and Implications for Marketing. *Journal of Marketing*, 64(4), 17–35.

[31] Rust, R., Lemon, K., & Zeithaml, V. A. (2004). Return on Marketing: Using Customer Equity to Focus Marketing Strategy. *Journal of Marketing*, 68(1), 109–127.

[32] Budras, C. (2015). Kunden, wacht aufl. http://www.faz.net/aktuell/finanzen/meine-fi nanzen/geld-ausgeben/rabatte-kunden-wacht-auf-13442417.html. Accessed 23 February 2015.

[33] Kuhr, D. (2013). Amazons zweifelhafte Sternchen. http://www.sueddeutsche.de/geld/ exklusive-kundenbewertungen-amazons-zweifelhafte-sternchen-1.1791159. Accessed 28 February 2015.

[34] Wieseke, J., Alavi, S., & Habel, J. (2014). Willing to Pay More, Eager to Pay Less: The Role of Customer Loyalty in Price Negotiations. *Journal of Marketing*, 78(6), 17–37.

[35] Simon, H., Bilstein, F., & Luby, F. (2006). *Manage for Profit, not for Market Share*. Boston: Harvard Business School Publishing.

[36] Simon, H., & Dahlhoff, D. (1998). Target Pricing und Target Costing mit Conjoint Measurement. *Controlling*, 10(2), 92–96.

[37] Anonymous. (2015). Abonenntenangebot. Time. Woo, S. (2011). Amazon "Primes" Pump for Loyalty. http://www.wsj.com/articles/SB1000142405297020350320457703610 2353359784. Accessed 28 February 2015.

[38] Woo, S. (2011). Amazon "Primes" Pump for Loyalty. http://www.wsj.com/articles/SB10 00142405297020350320457703610 2353359784. Accessed 28 February 2015.

◆377

第**9**章

価格マネジメントと制度的背景

———————————— 概　　要 ————————————

　前の章では，制度的背景及び，経済的背景を考慮することなく，価格決定について説明した。たとえば，インフレーションやデフレーションがない前提で話を進めてきた。ところが，現実にはそのような現象は起きており，それらが最適価格に影響するかどうか，影響するとしたらどの程度影響するか，ということが問題になる。国際化もまた，価格マネジメントの特に重要な課題である。典型的には，取引慣行や消費者選好の違いから市場環境は国によって異なる。国内市場は，関税，貿易障壁，通貨の違いによって守られている部分もある。本章は，インフレーションとデフレーション，外国為替，国際化が価格に及ぼす影響について扱っていく。

9.1　価格とインフレーション

　少なくとも1971年に金本位制が廃止されて以来，多くの国々でインフレの傾向が見られるようになった。中央銀行は一般的に，年間のインフレ率の目標を2％程度に定めている。**図9.1**は1991年から2015年までのアメリカの消費者物価の推移を示している。この間，消費者物価指数は100から157まで上昇している［1］。これは，年平均1.9％のインフレに相当する。この結果は，曲線が示すように，ドルの価値が36.3％減少したことを表している。言い換えれば，1991年の100ドルは，2015年には63.69ドルの購買力しか持たないことになる。年間1.9％のインフレ率は，それほど高くないように思われるかもしれないが，1999年以降のインフレ累積効果は，ドルの価値を3分の1以上，大きく引き下げている。

　図9.1に示されたアメリカにおける傾向は大多数の高度先進国の典型例である。唯一の例外は日本で，1990年代の初めからの価格上昇は最小限にとどまっている。2014年から2017年にかけて，欧米の国々が低インフレであり続けるか，あるいはデフレとなるかどうかは疑わしい。2009年の大不況後にヨーロッパ，アメリカ，日本の中央銀行によって採られた大規模な量的緩和策は，中期的には再び高いイ

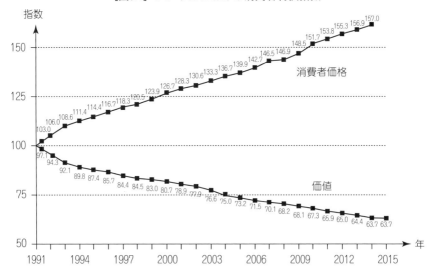

[図9.1] アメリカにおける消費者物価指数

ンフレ率を招く可能性がある。インフレというトピックは、価格マネジメントと切っても切れない関係にある。

9.1.1 インフレ率の変動とネットマーケットポジション

経済全体のインフレ率を見た限りでは、インフレが様々な形で個々の産業や企業に影響しているという事実は見えてこない。2000年から2010年の間、ドイツの通信セクターの名目売上は5％増加した（年間ではなく全期間を通じての数字である）。しかし、インフレ調整すると、通信価格の急激な下落により、このセクターの実質売上は10％減少していた。この状況は、数多くのイノベーションが起こり素晴らしいパフォーマンスを達成したにもかかわらず発生した。この業界は、インフレ率と同水準程度の価格引き上げさえできなかったことになる。対照的にドイツの自動車産業は、同期間に30％の名目成長、11％の実質成長を達成した。この業界ではパフォーマンスの改善によって、インフレ率を上回るほどの価格引き上げができた［2］。世界各国の3,904名のマネージャーを対象にSimon-Kucher & PartnersがおこなったGlobal Pricing Studyでは、約3分の1が価格引き上げはインフレ率以下であり、3分の1はインフレ率と同等、3分の1はインフレ率以上であったと回答した［3］。このことは、インフレによって受ける影響は、企業ごと、産業ごとに大きく異なることを意味している。インフレが優位に働く企業・産業がある一方、インフレによって実質的な価格引き下げを受け入れなけれ

ばならない企業・産業もある。

インフレは，販売価格のほかにも，調達価格すなわちコストにも影響する。販売価格と調達コストの差がどのように変化するかが利益を決定する。この差は「ネット・ポジション」と言われ，「企業が，コストの増加を販売価格に転嫁できる程度と，自社で吸収しなければならない程度の指標となる」といわれている[4, p.442]。以降の分析においては，このような調達価格のトレンドを企業が受け入れなくてはならないことを前提とする。ネット・ポジションの変化が価格反応関数の変化に左右されるのは明白であろう。

9.1.2　インフレ中立トレンド

ここでは，線型費用関数と線型価格反応関数を仮定する。投入される原料の調達と消費は同期間に行われる。単位当たり変動費は 0 期のk_0から 1 期の$k_1 = (1+r)k_0$に増加し，0 期の価格反応関数は次式で表されると仮定する。

$$q_0 = a - bp_0 \tag{9.1}$$

この価格反応関数は，1 期には次式に変わる。

$$q_1 = a - \frac{b}{1+w}p_1 \tag{9.2}$$

ここで，$p_1^{max} = (1+w)p_0^{max}$であるため，$w$は最大価格の変化率を表している。

ここで，wが費用増加率rと等しいならば，価格反応関数の変化はインフレ中立であるとする。そして，$p_1' = (1+r)p_0$という等式はすべての価格に当てはまり，(9.1) 式に代入すると，次式を得る。

$$q_1' = a - b\frac{1+r}{1+w}p_0' = a - bp_0' = q_0 \tag{9.3}$$

すなわち，最大価格が費用と同じ割合で上がれば，販売数量は変わらない，といえる。

もし$w = r$ならば，最適価格p_1^*もまた同じ割合で上昇し，名目利益π_1も同様に上昇する。「実質」利益，すなわちインフレ調整後の利益は$\pi_1^{real} = \pi_1 \div (1+r)$と計算され，変化しない。

9.1.3　非インフレ中立トレンド

価格引上率wが費用増加率rと異なる場合，費用と販売数量のトレンドはインフレ中立ではない。$r > w$の場合，すなわち単位当たり変動費の伸び率が最大価格の上昇率よりも高い場合，以下のことがいえる。

- 最適価格の上昇率は，費用よりも小さい。
- 名目利益の増加率は，費用増加率を下回る場合，上回る場合，または同一で推移する場合の３つのパターンがある。
- 実質利益（インフレ調整後の利益）は減少する。

$r<w$の場合，結論は逆になる。このような状況下では，企業は想定外の利益を獲得することになるだろう（たとえば，原油価格が低下した場合の化学産業や航空産業がこれに当てはまる）。しかしこれはほとんどの場合，一時的なものである。

$k_0=4$，$a=100$，$b=10$とした場合の数量的な例を用いてこの関係を表してみる。**表9.1**には，最適価格，名目利益および実質利益が示されている。

$w=15\%$，$r=20\%$の場合と$w=10\%$，$r=15\%$の場合に特に注意が必要だ。これらのケースでは，名目利益は増加するが，実質利益は減少する。

この例は，コスト上昇を形式的に顧客へ価格転嫁するのは危険だということを示している。

この議論から導かれる最も重要な示唆は以下のとおりである。

- 販売価格を引き上げることでコスト上昇を価格転嫁する場合，価格反応関数が長期的に変化するかどうか，そしてどのように変化するか注意する必要がある。
- 最適価格の上昇は，最大価格がコストと同じ比率で伸びる場合にのみ，コス

[表9.1] コストと最大価格の増加率が最適価格と利益に及ぼす効果
（上段：最適価格，中段：名目利益，下段：実質利益）

		コストの増加率 r（％）			
		0	10	15	20
最大価格の増加率 w（％）	0	$p_1=$ 7.00 $\pi_1=$ 90.00 $\pi_1^{real}=$ 90.00	7.20 78.40 71.30	7.30 72.90 63.39	7.40 67.60 56.50
	10	7.50 111.40 111.40	7.70 99.00 90.00	7.80 93.09 80.95	7.90 87.36 72.80
	15	7.55 122.28 122.28	7.95 109.58 99.62	8.05 103.50 90.00	8.15 97.58 81.32
	20	8.00 133.30 133.30	8.20 120.33 109.30	8.30 114.08 99.20	8.40 108.00 90.00

トの上昇率と同じになる。その場合，実質利益は変わらない。それ以外の場合はすべて，最適価格はコストとは異なる上昇率を示す。

9.1.4　価格とインフレへの戦術的な考え方

　我々は，様々な調査においてインフレ率が高いと価格弾力性が高くなることを確認している。したがって，この場合，単純にコスト志向の考え方を採るのは道を踏み誤る危険がある。また，ブラジルのようにインフレ率が極端に高い国においては，このプロセスは逆になり，我々が行ったある調査では，価格弾力性は 0 に近かった。このような驚くべき結果は，参照価格すなわちアンカリング価格によって説明できる。インフレ率がきわめて高いとき，買い手は参照価格を形成できなくなるのである。売り手側はこのことに十分な注意を払うべきである。しかし一方で，価格反応関数の変化を測定するには大きな問題がある。その解決策として，定期的に最新のデータで価格反応関数を検証することで，パラメータの平滑的な調整を図ることを考える者もいる。

　注意が必要なインフレ環境における価格マネジメントには，もう 1 つの側面がある。ある市場において，すべてのサプライヤーが一様にコスト増加の影響を受ける場合，特定のサプライヤーの価格引き上げに他のサプライヤーが追随する可能性は高い。そのような状況では，コスト増加を完全に価格転嫁することが最適となりうる。これは，市場における総販売数量が価格に非弾力的で，市場シェアが価格に左右される場合に当てはまる。

　B2B市場における価格調整条項は，必要な価格変更をある程度自動化し，顧客の抵抗を弱めることができる。しかしここでも注意が必要である。Shapiroは，販売している商品が大量の銅を含んでいることから商品価格を銅の価格に連動させたメーカーの例を挙げている［5］。このケースでは，その他のコストや顧客の支払意思が銅の価格とは異なって変化したため，その価格は時間が経つにつれて次第に不適切なものとなっていった。

　インフレに対応して価格を調整する際には，以下のことを戦術的な助言として心にとどめるべきである。

- 価格引上の明確な目標を設定する。つまり，トップ・ダウンで行うべきである。
- 顧客セグメント，商品セグメント，チャネル別に，価格目標を分ける。
- 設定した価格引上目標を実現するために，具体的な施策をとって実行する。リスト価格を引き上げる，ディスカウント体系を変更する，支払条件を変更する，サーチャージを導入するなどが具体的な施策として挙げられる。

- 適切なコミュニケーションと合わせてプライシング施策を準備する。
  —CEOによるハイレベルのコミュニケーション/アナウンスを行う（たとえば，インタビューなどを通して）。
  —営業部門との社内コミュニケーションを徹底する。
  —顧客に納得されるような説明を準備する。
  —契約を見直す。
  —価格調整条項ないしはインデックス価格の導入を行う。
- 価格引上方策を実行に移す。
  —詳細について計画を立てる（優先順位，ターゲット顧客など）。
  —実施状況を注意深くモニタリングする。必要に応じて施策を調整する。
  —競合の動向を注意深く見守る。
  —価格引上達成に対するインセンティブを営業部門に用意する。
- 精緻にモニタリングする：引上実施後の価格と当初の目標をできるだけリアルタイムで比較する。

　インフレの進行による最大のリスクは，必要な価格引上の実施が遅過ぎたり，もしくは全く行われなかったりすることである。価格引上の機会を逸したのちにこれを取り返すことは難しい。

　経済がデフレを経験する場合には逆のことがいえる。早すぎる価格引き下げを行うことは避け，価格の下落が起きないように努めるべきである。価格引き下げスパイラルを避け，価格競争を避けることはデフレ環境において優先度が高い［6］。今や30年以上続いた日本のデフレは，なぜ日本企業の84％が価格競争に陥っているかを説明しうる。この数字は他の国の平均である46％を大きく上回っている［3］。価格がデフレ傾向にあった理由としては，日本企業の利益率がOECDのすべての国の中で最も低いことが挙げられる［7］。

9.2　グローバル価格のマネジメント

　財とサービスの国際的な取引は，ほとんどの国のGDPよりもはるかに速い割合で成長する。世界の経済統合が進むにつれ，グローバルレベルでの価格マネジメントの役割が変化するのは避けられない。これに関連して　相反する2つの傾向がある。一方は，企業にとって海外での販売シェアが増すにつれ，グローバル価格のマネジメントの重要性が増すことである。他方で，国間での価格を差別化し，それを維持することがますます難しくなっている。この原因は，現在の輸

第9章　価格マネジメントと制度的背景　◆383

送・情報技術の発達が，政治的な関係性の深まりと相まって，かつては分断され
ていた市場がより均質的なものになり，それらの障壁が低くなったことにある。

　これは，特にヨーロッパの単一市場に当てはまるが，そもそもEUは価格の収
束を目的として設立された組織である。しかし，今日でさえ，この目的の達成は
一部にとどまっている。Deutsche Bundesbankの報告書によれば「ユーロ圏とド
イツのインフレ率の差は，かつては横ばい状態であったが，今はわずかに広がっ
てきている」[8]。

9.2.1　問題と実践

　グローバル価格マネジメントの課題の1つは，国と国との間に多く存在する大
きな価格差にある。ここではいくつかの産業を取り上げ，国際価格差の発生過程
を示す。

　表9.2のAppleのiPhoneの例に見られるように，スマートフォン価格は，国に
よって大きく異なる。

　グローバルブランドであるZARAもまた，世界中でかなり価格を変えている[10]。
表9.3はベーシックな女性向け革靴の価格である。

　ファッション企業Braxは，ヨーロッパの国ごとに価格を差別化している。ド

[表9.2] Apple iPhone 7 （32GB）の価格差 [9]

国	価格（$, 付加価値税別）	平均からの偏差（%）
アメリカ	649.00	−11.40
日本	631.87	−13.78
ドイツ	807.01	+10.12
イギリス	758.62	+3.52
フランス	817.68	+11.58

[表9.3] 女性用革靴の価格差 [10]

国	価格（USドル）	平均からの偏差（%）
イギリス	152.00	−17.58
アメリカ	189.00	+2.48
日本	257.60	+39.67
ロシア	192.85	+4.57
EU	178.25	−3.35
スペイン	128.20	−30.49

イツで99.95ユーロのコットンパンツは，デンマークでは120.50ユーロ，スイスでは174.47ユーロである。価格差はそれぞれ，21％，74％もある。

グローバル価格の差別化は，地域価格の差別化の特殊な形態である。グローバル価格差は，異なる通貨や並行輸入，関税などの政府介入といった特別な事情により発生する。同じ距離を移動する場合であっても，国内で移動する場合よりも国境を越える場合の方が裁定コストは高まる。ボストン・モントリオール間の物理的な距離は，ボストン・フィラデルフィア間とほぼ同じであり，インターネットによって両国間の価格比較は容易である。しかしながら，国家間の裁定コストのため，ボストン・モントリオール間の経済的な距離は，ボストン・フィラデルフィア間と比べてはるかに大きい。大きなグローバル価格差は，食品や日用雑貨においてよく見られる。フランス産赤ワインはドイツでは1.99ユーロで販売される一方，スイスでは6.99スイスフラン，イギリスでは4.50ポンドで販売される。この価格差は160％以上に達する [11]。グローバル価格の差別化の別の例として，高級ブランドであるChanelのハンドバッグのヨーロッパと中国における価格がある。Chanelのクラシックなバッグは，ヨーロッパでは3,350ユーロである一方で，中国では5,444ユーロであり，63％以上高い。しかしながら，Chanelは価格戦略の変更を計画しており，ヨーロッパ市場での価格を上げて，中国市場での価格を下げることによって，この価格差を小さくしようとしている [12]。

性能や内容が全く同じ場合であっても，グローバルレベルでの価格差が生じていることもあり，その一例に航空券がある。航空券の価格はどこで予約したかによって変わる。パリからフランクフルトへのフライトの価格は，旅行会社Opodoのドイツのウェブサイトでは€202だが，アイルランドのウェブサイトでは€247である。ある専門家の話では，そのような価格差は通常20％に達する。価格検索エンジンKayak.comは，そのような理由から検索を国際化した。すなわち，同じフライトの複数の国における価格を検索できるようにした [13]。EUの新しい規制は，インターネットが価格差別化の可能性をどれほど狭めているかを示している。EUの規制では，Netflixなどのビデオサービスの定期購入者に対して，「ジオブロッキング」を行うことは禁じられている。つまり，母国で有償利用してきたコンテンツに，顧客は国境を越えてアクセスできるのである [14]。

価格がグローバルで差別化されている要因としては，以下に挙げるような多くのものが考えられる。

- 購買行動と選好
- 競争構造と競争行動

第9章　価格マネジメントと制度的背景　◆385

- コスト
- 為替変動
- 納入条件と決済条件
- 国際的なブランドポジショニング
- 並行輸入
- 税金，関税，割当量などの政策

　グローバル価格の設定への取り組みは，国内価格の設定への取り組みと比べ，はるかにコストプラス思考で考えられてしまっている [15]。国際マーケティングに関する多くの書籍において，コストプラスの価格設定が勧められているのを目にすることもあるだろう [16, 17]。研究者も実務家も国際ビジネスにおいて，限界費用か，すべてを含んだ費用か，どちらのコストをベースに用いるべきか議論している [18]。より古い考え方としては，輸出ビジネスを核となる国内ビジネスの上乗せ的，もしくは追加的なビジネスとして捉える考え方があり，そのための計算のベースとして限界費用が用いられる。このような視点では，中核となる国内のビジネスは固定費と変動費をカバーすべきであるが，海外市場でのビジネスは貢献利益を生み出すだけでよい。海外市場からの売上が総売上のほんの一部分である限り，このアプローチは受け入れられる。もしある企業がこのアプローチを用いて価格を設定するならば，海外市場での価格は，輸出にかかる追加的な費用の多寡次第ではあるが，傾向として国内での価格よりも低くなる。
　一方で，今日多くの企業がそうであるように，海外からの売上が大部分である場合，固定費と変動費をすべて含んだ費用を用いて計算するのが慣習となっている。この方法では，海外市場での販売価格の計算には，固定費だけでなく，出荷，保険，梱包，流通といった追加的な費用も含まれる。その結果，海外市場での価格は一般的に国内市場での価格よりも高くなる。このような海外市場で価格が上昇する現象は「国際価格のエスカレーション」とよばれる [18, 19]。実際には，商品，生産国，販売国によって，海外市場価格が国内市場価格よりも高くなったり低くなったりする場合がある。
　コストプラスの考え方が好まれるのは，事業を海外展開する場合は事業の不確実性がより高まり，明らかに安全なコストプラスの考え方に回帰しやすいためであるという見方ができる。もちろんこの考え方は国内の事業においてそうであるように，海外で事業を展開する場合においても適しているとはいえない。海外におけるコストプラスでの価格設定は，各国における需要，および競争密度に係る特性も考慮されていない。

もうひとつはっきりいえることは，輸出事業では，できるだけ自国通貨ベースで価格を計算し請求書を作成しようとしているということである。多くの企業はこれを自社の市場支配力と競争力を測る指標として解釈している。輸出業者が自国通貨で請求書を発行することの大きなメリットは，為替リスクを顧客に転嫁できることである。逆にいえば，顧客の所在国の通貨に換算した場合は最適な価格ではなくなる可能性があるということでもある。しかしながら，自国通貨で請求書を発行すれば為替レートの問題を解決できると考えるのは幻想である。

市場のローカル性は，特殊な顧客行動と競争構造によって特徴づけられる。その結果，最適価格は地域間で異なりうる。すなわち，第7章で示した通り，地域間の価格の差別化が起きるのである。グローバルな視点では，競合企業の規模や数，挙動と同様に，顧客の購買力や選好に対しても注意を払う必要があることは明らかである。これらの観点に沿って，それぞれの国について分析することで，適切な価格戦略を策定することができる。この段階が完了して初めて，国際価格の調整が可能になる。問題の1つは，特に新興市場においていえることだが，適切な市場データが利用できるかどうかである。しかし，この課題については，グローバルなコンサルティングファームや調査会社の貢献により，近年改善が見られる。

インフレ率は国によって異なり，その違いは各国での価格に影響する。自由市場では仕組み上，このようなインフレ率の差は為替レートの変動に反映されるが，そのような変化は，国際的な価格マネジメントにおいて重要な要素である。しかし，ユーロ圏内では通貨単位はユーロしかないので，もはやこの問題は存在しない。

為替レートの変動は価格マネジメントに非常に強い影響を及ぼす。スイス国立銀行が2015年1月15日にスイスフランのユーロに対する上限レートを撤廃したとき，通貨は20％上昇した。国境であるライン川の対岸にあるドイツの商品は突然，スイスフランに換算して同じく20％安くなった。また（ユーロ建てで計算する）ドイツ顧客向けのスイス商品は，より高くなった。スイスのスーパーマーケットに至っては，商品価格がドイツに比べ最大39％高くなった。この大幅な価格差によって，スイスへの輸入品は非常に安くなり，スイスの小売業者は利益を得ることになった [20]。スイス人の顧客がドイツで買い物をすることによる価格上の恩恵は，付加価値税の還付によってさらに高まった。この期間，国境付近にあるドイツのスーパーマーケットは，スイス人の買い物客が付加価値税の還付を受けるために提出するレシートを，一日当たり2,000枚発行する事態となった。ドイツの店舗への駆け込み需要が発生したためである。しかしドイツースイス間の価格差の影響があったのはスイスだけではない。ドイツ国内でさえもそのような価格差は広まり，全く同じ商品の価格が，ドイツの他の地域よりもスイスとの国境

の近くでより高くなるという事態になった。オートミール１パックの価格は，スイスとの国境近くのレラハという町では，1.49ユーロになった [21]。ドイツ都市部であるマンハイムでは同じ商品が69セントで販売されていた。バーゼルの地元交通局はヴァイル・アム・ラインに向かうLRT（都市型鉄道）を増発し，スイスの小売業者はそれ以上顧客を失わないように大幅な値引きに踏み切った [22]。この事例は，為替レートが価格に多大な影響をもたらすことを示している。それは輸出業者だけでなく，国境の両側にいるサプライヤーにも影響を与えるのである。

スイスフランの価値の上昇はスイスの輸出業者のビジネスには障壁となり，ユーロ圏からスイスに品物を輸入する企業のビジネスには恩恵となった。スイスにおいてのみ販売を行うサプライヤー（例：国境地域の小売業者）とドイツにおいてのみ販売を行うサプライヤー（例：国境地域の小売業者）は，ポジティブにもネガティブにも，この影響を感じることとなった。またこの影響は小売業に限られたものではなく，他の通貨圏から来た企業と競合するあらゆる企業に当てはまるものである。

次の項では，為替変動，並行輸入，政府の介入が，国際的な価格マネジメントにどのように影響するのかを分析する。

9.2.2　価格と為替レート

為替レートの影響をよく見るために，ユーロ建てで利益を最大化しようと考えているヨーロッパの企業を例にとる。この企業がアメリカに輸出した場合，商品の販売価格はドル建てである。単純化のために，税金，関税，追加的な輸出コストなどは無視することにする。また，ヨーロッパ市場とアメリカ市場は完全に分けて考える。つまり，並行輸入のような相互依存性は考慮しないこととする。最後に，価格反応関数，費用関数は線型な関数を仮定する。

アメリカでの価格はドル建てなので，アメリカでの価格反応関数は次式となる。

$$q = a - bp_\$ \tag{9.4}$$

ここで，qはアメリカでの販売数量，$p_\$$はドル建ての価格，a, bはパラメータを表している。

(9.4) はアメリカでの価格反応関数を表しているが，すべてのコストはユーロ建てで発生している。したがって費用関数は次式のようになる。

$$C_{Euro} = C_{fix} + kq \tag{9.5}$$

ここで，C_{fix}は固定費であり，kはユーロ建ての単位当たり変動費である。

ここから，次のような利益関数を得る。単位はユーロである。

$$\pi_{Euro} = (a - bp_\$)(wp_\$ - k) - C_{fix} \tag{9.6}$$

ここで，wは為替レート（\$／€）を表している。

導関数を求め，式変形を行って，次のようなドル建ての最適価格の公式を得る。

$$p_\$^* = \frac{1}{2}\left(\frac{a}{b} + w \times k\right) \tag{9.7}$$

通常の最適価格の公式とは異なり，（ユーロ建ての）単位当たり変動費は為替レートwをかけることで，ドル建てに変換できる。$\frac{a}{b}$の部分はドル建ての最大価格を表している。(9.7) 式は，1単位当たりの変動費が最大価格と比べて大きくなればなるほど，為替レートが最適価格に及ぼす影響が強くなることを示している。デジタル財のように限界費用が0の場合，為替レートは最適価格に影響をもたらすことはなく，最大価格のみが問題になる。

利益はどうなるのかを示すために，数量的な事例を考える。ここではパラメータを$a = 200$（単位），$b = 10$（単位／ドル）と設定する。最大価格は，$200 \div 10 = 20$ドルとなる。限界費用は5ユーロで，為替レートは1.33［ドル／ユーロ］である。(9.7) によって，最適価格は13.33ドルになる。この企業がアメリカ市場で67単位販売したと仮定すると，利益は $(0.75 \times 13.33 - 5) \times 67 = 334.83$ユーロとなる。ドルの価値がユーロの価値と同等にまで上昇し，ユーロの価値が25%減少することになるならば，最適価格は12.50ドルになり，6.2%低下する。この場合，商品の販売数量は75単位に上昇し，利益は562.50ユーロに増加し，68%増となる。つまり，このような為替レートの変化は，利益に大きな影響をもたらすということである。

図9.2は為替レートの効果が$w = \$2.00/€$から$w = \$0.77/€$の範囲で変化した場合を示している。ドル－ユーロ為替レートの実際の範囲は最高で2008年の\$1.59/€，最低で2002年の\$0.85/€となっている。2017年は，1月1日に\$1.05/€で，12月末には\$1.20/€だった。

図9.2の上部にあるグラフでは，最適価格と販売数量が，為替レートに対してどのように変化するかが示されている。価格はドルの価値が上がると下落し，その下落幅は少しずつ小さくなっている。販売数量の上昇は為替レートの変化の直接的な結果ではなく，むしろドル建てでの価格が引き下げられたことによる結果である。

図の中央のグラフでは，ドル建てとユーロ建てそれぞれでどのくらいの利益を得られるかがわかる。ドル建ての利益はドルの価値が増すにつれ上昇する。一方で，ユーロ建ての利益は，下記の2つの要素が影響して上昇しており，その幅は

第9章 価格マネジメントと制度的背景 ◆389

[図9.2] 為替レートが価格，販売数量，利益に及ぼす効果

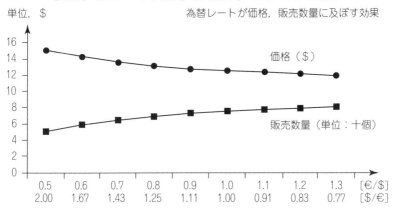

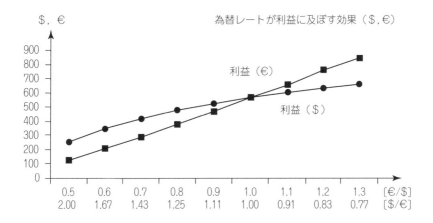

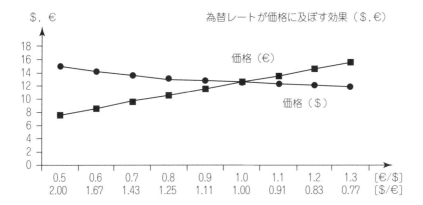

少しずつ増加している。1つ目の要素は，ドル建ての価格が下がることによって販売数量が増加するということだ。しかしこれは，同一通貨の場合に起こるような単位当たり利益の減少を伴うものではない。事実，この変化は逆方向に起きる場合もある。ユーロでの価格，つまりユーロでの単位当たり利益が，ドルの価値の上昇につれて大きくなるということである。このことは，ドルでの価格がユーロでの価格以上に低下するために起きる。ユーロでの価格は，図9.2に示されるように為替レートに比例して大きくなる。販売数量の増加とユーロ建て価格の引き上げ（つまり単位当たり利益の増加）という両方の要素の影響によって，ユーロ建ての時に利益が非常に大きくなることがわかる。

アメリカの輸出業者は当然，為替レートの変化によって逆の効果に直面しうる。その場合，ユーロ建ての最適価格は上昇し，利益はドル建てで減少する。

ポイント

企業は輸出先国の通貨で価格を設定し，生産国の通貨でコストを負担する場合，次のような事態に直面する。

- ターゲットとする国の通貨での最適価格は，為替レートが上昇するにつれて低下する。
- 価格の下落は線型的ではない。
- 生産国の通貨建ての利益は急激に上昇する。販売数量も単位当たり利益も上昇するからである。

ただしこの例では，為替レートの変化のみを想定していることを強調しておきたい。実際には，為替レートの変化は，その他の結果も引き起こしうる。たとえば，（コストがドル建てである場合の）コストの上昇や価格反応関数の推移も含まれる。そのような場合に，どのような結果が導かれるかは，明言することはできない。

価格の準最適化がもたらす結果

為替レートの変化の影響を受け，企業が価格を部分的に最適化した場合，何が起きるのだろうか。次のような2種類の代替調整案を考えてみる。

- ドル建ての価格を一定に保つ場合
- ユーロ建ての価格を一定に保つ場合

第9章 価格マネジメントと制度的背景 ◆391

　ドル建ての価格を一定に保つことの根拠となるのは，アメリカ国内の買い手と競合他社はドル-ユーロ間の為替レートの変化を気にしないということである。この議論は，簡潔にいえば，アメリカ市場での販売を考える際は，為替レートの変化の影響を受けないローカルな競争と同じようにビジネスを行うべきであるということを示している。価格を一定にすることで価格の連続性を保っているのである。このアプローチでは，アメリカへの輸入を行う売り手が為替レートのリスクをすべて負っている。

　ユーロ建ての価格を一定に保つ案は，ユーロ建てで請求書を発行しているのと同じことであり，ユーロで価格の連続性を保ちながら，為替レートの変動のリスクを海外の顧客に負担させていることを意味する。これはアメリカの顧客がアメリカで購入を行うにもかかわらず，ユーロ建てで支払っていることと同義である。顧客は為替レートのリスクを全面的に負っている。

　先ほど示した$a=200$，$b=10$，$k=€5$という数値の例について見ていく。為替レートは1.33［\$/€］から始まるものとする。すでに見たように，利益が最大となる価格は\$13.33，販売数量は67，利益は€334.83である。ヨーロッパでの価格は€10と仮定する。これは実勢為替レートでのドル建ての価格に対応している（$0.75 \times 13.33 = €10$）。

　「ドル建ての価格が一定」という選択を採る場合，企業は，為替レートが変化しても，価格を\$13.33に維持する。その時，販売数量は67単位のままである。しかし為替レートが変わるので，ユーロでの単位当たり売上は変わる。「ユーロでの価格が一定」という選択を採る場合，企業は単位当たり売上を10ユーロに保とうとするため，為替レートの変動はすべてドル建ての価格に直接影響する。**図9.3**では（9.7）に従って，最適価格の動きと2つの代替案の影響を比較している。

　図の上のグラフは，為替レートの変化に対するドル建ての価格の変化を示している。（「ユーロ建ての価格を一定に保つ」という）2つ目の案では，ドル建ての価格の変化は最適価格の変化よりもはるかに大きくなる。これは，アメリカの顧客の支払意思額は誤解されてきたといっているのと同じである。アメリカの顧客は自国の通貨で計算し，ドルの価値が高まった時に支払う額が少なくなるという事実を見落としている。ドル建てでの価格がさらに低下することは，企業が利益を犠牲にすることを意味している。ドルの価値が下がる場合には逆のことが当てはまり，この場合，ドルでの価格は急激に上昇する。アメリカの顧客は，あたかもヨーロッパの顧客であるかのように不当に扱われることになる。

　ドル建てで価格を一定にする戦略は，為替レートの変化が単位当たり利益に及ぼす影響を無視している。ドルの価値が高い場合には，ドルベースで価格を引き

[図9.3] 為替相場の変更がある場合の, 準最適化の効果

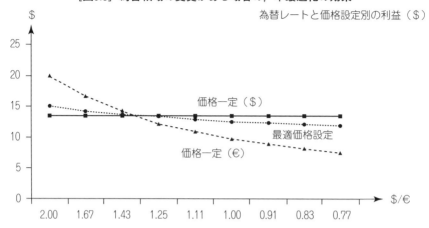

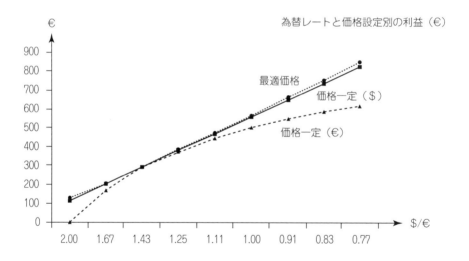

下げても，ユーロベースでは単位当たり利益は依然高い状況にある一方で，価格引き下げにより，販売数量は増加する。したがって，ドルベースの価格の引き下げが最適価格となりうるため，ドルで価格を一定に保つことは，企業は利益を獲得し損ねることを意味する。ドルでの最適価格は2つの部分最適化された価格の間に位置する。最適価格は，この2つの選択肢において見落とされている影響を捉えたものとなる。

特に重要なことは，図の下のグラフから明白である。ユーロの為替レートが高

い場合にユーロでの価格を一定にした時に失う利益は，ドルで価格を一定に保った時に失う利益よりもずっと大きい。もし為替レートが1.67［$/€］だった場合，ユーロでの価格を一定にすることで失う利益は18.40％である。しかし，ドルでの価格を一定にした場合には失う利益は2.1％にしかならない。

また，ユーロ建ての価格を一定にする戦略では，為替レートが2.00［$/€］の時には，販売数量が0になる。この為替レートでユーロ建ての価格を€10で一定にすると，ドル建ての価格は$20（10÷0.5＝20$）に上昇し，これは最高価格でもある（200÷10＝20$）と同時に販売数量が0になる価格点となる。最適なシナリオでは，この為替レートの時に価格を$15に設定すると€125の利益を生み出す。ユーロ建て単位当たり売上を一定にすることに固執する計算を行うと，その企業は市場から撤退するための計算をしていることになりうる。

ユーロ建てで請求を行うユーロ圏の国々でよく採られる方法は，これまで述べてきたようなユーロ建てで単位当たり売上を一定に保つやり方ではないが，これに類似したものとみなすことができる。部分最適化のリスクは，為替レートの変動にかかわらず，アメリカの顧客がヨーロッパの顧客と同じユーロ建ての価格で請求を受ける場合に特に大きくなる。これまでに述べてきたとおり，ユーロ建ての取引で為替レートが変動する場合は，地域ごとに価格を差別化して請求を行うことが，必ずしも必要とまではいわないが，賢明なやり方となる。したがって，個々の国々において，獲得できる利益を最大化するためには，国ごとに差別化されたリスト価格を設定するか，それぞれの国毎に割引率を定める必要がある。

ポイント

ターゲット市場の通貨建てで価格を一定に保つ，あるいは生産国の通貨建てで価格を一定に保つ取り組みは，為替レートが変動する場合に最適な結果とはならない。特に生産国の通貨建てで価格を一定に保つ場合はより大きな問題が生じるため，その価格がターゲット市場の国の顧客に及ぼす影響も十分に考慮しなくてはならない。

9.2.3 並行輸入

並行輸入とは，メーカーあるいは販売者によって保証されていない，複数国間での財の流れのことである。そのような財の流れは，再輸入，グレー輸入，グレー市場ともよばれる。並行輸入は，流通業者や仲介業者，エンドユーザーが国家間の価格差を利用しようとする場合に起こる。こういった業者やユーザーは低価格

で販売されている国で商品を購入し，必要に応じて改変を加え，高価格で販売・消費される国に輸出する。改変の例として，高価格で取引される国の規制に合わせる目的での医薬品の添付説明書の書き変えや，自動車の変更などが含まれる。

　自動車や医薬品といった業界では，並行輸入を専門とする企業があるが，これら以外の業界では特別な場合に並行輸入が起き，並行輸入の割合はきわめて高い水準に達することもある [18, 19]。2012年のドイツの医薬品市場シェアの10.2%は並行輸入によるものであった [23]。この分野に特化した企業であるKohlpharmaは，2013・2014年度に，約6億2,100万ユーロの売上を計上した [24]。しかし，この手のビジネスは非常に振れ幅が大きく，為替レートの変動の影響を受けやすい。主要な輸入業者であるCC Pharmaは，ユーロ価値の下落を理由に従業員の約40%を解雇した。この下落によって，並行輸入が当てにしている価格の優位性の相当部分が損なわれたためである [25]。並行輸入は決して特定の経済圏や近接した国々に限定されない。*Financial Times*「中国の自動車並行輸入加速化」という見出しの記事は，自動車の「グレー輸入」の許可以降，その数が急激に増加していることを伝えている。ある卸売業者1社だけで20,000台の乗用車を輸入しており，その輸出元は主にアメリカと中東である [26]。

　並行輸入が起こりやすい要因としては次のようなものがある。

- 長期的な国際価格差
- 輸出入費用の低下
- 国際コミュニケーションと情報システムの改善
- メーカーが国内市場を守る可能性を制限する，国際貿易の自由化
- 国際ブランド，グローバルブランドの浸透。そのようなブランドはどの市場でも同じデザインで，商品の用途も標準化されている。
- 顧客における国際化の進展と外国商品に対する許容度の高まり

　高価値かつ，市場間でのコストの違いが比較的少ない商品は並行輸入に最も適している。ブランド品や高価値の工業商品のように，高級品であったり輸送しやすい商品はこのカテゴリーに分類される。

　グローバルブランドとその商品戦略を，国によって大きく価格設定を変えることが求められる価格戦略と調和させることは難しい。価格差別化を考える上では裁定コストを無視することができない。多くの企業は，並行輸入の完全な防止または排除のために努力しているが，純粋に価格設定の観点からは，そのような厳格な考え方は望ましくない。並行輸入をなくす試みの包括的な目的は，販売チャ

第9章　価格マネジメントと制度的背景　◆395

ネルの対立を防ぎ，企業イメージの毀損を防ぎ，社内の対立を防ぐことである。並行輸入は，その企業の各国の現地法人間で摩擦を引き起こすことが多い。ターゲット市場の地域の現地法人はその市場を開拓し，広告費を支払い，販売チャネルを開拓するが，同じ企業の別の国の現地法人がその投資から得られる収益の一部を刈り取ってしまう。これらの現地法人はよくグレー市場の取引業者や流通業者の背後に隠れている。この問題に対し，本社は難しい対処を迫られる。

　並行輸入の効果を分析するために，高価格の国と低価格の国という，単純化された二国間のモデルを考える。Bucklin [27] はこのようなモデルを用いて，並行輸入に適切な注意を払うことを怠ると企業の利益が低下するという結論を得た [28]。もし価格が調整されるならば，つまり企業が価格差を小さくするように調整を行うのであれば，利益の減少を許容できる水準まで減らすことができる。メーカーが実際に輸入商品の価格を管理できる場合には，並行輸入が存在する場合であっても，より高い利益を確保できる可能性がある。この意味で並行輸入は価格差別化の一手法であるといえる。しかし実際には，メーカー自身が並行輸入を組織的に管理しない限り，並行輸入商品の価格を統制したり管理したりするのは非常に難しい。

　純粋な価格関連の手法以上に，裁定コストを高めるように作用する多くの戦術が存在する。各国の最適価格の差が大きくなればなるほど，そのような戦術により企業はより多くの投資を行うべきということになる。これらの戦術には，商品差別化，異なるブランドや対象市場を示す国のマークや記号，販売数量に対するコミットメントの設定などがある。しかし，これらの方法はコストがかかり，製造，輸送，販売において規模の経済が働かないことに注意すべきである。このような差別化はまた，均一的なグローバルブランド戦略とも相いれない。

9.2.3.1　国際価格コリドー

　独立した国それぞれの条件に合わせた最適な価格設定を行うための価格差別化戦略の実行は，ますます困難になりつつある。この状況にどう対処すればよいだろうか。極端な方法としては，最も低い水準の価格にすべての価格を揃える方法があるが，概してそのような戦略は採用する価値もない。もしそのような戦略をとれば，利益は劇的に減少することになるだろう。代替案として，最も高い実勢価格にすべての価格を揃えることもできるだろうが，この戦略は市場シェアを大きく失うことなる。これら2つの極端な方策の中間にある解決策として，既存の価格の範囲内に均一の国際価格を設定するという考え方がある。一般的に，これら3つの解決策はいずれも適切な答えではない。なぜなら，顧客の選好，競争環

境，コストなどは国によって異なるからである。これは，国によって最適な価格は異なることを意味している。国際価格を調和させようとする圧力は，すべての国で価格を均一にすべきというものでも，国によって個別に価格最適化を図るべきというものでもない。国ごとの価格差が大きくなり過ぎると，グレー市場が発生しやすくなり，流通業者とその企業の現地法人の間で問題が生じることになる。逆に，価格を均一化すると，多くの潜在的利益を失う。自動車産業においては，ヨーロッパ圏内で価格を均一にした場合，利益が25％低下すると推定されている［7］。

より良い代替案として，価格を適切な範囲に分布させるために，各国の価格を引き上げたり，引き下げたりする方法がある。その目標は個々の国における価格の同時最適化であり，これはすべての国の価格から成る，いわゆる価格コリドーによって実現する。**図9.4**はこの考え方を図式化している。国際価格の価格コリドーは均一価格と，国によって独立した最適価格との間の妥協案であり，各国間の価格差と価格調和圧力を反映したものとなる。価格コリドーの設定にはそれぞれの市場の規模，異なる価格弾力性，グレー輸入，コスト構造，裁定取引に加えて，各国の競争状況，販売状況を考慮する必要がある。価格コリドーの幅は，並行輸入やグレー市場を抑制するように設定されるべきだが，必ずしもそれらが排除される必要はない。

最適な価格コリドーの設定において重要なのは，並行輸入品の販売数量の国際価格差に対する感度である。感度が高ければ高いほど，価格コリドーはより狭くなる。この感度を特定できれば，価格を均一にした場合に，どれほど多くの利益を失うことになるかも明らかになる。

実際には，並行輸入の防止という目標を確実に達成するために，価格コリドーのレンジは裁定取引コストよりもほんの少し小さく設定する。この意味で，裁定

[図9.4] **価格コリドーのコンセプト**

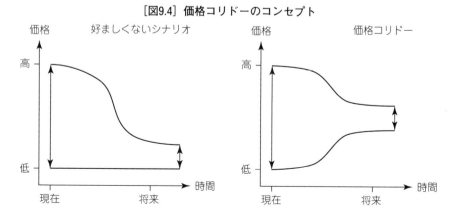

取引コストには並行輸入業者の期待利益が含まれるが，並行輸入を防止するための機会コストも考慮すべきである。そのためには，失うことになる利益と並行輸入を防ぐことで得られる利益を比較する必要があるが，それらを定量化することは難しい。ゆえに，並行輸入を完全に排除することは必ずしも現実的な目標ではないことを改めて強調したい。

当然，価格コリドーの導入には関連コストが発生するが，それは，市場についての詳細な情報が必要となるためである。しかし我々の経験では，これらのコストはグレー市場の抑制により達成できる利益改善で補って余りあるものとなる。価格コリドーは価格差別化のあるべき姿と避けられない価格調和との間の妥協点を見つけようというものである。そうすることで，価格差別化の恩恵は少なくとも部分的には享受できる。価格コリドーは，体系的かつ定量的に「可能な限り価格を差別化しつつも，必要な分だけ価格を調和する」という原則に従うものなのである。

次の例は，異なるアプローチの効果と価格コリドーの優位性を表している。次のような価格反応関数を持つA，Bという2つの国を仮定する。

A国：$q = 100 - 1p$
B国：$q = 100 - 2p$

それぞれの限界コストは\$20である。価格を均一に\$60で設定した場合，A国では40個売れ，B国では1つも売れない。利益は\$1,600になる。一方で，それぞれの国で価格を最適化した場合，**表9.4**のような結果になる。

[表9.4] 両国での，個別の価格最適化

	価格（\$）	販売数量（単位）	利益（\$）
A国	60	40	1,600
B国	35	30	450
計	—	70	2,050

それぞれの国で価格最適化を行った場合，両国からの潜在的な利益は最大で\$2,050になる。しかしこの場合，（高いほうの価格と比べて）42％の価格差が生じることになる。裁定コストが低い（たとえば20％）ならば，この状況は並行輸入を引き起こしうる。

図9.5は価格差と並行輸入の関係を専門家が推定した結果を示している。42％

の価格差がある場合，並行輸入は40%のシェアを占めることになる。表9.5はこの仮定に基づいた結果を示している。

並行輸入によって利益は$400減少し，並行輸入がない場合と比べて利益水準は約19.5%減少する。

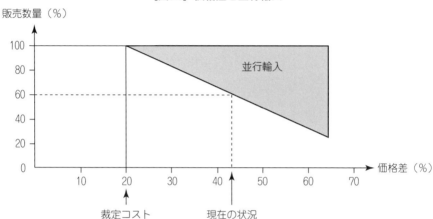

[図9.5] 価格差と並行輸入

[表9.5] 並行輸入の場合の利益状況

	販売数量シェア（%）	販売数量（単位）	単位当たり貢献利益（$）	利益（$）
A国公式販売	60	(0.6×40)＝24	(60−20)＝40	960
A国並行輸入	40	(0.4×40)＝16	(35−20)＝15	240
A国 計	100	40	(50−20)＝30	1,200
B国	100	30	(35−20)＝15	450
A国＋B国 計	−	70	−	1,650

これは様々な価格設定について，その効果が理解され，比較された上で実行される必要があることを表している。たとえば，以下のような代替案がある。

- 均一価格
- 価格の低い国での価格引き上げ
- 価格の高い国での価格引き下げ
- 価格コリドー

9.2.3.2　均一価格

このアプローチでは両国で均一の価格を設定する。価格を最適化するために両国の価格反応関数を合計すると，次式が得られる。

$q = 200 - 3 \times$（均一価格）

最適な均一価格は$43.33で，その時の販売数量は70個になる。総販売数量は同じだが，利益は$1,633に減少する。並行輸入のない場合の利益水準と比べ，20.3%の減少である。この利益の減少は，均一な価格設定では各国の固有の差を考慮できないという事実に起因している。一方，均一価格の良い面は，並行輸入が起きないことである。

9.2.3.3　価格の低い国での価格引き上げ

このシナリオでは，B国の価格を$35から$48まで引き上げる。A国とB国の価格差は20%にまで縮小し，並行輸入を防ぐことになる。**表9.6**は結果として得られる利益を示している。B国の販売数量はほぼ0になるが，全体的な利益は並行輸入がある場合と比べて3.7%改善し，$1,712になる。しかし，表9.4の最初の状況と比べて，利益は16.5%低下する。低価格市場を完全に放棄してしまうことは問題である。

[表9.6]　**低価格国での価格引き下げによる利益状況**

	価格（$）	販売数量（単位）	利益（$）
A国	60	40	1,600
B国	48	4	112
計	－	44	1,712

9.2.3.4　価格の高い国での価格引き下げ

A国での価格を$60 から$43.75に切り下げる。するとB国との価格の差は20%になり，並行輸入を防ぐのに十分な差となる。**表9.7**はその結果を示している。表9.6に示された結果と比べて，販売数量と利益は両方とも改善しているが，表9.4の理論的な利益と比べると利益は12.9%低く，状況は良くなったとはいえない。

価格コリドーはより良い結果をもたらす。価格はA国で引き下げ，B国で引き上げられる。我々の仮説通り，国間の差が20%以下になると，並行輸入はなくなる。

[表9.7] 高価格国での価格切り下げによる利益状況

	価格（$）	販売数量（単位）	利益（$）
A国	43.75	56.25	1,336
B国	35.00	30.00	450
計	－	86.25	1,786

[表9.8] 価格コリドーによる利益状況

	価格（$）	販売数量（単位）	利益（$）
A国	50.88	49.12	1,517
B国	40.70	18.60	385
計	－	67.72	1,902

[表9.9] 代替的な価格戦略を採用する場合の利益

価格戦略	利益（$）	理論的に実現可能な利益からの利益の減少（%）
均一価格	1,633	20.3
低価格国での価格引き上げ	1,712	16.5
高価格国での価格切り下げ	1,786	12.9
価格コリドー	1,902	7.2
分離価格最適化（理論上。実施は不可能）	2,050	0.0

最大20％の水準で価格コリドーを許容すれば，最適価格はA国で$50.88，B国で（1－0.20）×50.88＝$40.70になる。並行輸入のある現在の状況と比べて，販売数量は幾分少なくなる。**表9.8**に示されるように利益は最初の状況よりも7.2％低くなる。

　表9.9はこれらの価格戦略で獲得できる利益を比較したものである。均一価格戦略は最も利益が少なく，逆に価格コリドーは最も現実的に優れている戦略であるといえる。

9.2.3.5　ケーススタディ

　次の事例はSYNOPとよばれる医薬品の価格コリドーの事例である。SYNOPは，世界的な医薬品メーカーが市場に投入した商品である。国際的な価格最適化戦略を定めるために，アメリカ，イギリス，フランス，イタリア，ドイツの5ヵ国で分析が行われた。分析の結果，**図9.6**の上の図に示されるように，それぞれの国

[図9.6] 医薬品市場の各国の最適価格との最適価格コリドー

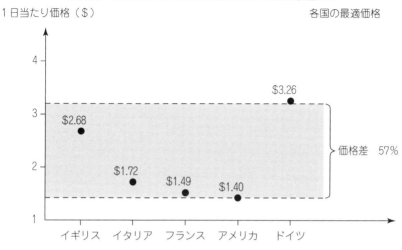

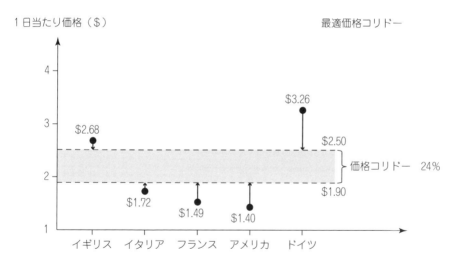

　に最適な価格が決定された。これらの価格は各国間の相互依存性を反映しておらず，これらの価格は，各国間でフェンシングが有効に機能しているのであれば（各国間の商取引上の障壁が機能しているならば）最適な価格である。

　各国の最適価格にはかなり大きな価格差がある。アメリカの最適価格はドイツの最適価格よりも57％低く，イギリスの最適価格よりも48％低い。価格差がこれほどある場合，各国間の商取引上の障壁は乗り越えられるか，あるいは回避され

る。すなわち，フェンシングは効果的に機能することなく，大規模な並行輸入が生じると考えられる。SYNOPプロジェクトの目標は利益を最大化することであり，すべての並行輸入を排除することではない。輸入品の価格が各国の最適価格と一致する限りにおいては，並行輸入は認められるべきである。このプロジェクトでは，クライアント企業のプロダクトマネージャーと丸一日費やしてワークショップを実施した結果，並行輸入の価格曲線が図9.6に従って作成された。この図から，もしこの企業がSYNOPを各国別の最適価格で発売するならば，ドイツにおける販売数量の約32％はアメリカからの並行輸入によるものとなることがわかった。逆に，価格差が20％以下であればドイツへの並行輸入は生じない。

　価格コリドーを最適化するために，Simon-Kucher & Partnersが開発したINTERPRICE（for INTERnational PRICE）システムを使用した。結果は図9.6の下の部分に示されており，最適な国際価格コリドーは$1.90から$2.50の範囲となった。コリドーの幅はコリドーの上限価格の24％に相当しており，すべての価格はこのコリドーの範囲内で設定される必要がある。このことはすなわち，ドイツとイギリスの最適価格を$2.50に引き下げて，イタリア，フランス，アメリカは$1.90に引き上げることを意味している。24％の価格差が原因で，ドイツはフランス，アメリカからの並行輸入を受け入れることとなるが，並行輸入の価格曲線によれば，並行輸入による販売数量は市場全体の5％以下にとどまり，これは許容範囲とみなされる。

　我々はまた，並行輸入を防ぐため，すべての市場で均一となっている価格を見直した。$1.90から$2.50の範囲で価格コリドーを設定することで，（ある程度の）並行輸入は受け入れつつも，価格均一化戦略よりもより大幅に高い利益を企業にもたらすことができた。実際には実現不可能ではあるが，各国別に最適価格を設定する場合と比べても，犠牲となる利益は許容範囲内であった。価格コリドーを用いれば，並行輸入によって引き起こされる摩擦の大部分も避けることが可能となるのである。

9.2.4　価格と政府の介入

　政府の介入は価格マネジメントに影響し，これは国内市場よりも，国境を越えた取引でより重要な役割を果たす。

9.2.4.1　関税と税金

　一般的な法人税（これはビジネスの立地に影響するが，ここでは考慮しない）に加えて，政府が付加価値税やその他の消費関連税を課す場合，政府は顧客が支

第9章　価格マネジメントと制度的背景　◆403

払う価格に直接的な影響を及ぼしていることになる。そのため国内での税込価格が消費者の購買意思決定のベンチマークとなる。

　企業は，それぞれの国の需要を反映した，各国の価格の調整という問題に直面する。またその一方で，最適な税込価格から導き出される税抜価格を国ごとに調整する必要がある。ヨーロッパの自動車市場はその一例である。ドイツ側から見ると，デンマークの税込価格は，デンマークの高い付加価値税と贅沢税によってより高いものとなるが，税抜価格はドイツに比べ低くなる。EUの自由な商品流通の原則に基づき，EU諸国では，自国から他EU加盟国に商品の輸出入ができるが，これは自動車の貿易にも当てはまる [29]。それにもかかわらず，自動車メーカーは越境貿易を制限する様々な法的手段を利用しており [30]，こういった制限に基づく価格の差別化はメーカーとディーラーに大きな利益をもたらしている。

　高い間接税は，税抜価格に影響を及ぼす。税制における国際的調和（例：付加価値税の調和）を背景に，設定可能な価格帯を最大限利用するために，企業は税抜価格を調整する必要がある。

9.2.4.2　輸入関税

　輸入関税は数量単位あるいは価値に基づいて適用され，税金と同じように扱われるものである。数量単位に基づいた関税は本質的に単位当たりコストの増加と考えることができる。価値に基づいた関税は，輸入品の価値に対する割合で課税される。

　価値に基づいた関税の効果を示すために，価格反応関数を $q = 100 - 10p$ とし，単位当たりの変動費を5として考える。価値に基づいた関税を0％，10％，20％として考える。**表9.10**はそれぞれの最適価格とその他の重要な数値を示している。

　最適なメーカー販売価格あるいは生産者価格（関税前）は，関税率の上昇につれ低くなるが，末端価格は上昇する。その結果として販売数量が減少することになる。単位当たりの限界利益が低く販売数量が減少している場合，関税が高くな

[表9.10] 異なるタイプの関税の下での最適価格

関税 （％）	最適メーカー 販売価格 （$）	単位当たり 関税 （$）	関税込最終 消費者価格 （$）	販売数量 （単位）	利益 （$）	関税収入 （$）
0	7.50	0.00	7.50	25.00	62.50	0.00
10	7.04	0.71	7.75	22.50	45.90	15.98
20	6.67	1.33	8.00	20.00	33.40	26.60

ると利益が急激に減少することになる。

関税と税金の最も重要な違いは，競争に関する点である。税金がその国のすべての競合商品に等しく影響するのに対して，関税は輸入商品にのみ課され，結果として国内商品と比べて輸入商品の競争的地位が低くなる。

9.2.4.3　アンチダンピング関税

アンチダンピング関税は，輸入関税の特殊な形態である。ダンピングとは，特定のコストや利益マージンを含む「通常の輸出価格」よりも低い価格，あるいは製造国での製造コストを下回る価格で販売する手法である。ダンピングはその性質上，ターゲット国の経済にダメージを与えるが [19]，広いマーケティングの視点で考えると，このような価格設定はやむをえないものだと思われる。なぜなら，多くの理由（市場のダイナミクス，商品ライン，プライシングの非線型性，セグメンテーション）を考慮すると，生産国でのコストよりも価格を低くしたり，さらには単位当たりコストよりも低くしたりする等，海外における価格をより低く変更する方が最適なケースは十分考えられるからである。

ダンピングを実行する企業はアンチダンピング関税を適用されるリスクを冒している。このような税制はアメリカでもヨーロッパでも存在する。ダンピングの幅は，一般的に生産国での価格と現地販売国での価格の差に相当する。アンチダンピング税は価値に基づいた関税や単位に基づいた関税と同じように価格に影響する。1990年代に，日本や韓国の家電製品がアンチダンピング関税の問題に直面したが，現在は中国やその他の新興市場の商品がアンチダンピング関税のターゲットとなる傾向にある。

9.2.4.4　輸出割当制

輸出割当制は輸入を制限するための，政府による追加的な介入である。輸出割当制は一般的に，販売数量の上限，つまり最大販売数量を定めるが，市場シェアに対して適用することもある。アメリカと中国が特定の繊維製品の輸入割当について合意した例もある。消費財分野では，多くの商品に対して，生産国ごとに，輸入可能な数量の上限が定められている。たとえば，アルコール飲料，たばこ，コーヒー，ガソリンなどである。

販売の上限数量は，自由貿易の状態での輸入量よりも少なく設定されなければ意味がない。この条件下では，販売数量が許容される上限にちょうど達するように価格を設定するのが最適であり，そのためには，価格反応関数を知る必要がある。アメリカ市場で日本の自動車の輸入上限量が適用された有名な例がある。こ

れに対して，日本のメーカーは許容される販売上限量に届くように価格を正確に設定した。これにより，日本のメーカーは失う利益を許容範囲内にとどめることができた。また，意図しない副次的な効果も2つあった。まず，輸出割当制によって，市場シェアが本質的に固定化されてしまい，日本のメーカーの間でカルテルに近い状況を生み出してしまった。その一方で，より小規模なメーカーは，価格競争力が強いにもかかわらず，アメリカ市場に参入できなかった。それらの企業は初期の地位が弱く非常にわずかな割当しか与えられなかったためである。このように潜在的な販売数量を制限されたことで，これらの企業にとって販売網を拡大する意味はなくなってしまった。

　最低販売価格を設定することは，自由競争下の価格を上回っている場合，販売の上限数量を設定することと同様の働きをなす。売り手は最低販売価格を設定する際に，最適価格が実際に最低販売価格を上回らないことを確認するために，価格反応関数を知る必要がある。最低販売価格は，個別の商品ではなく商品グループ全体に設定されるのが通常である。

9.2.5　国際的背景における取引の実行状況

　この項では，配送や支払に関する規約と条件，資金繰り，価格決定権の所在，移転価格，グローバル戦略といった国際的な観点において，企業がどのように行動すべきかについて議論する。

9.2.5.1　国際的な配送，支払に関する規約と条件

　配送や支払に関する規約と条件は一般的に，条件の提示および交渉のプロセスの一部分である。国際的なビジネスにおける規約は，国際商業会議所によって標準的な条件が成文化されており，「インコタームズ」として知られる。これらの規約は国際貿易におけるリスクの移転タイミングを規定し，どの輸送コスト（輸送，保険）が売り手によって負担され，もしくは買い手によって負担されるのかを明記している。これらの条件のうち最もよく知られているのは以下のようなものである。

- Ex works：工場渡し条件
- FAS：船側渡し条件
- FOB：本船甲板渡し条件
- CFR：運賃込み条件
- CIF：運賃・保険料込み条件

国際的な顧客がインコタームズを考慮してどの価格を比較基準として用いるかどうかは重要である。どのような形態で合意するかによって，競争に影響が生じる可能性がある。

9.2.5.2　財務

国際的なビジネスにおいて，財務リスクは国内での取引よりも大きい。また，為替変動は，自国通貨で完全にビジネスを行う場合には存在しない国際的なビジネスに特有のリスクである。また，国際的なビジネスでは支払サイトはより長くなる。海外市場では政治的なリスク，司法・法律リスクも大きく，企業は輸出保険を付保し，通貨リスクに対するリスクヘッジを取ることで，これらのリスクに対応することができる。

しかし，これらのリスクは価格マネジメントとは関係ないため，責任の所在が曖昧になることを避けるために，価格設定と財務に係る機能とを分けるべきである。もちろん，リスクに対処するコストは価格設定において考慮されるべきである。ただし，一般的にはこれらは発注に関わる変動費であり，同じ意味で，バーター取引やそれに類する取引は，価格設定の問題ではない。価格マネジメントにおいて，つまるところ重要なのは最終的に得られる純利益である。

9.2.5.3　価格決定権の割り振り

組織において誰が価格決定権を持つかは国際的ビジネスにおいて繊細な問題となりうる [31]。一般的に，国内の事業部門は利益と損失に対する責任を負っている。しかし価格決定権がないのであれば，国内の事業部門は，重要な利益ドライバー（利益の決定要因）を有していないことになる。また，もし各地域の組織が完全に価格決定権を持つならば，その結果として生じる地域間での価格差がグローバルのポジショニングや並行輸入の防止といった，企業の大上段の目標を台無しにする可能性もある。本社と海外現地法人がそれぞれに異なる利害関係を有しているがために，価格はそれら組織間の摩擦を引き起こす原因となりうる。すべての関係者を完全に満足させる解決方法を見つけることは難しいが，前述した価格コリドーは妥協点を示すための手法であり，実務でその有効性は何度も実証されている。

グローバル化の進展によって，価格マネジメントは中央集権化され，販売や流通のような他機能はローカルで管理される傾向にあることがわかっている。価格マネジメント機能の中央集権化は，貿易障壁の低下がもたらす避けられない現象といえる。価格決定権を中央集権化することなく，世界的に統一された戦略を採

第9章　価格マネジメントと制度的背景　◆407

ることは難しい。しかし同時に，ビジネスはローカルな市場の必要要件から目を
そらすわけにはいかない。すべての企業は自社の価格決定権をどの程度中央集権
化すべきかを決定し，セグメントごとに最適なレベルを見つける必要がある。こ
の場合，ローカルの事業部門に適切なインセンティブが働くようにすることが非
常に重要である。

　多国籍企業の事業部門間の関係性に影響を及ぼすもう1つのテーマとして，移
転価格がある。移転価格は，顧客向けの価格に焦点を当てた価格マネジメントの
主要な目的からは外れており，本書では扱わない。移転価格の設定で考慮すべき
要素としては，国ごとの利益に対する課税額の最適化だけでなく，それぞれの国
における組織のモチベーションの最適化も挙げられる。

結　論

　制度的背景，国際的背景を考慮した価格マネジメントは，多様なトピックの集合
であるといってよい。インフレと国際化に関して，本章では次のような提案を行っ
た。

- インフレは価格マネジメントをより困難なものにする。決定的なのは，インフレ
  が起こった際に，企業の正味の価格ポジションをどの程度シフトするかである。
  そのシフトの程度によって，企業がどのくらいのコストを顧客への売価に転嫁で
  きるかが決まる。
- 同一商品の価格は国によって大きく異なることが頻繁にある。貿易の発展と国際
  市場における価格調和圧力の高まりにより，国際的な価格マネジメントはより重
  要になっている。
- 国際市場は同質的ではなく，大きな差異が存在する。そのため個々の国々をそれ
  ぞれ注意深く分析する必要がある。具体的には，購買行動，競争構造，流通チャ
  ネル，コスト，並行輸入，通貨，政府の介入といった側面になる。
- 異なる通貨地域における価格設定においては，為替レートの推移を考慮する必要
  がある。為替レートの変化は最適価格と利益に大きな影響を及ぼす。
- 海外顧客に自国の通貨建てで請求書を発行したり，輸出先の市場で価格を一定に
  維持したりする事例が散見されるが，最適な戦略とはいえない。
- 国際価格の差別化と標準化のバランスに注意する必要がある。価格コリドーは国
  ごとに最適な価格を設定する最も良いアプローチである。
- 政府の介入は，国際貿易において非常に重要な役割を果たす。たとえば，異なる
  税率，輸入関税，アンチダンピング関税，割当制などである。これらの要素を価

格設定では考慮する必要がある。

- 海外との取引には，特別な配送条件，支払条件がある。ファイナンス，為替ヘッジ，法的側面に関する問題も重要である。
- 最後に，企業は本社と海外現地法人の価格決定権の割り振りを管理する必要がある。国際市場での取引が進展するにつれて，価格決定権は中央集権化しやすい。グローバル化が進展するにつれ，価格管理はより難しいものになる。その結果，価格管理はより複雑化し，機会やリスクが生じる。国際的な価格マネジメントの理論，ツール，実行のための施策を適切に使いこなせる企業は，複雑性が高まる市場においても利益を獲得できるだろう。

参考文献

[1] Bureau of Labor Statistics (2016). CPI Detailed Report – Data for October 2016. https://www.bls.gov/cpi/cpid1610.pdf. Accessed 15 December 2016

[2] Simon-Kucher & Partners (2011). Inflation – Secure Your Profits. Bonn.

[3] Simon-Kucher, & Partners (2011). Global Pricing Study 2011. Bonn.

[4] Koll, W. (1979). *Inflation und Rentabilität*. Wiesbaden: Gabler.

[5] Shapiro, B. P., & Jackson, B. B. (1978). Industrial Pricing to Meet Customer Needs. *Harvard Business Review*, 56(6), 119–127.

[6] Beeck, S., Müller, J., Ehrhardt, A. (2014). Pricing in der Deflation. *GDI Impuls* (3), 70–74.

[7] Simon, H. (2015). *Confessions of a Pricing Man*. New York: Springer.

[8] Deutsche Bundesbank (2012). Monatsbericht Februar 2012, 18–21.

[9] Apple Inc. (2015). http://www.apple.com. Accessed 7 December 2015.

[10] Anonymous. (2012). Zara Prices Worldwide Comparative: Spain is the Cheaper. http://zaraforwarding.com/spain/zara-prices-worldwide-comparative-spain-is-the-cheaper/. Accessed 27 February 2015.

[11] Eckert, W. (2012). Les Vignerons SWR1. http://www.swr.de/swr1/rp/tipps/2012-les-vignerons/-/id=446880/did=14928578/nid=446880/vr9jq9/index.html. Accessed 24 November 2015.

[12] Chow, J. & Masidlover, N. (2015, 18 March). Chanel Acts on Prices as Euro Worsens Gray Market. *Wall Street Journal*, p.18.

[13] Anonymous (2017, 8 February). Wenn das Flugticket im Ausland billiger ist. *Frankfurter Allgemeine Zeitung*, p.19.

[14] European Commission (2017). Digital Single Market: EU negotiators agree on new rules allowing Europeans to travel and enjoy online content services across borders. http://europa.eu/rapid/press-release_IP-17-225_en.htm. Accessed 19 November 2017.

第9章　価格マネジメントと制度的背景　◆409

[15] Skugge, G. (2011). The Future of Pricing: Outside-in. *Journal of Revenue & Pricing Management*, 10(4), 392–395.

[16] Berndt, R., Altobelli, C. F., Sander, M. (2013). *Internationales Marketing Management*. Berlin: Springer.

[17] Sarin, S. (2013). *Business Marketing: Concepts and Cases*. New Delhi: McGraw Hill.

[18] Keegan, W., & Brill, E. A. (2014). *Global Marketing Management*. London: Prentice Hall.

[19] Ghauri, P. N., & Cateora, P. R. (2014). *International Marketing*. London: McGraw-Hill.

[20] Jones, C. (2015, 19 August). Strong Franc Hits Swiss Retailers in the Pocket. *Financial Times*, p.3.

[21] Ritter J., & Soldt R. (2015, 26 January). Rösti ausverkauft. *Frankfurter Allgemeine Zeitung*, p.3.

[22] McLucas, N. & Morse, A. (2015, 20 January). "Euro Discount" Sales Draw Swiss Shoppers. *Wall Street Journal*, p.3.

[23] VFA – Verband forschender Arzneimittelhersteller (2012). Entwicklung des GKV-Arzneimittelmarktes. http://www.vfa.de/de/wirtschaft-politik/entwicklung-gkv-arzneimittelmarkt-2011.html. Accessed 28 February 2015.

[24] Kohlpharma (2015). Der Grundgedanke. http://kohlpharma.com/de/import_arzneimittel/was_sind_import_arzneimittel. Accessed 24 February 2015.

[25] Waschbüsch, H. & Hübner, M. (2015, 25 July). Bittere Pille für 160 Mitarbeiter. *Trierischer Volksfreund*, p.7.

[26] Mitchell, T. (2015, 19 January). China's Parallel Auto Imports Speed Ahead. *Financial Times*, p.16.

[27] Bucklin, L. P. (1990). The Gray Market Threat to International Marketing Strategies. Marketing Science Institute Working Paper Series. Report, Vol. 90/116. Cambridge: The Marketing Science Institute.

[28] Xiao, Y., Palekar, U., Liu, Y. (2011). Shades of Gray – the Impact of Gray Markets on Authorized Distribution Channels. *Quantitative Marketing & Economics*, 9(2), 155–178.

[29] Bundesamt für Verbraucherschutz und Lebensmittelsicherheit (2015). Grenzüberschreitender Handel. http://www.bvl.bund.de/DE/01_Lebensmittel/01_Aufgaben/05_GrenzueberschreitenderHandel/lm_grenzueberschrHandel_node.html. Accessed 26 February 2015.

[30] Backhaus, K., & Voeth, M. (2010). *Internationales Marketing*. Stuttgart: Schäffer-Poeschel.

[31] Cavusgil, S. T. (1996). Pricing for Global Markets. *The Columbia Journal of World Business*, 31(4), 66–78.

◆411

第10章

実践

概　　要

　前章では，価格戦略，分析，意思決定について取り上げた。しかし，これで使命が果たされた訳ではない。価格決定は実行に移すことが必要であり，そのためのプロセスと責任を明確に定義しなければならない。本章の前半では，価格マネジメントにおける組織のセットアップとプロセスに関する課題について検討する。これにはCEOレベルの業務ともいえる人工知能を活用したプライシング・ソフトウェアや価格コンサルタントの活用に関する議論も含まれる。営業はプライシングの成功において中心的役割を担うが，営業はどのような価格決定権を持つべきだろうか。企業は目的を達成するために，どのようにインセンティブ・システムを構築すべきだろうか。同様に値引き，販売条件も重要な役割を担う。プライシングの効果はその伝わり方に左右されるため，価格コミュニケーションも徹底的に取り上げる。章の結びでは，価格の監視と統制について検討する。これらは理想的には，プライシングの実行段階に限定されるものではなく，プライシング・プロセス全体を包含すべきテーマである。章全体を通して，様々な業界の実例を用いながら，各トピックについて説明する。

10.1　イントロダクション

　前章では，最適価格がどのように決定されるかを示した。しかし，誰が価格意思決定を行うのか，どのように価格は伝えられるのか，営業は顧客にどのように価格を提示するのか，実際のプライシング行動は企業内でどのように監視されるのかといった側面については，これまで取り上げてこなかった。

　ここ数年間で，価格の実践に対する意識が大きく高まっている。価格マネジメントは経営幹部レベルでより大きな注意が払われるようになり，特にCEOがプライシング・プロセスに関与するようになってきている。価格マネジメントの業績への貢献は，価格戦略，分析，意思決定などの上流段階における専門性と同様，効果的な価格の実践にも依存する。「最善の戦略を考えることはできても，実行できるのはその90％である」という言葉は，価格マネジメントにも当てはまる。

412

本章では以下の分野について検討する。

- 責任
- 営業/営業人員
- 価格コミュニケーション
- 価格統制

10.2　価格マネジメントにおける責任

　誰が価格を設定するか，あるいは，価格について誰が最終的な決定をするか，といった質問をすると，ほとんどの企業は当惑するだろう。多くの企業では，誰が価格決定するか，誰が決め手となる言葉を発するか，誰が利益の決定的なドライバーである「価格」に責任を持つかについて，明確に決定されておらず，管理もされていない。先行研究でもこのことが指摘されている。FreilingとWölting[1]は，「価格マネジメントにおける組織の必要性については，散発的にしか言及されていない」と述べている。Duttaら[2]は，Wiltinger[3]同様，このことに深く注目した数少ない研究である。価格マネジメント・プロセスのすべての段階を担う専門組織を（リソースベースのアプローチにおいて）競争優位をもたらす機能と捉えると，プライシングの統制・管理にさほど注意が向けられていないことは驚くべきことである[4]。

　基本的に，価格マネジメント・プロセスを構成する業務が反復的，効率的，体系的に実行されるための，オペレーション及び組織上のガイドラインは存在する。価格決定は明確に任命・定義されたリーダーやチームメンバーによって行われる必要がある。これらの価格決定には非常に広範な情報が必要であり，その情報は各責任部門が提供しなければならない。

　組織構築では，業務と権限を定義し，従業員や部門に割り当てる。そして組織単位で境界を定め，組織が互いにどのように関与し合うかを決める。業務の割り当ては価格マネジメント・プロセスの段階に合わせて行う必要がある。プロセスの視点では，目的が価格最適化のみではなく，価格に関連するすべての活動を計画，実行，監視する価値創造プロセスの構築であることを考慮する。組織構築の目標は，価格決定権限をできる限り統合することであるが，同時に，顧客と直接的なコンタクトを有する従業員や部門（海外子会社，営業担当者など）に意思決定上の裁量を与える必要がある。*価格決定権限の委任*は，価格マネジメント・プロセスの分割やいくつかの部門の統合において効果的である。結果的に生じる問

題は，明確な権限規程，あるいは必要に応じて価格マネージャーや価格部門などの調整機能を通じて対処する必要がある。

10.2.1　業務の定義

　価格マネジメントで習得しなければならない業務の多様性は，プロセスの視点で最も適切に示され，**図10.1**はその4つの段階の概要を示している。すなわち，戦略，分析，意思決定，実践である。

　プライシング対象の視点から見ると，図に示される業務は，新商品の価格，既存商品の価格，リースの価格，サービス契約の価格，交換部品の価格などに細分化したり，あるいは拡張したりすることができる。価格コミュニケーションはそれ自体が，価格リストの管理，価格要求の処理，広告や販売時点（point of sale）における価格表示へとさらに細分化される。これらの業務及びその他の多数の業務のすべてに対して，責任を明確化する必要がある。

　図10.1は汎用的な価格マネジメント・プロセスを示している。ほとんどのビジネスで，概ねこの形式で業務をリストアップできる。しかし，特殊な事例においては，これでは十分ではない。我々の経験では，価格マネジメント・プロセスは，産業により大きく異なり，場合によっては企業独自のプロセスが存在することすらある。汎用的な視点は，業務や役割をより深く，洗練された形で定義するための開始点に過ぎない。**図10.2**は，あるホテルチェーンのより詳細な価格マネジメント・プロセスを示したものである。

［図10.1］価格マネジメント・プロセスにおけるタスク

[図10.2] ホテルチェーンの価格マネジメント・プロセスの例

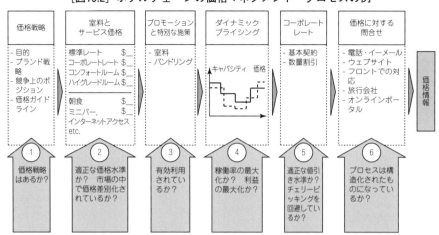

　この事例では，ホテル業界における6つの典型的な基本業務が存在する。（たとえば週末や祝日における）プロモーションは重要な役割を果たす。ビジネス顧客とプライベート顧客の違いは，設備の稼働率と利益に強い影響を与える。ホテル業界では，価格コミュニケーションの方法や価格要求への対応方法は非常に注目されている。一般的には，Booking.comやHRS.comのような予約システムでは，きわめて魅力的な価格がサイトに表示される必要がある。そのビジネスの特徴やニュアンスを深く捉えることは，価格マネジメントを適切に理解し，それに従い組織的な対策を講じる上で必要となる。この組織的な課題に対して，標準的あるいは表面的な対応を行わないよう強く警鐘を鳴らしたい。

　また以下の事例に示されるように，従業員や部門は，明確な*役割*と*責任*上の問題に気づいてさえいないことも多くある。大手ソフトウェア企業では，組織階層の3番目の役職にあるSmith氏（仮名）が，その企業の複雑な価格リストの管理責任者であった。しかし，我々がCEOに尋ねたところ，Smith氏は管理職だが，価格決定権限を持つ管理職ではないとの答であった。そこで我々は，その企業の最大の海外マーケットを担当する営業部門のマネージャーに，どのようにプライシングを行っているかを尋ねた。その営業部門のマネージャーは，自身が一定水準までの値引きと特定の取引条件のみを決めることができると説明した。その水準を超える権限については，本社の承認が必要であった。しかし，その承認を得るために本社の誰とコンタクトを取るかを尋ねると，同氏はSmith氏だと答えたのである。この市場における当該企業のビジネスの4分の3以上は，Smith氏が決定，あるいは承認した特定の取引条件の下で取引されていた。長年にわたりこ

のように価格決定が行われていたことを，トップマネジメントの誰一人として認識していなかった。

10.2.2　価格決定権限の割り当て

　価格決定権限の割り当てに関する実証的な知見は少ない。Fassnachtら［5］は，消費財メーカーがどのように価格マネジメントを組織化しているかを調査してきた。彼らは特に価格決定権限の最終段階における問題に注目し，*標準価格*，*値引き*，*価格プロモーション*を区分し［5，6］，さらにNeliusは異なる機能がプライシングにおいて果たす役割を検討した［6］。**表10.1**は異なる主要な役職階層ごとの研究結果を示している。

　この研究では，消費財メーカーに関しては，主要な価格決定権限は主にシニアマネジメントが有し，実際の価格決定にも関与していた。ただし，市場に近いところに位置づけられる営業，マーケティング，重要顧客管理部門も，シニアマネジメントに加えて，価格決定に関与する場合があった。ほとんどの事例において（73％の企業において），最終的な*価格決定権限*は，少なくとも標準価格に関しては，シニアマネジメントに置かれている。しかし短期的な価格決定行動に関しては，権限のバランスはマーケティング，営業部門に大きくシフトしている。シニアマネジメントは，値引きに関わる事例の52％で最終的な価格決定権限を有している。これは価格プロモーションでも同様であり，ここでもシニアマネジメントが最終的な決定をしている企業は43％に上る。この割合は，営業値引きや価格プロモーションなどの短期的な価格決定において，営業部門責任者の意思決定機会と裁量が大きく高まることを考慮すると，明らかに矛盾している。39％の事例において，営業部門は価格プロモーションに関する最終的な決定権限を有している。

[表10.1]　価格決定権限の割り当て［5，6］

職能	「最終的な価格決定権限」			「価格決定に参加」※
	標準価格	値引き	価格プロモーション	
シニアマネジメント	73%	52%	43%	89%
財務マネージャー・品質管理マネージャー	1%	1%	1％未満	50%
マーケティング主導	5%	3%	9%	66%
営業主導	15%	34%	39%	81%
重要顧客管理部門	1％未満	5%	4%	45%

※複数回答あり

最終的な価格決定権限はかなり弱いものの，それでも営業部門の責任者は価格の決定機会の81％に関与している。これらの研究は，財務・会計部門の役割があるべき姿から大きく乖離していることを示している。全事例の半数において，財務・会計部門の担当者は価格マネジメントに関与し，価格決定に大きな影響力を有しているが，標準価格と値引きに関する最終的な価格決定権限を有しているケースは全事例の1％に過ぎなかった。AtkinとSkinner［7］はイギリスの製造業を対象にした最終価格決定権限に関する研究において，同様の結論を導いた。Nelius［6］は，45％の事例において重要顧客管理部門（Key Account Management）が価格マネジメント・プロセスに関与していることを明らかにした。しかし，重要顧客管理部門のマネージャーが価格決定権限を有することはほとんどなかった。

　価格マネジメントを成功させるためには，市場側の部門と，製造，財務，会計といった内部機能の協業が不可欠である。**図10.3**はこの相互連携を表している。最適価格の決定要素がコスト側とマーケット側の双方にあるため，これに沿う形で双方の組織が関与する必要がある。図において，矢印は情報の流れを示している。

　これまでに引用した研究が示すように，双方が，最終的な価格決定に到達する上での最適な組織構造上のプライシングに係る権限は，企業によって異なる。一般的に価格決定権限は，以下の場合より高い階層にあるべきである。

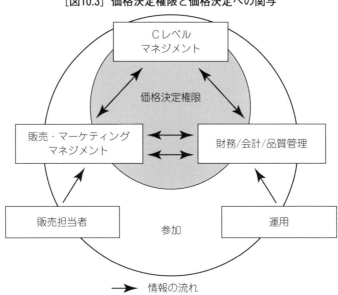

［図10.3］価格決定権限と価格決定への関与

第10章　実践　◆417

- その企業にとって，特定の商品の重要性が高い場合
- シニアマネジメントが商品と市場について詳細な情報と知識を有する場合
- 市場が同質的で，さほど動的ではない場合
- 異なるセグメント間での価格調整がきわめて重要である場合
- 企業の全体目標において，現場レベルの慣習や行動にさほど焦点が当てられていない場合
- 競合他社や顧客に対する明確で一貫したシグナルが重要である場合

　市場に相対する側が顧客価値の向上，プライシングの実践可能性，競合他社の反応などの側面をより注視する一方，マージンやコストに関連する情報は財務側から入手される。一般的に，財務側は市場側よりも高い価格を設定したいと考える。これらの考え方はプライシングにおいて対立するものと捉えるのではなく，意識的，建設的に利用すべきである。

　多くの多国籍企業において，本社と海外現地法人に代表される，*集権型組織*と*分散型組織*の間での価格決定権限の割り当ては恒常的な争点である。本社は価格決定行動の一定程度の統制と調整に関心を払う一方，子会社はプライシングに関して可能な限りの自由裁量を望む。後者はこれを，損益責任と，国や地域によって地域市場の特性が大きく異なることを論拠として正当化しようとする。この問題について単純な解決策は存在しない。（為替レートの変動などの）状況によって，本社はより大きな価格決定権限を持ちうるし，逆に現地法人により強い権限を与えることもありうる。これは，後に議論する，営業への価格決定権限の委譲に関する問題と構造的に類似している。

　この問題を3つの簡単な事例を用いて説明する。

　150ヵ国以上で事業活動を行うある物流企業では，各国のマネージャーが価格決定権限を有していたが，ある分析から，価格が販売数量と設備稼働率を管理するために「乱用されている」ことが明らかになった。設備稼働率を可能な限り高くするために，攻撃的なまでに低いプライシングが行われる傾向が確認された。その結果，国内外で極端な価格差が生じていた。このような行動は，利益を得られない取引のシェアを高め，グローバルに事業を展開する重要顧客にとっての価格透明性が高まることによって，値崩れを引き起こす。したがって，価格と値引きを一元的に管理するシステムが必要になった。これは，国レベルでの価格を完全に調和させるということではない。むしろ，同じ基準の下でプライシングを行うということである。この企業は一元的な価格監視も導入した。そして損失を生み出している多数の取引を排除した。こうした施策の導入により，この企業の売

上高利益率は1.5%ポイント上昇した。

　ある移動通信設備メーカーでは，提供サービスの中身の決定とプライシングは国レベルで行われていた。グローバル顧客の重要性が高まる一方で，グローバル顧客は国ごとの価格を比較するようになった。これは非常に大きな問題となり，価格が高い国では価格の譲歩が必要となった。この問題に対する解決策は，一元的なプライシング部門を設置し，すべての価格提示に一貫性があるかを検証し，承認・決裁を行うというものであった。この手続きは，それぞれの国の価格決定権限に制約を課すものの，グローバルの重要顧客に対する価格の一貫性のなさと，深刻な利益率の低下を解消することにつながった。

　3つ目の事例は，非常に細分化された製造業の事例である。この企業では，本社部門が伝統的にプライシングに関する責任を有しており，各国の現地法人は，値引きについての非常に限られた価格決定権限を有しているだけであった。この企業はそのような価格管理体制の下，ビジネスを行っていたが，ある分析から国ごとに市場特性や競合環境に極端な違いがあることが明らかになった。本社のマネージャーは現地からあまりにも離れていたため，最適価格を設定し，競合企業の反応を把握することができなかった。この問題に対する解決策として，この企業は価格決定権限を現地法人に再び割り当てることを行った。本社が設定する価格は，工場渡し価格や移転価格に限定された。この変更によって，国際的な価格差が明確になり，利益と市場シェアに非常に好ましい結果をもたらした。本社は利益が低すぎる場合，あるいは並行輸入が生じた場合にのみ介入することになった。

　これらの事例は，本社と現地法人の価格決定権限の割り当てが，ケースバイケースで決定，管理される必要があることを示している。しかし，一方で価格マネジメントの権限集中がより進んでいる傾向もみられる。Simon-Kucher & Partnersが行ったGlobal Pricing Study［8］では，2,713件の回答のうち39%が「近年，価格決定権限の集中が進んでいる」と回答している。「権限の分散が進んでいる」と回答したのはほんの11%に過ぎなかった。

10.2.3　価格関連組織

　価格マネジメントの重要性の高まりによって，この機能を念頭に置いて設計された組織が生まれている。この組織にはプライシング・マネージャーやプライシング関連部署が含まれる。また，企業の中には価格マネジメント・プロセスにおける不一致を取り除くために，シックスシグマ・プライシングを実践する企業もある。この文脈では，企業は人工知能を活用するプライシング・ソフトウェアを導入すべきか，あるいは価格コンサルタントのサービスを活用すべきかといった議論も行われる。

10.2.3.1 プライシング・マネージャー

これまでに述べてきた協働のための要件に対する1つの答えが，プライシング・マネージャーの任命である。アメリカでは1990年代からこのトレンドが見られ始めた。今日では，世界中の多くの企業が専門化されたプライシング・マネージャーを有している。アメリカのウェブサイトIndeed.comでは，プライシング・マネージャーの求人が71,090件掲載されているが，ドイツでは782件である。世界中でセミナーやカンファレンスを開催しているProfessional Pricing Societyには，5,000人以上のメンバーが参加しており，それらメンバーは主にプライシング・マネージャーである。プライシング・マネージャーの職務内容は同一ではなく，ケースバイケースで異なる。**図10.4**の求人広告は，企業が一般に何を求めているかを示している。

[図10.4] プライシング・マネージャーの募集広告

価格マネージャー

業務の概要
価格マネージャーは，価格設定分析，全顧客に対する利益改善，価格設定分析，顧客パフォーマンスデータの実用的な分析を担当します。さらに，このポジションは当該担当業務について，全市場の全商品のレポーティング，推奨，実行に責任を持ち，製品マーケティングおよびビジネスマネジメントチームの一員として位置づけられます。当社は，卓越した分析スキルを有し，製品やビジネス戦略に深い関心を持ち，コミュニケーション能力が高く，リーダーとしてのメンタリティと存在感を備えた，有能なマネージャーを求めています。価格マネージャーは様々なグループと連携し，卓越したコミュニケーション能力が必要となります。

主な応募資格
● 価格の新規設定と改定業務に関する5～7年の経験。
● データから最善策を導き出す，優れた分析能力。
● あらゆるビジネスレベルで発揮できる，優れたコミュニケーションスキル。
● 優れた問題解決能力（統計分析スキルを含む）
● プロセスを構築し，管理することへの熱意。
● 強力なリーダーシップ・スキル。

詳細説明
● 価格戦略の展開
● 様々な商品の価格プロポーザルの策定，提示，実践。
● 様々なチームと連携し，価格設定分析と推奨を行う。
● 戦略的なフレームワークを構築し，大きな利害関係を有する関係者へのコーチングや交渉戦略の策定を図り，顧客に対応する営業担当者や販売担当者へのトレーニングを実施する。
● プライシング・オペレーションと緊密に連携した上での，必要な価格設定のアクションを確実に実施する。
● ビジネス・マネジメントチームの一員として積極的に活動し，特別なプロジェクトやリクエストに対応する。
● 安定した価格設定分析およびレポーティング基盤を構築し維持する。

応募資格（学歴）
● ファイナンス，エンジニアリングあるいは関連分野の学士号またはMBAを取得していること

この職務内容には典型的なプライシング・マネージャーにとって最も重要な業務が掲載されている。このポジションがマネージャーに実際の価格決定権を与えるかどうか，あるいはどの程度与えるかは，そのポジションが組織内でどの階層レベルに位置するかといった要因によって決まる。General Electric（GE）は組織内の高位の階層にプライシング・マネージャーの役割を位置づけた先駆者である。GEのロールモデルは，他の多数の企業でも類似した取り組みにつながっている。この傾向は顧客側の調達の専門化によって加速している。これに対応して，売り手側の価格マネジメント・スキルも向上させる必要が生じている。

10.2.3.2　プライシング部門

取扱品目が非常に多く，頻繁に価格決定を行わなければならない企業（ホームセンターなど）には，特別なプライシング部門の創設を推奨する。今日，プライシング部門は，小売業者のみならず，通信，医薬品，自動車，電気機器などの業界で見受けられる。本書で説明している複雑なプライシングや価格分析の手法は，高度なノウハウと確固たる情報基盤を必要とする。これらの役割は専門家でなければ実践できない。Simon-Kucher & PartnersのGlobal Pricing Study［8］では，回答者の58％が自社にプライシング機能を有すると回答している。最も割合が高かったのはアメリカの79％で，ドイツは57％と平均的な水準であった。市場に相対する側は一般的に，企業がプライシング部門を設置する際のボトルネックとなる。プライシングに必要なありとあらゆる手法を習得し，同時に市場についての知識を十分に有している従業員は稀で，そのような人材がすでに社内にいるということはほとんどない。そのような部門を設置するために，最良だが最も時間も要する方法は，関連する分野の修士号・博士号を取得している人材を採用することである。また別のアプローチとしてコンサルタント経験者を雇う方法もある。プライシング部門に必要な人材を見つけることより，統制，あるいはコストサイドの適切な人材を見つけることのほうが，一般的に難易度は低い。プライシング部門における課題はノウハウの継続性と保持である。優秀で志の高い従業員がキャリアステップアップのために，限られた期間だけプライシング部門に配属されることを希望するということはよく見られることである。適切な人材を必要とするだけでなく，情報やソフトウェアのインフラを利用できることは，プライシング部門にとって欠くことのできない前提条件である。しかし，この前提条件は独立したものとして捉えるべきではない。そのようなインフラは通常，市場や競合に関する包括的な情報システムの一部となっている。

10.2.3.3　シックスシグマ・プライシング

　シックスシグマはもともと，製造工程におけるミスや欠陥を最小化するために，MotorolaとGEによって開発されたプロセスである。この手法は効率性と品質を改善するのに効果的な手法であり，価格マネジメントにも適用されるのは当然のことであった [9]。その目的は価格マネジメントの，特に実践における欠陥やその根本原因を除去することである [10]。そのような根本原因あるいは失敗の要因には，誤った意思決定ルール，値引きガイドラインの形骸化，価格決定権限の逸脱，不十分な情報や古い情報の使用などがあり，プロセス自体が失敗することは数多くある。理想的なシックスシグマは5つのステップを含む。すなわち，定義（define），測定（measure），分析（analyze），改善（improve），統制（control）の5つのステップであり，頭文字をとってDMAICとよばれる。その目標は，プロセスの失敗の原因を取り除くことであり，Black Beltsとして知られる特別な訓練を受けた人材がシックスシグマ・プロセスの実践において中心的な役割を担う。Simon-Kucher & Partnersのプロジェクト事例を用いてこれらのステップを説明する。

　Zalaxy（仮名）という企業は，アメリカのFortune 500にランクインしており，9つの事業部門全体で毎年約70億ドルの収益を生み出している。売上に対する税引前利益率は8.4％である。同社は，技術集約的で競争が激しい市場において，数十年間にわたって成長を続けている。過去5年間，Zalaxyはその製造工程にシックスシグマを適用し，100人以上のBlack Beltsの訓練を受けた人材のチームを結成した。この企業は，シックスシグマに関する深いノウハウをプライシング・プロセスに適用したいと考えていた。

　そこで，12億5,000万ドルの売上を有する産業用部品部門で，パイロット・プロジェクトとしてシックスシグマの導入テストが行われた。シックスシグマによるプライシング・プロセスの再構築によって売上は7,500万ドル，利益は2,500万ドル増加した。また，売上高利益率も2％ポイント上昇した。この結果に基づき，この企業は「シックスシグマ・プライシング」プロジェクトの一環として1年間で18人のBlack Beltsの有資格者（1部門につき平均2人）を配置した。18人のBlack Belts有資格者は年間を通じてプライシング・プロセスの改善に専念することとなった。この18人は，まず価格マネジメントに関する一週間のセミナーを受講し，その後，各部門で3ヵ月間，既存のプライシング・プロセスを診断し，3ヵ月間で解決策を策定し，最後の6ヵ月間でそれらを実践した。その結果，Zalaxyの営業利益は最終的に1億4,000万ドル増加し，売上高利益率はさらに2％

ポイント改善された。これはシックスシグマ・プロセスを開始してから2年以内に実現している。

この手法は本来，製造工程のために着想されたものだったが，シックスシグマの適用は価格マネジメントに非常に明るい見通しをもたらした。しかし，シックスシグマがプライシング・プロセスにどの程度うまく適用できるかについては限界がある。制約の1つは情報である。製造工程と対照的に，プライシング・プロセスに関して利用可能な情報の範囲と品質は限られており，また正確性を欠いている（たとえば，顧客の真の支払意思額，競合のオファー内容，中間業者の行動）。外部の営業チームからのプライシングに関する質問には，時間的圧力があって，回答が妥当なものか十分に検討するだけの適切な時間もないまま対応されることがある。同様に，社内プライシング部門が営業担当者から受け取る情報をクロスチェックすることも難しい。営業担当者が意図的に実情を歪めて伝える可能性もある。多くの事例において，営業は顧客に価格をコミットした後に，承認を得ようとする。シックスシグマ・プロセスは，すべてのプライシングの問題を解決する万能薬ではない。しかし，価格原則の根本的な改善や大きな失敗の回避につながる可能性がある。

10.2.3.4　価格コンサルタント

専門化の高まりを受けて，価格分析をどの程度，組織内で行うべきか，もしくは外部の専門家に委託すべきか，という問いが生じるのはもっともなことである。多くの企業にとって，対応するノウハウを持った人材をフルタイムのスタッフとして雇うことは経済的に割に合わない。多くの企業において，重要な価格決定のみが，広範な分析への投資を正当化するということを心に留めるべきである。典型例は，新商品の導入，戦略的なポジショニングの変更，コストの大幅な変更，あるいは影響の大きい競合の反応である。そのような分析は定期的な市場調査よりも本源的に戦略的なものであり，外部のコンサルタントを利用する正当な理由となる。社内にありとあらゆるプライシング手法を保持することは，価格を頻繁に見直し，検討する必要のある取扱品目の多い企業にのみ意味がある。それ以外の場合はすべて，複雑な分析を要する場合は，専門的なサービス提供業者を採用すべきである。

今日では価格コンサルティングを専門的に扱う会社があるが，その実力には大きな差がある。AtkinとSkinner［7］は1976年に価格決定のために外部のコンサルタントを起用すべきではないと述べている。本書の著者の一人であるHermann Simonは1979年に初めて，自身を「価格コンサルタント」（price consultant）と称した。それ

以来の価格コンサルティングの発展は，参考文献において詳細に述べられている [11]。

プライシングを専門とするコンサルティング会社は世界に約2,000社あると推定される。これらの大多数は個人もしくは小規模の会社である。平均従業員数5名，従業員1人当たり平均収益を20万ドルと仮定すると，価格コンサルティングの世界市場は合計で約21億ドルとなり，過去10年間で3倍になっている。市場は今後も成長し続けていくと考えられる。価格コンサルティングにおける世界のマーケットリーダーはSimon-Kucher & Partnersである。2021年の売上は5.1億ドルであり，世界市場シェアの約15%を占めている。

価格コンサルタントのサービスは簡単なワークショップから数ヵ月にわたるプロジェクトまで幅広い。**表10.2**は建築資材産業のある企業に対し，一日かけて実施した価格マネジメントワークショップのプログラムである。このワークショップの準備には，内部の価格分析と簡単な顧客調査が含まれる。また，マネージャーや営業担当者とワークショップで扱うテーマに関して5回のディスカッションを

[表10.2] 価格マネジメントワークショップの例

9：00- 9：30	参加者自己紹介 参加者のゴールと期待の収集
9：30-10：45	価格改善余地 ● 利益ドライバーと価格変更効果についての議論 ● 価格と顧客の反応 ● 価格と競争 ● 選定された製品の詳細分析
10：45-11：00	休憩
11：00-12：30	価格差別化と革新的なプライシング手法：顧客ごとに差別化された価格を設定する ● 価格差別化の目標 ● セグメンテーション：コンセプトと解決策 ● 新しい価格差別化アプローチ
12：30-13：30	昼食
13：30-14：30	価格最適化手法 ● 最適な価格を決定するのに必要な情報 ● 価格決定ルールとガイドライン ● コンピュータの支援を受けた価格設定
14：30-15：40	価格意思決定と実践 ● 価格利害関係者，目標，対立の可能性 ● 価格決定権限の集権化と分散化 ● 価格設定活動組織
15：30-15：45	休憩
15：45-16：30	値引き政策，取引条件の最適化
16：00-17：00	結果の総括とto doリストの作成

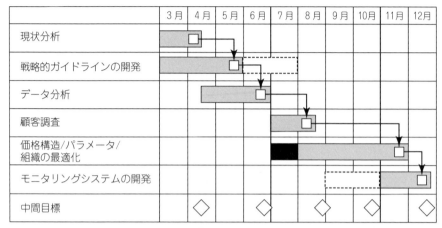

[図10.5] 価格コンサルティング・プロジェクトのスケジュール

行った。このワークショップの目標は15名のワークショップ参加者を現代的なプライシング手法に習熟させ、具体的なto doリストを策定することであった。

価格マネジメントのコンサルティング・プロジェクトは数カ月にわたることもありうる。**図10.5**はある銀行向けの価格コンサルティング・プロジェクトのスケジュールである。

このプロジェクトは現状分析から統制システムの開発まで、価格マネジメントのすべての側面について検討し、そのために10カ月の期間を要した。このプロジェクトでは大規模な顧客調査も実施した。

10.2.3.5　プライシング・ソフトウェア

価格マネジメントの高い複雑性やその根底にあるプロセスから、ほとんどの企業は価格マネジメントのために独自に構築したソリューションを適用している。それにもかかわらず、1980年代以降、幅広い標準的なプライシング・ソフトウェアが市場に出回っている。過去10年で、各業界に個別に対応するソフトウェア専門業者が登場するようになった。これらのソフトウェア提供業者のほとんどはアメリカの企業である。

市場は、価格最適化と価格マネジメントのためのソリューション（price optimization and management（POM））と「設定、価格、見積もり」（configure, price, quote（CPQ））のソリューションに分けられる。POMソリューションは、価格分析、価格設定、値引き、取引条件のシステムに関する機能を提供する。主に頻

繁に価格決定をする必要がある企業，取扱品目が広い企業，顧客数が多い企業において用いられる。CPQソリューションは販売において，多くの多様な品目から構成されるオファーのような，複雑なオファーを生成しプライシングするプロセスを自動化するために用いられる。

　プライシング・ソフトウェア市場は非常に細分化されており，ERPやCRMソリューションに見られるような形式の標準化はなされていない。POMソリューションの主要なベンダーにはPROS，Vendavo，Zilliantがある。また，アフターサービス市場に焦点を当てたNavetti，Syncron，Servigisticsもある。CPQソリューション市場はさらに細分化されている。SAP，Oracleといった大手ERPサプライヤーに加え，BigMachines，IBM Sterlingのような注目すべきベンダーも存在する。

　POMベンダーがカバーしていない分野の1つが小売である。小売では競争由来のプライシング，価格プロモーションの実践と評価が最優先課題となる。この分野では，ProfitLogic，KSS Retail，Upstream Commerce，Boomerang Commerceなど，オンライン小売業者向けのソリューションを提供する様々な専門ベンダーが存在する。銀行も同様で，Nomis，Earnixといった専門サプライヤーが存在する。

　POMベンダーの中には，航空会社向けのイールドマネジメント・ソフトウェアからスタートした企業もある。アメリカを拠点とした，1985年設立のPROSもその1つである。イールドマネジメントは今でもPROSの基盤の1つであり，ホテル，旅行，レンタカー，及びその他関連分野にシステムを拡張している。こうした分野でも同様に専門ベンダーが存在する。Sabre Airline Solutionsは航空業界で重要な役割を担っており，それぞれの航空会社の社内IT部門としても活動している。IDeaSとEasy RMSはホテルに焦点を当てている。これらの企業はオペレーションズ・リサーチとマネジメント・サイエンスの手法を活用しており，手法，技術ドリヴンで，ソフトウェア・コンポーネントも特許で保護している。PROSだけで，アメリカで9つの特許を取得し，本書執筆時点で27の特許を申請中である［12］。

　標準的なソリューションの重要な側面は，SAPあるいはOracleの包括的なERPシステムとの統合である。たとえば，SAPとプライシング・ソフトウェアベンダーのVendavoはマーケティングにおいて提携を結んでいる。最近では，SalesforceやMicrosoft Dynamics CRMのような顧客マネジメント（CRM）システムとの統合も見られる。これは特に，営業が直接利用できるCPQソリューションに適用される。

10.2.3.6　プライシングにおける機械学習

　人工知能（AI）はいつもメディアを賑わせている。AIの背後にある根本的な考えは，単純に，人間の専門家によって通常行われる分析と意思決定プロセスを自動化するシステムを開発することである。これを実現する1つの方法は，機械学習（machine learning（ML））を用いる方法であり，これは，観測されたデータ（特にヒストリカルデータ）に基づいた専門的知識を獲得して自ら「学習する」アルゴリズムの集合体である。

　機械学習は学術的に研究され，ビジネスにも幾度も適用されてきた。すでに確立しているAmazonのレコメンデーション・エンジンは古典的な事例である。アップセルやクロスセルのためのシステムは，もはや専門家によって継続的にプログラミングを繰り返される必要はない。消費者行動の分析によって自律的に更新されるからである。潜在的な応用領域として，プライシング，マーケティング，セールスなどの分野への適用が期待される。機械学習アルゴリズムは，例を挙げると，スコア改善の自動化，価格弾力性の計算，顧客選択の予測，支払意思額の推定，値引きの推奨，解約率の予測，特定の価格での取引成約可能性の評価，プロモーションの最適なターゲットの特定など，数多くの分野で利用できると考えられる。

　機械学習は一見すると期待できるが，企業がこの利用を検討する際には，以下の4つの大きな落とし穴に注意する必要がある。

- *適用可能性*：すべての問題が機械学習で解決できる訳ではない。機械学習機能はターゲットとなる変数を予測する，パターンを識別する，データ項目を分類する，関係性を発見するといった問題を解くことができる。しかし，機械学習機能が結論に到達するために必要な情報がデータとして観測されなければ，意味のあるアウトプットをもたらさない。この落とし穴は，根本的な状況が変化している場合に計量経済学的な手法を用いることに類似する。

- *専門知識*：すぐに使えるソフトウェアパッケージやクラウドサービスが続々と市場に登場するとしても，企業が集めた莫大なデータから最も良い洞察を引き出すには，依然としてデータサイエンティストが必要である。データ集計，外れ値の検出，データクレンジングに加え，人間の専門家は「特徴量エンジニアリング（feature engineering）」とよばれるきわめて重要な能力を発揮する。これは，機械学習に用いる変数を再結合し，再解釈するためにドメイン知識を使用することである。特徴がどのように解釈され機械学習に入力されるかがわずかに変化するだけで，モデルの予測値に大きな影響が生じ

ることがある。

- *データの利用可能性*：機械学習アルゴリズムを高度化するためには，必要なデータが利用できなければならない。プライシングに関連する問題を解決するためには，通常，取引レベルのデータが得られる必要がある。特殊な問題を解決するためには，必ずしも通常は収集していない追加的な情報が必要になることもある。たとえば，ある企業がB2Bの成約・非成約についての予測モデルを構築するのに，非成約時の価格情報がない場合，モデル構築などできるはずがない。その上，機械学習にはヒストリカルデータを利用することが多く，このことは次の2つの本質的な問題をはらんでいる。まず，学習したモデルは過去のミスを繰り返すだけで終わってしまうかもしれない。次に，戦略的視点から意味を持つが，データとして存在しない要因を説明できない。このような場合，実際には，追加的なルールやガードレールを適用して，望ましい結果を生成するようにモデルを調整することになる。

- *自動化されたプライシングの長期的な効果*：これは評価が難しい。顧客の支払意思額を見込んだ即時的なマージンの増加は，長期的に顧客ロイヤリティの低下や価格イメージへのネガティブな影響をもたらすだろうか。営業は機械学習機能により推奨された値引きを受け入れるだろうか。価格が安定している市場で頻繁に価格を変更した時に，顧客はどう反応するだろうか。ネガティブな副作用や長期的な反動を回避するために，徹底的にシステムをテストすること，システムによって最適化される1つか2つの重要なKPIを俯瞰する明確なモニタリングシステムを構築すること，手動での介入を可能にすること，機械学習による価格決定で長期的な損害を被ることを防ぐための自動的なセーフガード（例：価格変更幅の制限）を設定することが重要である。

　多くのプライシング・ソフトウェアベンダーはソリューションの一部として機械学習を提供している。ここでは2つのタイプの機械学習ベンダーを区別する。1つ目のタイプは機械学習に基づいたダイナミック・プライシングとプロモーションのソリューションを提供している。これらのベンダーは小売，eコマース，イールドマネジメントのような業界に焦点を当てているものが多い。例としてBoomerang Commerce，Blue Yonder，Smart Pricer，Perfect Priceなどが挙げられる。これらの企業はデータサイエンスサービスを提供し，カスタマイズされた機械学習モデルを構築する。2つ目のタイプは，B2Bを対象に，営業チーム向けの取引ごとの推奨価格を算出するための機械学習を提供するものである。例としてZilliant，PROS，Price f(X)がある。

アルゴリズムに関する透明性と機械学習が導く予測の質の程度は企業によって様々である。もちろん企業は，自社のプライシングモデルに合わせてカスタマイズした機械学習モデルを作ることができる。これにより企業はより高い統制と透明性を確保できるが，それを実践するにはより多くの専門知識と労力が必要となる。

10.2.4　CEOの役割

CEOの基本的な仕事は株主価値を維持，向上させることであり，本質的には，長期的な利益の最大化と同義である。価格は株主価値に対する非常に効果的なドライバーである（第2章参照）。したがって，価格とその実現に対する責任はトップマネジメントが負うべきであり，最終的にはCEOが負うべきものである。もちろん，大企業のトップがすべての価格を決定することはできない。企業によっては何十万もの価格を扱っているからである。同様にCEOはすべての価格交渉にサインすることはできないし，ましてや交渉に参加することもできない。価格マネジメントにおけるCEOの正しい役割とは何だろうか。

以下がCEOの仕事である。このリストはすべてを網羅しているわけではない [13]。

- 価格の重要性に対する認識を生み出すこと
- 明確な目標を設定すること
- 戦略と価格ポジショニングを確立すること
- 体系的なプライシング・プロセスを構築すること
- 価格競争を防ぐ文化を創造すること
- （可能な場合には）価格リーダーシップを確立すること
- 価格原則を策定すること
- IRにおいて価格を活用すること

近年，価格マネジメントの課題に対するCEOの関心と関与が非常に高まっている [14]。Simon-Kucher & PartnersのGlobal Pricing Study［8］では，回答者の82％が，トップマネジメントの価格関連事項への関与は近年高まっていると回答した。この割合は，国や産業によってわずかに異なる。しかし大事な点は，価格マネジメントにCEOが関与している企業は，15％のEBITDAベースでの平均利益率を達成している点である。一方，この数値はCEOの関与がない企業の場合は11％に過ぎない。またプライシング・パワーと値上げ成功率も高い。**表10.3**はこれらの分析結果をまとめたものである。

第10章　実践　◆429

[表10.3] CEOの関与と結果

主要な指標	CEO関与あり	CEO関与なし
EBITDA利益率	15%	11%
高価格決定力	35%	26%
価格引き上げの成功率	60%	53%

　全面的に，CEOの価格マネジメントへの関与は，経営上あるいは財務上，より好ましい結果をもたらすといえる。

　この分野の先駆者は1982年から2001年までGEのCEOを務めたJack Welchである。彼は，高位の役職で価格マネジメントを担う，いわゆる最高プライシング責任者（Chief Pricing Officer：CPO）を導入した。後任のJeffrey Immeltはこの構想を受け継いだ。Jeffrey Immeltは本書の著者の一人に，価格原則の重要性が非常に高まっており，事前に決めた価格目標が従前よりも多く達成できるようになったと述べた。CPOは指導と育成の役割も担っており，GEの営業は，より徹底的に価格交渉に向けた準備をするようになった。全体として，このプライシングに関する構想は期待を上回る成果を上げた。

　投資家Warren Buffettは「ビジネスを評価する際に最も重要な意思決定はプライシング・パワーである」と述べている。このことは，投資家とCEOの注目をさらに価格という話題に向けさせるようになった。Microsoftの元CEOであるSteve Ballmerはこの心情に同意し，次のように述べた。「この『価格』とよばれるものは本当に重要なものである。私は，多くの人々はまだ価格について徹底的に考えているとはいえないと思う。多くの企業が起業するが，その企業が成功するか失敗するかの差は，収益，価格，ビジネスモデルについて深く考え，金を稼ぐ方法を見出せたかという一点である。一般的に，そのことはあまり注目されていないように思う［15］」。

　このような価格に関する構想の一部として，CEOは自社の価格マネジメントについてより頻繁に発信するようになっている。発信の場としては，インタビュー，ロードショー，見本市，年次株主総会などである。同様に，経営トップが価格関連のコンサルティング・プロジェクトへの関心を示すことも増えている。価格の実現とそれに対応する文化の醸成に関する一貫したリーダーシップは，CEOが他に委ねることのできない仕事である。これまでに述べてきた具体的な仕事や話題に関する経営トップの様々な言葉を引用し，この点に光を当てることにする。これらの経営者はすべて，ある特徴を共有している。それは株式時価総額の高い企業を率いる（率いた）リーダーだということである。

以下に，著名企業のCEOの発言を記す。

目標，ポジショニング，市場シェア，攻撃的な価格行動の回避に関して

- 2006年から2015年までBMWのCEOを務めたNorbert Reithofer：「大きな値引きは『プレミアム』とは決していえない。それはブランドにとってもビジネスにとっても良いことではない。したがって我々は，どんなことをしてでもドイツにおける市場シェアを守る，ということはしないことに決めた。利益は販売数量よりも優先される。」
- 1992年から2009年までPorscheのCEOを務めたWendelin Wiedeking：「我々はブランドを守り，中古車の価格下落を防ぐため，価格を安定化させるポリシーを取っている。需要が落ち込んだ時は，生産量を減らし，価格を下げないようにする。」この言葉は，Porscheの戦略，ポジショニング，ブランドポリシーに沿ったものである。そして，価格マネジメントに関する明確なガイドとなる原則を組織全体に示している。Porscheはアメリカ市場などで，これらの原則に違反した責任者には，解雇という厳正な処分を行っている。
- TeslaのCEOであるElon Musk：「10年前に受注を開始して以来，価格交渉も値引きもしないという方針を守っていることが，きわめて重要なことである。これは我々の誠実さの基盤となっている [16]。」
- Maersk Line（コンテナ船の世界市場のリーダー）のCEOであるSoren Skou：「我々は，『市場成長を超えて成長する』から『市場と同じスピードで成長する』に方針を換えた。競合他社がこの目標に満足してくれることを望む。」
- 以下の引用には，市場を沈静化させ，より平和的な競争環境を創りたいという思いが表れている。「トヨタの奥田碩会長は記者団に対し，日本の自動車産業はデトロイトに『一息つくための時間と余裕』を与える必要があると語った。さらに業績と市場シェアの低迷を公表しているGMとFordに対する競争圧力を緩和するために，トヨタがアメリカで販売する車の価格を引き上げる可能性があることを示唆した。東京の自動車業界関係者の中には，奥田氏の発言は長期的な見通しの中で，緊張を緩和させるために先手を打った発言であると見る者もいる [17]。」

価格リーダーシップに関して

- Assa Abloy（施錠システムにおける世界市場のリーダー）の元CEOであるJohan Molin：「我々は間違いなくマーケット・リーダーである。マーケット・リーダーの役割は，価格を上昇させることである [18]。」

第10章　実践　◆431

プライシング・プロセスと価格原則に関して

- サニタリー技術の世界的リーダーであるGeberitの前CEO（2005〜2014年），現会長であるAlbert Baehny：「積極的な価格マネジメント，明確に定義されたプライシング・プロセス，明確な価格決定ルール，価格の実行と価格統制のための明確に定められた責任が備わるならばどこでも，マージンを大幅にかつ持続的に増加させることができる。プライシングが他に委ねられたり，最悪の場合，市場に委ねられたりすると，間違いなく月並みの結果に終わってしまう［19］。」
- 2001年から2017年までのGEのCEOを務めたJeffrey Immelt：「我々は，営業組織をしっかりとトレーニングし，営業組織は，より良いツールと測定尺度を備えている。我々は価格に対する規律を保つために策を講じている。少し前に，自社のプライシングを分析したところ，約50億ドルが自由裁量で決定されていることがわかった。営業担当者がこれを決めているので，価格がいくらになるかはゲームのようなものである。それは，それまでに聞いた中で最も驚くべき数字だった。コスト側では，そのようなことは絶対に許されない。我々が支払う価格に関しては，学び，計画し，行動している。しかし，我々が請求する価格については，あまりにも杜撰である［20］。」

　しかし，CEOが具体的な価格決定や進行中のプライシング・プロセスに介入し過ぎないように注意すべきである。実際には，CEOの行動が我々の推奨する範囲を超えてしまい，ネガティブな結果となる例は珍しくない。このことを示すいくつかの事例がある。ある大手物流サービス業者では，CEOが自社の重要顧客を訪問する習慣があった。訪問先のCEOは価格の話題を持ち出し，物流会社のCEOから追加的な価格譲歩を引き出そうとするのが常であった。このミーティングは何ヵ月にもわたる営業チームの努力を無にするもので，CEOがこのような親善訪問を止めると，企業の利益率は著しく改善された。一般的に，CEOやシニアマネージャーは価格交渉に関わらないほうが望ましいことがわかっている。

　ある有名な自動車メーカーのCEOが，企業の公式な目的である利益の達成と企業の実際の行動が大きくかけ離れていることを話してくれたことがある。この会社のシニアマネージャーはよく利益の重要性を強調していた。しかし，いざとなると，販売数量と市場シェアの目標が優先され，企業の利益率を悪化させる価格の譲歩が行われていた。

　日本の大手電機メーカーグループの利益率は長年にわたり低位水準だった。東京本社でのシニアマネージャーの会議では，利益率を望ましい水準まで引き上げ，

グループのブランドプレミアムを収益化するために，より高い価格設定を行う必要がある点において意見が一致した。その時，グループにおけるグローバルの最高マーケティング責任者が「もしそのようなことを行えば，市場シェアを失うだろう」と発言したことにより，即座にこの議論は終了せざるを得なかった。この日本の企業においては，市場シェアを失うことはタブーであり，そのような結果につながる戦略や戦術を実行することは問題外であった。この企業はその後数年間，損失を計上した後，新しいCEOはついに，これから「市場シェアの拡大ではなく高付加価値ビジネス」に焦点を当てると公表した。

Simon-Kucher & Partnersが，ある欧州の大手銀行向けプロジェクトを始める際に，CEOは「我々は利益を大幅に改善する必要がある。そのために価格最適化に着手するのだが，ただし，顧客を一人も失ってはならないという条件がある。もしも顧客を失うことが新聞社に明らかになれば，取締役会で問題になる」と述べた。組織のトップからのそのようなメッセージが発せられる中で，価格最適化戦略を実行することはきわめて困難となるのは明らかだ。価格最適化を行えば，その企業にとって採算性の低い顧客をある程度は失うことになるためである。確かに，我々は，CEOのジレンマをある程度は理解できる。この事例の本当の問題はむしろ取締役会にある。

シニアマネージャーはプライシングに関して一貫性をもって行動し，従業員に矛盾するシグナルを発しないことが非常に重要である。具体的な目標は，地域や市場セグメントによって異なるかもしれないが，目標は明確にかつ整合性をもって伝えられるだけでなく，そのコミュニケーションは継続的に行われるべきである。最後の点において重要なことは，価格マネジメントと企業文化の調整である。企業文化という言葉は企業の価値と目標体系を表しており，従業員はそれらを遂行すべき義務として捉えている。Dillerはこの概念を拡張し，「価格文化」とよんでいる [21]。価格関連の価値，目標，優先順位の意識が従業員の心に深く根ざしていなければならず，そうでなければ，矛盾した行動が繰り返し起きることになる。プレミアムでラグジュアリーな価格ポジショニングは低価格，超低価格のポジショニングとは異なる価値や競争力の基盤の上に築かれる。経営者はそれぞれに対応する優先事項を実現し，内部で継続的に伝える必要がある。そうすることで，組織に根づかせることができるようになる。

CEOと最高財務責任者（CFO）の重要な仕事は，投資家とのコミュニケーションである。それは，投資家説明会，定期の決算報告，自社の年次株主総会などを通じて行われる。このような投資家とのコミュニケーションにおいて，価格はほとんど役割を果たしてこなかったが，これは価格が株価や企業価値の決定要因と

第10章　実践　◆433

してきわめて重要であることに相反する。アナリストレポートに関しても同じことがいえる。既に示したWarren Buffettの言葉は，目指すべき新しい方向性を示したように思える。今日，シニアマネージャーが投資家やアナリストとコミュニケーションする際に，価格はより重要視されるようになっている [22]。

リーダーが注目すべきもう1つの側面は，組織におけるプライシングのインテリジェンスである。プライシングのインテリジェンスとは，プライシング・プロセスに関わる各人の知識水準のことである。プライシングに関連する相互関係性をどの程度理解しているか，プライシング手法をどの程度習得しているか，ということである。我々は価格インテリジェンスが低い事例を時折見かける。ほとんどの場合，トレーニングも教育も基本的な計算方法や*価格交渉戦術*に限定されている。多くの企業において，価格に関連するトレーニングと教育を大幅に強化することが急務である。

10.3　営業組織の役割

営業組織は価格の実践における中心的な役割を担う [23]。この節では，営業，営業チーム，営業員，営業部門，エクスターナル・セールスという言葉を同じ意味で用いる。多くの企業では，販売活動は取引先顧客のもとで行われるため，「エクスターナル」という言葉が主に欧州言語において存在する。同時に，多くの企業は内的な営業チーム（インサイド・セールス）を有し，取引に関与したり，価格の実現に影響を与えることがある。

B2B企業ではエクスターナルな営業を通じた販売が非常に多く，価格はほとんどのケースで交渉によって決まる。標準価格は社内部門が設定するが，最終的な販売価格（利益に影響する価格）は営業プロセスの結果である。標準価格と販売価格は大きくかけ離れたものとなることが多い。結果として生じる理想の価格と実際の価格の乖離は，市場の全体的な価格の下落によることもあるが，根本的な原因は営業組織の課題であるケースが多い [3]。

標準価格の実践は，2つの理由で失敗することがある。1つは，企業と営業の目標の違いに起因するものであり，営業が企業の利益ではなく個人的な利益のために価格決定権限を行使することにある。これは意思の問題である。この問題に対しては，企業は営業の決定権限を制限するか，営業の利益と企業の利益を一致させるように，営業に対するインセンティブを設計する必要がある [24]。2つ目は，営業が必要な知識や情報を持っていない，あるいは効果的に実践するためのトレーニングを受けていないことである。この場合，価格の実践は難しくなる

434

が，これは力量の問題である。企業はこれに対処するために，より良い情報システムを構築する，コミュニケーションを改善する，適切なトレーニングを実施するなどの対応をとる必要がある。

10.3.1 営業の価格決定権限

営業担当者と顧客の間で価格の交渉が行われる時，営業担当者が価格の決定権限を持っているのか，どの程度持っているのかが明確になっている必要がある [25]。実際には，ほとんどの場合，次の3つのパターンのうちのいずれかである。

- 営業担当者は，広範囲に及ぶ価格決定権限を持っている。場合によっては完全な価格決定権限を持っている。
- 営業担当者は，限定的な価格決定権限を持っている。つまり，定められた下限価格以上においては，担当者が単独で決定することができる。この下限を下回る価格においては，営業担当者はより上位の管理者の承認を得る必要がある。
- 営業担当者は，価格決定権限を全く持っていない。つまり，事前に定められた価格よりも低い価格を設定する場合には，より上位の管理者の承認を得る必要がある。

営業担当者への価格決定権限の委譲の問題については議論の余地がある。Kernはこのように述べている。「営業担当者に価格を決めさせることは，きつねに鶏小屋を守らせるようなものである（適任でない者に重要な役割を任せてしまうことを指す慣用句）[26]」。

10.3.1.1 定性的な議論

営業担当者への価格決定権限の委譲に関しては，その賛否について，多くの定性的な議論がなされている [26-29]。委譲に賛成する意見としては，以下のものがある。

- 営業担当者の地位が向上し，モチベーションが改善される。
- 営業担当者は，個々の顧客の支払意思額を評価できる最も良い地位にあるため，最適な価格差別化を実現することができる [27, 30]。
- 価格決定権限の委譲によって，営業担当者と本社の間の不必要なやり取りがなくなる。つまり，組織的な意思決定の遅れを回避し，柔軟性を高められる。営業担当者は特定の状況や市場の変化に迅速に対応できる。
- 多くの場合，商品と価格についての複雑な問題は交渉において同時に解決す

る必要がある。営業担当者が価格決定権限を持たず，都度本社の承認を得る
必要があるとなると，交渉プロセスは煩雑なものになる。

営業担当者への価格決定権限の委譲に反対する意見としては以下のものがある。

- 営業担当者は一般的に，契約を勝ち取りたいというモチベーションが強いあまり，価格交渉において黙従的になり過ぎる傾向がある。このことは営業インセンティブの金額が貢献マージンに基づいて決定される場合でさえ当てはまる。「取引を得るために，『安全策を取ろう』という誘惑が常にある [31]。」
- 価格決定権限の一元化は，営業担当者を心理的に安心させる。Zarthによれば，「ほとんどの営業担当者は価格の議論に対し恐れを抱いている [32]。」
- 価格決定権限を一元化することは，購買する側である顧客からの圧力を減らすこともできる。「古くからの購買の公理：営業担当者が価格を下げられるかどうかを確かめるべし。もし下げられるならば，下げるように要請すべし [28]。」
- 価格決定権限の一元化は，顧客間，顧客セグメント間での価格の矛盾が起きるリスクを下げる，あるいは回避することができる。
- 状況によっては，価格決定は，一元化されたチームのみが実行しうるような，複雑なコスト，キャパシティ，競合の分析が必要になる。

これらの賛成あるいは反対の議論は，一般的に適用可能なルールがないことを示している。最適な解決策は，個々の事象の状況によって変わる [33]。Krafftが示したように，営業担当者のモチベーションの構造は非常に複雑である [34]。そこで，これらの側面に，まず理論的な視点から光を当てる。

10.3.1.2　理論的議論

価格決定理論とプリンシパル・エージェント理論に基づくと，価格決定権限を完全に委譲することは，以下の場合に最適になる。

- 企業と営業担当者が利益を最大化するように行動する場合。
- 営業担当者が得るコミッション（歩合）が，貢献マージンに比例している場合。

コミッションレートがαの場合，企業の利益（貢献マージン）は次のように定義できる。

$$\pi = (1-\alpha)(pq-C) \qquad (10.1)$$

営業担当者は次式で表されるPのコミッションを受け取る。

$$P = \alpha(pq - C) \tag{10.2}$$

(10.2) 式の第二項が利益πとコミッションPの最大値を決め，これらの式は等しいので，企業と営業担当者は完全に目標が一致していることを意味している。営業担当者はシニアマネジメントよりもより適切に，取引相手の価格弾力性を推定できることが多いため，営業担当者に価格決定権限を完全に委譲することは理にかなっている [30]。Weinberg [35] はこのガイドラインが，営業担当者が所得の絶対額を最大化することを目指しておらず，所得の目標額を最短の所要時間で実現することを目指している場合に最適となることを示している。

対照的に，価格決定権限の委譲は，企業が売上に対してβのコミッションを支払う場合においては，最適ではない。この場合，企業の利益，正味のコミッションの総量は，

$$\pi = (1 - \beta)pq - C \tag{10.3}$$

そして，営業担当者は以下のコミッションを受け取る。

$$P = \beta pq \tag{10.4}$$

営業担当者は明らかに売上を最大化することに関心がある。しかし，限界費用が0ではないと仮定すると，企業にとって利益を最大化する価格は，売上を最大化する価格よりも高い。営業担当者に価格決定権限を委譲すると，企業の視点からすれば非常に低い価格になってしまう。企業が売上ベースのコミッションを採用する場合には，営業担当者に価格決定権限を委譲しないほうがよいだろう。

営業担当者が一貫して自分の売上を最大化したいと考えるという仮説が，どの程度現実にかなっているかを評価することは難しい。この仮説の妥当性は，我々が示した理論的考慮においてきわめて重要である。我々の経験では，営業担当者は，必ずしも売上を最大化することではなく，取引を成立させることに動機づけられている。

その他，多くの研究が，追加的な理論的洞察を与えている。Joseph [36] は，営業担当者が持つ顧客の支払意思額に関する詳細な情報のみならず，価格決定権限を持った営業担当者が*値引き*を取引を成立させるための*時間*と*労力*の代わりとして利用する事実を考慮している。議論に時間を割くよりも値引きしてしまうほうが手っ取り早い。このような2つの対立する力の正味の効果が，完全な価格決定権限（あるいは幾分か限定的な価格決定権限）の委譲を最善の価格戦略にする。Joseph [36] は，一般的に，価格決定権限を制限すると，営業担当者が投入する

第10章 実践 ◆437

必要のある労力の量が増大することを指摘している。結果として，営業担当者は，収益の高い顧客に集中することになるだろう。Bhardwajは，需要は営業担当者が費やす労力と提示する価格の関数であるという視点に立って，価格決定権限の委譲について調査した [37]。労力と価格の両方に影響を及ぼす競争状況の激しさが，いつ価格決定権限が営業担当者に委譲されるべきかを決める。価格に関する競争がより強いとき，価格決定権限の委譲は有効である。営業担当者の労力についての競争がより強い場合，価格決定権限の一元化はより良い選択肢となる [37, 38]。契約理論に基づいて，MishraとPrasad [27] は契約形式が最適である場合，一元化は少なくとも，価格決定権限の委譲と同程度に有効であることを示している [39]。その場合も，契約をまとめた営業担当者が誰であるかは，組織内で適切に認識される必要がある。

　要約すると，理論からは価格決定権の営業担当者への委譲に関して絶対的な結論は得られなかったといえる。ここで取り上げた研究はこの問題に関して賛成と反対の両方の議論を提示するものであった。したがって，実際の状況を注意深く検討し，適切な意思決定をする必要がある。いずれにせよ，貢献利益に比例したコミッションは，価格決定権限の委譲のための前提条件である。最近のほとんどの理論的研究は，営業担当者への価格決定権限の委譲に制限を設けることを支持する傾向にある。

10.3.1.3　実証的知見

　既存の実証的知見はこの傾向を示している。営業担当者が生み出した売上と結果として生じる貢献利益を比較すると，非常に大きな不均一性がよく見られる。**表10.4**はこのことを，ある公衆衛生技術企業の事例を用いて表したものである。

　33人の営業担当者は完全な価格決定権限を有しており，平均して810,775ドルの売上と11.1％の利益率を達成している。営業担当者（番号31）の利益率は29.8％で平均をはるかに上回っているが，288,499ドルの売上しか生み出していない。営業担当者（番号2）の利益率は最も低い（5.3％）が，売上は二番目に多い（178万ドル）。絶対値で見れば，両者の貢献利益はほぼ同じである（85,972ドル対94,193ドル）。売上と貢献利益の相関係数は−0.4であり，有意な負の相関がある。言い換えれば，利益は売上が増えるにつれ減少する傾向にある。このことは，最も大きな売上を獲得する営業担当者は「価格を安くすることで売り（sell on price）」，売上が相対的に低い営業担当者は「価値を訴求して売る（sell on value）」傾向にあることを示しており，利益志向と売上志向の違いを浮き彫りにしていた。この事例において，結論は明らかであった。営業担当者の価格決定権

[表10.4] 営業担当者別の売上と貢献利益：公衆衛生技術企業の事例

営業担当者	売上（＄）	貢献利益（％）	営業担当者	収入（＄）	貢献利益（％）
1	1,829,900	9.7	18	759,932	6.4
2	1,777,249	5.3	19	741,547	10.3
3	1,517,807	10.0	20	738,556	14.8
4	1,376,467	10.2	21	669,649	9.8
5	1,333,197	6.3	22	597,963	12.2
6	1,330,938	9.6	23	536,645	14.5
7	1,135,605	7.3	24	452,553	14.0
8	1,084,862	9.8	25	418,409	6.4
9	1,046,956	9.5	26	367,133	8.1
10	940,204	5.9	27	350,644	9.6
11	925,717	6.7	28	339,007	10.0
12	909,453	6.0	29	309,307	26.1
13	904,090	7.5	30	308,264	9.2
14	842,032	10.1	31	288,499	29.8
15	820,331	23.0	32	281,164	24.3
16	790,327	9.7	33	271,067	7.0
17	771,646	8.0	—	—	—
—	—	—	33名	810,775	11.1

限は削減され，インセンティブシステムは再構築されることとなった。また，「価格を下げて売る営業担当（price seller）」の中には「価値を訴求して売る営業担当（value seller）」に取って代わられた者もいた。

　Stephensonらは，営業担当者の価格決定権限と企業の成功の関係について調査した。調査対象は，病院に医薬品を販売していた108社である。Stephensonらは営業担当者への価格決定権限の委譲度合い（なし，限定，完全）に応じて企業を分類し，いくつかのパフォーマンス指標からそれぞれのカテゴリーを評価した。**表10.5**はその結果を示している [28]。

　「営業担当者1人当たりの売上」を除くすべてのパフォーマンス指標に関して，営業の価格決定権限の大きさと企業のパフォーマンスの間には負の関係性があった。限定的な価格決定権限は，営業担当者1人当たりの売上においてのみ最も高い値を示した。標本のすべての企業が，価格決定権限の委譲についての理論的な前提条件を満たすように，貢献利益に比例したコミッションを支払っていたことを考えると，この結果は驚くべきものである。我々は，これらの知見の根本的な

[表10.5] 営業担当者の価格決定の権限と企業の成功の関係性 [28]

営業担当者の価格決定の権限	企業数	標準化されたパフォーマンス指標				
		貢献利益		営業担当者1人当たりの売上	売上	利益率（％）
		営業コスト前	営業コスト後	－	－	－
なし	31	1.0570	1.0436	0.8697	1.3939	11.79
制限あり	52	0.9827	0.9978	1.2116	0.9905	10.49
制限なし	25	0.9434	0.9537	0.7591	0.5605	9.65

原因は，先に述べたとおり，価格決定権限委譲が進むほど，*営業担当者が価格を下げて取引を成立させようとすること*にあると考えている。この結果は，営業担当者は自身の所得を最大化させようとするという単純な仮説が，営業担当者の複雑なモチベーション構造を正しく表していないことを示している [34]。

Hansen, Joseph, and Krafftは，価格決定権限の委譲は営業担当者が持つ情報の効果や，営業担当者が行う値引きと労力の（企業視点では）非最適な代替によるものであることを，これまでに述べてきた理論的考察について実証的に確認した。彼らは，様々な産業の222社を対象とした調査で，値引きが時間や労力に取って代わるリスクが高い場合には，企業は価格決定権限を一元化する傾向にあることを確認した [40]。Stephensonら [28] が行ったように，価格決定権限に関して企業間で強い不均一性があることも確認された。B2Cに関するAlaviらの研究は，顧客視点で価格の重要性を正しく評価している営業担当者は，非常に低い値引率を提示していたことを示した [41]。Wiesekeらは別の研究において，顧客ロイヤリティが，小売価格交渉における値引きに及ぼす正の効果を示した [42]。顧客がロイヤリティの見返りを求めることや，顧客の交渉力を高めることにつながるためである。

またWiltingerは様々な環境要因が価格決定権限にもたらす影響を大手87社を対象として調査し，以下の場合に，営業に価格決定権限がより大きく委譲されることを明らかにした [43]。

- 顧客がその場で価格情報を得ることを期待している場合
- 個別顧客の財務的ウェイトが高い場合
- 営業担当者が顧客に関して深く知っている場合
- 営業担当者が自社の目標に強く共感している場合

営業担当者への価格決定権の委譲に関しては，理論的にも実証的にも根拠は得られておらず，特に注意が必要である。営業担当者への広範囲な，あるいは完全な価格決定権の委譲は推奨しない。限定的な価格決定権限の付与であっても，必要な場合に柔軟に対応するには十分である。

営業担当者の教育レベルは，価格決定権限の委譲に大きく影響を及ぼしていると見るべきである。ある価格決定の内部的，外部的な帰着をよりよく理解すればするほど，その企業はより容易に価格決定権限を営業担当者に委譲できる。Kernは，コンピュータ・シミュレーション・ゲームで営業担当者が集中的に訓練を受けたことで権限委譲が成功した事例を報告している [26]。

10.3.2　価格志向のインセンティブ・システム

営業担当者へのインセンティブは，企業の目標に沿ったプライシングを確実に実践させるために決定的な影響をもたらす。「目標に沿って」というのは，そのインセンティブの付与が，そのデザインから実際の設定まで，企業の戦略的目標と密接にかつ一貫性を持って行われていることを意味する。最もよくある実践の形態は売上に基づいたコミッション・プランである。すでに示したように，この売上に基づいたインセンティブの形態は，価格決定権限と組み合わせた場合には有効ではない。価格決定権限を与える場合は，インセンティブは利益あるいは貢献利益をベースで付与されるべきである。しかしこの場合のインセンティブの形態も実際にはいくつかの問題がある。第一に，利益や貢献利益のデータを営業担当者に開示することは，その情報が顧客の手にわたるリスクをはらむ。これは一般的に望ましいことではない。第二に，特定の顧客についての貢献利益に関する情報は売上データほど取りまとめることが容易ではない。これには相応の情報システムが必要になるが，必ずしもすべての企業がこれを持っている訳ではない。

これらの問題を避けるために，売上に基づくコミッションの不適切な効果を避け，貢献利益に基づくインセンティブ設定に近い効果を生む，実績あるシステムが存在する。**図10.6**は実践的な*販売価格に基づく「価格コミッション」*の利用を示したものである。ここでは，変動的な報酬は，依然，営業担当者が生み出す売上に基づいている。しかし，追加的な「価格コミッション」は，目標価格と実現価格を対比することにより，個々の営業担当者がどの程度の価格原則を遵守したかに対し，報いるものである。価格原則を守りつつ販売している営業担当者は，値引きを頻繁に行うことで売上を獲得し，名を馳せようとする営業担当者よりも多くの報酬を得ることになる。我々の経験からは，そのようなシステムは持続的な利益の改善を生み出している。

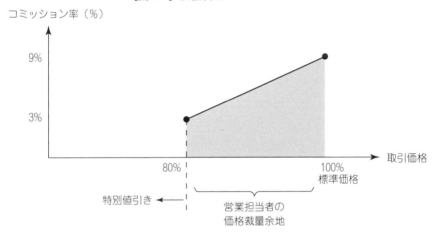

　図10.7の例は，同様に実際の貢献利益の開示を避ける別のインセンティブの形態を示している。この事例では，コミッション率は値引きの大きさに依存する。営業担当者は大きな値引きを提供するほど，コミッション率が低くなる（一方で，依然として売上ベースのインセンティブ設計である）。これは「アンチディスカウント（反値引き）・インセンティブ」とよばれる。インセンティブの効果を高めるために，追加的なインセンティブはリアルタイムで計算され，営業担当者のPCの画面に表示される。営業担当者は値引き率を引き上げた場合，たとえば5％から10％に上げた時に，どの程度インセンティブが変わるかを即座に見ることが

できる。このシステムは，この企業の利益に際立った効果をもたらした。2ヵ月の間に，顧客や販売数量を失うことなく，平均値引き率は16%から14%に低下した。これは2%の利益増加ポイントに換算され，価格を2%引き上げたことに等しい。

営業担当者に対するインセンティブ・システムは，以下の3つの基準を満たすべきである。

- 簡易性
- 公正性
- 平等性

簡易性は，そのシステムの維持コストを適正に保つこと，営業担当者がインセンティブの効果を理解することの確度を高める。公平性は，営業担当者が企業が望む行動をとった時に，実際に経済的報酬を受け取ることを意味する。平等性は，同等の水準のパフォーマンスが経済的にも同等に報われることを意味する。

たとえ企業がこれらの原則をきちんと履行し，貢献利益に基づくインセンティブ・システムを構築したとしても，企業と営業担当者の間で目標の対立が生じる可能性はある。そのリスクは，営業担当者が所得よりも自身の自由な時間を最大化することを目標としている場合や，営業担当者がきわめてリスク回避的に行動する場合には常に存在する［44, 45］。余暇を増やしたいと望む営業担当者は，より多くの自由時間を得るためにコミッション収入を犠牲にすることをいとわないだろう。すでに示した通り，価格決定権限を持たせると，営業担当者は精神的・心理的労力を下げ，より多くの自由時間を「買う」ために，価格を譲歩することができるようになる。この行動は企業の利益にはならない。その原因は，営業担当者が自身の効用関数において，より多くの所得を得ることよりも，精神的ストレスを下げることや自由時間により高い価値を置いているからである［46］。極端にリスクを回避する営業担当者も，企業の視点から見ると問題である。こういった営業担当者は取引を失うことを恐れて，顧客からの値引き要求に黙従的になる［45］。

10.3.2.1　目標による管理

この項では，ここまで述べてきたものと異なるアプローチを提案する。これは目標による管理（management by objectives；MBO）のコンセプトに基づいている。MBOは1950年代にPeter Druckerによって一般的なものとなったが，そのルーツはもっと古いものである。実際には，19世紀のプロイセン軍が導入した，

第10章　実践　◆443

いわゆる「ミッション志向の統制システム」にまでさかのぼることができる。そのほか，米軍が歴史的に用いてきた「プロセス志向の統制システム」がある。ミッション志向，あるいは目標による管理は，リーダーが実行者にミッションを与えるだけで，どのようにそのミッションを実行すべきかは指示しないことを意味する。一方で，プロセス志向は，事前に入念な分析を行い，実行者が正確に従うべき詳細なプロセスを決定するものである。SAP-COのような最も知られているプランニング・システムは，一通りの販売数量と価格の組み合わせ，つまり価格反応曲線のある1点のみを許容する。もしマネージャーと営業担当者がこの点に合意し，実践にコミットするならば，営業担当者に価格決定の権限はなく，決められた価格に従うこととなる。

　代替的なシステムは次のように構築できる。それを説明するために，**図1.2**に示した価格100ドル，販売数量100万単位，単位当たり変動費60ドル，固定費3,000万ドルという事例を再掲する。このベースシナリオは，1,000万ドルの利益を生み出す。目標による管理の精神に基づけば，経営者は少なくとも1,000万ドルの利益目標を設定し，その目標を達成するための手段は営業担当者に選択させることになる。**図6.2**は少なくとも1,000万ドルの利益を達成するために，営業担当者が有する価格と販売数量の選択肢を示している。たとえば，価格が80ドルの場合には，1,000万ドルの利益を達成するために，営業担当者は，**図1.2**のベースシナリオの2倍の200万個を売る必要がある。対照的に，価格が120ドルの場合には，ベース販売数量の3分の1まで販売数量を減らすことができる。営業担当者が目標の利益を上回ったり下回ったりした場合には，それに従ってインセンティブが与えられたり，ペナルティが課されることになる。このシステムの重要な利点は，価格を決める人物が顧客に最も近い人物であり，顧客の支払意思額を最も適切に評価できることである。同時に，企業と営業担当者の間で利益目標が合意されているため，営業担当者の行動が利益を毀損するリスクを低減することができる。MBOは，営業担当者に収益性の高い顧客に焦点を当てさせ，値下げを思いとどまらせる。このインセンティブ・システムは，営業担当者が経験豊富で，どの販売活動が最も有効かを知っていて，企業から大きな権限を与えられている場合に特に有効である［47］。

10.3.2.2　非金銭的インセンティブ

　金銭的インセンティブに加えて，非金銭的インセンティブは販売において顕著な役割を担っており，価格マネジメントにも利用できる［48］。販売コンペ，名誉賞，月間最優秀営業担当者，インセンティブ旅行，100％クラブ（目標を100％以上達

成した場合の表彰）などのコンセプトは多くの販売組織において通常取り入れられている。しかし，価格の実践に関しては，そのようなインセンティブは，たとえ興味深い方法があるにせよ，めったに採用されることはない。最高価格，最低値引き，最高貢献利益，さらには最も創造的なプライシングソリューションを表彰することもできるだろう。また，内部コミュニケーションは，非金銭的インセンティブを生み出し，強化することもある。営業チーム，営業責任者のミーティングあるいは会議で，市場価格の傾向，現在のプライシングの問題，必要な価格の引き上げ，価格戦略について議論することは一般的である。そのような機会は，よりよいプライシング政策にインセンティブや表彰を与える場として用いることができる。

Spiroらの研究は，非金銭的インセンティブは価格の実践に正の影響を与えることを示している［49］。ある医療技術企業は，新しいゼネラルマネージャーが，大きな値引きが行われた案件を明らかにする報告システムを導入したところ，価格が改善された。このゼネラルマネージャーは次のように述べている。「1年前にこの会社に来た時，値引きの承認条件として定められた最低価格で販売されたすべての取引を毎日プリントアウトさせた。最初の数ヵ月は，そのリストには数百もの取引があった。今では，プリントアウトされる取引は1日あたり10件程度になり，それらは通常，私自身が承認したものである。このような厳しい方針をとったにもかかわらず，我々は利益を大きく改善する中でほとんど顧客を失うことがなかった」。

どの営業担当者も「価格の敗者」，あるいは悪名高い「値引き屋」として見られたくないという事実は，価格を堅持する強い動機づけとなる。

ほとんどの企業は，*値引きと取引条件に関する*制度を持っている。これらの制度は，営業担当者が価格決定権限を制限されているか，あるいは有していない場合に決定的に重要な役割を担う。この取引制度の役割は，個々の顧客に適正な価格が提示されることを保証することである。営業担当者が値引きと取引条件について柔軟性を持って対応する権限を有している場合，*取引条件*は，サプライヤーと顧客の間で合意され，顧客ごとにカスタマイズされたものとなるのが一般的である。このケースではサプライヤーのパフォーマンスを顧客が評価し，十分なパフォーマンスを上げるサプライヤーは顧客との有利な条件での取引が可能となる。取引条件は通常，スポット取引の場合にも，継続的なビジネス関係がある取引の場合にも適用される。取引条件を設定することは，売り手の観点から，顧客を差別化して扱うことを意味するし，反対に顧客の側が取引条件の設定を売り手に要求することは，売り手を差別化して扱おうとする意思の表れと捉えることができる。

取引条件を設定することによって，売り手は2つの目標を達成できる。すなわち，（顧客によって異なる）支払意思を最大限引き出すことができることと，売

[図10.8] 条件と値引きの分類 [50, 51]

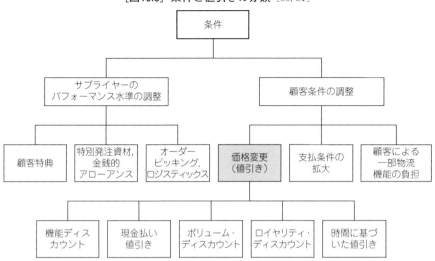

り手に利益をもたらす行動をとるように顧客を動機づけできることである。そのような顧客行動には，購入する商品・サービスの量や種類を増やす，発注リードタイムを長くする，発注頻度を少なくする，支払いサイトを短くする，といったものがある。

図10.8は取引条件と値引きを分類したものである。左側は，標準的な取引制度で規定される売り手が果たす役割を特定の顧客向けに変更したものである。これは売り手が，交換や返品のような特典を顧客に与えたり，物質的，金銭的なアローアンス（商品サンプル，広告費の補助など）を提供したり，あるいは，オーダーピッキングやロジスティクスといった機能を提供することを表している。右側は，標準的な取引条件が値引き，支払条件の拡大，（商品引き取りなどの）顧客が担うロジスティクス機能等によって，どの程度変更されうるかを示している。

価格を引き下げる方向で取引条件を変更するのが値引きである。値引きは一般的に，購買時あるいは請求時に提供される。したがって，値引きは*取引価格*，すなわち顧客が最終的に支払う実際の価格を決定するものであり，それが行われる根拠によって分類することができる。

- *機能値引き*は，特に中間業者などの顧客が，倉庫保管，商品の販促，コンサルティングなど，売り手に代わり果たす機能の対価として提供される値引きである。

- *現金値引き*は，あらかじめ設定された期間内に支払う顧客に適用される。
- *数量値引き*はある商品を一定量購入する顧客に与えられる。一般的に，購入数量が増えるほど，割引率は高くなる。リベートの形で提供されるものもあり，これは数量割引の特殊な形態である。それらは請求書上には示されず，一定期間の購入量の実績に基づき，さかのぼって提供される。
- *ロイヤリティ値引き*はある売り手から独占的に，あるいは商品・サービスの大部分を購入する顧客に提供される。
- *時間に基づく値引き*は，購買もしくは配送のタイミングによる値引きであり，事前値引き，季節値引き，紹介値引き，在庫処分値引きなどがある。

これらの一般的で頻繁に行われる値引きのほかに，数えきれないほどの種類の値引きがあると考えられる。Pechtl [52] は，約40種類の値引きと取引条件を特定している。メーカーは，流通業者や小売業者などの中間業者との取引において70種類以上の取引条件やリベートを用いることがある。実際には，値引きは値引き体系の枠組みの中で，複合的な形態で提供される。内部での透明性を維持するために，値引きの体系は大がかりな，あるいは複雑なものにすべきではない。複雑な値引き体系の必要性を判断する基準は，その企業が市場で競争する上で，特定の値引きが真に必要か否かである。企業が提供する多様な値引き幅は，合理的なプランニングの結果ではなく，長年にわたる値引きが蓄積された結果であり，往々にして「値引きジャングル」となってしまっている。

そのような「ジャングル」で典型的に起こっていることは，今となってはもはや果たされていない買い手の機能に対する，過去からの遺物としての継続的な値引きの提供である。一時的な値引き，特別な値引きであったはずのものが，売り手が長期的な関係性を築いている顧客への標準的な慣習として残ってしまう事例もある。こういったことが起こっている場合は，多くの企業が提供する値引きに対し，より厳格な「ペイ・フォー・パフォーマンス（相手のパフォーマンスに応じた値引き）」の原則を適用することにより，売上や利益の「漏れ」を塞ぐことが可能となる。

ほとんどの取引制度は独自の特徴を持っている。それは，なぜ，ある時点において，特定のガイドライン，例外事項，付帯事項が作られ，実行されたのかが，振り返ってみると社内の誰もわからないというものである。値引きの乱発と値引き水準の上昇は，顧客間で不信感を招き，売り手の価格の公平性に対する信頼が失われた不透明な取引制度をもたらす。小売業者は自身が販売する価格を設定する際，値引き水準に依存する形でこれを行うので，値引きの乱発や値引き水準の

上昇は，価格破壊や低利益を引き起こす。値引きや取引条件に伴う予算が数千万ドルから数億ドルに上ることは珍しいことではない。ある大手建材メーカーの取引条件として定めた値引きやリベートの金額は総売上の30％以上である。企業は利益を改善するためのコスト削減に，かなりの時間と費用を費やす。しかし，値引きや取引制度の体系的な最適化による潜在的利益を過少に見積もっている。ここで述べた建材メーカーの場合，平均値引き水準をわずか２％減少させただけで，利益は15％以上増加したが，これと同様の結果をもたらすには，価格と取引制度の包括的な見直しが必要になる。新しい取引制度がどのようなものであるべきかは，その企業が置かれた市場環境や戦略上の主要な目標によって変わる。ここで企業が，一貫性を有し，目標達成をなしうる取引制度を構築するための６つの方法を提案する。

10.3.2.3　値引きの制限による価格競争の抑制

　ある婦人服メーカーは，合理性を欠く大幅な値引きが行われた結果，小売業者間の激しい価格競争に見舞われた。これらの値引きは，小規模の小売業者に有利に働き，小規模の小売業者が大規模でより力を持った小売業者に価格で対抗する事態を招いていた。この事例では，値引き体系の再設計を行うことになったが，その目標は，小売業者により確かで，信頼できる値引きの算定基準を提供することであった。この企業は，個々の小売業者を不当に扱うことなく，厳格なパフォーマンス志向の基準に基づいて差別化された値引き体系を確立することによって，これを実現した。

10.3.2.4　攻撃的な競合他社に対抗するリベートの活用

　あるドアメーカーは２つの事業領域（倉庫向けとプロジェクト型）を有していたが，両方とも流通業者を通じて販売を行っていた。このメーカーがある攻撃的な競合ブランドの脅威にさらされた際，自社商品の優位性は，価格感度の高いプロジェクト型では脅威に対抗するに十分であったが，倉庫向けにおいては何らかの策を講じる必要があった。流通業者に対するインセンティブと圧力の適度なバランスを保つために，そのメーカーは，２つの構成要素からなるリベート体系を導入した。その構成要素は，倉庫向け製品の売上と全体売上（倉庫向けの売上とプロジェクト型の売上の合計）である。全体売上が多く倉庫向け製品に強い流通業者は完全にメーカーの目標に沿っており，最も高いリベートを獲得することになった。しかし，そのリベート体系は，全体売上が高く倉庫向け売上のシェアが低い流通業者に加え，全体売上が低く倉庫向け製品の売上シェアが高い流通業者

に対しても，強いインセンティブが働くものであった。

10.3.2.5 バリューリベートの活用による価格圧力の軽減

需要が低調な場合，市場における価格は圧力にさらされうる。流通業者と小売業者はとりうるあらゆる手段を用いて売上を生み出そうと，より手頃な代替商品を提供しようと努める。

「売上の質」を高めるために，メーカーはこれらの中間業者がより価値の高い商品を販売するようにインセンティブを設計する必要がある。ある自動車部品のトップメーカーは，市場の価格圧力に対抗するために，バリューボーナスとよばれるリベートを取引条件システムに取り入れた。このバリューボーナスは高価値商品の販売を促進するためのものである。

10.3.2.6 プロジェクト型取引条件の乱用の回避

大型プロジェクトは通常，その純然たる規模から，何らかの形での価格譲歩が必要になる。プロジェクト型ビジネスの根本的な問題として，その正確な定義と標準的なビジネスとの棲み分けがある。あまりにも曖昧で解釈の余地が大きいと，仲介業者は，制度を乱用して，プロジェクト型案件に適用される自身にとってより好ましい取引条件を，標準ビジネスにも適用する誘惑にかられることがある。たとえば，「今回の案件は，我々にとって最大規模のプロジェクトである」といった主張がなされ，プロジェクト型の有利な条件の適用を迫るようなケースである。実際に営業担当者はこういった仲介業者の主張を受け入れがちで，営業と仲介業者の間でそのような馴れ合いの取引が行われることは珍しいことではない。このような制度の乱用を排除するために，あるメーカーはプロジェクト型ビジネスに対する取引条件を再設計し，プロジェクト型案件に適用される追加のコミッションは，具体的で検証可能な結果を残したような場合にのみ提供されるようにした。

10.3.2.7 戦略的顧客との関係を深めるためのパートナー・コンセプトの活用

取引制度の再設計は，戦略的な顧客により焦点を当てたいという理由から行われることが多い。このような場合，より小規模の既存の流通業者は，新しい制度の下では，苦労して手に入れた特権を失い，状況が悪化することを恐れる。そのような流通業者の中には，売り手とのビジネスの関係性を断つと脅す業者もいるかもしれない。ある園芸用具のメーカーはまさしくこの状況に陥った。このメーカーは（収益，地域でのポジション，能力の観点から）戦略的により重要な流通

第10章　実践　◆449

業者を選定することを目指していた。その目的は以下のとおりであった。

- 戦略的に重要なビジネスパートナーに，より多くの報酬を与える
- 流通業者に，自身が行ったサービスに応じて適切に報いる
- 選ばれた流通業者と共同企画を立てる

　パートナーというコンセプトは，それが明確なガイドラインに従っていて，うまく機能している取引制度が骨抜きになることがない場合にのみ機能する。この事例では，メーカーはリベートの対象となる売上に関して，透明性の高い予算ガイドラインを構築した。

　取引制度の再設計は，メーカーの内部からの要請と取引パートナーとの実践上のニーズの両方に沿っている必要がある。そのために，コンセプト設計の段階でさえ，営業担当者を関与させることが重要になる。実際，営業担当者が取引相手のことを最もよく知っているため，営業の意見は非常に価値があることが多い。さらに，コンセプト開発には，特定の取引パートナーを選定し，これには営業も関与させるべきである。同時に，企業は顧客データを分析し，収益や取引条件に関してだけでなく，取引パートナーとの相互関係性を捉える必要がある。これらのデータは，新しい取引条件を設定した場合の効果についてのコンピュータ・シミュレーションの基盤として機能することになる。そのようなシミュレーションにおいては，再設計された取引条件下で，取引パートナーが「勝ち組（現状と比べて得になる）」になるのか「負け組（現状と比べ損をする）」になるのかを，あらかじめ識別できるようになる。このことは，個々の顧客を評価する尺度を開発し，「勝ち組」となる顧客に，自社が何を期待するのかを明確に伝えられるようにする上でも最も適した方法である。また，「負け組」に対しては，新たな取引制度下で，より良い取引条件の適用を受けるために取りうる選択肢や必要となる行動を示すことができる。取引パートナーとの密接な協力の下で，あらかじめ個々の評価尺度を明確にすることで，新たな取引制度が市場導入の際に受ける抵抗を最小限に抑えることができる。ただし，より難しい問題となるのは，中長期的に制度の統一性と一貫性を維持することである。企業が例外を認めたり，特別な値引きやリベートを与えたりすると，値引きジャングルの道に戻ってしまうリスクが生じるため，新しい取引制度についての企業内での集中的なトレーニングが必要である。これは，営業担当者が顧客に対し新たな取引制度内容や，その下で，各顧客がどのように自身の取引条件を改善しうるかを説得力を持って説明するための唯一の方法である。これができなければ，営業担当者は以前のようにま

た反射的に例外を認め，制度外での特別対応を行うようになってしまうだろう。

10.3.2.8　リスク共有

　風力発電技術のグローバル・リーダーであるEnerconは，新しい形態のリスクシェアに関する，成功例といえるプライシングモデルを導入した。Enercon Partner Concept（EPC）では，顧客はEnerconタービンの電力産出量に応じた価格で，メンテナンス，セキュリティサービス，修理について契約することができる。言い換えれば，Enerconは，顧客の創業リスクを風力発電所の運営者と共有することで軽減しているのである。顧客にとってこのオファーは非常に魅力的なものであり，90％以上の顧客がEPCで契約するまでに至っている。

　すべての想定されるリスクや保証と同様に，こういったプライシングモデルの提供者は潜在的なコストを考慮する必要がある。Enerconの事例では，製品の品質が優れているため，コストは管理可能である。ギヤ（故障の一番の原因）がないため，Enerconは97％の稼働率を顧客に保証できる。競合企業は通常90％以上の稼働率は保証しない。実際に，Enerconは99％の稼働率を達成しているため，97％の稼働率を保証するための追加コストはかからない。この事例は，メーカーと顧客間の最適なリスクシェアに関する理想的な事例であり，顧客の購入に対する抵抗感を大きく軽減できる。Enerconはまた，12年の契約期間の前半のサービス料金を半額にし，そのコストを自社で負担している。これは，風力発電所の設立で数年間，財務的な制約を受ける投資家にとってその負担がかなり緩和されることになり，歓迎されるものである。

10.4　価格コミュニケーション

　価格の心理学について取り上げた第5章では，価格マネジメントにおいて，いくつかのプロセス（知覚から嗜好形成の評価）が担う重要な役割について説明した。価格の効果はかなりの部分において，それがどのように表示されるか，伝えられるかに左右される。このことは，主に顧客と潜在的な顧客についていえることではあるが，価格コミュニケーションは競合他社や自社の社員にも向けられるものである。

　華々しい成功に終わった2012年のロンドン・オリンピックは，合理的な価格コミュニケーションがいかに価格マネジメントの本質的な要素になりうるかを示している。チケットプログラムの管理責任者であったPaul Williamson [53] は，価格を効果的な売上と利益のドライバーとして利用するだけでなく，強力かつ的を

絞ったコミュニケーション手段として利用した。価格の数字そのものが，追加説明が不要なメッセージとして設計されていた。チケットの最低標準価格は20.12ポンドで，最高標準価格は2,012ポンドであった。「2012」という数字がチケット価格に繰り返し現れることで，そのような価格がオリンピックのことを表していると，誰もがすぐにわかるようになっていた。

18歳未満のこども向けに特別な価格体系を導入したことも独創的だった。モットーは「年齢の分だけ支払ってください」というもので，たとえば6歳であれば6ポンド，16歳であれば16ポンド支払うものであった。また高齢者にも割引チケットが用意された。こうした方策のすべては，「ロンドン・オリンピックはみんなのものである」という主催者の主張が真実であることを示す上で，一役買った [54]。こうした価格構造は，きわめて肯定的な反響を生み，メディアは何千回もこのことを報じた。女王や首相でさえも「年齢の分だけ支払う」という方策を公に称賛した。こうした価格は効果的なコミュニケーション手段であっただけでなく，非常に公正なものとして認知された。

この価格体系のもう1つの重要な特徴は，値引きが全くなかったことである。ロンドン・オリンピックの価格マネジメントは，完売しない競技であってもこのポリシーをしっかりと貫いた。このことは価値に関する明確なシグナル（チケットとイベントにはその価格通りの価値がある）を送った。また，スポーツビジネスの世界では，魅力的な競技やイベントとそうでないものを1つのパッケージとして販売することはよくある手法だが，運営者はこういったバンドリングを行わないことも決めていた。

運営者は，コミュニケーションと販売の両方において，インターネットを大いに活用した。およそ99%のチケットはオンラインで販売された。巧妙な価格体系とコミュニケーション・キャンペーンによって，Williamsonと彼のチームは想定を75%上回る8億2,400万ドルのチケット売上を生み出した。これは，過去3回のオリンピック（北京，アテネ，シドニー）におけるチケット売上の合計額よりも大きなものであった。この事例は，強力な価格コミュニケーションの潜在的な力を明快に示している。

10.4.1 外部との価格コミュニケーション

価格は顧客に伝えられなければならない。ここで問題となるのは，価格そのものについての情報だけではなく，提供された製品やサービスを金額に見合う価値があるものだと感じるように，顧客の認知や評価に影響を与えることである。以下，価格コミュニケーションのために利用可能な手段と技術について説明していく。

有機栽培ダージリンティー市場のマーケットリーダーであるTeekampagneというドイツ企業は，合理的な外部との価格コミュニケーションがどの程度，効果的かを示す典型的な事例である。Teekampagneは，完全かつ一貫した価格透明性を確保し，財務諸表で300行を超える個別項目を明らかにし，販売価格の根拠を示した。1キロの紅茶の場合，商品のコストが16.94ユーロ，海外発送コストが0.23ユーロ，保険と税が1.30ユーロである。このリストでは，包装材，袋，ラベリングが1.31ユーロ，有機栽培の管理，認証が0.52ユーロ，事務コスト，データ処理に1.23ユーロ，などの項目が続く。Teekampagneは各項目を集計し，1キロ29.50ユーロという価格を算出している[55]。このリストは価格の内容について，信憑性のある説明をしたことになる。これによって販売価格の透明性を高め，顧客から理解を得ることができている。

10.4.1.1　価格リスト

最も基本的で頻繁に用いられる，価格コミュニケーションの媒体は価格表であり，いくつかの形態がある。グロス価格表は，最終消費者に対する価格を示すものである。小売業者，流通業者，その他の仲介業者はグロス価格から割り引かれた額で購入するが，この割引額は自身が果たした役割の対価として捉えることができる。固定価格契約が未だに認められている業界においては，中間業者はグロス価格（定価）を遵守する義務がある。ドイツでは，一般的に固定価格契約が禁じられているものの，このような例がいくつか存在する。例外となっているのは，処方薬，書籍，雑誌，たばこである。これら以外のすべての市場では，メーカーは最終消費者に価格を提案，推奨することのみ許され，推奨された価格には取引パートナーに対する拘束力はない。実際上，価格表における推奨価格は最終消費者に対する最高価格，あるいは上限価格として機能しており，この価格を消費者が知っている場合は，価格アンカーとなる。小売業者は通常，競争優位を確保するために，メーカー推奨価格よりも低い価格を設定する。しかし現実には，小売業者はここで述べたような自由価格モデルに沿わない行動をとることもよくある。特に強いブランドを有するメーカーは，抜け目なく，提案価格や推奨価格を守るように小売業者に圧力をかける。これは，ブランド力のある商品のメーカーの利益にかなう。なぜなら，統一された価格，少なくとも一貫性のある価格で販売されることは，強力なブランドにとっての重要な要素であるためだ。小売店における標準価格で販売を徹底することは困難を伴うため，特に高級ブランドメーカーは，価格を完全に統制できる独自の販売チャネルを構築することもある。Richemont，LVMH，Keringのような高級ブランドグループは，自身の店舗を通じて収益の

大部分を生み出している。

　ネット価格表（仕切価格表）には，メーカーがその商品を販売するときの価格が示されており，取引パートナーは，自身の販売価格を自由に設定できる。取引パートナーとの対立を避けるために，グロス価格からネット価格に切り替えるメーカーもある。その場合，メーカーはその商品のエンドユーザー販売価格に影響を及ぼすことをほぼ諦めることになる。もちろん，ネット価格に対する値引きもある。しかし，これらはそれ自体が取引パートナーの役割に対する対価とみなされることはなく，むしろ，数量割引，あるいは機能割引である。機能割引は，取引パートナーが請け負う特定の業務（自社負担での商品引き取りなど）を反映したものになる。

　さらにいえば，メーカーは価格表を顧客に公表するか，もしくは社内での参照目的のみとして使うかを考える必要がある。サプライヤーが価格表を公表する場合は，実質的な上限価格を定めることになる。たとえ顧客の支払意思額のほうが高くても，通常，サプライヤーは価格表よりも高い価格を設定することはしない。しかし，商品の希少性が高い場合には，このような上限価格を超えることもある。海外の特定の大都市ではラッシュアワーに標準価格（定価）でタクシーを拾うことは，不可能ではないものの難しい。ドライバーはより高い価格を提示し，儲けを増やすことができるような都市も存在し，この場合，価格は交渉次第である。これとは対照的に，社内のみで利用する価格表は，上下の両方に幅を持たせて価格設定できる。その場合，価格表は社員が価格を見積もるためのあくまでガイドラインとしての役割を担うことになり，特殊な事情がある場合は（たとえば，希少性が高い場合や顧客の支払意思額が高い場合），価格表の金額を超えた価格設定を完全に制限するものではない。価格の引き下げの余地についても同様である。価格表が公表されている場合にも，そこで規定された価格からさらに高い割引を与えることができない訳ではないが，その場合，企業は信頼を失う可能性がある。これに対し，もし顧客が標準価格表の存在に気づいていないならば，信頼性を損ねることなく，価格をより低くすることができる。つまり，社内用の価格表は公表された価格表よりも価格差別化のために利用できる可能性が高いことになる。したがって，価格透明性が低く，顧客の不均一性が高い市場においては，公表用の価格表よりも社内用の価格表を使用することを推奨する。

　伝統的に，標準価格は，社外で利用される場合，紙に印刷され顧客に配布されていた。品揃えが多く顧客も多い企業にとって，これは非常にコストのかかる業務である。そのため，企業は通常半年，あるいは年に1回程度，不定期に標準価格を調整する傾向にあった。しかし，インターネットが大きな変化を引き起こし

た。価格表が主にオンラインで公表されている場合，あるいはオンラインでのみ公表されている場合，価格変更のコストを大幅に削減できるのみならず，いつでも価格変更が可能になる。しかし，多くの業界では，未だに印刷された価格表と電子的な価格表が共存しているのが現状である。

10.4.1.2　価格関連広告

　企業のポジショニングは，商品，価格，コミュニケーションにおいて具体的な表現となって現れる。プレミアム商品のメーカーが，その広告において品質を訴求したスローガン（たとえば，Mieleの「Forever Better」，Mercedes-Benzの「The Best or Nothing」）を用いるように，価格によって競争優位性を保持する企業は，価格に関連したスローガンをコミュニケーションの前面に押し出す。このような価格訴求メッセージの反復は，企業の価格イメージに望ましい効果をもたらす。小売業者，特に安売り店では，価格広告を最も集中的に利用している。WalmartやALDIのようなチェーンは，価格に焦点を当てた新聞広告を出稿している。ファッション小売りチェーンのH&Mは「ベストプライスのファッションと品質」というスローガンで広告を行っている。価格イメージは，実際の価格を筆頭に，いくつかの要因によって決まる。しかし，価格広告もまた，価格イメージに強い影響を与える。このことは，客観的に見れば，必ずしも最安値で販売している訳でもないのに，特に好ましい価格イメージを確立することに成功した企業があることからもわかる。そのテクニックは，価格広告を持続的かつ集中的に活用することである。

- 企業が長期にわたり使用してきた価格関連広告のスローガンには，以下のような例がある。
  - ―「どこにも負けない価格（Unbeatable price）」（Best Buy）
  - ―「いつも低価格（Always low prices）」（Walmartの以前のキャッチコピー。現在は「節約してよりよい生活を（Save Money. Live Better）」）
  - ―「期待はより多く，支払いはより少なく（Expect More. Pay Less）」（Target）
- また，企業は特定の期間限定キャンペーンにおいて，価格関連広告のスローガンをよく利用し，以下のような例がある。
  - ―「この価格で，旅へ出よう（Bei diesen Preisen muss man reisen）」（1-2-Fly）
  - ―「大きなワインを，低価格で（Große Weine. Kleine Preise.）」（52weine.de）
  - ―「人々を幸せにする価格（Preise, die glücklich machen.）」（Galeria Kaufhof）
  - ―「より良くなるための，より良い価格（Gute Preise, Gute Besserung）」（Ra-

tiopharm）

　Save-A-Lot，Dollar Tree，Five Belowのような企業は，その社名においても好ましい価格イメージを表現している。同様にオンライン企業は，魅力的な価格イメージを伝えるために，その名前とURLを利用している（たとえば，cheap-prices.com，megacheaphardware.com.au）。また，価格コミュニケーションにおける用語やフレーズは，文字通り低価格の存在を訴えるものもある。たとえば，「価格破壊（prices slashed）」，「激安（dirt cheap）」，「安さでは負けない（we won't be undersold）」，「異常な低価格（insanely low prices）」といったものが挙げられる。

　こうした例は，価格に関連するスローガンの意味を伝えている。長い期間にわたり絶え間なく続けてきた広告の印象が，実際の価格と十分に一致している時に，このようなスローガンは企業の価格イメージを望ましい方向に効果的に誘導する。しかし，「安っぽい」イメージが，顧客の品質に対する知覚に影響を及ぼし始める一線を越えないように注意する必要がある。

10.4.1.3　価格保証

　価格コミュニケーションとして，あまり一般的ではないものに価格保証がある。これは，純粋なコミュニケーション手法の範疇を越えるものである。なぜなら，価格保証は，もし消費者が他の業者が同じ商品をより安い価格で販売していることに気づいたら，商品の返品を受け入れ払い戻しをするか，あるいは消費者に差額を支払うことを義務づけるものだからである。Best Buyは，これをコミュニケーション手法として活用している（「我々は価格に関して負けることはない。我々はオンラインと地域の主要競合他社の価格に対抗する」[56]）。Shellは，ヨーロッパにおける新規顧客カードを通じて，Shellの現在のガソリンの店頭価格は，同じ地域の他のガソリンスタンドの価格を2セントを超えて上回ることは絶対にないと保証している[57]。

　価格保証は強いメッセージを発信する。たとえ消費者が価格保証にメリットを見出していなくても，自分が支払う価格はお得であるという高水準の安心感を顧客にもたらす。売り手にとってのリスクは，競合が価格保証を売り手にダメージを与えるための方法として利用する可能性があるということである。しかし実際には，競合がそのように働きかける能力は限定的である。特に，もし売り手の品揃えのかなりの部分が商標などで守られたものであって，競合他社の在庫がない場合には，より限定的になる。価格保証は通常，価格水準が実際に低い企業に対

456

してのみ推奨される手法である。

10.4.1.4 価格変更のコミュニケーション

価格変更に関して，売り手の関心は非対称である。値下げには顧客に最大限気づいてもらいたい一方で，販売数量への負の影響を最小限にするために，値上げには気づかれないようにすべきである。この非対称性は価格コミュニケーションに関する重要な洞察をもたらす。

- 値下げを行う際には，利点を前面に押し出した集中的なコミュニケーションによって値下げをサポートすべきである。目標は価格弾力性（絶対値）を高めることである。
- 値上げを行う際には，商品の品質を強調するコミュニケーションを強化することで，負の影響を和らげることができる。目標は価格弾力性（絶対値）を低下させることである。

図10.9は，消費財ブランドを例に，これらの効果が実際に起きることを示して

[図10.9] 広告の価格への影響に関する実証的知見

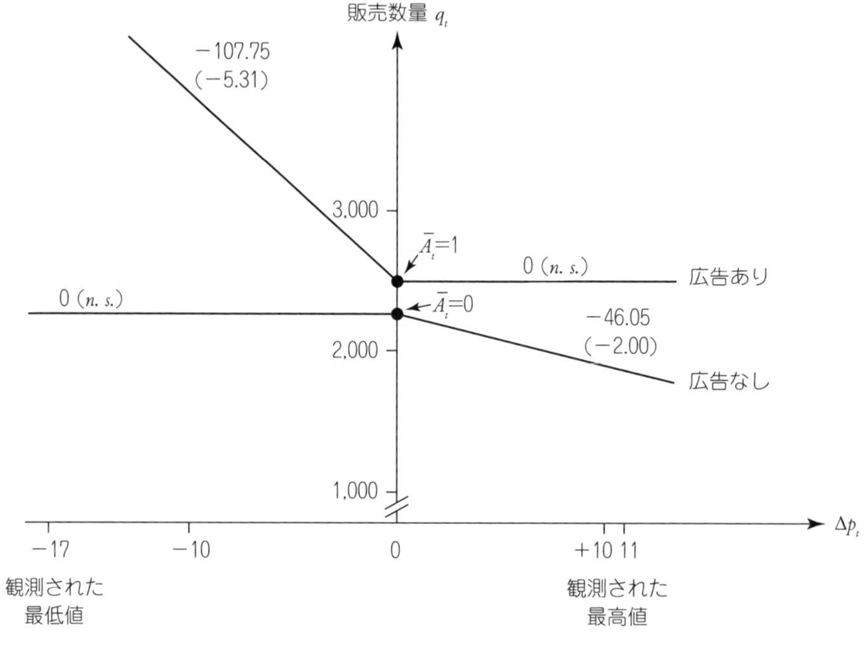

いる。

　この事例では，値下げを質の高い広告と併せて実施した場合，販売数量は大きく増加している。しかし，もし値下げが広告によりサポートされなければ，販売数量は十分に増加しない。逆に，広告のサポートなしでの値上げは，販売数量に強い負の影響を及ぼすことになるが，値上げに合わせて広告を出稿するならば，販売数量が著しく減少することはない[58]。こうした研究を踏まえると，値上げも値下げも，適切な広告によるサポートを必要とするという結論に至る。

　以下のALDIの価格コミュニケーション事例は示唆に富むものである。ドイツでは，酪農家のストライキの後，牛乳の調達価格が1リットル当たり0.10ユーロ上昇した。ALDIは新聞に全面広告を掲載し，「調達価格は0.10ユーロの上昇，小売価格はわずか0.07ユーロの上昇！　ALDIは調達価格の上昇分のすべてをお客様に転嫁している訳ではありません。私たちは調達価格の上昇分を自己負担することで，私たちの国の酪農家に対する責任も果たしているのです」と主張した。この手の広告が消費者に理解されるだろうかと不思議に思う方もいるのではないかと思われる。この事例では，消費者は0.10ユーロの価格引き上げを想定することになる。しかし，実際の値上げは0.07ユーロであるためプロスペクト理論の考え方に基づけば，消費者は0.03ユーロを「節約」できたことになる。同じような例として，賃金引き上げ分の70％のみを価格転嫁したことを告げるサービス・プロバイダーもいる。ただし，ここで利益最大化の観点からは，増加コストのすべてを転嫁することは最適ではなかったことを指摘しておきたい。もし線型の価格反応関数を仮定すれば，価格弾力性の水準とは関係なく，コスト増加分の約半分を価格転嫁すべきである（第6章参照）。つまり，ALDIによる0.07ユーロの最終消費価格の引き上げは，理論上の最適値からそれほど外れてはいないことになる。

　小売業においては，ディスプレイやポスターといった他のコミュニケーションツールが価格弾力性に強い影響を及ぼすことが確認されている。補完的な広告，店舗内での特別な配置，店舗内サイネージは，それらがない場合に比べ，値下げによる販売数量の増加効果を強める。**図10.10**はこのことを示している[59]。純粋な（コミュニケーションのサポートのない）値下げは，価格単位当たり0.6％ポイントの市場シェアの上昇につながった。もし値下げと同時に広告を出稿した場合，市場シェアの上昇幅は価格単位当たり2.5％ポイントに改善する。値下げと同時にディスプレイを設置した場合は，市場シェアの上昇は2.6％ポイントとなり，広告の場合とほぼ同じ大きさである。もし企業が2つの手法を組み合わせるならば，値下げ1単位当たり市場シェアは4.7％ポイント上昇する。言い換えれば，ディスプレイと広告を組み合わせた場合の値下げの効果は，純粋な値下げ

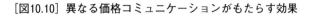

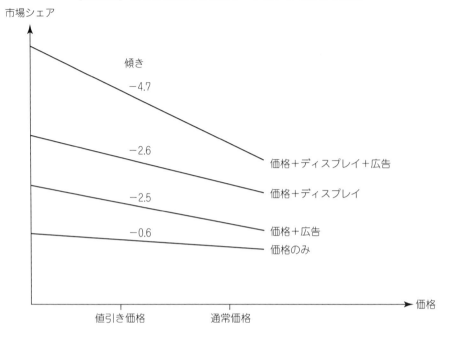

[図10.10] 異なる価格コミュニケーションがもたらす効果

のみの効果の8倍となる。

　別の研究は、認知とコミュニケーションがどれほど重要かを示している。たとえ、実際に値下げをしなくても、単に割り引かれたような価格を示すだけで販売数量を刺激することができる。この手口は珍しいものではないようだが、時間が経つにつれて、小売業者の割引きポリシーに対する消費者の信用を損ねる可能性があることに注意すべきである。

　値上げをする場合には、企業はいくつかの手段を用いて、値上げに対する認識を弱め、販売数量への負の影響を低減することが可能になる。

- 選好を強めるための広告：値上げに合わせて、品質を強調する広告を出稿する。通常、新聞社と保険会社は値上げの公表の際、いつもこの戦術を用いている。
- 値上げを隠す：顧客が価格の変更に気づかないことを望みながら、「ステルスで（ひっそりと）」値上げを行う。この戦術は、顧客がめったに購入しない、あるいは価格をよく知らない商品の場合に有効に機能する。それ以外の場合

には，企業イメージを毀損し，顧客の信頼を失うリスクがある。

- パッケージサイズの縮小：この値上げの代替施策は，企業が価格の閾値超過を避けたい場合や，自動販売機のように，端数を落とした価格にしなければならない場合に有効な手法である。この戦術は，使用単位が消費者，あるいは状況ごとに異なる商品（例：アイスクリーム，ペーパータオル，シリアル）や，明確な標準使用量が定まっていない商品（例：フルーツジュース）では一般的である。たばこでさえ，1箱の価格を一定に保つために，時折1箱当たりの本数を調整することがある。2015年，Heinzは，パッケージサイズを9オンスから8オンスに減らすことによって，イエローマスタードを実質的に値上げした。2016年，Mondelezは，イギリスのチョコレートバーToblerone の形状変更を決定した。三角形のパッケージの「頂点」間の隙間を長くすることにしたのだ。この形状の変更によって，チョコレートバーは170グラムから150グラムにスリム化したが，希望小売価格は据え置かれた。Mondelezは「為替でのスイスフラン高によるスイスでの製造コストの上昇と，原材料費の高騰［60］」を理由として，この行動を正当化しようとした。また，2015年，ドイツの冷凍食品メーカーのIgloは，一部の商品でパッケージサイズを小さくすることにより，実質40％以上の値上げに成功している［61］。

- ヨーロッパのドラッグストアの事例は，メーカーがパッケージサイズを小さくする際，小売業界は必ずしも協力的ではないことを示している。このドラッグストアチェーンは，Colgate - Palmolive がチューブ入りの歯磨き粉の量を減らしたにもかかわらず価格を据え置いた事実についての注意書きを掲示した。伝統的に，小売業者は顧客にこのようなステルス，あるいは隠れた価格変更について周知しないため，これは注目に値する事例であった。

- 2016年，Danoneの一部門であり水のグローバルトップブランドであるEvianは，ドイツにおいて，1.5リットルから1.25リットルに容量を減らすと同時に値上げを行った。Evianはドイツで最も権威ある国内紙によって「2016年の虚偽的パッケージ」に選ばれた［62］。

- 評判と信用を改善する：ある企業が値上げを行うとき，その企業がきわめて優れた評判と強固な信頼を築いているならば，通常顧客はその企業に否定的な感情を持つことはない。もし企業がこのような高いレベルの信用を築き，維持することに注力してきたならば，値上げをトリガーとする顧客の否定的な認識は緩和しうるが［63］，それでもなお，企業はその信用に胡坐をかくべきではない。

10.4.1.5　価格構造とコミュニケーション

多元で複雑な価格構造は，消費者の理解と価格の及ぼす効果に強い影響を与える。これは価格コミュニケーションの課題と同時に，価格コミュニケーションの機会も創出する。このことは，多元，非線型の価格構造にも当てはまるのと同様に，価格バンドリングや類似した価格構造にも当てはまる。複雑さがある水準に達すると，顧客が価格について信頼できる評価を行う唯一の方法は，より複雑な計算（たとえば，BahnCardの損益分岐点，投資利益率，ライフサイクルコストなど）を行うことである。

価格の表示方法（総額表示と価格の構成要素別の詳細表示）が価格の知覚に大きな影響を及ぼすことは，これまでに幾度も実証されてきており，旅行代理店でのクルーズ予約などの事例がある。旅行代理店では，1,500ドルという一元の価格提示に替えて，多元の価格提示（たとえば，1,350ドルの旅行代金と港湾使用料としての150ドルのサーチャージ）を行う。このような例は，ローコスト・キャリアでもよく見られ，航空券そのものの代金より，様々なサーチャージの合計額の方が高くなることもある [64]。顧客はこのような多元価格表示を（たとえ合計金額が同じであっても）より手頃とみなし，それによって需要が高まることがある。このような効果に対抗する形で，欧州裁判所は，顧客がオンラインで予約する場合には，最終（合計）価格が最初に表示されなければならないとしている [65]。

XiaとMonroe [66] は，多元価格の効果はU字型で表現されることを確認した。価格構成要素の数が増えるにつれて，顧客はそのオファーをより好ましいものとみなす。しかし，価格パラメータの数が一定数を超えると，顧客はそのオファーが割高なものであるとみなし始めるようになる。価格構成要素が2つから4つの製品もしくはサービスの場合，多元プライシングを用いることにより，オファーはより安価なものとみなされる可能性が高い。価格構成要素がその水準を超えると，顧客は価格構造があまりにも複雑であると知覚し，価格透明性を欠くことで，顧客にとって価格構造が魅力的ではなくなる。したがって，価格構成要素の数については，注意深く考えるべきである。最適な数について一般的なルールはなく，商品によって異なる。携帯電話料金プランの価格構成要素の数は，個々にプライシングされたオプションが幅広く存在する自動車の価格構成要素の数よりもはるかに少ない。価格構成要素の数はまた，競合商品との差別化にも活かすことができる。もしすべての売り手が多元の複雑な価格構造を活用しているのであれば，一元プライシングは，差別化を図る有効な価格形態になりうる。携帯電話事業者やインターネットサービスプロバイダーは，たとえば定額制や，トリプルプレイ

バンドリング（データ通信，音声通話，テレビ受信のセット）のようなアプローチを活用している。

　多元価格の重要な側面は，価格構成要素の相対的なウェイトづけである。実際には，２つの典型的なパターンが見られる。１つは，特定の価格要素が全体価格の75％以上を占めるものである。もう１つは，同程度のウェイトの価格構成要素をいくつか含むものである。前者の事例では，大きなウェイトを担う価格構成要素がベース価格とされ，クルーズの例における旅行代金のように，その商品もしくはサービスの最も基本的な部分である。この価格に，港湾使用料のようなサーチャージ，あるいは価格が付加される。実証研究から，ベース価格の存在がアンカリング効果を持つことが示されている。言い換えれば，顧客はベース価格を評価し，より重要度が低い価格構成要素を考慮するときに，当初の印象を修正する[67]。したがって，ベース価格は顧客があるオファーの価値を評価する際に重要な役割を担う。つまり，顧客はベース価格の評価をした後でのみ，その他の価格構成要素を考慮するのである。前の例では，顧客が150ドルの港湾使用料を高すぎると知覚する場合にのみ，それが全体の印象に影響を与える。たとえば，最初の全体の評価が「非常に安い」というものであれば，単純に「安い」に変化する。こうした連続的な評価プロセスは，ベース価格に不均一なほど大きなウェイトを置いている。そのような状況下では，ベース価格は極力低く設定し，ベース価格の安さに焦点を当てたコミュニケーションを行うことが効果的である。

　顧客がいくつかの価格パラメータを重要視するときに推奨される別のコミュニケーション形態がある。一括払いとリカーリングの毎月払いがある自動車のリース契約は，この形態に分類される。この事例では，価格構成要素は顧客の評価に連続的に取り入れられるのではなく，並行的に考慮される。カーリースに関して，HerrmannとWricke [68] は毎月払いと一括払い，契約の長さ・期間の影響を調査した。毎月払いは，一括払いよりも全体評価に強い影響をもたらした。著者によれば，顧客は毎月払いを月々の収入の文脈で捉えており，可処分所得が一定割合減少するものと考えているためとされる。一方で，一括払いは，月々の購買力を直接低下させない，一時的な支出とみなされている。こうした見解は，プロスペクト理論，特にメンタル・アカウンティング（第５章参照）に沿って予想される結果と合致している。したがって，リース会社は月々の料金を低く設定し，それを積極的にコミュニケーションすべきである。一括払いはより高く設定し，コミュニケーション上は目立たない形で触れられる必要がある。

　価格バンドリングとそれに関連するコミュニケーションも，そうした機会をもたらすものである。いくつか，あるいは多数の構成要素からなる商品は，個々の

構成要素と価格についてのコミュニケーションに関する限界を押し広げるものである [69]。対照的に，バンドリングによる魅力的な価格は，ターゲットを絞った手法で広告される。古典的な事例は自動車のオプションで，そこには何十もの構成要素が含まれる。しかし，バンドリングあるいは特別パッケージ（スポーツ，コンフォート，セーフティなど）にグループ分けすると，バンドル価格を個々の価格と比べた場合のメリットの大きさを強調することで，それぞれのターゲットグループに効果的に訴求することができる。McDonald'sのセットメニューに代表される，レストランの特別メニューやセットも同様に機能する。多くのソフトウェアパッケージもまた，同じである。バンドリングの性質を生かした利益の獲得（第7章参照）は，バンドリングとその価格についての効果的なコミュニケーションを通じて，大きく強化することが可能である。

　多くの国では，価格コミュニケーションの許容範囲を定義し，規制する法律が存在する。これらの規制の背後には，消費者が商品やサービスに支払う価格に対する誠実性と明瞭性を担保するという考え方がある [70]。これはたとえば，透明性（顧客が商品と提示価格を明確に比較できるということ）に依存する。アメリカの連邦取引委員会は欺瞞的な広告慣行を定義する広範なガイドラインを示している。ここには，価格コミュニケーションにおける「大量販売」「無料」「限定」といった言葉の使用や，実際には通常価格で販売されている商品が安売りされているかのような印象を与える行為などが含まれる [71]。小売業者に対する総額と単価の両方の表示義務は，国によって異なる。ガイドラインは，特に割引価格と参照価格の比較に関するものであるが，参照価格は通常より高く，メーカーの推奨価格や，以前の提示価格，競合商品の価格などに基づいて設定されうる。多くの国（アメリカやドイツなど）では，実勢価格がお買い得であるかのような印象を与えるために，人為的に参照価格を吊り上げることを明示的に禁止している。

10.4.1.6　支払い条件

　支払い条件は，一義的にはコミュニケーション手段ではないが，知覚に関連するため，コミュケーションの要素を有する。たとえば，分割払いの価格は，その価格と総額が同額である一括払いの価格とは異なる受け止め方をされる。リース料金についても同様である。財務会計上の扱いは同じであったとしても，異なる効果が生じる。このことは，価格の設計とコミュニケーションに興味深い機会をもたらす。自動車業界は，かなり以前からこの効果を認識しており，数えきれないほどのローンや，リースの選択肢を提供している。自動車会社は，自動車をローンなどで購入する顧客はより多くのオプションを注文することを知っている。

たとえば，ある自動車用エアコンは，前払いの場合は1,200ドルだが，リースの場合は月20ドルしかかからないとしよう。その場合，リース顧客は，前払いの顧客よりもエアコンを購入する可能性が高いと考えられるだろう。コミュニケーションの観点からは，20ドルのほうが1,200ドルよりもずっと得な取引のように見せることができる。

　第5章で触れたように，支払いフローのタイミングや設計によって追加的な効果が生じる。あるフィットネスセンターでは，年初に年会費を一括払いする顧客は，時間が経つにつれ施設の利用頻度が低くなり，月払いの顧客より更新率が明らかに低い。したがって，運営会社は月払いプランを勧めるべきであろう。自動車リースの事例と異なり，ここでは（低い）価格水準ではなく，月払いプランが顧客ロイヤリティに及ぼす効果に着目すべきである。

　消費者行動と価格コミュニケーションに関する別の効果は，支払い時点と実際の消費の時点のギャップである。GourvilleとSoman [72] は演劇のチケットの購買に関してこの現象を示した。2人の人物が公演のチケットを持っている。人物Aはかなり前にチケットを購入していたが，人物Bは講演前日に購入したとする。公演当日，悪天候により劇場に行くのが非常に嫌になったとしよう。Bは直前にチケットを購入したため，悪天候にもかかわらず公演を観に行こうとする強い動機を持つ。それに対し，Aはチケットを数週間前に購入しているため，チケットを使用しないことによる負のインパクトはずっと小さく知覚される。この効果は"支払い効果の減少（Payment depreciation）"とよばれる。

　企業はいくつかの方法により支払い効果の減少を応用できる。適切なコミュニケーションと追加的な価格インセンティブ（早期予約割引，前売価格など）によって，支払時期に影響を与えることが可能である。消費財メーカーは，パッケージサイズの大きな商品を提供することで，支払いから使い切るまでのタイムラグを開き，消費者が知覚する"支払いに伴う痛み（Price sacrifice）"を軽減できる。パッケージのサイズが大きくなると，消費量が増加するという追加的な効果もある [73，74]。消費よりもずっと後に支払いが行われる場合には，逆の効果が生じる。その場合，消費の知覚価値は時間が経つにつれ減少し，支払いに伴う痛みに対する負の知覚がより強まる。サービス企業の請求書が実際のサービス提供からだいぶ後に送付されるような例がある。サービス提供者は請求書の送付が遅れないようにすべきであり，遅れる場合は，少なくとも負の効果を緩和させる何らかのコミュニケーションを図る必要がある。

　したがって，支払いを引き延ばすことの効果と知覚価値の効果は相殺されるものである。支払いの引き延ばしは，時間単位当たりの支払い金額を減少させる。

このことは，企業が新規の顧客セグメントを誘い込む場合に役立つ。しかし，支払いが先送りになり，消費時期よりも後になることもある。これは価値の知覚と支払いに伴う痛みの観点からは，好ましいことではなく，特にリピート購買の可能性を低下させる。

　支払い時期に関連するもう1つの側面は，時間単位での価格の設計とコミュニケーションである。Salesforce.comは月額価格を提示しているが，顧客は年額料金を支払っている。Gourville［75］は，コストを月額よりも日額で表示することを推奨しているが，そうすることで，提示価格が顧客にとってよりお買い得であるように見えるためである。「一日たった40ドルでPorscheに乗ろう」というメッセージは，1ヵ月あたり1,200ドルというメッセージよりもより得であるように見える。逆のことが，節約に関するコミュニケーションに当てはまる。年間3,650ドルの節約になるという表現は，1日当たり10ドルの節約になるという表現よりも印象的である。これらの比較は，2つの支払い金額が客観的，数学的に同一であっても，支払い方法とそれに伴うコミュニケーションが消費者の知覚や行動に強い影響を与えうることを示している。

10.4.2　内部への価格コミュニケーション

　外部への価格コミュニケーションに加えて，内部への価格コミュニケーションにも細心の注意が必要である。企業は，営業担当者がいつでも最新の価格情報を確認できるようにすべきである。しかし，このような一見些細に見える要件を満たすことは，取扱品目が多く頻繁な価格変更が行われる企業においては容易ではない。以前は，価格リストを印刷し配布する必要があった。現在では，オンラインで価格情報にアクセスできるようにするのが一般的である。このようなシステムは，営業担当者への価格以外の情報（貢献利益，変動報酬，営業支援のオンラインツールなど）の伝達にも使われる。Professional Pricing Societyの調査では，36％の企業が，リアルタイムで決定され伝達される取引の実際の収益性は価格の実践において最も重要な情報の1つであると回答している。回答者の約半数（42％）は，価格マネジメントソフトウェアを使うことによって，営業担当者のプライシングに関する規律ある行動が改善されると考えている［76］。

　企業は，営業担当者に，価格の決定方法や価格変更の理由を伝えるべきである。そうした情報は営業担当者を動機づけ，顧客に対して販売上の説明を行うのに必要な材料を提供することになる。しかしこの観点では，多くの企業におけるコミュニケーションと情報開示は不十分といわざるを得ない。営業担当者は，価格の決定方法，プライシングにおける各要素の役割，背景にあるプライシング・プ

ロセスについて，必ずしもそのすべてを知らされている訳ではない。こうした情報を欠くことにより，営業担当者によるコミュニケーションや価格の議論が不十分なものになる可能性がある。

　価格や価格変更のコミュニケーションを容易にするために，企業は営業担当者にコミュニケーションのガイドラインを示すことができる。これらのガイドラインは，個々の競合商品および市場全体との比較のみならず，価格と価値の観点での商品の優位性もカバーしている。たとえば，プレミアム商品のサプライヤーであれば，販売交渉を価値の議論に向けることで，価格の議論を避けることに役立つ。また低価格商品のサプライヤーであれば，自社の顧客にとって好ましい価格ポジションを伝えるだけでなく，買い手に認められる商品品質の提供能力を訴求できるかどうかも確認すべきである。

　現代の価格システムはますます複雑になっている。情報技術は複雑性を幾分軽減してくれるが，それでも営業担当者には重い負担が残り，結果として，より多くのコミュニケーションとそのためのトレーニングが必要になる。営業担当者はこの複雑性に対処できなければなららず，そうでなければ，価格に関する内部の混乱を招くことになる。あるロジスティック企業で覆面調査を行ったところ，同一のサービスに対して6つの異なる価格が提示された。ITのサポートはあったが，営業担当者はこの複雑な状況に適切に対処することはできていなかった。営業担当者は価格構造を理解しておらず，顧客に対し価格の正当性を説明したり，顧客からの反論に対処することができなかった。営業担当者や顧客に価格体系を説明するのに必要な時間は，価格体系が複雑になると，等比級数的に増加する。したがって，価格体系の設計には，顧客が理解できるか（及び理解を促すコミュニケーションにどれほどの労力を要するか）という問題のみならず，自社の営業が理解できるか（及びそのために必要なコミュニケーションにどれほどの労力を要するか）という潜在的な問題をはらんでいることを留意する必要がある。

10.5　価格統制

　*価格統制*は価格マネジメント・プロセスのすべての段階を見通すものである。この文脈では，*価格モニタリング*ということもできる。価格統制の前提条件は，計画と価格目標が測定可能かつ明示的な方法で定式化されていることである。進行中のビジネスにおいて，価格統制は，計画と価格目標が実現できたかどうかをチェックする。乖離や齟齬がある場合には，根本原因を特定し，適切な対策を講じるか，より現実的な将来目標を検討すべきである。「統制」という用語に対す

る理解の仕方は人により異なる。最も広義には，統制はすべての計画・監視活動に対し完全な責任を負うことを意味する。狭義には，統制は結果のレビューや監査に限定される。統制が価格マネジメントの他の段階においても重要な役割を担うことは明らかで，これはプロセスだけでなくその内容にも当てはまるが，この節では，狭義の統制に焦点を当てる。統制は，価格マネジメントにおいて特に重要な役割を担う。それは，企業において市場に相対する組織が，必ずしも社内のプライシングを受け持つ組織と調和を保てるとは限らないためである。

10.5.1　価格統制機能

詳細に見た場合，価格統制機能を持つ組織は以下の問いに答える必要がある。

- 予定価格と販売数量は達成されたか。
- 標準価格と取引価格の乖離はどの程度の大きさか。その理由は何か。
- 予定した値上げは成功したか。
- なぜ取引を失注したか。価格と他の要因はどのように影響したか。
- すべての段階で必要な情報を利用可能か。
- 価格プロモーションや値引きは期待通りの効果をもたらしているか。
- 学習したことが，その後のプライシングに活かされているか。
- 合意した目標や条件は遵守されたか。
- インセンティブ・システムは効果的か，障害はないか不当に利用されていないか。
- 事業部，市場セグメント，国の間で価格に関する摩擦が生じていないか。

ここに記した問いは一部分にすぎない。それぞれの企業が独自のリストを作成し，時間をかけて関連するすべての問いに対する答えを準備すべきである。

10.5.2　ITに関する要件

価格統制の複雑さは，特定のビジネスモデルに大きく依存している。多くの企業において，その複雑さと結果としての情報技術（IT）への要求は非常に高いものとなっている。これには次のような要因が考えられる。

- 小売業者，補修部品サプライヤー，サービス・プロバイダーが提供する品揃えは数十万点に及ぶ。航空会社は1年のうちに数百万通りにも及ぶ価格改定を行う。旅行代理店とツアー・オペレーターは，ホテル・部屋ごとに一日・

第10章　実践　◆467

1週間単位，さらには出発地単位で価格を設定，監視するのみならず，オプションの商品・サービス，レンタカーなどの価格も設定，監視する必要がある。
- 価格差別化，個々の価格交渉，複雑な価格構造は，事実上，すべての取引において個別の価格が存在することを意味している。
- 標準価格と取引価格に大きな乖離が生じるのは，値引きと取引条件のためである。

　こうした環境下では，対応するITの要件が充足されないと，効果的な価格統制を実現しえないことは明らかである。企業における情報システムがプライシングに関連する問題についての包括的なデータを提供できるようにすべきである。これには，プライシングデータベース，適切なソフトウェア，適切な能力を備えたチームメンバーが必要である。SAPや類似ベンダーの標準ソフトウェアではすでに，膨大な価格関連データを利用できる。CRMシステムはさらに広範囲のデータを提供する。専門化されたプライシング・ソフトウェアは，標準化された取引で求められる，重要情報のすべてを提供する。

　次の事例は，実際に求められる価格透明性の実現方法を示している。ある資材メーカーは2つの販売チャネルを有している。このメーカーはプロジェクト単位で大手顧客へ直接販売を行っていた。それ以外では専門商社を通じて間接販売を行っていたが，2つのチャネル間で標準価格は差別化されており，間接販売ではかなり高い標準価格が設定されていた。間接販売では取引条件がきわめて大きな役割を担い，営業担当者が顧客に有利な取引条件を勝手に考案したり，顧客に有利な条件提示を隠匿することを制限する仕組みがほとんどなかった。3人の社員から成るチームが6週間かけて，それぞれのチャネルにおける真の取引価格（取引条件によって与えられた追加のディスカウントやリベートを控除した後の価格）を算定し，それらを比較した。その結果，この企業の想定とは異なり，間接取引のマージンはプロジェクト・ビジネスのマージンよりも低いことがわかり，非常に驚くべき発見となった。

　ある銀行は，標準価格と取引価格の乖離，及び特別な取引条件の付与について，支店単位での分析を試みた。分析のための必要なデータ収集の作業は非常に複雑で，2人からなるチームが3ヵ月を要した。その結果，最も成績の良い支店は標準価格（標準金利）よりも15ベーシスポイント（0.15%ポイント）だけ低いプライシングをしていたことが判明した一方で，最も成績の悪い支店は35ベーシスポイントも低かった。これはこの銀行の経営層にとって全く新しい情報だった。

　表10.4における営業担当者の売上と利益の比較は，衛生技術を提供する企業

（当該企業の計数に基づき表を作成）のものだが，これは新たなソフトウェアを導入することで，初めて可能になった。ソフト導入以前は，貢献利益を営業担当者別に分解することができていなかった。

上記あるいは本章における他の事例において言及したあらゆる情報は，理想的には，ボタン1つで入手可能であるべきだ。ほとんどの企業はこの理想状態からはほど遠いのが現実だが，状況は徐々に改善されつつある。

10.5.3　価格統制のためのツール

価格統制に関する問題は非常に多く，多岐に及ぶため，企業には信頼姓の高いアプローチとツールが必要となる。この項では，実務面で実績のある，選りすぐりのツールについて説明する。

10.5.3.1　価格の実現（顧客に販売された最終的な価格）

価格統制の最も単純で根源的な問題は，価格の実現に関するものである。実際にいくらの取引価格を実現したか。この問題は商品別，顧客別，セグメント別，販売チャネル別，地域別に分解しうる。場合によっては，取引価格が，標準価格，目標価格，平均価格，あるいは他のベンチマークとどの程度乖離しているかを見ることになる。競合他社の価格差も関心事になりうるし，利益の視点でも，同様の分析と比較を行うことができる。

図10.11は，あるテクノロジー企業の顧客別の実現価格を示している。この事例の比較基準には，平均価格を用いており，棒グラフは平均価格からの差分を示

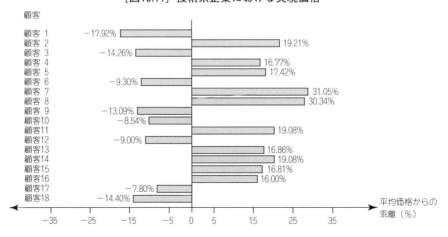

[図10.11] 技術系企業における実現価格

している。

平均価格と個々の顧客が実際に支払った額の差は非常に大きい。顧客1は平均価格よりも17.92％低い額を支払っている一方で，顧客7，顧客8は平均価格よりも30％以上高い額を支払っている。このような価格差は，実際には全く珍しいことではない。最初のステップはこうした価格差を特定し，透明性を高めることで，次のステップは，価格差の原因を調査することである。これだけの価格差が存在するという事実は，責任あるマネジメントであれば認識しておくべきだが，価格差が存在するということだけでは，それが意味があるほどのものかどうかはわからない。本書における考え方としては，こうした価格の違いが価格差別化の観点に照らし，適切かどうかを検証しなければならない，ということになる。

表10.6は，ある化学メーカーの主要顧客ごとの実現価格を示している。この事例の比較基準には，あらかじめ設定された目標価格を用いている。この企業は11顧客のうち4顧客に対しては，目標価格を実現できていたが，2顧客の実現価格はそれぞれ，1キログラム当たり0.42ドルと0.36ドル分，目標価格を大幅に下回った。この企業は，全体平均で1キログラム当たり0.17ドル（7.5％）目標価格を下回ったことになり，目標利益率が18％であることに鑑みると，この差は非常に大きいといえる。この事例では，経営陣は自社の実現価格は優れたレベルにあると

[表10.6] 化学メーカーの主要顧客ごとの実現価格（目標価格からの乖離）

	目標価格	実現価格	価格差
	\$/kg	\$/kg	\$/kg
顧客A	2.07	1.65	0.42
顧客B	2.19	2.16	0.03
顧客C	2.12	2.11	0.01
顧客D	2.51	2.15	0.36
顧客E	2.53	2.53	0.00
顧客F	2.47	2.43	0.04
顧客G	2.52	2.52	0.00
顧客H	2.34	2.18	0.16
顧客I	2.33	2.16	0.17
顧客J	2.55	2.55	0.00
顧客K	2.47	2.47	0.00
計	2.28	2.11	0.17

信じていたが，実際には非常に大きい価格差のある例外的な取引が，全体の利益を大きく引き下げてしまっていた。

前述の２つの事例のように，手作業で実現価格を詳細に調べることは，顧客数が少ない場合にのみ可能である。品揃えが幅広い，顧客数が多い，あるいは価格パラメータが多数存在する場合，こうした分析を行うには，価格指標の集計を含むプロセスの自動化が必要になる。

図10.12は，ある包装材を扱う企業の，２つの地域で集計された，*実現価格の分析結果を示しており*，これらの地域のすべての顧客と商品がまとめられている。このグラフは一定期間における実現価格の変遷を表し，価格は両地域とも，初月の価格を100とした指数で表示されている。

これを見ると，２つの地域の実現価格は大きく異なる様相を呈しており，地域１の価格が約10%上昇したのに対し，地域２の価格は同程度下落している。価格の変化が利益へ及ぼす影響は大きいため，この事例においても，企業は原因を調査し，適切な行動をとる必要があることを示している。

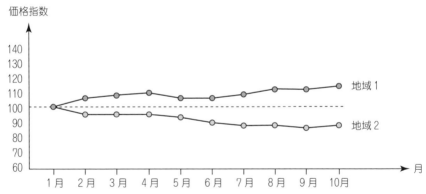

[図10.12] 二地域における実現価格の変遷

複数の価格パラメータを用いて実現価格の分析を行う場合には，自動化されたシステムの利用を勧める。「信号機」の配色を活用することは，結果を一目で把握するのに効果的な方法である。緑は状況が良好であることを表し，黄色は「監視」，赤は，価格の再交渉などの行動が必要であることを意味する。図10.13はこれを用いた価格ダッシュボードの例である。顧客ごとの収益の傾向，目標価格からの乖離，利益のクロスチェックという視点での継続的な監視により，企業は高い収益性を確保・維持することが可能になる。

[図10.13] 価格ダッシュボード

顧客番号	平均売上（過去3ヵ月）	売上成長	チェック項目1 売上成長	過去12ヵ月における同一売上月数	目標売上	目標からの乖離	チェック項目2 目標達成度	過去12ヵ月における乖離方向性の一致月数	料率レベル	プロファイル	追加ディスカウント	チェック項目3 利益水準	必要となるディスカウント水準
14 123 234 4	0	−	○	−	1000	−	○	−	1	A	10%	●	22%
14 543 234 2	1520	−19%	●	8	1500	+1%	○	12	1	E	0%	○	19%
	4736	−4%	◐	5	5000	−5%	◐	4	3	C	0%	●	36%
14 646 332 1	5007	+11%	○	5	6500	−23%	●	6	4	B	5%	●	46%
14 564 454 6	−	−	−	5	1000	−	−	−	1	A	0%	○	23%
	6897	−27%	●	6	8000	−14%	●	6	4	A	5%	○	42%
14 878 676 4	582	+20%	○	4	2000	−71%	●	8	2	D	10%	●	31%
	2276	+3%	◐	2	2000	+14%	○	10	1	B	0%	○	24%
14 456 345 4	1157	+178%	○	2	3000	−61%	●	5	3	E	0%	○	39%
14 365 456 5	3786	−74%	●	1	4000	−5%	○	10	3	A	5%	◐	35%

○ green ◐ yellow ● red

10.5.3.2 価格ウォーターフォール

　前項で述べた分析では，その価格がどのように実現されたか，つまり，どのパラメータが実現価格と標準価格あるいは目標価格との不一致を説明するかについての情報は得られない。標準価格から最終的な取引価格まで，その経路をたどっていくことは，階段を順に下りていく，あるいは滝を流れ落ちていくイメージに似ている。後者については価格ウォーターフォールというよび方をすることがある。**図10.14**は，食料品卸に販売する消費財メーカーにおける価格ウォーターフォールを示したものである。

[図10.14] 価格ウォーターフォール

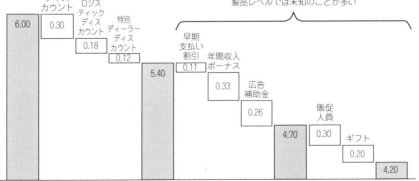

価格ウォーターフォールという概念は、いくつかの側面に光を当てる。まず、価格・利益の引き下げ条件の数とそれらの条件の強さが一目でわかるようになる。我々の経験では、ほぼすべてのケースにおいて、価格・利益の引き下げ要因（「利益の漏れ」）の全体像は明らかにされておらず、透明性を欠いている。この事例では、すべての取引条件に基づくディスカウント・リベートを足し上げると、合計で30%以上に及び、憂慮すべき大きさである。次に、価格ウォーターフォールは利益の漏れを削減する機会を示す。値引き、取引制度について示してきたように、「成果に対する支払い」という原則がより厳格に適用される必要がある。本来一回限りという前提で与えられていた取引条件は、顧客がその取引条件が規定する活動を行わなくなったり、その機能を果たさなくなった時点で、取り消される必要がある。

10.5.3.3　値引きジャングル

顧客・取引規模と値引き水準の関係性の分析をして、非常に驚かされることがよくある。すべての値引き体系は、規模や取引数量に基づいた値引きを想定している。しかし、実際には多くの事例でこれとは非常に異なる様相を呈している。図10.15は、あるソフトウェア企業の事例を用いて、このことを示したものである。まず、階段状の実線が示すように、数量割引のガイドラインが明確に定義されているものの、ほぼすべての値引きは、ガイドラインで定められた大きさを超えて

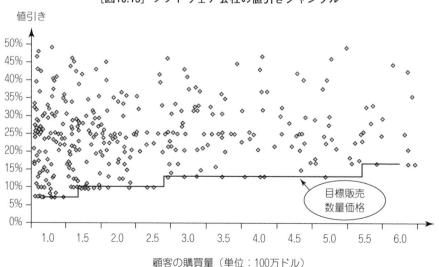

[図10.15] ソフトウェア会社の値引きジャングル

いた。次に，顧客の購入量と顧客が享受した値引きの間には相関がないように見え，まさに「値引きジャングル」とよぶべき状況である。これほど極端ではないものの，ほとんどの企業が同様の状況にあることが確認されている。多くの企業が値引きを提供しており，理論的には，個々の値引きのすべてには，それが正当化される理由があるべきだが，実際にはそうではないことの方が圧倒的に多い。この点を考慮すると，企業は価格実現に向けた具体的な改善策を導き出すことができる。たとえば，規模が小さい顧客に対しては，最も高い水準の値引きを提供すべきではない。企業は多くの場合，単に小規模の顧客に対する値引き水準を引き下げるというアクションをとるだけで，利益を大幅に改善できる。

図10.16は，値引き水準の典型的なパターンを示している。これは，産業財メーカーの事例である。ほぼすべての値引き水準は，10％，15％，25％といった切りの良い数字になっており，値引き幅も非常に広い。もし，この企業が，現状よりも平均的に数％少ない値引き率を適用して商談を成立させることができれば，利益に劇的な影響をもたらすであろう。同様に，企業は交渉において，切りの良い数値でのディスカウント提供を避けるべきである。我々は，5％，10％といった扱いやすい間隔で値引きを行っている状況を頻繁に目にする。もし企業がこの間隔を小さくし，より細かく値引き率を設定すれば，一般的に，より低い値引きにつながると考えられる。価格統制は，このような利益を減らすような方向に働く慣習に光を当て，改善を可能にする。

[図10.16] 利益減少をもたらす，0，5のような切りの良い値引き

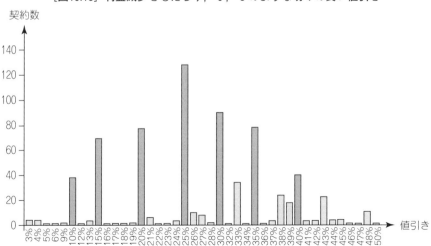

10.5.3.4 責任に関する分析

　上述した分析は，顧客あるいは地域レベルで，実現した価格についてその値引きの構造と分布を明らかにするものだが，実現価格の決定の責任所在に関する分析からも興味深い洞察が得られる。**図10.17**はアメリカを拠点とする産業財メーカーの分析結果を示したものである。データはアメリカ市場のものである。特定の価格水準以下の値引きについて誰がどのような権限を持つのか，明確なガイドラインが示されている。たとえば，営業担当者の値引き権限は標準価格の10％が上限となっている。それを上回る値引きは，値引きの程度に応じた決裁者が存在し，最も大きな値引きについては本社に上申し承認を得る必要がある。

　この分析は，ほとんどの値引きが地域あるいは国レベルの販売マネージャーによって承認されていることを示しており，営業担当者自身で決定した値引きはほとんどない。この事象の解釈は簡単なものではない。営業担当者は自身に権限がなさ過ぎるために，ほとんどの意思決定を上司に委ねているのだろうか。それとも販売マネージャーの管理が甘過ぎて，営業担当者に自身の権限の範囲内の値引きで契約を締結させることを徹底できていないのだろうか。販売マネージャーは，営業担当者や顧客からの大幅な値引き要求を断固として拒絶すべきなのだろうか。

[図10.17] 職級別の値引きの提供

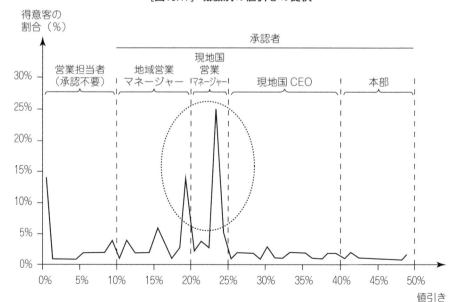

現地法人の責任者や本社は，すべての値引きのほんの一部のみしか認めていないのであれば，値引きプロセスに全く関与しなくてもよいのではないか。あるいは，現地法人の販売マネージャーに最終的な価格決定権限を与えたほうがよいのではないか。こうした問いに答えるためには，現状を明確に，詳細に，かつ事実に基づいて説明できる価格統制機能を備えることが前提条件となる。

10.5.3.5　失注

　価格統制のための非常に明快で，しかし課題に満ちた発見は，*失注取引*の分析から得られる。もちろん，失注取引の分析は価格に限定されるものではないが，価格はほぼすべての失注取引において重要な役割を担っている。**図10.18**は，あるエンジニアリング企業の失注取引の調査事例であり，非常に多くのサンプル数を有している。この企業の「勝率」は35％であり，逆にいえば，競争案件の65％を失注している。

　この事例では，失注理由について，社内調査と社外（顧客）調査の双方から分析が行われた。高いマージン設定を行ったことによる価格の高さが，失注理由のトップに位置しており，この点は適切に受け止めるべきものである。しかし，この状況を受け入れるか否かを判断するにはさらなる評価が必要となる。たとえ多くの潜在顧客が価格を高過ぎると考えていても，この企業は十分な取引量を確保できている限り，この状況を許容できる。早い段階で価格感度の高い顧客をターゲットから外すことができれば，成功見込の低い入札に要するコストと労力を抑

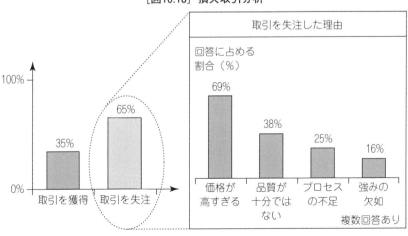

[図10.18] 損失取引分析

制することが可能となるため，こうした案件を評価し選別することの妥当性も検討する必要がある。また，社内調査と社外調査のいずれにおいても，回答者は便宜的に，失注理由として価格を挙げている可能性もある。このような場合には，失注の真の理由を明らかにするためのより詳細な調査が推奨される。

10.5.3.6　複合的な分散分析

　上記の分析では，標準価格あるいは目標価格は，その価格で販売することを目指すべき「最適化」された価格であるということを暗黙的に仮定している。企業は価格の下振れを望まないが，現実には，価格は上振れることなく下振れるだけである。価格統制は，標準価格が本当に最適価格なのかということを問うものであり，この問いに対し答えるためには，価格反応関数，価格弾力性からの洞察を得る必要がある。「現状（As is）」と「理想（should be）」との差異を比較する，単純な分散分析ではもはや十分ではなく，企業が実現してきた価格と販売数量の組み合わせについてのより複雑な分析が求められる。ただし，価格統制に関するそうした分析が可能かどうか，2つの事例を用いて議論する。1つ目の事例は，シカゴのヒルトンホテルの事例であり，第13章のイールド・マネジメントの章においてより詳細に検討する。ある晩，1,600室のうち13室が空室だった。この時，価格統制で対処しなければならない問題は，このホテルがより高い価格を設定し，より多くの空室の発生を受け入れるべきだったのか，あるいは，より低い価格を設定して，満室にすべきだったかということである。2つ目の事例は，ある自動車メーカーが新型モデルを導入し，初年度の需要が生産能力をはるかに上回ったことがあった。この自動車メーカーは導入価格をもっと高く設定していたとしても，生産能力をフル活用することができたことになる。価格統制の観点からは，どのくらい高い導入価格を設定すべきだったのか，導入価格を低く設定したことでどのくらいの利益が損なわれたかを推定できるか，また，推定すべきなのか，といった点について検討すべきである。

　市場環境や競争環境が変化した場合，あるいはその他の外政的要因により企業が価格を調整せざるを得ない場合にも，同様の問題が生じる。これは内的なオペレーションが要因で価格調整を行う場合にも当てはまる。企業は，マーケティング・ミックスの変更により，価格が高くなったとしても（逆に低くなった場合でも），一定の販売数量を獲得できるように価格反応に影響を及ぼしうる。そうした状況下では，価格統制はマーケティングや販売管理の役割を担うことはできない。それでも，価格マネジメントプロセスの初期段階から価格統制担当者が関与し，そのプロセスの質を高めることを推奨する。高度な管理が行われている企業

は，この方法を採用している。価格統制の役割は，価格政策の誤りを特定するための事後分析だけに限定されるべきではない。価格プロセスの初期段階から，価格統制担当者は最適価格の設定と実践に貢献しうるのである。

結 論

　価格マネジメントの成功は，最終的にはその実践にかかっている。行うべき業務は，価格にまつわる責任を明確に定義し，企業の目的に沿ったインセンティブ・システムを設計し，効果的な価格コミュニケーションを行い，最終的に価格の実現を監視することである。本章における主な洞察は以下のとおりである。

- 企業は，価格マネジメントプロセスにおける多様な業務について，責任を割り当てるべきである。
- 各々のプロセス・組織は，最大限，企業のビジネスモデルに合わせるべきである。
- 一般的に，価格決定権限は比較的高い職階に割り当てるべきである。これは，特定の条件下においてより強く推奨される。
- プライシングにおける絶対的な前提条件は，市場に相対する機能と内部機能の間で，円滑な情報連携と協力関係が担保されていることである。
- より多くの企業が，価格マネージャーや価格部門を創設し，専門性の高い価格コンサルタントを活用するようになっている。
- 価格マネジメントにおいて，専門性の高いソフトウェアや人工知能（機械学習機能）の利用が増加している。
- 価格マネジメントにおけるCEOの役割はますます重要になっている。CEOは，目標達成，最適なプロセスの設計，プライシングに関する利益志向の文化形成を徹底しなければならない。
- 営業は，価格の実践において重要な役割を担う。営業への価格決定権限の委譲は，非常に意見が分かれるところであるが，これには慎重な判断を要する。
- もし営業が価格決定権限を有する場合，売上に基づく報酬体系にはすべきでない。その代わり，貢献マージンに基づくコミッションやその他のインセンティブを導入すべきである。インセンティブ・システムは，営業がいかに価格の実践を行ったかに焦点を当て，その結果に応じて報酬を与えるべきである。
- 値引きと取引制度は，営業が価格決定権限をほとんど，あるいは全く持たない場合にも，価格設定に柔軟性をもたらし，顧客行動を管理し，顧客行動に影響を与える価格差別化を可能にする。
- 価格の効果は価格コミュニケーションに大きく依存する。顧客の反応は価格をどのように知覚し，評価するかで大きく変わるためである。

- 外部との価格コミュニケーションには，数多くの手段・機会・きっかけがある。その中には，価格表，価格関連広告，複雑な価格体系の活用に加え，広義の支払い条件の定義などが含まれる。
- 価格とその設定根拠は内部共有すべきである。これが営業チームへの動機づけとなり，価格を説明し順守する能力を高めることに繋がる。
- 効果的な価格統制は不可欠だが，そのためには優れた情報技術が必要となる。
- 価格の実現，価格の差別化，値引きの実践，価格ウォーターフォール，役割と責任についての調査を行うための多くのツールが存在する。
- 価格統制は，価格マネジメントプロセス全体に関与するが，モニタリングした結果にのみ責任を有することが望ましい。

　すべての戦略は実践されることによって意味をなす。これは価格マネジメントにも当てはまる。価格マネジメントの専門性が高まるにつれ，経営層はその実践により大きな注意を払う必要がある。その中には，価格マネージャーや価格部門，目標に基づく価格決定やインセンティブ・システムといった組織的な変革や価格統制や価格監視のための現代的な手法の適用が含まれる。

参考文献

［1］ Freiling, J., & Wölting, H. (2003). Organisation des Preismanagements. In H. Diller, & A. Herrmann (Ed.), *Handbuch Preispolitik: Strategien – Planung – Organisation – Umsetzung* (pp.419–436). Wiesbaden: Gabler.

［2］ Dutta, S., Zbaracki, M., & Bergen, M. (2003). Pricing Process as a Capability: A Resource Based Perspective. *Strategic Management Journal*, 24(7), 615–630.

［3］ Wiltinger, K. (1998). *Preismanagement in der unternehmerischen Praxis: Probleme der organisatorischen Implementierung*. Wiesbaden: Gabler.

［4］ Kossmann, J. (2008). *Die Implementierung der Preispolitik in Business-to-Business – Unternehmen*. Nürnberg: GIM.

［5］ Fassnacht, M., Nelius, Y., & Szajna, M. (2013). Preismanagement ist nicht immer ein Top-Thema bei Konsumgüterherstellern. *Sales Management Review*, 9(2), 58–70.

［6］ Nelius, Y. (2011). *Organisation des Preismanagements von Konsumgüterherstellern: Eine empirische Untersuchung*. Frankfurt am Main: Peter Lang.

［7］ Atkin, B., & Skinner, R. (1976). *How British Industry Prices*. Old Woking: The Gresham Press.

［8］ Ehrhardt, A., Vidal, D., & Uhl, A. (2012). *Global Pricing Study*. Bonn: Simon-Kucher &

第10章　実践　◆479

Partners.

[9] Sodhi, M., & Sodhi, N. (2008). *Six Sigma Pricing: Improving Pricing Operations to Increase Profits*. Upper Saddle River: Financial Times Press.

[10] Hofbauer, G., & Bergmann, S. (2012). *Professionelles Controlling in Marketing und Vertrieb*. Erlangen: Publicis Publishing.

[11] Simon, H. (2013). How Price Consulting is Coming of Age. *Journal of Professional Pricing*, 22(1), 12-19.

[12] PROS Holdings (2014). Annual Report 2014. http://investors.pros.com/phoenix.zhtml?c=211158&p=irol-reportsAnnual. Accessed 6 July 2014.

[13] Mühlberger, A. (2013). Chefsache Preis. *Sales Management Review*, 12(1), 8-11.

[14] Tacke, G., Vidal, D., & Haemer, J. (2014). Profitable Innovation. http://www.simon-kucher.com/sites/default/files/simon-kucher_ebook_profitable_innovation_2014.pdf. Accessed 27 July 2015.

[15] Sawers, P. (2014). Be all-in, or all-out: Steve Ballmer's advice for startups. http://thenextweb.com/insider/2014/03/04/steve-ballmers-advice-startups/#!za6rp. Accessed 6 July 2015.

[16] Doyle, M. (2018). Elon Musk pricing strategy email to Tesla dealers – we all can learn from this email. https://www.linkedin.com/pulse/elon-musk-pricing-strategy-email-tesla-dealers-we-all-michael-doyle/?trackingId=BfNlN2X11WonSdTlP65w1g%3D%3D. Accessed 10 March 2018.

[17] Anonymous. (2005, April 27). *The Wall Street Journal*, p.22.

[18] Earnings Conference Quarter II 2011.

[19] Anonymous. (2008). *Handelszeitung*, No. 27, pp.2-3.

[20] Stewart, T. A. (2006). Growth as a Process. https://hbr.org/2006/06/growth-as-a-process. Accessed 7 July 2015.

[21] Diller, H. (2007). *Preispolitik* (4th ed.). Stuttgart: Kohlhammer.

[22] Credit Suisse (2010). Global Equity Strategy, 18. Oktober 2010. Zürich.

[23] Lehmitz, S., McLellan, K., & Schulze, P. (2015). Pricing's Secret Weapon: A Well-Trained Sales Force. McKinsey on Marketing and Sales. http://www.mckinseyonmarketingandsales.com/pricings-secret-weapon-a-well-trained-sales-force. Accessed 17 April 2015.

[24] Stadie, E., & Clausen, G. (2008). B-to-B-Pricing-Excellence. *Marketing Review St. Gallen*, 25(3), 48-51.

[25] Fassnacht, M. (2009). Preismanagement: Eine prozessorientierte Perspektive. *Marketing Review St. Gallen*, 26(5), 8-13.

[26] Kern, R. (1989). Letting your Salespeople Set Prices. *Sales and Marketing Management*, 141(9), 44-49.

[27] Mishra, B. K., & Prasad, A. (2004). Centralized Pricing Versus Delegating Pricing to the Salesforce under Information Asymmetry. *Marketing Science*, 23(1), 21-27.

[28] Stephenson, P. R., Cron, W. C., & Frazier, G. L. (1979). Delegating Pricing Authority to the Sales Force: the Effects on Sales and Profit Performance. *Journal of Marketing*, 43(2), 21–28.

[29] Orville, C. Walker, Jr., Churchill, Jr., & Ford, N. M. (1977). Motivation and Performance in Industrial Selling: Present Knowledge and Needed Research. *Journal of Marketing Research*, 14(2), 156–168.

[30] Lal, R., & Staelin, R. (1986). Salesforce Compensation Plans in Environments with Asymmetric Information. *Marketing Science*, 5(3), 179–198.

[31] Nimer, D. (1971). Nimer on Pricing. *Industrial Marketing*, 56(3), 48–55.

[32] Zarth, H. R. (1981). Effizienter verkaufen durch die richtige Strategie für das Preisgespräch. *Markenartikel*, 43(2), 111–113.

[33] Voeth, M., & Herbst, U. (2011). Preisverhandlungen auf Commodity-Märkten. In *Commodity Marketing: Grundlagen – Besonderheiten – Erfahrungen* (pp.149–172). Wiesbaden: Gabler.

[34] Krafft, M. (1999). An Empirical Investigation of the Antecedents of Sales Force Control Systems. *Journal of Marketing*, 63(3), 120–134.

[35] Weinberg, C. B. (1978). Jointly Optimal Sales Commissions for Nonincome Maximizing Sales Forces. *Management Science*, 24(12), 1252–1258.

[36] Joseph, K. (2001). On the Optimality of Delegating Pricing Authority to the Sales Force. *Journal of Marketing*, 65(1), 62–70.

[37] Bhardwaj, P. (2001). Delegating Pricing Decisions. *Marketing Science*, 20(2), 143–169.

[38] Roth, S. (2011). Koordination von Preisentscheidungen in konkurrierenden Wertschöpfungsketten. In H. Corsten, & R. Gössinger (Ed.), *Dezentrale Koordination ökonomischer Aktivitäten: Markt, Hierarchie, Hybride* (pp.91–122). Berlin: Erich Schmidt.

[39] Roth, S. (2006). *Preismanagement für Leistungsbündel*. Wiesbaden: Gabler.

[40] Hansen, A.-K., Joseph, K., & Krafft, M. (2008). Price Delegation in Sales Organizations: An Empirical Investigation. *Business Research*, 1(1), 94–104.

[41] Alavi, S., Wieseke, J., & Guba, J. H. (2016). Saving on Discounts through Accurate Sensing – Salespeople's Estimations of Customer Price Importance and Their Effects on Negotiation Success. *Journal of Retailing*, 92(1), 40–55.

[42] Wieseke, J., Alavi, S., & Habel, J. (2014). Willing to Pay More, Eager to Pay Less: The Role of Customer Loyalty in Price Negotiations. *Journal of Marketing*, 78(6), 17–37.

[43] Wiltinger, K. (1996). Der Einfluß von Umweltcharakteristika auf die Delegation von Preiskompetenz an den Außendienst. *Schmalenbachs Zeitschrift für betriebswirtschaftliche Forschung*, 48(11), 983–998.

[44] Krafft, M. (1995). *Außendienstentlohnung im Licht der Neuen Institutionenlehre*. Wiesbaden: Gabler.

[45] Schmidt, S., & Krafft, M. (2005). Delegation von Preiskompetenz an Verkaufsaußendienstmitarbeiter. In H. Diller (Ed.), *Pricing-Forschung in Deutschland* (pp.17–28). Nürn-

第10章　実践　◆481

berg: Wissenschaftliche Gesellschaft für Innovatives Marketing.

[46] Albers, S., & Krafft, M. (1992). Steuerungssysteme für den Verkaufsaußendienst. Manuskripte aus den Instituten für Betriebswirtschaftslehre, No. 306, Christian-Albrechts-Universität zu Kiel.

[47] Zoltners, A. A., Sinha, P., & Lorimer, S. E. (2006). *The complete guide to sales force incentive compensation: How to design and implement plans that work*. New York: Amacon.

[48] Albers, S., & Krafft, M. (2013). *Vertriebsmanagement: Organisation – Planung – Controlling – Support*. Wiesbaden: Gabler.

[49] Spiro, R. L., Stanton, W. J., & Rich, G. A. (2007). *Management of a Sales Force*. Boston: McGraw-Hill.

[50] Meffert, H., Burmann, C., & Kirchgeorg, M. (2011). *Marketing: Grundlagen marktorientierter Unternehmensführung: Konzepte – Instrumente – Praxisbeispiele* (11th ed.). Wiesbaden: Gabler.

[51] Steffenhagen, H. (2003). Konditionensysteme. In H. Diller, & A. Herrmann (Ed.), *Handbuch Preispolitik: Strategien – Planung – Organisation – Umsetzung* (pp.576–596). Wiesbaden: Gabler.

[52] Pechtl, H. (2014). *Preispolitik: Behavioral Pricing und Preissysteme* (2nd ed.). Konstanz: UVK.

[53] Williamson, P. (2012). Pricing for the London Olympics 2012. Simon-Kucher & Partners. World Meeting, Bonn.

[54] Bertini, M., & Gourville, J. T. (2012). Pricing to Create Shared Value. Harvard Business Review, 6. https://hbr.org/2012/06/pricing-to-create-shared-value/ar/1. Accessed 17 May 2015.

[55] Teekampagne (2017). Exclusive Darjeeling tea at an affordable price. https://www.teacampaign.com /Transparency/Exclusive-Darjeeling-tea-affordable-price. Accessed 19 February 2018.

[56] Best Buy Price Match Guarantee (2016). http://www.bestbuy.com/site/clp/ price-match-guarantee/pcmcat290300050002.c?id=pcmcat290300050002. Accessed 21 December 2016.

[57] Stech, J. (2015). Bonner Unternehmen Simon-Kucher: Der Trick der Pizzabäcker. General-Anzeiger Bonn. http://www.general-anzeiger-bonn.de/bonn/wirtschaft/ der-trick-der-pizzabaecker-article1677143.html. Accessed 12 July 2015.

[58] Simon, H. (1992). *Preismanagement* (2nd ed.). Wiesbaden: Gabler.

[59] Eskin, G. J. (1982). Behaviour Scan: A State of the Art Market Research Facility Utilizing UPC Scanning and Targetable Television. Paper presented at The European Congress on Automation in Retailing.

[60] Chaudhuri, S. (2016). Mind the Gap: Toblerone Customers Feel Short-Changed by Shape Change. The Wall Street Journal. http://www.wsj.com/articles/mind-the-gap-to-

blerone-customers-feel-short-changed-by-shape-change-1478612997. Accessed 21 December 2016.

[61] Verbraucherzentrale Hamburg (2015). Anbieter sparen – Verbraucher zahlen: Kleinere Menge zum gleichen Preis!. www.vzhh.de/ernaehrung/32535/Versteckte%20Preiserhoehungen.pdf. Accessed 7 July 2015.

[62] Anonymous. (2017, January 21). Evian ist Mogelpackung des Jahres. *Frankfurter Allgemeine Zeitung*, p.18.

[63] Cox, J. (2001). Can Differential Prices be Fair?. *Journal of Product and Brand Management*, 10(4/5), 264–275.

[64] Winkelmeier-Becker, E. (2015, January 16). Reiseportale müssen bei Flügen stets den vollen Endpreis nennen. *Frankfurter Allgemeine Zeitung*, p.23.

[65] Bundesgerichtshof (2015). Preisdarstellungen bei Flugbuchungen im Internet. http://juris.bundesgerichtshof.de/cgi-bin/rechtsprechung/document.py?Gericht=bgh&Art=pm&Datum=2015&Sort=3&nr=71812&pos=0&anz=133. Accessed 9 September 2015.

[66] Xia, L., & Monroe, K. B. (2004). Price Partitioning on the Internet. *Journal of Interactive Marketing*, 18(4), 63–73.

[67] Morwitz, V. G., Greenleaf, E. A., & Johnson, E. J. (1998). Divide and Prosper: Consumers' Reactions to Partitioned Prices. *Journal of Marketing Research*, 35(4), 453–463.

[68] Herrmann, A., & Wricke, M. (1998). Evaluating Multidimensional Prices. *Journal of Product and Brand Management*, 7(2), 161–169.

[69] Huber, C., Gatzert, N., & Schmeiser, H. (2012). Price Presentation and Consumers' Choice. *Zeitschrift für die gesamte Versicherungswissenschaft*, 101(1), 63–73.

[70] Völker, S. (2002). *Preisangabenrecht* (2nd ed.). München: Beck.

[71] Government Publishing Office (2018). Electronic Code of Federal Regulations. https://www.ecfr.gov/cgi-bin/text-idx?SID=866b1c600a4f619ef31ce1d14ad49a2c&mc=true&tpl=/ecfrbrowse/Title16/16cfrv1_02.tpl#0. Accessed 19 February 2018.

[72] Gourville, J. T., & Soman, D. (1998). Payment Depreciation: The Behavioral Effects of Temporally Separating Payments from Consumption. *Journal of Consumer Research*, 25 (2), 160–174.

[73] Ailawadi, K. L., & Neslin, S. A. (1998). The Effect of Promotion on Consumption: Buying More and Consuming it Faster. *Journal of Marketing Research*, 35(3), 390–398.

[74] Busch, R., Dögl, R., & Unger, F. (2008). *Integriertes Marketing: Strategie – Organisation – Instrumente*. Wiesbaden: Gabler.

[75] Gourville, J. T. (1998). Pennies-a-Day. The Effect of Temporal Reframing on Transaction Evaluation. *Journal of Consumer Research*, 24(4), 395–408.

[76] Professional Pricing Society, Atlanta 2007.

◆483

第**11**章

消費財の価格マネジメント

概　　要

　消費財の価格マネジメントの最も重要な側面は，一般的に製造業者は製品を直接最終消費者に売る訳ではないということである。代わりに，小売業者や他の第三者が，仲介業者として関わることになる。最適価格を設定するために，製造業者はその価格意思決定に際して，小売業者の行動を考慮しなければならない。これには，（製造業者が卸売価格と最終小売価格の両方を設定する）垂直的価格固定制や再販売価格維持から製造業者・流通の一気通貫での利益最大化戦略まで，多くの形がある。一般的に小売業者は自身で消費者への小売販売価格を設定できる。製造業者は自身の価格を設定する際，小売業者が販売価格を設定するのにコストプラス方式を用いるか，そうではなく利益最大化方式を用いるのかを考慮する必要がある。製造業者と小売業者のパワー・バランスは，価格戦略の実行において重要な役割を担い，二者がどのような行動をとるかは，利益に大きな影響を及ぼしうる。また，インターネットは，消費財の価格マネジメントに，これまでになかった課題をもたらす。本章では，このインターネットによって促進される，マルチチャネル戦略に対する顕著なトレンドを見ていく。これにはオンラインとオフライン間の価格差別化と，チャネル・コンフリクトの回避が含まれる。

11.1　イントロダクション

　第1章から第10章までにおいては，一般論としての価格マネジメントの分析，意思決定，実行について見てきた。これらの章では，産業特有の価格マネジメントの課題についての詳細には触れなかった。本章と以降3つの章では，特に重要な産業の特性について取り上げ，消費財，産業財，サービス，小売業におけるサプライヤーが直面する価格戦略の問題を，それぞれの産業にふさわしい方法で取り扱っていく。内容に多少の重複は生じるが，焦点となる価格関連の論点は，産業によって実際には異なる。

　消費財は，本書がここまでに述べてきた一般的な観点に最も近い。ただし，これまで検討してこなかった消費財の価格マネジメントの重要な側面も存在する。

これは，消費財は製造業者によって最終消費者に直接販売されることは一般的ではなく，多くの場合，小売業者や他の仲介業者を通して販売されるという点である。そのようなケースにおいては，製造業者は小売業者と他の第三者の振る舞いを考慮する必要がある。一方で消費財メーカーが多様な販売チャネルを通じて，最終消費者に直接販売する事例も増えている。この複数のチャネルを用いた販売手法は，価格マネジメントに影響を与えるような潜在的な利益相反を生じさせる。インターネットによって，製造業者は消費者に直接接触可能になり，価格マネジメントに影響を及ぼす新しいビジネスモデルが実現した。

11.2 垂直的価格マネジメント

本書におけるこれまでの分析は，製造業者が最終消費者に直接販売し，その最終的な販売価格も設定するという前提に基づいていた。この前提は，多くの産業において現実に即したものである。これは，専門的な業種，銀行業，保険業などと同様に産業財においても，たいていの場合において当てはまる。自動車や家具，家庭用耐久財，靴などの産業では，製造業者が商品を直接もしくは間接的に販売する会社を保有している。消費財において，小売業者を通じた販売は，唯一無二とはいわないが，*典型的で*重要な販売形態である。このことは，たとえば食料品，日用雑貨，衣料品，家庭用電子機器，書籍などに当てはまる。このような製造業者と最終消費者の間に仲介業者（intermediaries）が介在するような市場は，*多層構造市場*（*multi-level*もしくは*multi-tier*）とよばれている。

本章は，最終消費者に間接的に販売する消費財メーカーに焦点を当てる。これらの企業は，（小売業者や他の取引業者のような）仲介業者を通じた販売が，自社の価格戦略，戦術にどのような影響を及ぼすかを理解する必要がある。こうした影響の性質と程度を決定づける要因には，次のようなものがある。

- *最終（消費者）価格が販売数量に及ぼす効果*
- *小売業者の価格設定行動*
- *製造業者と小売業者の相対的なパワー・バランス*

図11.1は，これらの関係性を簡潔に示している。

以下４つのシナリオが考えられる。

1．製造業者は*最終消費者価格*と*メーカー販売価格*の両方を決定し，それによっ

[図11.1] 製造業者が仲介業者を通じて販売する場合の相互依存性

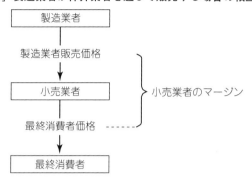

て小売業者のマージンが決まる。これは，まさに古典的な垂直的価格固定制である。このような垂直的，もしくは再販売価格維持は，限られた産業においては，今日でも法的に許されている。しかし一般的には，多くの法制度の下では反トラスト法違反そのものである。製造業者が希望小売価格を設定するケースにおいて，この価格での最終消費者への販売を強制する場合はこれに該当する。

2. 製造業者は自身の販売価格のみを設定し，最終消費者価格には影響を与えない。小売業者は価格を自身で設定する。
3. 小売業者がメーカー販売価格を設定し，製造業者がその価格を受け入れるか受け入れないかを決める。このような状況は，零細な製造業者と大規模小売業者の取引において起こる。しかし，小売業者の背景にある巨大な需要は，大規模な製造業者でさえ同じ状況に直面しうることを意味している。その場合，製造業者は独自の価格政策を採ることはできず，小売業者からの「強制された価格」に対して，「Yes-No」の意思決定をすることしかできない。このケースでは，製造業者は最終消費者の価格に影響を与えることは不可能である。
4. 製造業者と小売業者が，*共同で利益最大化*を追求する。利益の配分は製造業者から小売への販売価格を調整することにより行われる。この調整は小売から消費者への販売価格をベースに交渉により決定される。

　製造業者のパワー・バランスは，小売業者によって変わるため，同一製造業者の同一商品であっても，異なる状況が起こりうる。顧客マネジメントと*優良顧客*のマネジメントは，結果として差別化の必要性を正当化するものである。製造業

者と小売業者のパワー・バランスは，純粋にサイズ（規模の経済）だけでなく，品揃えの幅（範囲の経済）にも左右される。幅広い品揃えを有する製造業者は，取扱商品が数種類しかなく依存度の大きな製造業者よりも，一般的により強い交渉ができる立場にある。この点についてPhilip Kotler［1, p.8］は，「P&Gは，100種類以上の商品をスーパーマーケットに販売しており，スーパーに1種類の商品しか販売しない製造業者とは比べ物にならない優位性を持っている」と述べている。

　以下では，最終消費者に間接的に販売する，すなわち仲介業者を通して販売する製造業者の価格最適化について扱う。消費財メーカーにとって，この仲介業者あるいは取引業者は，一般的に小売業者である。ここでは，製造業者が積極的な価格戦略を実行することが可能な場合のみを考えていく。

- 製造業者は自身の販売価格と最終消費者の価格の両方を決める。
- 製造業者は自身の小売業者への販売価格のみを決める。
- 製造業者と小売業者が，共同で利益最大化を目指し，総利益を配分する手段として製造業者の小売りに対する販売価格を交渉する。

　ここでは，製造業者と最終消費者の間には，1段階の流通しかない静的な状況に議論を限定する。しかし，複数の流通階層がある場合においても，分析方法は基本的に変わらない。階層性のある市場における価格戦略は，［2-8］のような文献において何度も扱われている。

11.2.1　製造業者が販売価格と最終消費者価格の両方を設定

　この状況においては，製造業者は自由に設定可能な2つの行動パラメータを持っている。それは，製造業者の販売価格p_Mと最終消費者価格pである。これらの価格設定によって，$s = p - p_M$という式で定義される小売業者のマージンsも決定する。

　このような意思決定で問題となるのは，製造業者の希望小売価格が実際に強制できるかどうかということだけである。実際には多くの国で垂直的価格固定制を厳密に遂行することは禁止されている。

　拘束力のない希望小売価格は，小売業が推奨価格として実際に従う場合は，垂直的（再販売）価格マネジメントの一例としてみなすべきである。中には，販売システムにおける仲介業者が，製造業者の代理店となったり，歩合制で販売したりするような業界もある。そのようなケースでは，仲介業者が価格決定権限を持たないため，同じような垂直的な価格マネジメントとみなされ，ガソリンスタン

ドはこの例に当てはまる。再販売価格維持に関する議論は近年高まっている［9
-11］。たとえば，ブランド品の製造業者は，自社製品をロスリーダーとして用い
るような小売業者の販売活動から自身を守ろうとしており，そのような小売業者
の行動がブランドイメージを傷つけることを恐れている。こうした事例の少なく
とも 1 つは，訴訟（Leegin Creative Leather Products, Inc.とPSKS, Inc. の間の
訴訟）となっており，アメリカ最高裁は製造業者であるLeeginに有利な判決を下
している。製造業者（特に大規模製造業者）と小売業者（特に零細小売業）はメー
カー希望小売価格（MSRP）を非常に重要視しているため，希望小売価格による
価格統制は実務上の関連性が高い。専門店における希望小売価格の遵守割合は最
も高いが，好戦的な販売チャネルは一般的にMSRPよりも低く価格を設定する。
e コマースはこの傾向を悪化させた。

　2 種類の推奨価格が存在する。1 つは小売推奨価格（Retailer Recommended
Price）であり，もう 1 つは消費者推奨価格（Customer Price Recommendation）
である。小売推奨価格は，小売業者にのみ知らされていて，最終消費者には知ら
されていない推奨価格である。これは，最終消費者も知ることができる消費者推
奨価格よりも頻繁に用いられている。零細小売業者にとっては，自身の価格設定
のための手掛かりとして推奨価格は価値がある。対照的に，大規模小売業者は，
新規顧客の獲得の機会として推奨価格を大幅に下回る価格を設定する（"moon
price effect"）。これらの異なる行動は，小売レベルでの価格競争を防ぐという点
において，推奨価格はめったに成功しないことを示唆している。ただし，最近で
は，この目標は製造業者が入念に流通を選ぶことによって，効果的に達成される
場合がある。それは，好戦的な価格を設定するチャネルには，製品を納品しない
という方法である。製造業者の多くは小売業者間の価格を安定させ，調和させる
ことに（希望あるいは推奨する価格での販売が実行されるように）多大な労力を
割いている。

　つまり，製造業者の小売りに対する価格と最終消費者に対する価格の両方が製
造業者によって設定されるシナリオは，実務上まだ重要であるといえる。

11.2.1.1　最終価格とマージンの最適化

　上で述べたような仮定の下に，製造業者の価格－マージン反応関数は，次の式
で表される。

$$q = q(p, s) \tag{11.1}$$

ここでpは最終消費者価格であり，sは小売業者のマージンである。

最終消費者価格の水準は消費者の反応を引き起こし、最終消費者価格の価格弾力性は通常、負の値となる。マージンの水準は、商品を売ろうとする小売業者の労力に影響する。マージンが高くなればなるほど、小売業者に対する販売の動機づけも強くなり、販売数量への効果は、正の値となる。価格弾力性と同じように、マージン弾力性は次のように定義できる。

$$\gamma = \frac{\partial q}{\partial s} \times \frac{s}{q} \tag{11.2}$$

この式は、小売業者が獲得するマージンが1%変化したときの販売数量の変化率を表す（なお、最終消費者価格 p は一定であると仮定する）。

マージンと最終消費者の価格には、相殺効果が存在する。製造業者の販売価格が一定であると仮定した場合、最終消費者価格が上がると消費者には負の反応が生じるが、小売業者が得るマージンも高くなる。このことにより、小売業者の動きが活発化し、消費者の負の反応を相殺することができる。最終消費者価格と小売業者のマージンの最適な組み合わせは、まさしく2つの相反する効果が互いに相殺し合う点になることは直観的にも明らかである。以下の考察は、販売店や代理店、製造業者の販売員の歩合の最適化にも同じように適用できるだろう。

利益を最大化するような最終消費者価格と小売業者のマージンの組み合わせを得るために、以下の製造業者の利益関数

$$\pi = (p-s)\,q(p,s) - C(q) \tag{11.3}$$

を p と s に関して微分する。続いて式変形を行うことで、次式を得る。

$$p^* = \frac{\varepsilon}{1+\varepsilon+\gamma} \times C' \tag{11.4}$$

$$s^* = \frac{\gamma}{1+\varepsilon+\gamma} \times C' \tag{11.5}$$

C' は例によって限界費用であり、ε と γ は価格弾力性とマージン弾力性である。製造業者の販売価格は最終価格 p とマージン s の差なので、次式を得る。

$$p_M^* = \frac{\varepsilon+\gamma}{1+\varepsilon+\gamma} \times C' \tag{11.6}$$

このように、消費者価格とマージンを同時に最適化する最適化条件は、アモローソ・ロビンソン関係式（6.6）と類似した形で定式化できる。これらの条件から、以下の知見を得ることができる。

- 価格弾力性 ε の絶対値が小さくなるほど，最終消費者価格 p^*，マージン s^*，製造業者の販売価格 p_M^* は大きくなる。
- マージン弾力性 γ が大きくなるほど，最終消費者価格 p^*，マージン s^*，製造業者の販売価格 p_M^* はより大きくなる。最終消費者価格 p^* に関して，マージン弾力性は，価格弾力性と同様にこれを低下させる効果を持つ。
- 製造業者が最終消費者価格 p と販売店のマージン s を決定し，マージン弾力性が正の場合，小売業者や仲介業者を通じて販売すると，最終消費者価格は直接販売よりも高くなる。しかし，これは変動する物流コストが存在しないという仮定を置いており，実際には物流コストは間接販売よりも直接販売の方が，高くなることもある。
- 価格弾力性 ε が低下するにつれて，マージン s^* は製造業者の販売価格 p_M^* と単位当たり貢献マージンよりもより大きく上昇する。これは，マージン弾力性が 1 よりも大きいと仮定した場合であり，$\gamma<1$ の場合は逆になる。
- マージン弾力性 γ が大きくなるにつれ，マージン s^* は製造業者の販売価格 p_M^* よりも急激に大きくなる。これは価格弾力性（の絶対値）が，2 よりも大きいと仮定した場合である。

　もし小売業者が単位当たり変動物流費 k を負担するのであれば，上の微分において，グロスマージン $(p-p_M)$ を，ネットマージン $(p-p_M-k)$ に置き換えなければならない。以降同じように微分した場合，価格弾力性とマージン弾力性の影響に関する記述にも変更はない。

　表11.1は，価格弾力性とマージン弾力性を「高」「低」に分類し，最終消費者価格とマージンの方針についての定性的な提案をまとめたものである。

　このことを示すために，弾力性が一定であると仮定し，次式で表される価格－マージン反応関数を得る。

$$q = a p^\varepsilon s^\gamma \tag{11.7}$$

[表11.1] **製造業者の最終価格政策とマージン政策に関する質的な推奨**

価格弾力性	マージン弾力性	
	低	高
低	最終価格　高 マージン　低	最終価格　高 マージン　高
高	最終価格　低 マージン　低	最終価格　低 マージン　高

[図11.2] 弾力性の変化が最適価格とマージンに及ぼす効果

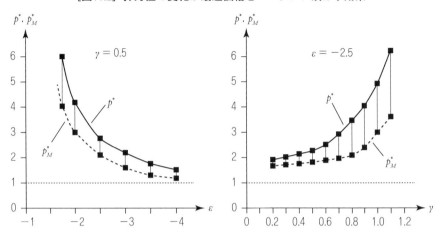

限界費用C'を一定と仮定すると，意思決定ルール（11.4）と（11.5）を直接適用できる。図11.2は，価格弾力性εとマージン弾力性γの関数として，最適な最終消費者価格とメーカー販売価格を示している。2つの曲線の差はマージンs^*に対応している。この図を用いて，先に述べたことを容易に確認することができる。

11.2.1.2 製造業者と小売業者のシェア

製造業者と小売業者の間で，最適な総マージン(p^*-C')を，どのように配分するのかという問題は興味深い。総マージンに占める製造業者のシェアは$(p_M^*-C')/(p^*-C')$である。もし，(11.6)と(11.4)からp_M^*とp^*を代入し整理すると，製造業者のシェアとして$1/(1+\gamma)$，その結果として小売業者のシェア$\gamma/(1+\gamma)$を得る。

製造業者と小売業者のシェアの比は，次のように表される。

$$\frac{製造業者のシェア}{小売業者のシェア}=\frac{1}{\gamma} \tag{11.8}$$

この関係は，価格弾力性に左右されない。製造業者のマージンと小売業者のマージンは，マージン弾力性が1のときに等しくなる。$\gamma>1$のとき，小売業者は総マージン(p^*-C')のうち，より多くのシェアを得ることになる。$\gamma<1$のとき，製造業者が総マージンのうち，より多くのシェアを得ることになる。これは，$\gamma>1$のとき，製造業者のマージンの限界的な減少よりも，高いマージン弾力性によって得られる販売数量の増加の方が大きいためであり，合理的な結果である。

第11章　消費財の価格マネジメント　◆491

11.2.1.3　競争手段としてのマージン

　小売業者のマージンは，多くの製品が棚割りや消費者需要といった小売レベルでしのぎを削っているような一般的な状況において，重要な競争手段となりうる。このことは，基本的に顧客が予め購入することを決めており，いずれかのブランドを選ばなければならなくて，小売業者がその選択に影響を及ぼしうるような状況に特に当てはまる。

　もしも競合製品の価格と品質がほぼ同じならば（後者の場合，購買者は自身の判断に確信が持てないことが多く），小売業者は最も利幅の大きい商品を勧めるだろう。これまでの分析のすべては，競争の文脈に置き換えることができる。同様に，価格に関する寡占理論はマージンに同じように当てはめることができ，これは交差マージン弾力性が，反応関数と同様に定義可能なことを意味する。これは価格から導かれた洞察を逆転させたものなので，価格からマージンへの洞察は比較的容易に置き換えることができるため，ここでは詳細な説明を割愛する。

　実際には，ストアブランド，ジェネリックブランド，ノーブランドは，古典的なブランド品よりもパーセントで見た場合（時には絶対額でも），高いマージンを確保している。競争的な観点からいえば，透明性という点において，マージン戦略は（オープンな）価格戦略とは異なる。マージンは個別に与えられ，したがって非公開のリベート（多くの場合，目標達成リベートの形で）で管理可能なため，マージンの操作はオープン（つまり公）な価格変更ほど，競争上の透明性は高くない。したがって，マージンは，自身のマーケットシェアを高め利益を上げるための，目立たない手段として使うことができる。

11.2.1.4　マージン弾力性の経験的側面

　これまで説明してきた理論的な考察は，マージン弾力性，最適価格，及び取引マージン間のつながりについて，有益な洞察を与えるものである。しかし，実際にこれらを適用するとなると，マージン効果を数値化する必要がある。価格反応関数を規定すれば，マージン効果のそれぞれのパラメータを測定することは，原理的に難しくない。価格効果と同様，計量経済学的な手法や専門家の判断を，パラメータの設定に用いることができる。ここでは，顧客調査は有効な選択肢ではない。

　しかし，製造業者の設定するマージンが分析を行うのに十分な程，変動していることはまれで，計量経済学的な測定は困難なことも多い。次善策の1つとして，販売促進費の弾力性を推定するというものがある。製造業者は，マージン引き上げと同じような効果を持つ別の追加的な金銭的インセンティブを与えることがで

き，こういった販売促進費の弾力性はマージン弾力性と類似すると考えられる。
実際には，販売促進費を割引のように扱うことは珍しくなく，その場合は事実上
「マージン」の役割を果たしていることになる。販売促進費は幅広い変動を示す
傾向にあるため，効果測定に有益となる一方で，販売促進効果の短期的な性質が
問題となりうる。**表11.2**は3つの消費財のプロモーション弾力性と価格弾力性の
推定値を表している。

　最適マージンs^*を製造業者の販売価格の関数として表した場合，価格弾力性と
取引弾力性に対する製造業者の販売価格p_Mのマークアップは次のようになる。

　製品A：51.2%
　製品B：29.3%
　製品C：45.7%

　これらのマークアップ率は現実的であり，表11.2の弾力性の推定値が妥当性の
高いものであることを示唆している。
　理論的考察から，マージン弾力性の経験値についてある程度の結論を導き出す
ことができる。最適化条件に基づいて，製造業者の販売価格p_Mについての価格
弾力性とマークアップの違いから，**表11.3**に示すような暗黙的なマージン弾力性
が得られる。それらは，取引マージンを製造業者の販売価格のパーセンテージ

**[表11.2] 計量経済学的に推定された（マージン弾力性の近似値として
の）プロモーション費用弾力性**

製品	プロモーション費用弾力性	価格弾力性
A	0.742	−2.190
B	0.401	−4.130
C	0.363	−1.157

[表11.3] 様々な価格弾力性とマークアップにおけるマージン弾力性の値

マークアップ p_Mに占める割合（%）	価格弾力性		
	$\varepsilon=-2$	$\varepsilon=-3$	$\varepsilon=-4$
10	0.18	0.27	0.36
25	0.40	0.60	0.80
50	0.67	1.00	1.33
100	1.00	1.50	2.00

$s = -\gamma p_M/(\varepsilon + \gamma)$ として表し，γ について解くことによって計算される。これによって，実際にマージン弾力性が，およそ0.2から最大で1.5の範囲であると考えることができる。表11.3の値は，すべてこの範囲内にある。

ポイント

　最終消費者価格と小売業者のマージンが，製造業者にとって実用的なパラメータであれば（垂直的価格固定制が禁じられているにもかかわらず，いくつかの市場において未だに現実に存在），両方のパラメータを同時最適化するための簡単な条件を示すことは可能である。価格とマージンの最適値は，価格弾力性とマージン弾力性に依存している。最終消費者価格と製造業者限界費用の差である全体的なマージンの配分は，マージン弾力性だけで決定される。

　競争上の政策を講じる手段として考えた場合，マージンは最終消費者価格よりも透明性が低く，このことは競合が自社のとる政策にどのように反応するかに影響を与える。マージン弾力性の測定は困難であり，経験的な知見はあまり当てにならない。この現実的な値は0.2以上1.5以下であることは，他の考え方により示されている。

11.2.2　製造業者がメーカー販売価格のみを設定

　垂直的価格固定制が禁止されて以降，特別な場合を除き，製造業者は法的拘束力のある価格として，メーカー販売価格のみを設定できるようになった。その結果，取引業者は自動的に自身のマージンと最終消費者への販売価格の両方を決定できるようになった。

11.2.2.1　取引における行動

　利益を最大化する販売価格を設定するためには，製造業者は次の情報を必要とする。

- *最終消費者の需要に対する価格反応関数*
- （製造業者の販売価格の関数としての）最終消費者価格の設定における*取引業者の行動*

　論理的には，ここでの意思決定は寡占市場における意思決定と同じとなる。それは，製造業者は取引がどのように行われるかについて，ある「反応仮説」に基

494

づいて価格を設定するからである。次のような「反応仮説」には注意が必要である。

- 取引業者が経験則に基づいて最終消費者価格を設定する。つまり，取引業者がメーカー販売価格に一定割合のマークアップを適用する（コストプラス法）。
- 取引業者は利益を最大化するように行動する。つまり，取引業者はメーカー販売価格p_Mの関数と最終消費者価格反応関数として，利益が最大化するような最終消費者価格を設定する。

取引におけるコストプラス法の利用が広まっていることを受けて，最初のアプローチがより一般的になっている。取引業者の専門性が高くなると，2番目のような状況に遭遇する機会が増える。

11.2.2.2　取引業者がコストプラス法を採用した場合のメーカー販売価格の最適化

取引業者がコストプラス法を採用する場合，最終消費者価格は，(11.9) のように定義される。αはマークアップ係数，kは取引業者の変動費である。

$$p = \alpha(p_M + k) \tag{11.9}$$

p (11.9) を最終消費者価格の価格反応関数$q = q(p)$に代入すると，製造業者が最大化すべき利益関数は次式で表すことができる。

$$\pi = p_M q[\alpha(p_M + k)] - C(q) \tag{11.10}$$

いつものように計算していくと，次式で表されるメーカー販売価格の最適化条件を得る。

$$p_M^* = \frac{\varepsilon(\alpha)}{1 + \varepsilon(\alpha)}\left(C' - \frac{k}{\varepsilon(\alpha)}\right) \tag{11.11}$$

$k = 0$の物流コストの場合，この式は馴染みのあるアモローソ・ロビンソン関係式に相当する。しかし，$\varepsilon(\alpha)$で表される価格弾力性は，マークアップ係数αに依存している。等弾力性が仮定される価格反応関数$q = ap^b$であるような特別な場合には，$\varepsilon(\alpha) = \varepsilon = b$となり，製造業者の最適販売価格は製造業者が直接販売するか取引業者を通じて販売するかに依存しなくなる。しかしこのことは，その他の最終消費者価格反応関数の場合には当てはまらない。

マークアップルール (11.9) を，製造業者の最適販売価格 (11.11) に適用する

と，次式のような最終消費者価格を得る。

$$p = \frac{\alpha\varepsilon(\alpha)}{1+\varepsilon(\alpha)}(C'+k) \tag{11.12}$$

等弾力性が仮定される価格反応関数の場合，限界流通コストが同じで$\alpha>1$と仮定すると，直接販売するよりも取引業者を通じて販売した方が，最終消費者価格は高くなる。

価格反応関数が線型の場合は，具体的に記述することが可能となる。その結果，最適値は次のようになる。

$$p_M^* = \frac{1}{2}\left(\frac{a}{b\alpha}+C'-k\right) \tag{11.13}$$

と

$$p = \frac{1}{2}\left(\frac{a}{b}+\alpha C'+\alpha k\right) \tag{11.14}$$

である。

流通コストが同じであると仮定すると，直接販売した際，p_M^*は最適価格よりも低くなり，pは最適価格よりも高くなる。マークアップ係数αが高くなるほど，製造業者の販売価格は低くなり，最終消費者価格は高くなる。

図11.3は価格反応関数が線型である場合における，利益の状況と製造業者と取引業者の利益の内訳を示している。ここでは最終消費者価格反応関数を$q=100-10p$，限界費用は$C'=4$で一定，変動流通コストは$k=0$とし，取引のマークアップは25%（$\alpha=1.25$）と仮定している。

最適な最終消費者価格は，$p^*=\$7.50$であり，最適な製造業者販売価格は$p_M^*=\$6$である。製造業者の利益は$50で，取引業者の利益は$37.50である。両者がそれぞれ最大利益を獲得することはできない。

両者の利益曲線は，深刻な*利益相反*があることを示している。$p=\$7.50$の右側においては，両者とも価格の切り下げを望むが，左側においては互いに反対の行動をとるだろう。取引業者は最終消費者価格をできるだけ低くしたいが，取引業者が固定されたコストプラス法を採用しているため，これはメーカー販売価格が低い場合にのみ可能となる。このような状況では，取引業者は製造業者にかなりの価格引き下げの圧力をかけることになる。

低価格の領域における製造業者と取引業者の相殺する利益効果は，（販売数量と比べた）単位当たり貢献マージンが，製造業者と取引業者で全く異なる形で変化するという事実によるものである。最終消費者価格が$p=\$7$（メーカー販売価格が$p_M=\$5.60$）の時，取引業者と製造業者はそれぞれ，$1.60，$1.40の単位当た

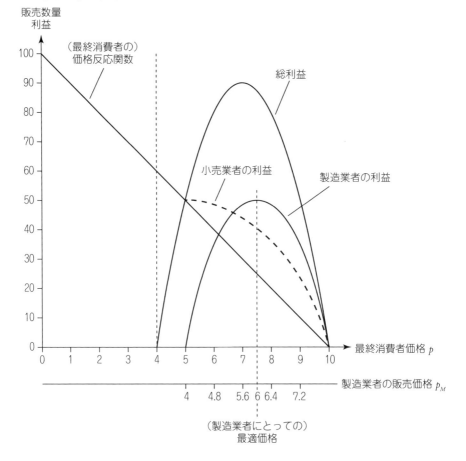

[図11.3] 小売業者がコストプラス価格設定を実施する場合の利益状況と内訳

り貢献マージンを得る。もし p が\$6に，p_M が\$4.80に下落すれば，取引業者の単位当たり貢献マージンは，\$0.40減少し，\$1.20になる（25％の減少）。一方，製造業者の単位当たり貢献マージンは\$0.60減少し，\$0.80になる（42.8％の減少）。\$1の値下げによって，販売数量は30から40単位に33.3％増加する。したがって，パーセントベースだと，取引業者の単位当たり貢献マージンの減少分よりも販売数量の増加分の方が大きく，低価格で販売したほうが良い結果となる。しかし，製造業者にとっては逆のことがいえ，単位当たり貢献マージンは販売数量の上昇よりもより急速に減少する。このことは製造業者の利益を減少させる。この事象は，取引業者は販売数量を高めることに強い関心があるという経験的観測とも一

第11章　消費財の価格マネジメント　◆497

致している。

11.2.2.3　取引業者が利益を最大化する場合のメーカー販売価格の最適化

　取引業者が最終消費者価格を決定する場合を考える。単位当たり流通コストをkと仮定して，利益

$$\pi_D = (p - p_M - k)\,q(p) \tag{11.15}$$

が最大化されることになり，この場合に適用されるアモローソ・ロビンソン関係式

$$p^* = \frac{\varepsilon}{1+\varepsilon}(p_M + k) \tag{11.16}$$

が成り立つ。

　製造業者は，pに（11.16）を代入するために，p_Mに関して利益関数を微分して，製造業者の販売価格を最適化する。そして，次式のような最適メーカー販売価格を得る。

$$p_M^* = \frac{\varepsilon}{1+\varepsilon}\left(C' - \frac{k}{\varepsilon}\right) \tag{11.17}$$

　この条件は，取引業者がコストプラス法を採用する際の，最適なメーカー販売価格のための条件（11.11）を，数式として表したものである。$k=0$，εは定数（一定）とした場合，取引業者の目標が利益最大化である場合，製造業者は取引業者を考慮することなく販売価格を設定する。もし流通コストが正で，εは定数（一定）ならば，製造業者の販売価格はより高くなる。

　（11.16）を用いて，最終消費者価格は次式のように得られる。

$$p = \frac{\varepsilon^2}{(1+\varepsilon)^2}(C' + k) \tag{11.18}$$

　この価格は物流コストが同じであるとすると，直接販売される場合には最適価格よりも高くなる。利益最大化を図る取引業者が介入することで，最終消費者価格は上昇する。ここでは，容易に解釈できる結果を導出するために，線型の価格反応関数を用いる。

　最適なメーカー販売価格は，次式のようになる。

$$p_M^* = \frac{1}{2}\left(\frac{a}{b} + C' - k\right) \tag{11.19}$$

　$k=0$のとき，p_M^*は直接販売したときの最適価格と同じになるので，製造業者は，この条件下では取引業者を考慮することなく，価格を設定できる。もし流通コストが正ならば，結果としての最適な最終消費者価格は，同じ流通コストで直接販

[図11.4] 小売業者がコストプラス価格設定を実施する場合の利益とその内訳

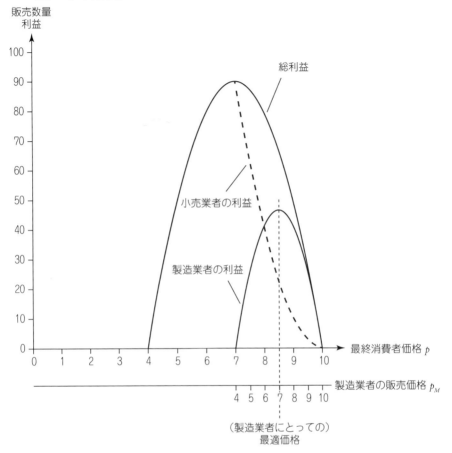

売したときの最適価格よりも高くなる。

図11.4は，線型の最終消費者価格反応関数 $q = 100 - 10p$，一定の限界費用 $C' = 4$，変動流通コスト $k = 0$ を仮定した場合の状況を表している。

製造業者の視点からの最適な最終消費者価格は，（最適な製造業者販売価格が $p_M^* = \$7$ の場合）$p^* = \$8.50$ である。製造業者は \$45 の利益を得る一方で，取引業者は \$22.50 の利益でやりくりする必要がある。

このことは，最適な最終消費者価格 p^* の左側では，製造業者と取引業者の間に利益相反があるということである。その原因はコストプラス法の場合と同じであるが，2つの数値例を比較すると，取引業者が利益最大化を図る場合の数値例の

方が，対立はより顕著である。製造業者は最終消費者価格を$1下げるために，販売価格を$2引き下げる必要がある。製造業者は，取引業者の2倍の単位当たり貢献マージンを，最終消費者価格の値下げを行う場合に「犠牲」にすることになる。

11.2.2.4　2つの状況の比較

線型価格反応関数を用いて，取引業者側における2つの行動形態の結果を比較することができる。図11.5は，この2つの状況を示している。実線は，最終消費者価格の価格反応関数を表しており，破線はメーカー販売価格の価格反応関数を表したものである。パラメータは$a=100$，$b=10$で，マークアップ係数は$\alpha=1.25$である。矢印は最終消費者価格がメーカー販売価格からどのように導出されたかを表している（$C'=4$）。

少し単純化すると，コストプラス法は，取引業者はp_Mが低い時に低いマークアップを使い，p_Mが高いときには高いマークアップを使うことを意味している。取引業者が利益最大化を画策する場合は，逆の行動をとる。言い換えれば，取引業者は自らに課されたメーカー販売価格と最終消費者の支払意思額の差の最適化を図ろうとする。表11.4は変動流通コストが$k=0$，$k=1$の時の最適価格と利益を表している。

両方の事例において，取引業者が利益最大化を追求するよりも，コストプラス

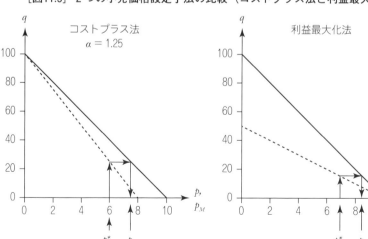

[図11.5]　2つの小売価格設定手法の比較（コストプラス法と利益最大化法）

[表11.4] 取引相手の行動の違いによる価格と利益の違い（直接販売を比較対象として）[5]

取引相手の行動	$k=0$ p_M^*	p	利益 製造業者	取引	$k=1$ p_M^*	p	利益 製造業者	取引
コストプラス $\alpha=1.25$	6	7.50	50	37.50	5.50	8.13	28.10	30.50
利益最大化	7	8.50	45	22.50	6.50	8.75	31.30	15.60
直接販売	—	7	90	—	—	7.50	62.50	—

法を用いる方が，取引業者と製造業者の双方にとって，より良い結果となっている。しかし，このことはどのような場合でも普遍的に当てはまる訳ではない。マークアップ係数が高い（たとえば，$\alpha=2$）場合には，コストプラス法のほうが悪い結果となる。しかし一般的には，仲介業者（取引業者）が存在すると，製造業者が直接販売する場合よりも，最終消費者価格を引き上げ，全体的な利益を下げることになる。このことは，取引業者が価格設定にコストプラス法を用いるか利益最大化を追求するかに関係なくいえることである。

ポイント

販売価格を最適に設定するために，製造業者は，取引業者が最終消費者価格を決定するのに使用する手法についての情報（取引業者の「反応関数」）と，最終消費者の価格弾力性に関する情報を得る必要がある。取引業者は，コストプラス法と利益最大化のいずれかの手法を用いる。いずれの場合も，流通コストが同じであると仮定すると，取引業者の活動によって，製造業者が直接販売する場合よりも最終消費者価格は高くなる。製造業者が販売価格を設定する際に取引業者の行動に注意を払わなくてもよい状況（価格弾力性が一定，変動流通コストが0の場合）もある。

11.2.3　製造業者と取引業者による共同利益最大化

製造業者と取引業者の相互依存性を考慮すると，両者が共同で利益最大化を目指すべきことは明らかである。その結果，両者の異なる関心を反映する2つの段階に，意思決定プロセスは分かれる。

第1段階は，共同での利益を最大化する最終消費者価格を設定することである。

第11章 消費財の価格マネジメント ◆501

両者は総利益をできるだけ大きくするように動機づけられるため，両者の利害は同じものになる。第2段階では，総利益を製造業者と取引業者の間で配分する必要がある。この段階では，両者の利害は*正反対*となる。配分される利益は固定されているため，利益の配分はゼロサムゲームとなり，一方がより多くの利益を受け取れば，他方の利益はより少なくなる。実際には，製造業者の販売価格の交渉を通じて配分が確定する。

　共同での利益最大化は，それ自体最も意味のあるアプローチであり，驚くべきことに最終消費者にとっても好ましいアプローチである。しかし，実務においてその妥当性を測るのは難しく，実現するためには多くの困難に直面することになる。

価格最適化

　このシナリオでは，競合の影響はないものと仮定する。したがって，最適価格の決定（第1段階）は容易である。製造業者の収益 $p_M \times q$ は，総利益 π_G の関数の中で，2回異符号の項として現れるので相殺される。

$$\pi_G = p_M q(p) - C(q) + (p - p_M - k)q(p) \tag{11.20}$$

　したがって，総利益 π_G は最終消費者価格 p だけに依存していることがわかる。（流通コスト k を含め）アモローソ・ロビンソン関係式を用いて容易に最適化でき，次式を得る。

$$p = \frac{\varepsilon}{1+\varepsilon}(C' + k) \tag{11.21}$$

　流通コストが同じであると仮定すると，論理的に p^* は直接販売の最適価格と同一になるはずである。したがって，共同利益最大化戦略における最適な最終消費者価格は，先に議論した取引業者の2つの行動形態の価格よりも低くなる。

　図11.6は，線型最終消費者価格反応関数 $q = 100 - 10p$，一定の限界費用 $C' = 4$，流通コスト $k = 0$ と仮定した場合の関係を示したものである。

　共同利益最大化戦略において，結果としての最終消費者価格は\$7になり，共同で得られる利益は\$90になる。製造業者と取引業者が別々で利益最大化を図る場合，最適な最終消費者価格は\$8.50，利益は\$67.50となり，有意に低い（表11.4参照）。取引業者がコストプラス法を採用し製造業者が利益最大化を図った場合でも，価格は高くなり利益は低くなる。価格は上昇するが，取引マークアップの上昇に伴い総利益は減少する。このような前提において，製造業者と取引業者が共同利益を最大化するために協力することは，製造業者と取引業者が単独で行動

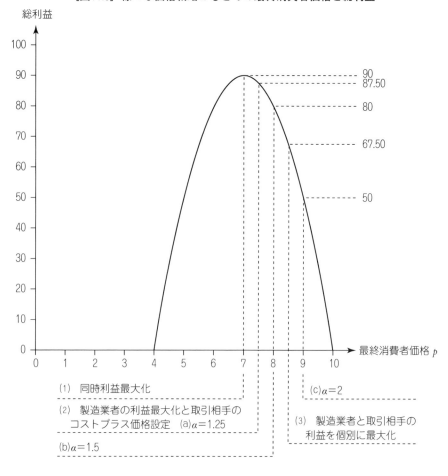

[図11.6] 様々な価格戦略のもとでの最終消費者価格と総利益

する場合よりも，（必ずしも個別にではないが）両者にとってだけでなく最終消費者にとっても，より良い結果をもたらすことになる。

11.2.4 利益の配分

第1段階では製造業者と取引業者の利害関係が一致しているが，利益の配分に関しては，両者は真っ向から対立することとなる。最適価格は，利益の配分について何も語らない。総利益の最適化において，製造業者の販売価格は単なる通過点に過ぎないからである。利益の配分は，典型的に製造業者の販売価格の交渉によって決まる。この価格は，取引における各当事者がいかにうまく利益を自分の

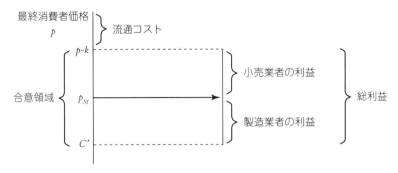

[図11.7] 利益分配問題の構造

ところに持ってくるように振舞えるかにかかっている。この交渉の問題は，**図11.7**で示される構造を持っている点にある。一方のパートナーが結果を改善できるのは，相手側に同じだけの損失を与えた時だけであり，これはゼロサムゲームである。

　一般的な結論は，潜在的な合意領域についてのみ導出することができる。この領域の境界は，製造業者あるいは取引業者のいずれかが損失を受け，取引に関心を持たなくなるポイントで決まる。したがって下限は，短期的には製造業者の限界費用（長期的には全費用を含む）になる。上限は取引業者の*純売上* $(p-k)$ になる。これらの境界は，「搾取点」とよばれる [12, p.417]。

　製造業者と取引業者の相対的なパワー・バランスと，交渉判断力や譲歩の準備が整っているかといった個別の事情によって，合意領域内のどのポイントで価格が決定されるかが決まる。

11.2.4.1　製造業者と取引業者の関係性について

　我々の考察は，製造業者と取引業者の間の*根深く*，かつ厄介な利益相反を明らかにした。この現象は共同で利益を最大化しようとする場合だけではなく，獲得可能な利益が明らかで，それをどのように配分するかだけが問題である場合であっても起こりうる。

　これは製造業者と取引業者の根本的な利益相反の本質であり，パワー・バランスが消費財メーカーにとって不利益な方向にシフトしていることで，このような状況について多くの不満が生じている。製造業者が影響力を失い，反対に小売業者の力が伸びているのは，2つの事象の結果である。1つは，小売業の集中が高まっていること（「需要側の力」とよぶ）であり，高度に発達した競争市場にお

504

いて，製造ではなく販売がボトルネックになっているという事実である。

　もし製造業者がこの「自然な」対立において，より良い結果を得たいのであれば，好ましい方向にパワー・バランスを改善する必要がある（たとえば，ブランドのより良いポジショニング，イノベーション，より効果的なプル型のコミュニケーションなどを通じて）。その場合，取引業者は，最終消費者にとって，その商品がどの程度魅力的であるかに依存することになり，この魅力が強ければ強いほど，取引業者は製造業者の価格を受け入れる可能性が高くなる。

　実際には，価格と販売数量についての年間契約が，交渉プロセスの一般的な形態である。交渉には製造業者の経営層が関与することが多く，このことは，この交渉の重大性を物語っている。最近では，「唯一の議題は価格と条件であり，不条理な割引を要求する小売業者との再交渉が絶えない……」と同時に，実質的に設定価格の一部となるような馬鹿げた取引条件も存在する。この馬鹿げた取引条件の例として，小売業者はチェーン統合時に「ウエディング・ボーナス」，新規出店時に投資支援，さらには若手マネージャーが入社した時のジュニア・ボーナスを要求するということも報告されている [13]。「これは何の見返りもなく要求する金銭である」[13]。

　「割引」と「取引条件」についての交渉は，感情的な対立を生むことが多く，あるブランドコンサルタントは，残忍さと屈辱が混ざった「心理戦」と表現している [14]。次のコメントは，価格をめぐる対立における，製造業者と取引業者の間の緊迫した状況を伝えている。「マネージャーたちが席に着くか着かないかのタイミングで，窓のブラインドが閉じられた。正面の壁に，その食品スーパーマーケット・チェーンの途方もない力を，緊迫感をもって表現した映像が上映される。力強い音楽，ドラムロール，そして最後に広報担当者がこう宣言する『我々は方針を定めた』」。強いブランドを持った製造業者だけが，そのような厚かましい交渉手法に対し，持ちこたえることができる。なぜなら，「NutellaやTideを，リストから外す余裕のある小売はない」からである [13]。「年間契約」は単なる交渉ではなく，むしろ「巨額の金額が絡む権力闘争であり，決して弱者や気弱な者が対処できるようなものではない」[15]。

　現実には，これらの争いのすべては，最終的に*利益配分*に関わる。この配分がどのように価格と取引条件に組み込まれるかについて，経済学は言及していない。取引条件の重要性は，交渉戦術や寡占的動機（価格の不透明性，真の価格の隠ぺい）と関わる心理学的な観点で，より良く説明されるものと思われる。

第11章　消費財の価格マネジメント　◆505

11.2.4.2　共同利益最大化の実用面

　共同利益の最大化は，製造業者と取引業者双方にとって最善となり，同時に最終消費者にとっても好ましいことを考えると，このアプローチが実際に実現可能かを探る価値はある。

　毎年の交渉において，価格と販売数量に関しての合意がなされることは，現実が共同利益最大化の行動形態から大きく乖離していないことを示している。しかし同時に，これまでに述べてきた理想的なアプローチには，以下のような多くの障壁がある。

1. *時間/資源配分*：様々な価格設定に関わる問題を，集中的かつ共同で扱う必要がある。しかし，製造業者は非常に多くの顧客を持つため，このような協力体制は優良顧客に限定される。同時に，取引業者は大規模で幅広い品揃えを有しているため，個々の製品やカテゴリーのために割ける時間は限られている。
2. *データ*：共同利益を最大化するための必要条件は，製造業者と取引業者が，価格弾力性について同じような見解を持っていることである。しかし，価格弾力性は店舗ごとにはっきりと異なり，局地的な差を評価することは困難となる。
3. *目的*：製造業者と取引業者の利害が一致しないこともある。たとえば，取引業者は戦略として，特定の製品をロス・リーダーとして使用したいと考える一方で，製造業者はブランドイメージの観点から高価格を維持したい場合がある。
4. *信用*：共同利益の最大化のためには，相手側から示されるコストの数値が高い信頼性を有する必要がある。最適化に当たり，コストの数値を誇張しようとする誘因が働く。

　最後の論点を，例を挙げて説明する。価格反応関数を $q = 100 - 10p$，製造業者の限界費用を $C' = 4$，取引業者の流通コストを $k = 1$ と仮定する。利益の配分は $50:50$ で合意されている。式（11.21）によれば，最適な最終消費者価格は $p^* = \$7.50$ である。結果として総利益は $\$62.50$ であり，それぞれが $\$31.20$ の利益を受け取る。もし製造業者が本当の限界費用が $C' = 4$ であることを明かさず，$\$5$ のコストを主張した場合，最適価格は $p^* = \$8$ となり，「公式の」共同利益は $\$40$ となる。この場合，製造業者の取り分は $\$20$ になるが，製造業者はさらに「隠れた」利益

$20を稼ぐことになる。このやり方は，製造業者にとっては本当の限界費用を明示するよりも，明らかに良い結果になる。同じようなことは取引業者と，その流通コストについても当てはまり，過剰なコストを主張するインセンティブが働く。両者にとって潜在的にメリットがあるにもかかわらず，共同で利益最大化を追求する上でのすべての必要条件が満たされているとは限らない。それでも，ここで述べられたことは大手製造業者と取引業者の実際の行動から大きく乖離していないと思われる。

ポイント

　製造業者と取引業者による共同利益最大化において，第1段階は，最適な最終消費者価格を決めることである。第2段階が利益の分配であり，製造業者の販売価格の交渉を通じて実践される。共同利益最大化における最適な最終消費者価格は，それぞれが別々に価格を設定する場合や，製造業者によって再販売価格が維持される場合よりも低くなる。一般的に，利益の配分を交渉する際，潜在的な合意領域の境界を決めることしかできない。下限は製造業者の限界費用となり，上限は取引業者の純収益となる。この領域内で，両者の交渉スキルとパワー・バランスにより合意点の解が得られることになる。共同利益最大化の必要条件は，高度な情報共有と相互信頼がなされていることであり，この形式においては，すべての関係者（製造業者，取引業者，最終消費者）にとって，有益な結果をもたらしうる。実際には，製造業者と取引業者の価格決定は，厳格な数値の分析により行われるのではなく，およその目標を念頭に置いた交渉によってなされることとなる。

11.3　マルチチャネル価格マネジメント

　消費財の販売には取引業者を通じた販売に加えて，常に代替的な流通チャネルが存在する。しかし，これらには，例外的なものもある。AvonやTupperwareのような企業は，何十年にもわたり直接販売を行ってきたし，Dellは，初日から直接販売モデルを中心に展開してきた。一般的に伝統的なパン屋や肉屋は，消費者に商品を直接販売してきた。他にも，直接的な販売チャネルと間接的な販売チャネルを混ぜ合わせて用いている企業の事例は数多くある。ドイツのTchiboは，コーヒーの通信販売企業としてスタートしたが，後に直営店を展開したり，他の店舗で自社商品を販売したりするようになった。アパレル企業は工場直販を頻繁

に行っており，消費者は「工場内で」自身のニーズを満たしている。食器，調理器具メーカーのWMFは，従来から直営店で販売するほか，専門店を通じた販売も行っている。こういった事例はあるものの，概して直接販売は，伝統的に消費財メーカーにとって重要な役割を果たしてこなかった。

しかし数多くの理由から，ここ数年でこの状況は劇的に変化している。有名ブランドメーカーの多くは，直営店をオープンし，より高いマージンを得られるようになっている。「直接販売は一般的に，チャネルパートナーを通じた間接販売よりも，グロスマージンが高い」と，Appleは認めている［16］。

製造業者は直営店では，マーチャンダイジングと価格を，しっかり管理できる。また，バリューチェーンも拡大し，本来であれば第三者の小売業者が得るはずであった収益を，自社で獲得できるようになった。こうした前方統合は，成長戦略として多くの製造業者で採用されている。この現象は，特に高級品やファッションにおいて顕著である。たとえば，Hugo Bossは，直営店，アウトレット，オンラインチャネルを通じた直接販売にますます重きを置くようになっている。2016年には，前年比2％増となった総売上の62％を，直接販売によって生み出した。これと対照的に，小売業者を通じた間接販売は3％減少した［17］。フレグランスのチェーンであるDouglasは，総売上に占める直接販売（電子商取引）の比率を着実に伸ばしており，2017年には，総売上の14％を占めるに至った（2015年は10％だった）。これと並行してDouglasは，Click & Collect，スマートフォンでのthe Douglas Card，モバイル測定機器「Douglas Color Expert」のようなチャネル横断型サービスの導入を通じて，オムニチャネル販売網を構築している［18］。あらゆるタイプの小売業者は，流通におけるチャネルを増やしている。世界最大の小売業者であるWalmartは，Jet.comを30億ドルで買収し，多くの小規模電子商取引企業をポートフォリオに加えているし，電子商取引の筆頭であるAmazonは，逆にWhole Foods Marketを134億ドルで買収した。Louis Vuitton，Tesla，Nespressoのような企業は，直接販売に焦点を絞って，マーチャンダイジングと商品の価格設定を完全に統制している。しかし，この利点のために企業は，固定費の増加という代償を支払うこととなり，景気後退時や危機的な状況の際の負担になる可能性がある。

近年，ファクトリー・アウトレットが急増している。その名のとおり，このような流通チャネルは，以前のような工場直売に限られたものではないことは明らかである。このチャネルは，伝統的に見切り品販売のために用いられてきたが，現在では，通常販売している品揃えの中から商品を販売するのに用いられるようになってきている。ほとんどの市場において，消費者への接触手段がボトルネッ

クになっているので，多くの製造業者は，マルチチャネル戦略にさらに依存しつつある。最終消費者に到達するために，製造業者が関連するあらゆるチャネルを駆使することは，もはや珍しいことではない。このような事例は，オムニチャネル戦略とよばれている。

この変化の最も重要な要因は，インターネットによって，製造業者が従来の仲介業者を介することなく，非常に容易かつ安価に販売が行えるようになったことである。原則として，今日ではすべての製造業者は，仲介業者を必要とせずに，直接消費者に近づき，対応することができるようになっている。こうした動きは，まだ初期段階にあるが，それでも，B2Cの電子商取引は，アメリカではすでに4,090億ドルの市場規模に到達し，今後数年間は2桁の成長率が見込まれている [19]。この変化は，デジタル商品が物理的な商品に代替されるような市場において，最も顕著である。Netflixによるストリーミング用のインターネット・プラットフォームは，従来のビデオレンタル店を，時代遅れも同然のものとした。電子書籍は，印刷された書籍にとって，強い競争力を持った脅威となっている。

また，インターネットは，アーティスト，作家，その他の創造的なサービス提供者が，最終顧客に直接到達するための道を切り拓いた。従来の書籍ビジネスにおいては，作家は本を宣伝するだけでなく価格設定も行う出版社と取引するしかなかった。そして，印刷された書籍は卸売を介して書店に並べられ，読者が購入するものであった。現代版の自費出版の出現により，作家は自身の手で出版し，マーケティングができるようになった。作家は自身の作品を電子書籍あるいは自費で印刷して売り出し，Amazonや類似の電子商取引のチャネルを介して書籍を販売する。作家は自身の書籍に対し，「プル効果」を生み出す責任を独自に負っている。このことは出版社，卸売業者，そして出版業界を無用なものにしてしまう。また，価格の算定方法にも根本的な変化をもたらす。作家は低価格で書籍を提供でき，さらに従来の出版モデルよりも高いマージンを得ることができる。従来の出版モデルでは10,000冊程度の販売数量だったのが，このようなダイレクトマーケティングを用いた著しい低価格販売によって，100,000冊を超える販売部数を達成した作家を何人も知っている。こうした自費出版者たちは，「プル効果」を生み出すために，Facebook，Twitter，LinkedInのようなソーシャルメディアに大きく頼っている。

同じような方法で，音楽プロデューサー，映画制作者，アーティスト，ジャーナリストは，仲介業者としての出版社を必要とすることなく，顧客に直接働きかけることができる。音楽産業では，18人のスーパースターたちが，彼らのファンに直接アプローチするために，Tidalという名前の下，協力している。その理由は，

これらのミュージシャンがSpotifyの価格方針，特に無料プランにおけるロイヤルティ収入が低いことに不満を感じているということにある。Tidalは製品と価格差別化の両方を提供している。標準プランの価格はSpotifyのサブスクリプションと同額の月額$9.99である。しかし，Tidalはより高品質な月額$19.99のプレミアムプランも提供している [20]。また，有料ブログを通じて，かなりの収益を上げている有識者（knowledge provider）も存在する。

　これまで第三者を介した流通に焦点を置いてきた企業が，最終消費者に直接アプローチする方法を模索している。その一例がFoxconnである。Foxconnは世界最大の電子製品委託製造メーカーであり，AppleのiPhoneとiPadの大部分を製造している。Foxconnの製品は，Appleのようなブランドオーナーによって，多くの場合何層もの流通チャネルを通じて最終消費者に販売されてきた。言い換えれば，Foxconnは，上流の製造業者であり，最終消費者からは遠く離れた存在であった。Foxconnは，小売グループのMetroなどのパートナーと協力して，直営店の運営を試みたが，失敗に終わり閉店したこともある。その後，Foxconnは電子商取引サイトflnet.comを開設し，ブランド品とともに自社製品を販売した [21]。また，Foxconnはインドの電子商取引企業Snapdealに出資している [22]。こうした動きはいずれも，バリューチェーンのより大きな部分を占め，下流のマーケティング活動や価格を，より効果的に支配しようとするFoxconnの試みを表している。

　以前は取引業者を通じて製品を販売していた製造業者が，最終消費者と直接取引をすることを決めると，どのような価格マネジメントの問題に直面するだろうか。1つ目の問題は，製造業者が最終消費者価格の設定についての経験を有していないということである。こういった製造業者は，経済学的分析，心理学的分析，価格決定，プライシングの実践などについての能力を習得する必要がある。ただし，これらをゼロから始めるわけではない。小売業者や仲介業者との協業により，すでに学んだこともあるし，場合によっては最終消費者市場について得た経験と知識もある。マルチチャネルアプローチにおけるバリューチェーン上の「下流」においては，価格設定に関する組織とプロセスの再構築が必要であることを意味している。これを行う場合の最も重要な違いは，直接販売は製造業者が製品の最終消費者価格を完全に管理できることである。最終消費者に直接販売する製造業者は，価格促進，価格差別化，価格バンドリング，非線型価格設定のような戦術を，最大限活用することができる。そのためには，適切なノウハウや外部からのアドバイスが必要である。

　マルチチャネル戦略とオムニチャネル戦略は，価格マネジメントにおいて，難

しいチャネル間の調整問題を引き起こす。リアル店舗と比べてインターネットでは、顧客は低い支払意思額を示す傾向にある [23]。顧客はオンラインでは低価格であることを期待し、低い価格のみが「公正」であると考えている [24]。インターネットは高い価格透明性を生み出し、消費者はあまり労力をかけることなく価格比較ができる。これによって、異なる販売チャネル間での競争が生じることから、製造業者が直接販売する際には、自身の取引業者と競合することになる。そして価格は対立の火種となる。これは「異なるチャネル間で、できるだけ価格が均一になるように努めるべきなのか、意識的に異なる価格を認めるべきなのか」という難しい問題を提起する。

　間違いなく、インターネットは価格差別化を容易にしている。オフラインの世界では、顧客はまず店舗を見つける必要があったが、店舗に行けばすぐに商品を手に入れることができた。対照的に、オンラインの世界は利便性という利点があるが、購入者は商品を直ぐに手に入れることはできない。これは顧客は好みの価格とチャネルの組み合わせを選択しうることを意味し、二次の価格差別化の適用可能性を示す。Unterhuber [25] は、高価格によるオンライン価格差別化は、価格公平性の認識、購買意欲、顧客の口コミに悪影響をもたらすことを明らかにした。オフライン価格よりも、わずか5％価格が高いだけで、強い拒否反応を引き起こすのには十分である。同様の影響は、オフライン価格がオンライン価格よりも15％以上高い場合にも起きる。また、顧客は異なる価格水準を評価する際に、個々のチャネルにおける販売コストについて暗黙の前提を置いて考えることもわかっている。一般的に、オフラインチャネルは販売側にとってよりコストがかかると思われており、オフラインの割高な価格は受け入れられやすいという側面もある。ただし、顧客が2つのチャネルをコストの面で同等と見る場合は、5％の価格差しか受け入れない。したがって、オンラインとオフラインのチャネルの価格差は、顧客の強い反応を引き起こしうるため、慎重に扱われなければならない [26]。

　実際に起こっていることは多様である。まず、オンライン対オフラインの価格差別化が多く見られるようになってきている [27]。（包装資材や配送などの理由で）オンラインの販売コストが高くなると、その価格は高くなりうる [28, 29]。チャネル間で価格差別化を行っている小売業者の91％が、オンラインでより高い価格を設定しているという研究もある [27]。対照的に、あるヨーロッパのドラッグストアチェーンは、オンラインと実店舗で同じEDLPを保証している。割高な配送コストは、€4.95の追加料金を課して回収している [30]。CEOは、この戦略について次のように説明している。「一部の競合他社がしているような割高な価

第11章 消費財の価格マネジメント ◆511

格の中に物流コストを隠すことを，我々はしない。その代わり，公平で透明性の高い方法で，実際の物流コストを顧客に伝えている」[30]。イギリスのスーパーマーケットチェーンであるTescoも，同様のアプローチを採用している [31]。オンライン・サプライヤーの中には，最低発注量を超える場合，配送コストに関する追加料金を免除するところもある。

Appleは幅広いマルチチャネル戦略に従っているが，潜在的なリスクも指摘している。「再販売業者の中には，当社の直接販売の拡大を，当社製品の販売代理店や再販売業者の利益と対立するものだと認識している企業もある。そのような認識によって，再販売業者が当社製品の流通及び販売への資源投入を控えたり，そうした製品の流通を制限または停止したりする可能性がある」[16]。異なるチャネル間での価格差別化は，顧客の混乱と不満を生み出し，自身の販売チャネルにおいて，カニバリゼーションを生じさせることもありうる [32]。このように，マルチチャネル戦略は企業の価格設定権を制限する可能性がある。マルチチャネルの文脈において，「価格のマッチング（Self-matching）」を行う企業もある。その場合は，ある商品が別のチャネルでは，より安い価格で提供されていることを顧客が証明できる場合，商品の価格をそのレベルまで引き下げる [33]。価格のマッチングは，第10章で議論した価格保証に似ており，価格リスクをはらんでいるため，慎重に用いられるべきである。

結 論

消費財の価格マネジメントの特性は，その販売構造から生じる。これについての重要な洞察を以下に要約する。

- 伝統的に消費財メーカーは，主に小売業者や他の仲介業者を通じて製品を販売している。したがって，価格設定時は，こうした取引業者の動きを考慮する必要がある。
- 一般的に禁止され，現在では一部の業界でしか適用されていない，垂直的価格固定制の下では，製造業者は最終消費者への販売価格と同様に，自身の販売価格を決めることで，取引業者のマージンを同時に規定する。これらの意思決定において，製造業者は，最終消費者の価格弾力性と取引業者のマージン弾力性を考慮する必要がある。
- もし製造業者が自身の販売価格のみを決定可能な場合，取引業者が最終消費者価格を設定するのに，どの手法を用いるかを検討する必要がある。取引業者がコストプラス法を採用する場合と，利益最大化の行動をとる場合とでは，最適な製造

業者の販売価格は異なる。

- もし製造業者と取引業者が，共同での利益最大化を目指すならば，2段階のプロセスを踏むことになる。第1段階では，最終消費者価格は総利益を最大化する水準で設定される。第2段階では，両者の間で総利益をどのように分配するかについて合意する必要がある。これは，通常，製造業者が取引業者へ販売する価格設定を通じてなされる。これを合理的に行う方法ついての具体的な策はなく，確実に決定できるのは価格帯の上限と下限だけである。

- 消費財メーカーは，直接販売とマルチチャネル戦略への転換を強めている。このような動きの背景には，バリューチェーンを拡大し，さらなる成長を生み出し，自社ブランドのマーチャンダイジングや価格設定に対するより効果的な統制を行いたいという願望が存在する。特に高級品メーカーやファッション企業が直営店を展開することは，コスト構造を変動費から固定費にシフトさせることを意味し，結果として自社のリスクプロファイルが変化する。

- インターネットの登場によって，製造業者は仲介業者を外すことができるようになった。インターネットは製造業者が直接販売するための最も重要な推進要因となりつつある。このメリットは，書籍，映画，音楽，保険といったデジタル形式で提供できる商品を扱っているサプライヤーにとって，最も重要である。

- チャネル選択肢の拡大は，製造業者の価格マネジメントに新たな課題と潜在的な対立を生み出す。直接販売は，価格プロモーション，価格差別化，価格バンドリングなど，製造業者が利用できる手段の幅を広げる。そのため，製造業者には最終消費者価格の設定に関する能力が求められる。マルチチャネル戦略，オムニチャネル戦略は，一般的に異なる取引業者との競争だけでなく，製造業者と自社の取引業者の間の競争も生み出す。ここで価格は対立の主要なポイントとなるため，繊細なバランス感覚を持ってこれを注意深く扱い，対立を避けるようにする必要がある。

　消費財の流通と，価格マネジメントのチャンスとリスクは急速に変化している。その意味で，本章は将来のための堅固な予測というよりも，現時点でのスナップショットを提供している。企業は目を見開き，自身の柔軟性を維持できるよう努めるべきである。将来，消費財の価格マネジメントに，より多くの変化がもたらされることには疑いの余地がない。

第11章　消費財の価格マネジメント　◆513

参考文献

[1]　Kotler, P. (2015). *Confronting Capitalism*. New York: Amacom.

[2]　Baligh, H. H., & Richartz, L. E. (1967). *Vertical Market Structures*. Boston: Allyn and Bacon.

[3]　Jeuland, A. P., & Shugan, S. (1983). Managing Channel Profits. *Marketing Science*, 2(3), 239–272.

[4]　Coughlan, A. T. (1982). Vertical Integration Incentives in Marketing: Theory and Application to International Trade in the Semiconductor Industry. Dissertation. Stanford University.

[5]　Coughlan, A. T. (1985). Competition and Cooperation in Marketing Channel Choice: Theory and Application. *Marketing Science*, 4(2), 110–129.

[6]　Gabrielsen, T. S., & Johansen, B. O. (2015). Buyer Power and Exclusion in Vertically Related Markets. *International Journal of Industrial Organization*, 38(C), 1–18.

[7]　Martin, S., & Vandekerckhove, J. (2013). Market Performance Implications of the Transfer Price Rule. *Southern Economic Journal*, 80(2), 466–487.

[8]　Herweg, F., & Müller, D. (2014). Price Discrimination in Input Markets: Quantity Discounts and Private Information. *The Economic Journal*, 124(577), 776–804.

[9]　Bilotkach, V. (2014). Price Floors and Quality Choice. *Bulletin of Economic Research*, 66(3), 231–245.

[10]　Rey, P., & Vergé, T. (2010). Resale Price Maintenance and Interlocking Relationships. *The Journal of Industrial Economics*, 58(4), 928–961.

[11]　Olbrich, R., & Buhr, C.-C. (2007). Handelskonzentration, Handelsmarken und Wettbewerb in der Konsumgüterdistribution – Warum das Verbot der vertikalen Preisbindung abgeschafft gehört. In M. Schuckel, & W. Toporowski (Ed.), *Theoretische Fundierung und praktische Relevanz der Handelsforschung* (pp.486–505). Wiesbaden: DUV.

[12]　Krelle, W. (1976). *Preistheorie*. Tübingen: Mohr-Siebeck.

[13]　Amann, S. (2010, 03 April). Geradezu verramscht. *Der Spiegel*, pp.66–67.

[14]　Braun, C. (2010). Genug ist genug. http://www.brandeins.de/archiv/2010/irrationali taet/genug-ist-genug/. Accessed 02 July 2015.

[15]　Geisler, B. (2015). Der Nivea-Zoff. http://www.welt.de/print/die_welt/hamburg/arti cle138275809/Der-Nivea-Zoff.html. Accessed 02 July 2015.

[16]　Apple (2014). K-10 Annual Report. http://investor.apple.com/secfiling.cfm?filin gid=1193125-14-383437&cik=. Accessed 4 July 2015.

[17]　Hugo Boss (2016). Annual Report 2016. http://group.hugoboss.com/files/user_upload/ Investor_Relations/Finanzberichte/Geschaeftsbericht_2016.pdf. Accessed 01 March 2018.

[18]　Douglas (2017). FY 2016/17 Financial Results. https://ir.douglas.de/websites/douglas/ English/9999.html?filename=FY2016-17_Investor_Update.pdf. Accessed 01 March 2018.

[19] Statista (2016): Annual desktop e-commerce sales in the United States from 2002 to 2014. https://www.statista.com/statistics/271449/annual-b2c-e-commerce-sales-in-the-united-states/. Accessed 19 December 2016.

[20] Anonymous. (2015, 01 April). Eine musikalische Unabhängigkeitserklärung: Popstars wie Madonna, Rihanna und Jay-Z fordern digitale Musikdienste mit einem eigenen Angebot heraus. *Frankfurter Allgemeine Zeitung*, p.15.

[21] Luk, L. (2015, 05 March). Foxconn Takes on Giants of E-Commerce in China. *The Wall Street Journal Europe*, p.19.

[22] Luk, L., & Machado, K. (2015). Alibaba, Foxconn in Talks to Invest $500 Million in India's Snapdeal. http://www.wsj.com/articles/alibaba-foxconn-in-talks-to-invest-500-million-in-indias-snapdeal-1434444149. Accessed 14 July 2015.

[23] Kacen, J. J., Hess, J. D., & Chiang, W. K. (2013). Bricks or Clicks? Consumer Attitudes toward Traditional Stores and Online Stores. *Global Economics and Management Review*, 18(1), 12–21.

[24] Jensen, T., Kees, J., Burton, S., & Turnipseed, F. L. (2003). Advertised Reference Prices in an Internet Environment: Effects on Consumer Price Perceptions and Channel Search Intentions. *Journal of Interactive Marketing*, 17(2), 20–33.

[25] Unterhuber, S. (2015). *Channel-Based Price Differentiation: Literature Review and Empirical Consumer Research*. Frankfurt am Main: Peter Lang.

[26] Fassnacht, M., & Unterhuber, S. (2016). Consumer Response to Online/Offline Price Differentiation. *Journal of Retailing and Consumer Services*, 28, 137–148.

[27] Wolk, A., & Ebling, C. (2010). Multi-Channel Price Differentiation: An Empirical Investigation of Existence and Causes. *International Journal of Research in Marketing*, 27(2), 142–150.

[28] Yan, R. (2008). Pricing Strategy for Companies with Mixed Online and Traditional Retailing Distribution Markets. *Journal of Product & Brand Management*, 17(1), 48–56.

[29] Zhang, J., Farris, P. W., Irvin, J. W., Kushwaha, T., Steenburgh, T. J., & Weitz, B. A. (2010). Crafting Integrated Multichannel Retailing Strategies. *Journal of Interactive Marketing*, 24(2), 168–180.

[30] Anonymous. (2015, 17 July). dm will Verluste im Netz in Grenzen halten. *Lebensmittel Zeitung*, p.8.

[31] Anonymous. (2015, 17 July). Tesco erzürnt seine Online-Kunden. *Lebensmittel Zeitung*, p.8.

[32] Pan, X., Ratchford, B. T., & Shankar, V. (2004). Price Dispersion on the Internet: A Review and Directions for Future Research. *Journal of Interactive Marketing*, 18(4), 116–135.

[33] Nalca, A., Boyaci, T., & Ray, S. (2010). Competitive Price-Matching Guarantees under Imperfect Store Availability. *Quantitative Marketing and Economics*, 8(3), 275–300.

◆515

第12章

産業財の価格マネジメント

―――――――――――― 概　　要 ――――――――――――

　産業財の価格マネジメントには数多くの特殊な側面がある。産業財の価格マネジメントは，全体として多様な価格モデルと価格設定方法によって特徴づけられる。したがって，分析にあたっては，個々の事例について徹底的に理解することが必要になる。その中には，購買部門（Buying Centers）における，グループや各人の役割の理解も含まれる。多くの産業財のサプライヤーには，自らの価格マネジメントの結果として生じる「派生需要」が存在し，価格決定に関しては，非常に異なるプロセスが作用する。産業財に関しては顧客価値（定量化が可能になる場合がよくある）を重視するのか，それとも，コストを重視するのかはプロジェクトによって異なり，このどちらを選ぶかによって，価格マネジメントのプロセスは変わってくる。また，オークションは重要な役割を果たしており，インターネットの普及によってその役割はより重要になっている。実践においては，長くて面倒な価格交渉や，価格リスクの契約上のヘッジなど，交渉上のスキルやノウハウが重要なポイントとなる。

12.1　イントロダクション

　産業財は，商品やサービスを直接もしくは間接的に最終消費者に販売する組織（メーカー，公共機関，政府機関など）によって購入される商品やサービス，として定義される［1．p3．2］。産業財は，発電所や鉄道システムのような複雑な設備から，ねじやオフィス用品のような身近なものまで，非常に幅広い商品を指す。それと同様に，価格設定の問題とプロセスも広範囲に及ぶ。商品の中には製造過程で使用されるものもあるため，消費財にも産業財にも分類されるものもある。その一例が食料であり，最終消費者によって購入されることもあれば，カフェテリアや，レストラン，ケータリング業者などによって購入されることもある。しかし，ほとんどの場合，消費者向けの表示形式，パッケージサイズ，価格は企業向けのものとは異なっているため，組織や企業に向けて販売される商品は，一般的に産業財と考えられている。このような組織や企業向けのビジネスは，ビジネ

ス・トゥ・ビジネス・マーケティング（B2Bマーケティング）ともよばれている。

産業財のマーケティングに関する研究は，組織の購買行動，戦略，計画といった側面からの分析が一般的であり，価格に主眼をおいて実施されることは比較的少ない［3, 4, p.9］。この章では，経済価値分析，入札プロセス，オークション，価格交渉のような価格に関連した産業財のマーケティングに焦点を当て，関連するビジネスと，その取引の分類別に，産業財のプライシングの特徴について見ていく。その上で，分析，意思決定，実践段階に分けてより深い解説を行う。

産業財の分類では，「顧客との結びつき/追加購買の可能性」と「提供サービスの個別性/顧客の統合度合い」に分けて取引を分類するのが一般的である。［1, p.195, 5, p.842, 6, p.1058］この分類は図12.1に示されている。この「商品/スポットビジネス」は古典的な消費財マーケティングとある意味似ているところがある。標準化された商品（例：オフィス用品，ねじ，コンピュータ）は多くの顧客に販売され，そのような同質的な商品はオークションに適している。他にも，バリューベース・プライシングが用いられる可能性もある。「プラントビジネス/プロジェクトビジネス」では，商品やサービスは個々のクライアントに合わせて提供される。その場合，市場価格が存在しないので，特別な方法でコスト計算をするか，あるいは購入する企業が入札を行うことになる。「システムビジネス」の場合には，最初の製品/サービスの購買はその後，消耗品，交換部品，メンテナ

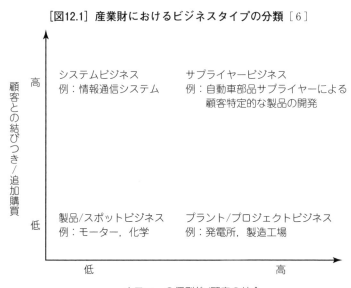

[図12.1] 産業財におけるビジネスタイプの分類 ［6］

第12章　産業財の価格マネジメント　◆517

ンスサービスといった一連の購買の流れを作ることになる。ほとんどのB2B取引では，何らかの価格交渉が行われるのが一般的である。

産業財市場には次のような特徴がある。[1 , pp.7-10, 7 , p.161, 8 , pp.30-32]

- 購買意思決定には，それぞれ異なる関心を持つ，様々な人々から構成される購買センターが関わる。
- ほとんどの事例において，購買を行う側は，徹底的なサプライヤー分析に基づいて購買意思決定を行うための，優れた情報基盤を持っている。産業財の性能は，消費財の性能よりも定量化しやすいことが多い。
- 大規模なプロジェクトは銀行，企業，外部のコンサルタントなど多くの組織が関わることが多い。
- 多くのプロジェクトはそれぞれユニークであり，顧客の仕様に合わせて実行される。
- 購買や調達は一般的に，定式化されたプロセスに沿って行われ，契約のためには入札を必要とすることも多い。
- 産業財サプライヤーの中には，派生需要の影響を受けると考えるサプライヤーも存在しており，この場合には価格設定時にバリューチェーンのさらに川下（すなわち，顧客の顧客）の活動も考慮すべきである。
- 少数の需要側企業と供給側企業のみで取引が行われることも多い（双方寡占）。たとえば，自動車エンジンのピストンは非常に少数の企業によって供給されている。

12.2　分析

　産業財の購入者は組織であるため，どのように購買意思決定を行っているのか，その行動を調査し，理解する必要がある。その際，購買センター（Buying Center）の概念は非常に重要である。購買センターは，購買意思決定に参加するすべての人々から構成される。これらの人々は，各々の基準に従って様々な提案を評価するため，そこで許容されるリスクの水準も人によって異なり，各人が自らの目標を達成するように行動する。適切な価格−価値のオファーを行い，それを適切に伝えるために，購買メンバー一人一人をしっかりと認識し，それぞれの選好と役割を理解する必要がある。それぞれの役割は，時によって発案者，使用者，購買者，情報選別者，意思決定者といったように異なる。この分析により，サプライヤーは，オファー時の価格と価値に関する，重要なインサイトを得ることが

できる。オファー内容は，購買センターの構成メンバー各々が認識・評価しうるため，その価格に対する反応も人によって異なる。価格交渉において可能な限り高い価格を実現するために，サプライヤーは，その時々の交渉相手に応じて，オファー時に強調する部分を変えることが望ましい。

　また，交渉の前に，購買センターのメンバーが価値についてどのように考えているかを把握することは重要である。加えて，競合のサプライヤーからの提案やオファーがどのように評価されるかを理解すべきである。購買者が用いる評価プロセスによっては，サプライヤーの価格設定の自由度は異なるかもしれない。サプライヤーが最適な価格設定をしたい場合，購買側の評価スキームを知ることは必要不可欠である。ForbisとMehta［9, p.50］はこのことについて次のような見解を述べている。「顧客が感じる価値は顧客の評価方法に大きく依存するため，経営者は評価の仕方と，その評価方法がきちんと守られているかどうかに常に関心を持つべきである」。これは，オファーの準備時だけでなく交渉時やコミュニケーション時においても当てはまる。

派生需要

　多くのサプライヤーは，自社が「派生需要」に従う状況にあると感じている。この概念を説明するために，自動車業界においてサイドミラーのような部品を供給しているサプライヤーの事例を用いる。このような自動車部品の販売数量は，その部品が搭載されている自動車モデルの販売数量に完全に依存している。サイドミラーの場合，自動車に必要な数量は，すべてのモデルにおいて，１自動車あたり２つだけである。しかし，そのような個々の部品の価格は，自動車の最終価格や販売台数に大きな影響を与えない。言い換えれば，サイドミラーのサプライヤーは，自社の影響範囲外の，車の生産台数分のサイドミラーの生産を求められているということである。つまり，サプライヤーにとって，販売数量は所与のものである。この状況は**図12.2**に示されている。便宜上，サプライヤーは単独のサプライヤー，つまり，仕入先は単一であるとする。

　この場合，価格反応関数は水平に伸びている。つまり，販売数量は部品の価格に依存しないということである。しかし実際には，サプライヤーが売買契約を結べるかどうかは，提供価格によって決まる。貢献マージン（つまり利益）は，販売数量が一定であるため，価格に応じて直線的に上昇する。ここで問題となるのは，サプライヤーはどうすれば最高価格を実現することができるのかである。その答えは，顧客の支払意思額を高めるような交渉をすることである。また，当然，競合の価格は重要な指標となるが，顧客がサプライヤーを１社しか選択しない場

[図12.2] 派生需要

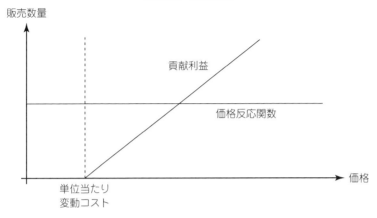

合には、部品の販売数量は価格に依存しない。価格が高かろうが安かろうが、需要は一定あり、自動車のメーカーは決まった数のサイドミラーのみを必要としているということになる。

購買者が複数のサプライヤーから調達しようと考えている場合、状況はやや異なってくる。多くの製造業者は単独のサプライヤーと取引することによるリスクを減らし、価格圧力を高めるために、複数のサプライヤーから仕入れるようにしている。しかし、ほとんどの場合、需要量は70：30のようにサプライヤー別に固定比率で配分されている。このような割り当てが行われる状況は、先述した1社のサプライヤーのみから仕入れる状況に近いものとなる。

アフターサービス市場、つまり交換部品の販売においては、状況は異なる。これは特に競争が生じている場合、つまり顧客がOEM（完成品販売メーカー）以外の企業からも交換部品を調達できる場合に当てはまる。このような場合、この部品は右肩下がりの価格反応関数を持つことになり、「正常な」利益関数を得られることになるかもしれない。

12.3　意思決定

価格決定において、バリューベース・プライシング、コスト志向プライシング、オークションは重要である。次項以降、それぞれについて紹介する。

12.3.1　バリューベース・プライシング

客観的なバリューベース・プライシングは、消費財よりも産業財に適している。

産業財のパフォーマンス（とその価値）は消費財よりも定量化できることが多いからである。ここでいう「バリューベース」とは，価格を決める際に，パフォーマンス指標や価値指標が用いられる価格設定方法のことである。

しかし，産業財における顧客価値やパフォーマンスという概念は，単に機能性だけに限定されるべきではない。産業財に関しては，従業員がその製品やサービスを安心して購入できるかどうか（「IBMを購入しておけば，解雇されることはない」）に加えて，内部，外部両方へのアピール（シンボリックなパフォーマンス）もまた重要である。美しさの観点（感情的なパフォーマンス）でさえも関係するかもしれない。

プライシングの基本として，価値の測定は重要な役割を担っている。**表12.1**は主だった価値測定手法を表にまとめたものである［10, pp.6-11］。

フォーカスグループ・インタビューや重要度評価による価値の測定は，頻繁に用いられる。経済価値分析はプライシングの自由度を推定するために，入念な検討を経て確立された手法である。プライシングの自由度推定のために，実際の顧客の経済価値分析の簡易的な例でこのことを示してみよう。既存の殺虫剤と比べて，小麦の生産高を１ヘクタール当たり100kg改善することができる新しい殺虫

［表12.1］産業財の価値測定手法

手法名	概要
自社の従業員による内部評価	● テストを通じて内部で価値を推計 ● 製品の使用/適用と製造プロセスについての詳細な知識が必要
経済価値分析	● 顧客にインタビューを行い，提供製品・サービスの全コスト構成要素の網羅的なリストを作成 ● 計算されたコストを顧客が現在用いている製品のコストと比較（製品ライフサイクルコスト） ● 価格の受容度の推計
フォーカスグループによる評価	● フォーカスグループで提供製品・サービス（実際の製品あるいは仮想製品）のディスカッション ● 専門家（顧客対応の従業員，コンサルタント，その他専門家）による支払意思に関する調査
重要度評価	● 提供製品・サービスの側面あるいは特徴の重要性について調査（一次調査） ● 同じ側面あるいは特徴によるパフォーマンスに関する，サプライヤーの評価
コンジョイント測定	● 異なる提供製品・サービスの購買選好に関する調査（一次調査） ● パフォーマンス属性の体系的な多様性 ● 様々な属性及び属性水準について，部分効用の計算

第12章　産業財の価格マネジメント　◆521

剤があるとする。この新商品は，殺虫剤を散布する際の費用が，１ヘクタール当たり５ドル追加的にかかるとする。農家の増分売上が100kgあたり15ドルであるとすると，新しい殺虫剤の価格の上限は15ドル－５ドル＝10ドルとなるため，既存商品よりも10ドル高い水準となる。しかし，農家がこの新商品を利用するように動機づけるためには，この上限よりも低い価格に設定すべきであろう。

　耐久財，つまり数年間用いられる商品に関しては，より複雑になる。この場合の経済価値分析では，現金を伴う収入という資金の流入と支出という資金の流出を比較する。顧客にとっての経済価値を知ることは最も重要であり，これについて，商業用トラックの購入を例として説明する。顧客は，次式で定義された正味現在価値（NPV）に基づいて意思決定するものとする。

$$NPV = -a_0 + \sum_{t=1}^{T} CF_t (1+i)^{-t} \tag{12.1}$$

　トラックの価格は次のような複数の変数の影響を受けて決定される。

- トラックを購入するための支払い額 a_0
- （減価償却費及び資金調達コストを通した）キャッシュフロー CF_t

　主な競合商品（トラックA）の正味現在価値の計算に以下の数値を用いる。

（年間）使用日数：200日
一日当たり売上：500ドル
一日当たり操業コスト：250ドル
購入価格 a_0：100,000ドル
商品寿命：５年
残差価値：０ドル
投下資本：50,000ドル
資本コスト（利率）：年率10％

ローンは５年後に一括で返済する。
年間キャッシュフローは以下の通り計算される。

年間売上：100,000ドル
操業コスト：－50,000ドル
利払い：－5,000ドル

減価償却費：−20,000ドル

税引前利益＝25,000ドル

税引後利益＝12,500ドル

キャッシュフロー（税引後利益＋減価償却費）：32,500ドル

　5年間の割引キャッシュフロー合計は123,200ドルであり，したがって正味現在価値（NPV）は23,200ドル（123,200ドルから購入価格100,000ドルを引いた金額）となる。

　新しいトラック（トラックB）はあまり故障することもなく，同時に操業コストが低いため，操業者は一日当たりの操業コストを225ドルに引き下げて210日使用できるとする。

　この例では，トラックBの正味現在価値はトラック価格の線型関数として表すことができる。

$$NPV = 118{,}936 - 0.8105p \tag{12.2}$$

　トラックBのNPVがトラックAと一致するような（競合中立な）正味現在価値価格pは118,120ドルであり，この価格では，トラックBの正味現在価値はトラックAと同様23,200ドルとなる。もしトラックBの価格が118,120ドルよりも低ければ，トラックAよりも割安である（逆もまた同様である）。

　しかし，これはNPV正味現在価値が顧客の意思決定基準である場合にのみ適用される。もし顧客が他の基準に基づいて投資意思決定をするならば，競合中立な価格水準は異なる。**表12.2**は自己資本利益率（ROE），総資産利益率（ROA），ペイオフ期間，正味現在価値（NPV）について競合中立な価格をまとめたものである。メーカーBがどの程度の値付けの余地があるかについては，顧客意思決定の投資基準に依存していることは明らかである。競合中立な価格は114,010ドルから125,833ドルの範囲にある。

　この単純な事例は，産業財メーカーにとって顧客の経済価値分析を正確に理解

[表12.2] 様々な投資意思決定基準による競合中立価格

基準	トラックAの価値	トラックBの競合中立価格
自己資本利益率（ROE）	25.0%	$125,833
総資産利益率（ROA）	12.5%	$114,010
元本回収期間	3.08年	$114,225
正味現在価値（NPV）	$23,200	$118,120

することがいかに重要かを示している。また，これらの考え方は販売交渉と顧客説得の両方の出発点となる。ある顧客がこれまでの間，意思決定基準としてペイオフ期間を用いていたとしても，もしメーカーがNPVの計算によって求められた正味現在価値がより正確なアプローチであると顧客を納得させることができるならば，メーカーは3,895ドルというより高い価格差を正当化することができる。

12.3.2　コスト志向プライシング

　産業財において，コスト志向のプライシングは非常に一般的である。特定のプロジェクトやカスタマイズされたオファー（例：工場や設備）では，一般的に市場価格はなく，案件ごとの見積が必要になり，そのような見積を計算するには様々な手法が存在する［11, 12］。そのためには，はじめに，内部データを用いることが一般的だが，ここでは最もよく用いられる手法を示し，それらを簡単に説明する。これらの手法は大きく分けると，定量的な手法と定性的な手法に分類される（図12.3参照）。

　「重量コスト法」は提供価格を計算するにあたり，経験に基づいた「施設1キログラム」当たりの費用や価値を用いる手法である［13, p.129］。もちろん，このアプローチでは重量のみを課金の基準とする訳ではない。（建築業界において慣習的であるように）「空間一立方メートル当たり」や「生産ラインの長さ1単位当たり」を用いて，提供商品の大まかな価格ガイドラインを定めることもできる。

　「原材料コスト法」では，原材料，労働力，その他の費用の間に一定の関係があるものと仮定する。もし既存のプロジェクトからこの関係性がわかっているならば，全体の製造コストは予想される原材料コストに基づいて見積もることができる。

［図12.3］コスト志向価格設定モデル

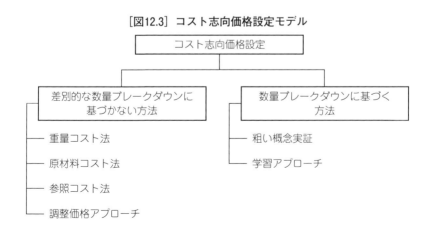

このように1つの変数だけを用いて提供価格を計算する単純な手法とは対照的に，複数の費用関数を用いる手法も存在する。「参照コスト法」では，まず費用の潜在的な参照変数を特定する。それから，その特定された参照変数を独立変数として重回帰分析を行い，それらの独立変数と製造コストの関係性や影響の強さを推定する。推定された回帰式によって，新しいプロジェクトの費用が見積もられる。

「調整価格アプローチ」では，類似した既存のプロジェクトを用いて計算が行われる。様々な修正と補正（例：地理，気候，インフレ率などの，そのプロジェクト特有の特性）を実施して，プロジェクトの実際の総費用を見積もる。

もう1つのアプローチ，「概算法（Rough Projection）」は，予想される費用に従って個々の構成要素を評価し，ベースとなる価格を算出する大雑把な方法である。このベースとなる価格に，特定の費用（例：旅費，輸送費，保険料など）を加えて，その顧客特有のベース価格を決定する。さらに，特別な配達条件や支払い条件（ファイナンスのための費用，倉庫などの保管費用）を考慮したものを，「調整済みベース価格」として，入札の開始時の価格とする。

「過去データの学習アプローチ」の背後にある基本的な考え方は，終了したプロジェクトを，データベースで体系的に整理することである。新しいプロジェクトが始まると，個々の部品や構成要素とそれに紐づくコスト情報にアクセスし，その情報を用いて見積もりを計算する。ここで，「過去データの学習」と「探索的な計算（Search Calculation）」を区別しておこう [14]。どちらも，新しいプロジェクトの見積もりの際に使われることには変わりないが，「過去データの学習アプローチ」は，既存の技術的なソリューションと絶えず増加しつつあるビッグデータに依存している。一方で，「探索的な計算」は類似プロジェクトを特定するために，似たような機能や特徴を探索し，特定された類似プロジェクトをベースとして，新しい見積もりを行うものである。

コスト積み上げ方式のプライシングへの批判は，これまでに示したコスト志向プライシング全般にも当てはまる。加えて，これらの手法は，サービスが中心となる案件の特殊な性質を正確に考慮していない [1, pp.383f.]。施設や工場の設備・機器のサプライヤーはサービス提供者（つまり，トレーニング，コンサルティング，財務，運営，メンテナンスといったサービス提供者）となる場合もあるため，このことは殊さらに重要である。

12.3.3 オークション

産業財の契約は，オークションや入札の結果として得られることが多い。オー

第12章　産業財の価格マネジメント　◆525

クション，特にオンライン・オークションの利用は，インターネットの登場により劇的に増加している。

12.3.3.1　入札プロセス

入札プロセスは，潜在的なサプライヤーが，顧客から指定されたタスクの実行やパフォーマンス評価のための入札書類を提出するよう要求される特別な形態のオークションである。入札は多くの産業財市場において一般的であり，政府機関や非営利組織への財・サービスの提供時等では，入札が法的に義務づけられている場合もある。

サプライヤーの観点からは，意思決定の2つの問題を区別することができる。

- 潜在的に価値のある入札や提案依頼の取捨選択。つまり，入札プロセスに参加するかどうかという，基本的な意思決定
- 企業が入札に参加する場合の入札価格の設定（「競争的入札」）

この項では，2番目の意思決定，つまり入札価格の設定に焦点を当てる。ここで，まず必要となるのは，需要者が希望している財・サービスの詳細な条件を満たすことである。これにより，様々な入札を評価する唯一の決定基準として価格が扱われ，その結果，競争が価格のみに絞られることになる。

入札には非常に多くの労力を必要とし，大規模なプロジェクトの契約は入札でしか受注できないため，入札に勝利できるかどうかはサプライヤーの財務状況に強い影響を及ぼしうる。したがって，最適な価格を決めることが最も重要となる。原則的には，最適な価格とは競争他社の最も低い価格を僅かだけ下回る価格となり，これを達成することが目的となる。

しかし一般的に，入札業者はどれくらいの業者が入札に参加しているかも，それぞれの業者がいくらで入札しているかも知らない。いわゆる「第一価格封緘入札」の場合，サプライヤーの入札は1回限りであり，入札後の調整を行うことはできない。落札したサプライヤーには，その価格での契約内容の履行義務が生じる。しかし，追加的に入札が行われたり，入札後の交渉が行われたりすることもない訳ではない [15]。

最適価格を決定するためには，基本的なゲーム理論に関するアプローチや意思決定理論に関するアプローチが役に立つ [1, pp.393-396, 16, pp.1064-1075, 17, p.198, 18, pp.21f]。

「ゲーム理論モデル」は携帯電話，エネルギー，通行料金システムといったセ

クターのライセンス案件においてよく使われている。これらのセクターにおける取り組みにおいては包括的な一連の目的が定義されており，それゆえ「マーケットデザイン」とよばれることもあるが，これについては専門的な文献［16, p.1074, 18, pp.21f］［15, 19, 20］を参照してほしい。

ここでは「意思決定理論モデル」に焦点を絞って話を進める。入札価格の設定に関して，ほかの入札業者の行動を含めた入札環境は，自身の入札に関する行動とは独立であり，意思決定は合理的に行われるものと仮定する［16, p.1064］。

Friedman［21］は，入札価格設定に関する定量的モデルを示しており，このモデルをもとにしたいくつかの拡張的なモデルも示されている［22, 23］。提示価格に関する意思決定には次のような要因が重要である。

- サプライヤーの目的関数
- プロジェクトのコストと入札準備のためのコスト
- 競合他社の行動
- 潜在的な顧客が契約を発注するのに用いる基準

様々な入札業者が異なる目的を持つことは十分に想定される［21, p.105］。期待損失の最小化が目的の場合もあれば，設備稼働率を維持するために財務的に損失を出してさえも落札することが目的である場合もある。もちろん目的が異なればその解決方法も異なるが，一般的に目標は，利益の期待値を最大化することである［24, p.315］。

競争入札の基本モデルは，プロジェクトからの期待貢献マージンである $E(\pi)$ を最大化することを目的としている。ここでは固定費を無視して次式のように表す。

$$E(\pi) = (p-k-C)\,\mathrm{Prob}\,(p<\bar{p}) - C[1-\mathrm{Prob}\,(p<\bar{p})] \qquad (12.3)$$

ここで

p ＝入札価格

k ＝プロジェクトの変動費

C ＝そのオファーの準備費用

$\mathrm{Prob}\,(p<\bar{p})$ ＝その企業が価格 p で落札する確率　である。

表12.3は C ＝500,000ドル，k ＝10,000,000ドルの場合の数値例である。貢献マージンは入札価格別に計算され，落札確率は推定値である。そして，そ

第12章 産業財の価格マネジメント ◆527

[表12.3] 入札の期待利益（単位：100万ドル）

提供価格 p	貢献マージン $p-k-K$	落札する確率 $\text{Prob}(p<\bar{p})$	（落札のない）期待コスト $K[1-\text{Prob}(p<\bar{p})]$	期待貢献利益
（単位：100万ドル）	（単位：100万ドル）		（単位：100万ドル）	（単位：100万ドル）
40	29.5	0.24	0.38	6.7
35	24.5	0.32	0.34	7.5
30	19.5	0.44	0.28	8.3
25	14.5	0.50	0.25	7.0

れぞれの落札確率と貢献マージンを掛けて，落札できなかった場合の費用を差し引くことで，様々な入札価格における期待貢献マージンを算出することができる。最後の列にその結果を示しており，この場合30,000,000ドルの入札が最も期待利益が大きくなる。

　このモデルは理論的には単純だが，実務的には問題がある。まず，コストは極端に変動しうる。落札に成功すると，生産能力を拡張する必要がある（その結果として固定費が大幅に変動する）かもしれないし，その入札が他の価値のあるプロジェクトを諦めることにつながることによる機会費用を考慮する必要があるかもしれないからである。一方で，落札する確率を推定することは難しい。それには競合の提示価格の確率分布を推定することが必要不可欠となるが，通常は，過去の経験を活用するしかない［16, pp.1065-1068］。

　競争入札では，いわゆる「勝者の呪い」が起きることがよくある［25, pp.50-62］。ここで説明した方法で最適な入札価格を特定した場合でさえ，入札の勝者は損失を被ることが多い。このことを理解するには，「自社が最低価格での入札者であるとはどういうことか」という単純な質問を考えてみるとよい。そしてその問いには，おそらく2つの答えがあり，「利益を犠牲にする準備ができている」あるいは「費用を過少に見積もった」のどちらかであろう。多くの場合，後者が当てはまる。すべての入札者が（過去の入札結果に基づいて）プロジェクトのコストを平均的に評価し，利益が出るように価格を設定していたと思っても，実際には費用を過少に見積もっているのだ。これは，落札がすべての入札における無作為抽出ではないことに起因する。コストを過少に見積もったプロジェクトほど入札に勝ち，そのプロジェクトの結果的な収益性は，落札前に期待した収益性よりも低くなる傾向にある。さらに悪いことに，より多くの入札者が参加すればするほど，落札者が金銭的な損失を被る確率は高くなる。

12.3.3.2　オンライン・オークション

　FrostとSullivanの研究［26］によれば，グローバルのB2Bのeコマースは力強い成長を続け，2020年までに市場規模6兆7,000億ドルに達する見込みである。これはB2Cのeコマース市場のおよそ2倍の市場規模である。インターネットは調達の実務面で広範囲に及ぶ変化をもたらした。たとえば価格透明性は劇的に高まった［27, p.113］。このことにより，価格透明性が完全に担保された市場が登場し，ほぼすべてのプロジェクトがコモディティ化してしまうと考えられたが，このような展開はこれまでに起きていない［28, p.8］。

　オンライン・オークションは非常によく用いられる。オークションの潜在的な形式と用途の概要については，［15, pp.104-124, 29, 30, p.158, 31, 32, p.104］と第4章を参照してほしい。同質的な商品は特にオークションに適している。そのような場合，価格は唯一ではないとしても，最も重要な購買基準となることが多い。大企業の中にはそのようなオークションを自社で行っているところもある。General Electric（GE）はこの分野の先駆者であり，1995年には，すでに自前のオークションサイトをスタートしていた。現在では，Alibaba, eBay Business, ThomasNetのような，非常に多くの購買協同事業やマーケットプレイスが存在し，オークション形式での調達に使用されている。

　すべてのオークション同様，オンライン・オークションでもサプライヤーは注意が必要である。オークションが純粋な価格オークションである場合，その契約を勝ち取れるかどうかはサプライヤーの価格だけで決まる。産業財の調達市場においては，「ダッチ・オークション」が一般的であり，オークションは買い手から始められる（リバース・オークション）。これは伝統的な入札プロセスとよく似ており，顧客は（単独もしくは購買協同事業の一員として），入札が必要な財・サービスの必要性を伝える。第一価格封緘入札，第二価格封緘入札とは対照的に，一連のオファーが示され，段階的に価格が下がり，最終的に最低値のものが落札される。

　表12.4はサプライヤーの観点からオンライン・オークションのメリットとデメリットをまとめたものである［27, p.113, 32, p.105］。サプライヤーにとっては，オークションに参加するかどうかが重要な意思決定である。もしオークションへの参加を決めたのであれば，オークションの条件に何らかの影響を与えることを検討すべきである。たとえば，プレミアム・サプライヤーは顧客に対し価格プレミアムを認めてもらえるようにすべきだし，実際にそのような差別化はよく見られる［15］。また内部的には，サプライヤーは入札を停止する価格を事前に設定するこ

[表12.4] オンラインオークションのメリットとデメリット（サプライヤーの視点）

メリット	デメリット
● 市場が大きい	● 競争が激しい
● 買い手が直ちに購入する価格をつけることができる（バイアウト・プライシング）	● 個人的なコンタクトがない
● リアルタイムでの取引	● 仲介業者への手数料が必要になる
● 取引コストを削減できる	

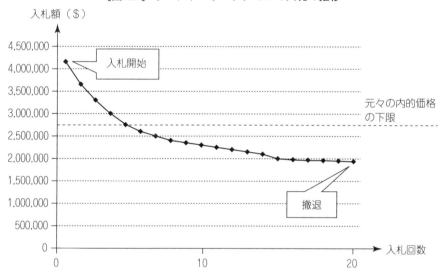

[図12.4] オンラインオークションの入札の推移

とも必要である。

　入札者が互いに絶えず低い価格を入札し合うことにより、価格下落のスパイラルに陥るリスクもある。次の実例はこのことを示している。発電所関連の産業用メンテナンス契約のサプライヤーは、オンライン・オークションに参加したことで、激しい価格競争にさらされた。図12.4はこの特定のサプライヤーの入札額の推移を表している。最後の入札は、当初設定された下限価格を大幅に下回るものだったにもかかわらず、その契約は競合他社が落札した。どの企業が落札したかはわかるが、いくらで落札したかはわからない。このオークションの場合、合計20回の入札が行われた。

　当初の下限価格を下回った理由の1つは、入札プロセスがダイナミックであったことにある。4時間の間に、それぞれのサプライヤーは数多くの意思決定をし

なければならなかった。そのような状況において，入札業者は冷静さを保ち，下限価格を意識し続ける必要がある。競合他社の中には，落札するサプライヤーに損害を与えるために，低い価格で入札し続けるものがいるかもしれない。これはもちろん，その攻撃的な入札者が実際にその契約を落札してしまい自身が勝者の呪いの犠牲になる可能性もあるという，非常にリスクの高い戦術である。

12.4 実践

産業財においては，価格交渉と価格契約は重要な役割を果たす。

12.4.1 価格交渉

産業財市場の売買契約は，交渉を踏まえて成立することが一般的である。潜在的に，交渉にはその取引のすべての側面が含まれており，技術的な内容に加えて，価格，支払い条件，資金調達についても話し合われるため，交渉スキルは重要な成功要因であるといえる。

ここでは，理論ベースのアプローチとマネジメントベースのアプローチを区別する [33]。理論ベースのアプローチにはゲーム理論と行動経済学が含まれる。ゲーム理論に基づくアプローチは，交渉結果の分析と最適化を目標にしている。行動経済学に基づくアプローチは，交渉結果を望ましい方向に導くために交渉条件をどのように調節すべきかという問いに対して答えようとするものである。これらのアプローチは実際の交渉プロセスそのものにはあまり焦点を当てていない。一方で，マネジメントに関連したアプローチは交渉プロセスを重視し，交渉における具体的で戦略的，戦術的な提案を導出しようとするものである。

ゲーム理論的なアプローチを示すために，産業財のサプライヤーと顧客間の交渉のケースを考える。サプライヤーと顧客は，両者が利害関係にある状況の下で価格と販売数量に関して合意に達する必要がある。これはゼロサムゲームや定和ゲームの一例である。つまり，売り手が一定の販売数量を所与として追加的な売上を得ることは，買い手はこれに対応する損失を被ることを意味している。

サプライヤーAは，その商品を多くの最終消費者に再販売する顧客Bと交渉する。AとBは双方独占であり，両者はこの取引の唯一のプレイヤーである。Aの売上はBのコストであり，Bの販売数量はAの販売数量を決定するため，交渉はBの販売数量 q_B とAの価格 p_A に限定されている。p_B と q_B は明らかに価格反応関数を通して関連しているため，q_B の変わりに，p_B について交渉することもできる。他のすべての条件（q_A, R_A, π_A, R_B, π_B）は所与のもの，あるいは q_B もしくは p_B が

[図12.5] 双方独占のシステムの相互関係

決まれば計算できるものとする。**図12.5**はそれらの相互関係を示している。

Aは単に商品を転売しているに過ぎないので、Aの売上は二者の総利益に影響しない。この二者の総利益はp_Bとq_Bのみに依存する。もし交渉相手が合理的な行動をとるならば、次のような2ステップを踏まえて合意に達するべきである。

1. 総利益を最大化するようなp_B（またはq_B）を定める（互いに取引相手に対して誠実であり、利害が対立しないと仮定する）
2. 2社間の利益の配分を決定するp_Aを交渉する（対立利益）

両企業の利益関数は（費用関数が線型関数であると仮定すると）次式のようになる。

$$\pi_A = (p_A - k_A) q_A \tag{12.4}$$

$$\pi_B = (p_B - p_A - k_B) q_B \tag{12.5}$$

Aの販売数量単位は、Bの販売数量単位と一致する（$q_A = q_B$）ように定義される。この時の二者の総利益π_Tは次のようになる。

$$\pi_T = \pi_A + \pi_B = (p_B - k_B - k_A) q_B \tag{12.6}$$

π_Tはp_Aに依存しないので、Bの最適価格はp_Aとは関係なく決定できることがわかる。（ステップ1）

この交渉の状況を説明するために、線型の価格反応関数を用いた数値例を使用する。

$$q_B = 100 - 10 p_B \tag{12.7}$$

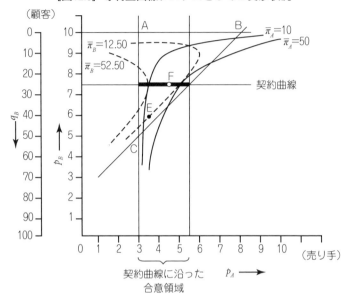

[図12.6] 等利益曲線システムとしての交渉状況

サプライヤーAの限界費用は$k_A=3$で一定であり，Bの限界費用は$k_B=2$であるとする。これは**図12.6**に示されている。縦軸は価格p_Bと（価格反応関数によって）それに対応する販売数量q_Bを表し，横軸は価格p_Aを表す。

両社が損失を被らない場合にだけ合意に達するという前提条件を設定すると，その範囲は三角形ABCで囲まれた領域において満たされている。線分AB上では$q_B=0$となるので，売上は発生しない。線分AC上では，サプライヤーAは利益を得られず（$p_A=3=k_A$），線分BC上では顧客Bが利益を得られない（$p_B=p_A+k_B$）。

合意が得られる領域を特定化するために，点Eに注目してみる（$p_A=3.5$, $p_B=6$）。点Eは三角形ABCの範囲内にあるため，原則として合意が得られる可能性がある。この価格の組み合わせから次の利益が得られる。

$$\pi_A=20, \quad \pi_B=20, \quad \pi_T=40$$

しかし，両社は価格p_Aを4.5，p_Bを7.5に上げることによって，この状況を改善できる。この結果，利益π_Aは37.5，π_Bは25となり，総利益π_Tは62.5となる。

しかし，点Fを超えると，それ以上は両社の同時利益を改善させることはできない。点Fは価格p_B（あるいは販売数量q_B）が二者の総利益π_Tを最大化する点である。

共同総利益関数でp_B^*, q_B^*を求めることで，このことを算術的に確認できる。

$$p_B^* = \frac{1}{2}\left(\frac{a}{b} + k_A + k_B\right) = 7.5 \qquad (12.8)$$

$$q_B^* = \frac{1}{2}(a - bk_A - bk_B) = 25 \qquad (12.9)$$

これらの値はまさしく点Fの値と一致している。$q_B = q_B^*$（あるいは$p_B = p_B^*$）でp_A軸に並行な直線は総利益を最大化する直線であり，契約曲線とよばれる。契約曲線上では，どちらの企業も，相手の状況を悪化させることなく自社の状況を改善することはできない。この特徴はパレート最適として知られる。

　しかし，契約曲線は契約の根拠の一部分に過ぎず，実際の契約範囲は三角形ABCで定義された，一般的な合意形成領域内の部分である。この区間の上限は（$p_B = 7.5$，$k_B = 2$なので）$p_A = 5.5$であり，この点でのBの利益は0である。下限は，Aの限界費用で決まるため，$p_A = 3$である。いずれの境界線においても取引当事者のどちらかは利益がない。

　もし両社が合理的に行動するならば，$3 \leq p_A \leq 5.5$の間で合意されるだろう。これは，交渉の問題が比較的狭い範囲に制限されることを表している。交渉の結果は，取引相手の行動に関するさらなる前提条件によって決まる。

　これに関して，「行動経済学アプローチ」は有益なインサイトを与えるものである。このアプローチでは，とりわけ状況変数やコンテキスト変数が交渉結果に及ぼす効果を探ることが可能であり，[33, p.1025] 交渉に関わる人数 [34]，時間的圧力 [35]，第三者の存在 [36]，怒りやストレス [37]，対立状況，文化的差異のような変数を含んでいる。状況変数は特殊であり，通常は自社が影響を与えることができないため，その変数をもとに交渉の具体的な推奨事項を導き出すことはできないが，現状をより良く把握するためのインサイトを得ることはできる。[33, p.1025, 38, p.281]

　このことを売り手と買い手のパワーバランスの事例を用いて詳述する。このパワーバランスは両社の交渉の駆け引きの余地に影響を与える。[39, p.76, 40, p.308, 41] 売り手と買い手のどちらのパワーバランスが強いか，つまりどちらが大きなプライシング・パワーを持つかは多くの要因に依存している。買い手のプライシング・パワーは規模，過去の購買量，予想される将来の注文量，信用度などの要因によって決まる。売り手のプライシング・パワーは，売り手が提供するパフォーマンス水準（品質，イメージ，アフターサービス）と商品・サービスの代替可能性によって決まる。これらの要因は重みづけられ，買い手と売り手のプライシング・パワーを評価するためにスコアが計算される（スコアリングモデル）。

このアプローチによって，価格交渉において駆け引きの余地があるかどうか，またその余地はどの程度かについて，価値のあるインサイトを得ることができる。

このような分析は過去の取引データから行うことができる。売り手からみたパワーバランスを関連要因に基づいて定量化し，その結果を，実際の交渉結果（例：達成された価格，販売数量）と比べてみる。そうすることで，売り手は望ましい交渉結果を，具体的なベンチマークで定義できる。Simon-Kucher & Partnersはよく，この手法を用いており，自身のチームの交渉スキルは交渉結果に大きな効果をもたらすことがわかっている。多くのプロジェクトにおいて，Simon-Kucher & Partnersは同一企業内の様々なチームの交渉スキルや能力を数値化し，交渉結果と比較した。その結果，交渉スキルと交渉結果には非常に高い相関があることが判明した。

また顧客との関係性も交渉の駆け引きの余地に影響する。実際に，顧客との関係性は2つのタイプに区別することができる。1つ目のタイプは，相互の信用に基づいて交渉が公平に行われる場合であり，2つ目のタイプは両者が緊張関係にあり，交渉が闘争的に行われる場合である。最初のケースでは，両社の交渉担当者は，長い期間変わらないことが一般的である。一方で，2番目のケースでは，担当者が頻繁に変わり，買い手側が攻撃的な目標を設定しているという特徴がある。公平な関係性があれば，絶対に厳しい交渉にならないという訳ではないが，一般的に不愉快な思いをすることは少ない。これまでに，顧客がサプライヤーのCEOと直接話をすることによって，追加的な譲歩を得ようとする場面を何度も目にしてきたが，これは一般的にサプライヤーにとっての弱点のように思われる。したがってサプライヤーは，CEOが価格交渉に関わることを最大限避けるべきであるし，買い手に関しては逆のことがいえる。

実際の交渉プロセス（マネジメントベースのアプローチ）においては，「心理学と戦術」が重要な役割を果たす。最終的には心理学的，戦術的な交渉の才覚によって望ましい価格で契約できるかが決まる。価格交渉について具体的に取り扱う文献は比較的少ない [42, 43] が，一般的な交渉戦術に関しては非常に多くの文献がある [44-46] ため，そのような実証済みのコツやトリックを次にいくつか紹介する。

非常に複雑な製品・サービスに関していえば，売り手が商品のメリットについて，顧客にできるだけ詳細に教えることも賢明な方法である。まず商品のパフォーマンスに焦点を向けるべきであり，価格は二の次である。経験豊富な営業は，顧客と徹底的に話し合うことで顧客の支払意思額（最高価格）をより的確に推定することができるし，さらにはそれを高めることができる。結果として，交

渉の終盤で提示される価格は，最初の時点で顧客が有していた支払意思よりも理想通り高いものとなる。交渉の終盤で初めて価格を提示すると，情報収集や提案書の作成に多くの時間と労力を費やしたにもかかわらず，その時点で顧客の支払意思が低すぎることが判明するという事態をまねく。したがって，最初に具体的な価格を示すタイミングは，顧客の支払意思額を探ることと合わせて，きわめて重要である。企業は顧客の支払意思額が低すぎることを認識するまでに，かなりのコストを既にかけてしまっていることも多い。

　交渉の目的は合理的な価格水準で取引を成立させることである。交渉の基本は「相互利益の原則」と「返報性の原則」の2つである。「相互利益の原則」の下では，両者の共通の利益を強調し，それらに焦点を当てる［45, 47］。「返報性の原則」は，それに見合った価値を得た場合にのみ，譲歩するというものである［48, p.53, 49］。

　同じ条件の交渉は2つとしてなく，交渉技術についても唯一の定石はない［50-52］。しかし，交渉の内容を価格だけに限定すべきではないことは確かだ。決定要因は常に，価格と価値の比率である。価格が唯一の交渉対象である場合，買い手にとってこれが唯一の意思決定基準でないとしても，価格が支配的になるのは驚くべきことではない。「交渉の達人は，経済性がすべてではないことを理解しており，価格以外の重要な要因に焦点を当てている。交渉に優れた人は，価格というきわめて重要な課題を視野の中心に入れつつも，他の要因の交渉を放棄するようなことはしない。」［47, p.90f.］

　顧客は商品の特徴や機能の中に価値を見出す。コスト・ベネフィット分析は，提案の価値を明確化するのに役立つが，この手法はいくつかの理由からあまり使われていない。まず，比較的にコストがかかるということ，そしてサプライヤーは具体的なコスト削減や生産性向上に関して文書化することに慎重であるということがその理由として挙げられる。文書化することは，暗黙的な契約事項として解釈されてしまうことになるためである。しかし，サプライヤーが慎重に見積もりを行い，前提条件や使用する数値が現実を反映しているかどうかを事前に顧客と確認しておけば，このリスクを最小限にとどめることができる。

　その他のテクニックとして，「引き算テクニック」と「割り算テクニック」がある。「引き算テクニック」では，買い手が値引きを要求してきた場合に，元々のオファーから，特定の構成要素を削減することを提案するというものである。こうすることで売り手は，買い手側が価格譲歩を引き出そうとしているだけなのか，それとも顧客がその要素に価値を認めていないのかを感じ取ることができる。

　「割り算テクニック」では，売り手はコストを，顧客の製造工程に対応したより小さな単位に分解する。ここで，ある企業が204万ドルの生産設備を提供する

ものと仮定しよう。この価格は競合商品よりも2％高い価格である。売り手は次のような主張をすることができる。

1．顧客の生産量は一日当たり5,000単位である。
2．一単位あたり40ドルで販売され，利益率は50％である。

この設備の耐用期間は平均で360日だと仮定すると，1単位当たりの工場のコストはわずか1.13ドルである。したがって，単位当たりの価格差は約0.02ドルに過ぎない（200万ドル/(360×5,000)＝1.11ドル）。そしてこれは，もし新しい生産設備が操業可能日を1日でも増やすことができれば，補って余りあるものである。操業日を1日増加させることで（5,000×20ドル＝）100,000ドルの利益を得ることができるからである。これによって交渉の焦点を最終的な価値に向けさせ，その価格差が工場の操業停止リスクやその他のデメリットと比べると，取るに足らない程度であることを顧客に示すことができる。

　加えて売り手は，交渉相手の要求条件に対応するために，自身の行動と販売戦略を修正することが望ましい。そのような修正は，「適応型販売」[52, 53] とよばれ，取引相手や取引の段階によらず発生しうる。交渉の過程で売り手側の商品の機能・特徴の重要性が変化したり，購買部門の担当者によって機能・特徴の捉え方が異なったりすることはよくあるため，売り手はこのことを考慮する必要がある。

　この項の締めくくりとして，価格交渉における値引きやその他の取引条件について検討する。価格交渉において，常に値引きが提供される訳ではないが，多くの産業財において，値引きは所与となっている。定価（標準価格）は価格交渉の開始点に過ぎないことが多い。

　大幅な値引きが行われることは実務上よくある。重要なのは，定価（標準価格）と値引きの使われ方が販売数量や利益へ及ぼす影響である。同じ正味価格であっても，売り手が高い表示価格を設定して大幅な値引きをする方法もあれば，低い表示価格を設定して小幅の値引きをする方法も考えられる。このような2つのシナリオは，たとえ正味価格が同じであっても，顧客から異なる反応を受けうる。産業財の顧客は，第5章で議論したような価格の心理学的効果の影響を受けており，これは，価格に対する知覚差や購買担当のインセンティブ制度の違いによって引き起こされる。値引きの影響は，購買部門の担当者が獲得した値引き額に基づいて評価される場合や，さらにいえば値引き額が自身のボーナスに影響するような場合に特に強い。見かけ上より大きな値引きとなるように，購買担当がより

高い価格を価格交渉の開始点にしてほしいと提案してくるケースもある。そのような状況においては，より高い価格から交渉を開始すべきであることは自明である。［1，54，p.511］

12.4.2　価格契約と価格ヘッジ

　長期契約あるいは耐久財には，機能的リスク，履行リスク，コストリスクという３つの基本的なリスクタイプが存在する。契約にあたって，これらのリスクを当事者間でどう負担するかは重要な意思決定である。サプライヤーは，自らがより多くのリスクを負担することによって交渉上のポジションを改善しうる。

　顧客にとっての機能的リスクあるいは技術的リスクは，製品交換の権利や製品保証を与えることで低減することができる。顧客のリスク低減のための革新的なアプローチとして，パフォーマンスベースの価格設定が挙げられ，これには様々な形態が考えられる。［55，p.54-57］この場合の価格の水準は，取引当事者同士が予め合意したパフォーマンス・パラメータがどのくらい達成されたかに従って決まる。もし合意した水準に達していれば，顧客は合意した価格を支払う。また，その製品が合意した水準を上回るパフォーマンスであったか（下回るパフォーマンスであったか）によって，価格は引き上げ（引き下げ）られる。パフォーマンスベースの価格設定における潜在的なパラメーターには，時間ベース（ランプアップ時間，メンテナンス時間），品質ベース（品質水準，商品の品質のばらつき，顧客からの苦情件数），量あるいは価値ベース（操業活動，生産量，売上あるいは貢献マージン率，消耗品や燃料・エネルギー，人件費のコスト変動）などがある。

価格ヘッジの手段・価格ヘッジのための商品

　長期的な契約の場合，潜在的なコストの変動を調整するような合意が必要である。コモディティや原材料価格あるいは人件費などの価格変動は，コスト予測を不確実なものとし，価格設定を難しくするため，プロジェクトの収益性にも強い影響をもたらしうる。サプライヤーはこれらのリスクに対処するために，いくつかの手段を備えている。たとえば，固定価格，条件付き価格，実費と手数料を明示するオープンビリング，スライド制価格条項などである。

　「固定価格」は，将来のコスト上昇の可能性を考慮して，受注額に追加の固定料金（例：５％）を適用する方法である。一度合意が成立すると，この価格が変動することはなく，顧客が価格リスクを負うことは一切なくなる。もし将来のコスト変化が過少に見積もられた場合，サプライヤーはその差分を自らが負担する

必要があるし，コストが過大に見積もられた場合には，サプライヤーは追加的な利益を得ることができる。

　価格変更が起こりうる契約，すなわち「条件付き価格」では，サプライヤーは事前に取り決めた条件が満たされた場合，発生したコストを顧客に転嫁することができる。この場合，契約の内容によって，顧客は部分的あるいは全体的なリスクを負うことになる。いわゆる「不可抗力条項」とよばれるような，当事者の責に帰すことができないような状況（例：自然災害）になった場合に，サプライヤーが契約の際に合意した価格を無効にし，その状況を反映した新しい価格を交渉できる契約はその一例である。ある事例では，LDPE（低密度ポリエチレン）の供給不足が生じた時，多くの化学系サプライヤーは不可抗力条項を根拠に，納品義務を履行できないと宣言した。このことはLDPEの平均価格を4ヵ月で約20%上昇させた［56］。

　「オープンアカウント（ビリング）」では，顧客のみがコスト上昇のリスクを負う。サプライヤーと顧客は，サプライヤーが納品したものについて，特定の生産工程で実際にかかったコストを顧客が支払うことに合意する。このタイプの請求は，サプライヤーのサービスや納品物について，交渉の段階で確実に見積もることができなかった部分に用いられる。両者は，顧客のリスクを限定するためにその金額に上限を設定する場合もある。

　「スライド制価格条項」は，特定のコスト（人件費，原材料費など）の増加分を顧客の最終的な価格に反映させることを認めるものである。そのための標準的な価格計算式は，国際連合欧州経済委員会によって次式のとおり，示されている［1, pp.398f.］。

$$P = \frac{P_0}{100}\left(a + m \times \frac{M}{M_0} + w \times \frac{W}{W_0}\right) \tag{12.10}$$

ここで

$P =$ 最終的な価格

$P_0 =$ 支払請求期間開始時の価格

$a =$ 価格の調整不可能な割合

$m =$ 価格に占める原材料費の割合

$w =$ 価格に占める人件費の割合

$M_0 =$ 原材料費（支払請求期間開始時）

$M =$ 原材料費（支払請求期間末日）

$W_0 =$ 人件費（支払請求期間開始時）

$W =$ 人件費（支払請求期間末日）

第12章 産業財の価格マネジメント ◆539

を表しており，

$a + m + w = 100$である。

　このアプローチの実現には，a，m，wの重みづけを決定し，個々の要素を監視する必要がある［1, pp.398-402］。しかし実際には，価格における人件費の割合といったデータは，十分にわからないことが多いため，従来のその業界の平均値を参考にする傾向がある。また，「スライド制価格条項」も計画の不確実性を伴うので，多くの顧客は「固定価格」での契約にこだわる。もう1つの問題は，これらの条項を適用するためには，サプライヤーはコストの透明性を要求されるということである。顧客は価格計算式の詳細を要求することがあるが，一般的にサプライヤーはコストの詳細をすべて明らかにしたくない場合が多い。賃貸契約の場合には価格指数条項を採用していることがあり，その場合には一般的に消費者物価指数（CPI）が指標として用いられる。賃貸料は，一定期間経過後あるいは指数が事前に合意した値を超えた時に，部分的あるいは全面的に調整される。

結 論

　産業財の価格マネジメントは多くの特殊性を有しているため，価格マネジメントプロセスのそれぞれの段階で，以下の側面についてよく注目すべきである。

- 分析段階では，購買センターを理解することが目的である。購買センターは購買意思決定に影響を与えるすべての人々から構成される。職位や購買センター内での関与の違いによって，メンバーにはそれぞれ異なる動機づけがなされる。この点は案件の提示内容をどのようにするか，さらにはどのように交渉を進めていくか，という両方の問いに答える上で重要となる。購買センターが提示内容をどのように評価するか（すなわち評価スキームや評価水準）に関する知識は提示価格の最適化に役に立つ。
- 価格決定の段階では，バリューベース・プライシング，コスト志向プライシング，オークションが用いられうる。バリューベースのプライシングでは，サプライヤーはパフォーマンス指標と価値指標の両方を価格設定のガイドラインとして使用すべきである。価値を測定するために，サプライヤーは自らの社内の専門家による評価，経済価値分析，フォーカスグループによる評価，コンジョイント測定法などの手法を適用することができる。
- 特定のプロジェクトやその顧客向けにカスタマイズされたオファーでは，価格設定にコストベースの計算を用いる。一変数による方法には，重量コスト法，原材

料コスト法，調整価格アプローチが存在する。またラフ・プロジェクションや学習アプローチのような方法は，参照するプロジェクト，既存のデータ，概算見積書から導かれる複数の変数を用いる。

- 多くの産業財部門や公共部門においては，契約発注時にオークションが用いられており，仕様書や提案依頼書（RFP）に基づいて入札者が価格を提示する。一般的には最も低い価格を提示したサプライヤーが落札することになる。原則的には，ここでサプライヤーのなすべきことは，最も低い価格をつけた他のサプライヤーを下回る価格で，できるだけ高い価格を見つけることであり，そのためにゲーム理論と意思決定理論モデルを適用することができる。より正確にいえば，意思決定理論モデルでは，その入札における落札の確率を考慮して，利益の期待値を最大化することを目的としている。

- オンライン・オークションは産業財の調達において非常によく用いられる方法である。主に同質的な製品やサービスの場合に用いられる。売り手の観点からは，オークションによってより大きな市場で販売する機会が得られたり，取引コストを削減できたりするという利点がある。それと同時に，入札プロセスの自然な力学によって，入札者が事前に設定した価格の閾値よりも低い価格で入札するリスクがある。

- 実践の段階では，価格交渉と価格契約，価格ヘッジが非常に重要である。

- 価格交渉についての研究は，理論的アプローチ（ゲーム理論と行動科学）とマネジメントベースのアプローチに区別される。

- 価格交渉の理論（ゲーム理論）によれば，最も単純な事例（双方独占の場合）における合理的な当事者間での交渉は，2つの段階からなる。まず共同利益（共通利益）を最大化するように販売数量を決定し，次に，当事者間の共同利益（対立利益）を分配することである。利益の分配は価格を通じて決定される。分配について合意形成されうる領域は，当事者の一方の利益が0となる点を境界とするような契約曲線を分割したものになる。契約曲線上の点の最終的な選択は当事者間のパワーバランスに依存する。

- 行動科学アプローチと（特に履歴データに基づく）体系的な定量化は，取引相手とのパワーバランスを推定するための指針となる。

- マネジメントベースアプローチは，交渉プロセスそのものに焦点を当てる。交渉の基本的な考え方には，相互利益の原則と返報性の原則の2つがある。追加的な交渉術として，引き算テクニックと割り算テクニックがある。引き算のテクニックは，顧客がより低い価格を要求した場合に，元々の提案から何らかの要素を差し引く方法である。割り算のテクニックは，競合他社との価格差をより小さく見せるために，コストをより細かい単位に細分化する方法である。

第12章　産業財の価格マネジメント　◆541

- 長期契約に関しては，価格ヘッジのための手法が必要になる。最終的に，サプライヤーと顧客がどのように将来にわたるコスト変化のリスクを分担するかが焦点となる。固定価格，条件付き価格，オープンアカウント，スライド制価格条項などの方法が考えられる。

産業財分野には，様々な価格モデルやアプローチがあり，最適解を見つけるためには，それぞれの状況を深く理解することが必要になる。

参考文献

[1] Backhaus, K., & Voeth, M.（2014）. *Industriegütermarketing*（10th ed.）. München: Vahlen.

[2] Engelhardt, W. H., & Günter, B.（1981）. *Investitionsgütermarketing*. Stuttgart: Kohlhammer.

[3] Kossmann, J.（2008）. *Die Implementierung der Preispolitik in Business-to-Business-Unternehmen*. Nürnberg: GIM-Verlag

[4] Reid, D. A., & Plank, R. E.（2000）. Business Marketing Comes of Age: A Comprehensive Review of the Literature. *Journal of Business-to-Business Marketing*, 7(2-3), 9-186.

[5] Plinke, W.（1992）. Ausprägung der Marktorientierung in Investitionsgütermärkten. *Schmalenbachs Zeitschrift für betriebswirtschaftliche Forschung*, 44(9), 830-846.

[6] Homburg, C.（2015）. *Marketingmanagement: Strategie − Instrumente − Umsetzung − Unternehmensführung*（5th ed.）. Wiesbaden: Gabler.

[7] Barback, R. H.（1979）. The Pricing of Industrial Products. European *Journal of Marketing*, 13(4), 160-166.

[8] Forman, H., & Lancioni, R.（2002）. The Determinants of Pricing Strategies for Industrial Products in International Markets. *Journal of Business-to-Business Marketing*, 9(2), 29-64.

[9] Forbis, J. L., & Mehta, N. T.（1981）. Value-Based Strategies for Industrial Products. McKinsey Quarterly, 2, 35-52.

[10] Anderson, J. C., Jain, D. C., & Chintagunta, P. K.（1993）. Customer Value Assessment in Business Markets: A State-of-Practice Study. *Journal of Business-to-Business Marketing*, 1(1), 3-30.

[11] Feller, A. H.（1992）. Kalkulation in der Angebotsphase mit dem selbständig abgeleiteten Erfahrungswissen der Arbeitsplanung. Karlsruhe: Institute for machine tools and industrial engineering at the Karlsruhe Institute of Technology.

[12] Funke, S.（1995）. Angebotskalkulation bei Einzelfertigung. *Controlling*, 7(2), 82-89.

[13] Plinke, W.（1998）. Erlösgestaltung im Projektgeschäft. In M. Kleinaltenkamp, & W. Plin-

ke (Ed.), *Auftrags- und Projektmanagement* (pp.117–159). Berlin: Springer.

[14] Nietsch, T. (1996). *Erfahrungswissen in der computergestützten Angebotsbearbeitung.* Wiesbaden: Deutscher Universitäts-Verlag.

[15] Berz, G. (2014). *Spieltheoretische Verhandlungs- und Auktionsstrategien* (2nd ed.). Stuttgart: Schaeffer-Poeschel.

[16] Alznauer, T.,& Krafft, M. (2004). Submissionen. In K. Backhaus & M. Voeth (Ed.), *Handbuch Industriegütermarketing: Strategien – Instrumente – Anwendungen* (pp.1057–1078). Wiesbaden: Gabler.

[17] Näykki, P. (1976). On Optimal Bidding Strategies. *Management Science,* 23(2), 198–203.

[18] Römhild, W. (1997). *Preisstrategien bei Ausschreibungen.* Berlin: Duncker & Humblot.

[19] Holler, M. J., & Illing, G. (2009). *Einführung in die Spieltheorie* (7th ed.). Berlin: Springer.

[20] Milgrom, P. (2004). *Putting Auction Theory to Work.* Cambridge: Cambridge University Press.

[21] Friedman, L. (1956). A Competitive Bidding – Strategy. *Operations Research,* 4(1), 104–112.

[22] Edelman, F. (1965). Art and Science of Competitive Bidding. *Harvard Business Review,* 43(4), 53–66.

[23] Willenbrock, J. H. (1973). Utility Function Determination for Bidding Models. *Journal of Construction,* 99(1), 133–153.

[24] Slatter, S. S. P. (1990). Strategic Marketing Variables under Conditions of Competitive Bidding. *Strategic Management Journal,* 11(4), 309–317.

[25] Thaler, R. H. (1992). *The Winner's Curse: Paradoxes and Anomalies of Economic Life.* New York: The Free Press.

[26] Kaplan, M. (2015). B2B Ecommerce Growing; Becoming More Like B2C. http://www.practicalecommerce.com/articles/85970-B2B-Ecommerce-Growing-Becoming-More-Like-B2C. Accessed 5 July 2015.

[27] Lancioni, R. (2005). Pricing Issues in Industrial Marketing. *Industrial Marketing Management,* 34(2), 111–114.

[28] Lichtenthal, J. D., & Eliaz, S. (2003). Internet Integration in Business Marketing Tactics. *Industrial Marketing Management,* 32(1), 3–13.

[29] Skiera, B., & Spann, M. (2004). Gestaltung von Auktionen. In K. Backhaus, & M. Voeth (Ed.), *Handbuch Industriegütermarketing: Strategien – Instrumente – Anwendungen* (pp.1039–1056). Wiesbaden: Gabler.

[30] Daly, S. P., & Nath, P. (2005). Reverse Auctions for Relationship Marketers. *Industrial Marketing Management,* 34(2), 157–166.

[31] Lucking-Reiley, D. H. (1999). Using Field Experiments to Test Equivalence between Auction Formats: Magic on the Internet. *American Economic Review,* 89(5), 1063–1080.

[32] Sashi, C. M., & O'Leary, B. (2002). The Role of Internet Auctions in the Expansion of

B2B Markets. *Industrial Marketing Management*, 31(2), 103-110.

[33] Voeth, M., & Rabe, C. (2004). Preisverhandlungen. In K. Backhaus, & M. Voeth (Ed.), *Handbuch Industriegütermarketing: Strategien – Instrumente – Anwendungen* (pp.1015-1038). Wiesbaden: Gabler.

[34] Marwell, G., & Schmitt, D. R. (1972). Cooperation in a Three-Person Prisoner's Dilemma. *Journal of Personality and Social Psychology*, 21(3), 376-383.

[35] Pruitt, D. G., & Drews, J. L. (1969). The Effect of Time Pressure, Time Elapsed, and the Opponent's Concession Rate on Behavior in Negotiation. *Journal of Experimental Social Psychology*, 5(1), 43-60.

[36] Pruitt, D. G., & Johnson, D. F. (1970). Mediation as an Aid of Face Saving in Negotiation. *Journal of Personality and Social Psychology*, 14(3), 239-246.

[37] Gomes, M., Oliveira, T., Carneiro, D., Novais, P., & Neves, J. (2014). Studying the Effects of Stress on Negotiation Behavior. *Cybernetics and Systems*, 45(3), 279-291.

[38] Bazerman, M. H., Curhan, J. R., Moore, D. A., & Valley, K. L. (2000). Negotiation. *Annual Review of Psychology*, 51(1), 279-314.

[39] Jain, S. C., & Laric, M. V. (1979). A Framework for Strategic Industrial Pricing. *Industrial Marketing Management*, 8(1), 75-80.

[40] Laric, M. V. (1980). Pricing Strategies in Industrial Markets. *European Journal of Marketing*, 14(5/6), 303-321.

[41] Marwell, G., Ratcliff, K., & Schmitt, D. (1969). Minimizing Differences in a Maximizing Difference Game. *Journal of Personality and Social Psychology*, 12(2), 158-163.

[42] Detroy, E. N. (2009). *Sich durchsetzen in Preisgesprächen und Verhandlungen* (14th ed.). Zürich: Moderne Industrie.

[43] Zarth, H. R. (1981). Effizienter verkaufen durch die richtige Strategie für das Preisgespräch. *Markenartikel*, 43(2), 111-113.

[44] Bänsch, A. (2013). *Verkaufspsychologie und Verkaufstechnik* (9th ed.). München: Oldenbourg.

[45] Lewicki, R., Saunders, D. M., & Barry B. (2014). *Negotiation* (7th ed.). Burr Ridge: McGraw-Hill.

[46] Nirenberg, J. S. (1984). *How to Sell Your Ideas*. New York: McGraw Hill.

[47] Sebenius, J. (2001). Six Habits of Merely Effective Negotiators. *Harvard Business Review*, 79(4), 87-95.

[48] Sidow, H. (2007). *Key Account Management: Wettbewerbsvorteile durch kundenbezogene Strategien* (8th ed.). Landsberg am Lech: Moderne Industrie.

[49] Jensen, O. (2004). *Key-Account-Management: Gestaltung – Determinanten – Erfolgsauswirkungen* (2nd ed.). Wiesbaden: Deutscher Universitäts-Verlag.

[50] Thompson, J. W. (1973). *Selling: A Managerial and Behavioral Science Analysis*. New York: McGraw Hill.

[51] Weitz, B. A. (1979): A Critical Review of Personal Selling Research: The Need for a

Contingency Approach. In G. Albaum, & G. A. Jr., Churchill (Ed.), *Critical Issues in Sales Management: State of the Art and Future Research Need* (pp.72–126). Eugene: University of Oregon.

[52] Weitz, B. A., Sujan H., & Sujan, M. (1986). Knowledge, Motivation, and Adaptive Behavior: A Framework for Improving Selling Effectiveness. *Journal of Marketing,* 50(4), 174–191.

[53] Pettijohn, C. E., Pettijohn, L. S., Taylor A. J., & Keillor, B. D. (2000). Adaptive Selling and Sales Performance: An Empirical Examination. *Journal of Applied Business Research,* 16(1), 91–111.

[54] Voeth, M. (2015). Preispolitik auf Industriegütermärkten – Ein Überblick. In K. Backhaus, & M. Voeth (Ed.), *Handbuch Business-to-Business Marketing: Grundlagen, Geschäftsmodelle, Instrumente des Industriegütermarketing* (2nd ed.) (pp.499–516). Wiesbaden: Gabler.

[55] Hüttmann, A. (2003). *Leistungsabhängige Preiskonzepte im Investitionsgütergeschäft: Funktion, Wirkung, Einsatz.* Wiesbaden: Deutscher Universitäts-Verlag.

[56] Anonymous. (2015, May 13). Mit höherer Gewalt zu höheren Preisen. *Frankfurter Allgemeine Zeitung,* p.30.

第13章

サービスにおける価格マネジメント

概　要

　サービス業は先進国のGDPの4分の3以上を占める最大の産業であり，価格マネジメントにおいて非常に重要，かつ特殊な特徴が多数存在する。サービスの価格マネジメントは，航空業界において用いられる複雑なイールド・マネジメント・システムから，多くの業種で見られるきわめて一般的な価格設定まで，非常に広範囲にわたる。本章では，サービス業特有の価格マネジメントにおける問題への対応，分析，価格決定，導入という一連の価格設定プロセスに準じて説明を行う。価格マネジメントに関連するサービスの特徴としては，無形である点，サービス提供にあたり顧客リソースが不可分である点，固定費と変動費比率がサービスにより大きく異なる点，購入後に個人間でサービスを移転できない点，経験と信用が重要である点，サービスが地域ごとに異なる点などがある。多くのサービスは，有形財と異なり顧客に合わせてカスタマイズされているため，より効果的に価格を差別化可能であり，顧客の受容性も高い傾向にある。したがって，価格差別化による収益拡大の余地が大きいといえる。一方で，インターネットの影響は不可避で，価格の透明性は高まっており，価格引き下げや価値を高める上での競争は激化している。

13.1　イントロダクション

　サービスは非常に多くの特殊性を持ち，価格改善の大きな可能性を秘めている。本節ではまず，これらの特殊性と，価格設定との関連について整理する。サービス業は多岐にわたり，パッケージツアー，コンサート，スポーツイベント，保険，銀行はすべてサービス業に当たる。法律事務所，コンサルティング会社，病院，ヘアーサロン，フィットネスクラブ，プロスポーツチーム，清掃業者などはみな，サービスプロバイダーである。その他にも，コールセンターやSaaSもサービスであり，Spotify，Apple Music，Netflixのようなインターネット・エンターテインメントもサービス業に含まれる。現代経済においてきわめて多様化したサービス業は，先進国においてGDPの4分の3以上を占めている。

サービスの対価に関しては,「価格」以外の用語が用いられることがあり,その中には謝礼,コミッション (commission),手数料 (fee),料金 (tariff),割増金 (premium),会費 (dues),料率 (rates) などがある。しかしこれらはすべて,価格を別の言葉で表しているに過ぎず,「価格」は特別なルールに従って計算されている。価格はたとえば,サービス提供者が費やした時間 (謝礼),顧客が有形財を使用した時間 (賃料),顧客によるイベント参加 (スポーツ試合会場への入場料),リソースへのアクセス (会費,月会費),他の有形財やサービスの価値からの比率 (コミッション,仲介手数料) 等によって計算される。

サービスは以下のような特徴を備えている。

- サービスは*無形*であり,そのことが知覚価値や支払意思額に大きく影響を及ぼす。顧客は通常,購買前にサービスの品質を確実に評価する事ができないため,本質的には,顧客が購入するものは結果に対するサービス提供者からのコミットメントである。この点は,散髪にも複雑なコンサルティング・プロジェクトにも当てはまる。そのため,評判や過去実績価格は事前の品質指標として重要な役割を果たす。また,サービスは無形性という特徴によって,物理的な貯蔵や移転ができない。

- 有形財は顧客が関わることなく事前に製造され,販売される一方で,ほとんどのサービスは顧客もしくは顧客の所有物,つまり顧客のリソースと関わる形で提供される。これを,「*顧客リソースの統合*」という。顧客リソースは,人 (例:散髪,治療),物 (例:車),権利,情報,金融資産等の様々な形態をとりうる。この特徴により,サービス提供者は顧客や顧客リソースを事前に確認,検証できる。つまりは,有形財よりも効果的に価格差別化を実行できることを意味している。

- 消費と生産の不可分性は,ウノアクチュの原則 (uno-actu principle) とよばれ,教育サービス,健康診断,演劇やコンサートの鑑賞などがその一例にあたる。サービスには,人だけでなく,モノや情報,権利なども統合されるため,「不可分性」という属性は,顧客だけではなく,関連する顧客リソースにも当てはまる。消費と生産が時間的に一致するため,現状も存在する差別化された価格が,裁定取引 (アービトラージ) によりなくなることはない。

- 顧客リソースの不均質性により,サービス提供結果の不均質性も必然的に大きくなる。車によって必要な修理は異なり,患者が必要な治療も,法律家が扱う法的事項も様々である。したがって,サービスを提供するプロセスもその実際の結果も,顧客によって異なる。

第13章　サービスにおける価格マネジメント　◆547

- 有形財メーカーはいつどのように生産能力を稼働させるか，顧客に関係なく自ら決定できるが，サービス提供者はそうではない。もしある晩，ホテルの部屋が空室のままであれば，その夜の収益機会は永久に失われる。

- 一見シンプルで標準的なサービスも，非常に様々なパフォーマンスや価格パラメータが関わるため，比較が困難である。最も基本的な銀行口座である当座預金口座はその一例である。ある専門家は，「当座預金口座は様々なサービスを束ねたものであり，その価格も多様な価格を束ねたものであるため，比べるのは比較的難しい」と指摘している［1］。したがって，当座預金口座の個々の構成要素に非常に大きな価格差が見られるとしても，全く驚くことではない。**表13.1**は複数の銀行の価格差を示したもので，当座預金口座管理料と紙面による取引手数料を比較している。紙面による取引手数料が最も高い銀行は，最も低い銀行よりも価格が167％高い。

　無形性がより高く，よりリソースが統合され，より個別化されたサービスほど，顧客行動の不確実性は大きくなる。そのようなサービスにおいて，サービス提供者は提供サービスを標準化することが難しく，顧客ごとに個別にカスタマイズしたサービスを提供することが必要となる。典型的な事例として，経営コンサルタント，法律家，精神分析医によって提供される専門的なサービスがある。

　顧客は実際の結果だけでなく，そのプロセス自体にも価値を見出すため，ここではサービスポテンシャル，サービスプロセス，サービス結果を区別して説明する。

[表13.1]　当座預金口座管理料と紙面による取引手数料

金融機関	口座	当座預金口座管理料 （月額。ユーロ）	取引の証明を書面で行う場合の手数料 （取引当たり。ユーロ）
Volkswagen Bank	Checking account	0.00	2.00
Berliner Sparkasse	Checking account	2.00	1.90
Ostsächsische Sparkasse	Saxx tempo	3.00	1.50
Deutsche Bank	AktivKonto	4.99	1.50
Hamburger Volksbank	VR-NetKonto	3.95	1.50
Postbank	Giro plus	0.00	0.99
Stadtsparkasse Wuppertal	Giro Klassik	5.25	0.75

サービスポテンシャルは，建物，人員，機械等のサービス提供者のリソースから構成され，サービス提供の前提条件となる。それらの目に見える特徴は，顧客がサービス提供者を決定する際に影響を及ぼすことも多い。サービスポテンシャルは顧客によって，あるいは顧客リソースの統合が起因となって初めて使用されることとなる。サービスポテンシャルが有効化されるケースは，たとえば顧客がレストランに入る時（人），スーツをドライクリーニングに出す時（物），サービス提供者に仕事を開始するように促すメールを送る時（情報）などである。顧客リソースの統合はサービスプロセス開始の引き金となり，そのサービス利用を促す。サービスプロセスは顧客のリソースに依存しており，使用されない場合は消滅するという点は，価格マネジメントにおいて非常に重要な結果をもたらす。

サービスの価格を決定する上で，サービス分類は基礎的な役割を果たす。ここではサービスを，資本集約型サービス，技術集約型サービス，労働集約型サービスの３つのカテゴリーに分類する。

資本集約型サービスでは，固定費は変動費を大きく上回る。これらのサービスは集団利用型のサービスであり，多くの顧客に同時に提供されることが多い。したがって，安定した一定のサービスキャパシティが必要となる。資本集約型サービスの例としてホテル，航空旅客，映画館，劇場などがある。

技術集約型サービスは変動費よりも固定費のほうが比較的高いという特徴がある。例としては，オンライン銀行口座，自動券売機，携帯電話などがある。技術集約型サービスは個々に用いられる傾向にあり，個々の顧客がそのサービスを一斉に使うことはない。需要は変動的だが，ほとんどの場合，サービスキャパシティは技術的要件（例：券売機の数，銀行のサーバー容量，携帯電話会社のネットワーク容量など）により一定に保たれている。したがって，サービス提供者は最大使用量に対応して，十分なキャパシティを確保する。

労働集約型サービスでは，人によって行われる労働が最も重要になる。一般的に，人件費が固定費を上回る。これらのサービスは，医師の診察，アドバイザリー・サービス，個別指導のように，人が人に対して行うものであることが多く，通常予約が必要になる。提供されるサービスの人件費を固定費，変動費のいずれとみなすかは，雇用契約の性質により異なる。タクシードライバーは売上に基づいて賃金が支払われることが多いが，このことはドライバーが受け取る賃金は完全に変動的であることを表している。

資本集約型サービス，技術集約型サービス，労働集約型サービスの違いは，価格設定において非常に重要である。資本集約型サービスにおいては，サービスキャパシティ（例：ホテルのベッド数）の数値は固定されている。価格マネジメ

第13章　サービスにおける価格マネジメント　◆549

ントの作業は長期間にわたり需要を平滑化することであり，利用されない設備を
できるだけ少なくすることである。需要は，価格を差別化することによって管理
することができる。イールド・マネジメントあるいはレベニュー・マネジメント
はキャパシティの管理の役目を果たし，利益最大化の目的を果たすものである。

　技術集約型サービスのインフラは，平均を十分に上回る利用レベルを想定して
構築される。たとえば，もしサービス提供者が，適切な価格マネジメント技術を
用いて，チケットの需要を一日を通じてほぼ均一化できれば，そのサービス提供
者はより少ない券売機で対応できるようになる。サービス提供者がサービスキャ
パシティに合うように需要を平滑化させる試みは，時間に基づいた価格差別化
（時間帯別，曜日別など）があり，通信会社や電力会社が実施している。しかし
ながら，異なる価格戦略，すなわち定額料金制が近年増加している［2］。定額
料金制は固定費が高く，変動費が低い場合に正当な手法であるといえる。定額料
金制は利用者にとっての「限界価格」が0であるため，稼働率は急上昇する。同
時に技術集約型サービスの定額料金制は，サービス提供者にとって大きなリスク
はない。サービス提供者の限界費用は低い，あるいは0に近いからである。

　労働集約型サービスにおいて，サービス提供者は原則的には需要に応じて人的
資源を調整できる。したがって，サービスキャパシティそのものを調整あるいは
再配置することによって，稼働率をある程度管理することが可能である。たとえ
ば法律相談の場合，相談前後の準備作業が大きなウェイトを占めるが，弁護士が
この時間を柔軟に計画することで，相談以外の時間におけるスタッフ人員を有効
活用することができる。しかし，外部リソースの活用が，自身ではなく他者に
よって第一義的に影響されるサービスでは，スタッフを効果的に配置することは
難しい。患者が少ない期間，歯医者はスタッフに管理業務等の別の仕事を割り当
てることができる。しかし，歯科医のサービスには外部リソースである「患者」
が第一に影響するため，法律事務所のように需要が少ない時にスタッフを配置換
えするには限界がある。サービスキャパシティを調整することは，計画に沿って
行うことも，状況に応じて臨機応変に行うこともできる。たとえば，レストラン
の場合，ウェイターを待機させることができるだろう。労働集約型サービスを提
供するビジネスの場合，価格差別化によって需要を管理するのと同様に，サービ
スキャパシティを調整することで利益最大化を達成することができる。サービス
キャパシティを管理し調整することが難しくなればなるほど，価格マネジメント
の役割はより重要になる。これは，資本集約型サービス，技術集約型サービスの
場合と同様である。**図13.1**はこれら3つのタイプのサービスと，利益最大化，価
格マネジメントのためのアプローチを示している。

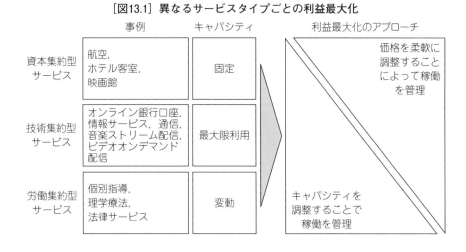

[図13.1] 異なるサービスタイプごとの利益最大化

13.2 分析

第4章では価格に影響を及ぼす要因として，企業，顧客，競合を取り上げて説明した。これら3つの要因はサービスにおいても関連する。

13.2.1 企業情報

サービスの価格設定に関係する重要な要素は，コスト分析である。サービスには顧客リソースが影響し，顧客リソースには不均質性が存在するため，正確な変動費を事前に決められないことが多い[3]。たとえば，裁判の法的支援にかかる費用と成果のリストアップを事前に信頼性の高い水準で行うことは，ほぼ不可能である[4]。経験に基づいた大まかな費用の見積は顧客の安心材料となりうるが，サービスプロセスは予測不可能であり，予想した費用から大きく外れる可能性もある。一方で，時間当たりの料金制に基づいて請求すれば，顧客は価格リスクにさらされる。このことはたとえば医療における手術にも当てはまり，手術が始まるまでわからない問題や合併症もありうる。

固定費と変動費を区別することは，サービスの価格設定における重要な要素となる。何よりも重要な点は，この情報が価格の下限を決定することである。つまり，ある仕事や契約を受ける最低価格を決定づける。しかし，単位当たり変動費で価格の下限を設定するには，そのサービスが市場において個別に提供される必要があるが，実際にはつねにそうであるとは限らない。航空業界のような資本集

約型サービスの例を見てみよう。航空会社は乗務員，ジェット燃料，空港着陸料といった変動費を負担している。これらの変動費は販売される座席数とはほとんど関係がなく，主にフライト数に依存している。したがって，変動費は旅客1人当たりの変動費ではなくフライト1便当たりの変動費である。収容可能席数が固定されているため，売れ残った座席の変動費は埋没コストとなる。したがって，設定可能な価格の下限である1座席に対する限界費用は，ほぼ無視できるほど小さく，たとえ非常に低い価格設定を行ったとしても貢献利益を生み出すことができる。

　しかし，無料に近い価格を設定することは大きなリスクもはらんでいる。もしそのような共同利用型サービス（collective service）の下限価格を限界費用で設定し，それを価格切り下げの基準として用いると，破滅的な結果をもたらしかねない。まず，そのような行為は正規料金を支払った顧客にとっては非常に腹立たしいであろう。そして，そのような価格設定の長期的な結果も考慮する必要がある。キャパシティを埋めるためにサービスが提供される直前に価格を引き下げる手法を頻繁に採用すれば，顧客に価格が下がるのを待ったほうが良いことを学習させることになる。しかし，LCCが採用するような別の手法によって，その価格が顧客に受けいれられ，財務的にも健全な低価格が実現することもある。

　サービスに特に適している原価計算は，活動基準原価計算である［5］。活動基準原価計算は，生産量単位ではなくプロセスの段階ごと，あるいは個別活動ごとに共通原価を割り当てる［6］。これにより，費用をすべてのコスト要素に対して一律に割り当てるのではなく，真のコスト要素により公正に割り当てることができる。活動基準原価計算は，主に産業分野で用いられるが，銀行，保険会社，行政のようなサービス提供者でも用いられ，有益なマネジメント手法であると認められている［7］。とはいえ，活動基準原価計算は本質的には，直接，間接費用を含む原価計算の一形態に過ぎず，他の原価計算手法同様に欠点も有している。

　加えて，プライシングにおいて非常に重要な点として，企業が何を目的関数とするかが挙げられる。前章では，利益最大化が唯一の適切な目的関数であり，論理的に正しい方法では売上と費用のみがその影響要素となることを示した。しかしサービスにおいては，利益最大化とサービス提供能力の間には相反関係が生じることがよくある。その原因は，価格反応関数に関わる不確実性と，これまで述べてきたコスト構造にある。

　ここで例を示す。シカゴのランドマークであるHilton Hotelのマネージャーは，会議で次のような状況を述べた。このホテルは1,600室を備え，その前日の晩に13室の空室があり，この13室の空席は多過ぎるとマネージャーは説明した。客室

が空室であれば収益機会を活用できておらず，その機会損失は永久に回収できない。これは「確実に算出可能な数値（hard number）」である。しかし，マネージャーがその議論の中で述べなかったのは，まだ刈り取れていない支払意思額であり，それは「即座には算定できないあいまいな数値（soft number）」である。宿泊客が1室あたり100ドル支払うと仮定しよう。その晩の売上は100ドル×1,587＝158,700ドルである。もしもこのホテルがその晩，1室あたり10ドル高い価格を課し，（13室ではなく）50室の空室を許容するならば，売上は110ドル×1,550＝170,500ドルとなり，圧倒的に良い結果となる。これら2つの選択肢をより正確に比較するためには，価格反応関数あるいは価格弾力性に関する正確な知識が必要になる。サービス提供者の間で共有されている，キャパシティを最大限活用しなければならないという固定観念は，利益という観点からは誤っている可能性がある。

13.2.2　顧客情報

　価格反応関数は，時間経過がある中で一定レベルの安定性が保たれるという仮定の下で，別の価格への顧客の反応を捉えるものである。また，そのサービスが一定とまではいわずとも，一貫した品質水準を維持していると仮定している。しかし多くのサービスにおいて，この一定した品質水準は非常に限られた状況でのみ適用される。先に説明したように，サービス提供に必要な顧客リソースには定義上，不均質性という特徴があり，サービスの結果にも直接影響をもたらすことが多い。労働集約型のサービスにおいて，従業員の経験，共感，精神状態というような要因は，品質に相当な変動をもたらしうる。したがって，価格と販売数量の安定的な関係性は期待できないことが多い。

　より高度に標準化されたサービス，一般的には技術集約型サービス（例：移動通信）や資本集約型サービス（例：映画館）では，価格反応関数は最適価格を決定する有益な手段である。しかし，労働集約型の高度に個別化されたサービスでは，この価格と数量の関係性を注意して用いる必要がある。そのようなサービスの価格は，個別最適化できる特徴があり，サービス提供者は，東洋のバザールの商人のように，個々の顧客の支払意思額を見積もり，それに従って価格を調整することができる。

　サービスの無形性と，サービスが購買時点で必ずしも利用可能でない点により，顧客がサービスを評価することは困難である。医者による訪問診療やパーソナルトレーナーのようなサービスは，事前に観察したり試したりすることができないため，事前に高い信頼性をもって評価することは不可能である。自動車の運転教

第13章　サービスにおける価格マネジメント　◆553

習のような経験財では，顧客は事後的にサービスの結果を評価できるが，コンサルティング・プロジェクトでは，事後的にでも妥当な評価をすることは限られる。実際には，顧客とサービス提供者の能力差が非常に大きいことが多く，サービスの結果を顧客が適切に評価することが困難なケースは多々ある。複雑な医療診断はその一例である。結果として，顧客はその価格と価値の関係が適切かどうか判断できない。特に，法律相談のような労働集約型サービスは経験財あるいは信用財であることが多いので，価格は品質指標として顕著な役割を果たす。経験財の品質は購買し消費した後にしか評価できない一方で，信用財の品質は購買前だけでなく購買後でさえも妥当な評価をすることができない。信用財では，売り手はつねに，買い手よりも自らが提供したサービスの成果についてより良く把握している。すなわち，情報の非対称性が生じており，予め対応する情報を集めるには，かなりの労力と費用（情報探索コスト）がかかる。このことは不確実性を高め，また誤りを冒すリスクを高める。サービス提供者の信用は，初回の購買意思決定において重要な役割を演じる。そして，その後の購買あるいはリピート購買はその顧客が初回の購買で得た経験に基づいて行われる。第5章で説明したように，顧客は価格と品質の間に正の相関を知覚する傾向にあり，高価格の製品を高品質な製品とみなしてしまうことが多い。料金が30ドルの散髪は，料金が12ドルの散髪よりも高品質で腕が良いことを暗示する。これは，レストランやホテルでも同じことがいえる。

　有形財と異なり，サービスは貯蔵する事ができないため，顧客は低価格であるときにサービスを大量に購入することはできない。洗濯用洗剤やペーパータオルは価格が引き下げられた時に大量購入できる一方で，航空券，入院，フィットネスクラブではそのようなことは不可能である。しかしながら，サービス提供者は，顧客がより多く買うインセンティブが働く価格構造を設計できる。フィットネスクラブの回数券，レストランを頻繁に利用する顧客向けのスタンプカードやクーポン，スポーツイベントのシーズンチケットなどはその例である。

　個人レベルの価格反応関数と集計レベルの価格反応関数は，区別する必要がある（第4章参照）。サービスは「購入量の変動」よりも「Yes-No」である場合が多い。言い換えれば，顧客は一般的に，あるサービス1単位（例：健康診断1回）を購入するか，あるいは購入しないかを選択する。個人レベルの価格反応関数と集計レベルの価格反応関数は**図4.3**と**図4.4**の左側に示された形状となる。このことは，サービスも有形財と同じように，値引きされるし，あるいは低価格であると，数量が増加しうることを意味している。しかしこの数量の増加は，個々の顧客がより多く購入することではなく，より多くの顧客が1単位（例：健康診断）

を購入することによって生じるものである。この意味において，一部のサービスは消耗品よりも耐久財に類似している。

　ターゲットグループの区別は重要な要素であり，価格差別化の可能性を広げることができる。教育分野はその一例であり，民間業者が重要な役割を果たすことで，力強い成長を遂げている分野である。政府が無料で提供していた教育サービスは今や，利益を追求する民間企業によって有料で提供されている。年商50億ポンドという世界最大の教育サービスを提供するイギリスのPearson PLCのターゲットは，自身の教育のために支出する個人，従業員教育に投資する企業，アメリカのように政府が運営する教育プログラムである。アメリカでは何千もの学校が，Pearsonが提供する試験教材を採用している。これらのターゲットグループの支払意思額と購買プロセスは完全に異なる。価格設定においては，このような違いを認識し，反映させる必要がある。

　第4章で，価格反応関数と価格弾力性を特定する手法としてコンジョイント法を紹介した。この手法をサービスに適用する場合，いくつかの特殊な側面がある。コンジョイント法は，数値化が容易な属性で構成されるサービスには適しており，銀行口座（技術集約型サービス），航空券，レンタカー（資本集約型サービス）などはその一例である。一方で，労働集約型サービスにはあまり適していない。サービス提供者の親しみやすさ，個人の外見などの側面は，言語化や一般化が難しいからである。そのようなサービスプロセスにおいては，従業員と顧客の間に定期的な接点が生じる。この「真実の瞬間」（Moment of Truth）は，品質の知覚と支払意思額の両方に決定的な影響力を持つ。これはコンサルタントの顧客志向，ヘルパーの親しみやすさにも当てはまる。これらの「ソフトな」価値構成要素は全体的な価値の知覚に強い影響を与えうるが，正確に定義し，定量化することは難しい。したがって，それらの特徴の価値への寄与度は，コンジョイント法で測定するのは困難である。同様の問題は，サービスの雰囲気，ホテル客室内のアレンジ，レストランの雰囲気にも存在し，シンプルな言葉や数値で表現しきれない特徴のため，コンジョイント法はあまり適していない。コンジョイントのモデルを作ることや，映像を見せたり，文章で雰囲気を表すことはできるが，それらの情報が持つ価値は限定的である。

　ターゲット価格設定においては，サービスの構想に先立ち，支払意思額の決定，価値属性の評価を行う。ターゲット価格設定は標準的な資本集約型サービスあるいは技術集約型サービスに適している。ファストフードレストランのメニュー作成において，その製品が超えてはならないターゲット価格を設定することは理にかなっている。ターゲット価格設定はまた，標準化された保守サービス，修理

第13章　サービスにおける価格マネジメント　◆555

サービス，アドバイスサービスにおいても考慮されており，車検，ドライクリーニング，インターネット接続の提供，標準的な税務サービスなども含まれる。ターゲット価格設定は有形財においてよく採用される確立された手法であるが，サービスにおいては未だに十分に利用されていない。ターゲット価格設定は，価格に影響を与えるだけではなく，サービス提供プロセスの再設計も必要とする場合がある。ターゲット価格設定によって，多くのサービスにおいて大きな収益改善の可能性が存在する。

13.2.3　競合情報

　競争環境の激しさは，サービスの価格弾力性の重要な決定要因である。サービスを検索することや実際に経験することが難しく，信用という要素の重要度が高いほど，需要の価格弾力性は低くなる。医者や法律家のような，サービス提供者と顧客の間に集中的な対話が発生し，比較可能性が低い属人的なサービスはその一例である。そのようなサービスでは，携帯電話通信サービスのような非常に同質的な市場と異なり，顧客は価格変更に対する反応として，サービス提供者を変更する可能性が低い。非常に同質的な市場においては，競合の特徴は比較や評価がしやすく，パフォーマンスの点で競合製品は類似している。したがって，価格は多くの顧客にとって決定的な要因となる。

　多くのサービスについては，顧客はその作業を自分自身で行うか，外部からそのサービスを購入するかの選択肢を有する。園芸や造園，食品系サービス，清掃，住宅リノベーション，税金還付支援などがその例である。顧客はそのサービス提供者の潜在的な競合となる。そのサービスを購入するか，自身で行うかの意思決定は，価格，顧客の購買力，個人の選好，時間の機会費用に依存する。企業が競合分析をする場合，競合するサービス提供者だけでなく，顧客がその作業を自分で実施する場合の費用についても考慮する必要がある。

13.3　価格決定

13.3.1　価格決定支援手法

　コストプラス価格設定，損益分岐点分析，競合ベース価格設定はすべて，サービスの価格決定に適用できる。コストプラス価格設定には特殊な側面があり，これはサービスの費用は顧客リソースの不可分性のため，あらかじめ信頼性の高い見積もりができるとは限らない点である。そのため，職人との契約のように，費

用の見積もりからスタートするサービスもある。このような見積もりは最終的に拘束力のある契約となり，サービス提供者は費用超過のリスクをすべて負うことになりうるが，実際にかかった費用に合わせて請求額を調整するという合意によって，見積に拘束力を持たせないことも可能である。

サービスに損益分岐点分析を用いる場合は，変動費に対する固定費の比率が問題になる。図13.2は3つのサービスカテゴリーの典型的な構造を示している。ここでは資本集約型サービスの固定費が200ドルで，価格は2ドルであると仮定し，単位当たり変動費はゼロとする。この時，損益分岐点となる販売数量は100単位である。費用曲線は常に一定であるため，損益分岐点を超えると利益は上昇する。技術集約型サービスに関しては，固定費を100ドル，単位当たり変動費を1ドルと仮定する。このシナリオの損益分岐点も同様に100単位である。しかし，資本集約型サービスと比較すると，損益分岐点を超えた販売数量の上昇に対する利益の増分ははるかに少なくなる。固定費を50ドル，単位当たり変動費を1.33ドルとした労働集約型サービスの場合，価格が2ドルの時の損益分岐点には，販売数量75単位で到達する。しかし，損益分岐点を超えてからの利益の増加幅はさらに小さくなる。販売数量が1単位増加するごとの利益上昇幅は，資本集約型サービスでは2ドル，技術集約型サービスでは1ドル，労働集約型サービスでは67セントとなる。

このような違いのため，資本集約型サービスにおけるサービスキャパシティの

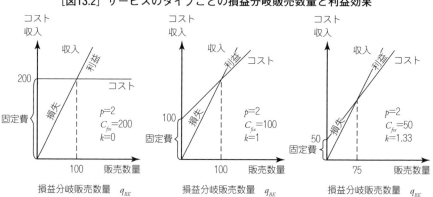

[図13.2] サービスのタイプごとの損益分岐販売数量と利益効果

第13章　サービスにおける価格マネジメント　◆557

活用はきわめて重要な問題である。サービスキャパシティを最大限活用した上で，できるだけ高い価格を設定するという目標は，イールド・マネジメントあるいはレベニュー・マネジメントの目的である。この点については以降で詳述する。

　損益分岐点分析は，観光業界や教育部門での価格決定支援ツールとして用いられることが多い。たとえば，バス会社は損益分岐点に達するために何席売る必要があるかを計算する。そのプロセスにおいて，企業は異なる価格について検討し，損益分岐点を超える確率が最も高い価格を選択する。旅行会社は，ツアーの最少催行人数に達しない場合に，ツアーをキャンセルする権利を持つ場合もある。セミナーでも同様のケースが適用される。

　競合ベースの価格設定もまた，サービスでよく採用される。多くのサービスが時間単位で価格設定され，サービス提供者は競合の価格設定を踏まえて，自らの価格を設定することが多い。このことは散髪のような数量ベースの価格においても同様に当てはまる。多くのヘアーサロンは料金の情報を目に見える形で掲載しているため，競合は価格を比較しやすく，それらを使って自身の価格設定を方向づけることができる。このアプローチに対する批判は，有形財と同じようにサービスにも当てはまる。

13.3.2　サービスにおける価格差別化

　サービスの価格設定において，最も重要で特殊な側面は価格差別化である。価格差別化の背後にある基本的な考え方は，顧客は顧客ごとに異なる支払意思額を持ち，その違いは差別化された価格で捉えることができるという考え方である。サービスにおいてはあらゆる形態の価格差別化と，複雑な価格構造を適用する機会が存在する。

13.3.2.1　時間に基づく価格差別化

　時間に基づく価格差別化の例は，交通機関，ホテル，休暇旅行，駐車場，レストラン，映画館，電話料金，公共料金といった業態で見られる。時間による価格差別化は，時間によって異なる顧客の価格弾力性を反映したものである。これらのサービスは有形財のように貯蔵できないため，時間差による裁定取引は不可能である。しかし，顧客は自身の需要を先送りすることができるため，ある時点での価格は別の時点の需要に影響を持ちうることになる。つまり，一般的に代替関係にあるといえる。したがって，ある時点間の交差価格弾力性は正であり，構造的にいうならば，この問題は製品ラインにおける価格設定と同一である。第7章で述べた製品ラインにおける価格差別化で示した結論が，ここでも同様に当ては

まる。

　また，なぜ直前割やスタンバイチケットが利益増につながるかを，あるカテゴリーを個別に見た時に説明することは簡単であるが（「失われる席」数が最小になる），より広い範囲でサービスを見た場合にはこれらは最適とはなりえないだろう。直前割は多くの通常需要を奪う（つまり，交差価格弾力性は非常に高くなりうる）ため，サービス事業者全体で見た場合の利益は改善せず，悪化することさえある。

　時間による価格差別化の主な目的は，稼働率の平準化であるという印象を持つかもしれないが，これは大きな誤りである。価格設定の目的は利益最大化であり，サービス稼働率を上げることではない。しかし，価格弾力性を重視した価格設定により，サービス稼働率の平準化が可能となる。需要が低い時間帯で価格弾力性が低い場合（例：午前2時から6時のタクシーの需要）に関しては，価格を下げる意味がない。時間による価格差別化における重要な点は，ある期間において需要が高いか低いかではなく，どの程度の需要がその期間における価格変化に反応するか，つまり価格弾力性が高いか低いかということである。

　ピークロード・プライシングは，サービスにおける時間に基づいた価格差別化の固有の問題の対処策となる。最大の問題は，ピークの時間帯とそうでない比較的需要の少ない時間帯において，価格設定の根拠となるコストを何と捉えるかである。Joskowは，アメリカにおいて採用されている価格設定方法について次のように述べている。「広く受け入れられている方法は，ピーク時の利用者は限界営業コストと限界キャパシティ・コストを支払い，そうでない時期の利用者は限界営業コストのみを支払うというやり方である」[8, p.198]。このことは，ピーク時の利用者は全コストベースで，そうでない時間の利用者は限界コストベースで課金されることを意味している。この方法は，キャパシティ・コストが長期的に変動する場合，一定程度正当な方法といえる。しかしこの方法は，異なる時点における価格弾力性を明示的に考慮していない。真の最適解に到達するためには，交差価格弾力性と同様に，異なる時点間の価格弾力性の違いも考慮する必要がある。その結果として，ダイナミック・プライシングにおいて生じる価格最適化についての問題は，複数製品を取り扱う企業が直面する問題と類似したものとなる（第7章参照）。

　企業が価格弾力性を見誤った際に起こりうる1つの現象は，いわゆる逆ピーク現象である。この現象は，アメリカの電話料金システムと同様に，ドイツにおいてもある時期に発生した。「ムーンライト価格」（夜間料金）が通常価格と比べあまりにも安すぎたため，理論上は稼働率があまり上がらないはずの夜間時に，稼

第13章　サービスにおける価格マネジメント　◆559

働率のボトルネックが生じた。このような場合の解決方法は，需要が利用可能な容量を下回るようにオフピークの価格を上げることである。

13.3.2.2　地域に基づく価格差別化

　サービスには，地域による価格差別化を行うための幅広い選択肢がある。サービスは貯蔵や輸送ができない特性があるため，本質的にアービトラージの可能性がなくなる。例外として，通信，インターネットまたは郵便によって提供されるサービスは，サービスが行われる場所に関係なくどこでも利用することができ，データベース，リモートメンテナンス，コンサルティングやアドバイザリー・サービス，コールセンターなどが該当する。SaaS（Software as a Service）もこの例外に該当し，原則として物理的な場所の制限を受けないオンラインで提供されるサービスはすべて含まれる。しかしながら，この分野は政府の介入によって市場が地理的に分離されている。たとえば，数多くの欧米のインターネットサービスは中国市場への参入を許されていない。

　一般的に，地域別の価格差はコスト（他地域でサービス提供を受けるために必要なコスト）よりも大きくすべきではない。そうでなければ，より低価格な他国の医療手術を受けるというように，一方的な流入が生じる可能性がある。地域による価格差が顕著にみられる業種として，ホテル，航空会社，レンタカー，貿易，医療・健康関連サービスなどがある。

13.3.2.3　顧客に基づく価格差別化

　顧客に基づく価格差別化は，顧客の年齢や学歴，職業などの個人的特性に基づいて，おおよそ同じサービスに対して異なる価格を設定する場合である。興味深いことに，顧客は製品よりもサービスに対して，より大きな価格差を許容する傾向にある。Mönchは次のように記している。「高齢者であることだけを理由に，旅行チケットが50％割引となっても，人々は問題だと考えない。しかし，有形財において同じような価格差があった場合，人々が同様に寛大であることは想像しがたい［9, p.236］」。サービスにおいてはこのような顧客の受容があるため，顧客に基づく価格差別化が実践しやすいと考えられる。

　サービスと製品の間には他にも大きな差異が存在する。製品については，購買行動そのものは売り手がコントロールできるが，購買後の製品がどうなるかは，コントロールできない。一方サービスにおいては，顧客はサービスプロセスと統合されているため，そのサービスを他の誰かに受け渡すことは非常に難しい。たとえばクラブでは，18歳未満の入場制限や，女性無料入場のように，入場者を管

理することができる。アルコール飲料の販売においても，（たとえば，21歳以上，女性は割引あるいは無料というように）同じようなルールを課すことができるだろう。しかし，いったん購入された飲料は他の人に渡すことができるため，実際の管理はより難しくなる。

13.3.2.4　パフォーマンスに基づく価格差別化

　パフォーマンスの違いによる価格差別化が有益なケースはよくある。典型的な例は飛行機や列車の客席のクラスであり，この価格差は非常に大きくなりうる。ニューヨークーロンドン間のフライトを例に取ると，2017年3月4日のアメリカン航空6143便のエコノミークラスの最安値は881ドルであった。一方で，ファーストクラスの価格は7,168ドルだった。最も高い航空券は最も安い航空券の8.1倍である。確かに，エコノミークラスとファーストクラスの旅行は同じ体験ではないが，どちらのクラスの旅行客も同じ飛行機で同じ時刻に到着する。すなわち，航空輸送という基本的なパフォーマンスは同一なのである。1907年までドイツの列車には4つのクラスがあり，その当時の価格差は約10倍にも及び，現在の航空旅客輸送と同じ状況であった。

　パフォーマンスに基づいた価格差別化を成功させるには，「クラス」間の知覚価値の差異が十分に大きいことが重要である。理論的には，価値の差異よりも大きな価格差異は実現できない。鉄道の初期には，最低クラスの車両は木製ベンチで屋根がなかった。1849年の文章では次のように述べている。「三等車に屋根がなく木製ベンチになっている理由は，屋根をつけたり椅子に布張りをしたりするための数千フランの費用が理由ではない。その鉄道会社の狙いは，二等車の運賃を払える旅行者が三等車で旅行するのを防ぐことであった。三等車は貧しい人々をターゲットとしたが，彼らを冷遇する意図はなく，富裕層を追い払うためだった。この鉄道会社は，三等車の旅行客に対してある意味無情であり，二等車の旅行客に対しては意地悪で，一等車の旅行客に対しては物惜しみしなかったが，これも同じ理由である。貧しい層に対しては必要なものであっても拒否し，富裕層には必要以上のものを与えた［10, p.216］」。付加価値が著しく高い追加のクラスを正当化するためには，十分な価値の差が必要である。現在の鉄道のセカンドクラスの車両がこの必要条件を満たしているかどうかは，興味深い問題である。ステータスにおいて価値が同じとはいえないが，快適さという点ではファーストクラスの車両と同じ水準の機能を提供している。クラス間の価値の「差」が小さすぎる場合，旅客はより安い下のクラスに移ることになるだろう。このような現象は短距離飛行においてもよく起こる。エコノミークラスが比較的満席であるのに

第13章　サービスにおける価格マネジメント　◆561

対して，ビジネスクラスはほぼ空席である。一方で，長距離飛行では状況は異なる。エコノミークラスにはレッグルームがなく，その他にも制約があることが十分な差別化要因となり，長距離飛行のビジネス客をビジネスクラス（場合によってはファーストクラス）の座席に誘導することが可能となる。また，パフォーマンスに基づいた価格差別化は，SaaSの提供業者やそのサービス契約においても見られる。クラウドサービスの提供業者を比較すると，企業は価格モデルだけでなく，契約条件，請求サイクル，解約期間，拡張性などにおいても異なるアプローチをとっているが，明確な価格差別化を実施している。

13.3.2.5　数量に基づく価格差別化

　数量に基づいた価格差別化には様々な形態が存在し，製品よりもサービスのほうが導入しやすい。その理由は第一に，サービスの特徴としては，ある人から別の人へのサービスの移転は通常不可能なことにある。第二に，サービス提供者は顧客によるサービスの利用を，容易にコントロール可能である。直接的な数量割引に加えて，マイレージ・プログラムやリベート・プログラムはボリューム・ディスカウントの一形態である。数量に基づいた，サービスの価格差別化の例としては，以下のようなものがある。

- 大口顧客向けサブスクリプション
- Amazon PrimeとBahnCard
- 銀行の多層課金（Multi-part fees）
- 基本料金に，走行距離に応じた料金が加算されるタクシー運賃
- 音楽・動画配信ストリーミングサービスなどのオンライン定額料金

　コンジョイント法は，多元的価格やブロック料金を最適化するための理想的な手段である。このような価格構造はコンジョイント法のデザインに非常に適しており，妥当な結果が得られると考えられている。

13.3.2.6　価格バンドリング

　価格バンドリングとは，複数の構成要素を1つのパッケージあるいはバンドルに組み合わせ，製品あるいはサービスを提供することを指す。バンドルは通常，個々の構成要素の価格を合計した価格よりも低い価格で提供される。価格バンドリングによって企業は消費者余剰を生み出し，利益を高めることができる。バンドリングは，純粋な形式（バンドルとしての販売のみ）だけでなく，混合形式（バ

ンドルとしての購入だけでなく，個々の構成要素のいくつかあるいはすべてを個別に購入することができる）で行われる場合がある。

サービスのバンドリングについては，次のように述べられている。

- 「バンドリングは製品よりもサービスにおいてより一般的である」［11, p.228］
- 「バンドリングの活用は，特に消費者向けサービスにおいて拡大している」［12, p.74］
- 「ハイテク製品やソフトウェアのような開発コストの高いサービス・製品は，耐久消費財や工業製品のような限界コストの高い製品よりも，価格バンドリングにより多くの利益を得ることができる」［13, p.70］

バンドリング全般に当てはまる事象に加えて，サービスにおけるバンドリングがより有益である具体的な理由は以下となる。

- 個々のサービス構成要素は，補完的であることが多い。（例：フライトチケット，レンタカー，ホテル。当座預金口座，普通預金口座，投資アドバイスなどの銀行サービス。様々な形態の保険。監査と税務アドバイス）
- 多くのサービス企業はサービスラインナップを拡張し，バンドリングの機会を増やしている（例：会計事務所が経営コンサルティング事業に参入する。ホテルがフィットネスセンターを設置する。）
- 固定費の割合が高いため，固定費を配分可能な幅広いサービス基盤が必要となる。

企業の中には，製品・サービスの非常に幅広い品揃えを，自身のポジションの差別化要素として活用する企業もある。その一例であるClub Medは，提供するパッケージ旅行に移動，宿泊，食事（飲料を含む），エンターテインメントを含めている。また，価格バンドリングは電気通信サービス分野でも幅広く浸透しており，一例としてAT&Tが提供するパッケージが挙げられる。AT&Tのパッケージでは，1つのバンドリングで顧客はインターネット定額サービス，電話定額サービス，高解像度デジタルビデオレコーダー，ハイビジョンテレビを利用することができる。

サービスのバンドリングは，明確に定義された「ブランド」を作り出し，市場を捉える新たな機会にもなりうる。これは，多様性や複雑性により，顧客が個々の構成要素の価値と価格を把握することが困難な場合に，特に有効となる。バンドリングは顧客にとって単純化された選択肢を提供し，同時に競合製品との価格比較能力を低下させる。この良い例として保険のバンドリングの例がある。世界第2位の保険会社Allianzが提供する旅行保険は，海外旅行傷害保険，手荷物保険，旅行のキャンセルや中断をカバーする保険，24時間電話対応など，幅広い補償を

含んでいる。

逆のアプローチ，つまりサービスの核となる部分を明確にするアプローチは，アンバンドリングとよばれる（第7章参照）。アンバンドリングは，バンドルからある構成要素を取り除き，そのサービスを別の価格で販売するものである。Ryanairは長年にわたってアンバンドリングを実践してきた。Ryanairは機内のスナックや飲料を別料金で提供するようにし，クレジットカードでの予約や手荷物預かりに別料金を課すようにした [14]。この価格構造によって，旅行者は支払いたいと考える個別のサービスを選択可能となった。

13.3.3　イールド・マネジメント

イールド・マネジメントあるいはレベニュー・マネジメントは，旅客輸送，航空貨物，レンタカー，ホテルといった資本集約的なサービスにおいて非常に一般的である。アメリカン航空の元CEOであるRobert L. Crandallはイールド・マネジメントの本質を次のようにまとめている。「もしある路線の搭乗者が2,000人で，400通りの価格が設定されているならば1,600通りの価格設定が不足していることになる」イールド・マネジメントの目的は，価格感度の高い顧客に，より低価格なサービスを提供し，ビジネス客のように比較的価格感度の低い顧客には，より高価格で高いパフォーマンスのサービスを提供することである。イールド・マネジメントは多くの場合，固定化されたサービスキャパシティを利用して利益を最大化するために，価格とサービスキャパシティをマネジメントすることである。キャパシティには，異なる時点や特定の条件下で，異なる価格が割り当てられ，それぞれの価格にはその価格に応じた特定の制約が課されている [15]。変動費が低い（0であることもある）ため，イールド・マネジメントの典型的な目標は売上最大化であり，これは限界費用が0である場合は利益最大化に相当する。イールド・マネジメントは非常に効果的な利益のドライバーとなることが示されており，イールド・マネジメントを実践した企業は，2％から5％売上が改善されることが報告されている [16]。ダイナミック・プライシングはイールド・マネジメントと同じように用いられるが，単なる時間に基づいた価格差別化であると考えることもできる。キャパシティのマネジメントのための最適化システムとして，イールド・マネジメントはサービス部門の革新的なコンセプトの1つとなっている。このようなツールを用いているのは航空会社だけではなく，ホテル，クルーズ，レンタカーといった業種の企業や，オンラインサービス企業もイールド・マネジメントを用いている [17]。

サービス提供者側において，イールド・マネジメントの前提条件は次のとおり

である。

- サービス提供者のキャパシティは固定的である。
- サービス提供のための変動費は低く，キャパシティ拡張のための固定費は高い。
- キャパシティは時間経過により喪失する。つまり，使われなければ無駄になる。

需要側におけるイールド・マネジメントの前提条件は次のとおりである。

- サービスはあらかじめ購入される。
- 需要は分割可能な市場セグメントに分けることができる。つまり，フェンシングが可能である。
- 需要は不確実である。
- 需要は変動する。

　サービス提供者側の前提条件には，特にキャパシティが固定的でキャパシティの未使用による機会費用が非常に高くなるというものがある。ある晩におけるホテルの空室は，永遠に失われた収益機会となる。需要側の前提条件はセグメントごとにオファー（価格の異なるクラスなど）を調整することで，需要を平準化し，稼働率を向上することができるというものであり，これも同様に重要である。最終的に，イールド・マネジメントは，ホテルマネージャーが直面する古典的な問題に対応する。「今日，この部屋を空室にしないために値引きすべきなのか，より高い価格を支払う別の顧客が来るのを望んで待つべきなのか」。

　効果的なイールド・マネジメントには，高度化した情報とデータ基盤が必要である。このデータが価格設定に関連するパラメータを含む場合，これまで説明してきた一連の手法は，顧客セグメンテーション，パフォーマンスバリエーションの定義，価格弾力性の算出に利用することが可能である。「繁忙期であれば，我々の航空会社だけで一日数千回の運賃変更がある事も珍しくはない」[18]というコメントは，航空会社の高度化されたツールがどれだけ速くデータを分析し，それに基づいて新しい価格を設定できるかをよくいい表している。しかし，イールド・マネジメントは価格に関連するパラメータだけに限定されるものではなく，提供するキャパシティ（たとえば航空機の種類）の最適化，キャパシティ配備システムへの反映，潜在顧客に対するターゲティングされたコミュニケーションな

第13章　サービスにおける価格マネジメント　◆565

ども含まれる。時間経過によりその価値が棄損するサービスの場合には，時間とスピードが重要な役割を果たす。イールド・マネジメントは純粋な価格設定ツールではなく，むしろ包括的なマーケティングと競争優位創出のための手段であるといってよい。

　価格の上限は，顧客価値と，同等レベルのパフォーマンスの競合価格によって決定され，2つの値のうち低い方が適用される。価格の下限は（短期的な）限界コストと（長期的な）単位当たり総コストによって決定される。資本集約的なサービスの場合，限界コスト，つまり短期的な価格の下限は非常に低く，0に近いこともある。キャパシティを活用するために，最も価格感度の高い顧客には低い価格を訴求することができる。同時に，価格感度の低い顧客の支払意思価格を引き出すために，上限価格に近い価格を設定することもできる。しかしこのような価格差別化は，2つのセグメント間で適切なフェンシングができている場合のみ有効となる。つまり，2つのセグメントは互いに分離されている必要がある。

　このような行動は，旅行の予約においても発生する。直前の旅行予約は，前もって予約する場合よりも割高になる。これは，出発日間際に予約される場合，緊急性も支払意思額もより高まっているという考えに基づいている。ビジネス客は，フライトよりかなり前の時点でその旅行に対してコミットできないし，しようとしないため，より支払意思額は高い。このような費用は「コミットメント・コスト」[19]とよばれ，事前に特定の日に対するコミットメントが必要な場合に生じる。ビジネス客はコミットメント・コストを避けようとし，その代わりに予約時の高い価格を受け入れる。逆に，個人的な旅行の場合はより価格感度が高くなり，より早期に予約をする傾向が高くなる。

　早期のコミットメントとそれに伴うコミットメント・コストが顧客に有利に働くケースがある。この点に関して，プロスポーツの例で説明をする。2012年8月24日にドイツのブンデスリーガでサッカーシーズンが開幕した時，FCバイエルン・ミュンヘンはそのシーズンのホームゲームのチケットを完売したと発表した。チームの魅力と比べて，チケットの価格が明らかに安すぎたためである。もしそのシーズンは成績が振るわず，シーズンを通じてチームへの関心が低下するという予測ができたのであれば，手頃な価格設定は意味があったであろう。しかし2012年から2013年にかけてのシーズンで，バイエルン・ミュンヘンはブンデスリーガで優勝するという非常に良い結果を残した。この事例では，チケット購入者の早期のコミットメントは確実に報われた。特に，後に転売市場で見られた価格を考慮するとそういえるだろう。結果として，ファンはチケットを低価格で入手するメリットを享受できたが，クラブの経営者はその価格政策について反省す

べきといえる。ただし，前払いは必ずしも価値に見合うとは限らない。顧客が前払いしたものの，その企業が倒産してしまった事例（ドイツ市場における割安電力サプライヤーの例など）は非常に多い。"if you want to get annoyed, pay in advance."（「後で後悔したいのなら，先払いにしなさい」）このような格言を心にとどめておくべきだろう。

　格安航空会社は，自社キャパシティを最適化するための自社固有のシステムを用いている。このシステムでは，価格は出発日が近づくにつれて高くなる傾向にある。従来型の航空券の事前予約期間（例：7日前，21日前）と比べると，現在の格安航空会社の顧客は，航空券の価格がどの程度上昇するか，またいつ上昇するかについて透明性を持たない。図13.3はRyanairのFrankfurt-HahnからDublinへのある便の価格がどのように変化したかを示している。点で示されたすべての価格は，2015年8月16日に出発する同じ便に適用された価格である。2ヵ月前に予約した場合と前日に予約した場合では，€184の価格差がある。税金やその他手数料が加わるため，旅行客はここで示された価格よりもさらに高額の料金を支払っている。航空券の価格変化のレベルは，航空会社，時間によって異なる。

　イールド・マネジメントにおける重要な検討事項と最適化に向けた課題は，キャパシティ（航空機の座席，ホテルの客室，生産機会）1単位を早期に低価格で販売すべきか，あるいはより遅い時期に購入する，支払意思額の高い顧客を待つべきか，の選択である。イールド・マネジメントが登場するまで，この種類の

[図13.3] フランクフルト（ハーン）―ダブリン間の航空便の価格変化 [20]

第13章　サービスにおける価格マネジメント　◆567

最適化課題を解決する最善の方法は，ホテルや航空会社の従業員の経験に頼ることだった。今や，情報技術，高度方法論，及びアルゴリズムの登場により，経験に基づいた意思決定は，実証的で定量的な意思決定に置き換えることができる。

　キャパシティ活用を最適化するためには，予測モジュールと最適化モジュールに加えて，データ基盤が必要となる。データ基盤には次のような情報が含まれる。

- 需要に関する構造化された履歴データ
- 時間経過に伴う予約パターンの履歴データ
- 時間帯ごと，セグメントごとの価格弾力性
- キャンセルと「ノー・ショー（キャンセルを行わず，当日サービスを利用しないこと）」に関する履歴データ
- 需要を生み出すイベント（例：会議など）に関するデータ
- 競合に関するデータ（提供サービス，キャパシティ，価格など）

　これらのデータを分析し，意思決定に必要な情報を抽出するために，幅広い統計的手法が利用可能である。「イールド・マネジメント・システムが需要データからより多くの規則的なパターンを見つけることで，サービス提供者は価格を想定されるあらゆる状況に正確に適用できるようになる [21, p.250]」。履歴データの基盤の構築を行う場合は，包括的で信頼可能なイールド・マネジメント・システムを導入するために，数年の期間を必要とする。そのための標準化されたソフトウェアは市場で入手可能である。**図13.4**はイールド・マネジメント・システムの基本的な構造を示しており，この分野もまた，人工知能と機械学習が大きな可能性を秘めている分野である。

　価格最適化は，異なる価格区分において，販売数量が1単位増えることによる限界利益が同一であるという前提の下，成り立つものである。しかし現実には，最適化モジュールから導かれる価格と販売数量の最適化は「ノーショー」や直前のキャンセルによって歪められる。つまり，サービス1単位（席，ホテルの客室など）を予約した顧客が来訪しない，あるいはあまりにも直前にキャンセルした場合，その分を再販売することできない。この結果はサービス提供者にとってアイドルコストとなるため，サービス提供者はオーバーブッキング，すなわち実際のキャパシティ以上に販売することで，このアイドルコストを避けようとする。イールド・マネジメント・システムの予測モジュールは，このプロセスを最適化するために重要である。どのくらい「ノーショー」や直前のキャンセルが発生するか，できるだけ正確に予測する必要がある。もし予測が正確ならば，キャパシ

[図13.4] イールドマネジメントシステムの構造

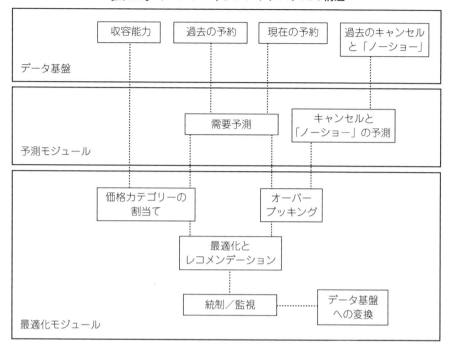

ティは利益を最適化するために活用されることになるが、もし予測が不正確ならば、その企業には2つの結果が起こりうる。キャパシティの稼働率を低く予測することによりオーバーブッキングになれば、予約を確定した顧客の中にはサービスを受けられない（席や部屋がない）顧客が現れる。その結果として、顧客は激怒し、企業は代わりの宿泊施設、クラスをアップグレードしての再予約、あるいはその他の補填など追加的コストを被ることになる [22]。不正確な予測によるもう1つの結果は、キャパシティの稼働超過を少なく見積もり過ぎ、オーバーブッキングしても十分な顧客を補えないパターンである。この場合、企業は潜在的な売上を犠牲にすることになる [23]。この場合、ポジティブな副次的効果が得られるように、そのような情報をデータベースに還元し、将来予測の改善に役立てるべきである。

　イールド・マネジメントは今や一般的になっているが、未だにほとんど導入されていない業界もいくつかある。その1つの例が駐車場であり、特に、空港や駅のような駐車スペースを見つけることが重要なエリアにおいてである。イールド・マネジメントは時間単位（例：1時間当たり、1日当たり）の固定価格を設

定しないことを意味し，価格は利用可能な駐車スペース数の関数となる。そのようなシステムは，ロンドンのヒースロー空港やイギリスの一部の駐車場で採用されており，シカゴやサンフランシスコなどのアメリカの都市でも採用されている。ここでの駐車場の価格は，相応の支払意思を持つ顧客がいつでも駐車場を見つけられるように，管理されている。本書の著者の一人であるHerman Simonは，空港近くに駐車場を見つけられなかったために飛行機に間に合わなかったことが二度ある。この状況において彼の支払意思額はきわめて高かったが，その空港近くの駐車場の価格は均一料金だったため満車だった。このことは駐車場を管理する側にとっても良い結果ではない。多くの利益を逃してしまうことを意味するからである。このような場合，イールド・マネジメントが導入されていれば，顧客にも駐車場の管理者にもより多くのメリットをもたらしたであろう。

　ダイナミック・プライシングの概念が誤解されることは少なくない。ある大都市のダウンタウンの駐車場では，平日の駐車料金は1時間＄2.50で，休日は1時間たったの＄1である。しかし，日曜日のほとんどで，この駐車場は空車になっている。ここでの間違いは，駐車場の管理者は需要の低さを価格弾力性の高さによるものだと見誤っている点である。1時間当たり＄2.50という価格が高過ぎるから，日曜日に駐車場が空いているのではなく，日曜日に街に車で来る人がほとんどいないから空いているのである。値下げする意味はなく，駐車場の管理者は利益を犠牲にしているだけである。

　Simon-Kucher & Partnersによる大手映画館運営会社のプロジェクトにおいても，ダイナミック・プライシングに対する同様の誤解が生じていた。その企業は，平日のある時間帯に最大25％の割引をしていたが，目に見えるような形での需要の増加は見られなかった。Simon-Kucher & Partnersが提案した価格構造は，需要の高い時期の利益を最適に捉えるものであった。割引については，「Cheap Day」として広告された1日だけ行うこととし，映画館をちょうど満席にするために十分な割引率を設定した。そして，この新価格構造を全館での導入前にいくつかの地域でテストした。結果として，全体的な入場者数はわずかに減少することとなったが，大幅な利益の増加が得られた。

　イールド・マネジメントとダイナミック・プライシングの課題と，これらを含む複雑なプライシング手法に関するより詳細な説明については，専門的な文献[24-27]を参照してほしい。イールド・マネジメントは，オペレーションズ・リサーチとよばれる高度に開発されたプロセスを利用しており，産業用の受託製造などの他のセクターにも利用が拡大している。イールド・マネジメントは，すでに述べた供給側，需要側の前提条件を満たす産業・部門であれば，いかなるセク

ターにおいても基本的に適用可能である。イールド・マネジメント・システムに関しては数社の専門的なサービス提供会社が存在し，それらの多くは航空業界からスタートしている。イールド・マネジメントは単なる価格設定にとどまらず，サービス提供者の売上と利益を高める一助となる。

13.4　導入

　サービスの価格設定の導入に関するトピックとしては，差別化された価格の導入，固定価格と個別価格，価格コミュニケーションといったものがある。

13.4.1　差別化された価格の導入

　サービスにおいて最も重要な側面は，差別化された価格をより効果的に導入することである。これはあらゆる形式の価格差別化に当てはまる。サービスにおいては，購入した人物とは別の人物が消費できてしまうような有形財よりも，フェンシング，すなわち顧客セグメントの分離をより効果的に機能させることが可能である。また，サービスは時間に基づいた差別化，地域に基づいた差別化ともに有効性が高い。顧客は，複数の時間，あるいは複数の地域にわたって，需要を自由にコントロールできないことが多い。たとえば，小学生のこどもを持つ家庭は，こどもの授業がない時でないと休暇を取ることができない。ビジネス目的での渡航者は，一旦，顧客との予定が決まれば，この予定を動かさないように最大限の努力を払う。ウェルネス・サービスは実際に顧客が来た時にだけそのサービスの提供が可能となる。一方で，ビデオ会議やテレショッピングのようなオンライン・コミュニケーションやオンライン・インタラクションは，このような時間や地域との結びつきを一定程度弱めるため，最適な価格設定はより難易度が高くなる。リサーチ，ホテル等の予約，コールセンターサービス，放射線遠隔診断，遠隔保守は，顧客の所在地とは関係なく提供することができる。このことは，これらのサービスの多くの供給拠点がインドや東欧に移っている理由ともいえよう。

　顧客は有形財よりもサービスにおいてより大きな価格差を受け入れやすく，これは価格を引き上げる場合にも当てはまる。多くの有形財市場では，価格引き上げには激しい抵抗が伴うが，サービスにおいてはこのような抵抗は少ない。そのため，絶えず価格が更新されることもあり，大手航空会社は1日に数百万回の価格改定を行うことがあると公表している。しかし，鉄道運賃や郵便料金のように長期にわたり一定の料金が存在し続けている場合には，この価格引き上げは，抵抗を受ける可能性がある。その理由は，長期間にわたる一定価格は，顧客の心理

第13章　サービスにおける価格マネジメント　◆571

内にアンカー（錨）としてとどまってしまうためである。いわゆるアンカリング効果が働き，それによる負の価格変更効果が生じることになる。

13.4.2　固定価格と個別価格

　サービスの提供会社は顧客にあらかじめ固定した価格を提示すべきだろうか，それとも事後的に，個別に対価を請求すべきだろうか。通常，固定した価格で提供されているサービスの例としては，家庭教師，洗車サービス，保守契約，フィットネスクラブなどがある。サービスに費やされた実時間に基づいて事後的に計算される価格のサービスは，自動車修理，データベース利用，熟練の職人による作業，税務サービスなどで多く見られる。業界によっては，両方の形態の企業が存在することや，一企業が両方の形態を選択肢として提供することもある。たとえばAppleは，顧客がAppleの技術者に直接連絡を取れるほか，MacBookのハードウェア・サービスを無料で受け取ることができる「AppleCare Protection Plan」を提供しており，このプランは3年間で$249である。この保守契約は一月当たり$6.90で，故障ごとの修理に料金を支払うよりも顧客にとって好ましいものと考えられるだろう。メンテナンスの必要性の高い製品においては，顧客は固定された価格ですべてのリスクをカバーする保守契約をするか，個別に請求されるかを選べることがよくある。

　このケースにおける，顧客，企業それぞれの立場の関心事は明らかである。価格が固定されているということは，サービス提供者が全体的な価格リスクを負うことを意味する。サービス提供者の立場からすると，最終的にその顧客のために費やす実際の時間にかかわらず，前もって固定された金額だけを受け取ることになるからである。一方で顧客は品質リスクの上昇に直面することになる。サービス提供者は，顧客に費やす時間を最小限することを動機づけられるからである。個別価格設定では状況は逆になる。顧客は完全な価格リスクを負う一方で，品質リスクは下がる。サービス提供者には，顧客に費やす時間を最小化しようとするインセンティブが働かなくなる。固定価格システムは，標準的なサービスにより適しており，要件がより特定的で個別的になれば，個別の価格設定がより適切になる。マーケティングの観点からも，この両方の形態は区別して評価されるべきである。標準化されたサービスは古典的なブランド製品と同じように市場で販売することができ，明確な固定価格で販売することができる。

　多くのサービスは，製品と同じようにそのライフサイクルを通じてより標準化されていく。固定価格の標準化されたサービスは，税理士，弁護士，医療業務，病院のように，より一般的になっている。標準化されたサービスにおける最適な

固定価格の設定は，製品の価格最適化とほとんど変わらない。何よりもまず価格反応関数と費用関数を決める必要があるが，そのためには既存の手法をすべて適用可能である。対照的に，個別価格設定はコストプラス思考に非常に似ている。そこではコストの面が注目されて，顧客の支払意思額は明示的に考慮されないからである。同時に，サービスを実施するための時間的な要件は，事前の見積用か事後の請求用かにかかわらず，価格設定にあたっての最も信頼性のある出発点であることが多いことを認識すべきである。しかし，ここでは固定費を含む総コストベースの価格設定の危険性について注意が必要である。キャパシティの稼働率が低い場合，固定費はより少量の販売単位に割り当てられることになり，単位当たり価格は割高になる。したがって，時間当たりの料金を設定する際には，通常のあるいは標準的なキャパシティ稼働状況を前提条件として用いるべきであり，短期的な変動が価格に影響しないようにすべきである。

13.4.3　価格コミュニケーション

　製品の購買において，購買と価格コミュニケーション（あるいは価格に関する合意）は同時に発生することが多い。一方でサービスにおいては，一般的にはそういった状況にない場合がある。サービスの中には事前に価格に関して合意することなく，（サービス提供者の観点から）提供され，（顧客の観点から）使用されるサービスもある。多くの場合，患者は予め医者に診察や治療にいくらかかるか尋ねることはない。サービスでは，どの程度の時間と労力を要するかを事前に見積もることは難しい場合がある（例：故障した暖房器具やコンピュータの診断と修理）。このような関係から，実際には非常に多様な形態の価格コミュニケーションがなされている。サービス提供者による価格コミュニケーションは，自身のウェブサイトで公式に行われる場合もあれば，オープンになされない場合もある。特定の顧客への値引きがウェブサイトで示される値引きよりも多い場合，通常の値引きが適用されている顧客からの怒りを買わないために，価格コミュニケーションはできるだけ慎重に行うことが賢明である [28]。

　サービス提供者の中には，特定のサービスの価格を掲示板や，パンフレット，ウェブサイトで広告する業者もいる。この広告は，企業が自発的に実施する場合もあれば，規制によって必要に迫られて行う場合もある。特定の業種では，1時間当たり，1日当たり，1ヵ月当たりといった課金基準で提供されるサービスもあり，そのサービスの価格はサービス提供時間と併せて請求書上に示される。職人作業，法律相談，コンサルティングはその一例である。他にも，成果報酬ベースの課金モデルもあり，この場合，価格は別の変数に基づいて決まる。成果報酬

第13章　サービスにおける価格マネジメント　◆573

ベースの価格設定の形態としては，不動産業者の手数料等がある。先に示した
Enercon Partner Conceptもこの一例であり，風力発電タービンのメンテナンス
価格は発電量によって決まっている［29］（第10章，第15章を参照）。

　インターネットはサービスの価格コミュニケーションや価格比較に大きな影響
を及ぼしている。航空券，休暇旅行，ホテル，レンタカーのような標準的なサー
ビスにおいては，オンライン価格比較やオンライン購買が多数派となっている。
Yelpのようなクラウドソースのサービスポータルによって，購買予定者は地域
の企業や業者を比較，評価できるようになっている。Amazonはサービスのオン
ラインポータル"Amazon Home Services"を提供しているが，こういったサー
ビスは価格透明性を高め，価格競争の激化につながっている。同時に，レビュー
システムのおかげで価値の透明性も大きく向上しており，この点については第15
章でより詳しく扱っていく。価格コミュニケーションは，サービスの価格がもた
らす効果に大きく影響を及ぼすため，十分な注意を払う必要がある。

結　論
　本章では，サービス固有の価格マネジメントについて検討してきた。要点は以下
のとおりである。

- 価格に関連するサービスの特殊な側面は，無形である点，サービス提供に当たり
  顧客リソースが不可分である点，固定費と変動費の比率が有形財と大きく異なる
  点，購入後に個人間でサービスを移転できない点，経験と信用の重要性，サービ
  スの地域性などがある。
- サービスはきわめて不均質であり，非常に多様な価格設定がなされている。
- 顧客リソース（顧客自身，あるいは顧客の所有物）の統合は，サービスのコスト
  と提供内容の両方に影響し，サービスとその価格の個別化の要因となる。
- 顧客リソースの統合のため，（サービス提供者が許容しない限り）個人間のサー
  ビスの移転は不可能である。この特徴によって，個人に基づく価格差別化は実現
  しやすく，かつ効果的である。
- サービスは貯蔵できない（すなわち消滅性がある）ため，時間に基づく価格差別
  化がしやすい。
- 価格は，資本集約型サービスや技術集約型サービスによく見られるキャパシティ
  が固定されている場合のキャパシティ管理ツールとして，非常に適している。
- サービスの地域性は地域ごとの価格差別化を行うために好都合である。しかし，
  新しいテクノロジーはサービスの地域性を弱める要素となる。

- サービスは非線型，多次元の複雑なプライシングや，価格バンドリングを行うのに適している。
- イールド・マネジメントは供給側と需要側に特定の条件（例：キャパシティ，低変動費，多様な顧客による事前予約）が満たされている場合に有効である。このアプローチは純粋な価格設定手法の域を超えており，利益最大化のためのキャパシティの活用を目標としている。イールド・マネジメントには，包括的なデータ基盤，洗練された予測モデル，最適化モデルが必要となる。
- サービス提供者は，有形財の売り手よりも効果的に価格差別化を行うことができる。その理由の１つとして，顧客はサービスにおいて，有形財よりもより大きな価格差を受け入れる傾向にある点が挙げられる。
- あらかじめ一定の価格を設定するか，個別ケースごとに事後に対価を請求するかを検討する際には，サービス提供者と顧客の間のリスクの知覚と配分に注意する必要がある。サービスにおいては，差別化され，洗練された価格マネジメントは，より高い利益を上げるための大きな機会をもたらす。しかし，そのような機会を活かすためには，サービス提供者は複雑な相互関係を深く，徹底的に理解する必要がある。多くのサービスにおいて，価格マネジメントは製造業ほど十分に発達していない。これは高度化した経済において，サービスが経済的価値の４分の３を占めているという事実とは全く対照的である。サービスの価格マネジメントの改善は，価値創造と収益性向上の多くの可能性を秘めているといえる。

参考文献

［1］　Atzler, E. (2015, February 06). Besser Online überweisen. *Handelsblatt*, pp.36-37.

［2］　Meffert, H., & Bruhn, M. (2012). *Dienstleistungsmarketing, Grundlagen, Konzepte, Methoden* (7th ed.). Wiesbaden: Gabler.

［3］　Corsten, H. (1985). *Die Produktion von Dienstleistungen: Grundzüge einer Produktionswirtschaftslehre des Tertiären Sektors.* Berlin: Erich Schmidt.

［4］　Weber, J., & Schäffer, U. (2001). Controlling in Dienstleistungsunternehmen. In *Handbuch Dienstleistungsmanagement: Von der strategischen Konzeption zur praktischen Umsetzung* (pp.899-913). Wiesbaden: Gabler.

［5］　Corsten, H., & Gössinger, R. (2007). *Dienstleistungsmanagement.* München: Oldenbourg.

［6］　Franz, K.-P. (1990). Die Prozesskostenrechnung: Darstellung und Vergleich mit der Plankosten- und Deckungsbeitragsrechnung. In D. Ahlert, K.-P. Franz, & H. Goppel (Ed.), *Finanz- und Rechnungswesen als Führungsinstrument*, Festschrift für H. Vormbaum (pp.109-136). Wiesbaden: Gabler.

第13章　サービスにおける価格マネジメント　◆575

［ 7 ］　Remer, D. (2005). *Einführen der Prozesskostenrechnung: Grundlagen, Methodik, Einführung und Anwendung der verursachungsgerechten Gemeinkostenzurechnung* (2nd ed.). Stuttgart: Schäffer-Poeschel.

［ 8 ］　Joskow, P. L. (1976). Contributions to the Theory of Marginal Cost Pricing. *The Bell Journal of Economics*, 7(1), 197-206.

［ 9 ］　Mönch, C. T. (1979). Marketing des Dienstleistungssektors. In U. Dornieden (Ed.), *Studienhefte für Operatives Marketing* (Vol. 5, pp.217-255). Wiesbaden: Gabler.

［10］　Philips, L. (1983). *The Economics of Price Discrimination*. Cambridge: Cambridge University Press.

［11］　Dolan, R. J. (1987). Managing the Pricing of Service-Line and Service-Line Bundles. In L. K. Wright (Ed.), Competing in a Deregulated or Volatile Market, MSI Report, (Vol. 87-1111, pp.28-29).

［12］　Guiltinan, J. P. (1987). The Price Bundling of Services: A Normative Framework. *Journal of Marketing*, 51(2), 74-85.

［13］　Stremersch, S., & Tellis, G. J. (2002). Strategic Bundling of Products and Prices: A New Synthesis for Marketing. *Journal of Marketing*, 66(1), 55-72.

［14］　van Spijker, B. J. (2015). Enhancing Profits Through Service Monetization. Achieving TopLine Power. Baarn: Simon-Kucher & Partners. 10/11/2015.

［15］　Phillips, R. L. (2005). *Pricing and Revenue Optimization*. Stanford: Stanford University Press.

［16］　O'Connor, P., & Murphy, J. (2008). Hotel Yield Management Practices Across Multiple Electronic Distribution Channels. *Information Technology & Tourism*, 10(2), 161-172.

［17］　Jallat, F., & Ancarani, F. (2008). Yield Management, Dynamic Pricing and CRM in Telecommunications. *Journal of Services Marketing*, 22(6), 465-478.

［18］　Hobica, G. (2009). Confessions of a Fat Fingered Airline Pricing Analyst. http://www.airfarewatchdog.com/blog/3801877/confessions-of-fat-fingered-airline-pricing-analyst/. Accessed 23 June 2015.

［19］　Pechtl, H. (2003). Logik von Preissystemen. In H. Diller, & A. Herrmann (Ed.), *Handbuch Preispolitik: Strategien – Planung – Organisation – Umsetzung* (pp.69-91). Wiesbaden: Gabler.

［20］　Ryanair (2015). www.ryanair.com, Access Dates: 16/06/2015, 30/06/2015, 16/07/2015, 30/07/2015, 09/08/2015, 13/08/2015, 14/08/2015, 15/08/2015.

［21］　Enzweiler, T. (1990). Wo die Preise laufen lernen. *Manager Magazin*, 20(3), 246-253.

［22］　Tscheulin, D. K., & Lindemeier, J. (2003). Yield-Management – Ein State-of-the-Art. *Zeitschrift für Betriebswirtschaft*, 73(6), 629-662.

［23］　von Wangenheim, F., & Bayon, T. (2007). Behavioral Consequences of Overbooking Service Capacity. *Journal of Marketing*, 71(4), 36-47.

［24］　Klein, R., & Steinhardt, C. (2008). *Revenue Management*. Berlin: Springer.

［25］　Cross, R. G. (1997). *Revenue Management*. New York: Broadway Books.

[26] Tscheulin, D. K., & Helmig, B. (2001). *Branchenspezifisches Marketing*. Wiesbaden: Gabler.

[27] Sölter, M. (2007). *Hotelvertrieb, Yield-Management und Dynamic Pricing in der Hotellerie*. München: Grin.

[28] Scherff, D. (2015, February 15). Wie günstig sind die Spezialtickets der Bahn? *Frankfurter Allgemeine Sonntagszeitung*, p.24.

[29] Enercon GmbH (2010). http://www.enercon.de/p/downloads/Enercon_EPK_2010_deu.pdf. Accessed 29 January 2015.

◆577

第**14**章

小売業における価格マネジメント

概　要

　本章では，小売業における価格マネジメントの特徴について解説する。価格は多くの小売業者にとって最も重要であり，かつ効果的な競争手段となる。小売業は全体的に利益率の低い業種であるため，産業財やサービスと比較して，価格設定が利益に与えるインパクトは非常に大きい。小売業者の価格マネジメントでは，個々の商品カテゴリーの価格帯だけでなく，店舗全体の価格ポジショニングが優先事項となる。通常，顧客は店舗の幅広い品揃えにより個々の商品の価格を認知しておらず，代わりに店舗の価格イメージを手掛かりに購買意思決定を行う。したがって，小売業者にとって顧客の価格イメージはきわめて重要であり，細心の注意を払って管理されるべきである。

　価格マネジメントに必要となる情報に関して，一般的に小売業者は製造業者よりも多くの消費者情報を保持しているが，価格設定においてこれらの情報を限られた範囲でしか活用していない。また，小売業では他の業種と比較して競合の価格情報を入手しやすい。価格戦略としては，エブリデーロープライス（EDLP）やハイアンドロー（Hi-Lo）などの標準的なアプローチが一般的となる。そして，値引きには複雑な効果があるため，部分的な効果測定は可能であっても，完全に効果を測ることは困難である。また，商品の品揃えも価格設定において重要な役割を果たすが，これを定量化することは同様に困難である。

14.1　イントロダクション

　多くの小売業者にとって，価格は最も重要な競争手段となる。ｅコマースの普及により，オンライン小売業者はコスト優位性を活かし，消費者に対して低価格で商品を提供しており，価格の重要性は一層高まっている。長年にわたり，オンライン小売業者は成長の加速と顧客獲得のために低価格に焦点を当て，利益を重視してこなかった。Amazonはその最たる例であり，1994年の創立から2015年まで，大きな利益を獲得していない。価格の重要性が高い業種にもかかわらず，小売業者は直感や経験則によって，あるいは競合の動向を踏まえて価格を設定する

傾向にある。ある大手グローサリー小売業のCEOによると，その企業では売上全体の約4分の1を占める数百品目の重要な商品の価格を，最大手ディスカウントストアであるALDIの価格に基づいて決めていた。すなわちこの企業は，実質的に価格決定の大部分をALDIに委ねていたことになる。

　小売業者の価格マネジメント環境は非常に複雑であり，高度なマネジメント能力が必要とされる。その主な要因の1つは，数万品目にも及ぶ多様な品揃えである。これは，一般的なB2C小売業者や専門店だけでなく，卸売業者やB2B取引業者にも当てはまり，多種多様な品目ごとに価格設定を行う必要がある。大規模な小売チェーンでは，1シーズンに約50万もの価格設定が必要となり，マネージャー1人が15,000品目以上の価格設定の責任を持つこともある。そのような状況では，各品目について個々の価格反応関数と価格弾力性を推定できないことは明らかである。もう1つの要因として，多くの消費者は一度の買物で複数の品目を購入する点が挙げられる。消費者は特定の時間や場所において購買活動を集中させる傾向にあり，この購買行動をワンストップショッピングとよんでいる。価格設定においては，このような品揃え内の相互関係を考慮する必要がある。この点は小売業における価格マネジメントにとって大きな機会を創出するが，同時に複雑性も高める。たとえば別フロアで複数の会計を行うデパートでは，各消費者の購買行動の相互関係を把握するには，会員カードなどを用いた消費者のパーソナライゼーションが唯一の方法となる。一方，スーパーマーケットのように消費者が1回の買い物で1かご分の買い物をする場合，各消費者の購買とその相互関係を捉えるのは容易である。企業固有の会員カードやヨーロッパのPAYBACKのような複数企業共通の会員カードは素晴らしい顧客データベースを構築しており，価格マネジメントへの活用余地は十分にあるが，実態としてはほとんど活用されていない。一方，eコマースにおいては，購買の際に消費者の個人情報が必要となるため，1人の消費者の購買をグループ化し，購買における品目間の相互関係を分析することは比較的容易である。

　加えて，小売業者やオンラインショップにおいては，価格イメージが重要な役割を果たしている。多くの消費者は，個々の商品の価格よりもむしろ，店舗全体の価格水準を評価し，買い物をする場所を選択している。

　小売業界においては，基本的な価格戦略が2つ存在する。1つ目は「高い（High）-低い（Low）」から名づけられた「Hi-Lo」価格戦略とよばれるもので，店舗またはチェーンは，値引きや価格プロモーションを断続的に行う。特定の週や期間において，広告チラシや案内状が電子メールやその他の手段，時には郵便や新聞の特集版など物理的な形態で送付される。ほかにも，消費者はそれぞれの

店舗のウェブサイトや，www.befrugal.comのようなまとめサイトでチラシを閲覧することもできる。もう1つは，「Every Day Low Price」の頭文字からEDLP価格戦略として知られるものである。EDLP価格戦略では価格プロモーションはほとんど，あるいは全く行われない[1]。ラグジュアリー業界では，基本的に値引や在庫一掃セールを行わない店舗も存在し，代わりに，これらの店舗では特別なアウトレット店舗を通じて季節商品の在庫処分を行う。

　eコマースの普及により小売業界は転換期を迎えており，今後も変化は続いていくと予想される。小売業の様々な業態がeコマースに多様な影響を受けており，その影響範囲は価格に限定されないものの，価格への影響は特に顕著である。現代において，小売チェーンがリアルな店舗におけるビジネスとオンラインにおけるビジネスをどのように両立すべきかは，避けて通れない問題である。Amazonでさえ，アメリカのいくつかの州において実店舗を展開するほか，デパートにも「ポップアップ」ストアを併設している[2]。加えて，高級グローサリーチェーンであるWhole Foodsを134億ドルで買収しており，Whole Foodsはアメリカ，カナダ，イギリスに460店舗もの実店舗を展開している[3]。逆に，WalmartはGoogleと提携を結んでいる。

　以降では，価格戦略，すなわち価格ポジショニングと価格イメージについて，分析，価格決定，導入という今までの流れに従って見ていくこととする。

14.2　戦略

14.2.1　価格ポジショニング

　他の産業の企業と同様，小売業者も基本的な価格戦略と価格ポジショニングを定義する必要がある。たとえば，ALDIやWalmartはKrogerやSafewayよりも低価格のポジションに位置している。一方，ファッション業界では，H&MやZARAなどのチェーンは従来のファッション企業とは異なる価格帯で競争している。また，IKEAは家具業界において非常にアグレッシブな価格設定を行っている。同様の戦略はオンライン家具小売業者にも当てはまり，家具業界では実店舗での生き残りは難しさを増している。

　しかし小売業においては，典型的で理想的な価格ポジショニングがそのままの形で実現することは少ない。高価格ポジショニングをとる小売業者でさえ，主要商品を低価格で提供する場合がある。一方で，低価格小売業者も品揃えの中に一部高価な商品を取り入れ，全体として適切な利益率を確保する必要がある。した

がって，小売業者は企業レベルやカテゴリーレベル（例：育児用品，台所衛生用品），商品カテゴリーレベル（例：乳幼児用おしりふき，台所用洗剤）で望ましい価格ポジショニングを策定することが必要となる。また，価格は場所によっても異なる。サンフランシスコのような都市部では，同じチェーン店で同じ食料品を買っても，農村部より100ドル以上高くなることがある。複数のレベルでの価格ポジショニングが，小売業にとっての企業経営と戦略の基盤となっている。

過去数十年にわたり小売業がどのように発展してきたかを見てみると，3つの競争構造が見えてくる。

- 伝統的な小売業者 vs ディスカウント業者
- 都市部の小売業者 vs 郊外もしくは地方の小売業者
- リアル店舗の小売業者 vs オンライン店舗の小売業者

これらのカテゴリーは部分的に重複しており，かつ重複部分は増加していく傾向にある。そして，価格はこれら3つの競争構造すべてにおいて重要な役割を果たす。

14.2.1.1　ディスカウント業者

ディスカウント店やハード・ディスカウント店は，長年にわたり市場シェアを拡大し続けている。伝統的な小売業者は，この攻撃的な価格戦略に対して価格の引き下げで対抗したが，（ハード）ディスカウント店と同程度までコストを下げることは不可能に近い。結果的にこれらの行動は価格戦争を過熱させ，深刻な利益の悪化をもたらす。その顕著な例が，アメリカを拠点とする小売チェーンのKmartである。KmartはWalmartとの競争の中で，集客のために極端なまでの値引きを行ったが，この極端な値引きを維持するために必要なコストポジションが欠如しており，結果的に倒産に到った。市場からの撤退を余儀なくされた企業も存在し，Walmartのような強力で財政的にも強いチェーンでさえ，ドイツや韓国のような重要な市場から撤退する事態に陥っている。

このような失敗の背景には，企業の基本的な戦略や価格ポジショニングと一致しない戦術的な行動がある。伝統的な小売業者が高コストであるにもかかわらず，コストベースで最適化したディスカウント業者との価格競争に参入すれば，成功する見込みは最初から低いだろう。むしろ，顧客に良い印象を与える購買体験などの，他の優位性に重点を置く方がはるかに有望である。ある調査によれば，良質な購買体験は価格ポジショニングの魅力からはほぼ独立した購買決定要因とな

ることが示されている[4]。

以下の例は，価格ポジションの変更に伴う問題を裏づけている。伝統的な小売業者が価格引き下げによる収益減少を埋め合わせるために，必要となるコストや売上変化量を把握する目的で，損益分岐点分析が用いられる[5]。たとえば粗利率25％，営業費用24％，ネットマージンが１％であると仮定する。これは低い値に見えるが，多くの食料品やグローサリー小売業者にとって，典型的なネットマージンの水準である[6]。

このケースにおいては図14.1が示すように，７％の価格引き下げは，一定のコストの下で利益を維持するために，39％の販売数量の増加を必要とする。この価格弾力性は5.60という非常に高い値となる。もしこのような急激な販売数増加を見込めない場合，利益を維持するためには劇的なコスト削減が必要となる。たとえば，販売数量が10％しか増加しない場合，価格弾力性は1.42になり，操業コストを約20％削減する必要がある。この単純な計算は，伝統的な小売業者が価格ポジションを下げることが，いかに困難で危険なことなのかを示している。

伝統的な小売業者とは対照的に，ディスカウント業者は低い調達コストを享受している。その理由の１つは，サプライヤー数を意図的に限定し，購買力を強化している点である。さらに，伝統的な小売業者と比べて物流コストや人件費を低く抑え，ほとんどの場合，（売上に対する割合として）広告にあまり投資してい

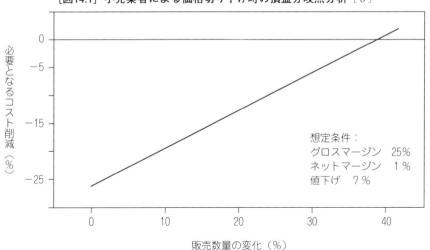

[図14.1] 小売業者による価格切り下げ時の損益分岐点分析[5]

グロスマージン＝調達価格差し引き後の利益率（％）
ネットマージン＝調達価格と販管費差し引き後の利益率（％）

[表14.1] 複数のKPIによる, ディスカウンターとスーパーマーケットの比較 [7, 8]

KPI	ディスカウンター	スーパーマーケット
店舗規模（平方メートル）	400-1,200	400-2,500
純収入（年間, 千ドル単位）	$3,420	$7,500
品目数	2,000	10,100
収入/品目	$1,716	$744
品目/平方メートル	2.7	9.9
従業員数	6.9	27.5
収入/従業員	$495,000	$272,760
消費者/日	880	1,531

ない。伝統的な小売業者は, ALDIやLIDLのようなディスカウント業者が品揃え
を大幅に削減し, 品目当たりの売上を可能な限り高めている点に留意すべきであ
る。一方, 伝統的な小売業者は幅広い品目を取り扱い, イメージのために棚に並
べられる商品や, 採算に合わない商品もある。**表14.1**はALDIと伝統的なスーパー
マーケットの重要業績評価指標（KPI）を比較したものである。

　このKPIの比較から, 2つの小売業態が根本的に異なる戦略を立てていること
が, 非常に明確に示されている。これらの違いは, 必然的にその店舗の価格にも
現れる。小売業において, 一度確立された戦略や価格ポジションを変更すること
は困難である。伝統的な小売業者が, 価格競争だけに基づいてディスカウント業
者に対抗しても, 成功する見込みはなく, 決して生き残れないだろう。代わりに,
商品の品質, 購買環境の雰囲気, 立地, サービス, 利便性などの点で差別化を図
る必要がある。ヨーロッパのスーパーマーケットチェーンは近年このような点を
考慮して, 店舗と品揃えの両方を強化している。これは, ディスカウント業者の
さらなる成長を食い止める要因となっている。たとえば, METRO Cash &
Carryは金融やリース, 保険, 宅配便などの様々な追加的サービスを提供してい
る。アメリカでは,（現在はAmazonの一部になっている）Whole Foodsが高級
な健康志向の品揃えによってWalmartに対抗し, 成功を収めている [9]。

14.2.1.2　郊外・地方vs都市部

　ディスカウント業者との競争に当てはまる基本的な要素は, 郊外の店舗と都市
中心部の店舗の競争環境にも当てはまる。ここでは主に, 都市部に店舗を展開す
る伝統的な専門店について考えてみる。都市部への店舗展開はインフラコストが
非常に高く, 郊外の店舗と価格で競争することはまず考えられない。郊外の店舗

第14章　小売業における価格マネジメント　◆583

には他にも，利便性，駐車場，品揃え，ワンストップショッピングなどのメリットがありうる。同様に，都市中心部の店舗にもメリットがあり，より良い購買体験，より多様な店舗，職場や住宅からの近さ，専門的なスタッフの存在などが挙げられる。しかし，一般的に都市部における小売取引は年々減少している。これは主に，大規模チェーンの攻撃的な価格設定によるものであり，人気を失った専門店は多大なダメージを受けている。

　近年，郊外においてファクトリー・アウトレット・センター（FOC）という新しい業態が急拡大している。より正確にいえば，「組織的アウトレット集積体（Organized Outlet Agglomerations, OOA）」という用語が用いられることもある。これらの商業集積体は100以上の大規模店舗を備えており，多くは高速道路のインターの近くに位置している。アメリカには200以上のFOC，OOAがあり，イギリスには36，ドイツには14ヵ所存在する［10］。これらのセンターでは，価格が都心部店舗と比較して少なくとも25％低く設定されている。e コマースの脅威ほどではないが，FOC，OOAは都市部から十分な市場シェアを奪う力を持っていると考えられる［11］。

14.2.1.3　e コマース

　小売業におけるオンライン販売のシェアは，2017年時点で約 9 ％となっている。貿易協会や調査機関によれば，業種による変動はあるものの，2020年までにオンライン販売のシェアは12.5％に上昇すると予測されている［12］。アメリカの書籍市場においては，電子書籍を含めたオンラインのシェアが，すでに40％に達している［13］。Walmartの売上は2016年度に4,859億ドルとなり，世界最大の小売業者，かつ世界最大企業となった［14］。Walmartの従業員数は230万人にのぼる。一方，e コマース最大小売業者であるAmazonの売上は2017年に1,778億7,000万ドル［15］に達し，Walmartの売上の約 3 分の 1 にあたる。Amazonの従業員数は56万6,000人であり，従業員 1 人当たり売上に基づくと，Amazonの従業員はWalmartの従業員よりも約1.5倍生産性が高い。また，成長率については大きく異なり，2011年から2017年までにAmazonは年間24.4％ずつ成長したが，Walmartは年間1.4％の成長に留まっている。これら 2 社が，今後数年間同じ割合で成長し続けた場合，Amazonの売上は2025年に約 1 兆ドルに達し，Walmartの5,430億ドルを大きく上回ることになる。多くの専門家は，Amazonが世界最大の小売業者となる時期は，それよりも前に訪れるであろうと予測している。中国の e コマース企業であるAlibabaは，2014年にニューヨーク証券取引所において素晴らしいスタートを切った。当初の売上はわずか85億8,000万ドルで，Amazonの売上の約10分の 1 に

過ぎなかったが，その後の4年間で平均63%の成長を遂げ，2017年には売上が250億ドルに到達した。この成長率を維持すれば，Alibabaの売上は2025年に1兆ドルを大きく上回り，AmazonやWalmartを大きくしのぐことになる。これらの予測が現実となるかは不透明だが，eコマースがすでに巨大市場となっていることは現時点の数値から明らかであり，将来的にeコマースを通じた販売がさらに加速する可能性は十分に示されている。

　同様に，伝統的な小売業者のeコマース上での売上にも興味深いものがある。Walmartのeコマース売上は2017年に146億ドルで，絶対額としては少なくないがWalmart全体の売上に占める割合はわずか3%に過ぎない。一方，かつて世界最大のカタログ通販業者だったドイツのOtto Groupは，2016年度にオンラインで70億ユーロの売上を記録し，これはグループ全体売上の56%以上を占める数字であった。eコマース売上の成長は，前年の5%から7.6%に上昇している［16］。

　Walmart，Amazon，Alibabaのビジネスモデルは根本的に異なっており，それぞれの企業の財務リターンに明確に表れている。Walmartの2016会計年度の税引後利益は136億ドルで，売上利益率は2.8%と良好であった。Amazonの2013年の利益は2億7,600万ドルで，2014年は2億4,100万ドルの純損失，2015年は5億9,600万ドルの利益，2016年は24億ドルの利益であった。低い収益性にもかかわらず，Amazonは1994年の市場参入以来，攻撃的な価格設定によってトップラインの成長を加速させてきた。対照的に，Alibabaの収益性はきわめて高く，2017年に230億ドルの売上に対して60億ドルの利益を上げている。売上利益率ベースで26%という驚異的な収益性となっている［17］。Alibabaはコストに比べ高い価格ポジションを保持しており，Amazonの価格ポジションとは本質的に反対のポジションに位置している。

　しかしeコマースとそれに関連する価格管理は，グローバルレベルだけでなく，地域に根づいた小売業界においても変革的な影響を及ぼしている。守秘義務の理由から匿名で「ファーニチャーストア」とよぶことにするが，以下の例は，このことを明確に示している。ファーニチャーストアは，年間売上500万ドルほどの，地方に実店舗を構える伝統的な家具屋であった。マネジメントはきわめて初期の段階でインターネットの可能性を認識し，非常に魅力的な価格で販売することを端的に表現するドメイン名（実際のドメイン名は公表できない）を確保し，2004年にeコマースビジネスに参入した。その当時ほとんどの専門家は，家具業界にとってオンラインチャネルは無関係であり続けると信じていたが，これらの専門家は完全にそのポテンシャルを見誤っていた。今や，ファーニチャーストアはオンラインで毎年5,000万ドルの売上を上げており，以前の実店舗売上の10倍以上

となっている。消費者がオンラインで注文すると、契約している配送サービス業者がメーカーから直接商品を受け取り、消費者の自宅の玄関先まで配達する。実店舗の床面積、倉庫、関連する人件費をかけることなく、直接消費者に商品を提供可能となり、伝統的なモデルと比べて約40％のコスト削減を実現した。これにより、ファーニチャーストアは自身を圧倒的に低い価格帯にポジショニングできるようになった。この企業は削減コストの約半分を、低価格商品という形で消費者に還元しているが、それでも実店舗ビジネスよりも高い利益率を達成している。地方に位置する元々の実店舗ビジネスでは、地理的に限られた地域の消費者にしか対応できないが、eコマースにはそのような限界が存在せず、全国各地の消費者が顧客となりうる。他企業が実店舗ビジネスのみに専念している間に、この企業は有能なeコマースの専門家チームを立ち上げてきた。ファーニチャーストアは、消費者ニーズに素早く対応することで、伝統的な業種においてもeコマースに巨大なポテンシャルがあることを証明する典型的な事例となっている。

　この事例について、最終的にファーニチャーストアから家具を購入した消費者が、どこで最初に家具を見る機会があったか、興味を持つ読者もいるであろう。最も想定される場所は実店舗であり、ファーニチャーストアはいわゆる「ショールーミング」効果の恩恵にあずかっている。ショールーミングは、「消費者が店舗に入り、ある商品を試し、何も購入することなく店舗を出ること」と定義される行動である [18]。

　最近の調査によれば、消費者の4分の3は店舗を訪問して情報を収集した後に、オンラインで商品を購入しており、14％は、訪店後すぐにスマートフォンで購入している。ショールーミングは決して新しい概念ではなく、専門店小売業者で商品について相談をした後、より低価格の別店舗（郊外店など）で実際に商品を購入する消費者は以前から存在していたが、インターネットはショールーミング効果を大幅に増加させた [19]。現在の状況下では、実店舗とオンライン店舗の交差価格弾力性は急速に増加しているといえる。ショールーミングによる売上減を回避する方法の1つは、消費者にとってより魅力的な顧客体験を生み出すことである。たとえばスポーツ用品小売業者のSports Basement Inc.は、店舗滞在中の商品購入を促進する顧客体験を導入している。Sports Basement Inc.は、店舗内の商品をスキャンしてオンライン価格を調べられるモバイルアプリを提供している。もし消費者がより安く売られているオンラインサイトを見つけた場合、店舗はそのオンラインサイトの価格にマッチングして販売を行う。これにより、消費者は店舗内で最もお得な値段で買い物ができ、その結果、顧客ロイヤリティが高まり、信頼関係が構築される [20]。

ショールーミングと対照的な行動がウェブルーミングである。ウェブルーミングは，消費者が店舗で買物をする前に，商品等の情報をウェブで調査することを意味しており，多くの消費者が行う購買行動のプロセスである。その結果として，オンライン専門の小売業者の業務は拡大しており，リアル店舗を開設するオンライン業者も増加している [21]。

14.2.2　価格イメージ

先述のように，消費者は通常，個別の品目の価格に基づいて店舗を選択することはほとんどなく，店舗の価格水準の認識，つまり店舗価格イメージに基づいて店舗を選択する。Nyström [22] は価格イメージを，各消費者が店舗の価格水準を評価したもの，と定義している。この意味における価格イメージは，買物客の価格に対する印象を統合したものであり [23]，小売業における価格マネジメントの中心的な役割を果たしている。小売業者の品揃えは非常に多岐にわたり，消費者はすべての商品の価格を記憶することはもちろん，自身に関連する多くの商品の価格を記憶することも不可能である。消費者が価格になじみのない商品の購入を検討する際には，店舗の価格イメージが消費者の購入店舗の選択に大きく影響を及ぼす。価格イメージによる店舗選択は，個々の店舗の価格を比較調査する途方もなく大変な作業が必要な消費者にとって，単純かつ比較的効率的なプロセスといえる。たとえばALDIなどのEDLP価格戦略を採用し，一定の価格を維持するチェーンであれば，消費者は比較的低価格を期待する。しかし，EDLPの店舗も時折，Hi-Lo価格戦略を採用し，価格プロモーションを行うチェーンに，価格で負けることがある。ただし，このような低価格品が販売されている可能性を知るためには，消費者が必要な情報を入手できていることが前提となる。

情報収集に要する労力のコストが，利益を上回ることもありうる。これは，特定の品目の価格を一般化した価格イメージを利用することが合理的であることを示している。インターネットが普及した現在においても，価格イメージの重要性は完全には失われていないが，小売業の一部では大きく変化している。インターネットによって，店舗が設定した個々の商品価格を簡単に知ることができ，価格イメージに依存する必要性は弱まっている。潜在的な消費者は，価格イメージの良くない小売業者が魅力的な価格で商品を提供していることや，その逆のケースを見つけることができる。つまり，ある品目は店舗の価格イメージで期待される価格よりも高く設定されている場合があり，消費者がこの点を確認することが可能となった。価格調査に関して，消費者はGoogleやAmazon, nextag.com, pricegrabber.com, pricewatch.comなど，多くのなじみのある価格検索エンジンを好んで用いている。

第14章　小売業における価格マネジメント　◆587

Amazonは，一般的な商品や人気のある商品の価格を調べる多くの消費者にとって，最初の価格ベンチマーク先となる。消費者は家電商品（ユーザーの約68%が少なくとも一度は価格比較を行っている），家庭用品（59%），衣服や靴（50%）の価格を特に熱心に調査している[24]。インターネットは価格情報をより客観的なものとし，価格イメージの影響を弱めている。

　しかしながら，現在はダイナミック・プライシングにより，短い間隔で価格が頻繁に変更されるようになっていることを忘れてはならない。オンライン小売業者は需要の変動に瞬時に対応し，利益最大化のために1日に何度も価格を変更できるが，Amazonはこのような取り組みを公に認めている[25]。時間帯だけでなく，曜日によって価格を変更する可能性もある[26]。このことは，高い価格を支払った消費者に不透明感と不満をもたらし，小売業者の価格イメージに負の影響を与える可能性もある。**図14.2**は，様々な小売業者で販売されるデジタルフレームの価格が10日間でどの程度，変動したかを示している。特に中価格帯のセグメントは非常に競争的であり，小売業者は「適正な」価格を見出す努力を行っている。しかし，MediaMarktのオンラインショップは，最も高く，変化のない価格で商品を販売している。

　価格イメージと実際の価格水準は完全に一致する必要はない。**図14.3**は，フランスの大規模小売業者の価格イメージと実際の価格水準の乖離を示している。た

[図14.2] デジタルフレームの価格 [27]

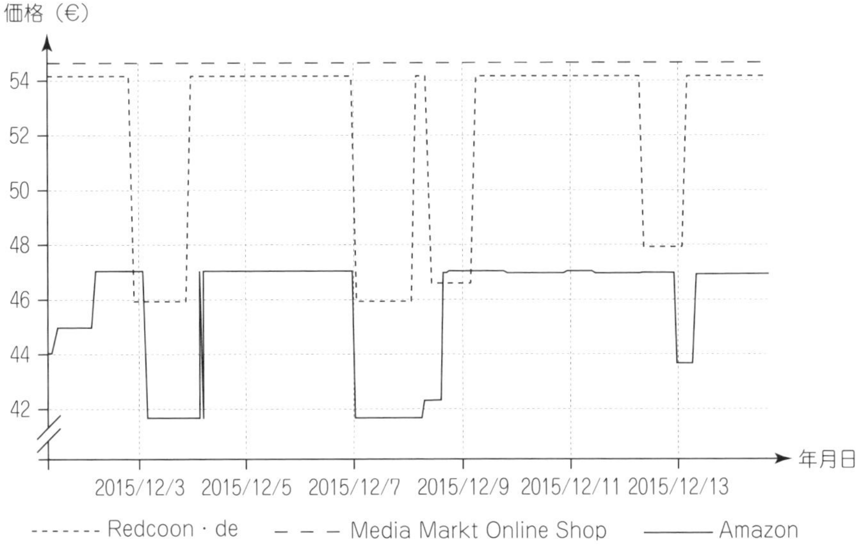

価格（€）

------- Redcoon・de　　－－－ Media Markt Online Shop　　——— Amazon

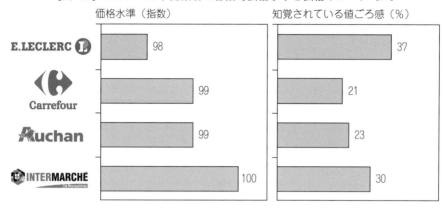

[図14.3] フランスの小売業者の客観的価格水準と価格イメージ [27]

とえばLeclercの場合，価格イメージと価格水準のバランスがとれている一方で，Intermarchéは実態としては最も高価格のサプライヤーにもかかわらず，AuchanやCarrefourと同程度の値ごろな価格で知覚されている。同様の現象はドイツでも見られ，家電製品において，MediaMarktとSaturnは，最も安価な店舗として知覚されるように数年にわたり広告を打ち続けてきた。これらの小売業者は，オンライン小売業者がより低い価格で商品を提供するようになってからも，低い価格イメージを維持できている。

小売業者が価格イメージを形成する方法については，矛盾する2つの仮説がある。

- 仮説1：価格イメージは少数の品目の価格から導かれる。特に，「キーバリューアイテム」と言われる商品群（KVIs）や，値引商品の価格，広告で特にアピールされた商品の価格から導かれる。
- 仮説2：消費者は実際に購入する商品の価格を重視し，多くの商品の価格を考慮して価格イメージを形成する。

仮説1は，キーバリューアイテム仮説ともよばれるが，ある商品あるいは商品カテゴリーが他の商品あるいは商品カテゴリーよりも，全体的な知覚価格により強く貢献するということを前提としている［28, pp.125-128］。たとえば，（プライベートブランドの対比としての位置づけの）メーカーブランド品や，購買頻度の高い商品がそれらに該当する［29, p.238］。この点で興味深い事例として，事業成

功のためには顧客への低価格での商品提供が不可欠と考えるAmazonは，売上上位100商品，つまりキーバリューアイテムに関して，実際に他の小売業者よりも，より安い価格で提供している。Amazonは，それ以外の品揃えに関しては高い価格を設定しているにもかかわらず，eコマースにおける価格リーダーとして知覚されている［30］。Müller［29, pp.235-254］はキーバリューアイテム仮説が妥当であるという前提の下でのより良い価格イメージを構築するための留意点として，価格を下げるだけでなく，価格と価値の関係性の変化を考慮しなければならない，と説いている。Diller［31, pp.505f.］は，価格と価値の関係性は，初期的で購入前の知覚水準をベースにしたものであると述べている。すなわち，価格だけではなく，広告，品揃え，経営理念，サービス，店舗の物理的外観などの他の属性も，価格と価値のイメージに影響する。このことを顕著に表した事例として，手頃な価格設定の衣料品小売業者が，一部の店舗を現代的に改装したことで，中心的な顧客層の一部を失ったケースがある。店舗をよりシックなデザインにしたことにより，価格が高くなったという（不正確な）印象を顧客に伝えてしまったことが原因である。

　価格イメージは，より包括的な知覚構成の一側面となる。価格と価値の知覚の関係性に好影響を与えるために，価格イメージに強く影響する品目の価格を選択的に下げるべきである。結果としてマージンは下がるが，価格イメージへの投資として捉えるべきである［29］。Kenning［32, p.240］は，一部の商品カテゴリーが倉庫型店舗の価格イメージに与える影響を調査した。この調査によれば，個人用衛生用品，キャンディ・菓子，乳商品が，衣料品，家電製品，飲料と比べて，圧倒的に強い影響を与えることを示した。この点からも，小売業者がより価格イメージへの影響の強い商品の価格を下げて，価格イメージに投資することは理にかなっていると考えられる。しかしながら，このことはメーカーとの対立を引き起こす可能性がある点に注意が必要である。対照的に，価格イメージにあまり影響を与えない品目は，比較的高い価格を設定することで高いマージンを獲得できる可能性があると考えられる。

　ディスカウント業者は，価格イメージを維持しつつ，相当数の商品に相対的に高い価格設定が必要となるという課題に直面する。一般的な小売業者が，通常商品を高価格に設定しつつ，良い価格イメージを与えるために選択的に低価格での価格設定を行う一方で，ディスカウント業者はその価格イメージを形成するために，大部分の商品を低価格に設定する必要がある。同時にディスカウント業者は，全体として適切なマージンを獲得するために，低価格設定の商品が多い中で，相対的に高価格設定の品目を必要とする。**図14.4**は，Trader Joe'sが実際に行った

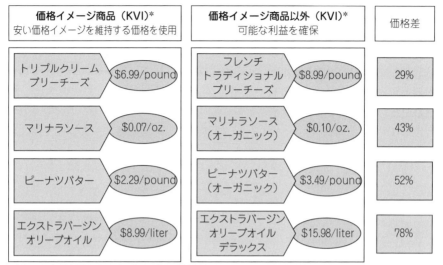

[図14.4] Trader Joe'sのKVIと高価格品目の価格差 [33]

*全ての商品はTrader Joe'sのブランドを冠している

価格差別化商品の組合せと，実際の価格差の実例である。

　言い換えれば，ディスカウント業者でさえ，品揃えの中でマージンの高い商品をなくすことはできない [34]。ALDIの「グルメ（Gourmet）」シリーズ，LIDLの「デラックス（Deluxe）」のように，高価格のプレミアム店舗ブランドを揃えるのはそのためである。これらのプレミアム・ブランドは，ベーシックな店舗ブランドと比べて，消費者に対してより贅沢でより高品質な価値を提供するとともに，感情的かつ，象徴的な便益を与えている。ドイツでは，これらのブランドの市場シェアは2007年から2017年の間に9.2％から14％に拡大し，その大部分が既存ブランドの市場シェア縮小へとつながった [35, 36]。

　価格イメージの改善に値引を用いる場合は注意が必要である。値引と通常価格の乖離が大きすぎると，消費者の価格と値頃感への見方が多様化してしまうリスクがある。その店舗の価格は一時的に値引きした商品については高くなく，手頃な価格であるとみなされるかもしれないが，通常価格の品目についてはあまり手頃ではなく，魅力的ではないとみなされるかもしれない。そのような店舗はバーゲンハンターの格好のターゲットとなる。実証結果は，このような推測と関連するリスクを裏づけている [28, pp.134-137, 37]。

　小売の実務において，価格イメージを形成するキーバリューアイテムの役割は，価格設定のガイドラインとして広く受け入れられている。結果として，品揃えに

第14章　小売業における価格マネジメント　◆591

は３つの異なる種類が存在し，価格設定の観点で異なる扱いがされている。

　まず，「キーバリューアイテム」あるいは「フォーカスアイテム」は価格知覚に大きな影響を与える品目であり，価格比較が行われ，消費者の購買頻度に影響を与える。したがって，これらの品目の価格設定は，競合の動向に強い影響を受ける。これらの商品の価格設定における重要な要素は，競合価格の正確な理解，競合の価格変化へのリアルタイムに近い迅速な反応，各店の商圏の競合状況に基づいた地域間での価格差別化などである。このような品目の典型的な例として，牛乳が挙げられる。ブランド品を除き，牛乳の売上の大部分は均一価格によってもたらされている。ガソリンスタンドで販売されるガソリンの価格水準に地域価格差があるのと同様に，小売業者はその地域において，自店の牛乳価格を競合価格から大きく乖離させることはできない。その商品がコモディティに近ければ近いほど，均一価格を設定せざるをえない圧力はより強くなる。言い換えれば，牛乳を差別化させることは非常に難しい。商品が標準化され，規制によって均一の品質が保証されている上，パッケージでさえ事実上同一になっている。

　次に，固定価格が設定されている商品については，価格決定がメーカーによって行われるため，小売業者は価格設定を行う必要がない。このような品目には，固定価格のガイドラインが定められている品目や，小売業者がメーカー希望小売価格（the manufacturer's suggested retail price（MSRP））に従っている品目が含まれる。地域にもよるが，新聞，雑誌，書籍，たばこ，処方薬などは固定価格のガイドラインが定められている。他にも，ブランド品のメーカーが価格を事前にタグづけするケースもある（例：書籍の裏表紙に価格が印刷されているなど）。この方法によって小売業者は作業をいくらか軽減できるが，これはファッション小売業のブランド品においては一般的な方法である。しかし，小売業者が自由に価格を設定できる権利を侵害しないように注意しなければならない。固定価格制は反トラスト法や独占禁止法に抵触する恐れがある［38］。メーカー側の違法な拘束の疑いを排除するため，小売業者が製造業者に対してプライスタグの設定を求めていることを明示することが奨励されている。この場合においても，値札は推奨価格，参照価格として示されるものであり，拘束力を持たせてはならない。

　残りの品目は，スキミング商品で構成される。これらの品目は，消費者の価格イメージにほとんど影響を与えず，それらの価格比較は不可能とはいえないまでも困難である。小売業者独自のプライベートブランドや限定商品がこれに該当する。多くの小売業において，品目数の多いカテゴリーの価格を設定する際には，価格と販売数量の関係性を考慮すべきである。これにより，小売業者は効果的に顧客の支払意思を引き出すことが可能となる。

14.3 分析

本節では，小売業固有の側面を踏まえた自社，消費者，競合の分析について解説を行う。

14.3.1 企業情報

価格設定の目的や考慮すべきコストに関する一般的な概念は，他の業種同様に小売業にも当てはまるが，販売コストやコンサルティングコストなどのすべてのコストを，活動基準原価会計のような手法ですべて配賦することは，小売業の莫大な品目数に鑑みると現実的ではない。そのため，小売業では一般的な原価計算方法として，調達コストを用いている。コストプラス価格設定が広く用いられることにより，小売業者の価格設定において，商品の原価が重要な役割を果たしている。物流コストや保管コスト，アドバイザリーコスト，その他営業コストが，商品カテゴリー間で大きく異なる場合，それらのコストは各商品，商品カテゴリーに個別に賦課するべきである。明示的に顧客に請求されないサービスも同様である。たとえば，薬局が患者の家に低価格の処方薬を届ける場合，この取引からは全く利益が発生しない可能性があるが，顧客価値の観点からは本来は正当な対価を得る必要がある。一般的に，サービスに個別料金を課すことは，小売業者の利益改善において重要なスタート地点となる。たとえば，飲料メーカーは配送コストの請求について検討の余地がある。食料やグローサリーのeコマース業者は，おそらく配送料を別途課さなければ経済的に成り立たないであろう。小売業は利益率が低い業種であり，これらのサービス費用による利益がわずかであっても，大きな違いを生み出す可能性を秘めている。また，これらの追加的なサービス代金を，購入品目の価格引き上げによって得るか，サービスに対する別料金を課すことで得るかは，消費者の知覚の違いを考慮して決定する必要がある。多くのサプライヤーは，これらのサービスに対して別料金を課すことを避けている。なぜなら，料金を商品価格に含めることにより価格が高く見えることよりも，価格比較においてコストの透明性が高まることを懸念するからである。しかし，実際には多くの場合，これを行うことのマイナスの影響のほうが大きくなる。サービスコストを含めることにより商品の価格が引き上がることは，消費者が商品価格だけに焦点を当てて商品を絞り込み，サービスに別途かかる料金を無視する場合には，競争上デメリットとなりうる。

コストを配賦する際には，コストは固定費と変動費に分かれることに留意する

必要がある。先述の薬局の例では、人件費は固定費に当たり、処方薬を配達するための乗用車の移動費は変動費に当たる。したがって、乗用車関連のコストは活動基準アプローチで原価会計に基づいて処理されるが、人件費は含まれない。この単純な例からもわかるように、活動基準に基づいてすべてのコストを配賦することは、実務上実現困難である。

　小売業において、マージンや利益の状況についての徹底的かつ包括的な分析はきわめて重要となる。品目数が多く各品目のマージンが異なるため、店舗が各商品カテゴリーや商品から生み出す利益がどの程度かを把握することは必要不可欠である。この情報は価格マネジメントにおいて重要であるだけでなく、品揃えの意思決定、売場スペースの割当等にも関連する。この点に関して、多くの小売チェーンは過去数十年にわたり、スキャンレジ、会員顧客カード、RFIDタグ、社内の商品管理システムなどの技術革新による、大幅な改善を実施している[39]。特にeコマースにおいては、従来のシステムと比べて、圧倒的に多くのデータを捉えることができ、ビッグデータの登場によって、さらに広範囲で深い消費者行動の分析が可能となった。このような状況にもかかわらず、ほとんどの小売業者は利用可能なデータを価格マネジメントに有効活用できていない。多くの小売業者のデータ分析能力は、テクノロジー利用による改善可能性には追いついていないのが現状である。

14.3.2　消費者情報

　第4章で述べた価格に関する消費者情報の決定手法は、小売業にも当てはまる。第4章では、スキャンデータやオンラインデータを用いた価格反応関数の決定や、通信販売企業で行われるテストカタログを用いた価格テスト等の、小売業で開発され頻繁に使用される主要な適用手法を示した。（通常は特定の目的のために収集される）外部の消費者情報と（その企業が通常業務の中から収集するデータに由来する）内部の消費者情報を区別した場合、小売業者にとっては後者がより重要な役割を果たす。最終消費者と直接取引することがあまりない製造業者とは対照的に、小売業者は最終消費者と直接取引し、消費者の行動についてより多くの情報を有している。ただし、どのような分析が可能となるかは、小売業者が集める具体的なデータの種類に依存している。

14.3.2.1　スキャンレジ

　スキャンレジやPOSシステムにより、日々の個々の売上を正確に記録することができる。これらのデータからは、価格の影響や価格プロモーションへの反応、

時間帯別の購買パターン，関連購買などに関する，詳細な消費者行動分析に用いるデータセットが生成される。これらの分析はすべて，「ショッピング・バスケット分析」という包括的なコンセプトのもとで行われるが，個々の消費者を会員カードによって識別できなければ，ショッピング・バスケット分析を行っても，個々の消費者レベルでは，そのダイナミックな購買パターンに対する有効な示唆を得ることはできない。しかしながら，仮にそうであったとしても，このデータは個々の買い物における購買品目間の関係性を分析するには十分に有用で，品目レベルでのクロスセル活動を最適化することが可能になる。さらに，価格バンドリング，プロモーション，商品棚割などに対して適用可能な洞察を得ることができる。ただしその場合も，レシート情報やショッピング・バスケットは個別の1回の購買行動のみを表しており，代替効果や買い溜め効果などの，異なる時点間の購買に対する効用を分析することはできないという限界も存在する。

14.3.2.2　会員カード

会員カードの活用により，小売業者は長期間にわたる消費者の購買行動を捉えることができ，スキャナー・データのみでは得られない，より深い洞察と豊富な分析が可能となる。小売業者は会員カードのデータを用いて，消費者のロイヤリティや顧客価値，ロイヤリティボーナスの効果についての示唆を得ることができる。これをスキャナー・データ等を通じて得られる個々の品目の購買データと組み合わせることにより，個々の消費者レベルで関連購買やショッピング・バスケット分析を行うことが可能となる。これらのデータや洞察に基づき，小売業者は複数の商品間の価格を最適化し，クロスセルの促進につなげることができる。

図14.5にこの適用事例を示す。消費者Aは商品グループ1と2（PG1とPG2）のみを購入している。PG1とPG2を購入した他の消費者を分析すると，特にPG7（50％）とPG6（28.6％）を同時に購入していることが明らかになった。したがって，PG1/PG2の購買者に対しては，PG6/PG7のクロスセルの可能性が高いと考えられる。次回の買い物で，消費者Aに対し非常に魅力的なお試し価格でPG6とPG7の提供を行うことにより，この販促活動は非常に成功した。会員カードは，適切なセグメンテーションや価格差別化を加速する可能性を秘めている。もし企業が社会・人口統計学的データを，特定の価格帯の品目の購買や価格変化に対する反応といった行動データと組み合わせることができれば，価格施策の直接的なターゲットセグメントを特定することが可能となる。

[図14.5] 顧客カードを用いたクロスセリングの可能性の判別

顧客Aと似た顧客のショッピングバスケットの商品

Customer	PG1	PG2	PG3	PG4	PG5	PG6	PG7	PG8	PG9	PG10
A	1	1								
	▼	▼	▼	▼	▼	▼	▼	▼	▼	▼
B	1	1	1				1			
D	1	1			1					
E	1	1				1				1
G	1	1					1		1	
H	1	1						1		
J	1	1		1	1				1	
L	1	1	1				1			
N	1	1				1	1			
Q	1	1					1			1
R	1	1					1			
T	1	1	1						1	
U	1	1				1				
X	1	1					1			
Z	1	1								
			3	2	2	4	7	1	3	2
			21.4%	14.3%	14.3%	28.6%	50.0%	7.1%	21.4%	14.3%

顧客Aは以前，PG1とPG2だけを購買した。

これらの顧客も，PG1とPG2を購買した。

他の顧客のこれらの商品グループの購買頻度は，顧客Aに訴求する他の製品が何かを示す可能性がある。

顧客Aへのディスカウントリスト
1. PG7
2. PG6

14.3.2.3　eコマース

　先述した通り，eコマースにおけるデータや情報の活用余地は非常に大きい。AmazonやZalandoのようなオンライン小売業者は，消費者の購入商品を正確に把握しており，価格最適化のための価格テストも実施可能である。また，LinkedIn，Facebook，TwitterなどのSNSのデータを消費者データと結びつけることも可能だ。しかしながら，eコマースにおけるデータ活用は，価格マネジメントに関する信頼できる情報基盤を比較的容易に構築できるにもかかわらず，価格マネジメントよりもターゲットに向けたメッセージングや広告配信，販売に向けられている。ターゲットに対する価格テストも間違いなく可能ではあるが，数百，数千の品目について価格弾力性をテストすることは現実的ではない。さらに，販売数量と価格に関する購買履歴データの分析には，第4章で詳細に述べたような限界がある。価格弾力性の測定とその後の価格決定を自動化するというアイディアも，

eコマースでは理論的には実現可能だが，このアプローチにはリスクもある。データ分析によって意味のない価格弾力性値が算出される可能性もあるため，得られた結果の妥当性についての検証が必要となる。現時点では，価格効果の自動分析が，全体的にせよ部分的にせよ，広く行われるようになるかどうかは不透明である。

14.3.2.4　価格プロモーションの分析

価格プロモーションは小売業において重要な役割を担っているため，この現象についてより深く分析する必要がある。価格プロモーションには値引きだけでなく，数多くの様々な形態による一時的な価格引き下げも含まれる。価格プロモーションと値引きの効果の分析により，以下の課題が明らかとなる。

- 値引きはどのように作用するか。
- どの品目が値引きに適しているか。
  - 有名ブランドか，あまり知られていないブランドか。
  - 新しいブランドか，成熟した既存ブランドか。
  - 生鮮品か，在庫品か。
  - 消費財か，耐久消費財か。
- どの程度の割合の商品を対象に値引きすべきか。
- どの程度値引きされるべきか。
- 値引きはいつ始められ，どの程度の期間続けられるべきか。
- 値引きはどれくらいの頻度で行われるべきか。
- １シーズンの中でいつ値引きを行うべきか。
- 値引きは同じチャネルで行われるべきか，異なるチャネルで行われるべきか。

これらの質問のほとんどに関して，一般的に検証された解は存在しない。値引きの全体的な効果は，以下の３種類の項目の相互作用によって生じる多様な部分的効果から構成されているため，その包括的な評価は難しい。

- 値引き価格で提供される品目
- その商品カテゴリーの他の品目（代替品）
- 他の品揃え（派生購買の可能性）

全体的な評価のためには，割引期間の効果だけに注目するのではなく，その後

[表14.2] 値引きの短期効果と長期効果

品目カテゴリー	通常の消費者		バーゲンハンター	
	割引期間 t	割引期間後 $t+\tau$	割引期間 t	割引期間後 $t+\tau$
値引き品目	+/0	+/0	+	+
	+	−	+	0
値引き品目と同一カテゴリーの他の製品	0	0	0	+
	−	−	0	0
その他の品目	0	0	+	+
	−/0	0	0	0

の期間の行動に影響するダイナミックな効果も検証が必要となる。「小売業者は少なくとも2週間，プロモーション後の品目の販売動向を追跡することが非常に重要である。プロモーションで非常に高い効果を得られても，プロモーション後に他の品目と比べて急激に売上が落ち込む品目もある」と指摘する人もいる。消費者は値引きされるタイミングを予想し，値引き期間まで購買を控えることを学習し，値引きの機会に買い溜め（在庫補充）を行う。よって，値引き期間後に販売数量が減少する現象はほぼ避けて通れない［40］。さらに，値引きに関係なく店舗を訪れる通常の消費者と，欲しい品目が値引きされている時だけ店舗を訪れるバーゲンハンターを区別することも重要である。**表14.2**はこれらの効果を体系的に示したものである。

それぞれの品目の上段の符号は，品目Aが値引された時の販売数量の変化を表している。それぞれの品目の下段の符号は同じように，品目Bが値引きされた時の販売数量の変化を表している（「＋」は販売数量の増加，「0」は変化なし，「−」は販売数量の減少を表している。）AとBは非常に異なるパターンを示している。

品目A：
品目Aの値引きによって，次のような効果が生じる。
通常の消費者：
- 値引き期間 t とその後の期間 $t+\tau$ において，同量以上にAを購入する（正の繰り越し効果）
- Aの購買量の増加は代替財の購買量に影響しない。
- 他の品揃えが影響を受けることはない。

バーゲンハンター：

- t期と$t+\tau$期にAを購入する。
- $t+\tau$期には固定客となるため，代替財も購入する。
- （関連購買のため）t期と$t+\tau$期に他の品揃えも購入する。

品目B：

対照的に，品目Bが値引き販売される時，次のような効果が生じる。

通常の消費者：

- Bをt期に多く購入し，$t+\tau$期に少なく購入する（購買は将来から「借りられ」，備蓄に回され負の繰り越し効果を生む）
- Bの購買量の増加はt期と$t+\tau$期の代替財の購買量を減少させる。
- t期において，他の品揃えが影響を受けることはなく，むしろ，購買力はBの購買量を高めるように働く。

バーゲンハンター：

- t期においてBのみを購入する（バーゲン・ハンティング）。t期に関連購買はなく，固定客になることもない。

　AとBの値引きの適合性が真逆であることは明らかである。品目Aの値引きの全体的効果は正であるが，品目Bは値引きに全く適していない。これら2つの反対の事例から，商品を値引きすることによる効果は複雑であることは明らかである。

　短期的効果，中期的効果に加えて，値引きが小売業者の価格イメージに及ぼす長期的な影響も考慮する必要がある。これらの効果すべてを正確に分析的に定量化できると考えるのは幻想に近いが，スキャナーデータ，eコマースデータを使って，主要な効果の一部を測定することは最低限可能である。たとえば，値引き期間とその後の期間の値引き品目の販売数量を測定することはできる。この表は，値引きの複雑な効果を分析するための構造を示しており，少なくともこれらを定性的に評価することが必要となる。

14.3.3　競合情報

　先述のように，競合の価格は小売業において非常に重要な要素となり，価格決定権の大部分が，事実上競合他社に委ねられている。言い換えれば，多くの小売業者は多少なりとも価格リーダーとして認識されている競合他社の価格に厳密に従って価格設定を行っており，特にキーバリューアイテムにおいてその傾向は顕著である。スキミング価格が設定されている品目に関しては，それほど厳密な価

格政策は採られないものの小売業者は競合の価格を適時モニターしている。

　消費者向け小売業の場合，競合の価格関連情報を把握することはかなり容易である。これはリアル店舗においても当てはまるが，オンライン小売業においてはその難易度はさらに低下する。消費者は価格情報にアクセスできるため，競合企業も消費者の立場で同じ価格情報にアクセスすることができ，いわゆる「ミステリー・ショッピング」が可能となる。オンライン小売業において，競合のミステリー・ショッパーは，オフィスを離れる必要すらなく価格情報にアクセスできる。競合の価格を収集するには，一定レベルの努力，スピード，注意深さを要するが，それ程高い専門性が求められる訳ではなく，市場調査会社に頼ることも，小売価格に特化したアプリを利用して定期的に競合価格を収集することもできる。Diffbot.comはこの領域に大きな革新技術をもたらしており，人工知能を用いた競合の価格情報の収集を可能にしている。Diffbot.comでは，サイトをクロールしてウェブページから完全なデータを構造化された形式で抽出することができ，この作業が自動でも手動でも実行可能となる。

　しかし，価格や値引きに関する情報を収集するのが困難な状況は依然存在する。典型的な例は自動車ディーラーである。自動車ディーラーでは，実売価格における値引水準に完全な透明性がある訳ではない。市場調査会社が自動車を購入するミステリー・ショッパーを派遣し，ディーラーと値引交渉をした場合でさえも，得られる結果や獲得した情報の妥当性は限定的である。B2Bの小売業の場合には価格交渉が発生するため，競合の価格情報を獲得することはより困難となる。B2Bの購買者が進んで価格情報を共有することはなく，意図的に不正確な価格を提示することもありうる。

14.4　価格決定

　小売業固有の価格決定には，価格帯の設定や各品目の価格設定，関連商品の価格設定，価格プロモーションが含まれる。

14.4.1　価格帯の設定

　小売業の価格決定において最初に行うべき重要なステップは，価格帯とその構造の設定である。**図14.6**は３つの異なるチャネルで販売を行っているアメリカの小売チェーンの事例である。このチェーンは各チャネルで異なるポジショニングを採っており，チャネルAでは品目当たりの平均価格が最も低い3.72ドルで設定されている。チャネルBでは平均価格が4.02ドルで中間的な価格帯，チャネルC

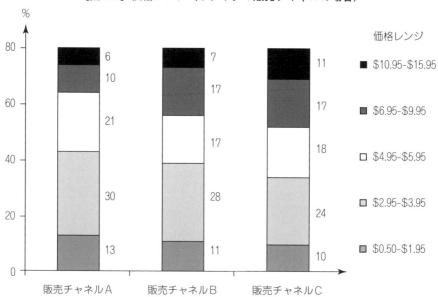

[図14.6] 価格レンジ（3タイプの販売チャネルの場合）

では平均価格が4.66ドルで最も高い価格帯が採用されている。

しかし，3つのチャネルの価格帯の分布は類似しており，これだけでは価格差別化は不十分である。差別化にあたっては，単に価格レベルの調整だけでなく，店舗の再設計や商品構成の変更など，より踏み込んだアプローチが必要となる。

価格帯は，小売業者が提供する品揃えに体系化された構造，明確性，透明性をもたらし，これによって消費者は，価格イメージを容易に形成できるようになる。価格帯は，小売業者が望む価格ポジションを明示するものであり，適切な設定により商品ラインナップの管理を向上させ，小売価格マネジメントの複雑性を軽減することができる。一方でリスクも存在し，事前に定義した価格帯に過度に固執すると，競争に対する柔軟性を失う恐れがあるが，反対に例外があまりにも多いと，価格帯構造そのものが効果を失ってしまう。加えて，1つの価格帯に過度に品目を割り当てないよう注意すべきである。あるヨーロッパのスーパーマーケットでは，ジャムとゼリーの70％を2ユーロ程度，10％を1ユーロ程度，20％を3ユーロ程度に設定した。2ユーロの価格帯に多くの商品が集中していることは，消費者への付加価値の増加にはほとんど寄与しておらず，この2ユーロの価格帯における商品の集中を減らし，他の価格帯の商品を増やすことにより，消費者の選択肢を改善できる可能性が存在した［41］。

第14章　小売業における価格マネジメント　◆601

価格帯の構造を策定する際には，消費者の支払意思額を考慮しなければならない。そのためにはまず，消費者調査あるいは内部分析を通した，価格閾値の設定から着手する。価格帯を市場の状況に合わせて設定する場合，コストは市場価格に合わせて調整しなければならない。つまり，小売業者は目標基準原価計算に基づいて，目標利益率を達成できる品目のみを調達すべきである。小売業者の中には，メーカー品と異なる自身のストアブランドの価格ポジショニングのガイダンスとして，目標価格を用いている会社もある。イギリスの食料品とグローサリーの小売業者であるTescoは，Tesco Value，Tesco Standard，Tesco Finestというストアブランドを提供している。これによりTescoは，ディスカウント業者との競争において自身の値頃感を示すと同時に，消費者に対しプレミアム品も提供するという２つの目的を達成している。

14.4.2　品目別の価格決定

小売業者が個々の品目の価格設定において最も一般的に用いる手法は，「経験則」であるが，価格弾力性を導出した上で，価格設定を行うこともできる。価格弾力性は，価格設定用のソフトウェアによって基本的な測定が可能で，スキャナーデータによって自動計算することもできるが，その妥当性に関しては懐疑的に見るべきである。

14.4.2.1　経験則

小売業の価格設定の特徴として，他の産業と比べて，経験則やコストプラスによる価格設定が非常に多い点が挙げられる。小売業におけるマークアップの計算は，一般的に商品原価をベースにしているが，オペレーションコストや取引コストを賦課しているケースもある。このマークアップは通常一律に設定されている訳ではなく，経験に基づく基準によって差別化されている。このマークアップを差別化するための経験則として，以下のようなものがある［31, 42-46］。

- ルール１：価格の絶対金額が低い品目ほど，マークアップ率を高くすべき。
- ルール２：在庫の回転率が高い品目ほど，マークアップ率を低くすべき。
- ルール３：消費者が特に強く価格を知覚する商品（パン，牛乳，バター，ガソリンなどのキーバリューアイテム）に関しては，マークアップ率を非常に低くすべき。
- ルール４：大衆向け商品のマークアップは，特殊な商品のマークアップよりも低くすべき。

- ルール5：マークアップは競合動向に基づいて設定すべき。

14.4.2.2 理論的考察

個々の品目の価格設定では，典型的な1商品の価格設定と同じく，アモローソ・ロビンソンの関係式（6.6）によって最適価格が決定される。

$$p^* = \frac{\varepsilon}{1+\varepsilon}C' \tag{14.1}$$

言い換えれば，最適価格は限界費用に対するマークアップによって決まり，マークアップ係数は価格弾力性に依存する。価格弾力性εと限界費用C'が一定であれば，この式からわかる通り，コストプラス価格設定アプローチは最適な意思決定の経験則となる。狭い範囲では，アモローソ・ロビンソンの関係式は，小売業におけるコストプラス価格設定の有益で理論的な根拠とみなすことができる。

実際に，上記の経験則を正当化する論拠を示すことは可能である。

- ルール1：価格の絶対額が低い品目ほど，マークアップ率を高くすべき。このルールは，価格弾力性が価格の絶対水準とともに上昇するという事実から直接的に導かれる（高価格な商品の価格変化は，販売数量により大きな効果をもたらす傾向にある）。
- ルール2：在庫の回転率が高い品目ほど，マークアップ係数を低くすべき。高い在庫回転率は，個々の消費者がその品目をより頻繁に購入することを表している。このルールは，購買者は頻繁に購入する品目の価格をより知覚し，頻繁に購入しない品目と比べ，価格変化により敏感に反応する，よって価格弾力性（の絶対値）がより高くなる，という前提に基づいている。
- ルール3：キーバリューアイテムのマークアップ係数は非常に低くすべき。消費者が価格を強く知覚していることは，高い価格弾力性を表している。
- ルール4，ルール5：これらの経験則は正当化するまでもなく自明である。

しかし，コスト上昇分のすべてを消費者に転嫁する場合は注意が必要である。価格反応関数が線型の場合，すべてを消費者に転嫁するのは最善策とはならない。ドイツの牛乳の卸売価格が0.10ユーロ上昇した時，ALDIは小売価格を0.07ユーロだけ引き上げた（第10章参照）。同時にALDI[47]は，「原材料価格の下落等の価格を下げられるタイミングがあれば，すぐに値下げして顧客に還元します」と

第14章　小売業における価格マネジメント　◆603

宣言した。

　取扱品目が膨大なことから，価格弾力性と価格反応関数の正確な測定は，重要な品目について行われる程度である。しかし小売のマネージャーは一般的に，おおよその価格効果や価格弾力性について，かなり具体的な考えを持っている。小売業界において，明示的で価格弾力性を重視した計算方法はあまりなじみがないが，理論を意識することなく実践され，先述のような経験則によって暗示的に表現されている。

　弾力性を重視したマークアップ計算は，カテゴリーごとに個別に設定された価格設定の基盤となりうる。このアプローチにおいて，経営陣は各部門のトップに対して，カテゴリー別の平均的なマークアップ係数を設定する。これらの係数は「各カテゴリーの弾力性」を反映している。特定のカテゴリー内で所定の平均マークアップが保たれる限り，価格設定においては，品目ごとの価格弾力性に従いマークアップを決定することが可能である。この方法を実現するために，小売業者において価格設定を行う者は価格マネジメントの基本的な原則を理解する必要がある。

　しかしながら，小売業者のバイヤー部門は，顧客の支払意思額について正確な知識を持ち合わせていないことが多い。これはバイヤー部門と倉庫管理部門の分業体制に起因している。バイヤー部門は価格を設定し，倉庫管理部門のマネージャーは必要な商品の確保に関して責任を負っている。価格が決まれば，調達量は計画された売上を達成できるように決定される。

　価格マネジメントのプロとしての前提条件は，これらの別々の考え方を橋渡しすることである。バイヤーは，価格は達成可能な数量の関数として設定されるべきであって，その逆ではないということを理解する必要がある。この考え方を導入するには，最適価格を見つけるための体系的で漸進的な試行錯誤のアプローチが必要となる。バイヤーは，ある品目の最終消費者（小売）価格を変えた場合の販売数量を推定し，次に，それぞれの価格と販売数量の見積に対する貢献利益率を計算する。この計算は，バイヤーが利益を最大化させるための価格を決定する際に役立てることができる。

　もちろん，バイヤーが価格決定を行うためには，必要な関連情報を提供してサポートすることが不可欠である。これには，参照品目の販売数量と価格データも含まれる。参照品目とは，類似した価格–数量の動きをする品目のことである。また，競合の価格や販売数量に関する情報を含む外部データベースも活用すべきである。価格テストは，品揃え内の基本的な相互関係を徹底的に評価する際に有効である。価格テストの結果は，バイヤーの最適価格についての予測が最適価格

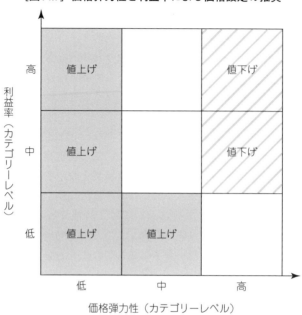

[図14.7] 価格弾力性と利益率による価格設定の推奨

となっているかどうかを検証する手段として利用される。同時に、バイヤーは自分自身の予測とテスト結果を比較し、そこから学習することができるだけでなく、テスト結果を将来の見積もりの指針として使用することができる。このアプローチと、より自動化されたソフトウェア主導のアプローチとの違いは、情報システムはバイヤーの意思決定を支援するが、バイヤーに取って代わるものではないという点である。バイヤーの主観的知識は、最終的な予測に完全に反映される。

　価格弾力性を推定することにより、個別の品目の価格引き上げや価格引き下げに関する示唆やヒントを、カテゴリーレベルで得ることができる。カテゴリーレベルで価格弾力性が高く、マージンが中程度から高程度の商品の価格は引き下げるべきである。対照的に、カテゴリーの価格弾力性の低い商品の価格は引き上げるべきである。**図14.7**はそれぞれのカテゴリーを表している。このような差別化されたプロセスによって、小売業やこれに類似する品揃えが多く多岐にわたる事業は、大幅に利益を改善することができる。

　価格弾力性志向の価格設定は、主にスキミング戦略が採られる品目に適用され、固定価格の品目やキーバリューアイテムではあまり適用されない。キーバリューアイテムにおいては競争志向の価格設定が採られることが多く、個々の品目の貢

第14章　小売業における価格マネジメント　◆605

献マージンではなく品揃え効果が考慮される。つまり，キーバリューアイテムは値引品目と同様に，消費者を店舗に引き寄せ，購買を引き起こすもの（traffic builder）として機能する。直接的な利益貢献はあまり優先されない。

14.4.3　価格決定と品揃え効果

　本章の初めに説明したように，多くの品目を1か所で購入できること（「ワンストップショッピング」）は消費者にとってメリットであり，商品を探し，購入するコストの削減が可能となる。このことは特に，食料品やグローサリーの買い物において当てはまるが，衣料・ファッション，ガソリンスタンド，ホームセンターなど，その他の小売部門においても，関連購買は重要な役割を果たす。

　これらの関連購買の結果，多くの品目間の交差価格弾力性は0ではないことがある。品目の価格切り下げは，その品目だけではなく，他の品目も購入する消費者を新しく引き寄せることができる。小売業におけるこのような品揃え効果は，多くの場合補完的である。商品間で技術的あるいは用途的に厳密な補完性がない場合でさえも，補完的なことがある。このような場合において，補完性は買い物行動そのものによって引き起こされている。

　補完的な販売数量の関係性の事例については，第7章において説明しており，価格最適化に関する結論を導き出している。全体的な最適価格 p_j は，他の条件が等しければ，品揃え効果を考慮しない個々の最適価格と比べ，次のような場合により低くなる。

- 補完関係にある商品の数が多い場合
- 補完関係にある商品の交差価格弾力性（の絶対値）が大きい場合
- 補完関係にある商品の貢献マージンが大きい場合
- 商品 j の直接価格弾力性が1に近い場合
- 補完関係にある商品 i と j の販売数量の比率が大きい場合

　単純に解釈すれば，売上全体に貢献する品目でかつ品揃えの利益に貢献する品目であればあるほど，その価格はより低くなるということを意味している。この条件は，小売業における価格政策を数学的に正確に公式化したものである。小売店においては，複数の商品を扱う他の企業でもいえるように，目標は個々の品目それぞれの利益最大化ではなく，品揃え全体として最大の利益を達成することである。このことは，ある個別品目の最適価格が限界コストよりも低くなったり，理論的にはマイナスになることさえあることを意味している [48]。このような

商品を「ロスリーダー」とよぶ。

以下では最適化条件（7.8）を観測可能な複合購買に基づいて単純化した形で用いる。ある消費者が品目jを購買し，それがiの購買が理由である場合（つまり消費者はjを購入することなくiを購入することはない場合），購入されるiが平均でa_{ij}単位であれば，最適化条件を次のように表せる。

$$p_j^* = \frac{\varepsilon_j}{1+\varepsilon_j}(C'-m_j) \tag{14.2}$$

ここで

$$m_j = \sum_{\substack{i=1 \\ i \neq j}}^{n} a_{ij}(p_i - C_i') \tag{14.3}$$

である。

m_jは，jの購買によって引き起こされた他の商品の購買からの貢献マージンの合計を反映している。この貢献マージンは，品目jの限界コストの減少分と等しくなる。品目jが他の品目の売上とつながる程度が高いほど，jの最適価格はより低くなる。

これらの相互関係を表す例がある。ある衣料品店でスーツを購入する消費者は，平均してシャツ2枚とネクタイ1.33本も購入する。シャツとネクタイの単位当たり平均貢献マージンは15ドルである。スーツの価格反応関数は次のように推定される。

$$q = 1,000 - 2p \tag{14.4}$$

ここでは，最大価格は\$500である。もし限界コストが\$200ならば，スーツの最適価格は関連購買を考慮に入れないと\$350で，価格弾力性は-2.33になる。その場合，アモローソ・ロビンソンの関係式によるマークアップ係数は1.75（200×1.75＝350）となる。この店舗ではこのスーツを300着販売し，この売上はさらにシャツ600枚，ネクタイ400本の売上を引き出す。結果として，貢献マージンは次のようになる。

- スーツ：\$45,000
- シャツ：\$9,000
- ネクタイ：\$6,000
- 合計：\$60,000

もしこの関連購買にスーツの価格設定を取り入れるならば，スーツの限界コス

トは（2+1.33）×15＝$50，減少するだろう。スーツの新しい最適価格は$325となり，個別での最適価格$350よりも$25低い。3つの商品すべてでより多くの販売が可能となり，スーツ350着（50着の増加），シャツ700枚（100枚の増加），ネクタイ466本（66本の増加）となる。この場合の貢献マージンは以下のとおりである。

- スーツ：$43,750
- シャツ：$10,500
- ネクタ：$6,990

　貢献マージンは合計$61,240であり，個別最適化を図った場合よりも$1,240，つまり2.07％上回っている。スーツの貢献マージンは$1,250減少したが，この減少分をシャツとネクタイの貢献マージンが相殺し，上回る計算になる。
　分析の節（14.3）で述べたように，スキャナー，会員顧客カード，e コマースなどのデータを使えば，大きな労力を必要とせずに，これらの補完的な係数を測定することができる。そこから明らかにされる関係性は，マネージャーに意思決定のための価値ある情報をもたらしうる。

14.4.4　価格プロモーションにおける意思決定

　価格プロモーションは，選択された品目の価格を一時的かつ短期的に引き下げるものである。価格プロモーションには，値引き，スペシャル・パッケージサイズ，ロイヤリティ割引，クーポン，返金など多くの形式が存在する。これらの戦術が，価格プロモーションの直接的，あるいは間接的な効果についての正確な理解に裏づけられていないことは，すでに指摘している通りである。実務におけるルールのほとんどは，理論的根拠も実証的根拠も備えていない。ここでは最も一般的な，消費者に焦点を当てた小売業における価格プロモーションについて詳述する。これらのプロモーションは，メーカー主導のことも，小売主導のこともあるが，そのどちらであるかは消費者には知られていない。

14.4.4.1　価格プロモーションの形態

　価格プロモーションの形態ごとに必要となる意思決定に関して，以下に説明する。

- 値引きにおいては，普段は一定である商品の価格が一時的に引き下げられる

が，その場合，値引きレベル，期間，頻度に対する意思決定が必要となる。また，値引きを行う際には，値引きに合わせて特別な広告が出稿されることが多い。値引き後の価格は小売業者の商品のコストを上回っている場合もあれば，下回っている場合もある。消費者側の視点に立つと，消費者は価格のアンカーとなる通常価格と比較して値引き度合を判断することが多い。国によっては，独占的地位にあたる企業が商品をコスト以下の価格で販売することは，散発的に行われる場合や，客観的なビジネス上の正当性がない限り禁じられている。ドイツのあるディスカウント業者は，多数の日配品を商品コストの40%以下の価格で販売し，この法律に違反することとなった。ドイツの公正取引委員会は，そのような値引きが半年以内に3週間以上提供される場合には「散発的」という限度を超えていると明記し，法律条項をより厳密化している［49］。

- スペシャル・パッケージサイズとは，パッケージサイズが変更されることを意味しており，価格は同じだが，単位価格（キロ当たり，リットル当たり，オンス当たり，ポンド当たり，ガロン当たり，など）は変わる。最もよくある形態は，パッケージサイズが増量される場合である。Gilletteはこれをシェービングクリームで行っている。また，同じ商品を値引きされた複数のパッケージで提供することもできる。もう1つのよくあるアプローチは，消費者が一単位（あるいは複数単位）購入した時に，無料でもう一単位提供するというアプローチである。小売業において「1つ買うと，1つもらえる（buy one, get one）」あるいは「BOGO」として知られるアプローチである。ここで重要な意思決定は，そのスペシャル・パッケージをどのくらいの大きさにするかということである。

- ロイヤリティ割引は，その消費者がリピート購買をしている場合に値引きする手法であり，ここで重要な意思決定は，値引き水準と値引き条件となる。ドラッグストアやホールセールのチェーンMüllerは，特別な形態のロイヤリティ割引を行っており，消費者のレシートに次回購買時の3％値引きクーポンを印刷している。

- 優先価格は，特定の消費者グループが優先的に低価格で購入できる仕組みである。このアプローチの特徴的な点は，優先価格のコミュニケーションである。優先価格のコミュニケーションは，通常価格を支払う必要のある，優先されないグループの消費者にも知られる。ドラッグストアチェーンのRite Aidは，多くの商品をPlentiというポイントプログラムの会員である消費者には，常に値引き価格で提供している。これはヨーロッパのPAYBACKも

同様であり，棚の値札には，消費者に向けて値引き価格と通常価格が表示されている。競合のコンビニエンスストアにおいても同様で，消費者がポイントカードを所有しているか否かによって異なる価格を提示している。オープンなコミュニケーションの目的は，その店舗のプログラムに参加していない消費者に対し，参加すれば低価格で購入できることを示してプログラムへの参加を動機づけることである。

- クーポンは，新聞，店舗内ディスプレイ，インターネット，そのほかメディアを通じて消費者に配布される。消費者は，購入時にクーポンと引き換えで，無料で商品を受け取ることや，値引価格での商品購入が可能となる。ここで必要となる意思決定は，クーポンの額面価格と利用条件である。アメリカではクーポンが確立しており，きわめて一般的であるが，その他の先進国ではそれほど広まっていない。クーポンの中で現在利用が拡大しているのはチェックアウト・クーポンである。消費者は購入完了時に，購入したばかりの商品を自動的に分析して割り出した商品と金額のクーポンを受け取る。たとえば，ある消費者がワインを2本購入すると，消費者は次回引き換えられる割引クーポンを店舗から受け取る。ある消費者がAというビールブランドを購入した際に，店舗はブランドBやブランドCの値引クーポンを配布する。また，多くの店舗ではこのような機会に，補完商品のクーポンを配布する。たとえば，トルティーヤチップスを購入するとサルサソースのクーポンが発行され，おむつを購入すると赤ちゃん用のおしりふきのクーポンが発行される。この手法は非常に効果的であり，会員顧客カードでその消費者の購買履歴を把握できる場合には，各個人に対応したクーポンを発行することができる。イギリスの小売チェーンTescoは，そのような会員顧客カード情報に基づいて，消費者に個別に対応したクーポンをメールで送っている。ヨーロッパの別の小売業者は，店舗内で同様のアプローチを適用しており，会員顧客カードがスキャンされると，消費者の現在の購買だけでなく，カードを通じて記録された購買行動全体を反映したクーポンをレジで印刷する［50］。これは，前節で述べたクロスセリング・メカニズムとも合致した手法となり，売上を増やすだけでなく，消費者を他の商品に引きつける役割も果たしている。従来からあるクーポンと比べると，配布したクーポンのロスが低く，正確な効果測定も可能となる［50］。クーポンに固有のメリットは，すべての消費者に便益をもたらす一律値引きではないという点である。価格差別化の考えに基づいて，クーポンの便益を享受するのは，利用条件を満たし，かつ実際にそのクーポンを引き換える消費者だけであり，その他すべての消費者

にとって価格は変わらない。このようなメリットがあることから，クーポンの活用は今後も高まることが予想されている。

- 将来，より広く利用されることが期待されるもう1つの小売価格プロモーション形態は，リベートである。以前は，消費者が支払う価格の一部をリベートとして受け取るためには，購入レシートをメーカーに送る煩雑なプロセスが必要であったが，スマートフォンの登場によって，このプロセスはシンプルになった。SavingStar，Scondoo（ドイツ），Checkout51（カナダ）といったキャッシュバック・モバイルアプリの登場により，消費者は商品購入後，直ちにリベートを受け取ることができる。消費者はスマートフォンでレシートの写真を撮り，画像をそれぞれのアプリを使ってアップロードすると，リベートが口座に振り込まれる。メーカーにとってのメリットは，小売店との複雑な調整プロセスがなくなり，プロモーションに参加するすべての小売業者においてリベートが実施できる点である。

ほぼすべての小売業者において価格プロモーションは用いられており，このことからも価格プロモーションの有効性が示されていると考えられる。しかしながら，価格プロモーションの有効性に関する研究では，価格プロモーションは多くのケースで小売業者にとって利益にならないことを示している [51]。それらの研究は，小売のマネージャーはプロモーションのマネジメントに業務時間の80％を費やすが，プロモーションによる売上への貢献は20％に過ぎないことを明らかにしている [52]。このような背景を踏まえると，小売業者の中には，たとえばドイツのドラッグストアチェーンdmのように，EDLPアプローチを選んで事実上値引きをやめた小売業が存在することも不思議ではない [53]。Walmartも同様である。価格プロモーションの利益効果を完全に評価することは困難であり，数多くの科学的研究が行われているにもかかわらず，一般化された経験則は存在しない [1]。価格プロモーションの有効性を検証する上で，短期的効果と長期的効果の区別は必要不可欠である。

14.4.4.2　短期的効果

小売業における値引きでは典型的に，プロモーションが行われている間，非常に高い販売数量をもたらす。値引の短期的な価格弾力性（の絶対値）は，通常の価格変更における弾力性よりも高くなる [54]。したがって値引きは，たとえば，倉庫のクリアランスや過剰在庫の処分など，短期的に販売数量を伸ばすことが目的である場合には効果的な手法である。

第14章　小売業における価格マネジメント　◆611

　値引きがディスプレイ広告やチラシあるいは，店内デジタルサイネージや店内告知のような店舗内メディアによって広められる場合，販売数量が数百パーセント増加することもありうる [55]。ある研究によれば，価格プロモーションの約41％は上記のような追加的な手段により強化されていた [56]。他にも，値下げに合わせた最大購入数の制限も，販売数量増加策の1つとなる [57]。同様に，タイムセールなどの形式で行われる時間的制約も，短期的な販売数量を増加させる。

　Ivens [58] は，価格プロモーションの評価において，短期的な販売数量の増加効果を過度に評価していると批判している。短期的な面が評価されやすい理由は，測定しやすいからに過ぎない。しかしながら，短期的な販売数量の増加は，必ずしも高利益につながるとは限らない。結果は多くの事例においてその逆であり，企業は利益の減少を経験している。この主な理由は，販売数量の増加は単位当たり貢献利益の低下を埋め合わせるのに十分でないためである。粗利益率が25％で，20％の値引きが行われるとしよう。その場合，利益を増加させるためには販売数量が5倍になる必要がある。これは価格弾力性が20（400％以上の販売数量/20％の価格引き下げ）であることを意味している。値引きされる品目であっても，価格弾力性がそれほど高いことはきわめてまれである。

　加えて，プロモーションによる買い溜め効果も頻繁に発生する。つまり，販売数量の短期的な増加は，実際には消費者による前倒し購買であり，在庫補充（「パントリー・フィリング」）である。たとえば，消費者はTideが安売りされているときに大量に購入するが，全体の消費は増加しない。アメリカのドラッグストアチェーンのデータを用いたある研究 [50] では，価格プロモーションによって増加した販売数量の内，10％はパントリー・フィリングであり，45％は同一店舗内でのブランドスイッチングであった。たとえば，その店舗の固定客はL'Oréalが安売りされている場合に，Niveaのクリームを購入する代わりにL'Oréalを購入する。しかし小売業者の視点はメーカーの視点と異なり，プロモーション対象の品目や値引き対象の品目からの売上が増加しているかどうかは問題ではない。大事なのは，その店舗におけるカテゴリー全体での売上と利益のパフォーマンスである [59]。

　小売業者にとってより重要な課題は，短期的な販売数量の増加が既存顧客の消費拡大によるものなのか，別店舗からスイッチした消費者による購買に起因するものなのか，という点である。コンビニエンスストアのデータを用いた研究 [51] によれば，総販売数量の約45％は「真の」販売数量の増加，すなわち，既存顧客の消費量の増加もしくは新規顧客の獲得によるものである。コンビニエンススト

アにとって，店舗をスイッチする消費者を獲得することは，既存顧客の維持の次に重要な目標となる。新たな消費者を店舗に誘引することで，より高いマージンの他商品も合わせて購入することが期待できる。競合する店舗が近ければ近いほど，店舗をスイッチする確率は大きくなる [60]。容量やサイズでメリットのある価格プロモーション，具体的には大容量パッケージや複数パッケージ購入に基づくプロモーションは，実際の消費量を増加させるケースもある [61]。コカ・コーラのマーケティング・エグゼクティブは「一旦冷蔵庫に入れば，後はこどもたちが管理してくれる」と述べている。

プレミアム品や高級品を扱う店舗における価格プロモーションは，他とは異なるアプローチが必要となる。第3章で述べたように，値引やそれに類似した価格設定行動は，プレミアム価格ポジション，特に高級品の価格ポジションとは相容れない側面を持つ。しかしこれらのセグメントであっても，ファッションアイテムはシーズンが終わると価値がなくなり，大幅な値引（多くは50％）がなければ販売できないという事態から逃れることはできない。高級品の販売店では，シーズン中の商品と安売り商品が並ぶことを避ける傾向にあり，値引品は高価格帯の店舗から外され，最先端の店舗から離れたところにある別の店舗で販売されることも多い。別の対処方法として，選ばれた消費者を非公開の安売りイベントに招待するという方法がある。ベルリンの高級品小売業者であるQuartier 206は，アメリカの高級宝石店や高級衣服販売店と同様に，このアプローチを採っている。

オンライン・プロモーションには，小売業者が個々の消費者に直接働きかけることができるという利点があり，消費者セグメント間で，より明確な価格差別化を行うことができる [56]。したがって，オンライン価格プロモーションは今後より広く普及し，頻繁に行われるようになると予想される。

14.4.4.3 　長期的効果

価格プロモーションの長期的効果はプラスにもマイナスにもなりうるが，これらの効果の定量化は短期的効果の定量化より困難である。焦点となるのは，ブランド，ロケーション，価格イメージへの影響である。

小売業者は，値引を通じて集客された顧客が自社のブランドや店舗を利用することに慣れ，好んで利用し続けることを望んでいる。これは第8章で述べた「繰り越し」効果，あるいはロイヤリティ効果である。一方で，消費者が日常的に行われるプロモーションに慣れてしまい，安売りの時にだけ商品を購入するように習慣づけしてしまうリスクもある。消費者は，小売業者のプロモーションのサイクルに合わせて，自らの購買行動を調整している [62]。LodishとMela [63, p.6]

は次のように記している。「今や消費者は，プロモーションを待ち伏せしている。もし次のプロモーションを待っているのであれば，消費者が通常価格で購入することはないであろう」。

インターネットによって，消費者が値引情報を得ることは劇的なほど容易となった。これにより，消費者が体系的に値引き商品を探し，値引きを受けるという「習慣」を強めていると考えられる。

値引きは，消費者が低価格と低品質を関連づけてしまう場合，将来の購買意思決定に対してマイナスの効果を持ちうる [64, 65]。また，値引きは低価格のアンカー，参照価格を作り出してしまい，値引きがない場合に消費者がその商品を高過ぎると認識する結果を招くことがある。ある興味深い研究結果では，値引きよりも「1つ買って1つもらえる（buy one, get one）」というようなオファーのほうが，その程度は小さくなる [66]。一般的に価格プロモーションは，ショッピングの場所やブランドとは無関係に，顧客の商品や場所へのロイヤリティを低下させ，価格プロモーションに対するロイヤリティを優先させてしまうリスクをはらんでいる [67]。

値引きにより小売業者の価格イメージには，相反する効果が生じうる。一方では，値引きは好ましい価格イメージ，手頃な価格イメージの形成に貢献し，この点では，EDLPと同様の効果がある。もう一方では，値引き商品が通常価格で販売される高価な品目と棚に並ぶことになり，一致しない価格イメージ，はっきりしない価格イメージをもたらしうる。極端な例では，「この店舗は安売されている商品の価格は低いが，他の商品は高い」というような分裂した価格イメージをもたらしうる。

全体として，値引きが短期的あるいは長期的にメリットをもたらすとは，一概にいうことはできない。小売のマネージャーは，値引きは短期的には販売数量を引き上げたとしても，消費者の将来の購買意思決定に負の影響をもたらすかもしれないことを認識する必要がある。価格プロモーションと値引きの活用は，価格戦略と基本的な価格ポジショニングとの整合が大前提であり，プレミアム・ポジションを目指している小売業者は，値引きは控えめに行うべきである。一方，マスマーケットの小売業者にとって値引きは必要不可欠である。非常に厳密なEDLP戦略を一貫して守り，顧客とコミュニケーションを図っているWalmartでさえ，値引き（「ロールバック」アクション）を活用している。小売業者が値引きするカテゴリーや品目を選ぶ際には，非常に慎重に行う必要がある。

14.5 実践

実践に関して、組織と価格モニタリングに関する小売業固有の側面について述べていく。

14.5.1 組織構造

価格決定は、多くの小売組織において比較的高いレベル（トップマネジメント）で行われており、中央集権化されている。トップダウンアプローチに従って、上級管理者は部門リーダーとともに価格設定のガイドラインを作成し、売上目標と利益目標を設定する。また、個々の商品カテゴリーと商品グループの価格帯を決定する。図14.8は小売業者の典型的な組織構造を示している。

事前に定義した目標や上級管理者のガイダンスをもとに、購買部門はそれぞれの計画期間における営業目標を策定する。価格帯は個々の商品グループにおいて決められ、計画販売数量は販売数量の履歴データと市場評価に基づいて設定される。

最後に、販売数量、価格帯、売上、利益に関する目標をベースに、バイヤー部門が商品を調達する。販売価格は商品の調達に先立って決定される。このプロセスを価格ベース目標原価計算といい、販売価格が調達価格を決定することを意味する [68]。このプロセスは小売業における典型的なプロセスであり、小売業が需要の変化に対して、価格変更ではなく数量調整で対応する理由となる。2014年にブラジルで開催されたサッカーのワールドカップ期間中、小売業者はサッカー

[図14.8] 小売業者の典型的な組織構造と価格設定責任

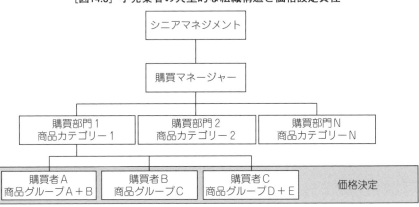

第14章　小売業における価格マネジメント　◆615

ボールの需要の高まりに対して，価格引き上げではなく販売数量（生産量）の増加によって対応した。小売業者は一定の価格帯内での価格設定を所与のものと捉え，販売数量（生産量）を調整することで対応する傾向がある。これは，たとえばホテルが展示会のような需要のピーク時にとる行動とは異なる。ホテルの場合，通常価格の数倍にまで価格を引き上げて対応することが多い（第7章参照）。このような差が生じる理由はホテルはキャパシティが固定されているが，小売業者は十分なリードタイムがある限り，販売数量（生産量）を調整できるためである。

　先述した品目間の補完関係は，小売業者の組織的構造と目標設定においても考慮すべきである。キーバリューアイテムあるいはロスリーダーは，通常の商品とは異なる基準に従って評価されるべきであり，この点はインセンティブに影響を及ぼす。特定の商品グループがキーバリューアイテムやロスリーダーとなる場合は，その商品グループのみの評価に基づきインセンティブを与えるような評価体系を構築すると，全体的な利益の観点からデメリットが生じることがある。

　また，価格決定を中央集権的に行うか，分権して行うかは，非常に複雑な問題である。先述のように，小売業における価格決定は，比較的強く中央集権化していることが示されている。たとえばALDIでは（価格決定）は，生鮮品のような特別な事例を除いて中央集権的に行われている。ガソリンスタンド事業では，一般的に本部が価格を設定している。地域別の価格差を認めない小売業もあり，実務上，すべての価格決定が中央集権的に行われているといえる。一部の例外として，ヨーロッパのある大規模小売業者の場合，個人所有の店舗はストアブランドを除いて価格設定の裁量をある程度持っている。しかし，ほとんどの価格は中央集権的に設定され，エリアマネージャー，店舗マネージャーなどの現場のマネージャーは，ある程度のレベルの価格決定権限のみを有するというのが，一般的な状況である。現場のマネージャーは，地域限定品や，在庫処分品，生鮮品，シーズンのクリアランスセール等のみに対する価格決定権を有する。店舗マネージャーがその地域の環境と消費者ニーズを，価格設定に反映できるようにすることには理にかなっている。ヨーロッパの二大家電小売業者であるMediaMarktとSaturnの地域営業マネージャーは独自に価格を設定できるだけでなく，自社の株式まで保有している。多くの場合において，より明確な価格決定権の現場への委譲は考慮する価値がある。しかし，その場合も，意思決定者を適切にトレーニングした上で，正しいインセンティブ体系の下で行われる必要がある。

14.5.2　価格統制

　価格と利益の統制は，複雑性の高い小売業においてきわめて重要な業務である。

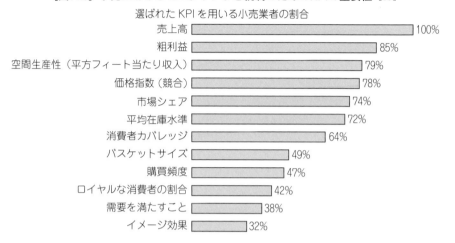

[図14.9] 小売におけるモニタリングと統制のためのKPIの重要性 [69]

経営陣はいつ，どの店舗で，どのような価格と利益が達成されたかを把握する必要がある。加えて，小売業者は競合価格との相対的な価格についても注視し続けるべきである。**図14.9**は主要な小売のマネージャーが，継続的なモニタリングのために用いる重要業績評価指標（KPI）の重要性を示している。

これらのKPIのうち，価格と直接的な関係があるのは，売上高，粗利益，競合の価格指数の3つだけである。価格ベースのKPIやベンチマーク，たとえば，事業全体と商品カテゴリーの相対価格，価格弾力性と交差価格弾力性，価格ポジショニングのデータ，価格プロモーションの頻度と程度などは，この調査においては小売では使用されていなかった。この結果は，ほとんどの小売業者が価格マネジメントの専門化において，未だに発展途上であるという我々の仮説を裏づけるものである。

14.5.3 価格コミュニケーション

価格コミュニケーションにおいては，価格イメージのコミュニケーション，販売価格表示，価格プロモーション広告など，小売業特有の考慮すべき側面がある。

多くの小売業者は長期間にわたり，価格イメージに焦点を当てた一貫したコミュニケーションを行っており，グローバルでも次のようなよく知られた例がある。

- 眼鏡チェーンのFielmann（ヨーロッパの市場リーダー）：「パパは一銭も払

う必要がなかった（My dad didn't even need to pay a single penny）」とい
うスローガンは「無料の眼鏡（glasses at no cost.）」に進化していった。消
費者は年間10ユーロの保険に加入すると，2年ごとに無料で新しい眼鏡を受
け取ることができる。いずれのスローガンも，Fielmannは健康保険でカバー
される分を超えた持ち出しでの支払いなく眼鏡を提供しているという考えを
表しており，消費者にとっての価格は本当にゼロであることを意味している
（欧州では眼鏡の購入は健康保険の対象となるのが一般的）。

- ディスカウント業者のWalmartは「いつでも低価格。いつでも（Always
low prices. Always.）」というスローガンを用いていたが，のちに「節約して，
より良い生活を（Save Money. Live Better.）」に変更した。

- 多数の小売業者が価格メッセージを品質の側面と組み合わせており，品質と
サービスの表現を好んで用いている。ファッション小売業のH&Mは「ベス
トな価格でのファッションとクオリティー（Fashion and quality at the best
price）」，アメリカのBest Buyは「専門的なサービス，無敵の価格（Expert
Service. Unbeatable Price.）」というスローガンを用いている。

- ドイツのドラッグストアチェーンdmは，過去に価格イメージに関する奇抜
なコミュニケーション手法を取った。当時，Colgate-Palmoliveが，Dentagard
という歯磨き粉ブランドにおいて，価格を変えずにパッケージサイズを
100mlから75mlにサイズダウンした。これは，価格には表れていないが
33.3％という大幅な価格引き上げに相当する。これに対し，このドラッグス
トアチェーンはDentagardの棚を空にして，「サイズダウンで同価格。我々
はこのやり方に抗議する」という見出しと説明を書いたサインを立てた［70］。
通常，小売業者が公に製造業者を非難することはなく，製造業者と小売業者
の間での対立は，消費者に見えない水面下で行われる。しかしこのケースで
は，小売業者は消費者のための監視役や擁護者としての役割を担い，「我々
は低価格であることを注視しており，製造業者のトリックから消費者を守る」
という考えに基づいて，価格イメージを高めようとした。この非常に有名な
事件は，Colgate-PalmoliveとDentagard brandにとって，きわめてネガティ
ブな価格コミュニケーションとなった。

これらの事例では，小売業者は意図した効果，すなわち手頃な価格イメージを
伝えることができている。長さ，一貫性，頻度のすべてが，このような種類のキャ
ンペーンの成功に影響する。加えて，これらの小売業者が数年後，キャンペーン
の内容を変更したという事実を踏まえると，このような純粋な価格に関するメッ

セージ力は，ある程度の期間が経つと弱まることも想定される。また，純粋に価格主導のイメージキャンペーンが裏目に出ることもある。ドイツの住宅リフォームのチェーンであるPraktikerは数年間，「すべて20％オフ」というスローガンを用いていたが，最終的に破産申請に追い込まれることとなった。

　販売時点での価格コミュニケーションは非常に重要であり，ガソリンスタンドにある（通行する車から見える）大きな価格表示から，商品棚あるいは商品そのものにつけられた値札に至るまで，コミュニケーションの方法は多岐にわたる。目立つ，理解しやすい価格コミュニケーションが，近隣のガソリンスタンドの価格レベルに圧力を与えることに疑いの余地はないだろう。個々の品目の値札や価格表示に関しては，Wi-Fi対応の電子棚札（ESL）が多大な変化をもたらしている。電子棚札によって，小売業者は（たとえば本部などの）離れた場所から，あるいは店内から瞬時に価格を変更できるようになった。これにより，小売業者はプロモーションの度に棚札を手作業で変更する必要がなくなり，人件費を削減することができる。加えて，小売業者は今や，たとえばオンライン小売業者の大幅な価格変動に対応するために，より柔軟かつ迅速にプロモーションを行うことができる。このような対応は特に近隣の競合他店の価格変更への迅速な対応が必要となるキーバリューアイテムにおいて重要となる。

　価格プロモーションと値引の効果が，広告によってサポートされることもある。多くのディスカウント業者は毎週新聞に全面広告を掲出し，折込チラシや特集版を配布することもある。特別オファーの広告には，ラジオやテレビも用いられる。価格はこれらのキャンペーンにおいて最重要な要素となり，広告では通常価格が取消線と合わせて示されることが多い。また，販売時点では通常，値引きされた価格が通常価格とともに表示され，値引き率がパーセントで表示されることもある。このようなメッセージは第5章で述べた価格アンカリング効果を用いている。価格コミュニケーションの形態と強度は，値引きの効果に強い影響を与える。

　価格プロモーションでは，オンラインとオフラインの融合がより一般的になっている。特定の店舗の近くにいる消費者をジオ・フェンシングによって認識し，スマートフォンに送信する限定オファーによって店舗に誘導することも可能である。加えて，ビーコン技術により，登録されたスマートフォン・ユーザーの店舗内での正確な位置を把握することもできる。たとえば，消費者が衣料用洗剤の棚の前に立っている際に，スマートフォンアプリを使って直ちに洗剤の割引クーポンを送ることができる。さらに，支払時に消費者はアプリの割引コードをスキャンさせる必要があるため，これにより小売業者は，各消費者が購入したバスケット全体に関する追加情報を得ることができる。小売業者は今後これらの情報を利

用して，正確でパーソナライズされたオファーを提供することができる。また，これらのプロモーションとは異なるコンセプトのShopkickというアプリでは，消費者が店舗でスマートフォンを用いて商品をスキャンすると，ポイント（キックとよぶ）を受け取ることができ，その後，集めたキックをクーポンに交換することができる。Shopkickをダウンロードして使用したアメリカの消費者は，それぞれの店舗で以前よりも大幅に多くの金額を消費している [71]。

　オンラインで価格プロモーションを行う際には，消費者に過度な情報を提供しないよう注意し，消費者に負担をかけないようにする必要がある。消費者はオフラインの価格プロモーション情報を比較的迅速に処理できるが，オンラインの価格プロモーション情報についてはその処理が難しいことがある。ノートＰＣ，タブレット，スマートフォン，スマートウォッチの画面ではコミュニケーションに制約があり，情報処理がより難しいためである。

　限定商品の場合，オンライン小売業者が商品価格を全く公表しない場合もある。あるオンライン家具店では，消費者は様々な付属品や構成から，希望する商品を選び，それに対して消費者は，個別のオファーを受ける。これにより小売業者は，事前の価格コミュニケーションでは得られない価格差別化の機会を得ることができ，特に常連顧客の場合に有用となる。顧客の過去の購入履歴から，支払意思額についての手掛かりを得ることができるためである。この仕組みを応用すれば，消費者が小売業者に価格を提案し，小売業者がその価格での取引を受け入れるかを決定するという，消費者主導の価格設定が実現する可能性もある [72, p.141]。

　競争志向の価格設定における極端なアプローチの１つは，価格マッチングである。消費者が，競合店で同一商品をより低い価格で見つけた場合，競合店よりも低い価格で購入するか，あるいは差額を払い戻しとして受け取ることができる，という仕組みである。これは本質的に消費者がつねに最も有利な価格で購入できる価格保証を提供しており，他の実店舗の価格のみを考慮するケースもあれば，オンライン店舗の価格を含めて考慮するケースもある。たとえば，ドイツの小売業者BAUHAUSでは，消費者が購入後14日以内に別の実店舗で同商品をより安い価格で見つけた場合，差額の返金に加えて，他店価格の12%の金額を受け取る権利を与えている [73]。家電量販店の中には，消費者がAmazonやドイツのRedcoon.deのような最も重要なオンライン小売業者の価格を提示した場合に，その価格で販売する小売業者もいる。これらの戦略が，実店舗の小売業者のマージンに大きな影響を与えることは明らかである。

結　論

　小売業における価格マネジメントは，設定すべき価格の膨大さや，関連購買，価格イメージの役割，価格プロモーションの多用など，数多くの特殊な側面がある。それらを要約すると次のようになる。

- 伝統的な都市部の小売業者，ディスカウント業者，郊外型店舗，eコマースのバランスは，過去数十年間において大きく変化しており，価格はこの変化における重要な役割を演じてきた。このような変化は今後も続き，eコマース市場は急速に成長するといわれている。
- コスト構造を考慮すると，多くの伝統的な小売業者はディスカウント業者やオンライン小売業者との価格競争への準備ができておらず，根本的なビジネスモデルの再検討が必要な可能性がある。根本的なビジネスモデルの再検討には，リアル店舗とオンライン店舗の融合も含まれるが，現時点では大きなメリットが示されていない状況である。
- 小売店舗の価格イメージは，消費者の店舗選択の意思決定に強い影響を与える。自店舗の価格イメージを理解し，コントロールした上で，意図的に顧客とコミュニケーションする必要がある。
- EDLP（エブリデーロープライス）価格戦略やHi-Lo（ハイアンドロー）価格戦略，プレミアム/ラグジュアリー価格戦略のような典型的な標準価格戦略に加えて，これらを組み合わせた価格戦略や価格ポジショニングが広く用いられている。小売業者が価格戦略に明確な戦略的フレームワークを持つことは重要であり，正当な理由がない限り，戦略的フレームワークから逸脱してはならない。
- 小売業における莫大な品揃えを考慮すると，すべての品目にかかるすべてのコストを活動基準で配賦することは，事実上不可能である。そのため，一般的には，商品原価が販売価格設定のベースとして用いられる。
- スキャンレジやICタグ（RFID），ノートPCやスマートフォン経由のオンライン購入を通じて得られる消費者データを利用して，価格に関連する消費者情報を捉えることができる。しかし実際には，ほとんどの小売業者がこのポテンシャルを十分に活用し切れていない。
- B2C小売業では，競合他社の価格情報の入手は比較的容易である。競合価格と自店の価格の関係はきわめて重要な成功要因であるため，小売業者はこのメリットを活かす必要がある。一方でB2B小売業では，頻繁に価格交渉が行われるため，信頼できる競合の価格情報を得ることは一般的に困難である。
- 個々の品目の価格設定において，経験則は重要な役割を果たす。価格決定時価格

と数量の関係をより深く考慮し価格設定を行うために，バイヤーは価格マネジメントのスピードを上げる必要がある。

- 品揃え中の関連購買は，小売業者の価格決定において非常に重要となる。ある品目が他品目の販数量に与えるプラスの影響が大きいほど，また，他品目の限界貢献マージンが大きいほど，その品目の価格を低く設定すべきである。
- 価格プロモーションは非常によく利用される手法であるが，全体的な効果を評価することは困難である。短期的な効果は概して強いが，利益や長期的な販売動向への効果は不確かである。値引き水準，プロモーション品目数，プロモーション活動頻度という点において，価格プロモーションの過剰な利用を避けるべきである。
- 小売業では一般的に，購買部門が価格決定の責任を負っており，価格設定を中央集権的に行う傾向にあるが，適切なインセンティブを持つ評価体系が構築され，トレーニングが行われる場合，価格決定の現場への委譲も検討に値する。
- 小売業では，価格要因が十分にモニタリングされていない。
- インターネットとスマートフォンの普及により，小売業における新しい価格マネジメントの可能性が広がっており，この領域における大きな変化が予想されている。

　価格は多くの小売業者にとって間違いなく最も重要なマーケティング手段である。また，小売業のマージンは小さいため，価格は最も強力な利益のドライバーでもある。しかし，小売業のほとんどのケースにおける価格設定は，伝統的手法にしがみついているのが現状であり，価格マネジメントの専門化による利益改善のポテンシャルはきわめて大きいといえる。

参考文献

［1］ Fassnacht, M., & El Husseini, S. (2013). EDLP vs. Hi-Lo Pricing Strategies in Retailing – A State of the Art Article. *Journal of Business Economics*, 83(3), 259-289.

［2］ Anonymous. (2015, 4 November). Amazon eröffnet ersten eigenen Laden. *Frankfurter Allgemeine Zeitung*, p.19.

［3］ Wingfield, N. & de la Merced, M. J. (2017). Amazon to buy Whole Foods for $13.4 Billion. https://www.nytimes.com/2017/06/16/business/dealbook/amazon-whole-foods. html. Accessed 28 February 2018.

［4］ Schuckmann, E. (2015). *Shopping Enjoyment: Determinanten, Auswirkungen und moderierende Effekte*. Frankfurt am Main: Lang.

[5] Hoch, S. J., Drèze, X., & Purk, M. E. (1994). EDLP, Hi-Lo, and Margin Arithmetic. *Journal of Marketing*, 58(4), 16–27.

[6] Haucap, J., Heimeshoff, U., Klein, G. J., Rickert, D., & Wey, C. (2014). Wettbewerbsprobleme im Lebensmitteleinzelhandel. In P. Oberender (Ed.), *Wettbewerbsprobleme im Lebensmitteleinzelhandel* (pp.11–38). Berlin: Dunckler & Humblot.

[7] EHI Europäisches Handelsinstitut. (2010). Handel aktuell 2009/2010. Köln: EHI.

[8] Lademann, R. (2013). Wettbewerbsökonomische Grundlagen des Betriebsformenwettbewerbs im Lebensmitteleinzelhandel. In H.-C. Riekhof (Ed.), *Retail Business: Perspektiven, Strategien, Erfolgsmuster* (3. ed., pp.3–30). Wiesbaden: Gabler.

[9] Kowitt, B. (2014, 28 April). Whole Foods Takes Over America. *Fortune*. pp.28–35.

[10] Humphers, L. (2015). Betting on outlets – 2015 State of the Outlet Industry. https://www.icsc.org/vrn/uploads/2015_VRN_State_of_the_Outlet_Industry_story.pdf. Accessed 28 February 2018.

[11] Mueller-Hagedorn, L. (2017, 28 August) Outlet-Center fordern Innenstaedte heraus, *Frankfurter Allgemeine Zeitung*, p.16

[12] Statista (2016). Online Anteil am Umsatz im Einzelhandel in den USA. https://de.statista.com/statistik/daten/studie/379363/umfrage/online-anteil-am-umsatz-im-einzelhandel-in-den-usa/. Accessed 28 December 2016.

[13] Anonymous. (2015, 19 February). Ich glaube an das gedruckte Buch. *Frankfurter Allgemeine Zeitung* (FAZ), p.11.

[14] Walmart (2017). Annual Report 2017. http://s2.q4cdn.com/056532643/files/doc_financials/2017/Annual/WMT_2017_AR-(1).pdf. Accessed 28 February 2018.

[15] Statista (2018). Net sales revenue of Amazon from 2004 to 2017 (in billion U.S. dollars. https://www.statista.com/statistics/266282/annual-net-revenue-of-amazoncom/. Accessed 28 February 2018.

[16] Otto Group (2017). Annual Report 2016/17. https://www.ottogroup.com/media/docs/en/geschaeftsbericht/Otto_Group_Annual_Report_16_17_EN.pdf. Accessed 13 March 2018.

[17] Alibaba Group (2017). Alibaba Group Announces March Quarter 2017 and Full Fiscal Year 2017 Results. http://www.alibabagroup.com/en/news/press_pdf/p170518.pdf. Accessed 13 March 2018.

[18] Kilian, K. (2015, January). Showrooming. Absatzwirtschaft, p.9.

[19] Fassnacht, M., & Szajna, M. (2014). Shoppen ohne einzukaufen – Der Trend Showrooming im Einzelhandel. In R. Gössinger, & G. Zäpfel (Ed.), *Management integrativer Leistungserstellung. Festschrift für Hans Corsten. Betriebswirtschaftliche Schriften* (Volume 168, pp.287–304). Berlin: Duncker & Humblot.

[20] Spivey, S. (2016). Consumers have spoken: 2016 is the year of "webrooming". https://marketingland.com/consumers-spoken-2016-year-webrooming-180125. Accessed 13 March 2018.

第14章　小売業における価格マネジメント　◆623

[21]　Graham, S. (2017). Using Competitive Online Pricing to Drive In-Store Sales. https://www.growthmattersnetwork.com/story/using-competitive-online-pricing-to-drive-in-store-sales/?source=social-global-voicestorm-None&campaigncode=CRM-YD18-SOC-GETSOC. Accessed 13 March 2018.

[22]　Nyström, H. (1970). Retail Pricing: An Integrated Economic and Psychological Approach. Stockholm: Economic Research Institute, Stockholm School of Economics.

[23]　Hamilton, R., & Chernev, A. (2013). Low Prices Are Just the Beginning: Price Image in Retail Management. *Journal of Marketing*, 77(6), 1–20.

[24]　GMI Global Market Insite (2014). Internet World Business: Wer den Cent nicht ehrt. http://heftarchiv.internetworld.de/2014/Ausgabe-14-2014/Wer-den-Cent-nicht-ehrt2. Accessed 10 March 2015.

[25]　Anonymous. (2015, 2 November). Amazon lässt die Preise schwanken. *Frankfurter Allgemeine Zeitung*, p.26.

[26]　Riedl, A.-K. (2015). Studie zeigt: Preise bei Amazon schwanken um bis zu 240 Prozent. The Huffington Post. 25.02. http://www.huffingtonpost.de/2015/02/25/zockt-uns-amazon-ab_n_6749748.html?utm_hp_ref=germany. Accessed 20 March 2015.

[27]　ZDF WISO (n.d.). Preis € Wert – So dynamisch sind die Preise im Netz. http://module.zdf.de/wiso-dynamische-preise-im-netz/. Accessed 13 March 2018.

[28]　Schindler, H. (1998). *Marktorientiertes Preismanagement*. St. Gallen: Schindler.

[29]　Müller, I. (2003). *Die Entstehung von Preisimages im Handel*. Nürnberg: GIM.

[30]　Fishmann, J. (2017). Amazon, the Price Perception Leader. https://www.gapintelligence.com/blog/2017/amazon-com-the-price-perception-leader. Accessed 13 March 2018.

[31]　Diller, H. (2008). *Preispolitik* (4 ed.). Stuttgart: Kohlhammer.

[32]　Kenning, P. (2003). Kundenorientiertes Preismanagement: Ein Beitrag zur Renditenverbesserung im Handel. In D. Ahlert, R. Olbrich, & H. Schröder (Ed.), Jahrbuch Vertriebs- und Handelsmanagement (pp.85–102). Frankfurt am Main: Deutscher Fachverlag.

[33]　Authors' own study, prices as of December 6, 2017.

[34]　Fassnacht, M. (2003). *Eine dienstleistungsorientierte Perspektive des Handelsmarketing*. Wiesbaden: Deutscher Universitäts-Verlag.

[35]　Adlwarth, W. (2014). No-Names drängen stärker in die „Feine Welt". Lebensmittelzeitung.net. http://www.lebensmittelzeitung.net/business/themen/maerkte-marken/protected/Handelsmarken-_130_15510.html?dossierid=130&tid=104958&page=1 (Created 16 May). Accessed 11 March 2015.

[36]　Statista (2018). Marktanteile von Hersteller- und Handelsmarken in Deutschland in den Jahren 2012 bis 2017. https://de.statista.com/statistik/daten/studie/205728/umfrage/marktanteilsentwicklung-von-mehrwert-handelsmarken/. Accessed 13 March 2018.

[37]　Novich, N. S. (1981). Price and Promotion Analysis Using Scanner Data: An Example. Master's Thesis. Sloan School of Management. Massachusetts Institute of Technology.

[38] Haucap, J., & Klein, G. J. (2012). Einschränkungen der Preisgestaltung im Einzelhandel aus wettbewerbsökonomischer Perspektive. In D. Ahlert, P. Kenning, R. Olbrich, & H. Schröder (Ed.), *Vertikale Preis- und Markenpflege im Kreuzfeuer des Kartellrechts* (pp.169–186). Wiesbaden: Springer Gabler. Forum Vertriebs- und Handelsmanagement.

[39] Pezoldt, K., & Gebert, R. (2011). RFID im Handel – Vor- und Nachteile aus Unternehmens- und Kundensicht. In N. Bach, G. Brähler, G. Brösel, D. Müller, & R. Souren (Ed.), Ilmenauer Schriften zur Betriebswirtschaftslehre Volume 8/2011 Ilmenau: VERLAG proWiWi e.V.

[40] Talukdar, D., Gauri, D. K., & Grewal, D. (2010). An Empirical Analysis of the Extreme Cherry Picking Behavior of Consumers in the Frequently Purchased Goods Market. *Journal of Retailing*, 86(4), 337–355.

[41] Preuss, S. (2015, 18 July). Kaufland will lokalen Anbietern eine Chance geben. *Frankfurter Allgemeine Zeitung*, p.25.

[42] Gabor, A. (1988). *Pricing: Concepts and Methods for Effective Marketing* (2 ed.). Hants: Gower.

[43] Holdren, B. R. (1960). *The Structure of a Retail Market and the Market Behavior of Retail Units*. Englewood Cliffs: Prentice-Hall.

[44] Holton, R. H. (1957). Price Discrimination at Retail: The Supermarket Case. *Journal of Industrial Economics*, 6(1), 13–32.

[45] Monroe, K. B. (2003). *Pricing: Making Profitable Decisions* (3 ed.). Boston: McGraw-Hill.

[46] Preston, L. E. (1963). *Profits, Competition and Rules of Thumb in Retail Food Pricing*. Berkeley: University of California.

[47] ALDI Süd (2015). Aldi Süd Philosophie. https://unternehmen.aldi-sued.de/de/ueber-aldi-sued/philosophie/ (Created 23 February). Accessed 09 March 2015.

[48] Simon, H. (2016). Negative Prices – A New Phenomenon, *The Journal of Professional Pricing*, Fourth Quarter 2016, pp.18–21.

[49] Anonymous. (2007). Pressemeldung des Bundeskartellamtes vom 30.10.2007: Bundeskartellamt setzt klaren Maßstab für das Unter-Einstandspreis-Verbot. http://www.advokat.de/infodienst/startseite/marken-und-wettbewerbsrecht/marken-und-wettbewerbsrecht/datum/2007/11/04/bundeskartellamt-setzt-klaren-massstab-fuer-das-unter-einstandspreis-verbot/. Accessed 27 May 2015.

[50] Rode, J. (2014). Kaiser's testet individuelle Coupons. Lebensmittelzeitung.net. http://www.lebensmittelzeitung.net/news/it-logistik/protected/Kaisers-testet-individuelle-Coupons_105434.html?id=105434 (Created 12 June). Accessed 5 May 2015.

[51] Ailawadi, K. L., Harlam, B. A., César, J., & Trounce, D. (2007). Quantifying and Improving Promotion Effectiveness at CVS. *Marketing Science*, 26(4), 566–575.

[52] Bolton, R. N., Shankar, V., & Montoya, D. Y. (2006). Recent Trends and Emerging Practices in Retailer Pricing. In M. Krafft, & M. K. Mantrala (Ed.), *Retailing in the 21st Century: Current and Future Trends* (pp.255–270). Wiesbaden: Gabler.

第14章　小売業における価格マネジメント　◆625

[53] dm（2015）. Der günstige dm-Dauerpreis. http://www.dm.de/de_homepage/services/ service_erleben/dm_dauerpreis_garantie/. Accessed 04 May 2015.

[54] Hanssens, D.（Ed.）（2015）. *Empirical Generalizations about Marketing Impact*. Cambridge, MA.: Marketing Science Institute.

[55] Kaiser, T.（2014）. *Direct-Mail-Couponing: Eine empirische Untersuchung der langfristigen Absatzwirkung*. Wiesbaden: Springer Gabler.

[56] Fassnacht, M., & Königsfeld, J. A.（2015）. Sales Promotion Management in Retailing: Tasks, Benchmarks, and Future Trends. *Marketing Review St. Gallen*, 32(3), 67–77.

[57] Wagner, U., Jamsawang, J., & Seher, F.（2012）. Preisorientierte Aktionspolitik. In J. Zentes, B. Swoboda, D. Morschett, & H. Schramm-Klein（Ed.）, *Handbuch Handel*（pp.585–607）. Wiesbaden: Springer Gabler.

[58] Ivens, B.（2013）. Geleitwort zu: T. Kaiser. *Direct-Mail-Couponing: Eine empirische Untersuchung der langfristigen Absatzwirkung*. Wiesbaden: Springer Gabler.

[59] Fassnacht, M., & Königsfeld, J. A.（2014）. Wertschöpfung im Handel durch Preismanagement. In W. Reinartz, & M. Käuferle（Ed.）, *Wertschöpfung im Handel*（pp.62–83）. Stuttgart: Kohlhammer.

[60] Gedenk, K.（2003）. Preis-Promotions. In H. Diller, & A. Herrmann（Hrsg.）, *Handbuch Preispolitik: Strategien – Planung – Organisation – Umsetzung*（pp.597–622）. Wiesbaden: Gabler.

[61] Chandon, P., & Wansink, B.（2011）. Is Food Marketing Making Us Fat? A Multi-Disciplinary Review. *Foundations and Trends in Marketing*, 5(3), 113–196.

[62] DelVecchio, D., Krishnan, H. S., & Smith, D. C.（2007）. Cents or Percents? The Effects of Promotion Framing on Price Expectations and Choice. *Journal of Marketing*, 71(3), 158–170.

[63] Lodish, L., & Mela, C. F.（2008）. *Manage Brands over Years, not Quarters. The Pricing Advisor*. Marietta: Professional Pricing Society.

[64] Xia, L., & Monroe, K. B.（2009）. The Influence of Pre-Purchase Goals on Consumers' Perceptions of Price Promotions. *International Journal of Retail & Distribution Management*, 37(8), 680–694.

[65] Yoon, S., Oh, S., Song, S., Kim, K. K., Kim, Y.（2014）. Higher Quality or Lower Price? How Value-Increasing Promotions Affect Retailer Reputation Via Perceived Value. *Journal of Business Research*, 67(10), 2088–2096.

[66] Palmeira, M. M., & Srivastava, J.（2013）. Free Offer ≠ Cheap Product: A Selective Accessibility Account on the Valuation of Free Offers. *Journal of Consumer Research*, 40(4), 644–656.

[67] Dubey, J.（2014）. Personal Care Products: Sales Promotion and Brand Loyalty. *Journal of Contemporary Management Research*, 8(1), 52–71.

[68] Swenson, D., Ansari, S., Bell, J., Kim, I.-W.（2003）. Best Practices in Target Costing. *Management Accounting Quarterly*, 4(2), 12–17.

[69] Universität Essen, & Mercer Management Consulting (2003). Retail-Studie – Preis- und Sortimentsmanagement als Erfolgshebel im Einzelhandel. https://www.cm-net.wiwi.uni-due.de/fileadmin/fileupload/BWL-MARKETING/Management_Summary_Retail_Studie_1_.pdf. Accessed 28 April 2015.

[70] Reimann, E. (2015, 27 August). dm boykottiert Mogelpackungen. *Generalanzeiger Bonn*, p.6.

[71] Happel, S. (2015). Nun wird der Kunde ferngesteuert und vermessen, Wirtschaftswoche. http://www.wiwo.de/unternehmen/handel/smartphone-app-shopkick-nun-wird-der-kunde-ferngesteuert-und-vermessen/11223624-all.html (Created 15 January). Accessed 16 March 2015.

[72] Schröder, H. (2012). *Handelsmarketing: Strategien und Instrumente für den stationären Einzelhandel und für Online-Shops* (2. Aufl.). Wiesbaden: Springer Gabler.

[73] Bauhaus (2015). Bauhaus Garantien. http://www.bauhaus.info/service/leistungen/garantien. Accessed 27 March 2015.

◆627

第15章

価格マネジメントのイノベーション

概　要

　オークション，非線型価格設定，バンドリングといったものは存在するものの，価格マネジメントは他分野と比較して，イノベーションが頻繁に生み出される分野ではなく，イノベーションが生み出された場合も，時間をかけてゆっくりと普及するものであった。しかし，インターネットの普及によって，イノベーションの発生頻度は高まり，イノベーションの普及速度も急速に高まった。(これまでできなかった課金体系の適用を可能にする）計測技術，（ビッグデータ分析を可能にする）より高性能なコンピュータ，創造的なビジネスモデル等，これらすべてが価格マネジメントのイノベーションに貢献している。インターネットは価格比較を容易にし，結果として価格透明性を向上させた。しかし，長期的には「価値の透明性（価格ではなく）」の向上がインターネットによる，より重要な変化であると証明される日が来るかもしれない。定額料金制，フリーミアム，ネーム・ユア・オウン・プライス，ペイ・ワット・ユー・ウォントのようなイノベーションは，企業により多くの利益をもたらす可能性がある。しかし，企業が新しいプライシングモデルを採用する際には注意が必要である。いずれの価格モデルも，適切に利用しなければ，相応のリスクを伴うからである。複数のプライシングモデルから収益を上げることは，世の中で一般的になりつつある。また，おそらく人類史上初めてマイナス価格が観測されるようになった市場さえ存在する。限界費用がゼロのサービスやシェアリングエコノミーの存在はプライシングに影響を与え，既存のビジネスモデルを破壊している。新しい決済システムやBitcoinのような新しい貨幣形態は，価格マネジメントにこれまで存在しなかった影響を今後与えるかもしれない。

15.1　価格設定のイノベーション：歴史的概観

　今日，我々が，高度に発展し，洗練されたものとして見ている価格戦略・戦術の多くは新しいものではなく，長年用いられてきたものである。しかし，これらはかつての初歩的なものとは大きく実態が異なるものとなっている。

　大昔の市場では，一般的に定価は存在しなかった。バザールの貿易商は買い手

の支払意思額を見定め，価格交渉を通じて最大限の利益を得ようとした。貿易商は一元的な価格差別化（第7章参照）を実践し，自らの買い手の有する支払意思額の評価が正しければ，買い手にその支払意思額をそっくりそのまま支払わせることができた。これは完全価格差別化とよばれており，同様のことが現在のフリーマーケットにおいても行われている。

　オークションも，特に農産物市場において大昔から盛んに行われてきた。最も有名な例の1つは，17世紀にオランダで行われたチューリップのオークションである。現物市場，先物市場，さらには空売りも存在した。チューリップ・バブルとして知られるこの投機的なバブルは，価格の暴落によって終焉を迎えた。また，ドイツの最も有名な詩人，ゲーテ（Johann Wolfgang von Goethe）は，自身が発案者かどうかは不明なものの，彼の原稿を出版社に対して競売にかける際に，2番目に高い入札額を提示した者が落札者となるヴィックリー・オークション（第4章参照）を用いていた。ヴィックリー・オークションが優れている点は，入札者に本当の支払意思額を明らかにするインセンティブを与えている点にある[1]。

　顧客が分割払いで購入する場合，対価は数回に分けて支払われる。分割払いは古くから存在していたものの体系的なものではなく，個別対応としての支払い形態として存在した。買い手はディーラーやトレーダーから与信を受け，数回に分けて債務を返済した。体系化された分割払いは19世紀に登場した。分割払いを考案したのは，Edward Clarkだと考えられている。Edwardはミシン販売を促進させるために分割払いシステムを採用した。

　支払いの流れを考えると，リースと分割払いは類似した支払い方法である。いずれの方法も，高額な一括払いを行う代わりに，ずっと少額の月払いを行う。リースと分割払いの大きな違いは，分割払いの場合には顧客はその商品を購入するが，リースの場合には顧客はその商品を取得したり所有したりすることはないという点である。顧客はリース終了時に残金を支払い，使った商品を返却しなければならない。不動産賃貸はリースの特別な形態であるが，古くから存在し，一般的に普及している。実のところ，リースという支払形態の出発点はアリストテレス（Aristotle）の思想にあるかもしれない。アリストテレスは「財の価値はその使用にあり，所有にあるのではない」と指摘している。一般的にリースでは財務上の側面が重要な意味合いを持つ。リース払いの普及を生み出す原動力はリースがもたらす財務上，税制上のメリットである。しかし，その価格の側面もやはりまた重要で，リースの利用者は月額固定で毎月の料金を払うことになる。売り切りの価格と比較すると，リース料は管理しやすい。体系的なリースはアメリカ

第15章　価格マネジメントのイノベーション　◆629

の電話メーカーであるBellによって初めて導入された。Bellは1877年に電話機を売るのではなく，リースを始めた。IBMもまたリースのパイオニアである。1920年代からIBMはパンチカード機をリースし，価格バンドリングを実践した（第7章参照）。作表機（いわゆるHollerith machines）の顧客はIBMのパンチカードを使わなければならなかった。今やリース取引は膨大な数に及んでおり，世界のリースビジネスの市場規模は年間1兆ドル超えるとの試算もある。

　価格バンドリングにおける画期的なイノベーションにブロック・ブッキングがある。これは1915年に映画プロデューサーのAdolph Zukorによって映画業界に導入され，その後の数十年間で，映画産業全体で採用されるようになった。ブロック・ブッキングでは映画館経営者は映画一つ一つを単体で提供されるのではなく，バンドル化あるいはパッケージ化された複数の映画の提供を受けた。これらのパッケージには魅力的な映画とそうでない映画の両方が含まれていた。場合によっては，映画館経営者が事前にパッケージ内の映画を確認できない場合もあり，そのような取引は「ブラインド契約」とよばれた。ブロック・ブッキングは最終的に1948年，連邦最高裁判所によって禁止された。価格バンドリングのメリットについて理論的基礎が解明されたのは，さらに後のことである（第7章参照）。Coase［2］とDemsetz［3］は，バンドリングを正当化する根拠としてコスト優位性を主張した。Burstein［4］のアプローチは，バンドリングされる商品の相補性をその根拠とした。AdamsとYellen［5］は消費者ごとに異なる消費者余剰は，商品ごとに別々に価格設定をするよりも商品，価格バンドリングを行ったほうがより正確に捉えることができる，という重要な主張を最初に行った。他の事例においても，現実世界で時間をかけて実証された価格設定の慣行は学術理論に先行している。このような学術理論と実社会で確立された価格設定の慣行の間にある時間差は，実社会で長年採用されてきた非線型価格設定においても生じている。学術的理論の拠り所となっているGossenの限界効用逓減の法則は1854年までさかのぼる。しかし，この理論が価格の理論に応用されたのは，100年以上後のOren，SmithそしてWilsonの研究によるものであった［6］。

　自動車を一定期間レンタルしたりリースしたりするという考えは，かつては突飛なものに思われていた。自動車を所有しない人はこれを粗末に扱うため，自動車の寿命を縮めるのではないかという懸念があったからだ。短期間のレンタカーは1904年にはアメリカに存在していた。レンタカー会社Hertzの前身は，1918年，Walter L. Jacobsによって設立された。

　定額料金制もまた，非常に古くから存在している。水道メーターが導入されるまでは，正確な使用量を把握して，使用量に応じて料金を請求することは不可能

であったため，一般家庭の水道使用料は元々世帯人数に基づいて計算されていた。しかし，水道メーターの導入によって立方メートル当たりの価格を請求することができるようになった。この事例は，後ほど詳述する新しい「価格測定尺度」導入の一例であるといえよう。もう１つの根本的に新しいビジネスモデルは「食べ放題」であり，1960年代から1970年代にかけてアメリカで人気を博した。外食におけるこのような定額料金制が有用になるのは，社会が一定程度豊かになってからである。購入者の所得が低過ぎる場合，購入者の支払意思額は非常に低く，食べ物の消費量は非常に多くなってしまうため，食べ放題を提供する飲食店が十分な利益を確保することが困難になるからである。

価格マネジメントと音楽

　音楽における価格マネジメントの歴史は，きわめてダイナミックで示唆に富んでいるため，この産業のビジネスと価格モデルの歴史的展開を詳細に辿ってみたい。19世紀の終わりまで，音楽を体験する唯一の方法はライブ演奏であったが，興味深いことに，このような音楽の販売形態はインターネットの時代に復活を遂げた。1877年にエジソンが特許を取得したレコード盤によって，音楽を保存し広く販売することが可能になった。その後，個々の曲を録音したものは「シングル」として販売されるようになった。業界の一般的な価格モデルは「１曲○○ドル」という単純で一元的なものであった。

　1948年，Columbia RecordsがLPレコードを発売すると，１枚のレコードにより多くの曲を詰め込むことができるようになった。一般的にLPは12曲から14曲入りで，「アルバム１枚○○ドル」というパッケージとして販売された。音楽業界はこの技術の飛躍によって，新しい価格モデルである価格バンドリングを導入した。その結果，45'sと呼ばれる一部のシングル（７インチのレコードでターンテーブル上での回転数が45回転/分のため）を除いて，消費者は１曲単位で曲を購入することはできなくなった。映画のブロック・ブッキングと同様に，音楽会社は魅力的な曲とそうでない曲をバンドル化して販売した。この方法では，より人気のある曲に対する過剰な支払意思額が，あまり人気のない曲の支払意思額を補完することになる。この価格モデルはコンパクトディスク（CD）に移行した後も維持され，約20年間にわたって音楽業界に巨大な売上と利益をもたらした。しかし，多くの音楽ファンは自分が本当に聴きたい２，３曲を手に入れるために，無理やり14曲も買わされることに嫌気が差していた。音楽ファンの不満は溜まり，別のビジネスモデルを求める声が高まっていた。

　不満のダムを決壊させたのはインターネットだった。ユーザー同士が自分たち

で音楽を交換し始めたのだ。ファイル共有サービス最大手のnapster.comは，ピアツーピア・プラットフォームで運営されており，2001年1月だけで20億曲以上がnapster.comのユーザー間で，すべて無料で共有された。napster.comによるファイル共有は違法であると裁判所が宣言したため，最終的にnapster.comは閉鎖された。しかし，napster.comはRhapsodyが所有するブランドとして，月額9.99ドルの定額料金で音楽を現在も提供している。今日まで音楽業界は，音源の「海賊版」や不法コピーによって，莫大な潜在的収益を失い続けている。映画産業やその他のコンテンツ産業についても同様のことがいえる。

　2000年代初頭，時代は革新的な価格モデルを必要としていた。AppleによるiTunesストアは，時代のニーズを満たす存在として2003年に誕生した。シングルの時代と同じように，音源を1曲ずつ購入できるようになったのだ。我々の用語では，これはアンバンドリングとよばれている。Steve Jobsは，iTunesの音楽著作権と，アルバムをアンバンドリングで販売する許可を得るために，五大音楽レーベルのCEOを直々に訪ねたといわれている。iTunesは音楽業界にとって革命だった。iTunesの品揃えは今や，楽曲，電子書籍，映画，アプリを含めて4,500万以上のアイテムを誇っている。楽曲は0.69ドル，0.99ドル，または1.29ドルで購入することができる。その他のアイテムでは，異なる価格カテゴリーが用意されており，週替りの特別セールも行われている。AppleはiTunesと関連サービスからの収益を，2014年の181億ドルから2017年には300億ドルに増加させた［7］。iTunesの華々しい成功は，革新的な価格モデルによるものであり，当時は音楽業界における「価格イノベーションの終わり」と考えられたかもしれない。

　しかし，そのような考えは誤りであった。音楽ストリーミングサービスは爆発的な成長を遂げたからだ。この分野におけるパイオニアはiTunesよりも前に設立されていたPandoraであったが，2015年にSpotifyがマーケットリーダーとなった。ストリーミングサービスは，フリーミアムによって音楽を提供し，iTunesや同様のサービスを陳腐化させようとしている。Spotifyは3,000万曲以上の曲を提供し，2017年には1億5,900万人のユーザーを抱え，その40％以上が有料プランに対して月額9.99ドルを支払っている。Spotifyはこれまで一貫して赤字ではあるものの，2018年4月にはニューヨーク証券取引所に上場し，時価総額は287億ドルに達している［8］。AppleがiTunesの収益減少に対応してApple Musicと呼ばれるストリーミングサービスをスタートしたのは，Spotifyが登場してから9年後のことであった。しかし，iTunesが生み出した収益と同水準の収益を達成するためには，Apple MusicはSpotifyが創業後に獲得したユーザー数の2倍以上のユーザーを獲得する必要がある［9］。Spotifyとは対照的に，Appleはフリーミ

アムを採用していない。つまり，Appleは定期的に広告が流れる無料コンテンツを提供して，広告なしの有料メンバーにスイッチするようユーザーに促すことはしない。その代わり，Appleは新規登録した顧客に3ヵ月間の無料サービスを提供している。Appleはまた，月額14.99ドルで最大6名まで，同じアカウントを共有できる「ファミリープラン」を提供している［10］。Amazonは，4,000万曲にアクセスできるAmazon Music Unlimitedを約1,600万人の有料ユーザーに提供している。またPrime会員には，追加料金なしで限定的な音楽ストリーミングを提供している。

　SpotifyやApple Musicのようなストリーミングサービスが音楽産業における「価格イノベーションの終焉」の象徴であるかどうかは懐疑的である。音楽業界全般，特に，多くのスーパースターは，ストリーミングサービスから受け取るロイヤルティの支払いに不満を持っている。Spotifyは，著作権者への平均的な支払額は1ストリーミング当たり0.006〜0.0084ドルだと表明している。スーパースターの場合，ストリーミングサービスからのアルバム配信を控えることが，物理的な購買やデジタルダウンロードが縮小している時代においてすら，従来型の売上を増やす方法となりうる。この有名な例がAdele（アデル）という歌手の例である。Adeleは，アルバム「25」をリリースしてから7ヵ月間は，ストリーミングサービスでの配信を見合わせた［11, 12］。ブロックチェーン技術は，アーティストが自らのコンテンツを配信することを可能にし，ストリーミング・プラットフォームやレーベルの影響力を低下させる。この技術は将来的には，新たな業界変革を引き起こす可能性がある。

　音楽業界全体の売上は，2002年の250億ドル強から，2015年には150億ドルに減少した。デジタル販売のシェア（45％）は，物理的なフォーマットからの売上シェア（39％）を上回った。2017年に音楽サブスクリプションに支払った消費者数は1億人で，まだまだ人数は少ないようにみえるかもしれない。しかし，それでも有料会員数が800万人だった2010年の12倍以上［12］に増加した。有料のサブスクリプションは，アメリカ音楽業界の復活を力強く後押しした。業界売上は2016年に前年比11.5％の成長を遂げた後，2017年には16.5％増の87億2,000万ドルに達した［13］。

第15章 価格マネジメントのイノベーション ◆633

ポイント

ここまでの歴史的な概観から，価格マネジメントには常にイノベーションがあったこと，また，このようなイノベーションはとても稀であり，普及には長い時間がかかったことがわかる。しかし，インターネットの登場によって，この2つの特徴は，この20年間で急変した。私たちは価格マネジメントのイノベーションの波を経験している。しかし，この波はインターネットによるものばかりではない。背景には，経営幹部の価格マネジメントへの意識の高まり，ビジネスモデルに対するより体系的な思考の浸透，使用期間や消費量，実際の提供価値を正確に測定できるセンサーなどの技術開発といった，他の要因がある。水道メーターの発明についてもう一度考えてみよう。Google AdWordsの料金体系はこの文脈に当てはまる。伝統的なメディアが広告の価格を掲載位置によって設定しているのに対し，Googleは，クリック数という潜在顧客の実際の反応を料金の算出指標に用いている。次の節では，革新的な多くのアプローチを紹介し，価格マネジメントの現在と将来の意義について議論する。

15.2　価格透明性の向上に伴う価格反応関数の変化

インターネットがもたらした，最も直接的で重要な影響の1つは，価格透明性の急激な向上である。かつて，価格と価値を徹底比較することは，面倒で時間もお金もかかる作業であった。それが今では，ノートパソコンやスマートフォンによって瞬時に比較できるようになった。そして，この情報はいつでもどこでも入手できる。価格比較は最も広範囲の影響を及ぼすイノベーションである。価値の比較が純粋な価格比較よりもさらに重要なものなのか，また将来的により重要になる存在なのかも同時に検証すべきこととなる。

15.2.1　価格透明性

インターネットがなかった時代には，価格の情報を収集するためには，複数のサービス提供者に電話をかけたり，様々な店舗を訪問したり，相見積もりを取ったり，あるいは印刷されたレポートやカタログを入手してじっくり目を通す必要があった。このような労力が必要なため，顧客が持つサービス提供者ごとの価格に関する情報の解像度は概して低かった。今日，nextag.com，pricegrabber.com，pricewatch.comといった多数のオンラインサービスが，業界横断的に価格比較表

を提供している。さらに，ほぼすべての業界やセクターに，価格を追跡する専門サービスが存在する。CarRentals.comは最低価格のレンタカーを探すのに役立つ。cheaphotels.com，kayak.com，Booking.comといったウェブページは，旅行における価格比較を可能にしている。Bankrate.comは銀行サービスの価格を表示している。LendingTreeでは消費者ローンの価格比較ができる。Gas Guruというアプリでは，近くのガソリンスタンドのガソリン価格をほぼリアルタイムで確認できる。このアプリは石油価格情報サービス（the Oil Price Information Service）からガソリン価格情報を得ているため，提供している価格情報はいつも最新である [14]。今日，消費者の大半がオンラインでの価格比較を利用しており，20歳から59歳の男性が最も積極的に価格比較を行っている。最も頻繁に価格比較が行われるのが，旅行（48%）であり，電気・ガス（47%），電子商品・日用品（45%），保険（42%），携帯電話の契約（39%），航空券（35%），ホテル（32%）の順に続く [15]。

　価格透明性は，スマートフォンやその他のモバイル端末のおかげで，非常に具体的でローカルなものになった。iPhoneアプリのShopSavvyを使えば，店舗内で商品のバーコードをスキャンすると，近くの店舗で同一商品がいくらで販売されているかを瞬時に知ることができる。このため，競合に対するフェンシングとして従来は有効であった地域差や時間差による価格差別化に，厳しい制約が課されることとなった。同一商品・サービスを提供する限り，価格差別化が困難になったからである。買い手は大量の情報を入手することとなったため，迷ったら最も価格の低い店から購入する。ブラジルでは，Premiseというスタートアップが，アプリユーザーが食料品の画像と価格情報を他のユーザーとシェアできるスマートフォンアプリで地位を確立している。この企業は，収集データからブラジル国内食品の消費者物価指数を，政府が公式データを公表する約25日前に作成できてしまう [16]。

　最近の調査によれば，すでに全世界の消費者の40%が店頭で携帯電話を使って価格比較を行っている。韓国人（59%），中国人（54%），トルコ人（53%）が，スマートフォンによる価格比較を最も頻繁に行っている [17]。SNSも価格の透明化を加速させている。McDonald'sがチーズバーガーの価格を0.39ドル引き上げようとしたところ，顧客からの激しい抵抗にあった。48時間以内に，約80,000人のFacebookフォロワーが値上げに対する否定的な意見を投稿した。このような運動によって，McDonald'sは値上げの撤回を余儀なくされた [18]。

　ウェブサイトの世界では，ユーザーが訪れたタイミングで受動的に価格比較表を表示するものだけでなく，設定した価格条件を満たした時に，能動的にユー

ザーに通知を行うものも存在する。たとえば，ある商品の価格が，ユーザーがあらかじめ設定した価格を下回った場合などである。PriceGrabber.comやonlinepricealert.comのようなウェブサイトは，ユーザーが選んだ商品の価格が下がった時に，それをユーザーに通知する，価格アラームというオプションを提供している。hrs.deやBooking.comのようなホテル予約プラットフォームが検索時点での最低価格を表示するのに対して，triprebel.comは予約したホテルの部屋の価格を追跡する。宿泊価格が宿泊予約日よりも前に下がったら，元々の予約をキャンセルし，その時点での価格で予約を取り直す。したがって，顧客は最初の予約以降はいつでもその部屋を最低価格で利用できることになる。このプロセスはイールドマネジメントの根幹を揺るがすものである。検索エンジンとプログラムが洗練されると，価格透明性はさらに向上する。言い換えれば，消費者が持つ価格情報は絶えず改善されている。図15.1には，価格透明性の向上が価格反応関数に及ぼす効果が示されている。

クエスチョンマークが付けられている垂直方向の矢印は，価格透明性が高まると価格変更なしで販売数量が増加したり，減少したりする可能性を表している。しかし，値下げがあった時，あるいは自社の価格と競合の価格の相対的な差が変化した時に何が起こるかは，明確である。競合の価格を下回る値下げは，価格透明性が低い時よりも，より大きな販売数量の増加につながる。逆に，値上げをした場合や，競合の価格との差が大きい場合には，販売数量は急激に減少する。

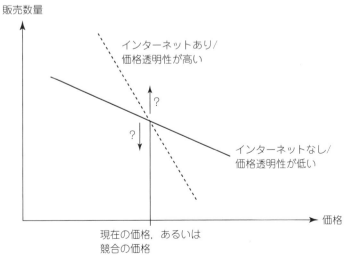

[図15.1] 価格透明性の向上による効果

15.2.2　価値透明性

　価格透明性の向上は，価格マネジメントにインターネットが与えた影響の中でも最も顕著なものである。しかし，価格透明性そのものよりもむしろ価値透明性の向上のほうが，長期的にはより強い影響を与えるという仮説を我々は持っている。2000年に出版された革新的な書籍 *The Cluetrain Manifesto* [19] が指摘するように，インターネットはこれまで想像できなかったほどに，顧客同士が情報を交換し，話し合うことを可能にしている。商品やサービス提供者への良いレビューも悪いレビューも透明化され，関心を持つ人が誰でもアクセスできるようになっている。Domizlaff [20] は1939年に，「カウンティフェアのセールスマン」と「地元の商人」に商売人を区別した。カウンティフェアのセールスマンは1年に一度のフェアの時にだけ姿を見せる。この人物は低品質の商品を高価格で売りつける。翌日，客がその質の悪さに気づいたときには，カウンティフェアのセールスマンはとっくに姿を消している。翌年，セールスマンが再び現れた時には，客はもはや彼のことを覚えておらず，再び騙されてしまう。地元の商人はこのセールスマンとは異なった行動をとる。商人はカウンティフェアのセールスマンのように振る舞うわけにはいかないからだ。もし，地元の商人が低品質のものを高価格で販売すれば，噂はたちまち町中に広がり，客はすぐにその商人から距離を置くようになる。商人は「顧客の信頼を得ることで顧客を維持」し，「品質へのこだわりが，収益性と持続性を両立させる必須条件」であると考える必要があることになる [20, p.61]。

　やや単純化していえば，「カウンティフェア」型の売り手はインターネット上では長続きせず，「地元の商人」型のサービス提供者だけが生き残るだろう。eBayの出品者であれ，Booking.comのホテル経営者であれ，Uberの運転手であれ，Yelpのサービス業者であれ，低価格によって悪いレビューを相殺することは難しい。品質，信用，信頼性に関する情報は，かつては限られた地域内でしか得られず，伝播しなかった。しかし，今ではその情報をオンラインで誰もが入手できるようになっている。詐欺師や劣悪な品質の製品・サービスを高価格で販売するプレイヤーがオンライン・ビジネスで継続的に成功することは，不可能だとはいえないまでも相応の困難を伴うだろう。そして，価格と品質のバランスが優れた商品やサービスを販売するプレイヤーには逆のことがいえる。インターネットは場所と時間に左右されずにメリットを伝えることができるため，良いプレイヤーであることの価値はこれまで以上に高まる。もちろん，オンライン上のフィードバックやレビューが操作される懸念を完全に排除することは不可能だが，レビュアーがより多くなり，レビューがより拡散されれば，そのような操作は困難にな

る。さらに，オンラインサービスの提供者やウェブサイトの運営者は，適切な監視ソフトウェアを導入することでそのような操作を防ごうとしている。レビューの形式は「星」によるレーティングやその他の一次元の尺度だけではなく，より差別化されたものになりつつある。

いわゆる「トラストマーク」は価値透明性において重要な役割を担っているが，アイデアとしては目新しいものではない。年齢の高いアメリカ人の読者なら，1909年に初めて採用され，今日もまだ積極的に授与されているトラストマーク，"Good Housekeeping Seal of Approval"に慣れ親しんでいるはずである。このような認証マークは"Good Housekeeping"，もしくはヨーロッパの"TrustedShops"のようなサービスによってサプライヤーを慎重に調査した後で初めて与えられるため，消費者に心理的安心感を与え，時にはそれが正式な保証と組み合わせられることもある。トラストマークは，無名のオンライン企業に対して，潜在的な顧客に受け入れられ，より高い価格を設定する機会を与える。今日のよく見受けられる例としては，食料品に貼られる"Non-GMO Project Verified"シールがある。これは，GMOs（genetically modified organisms；遺伝子組み換え作物）を用いて作られていない食品商品であることを証明する。十分に確立した，信頼のあるブランドネームを持つ大規模なサプライヤーにとっては，トラストマークは重要性の高いものではない [21]。

図15.2は，価値透明性の向上が販売数量の増加に及ぼす効果を示している。こ

[図15.2] 価値透明性が向上する場合の価格反応関数への構造的効果

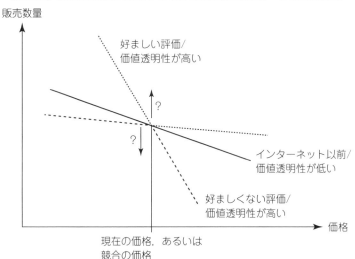

の効果は，オンライン上で好意的に評価される商品と，否定的に評価される商品では根本的に異なり，正反対の動きをする。まずは，図15.1と同様に，価格透明性が高まる場合，特定の価格，または競合の価格との価格差において，好意的に評価される商品の販売数量は増加し，否定的に評価される商品の販売数量は減少する。価格透明性が高く，ある商品が否定的に評価されている場合，価値の透明性が低い状況に比べて，値引きのインパクトは小さくなる。競合の価格を下回る場合にも同様のことがいえる。また，値上げや競合の価格を大幅に上回っている場合には，販売数量へのマイナスの効果は価値透明性が低い場合よりも大幅に大きくなる。オンラインで好意的に評価されている商品においては，この状況は全く逆になる。透明性が低い場合よりも，値引きは販売数量により強い正の効果をもたらすが，値上げは弱い効果しかもたらさない。

最適価格の導出は，価格反応関数の傾きの変化に依存し，複雑なものとなる。まず，顧客のフィードバックのほとんどが好ましいものだった場合を見てみよう。左側への傾きが非常に急であれば，価格を下げることが望ましい。右側への傾きが平坦であれば，価格を上げることが望ましい。また，Gutenbergモデル（第4章参照）のように，利益が最大化されうる価格ポイントが2つあることも起こりうる。その場合には，最大利益がより低いほうの価格で得られるのか，高いほうの価格で得られるのかを判断する必要がある。顧客からのフィードバックが否定的な場合には，価格水準を変更するべきでない可能性が最も高い。なぜなら，値引きは販売数量を大きく増加させることはなく，値上げは大幅な販売数量の減少をもたらすからである。この現象は**図10.9**で示した，広告が価格反応関数に及ぼす効果に類似している。基本的な違いは，**図10.9**に示した効果では，サービス提供者は広告に関する意思決定によって効果をコントロールできるのに対して，図15.2で示される効果に対しては市場に身を委ねるしかないという点である。サービス提供者が図15.2の後者の状況に影響を与えることができるのは，自社の製品やサービスを改善することによってのみであり，これは一般的に困難を伴い，長期的なプロセスとなる。

15.3　革新的な価格設定モデル

価格マネジメントにおけるイノベーションは，新しいビジネスモデルや技術によって引き起こされる。場合によっては，それらの両方がドライバーとなって，イノベーションが生じることもある。なお，「ビジネスモデル」という用語は，企業が製品やサービスを提供し，その価値を価格という形態で収益化する手段と

15.3.1 定額料金制

　定額料金制では，顧客は機会や期間ごとに固定料金を支払い，購入した商品やサービスを好きなだけ利用できる。古典的な定額料金制の形態には，バスや電車の定期券，フィットネスクラブや同様の組織の会員権などがある。一般的に定額料金制は，利用頻度が低い大多数の利用者の支払いによって少数のヘビーユーザーへのサービス提供を賄うものである［25］。今日，定額料金制は電話サービスや，インターネット接続サービスにおいて広く普及している。ケーブルテレビの月額サービスでは，契約者は利用可能なチャンネルであれば，好きなだけ視聴することができる。ドイツ鉄道会社のBahnCard 100は定額料金制のカードである。このカードの所有者は1年間，どこへでも好きなだけ列車に乗ることができる。定額料金制は，価格差別化において非常に効果的な手段である。ヘビーユーザーは定額料金から大幅な割引を得ることができる。ドイツでは，通常価格で20,000ユーロを支払うほどの頻度で鉄道を利用する人の場合，BahnCard 100の二等席を利用すると，79.6％もの値引きを得ることができる。

　定額制は価格設定において，最も広く採用されているイノベーションである。海外のマクドナルドでは，特定の商品を購入するとカップをもらえ，店内にいる間，好きなだけソフトドリンクを飲むことができる。「食べ放題」という言葉が示すように，ビュッフェ形式の食事も定額料金制である。ステーキを3枚食べる人が1枚食べる人よりも高い料金を支払うことはない。飲食店オーナーのリスクも限定的である。客が無尽蔵に食べたり，飲んだりする訳ではないからである。日本のレストランでは，制限時間内であれば好きなだけ飲んだり食べたりできる定額料金制が普及している。1時間1,500円，2時間2,500円，3時間3,500円といった具合である。このような定額料金制は日本の学生に人気があるが，制限時間を設けることでオーナーのリスクを軽減している。定額料金の客に対しては，サービス提供にあえて時間をかけるようにするという話もある。観光業では「オール・インクルーシブ」形態の定額料金が人気を博す場合がある。このようなサービスでは定額料金の要素（例：食事，ドリンク）と価格バンドリング（例：航空券，ホテル，レンタカー）の要素が組み合わせられている。観光業界のある専門家は，「トルコやドミニカ共和国が目的地となる旅行では，サービスの90％以上がオール・インクルーシブである」と述べている［26, p.8］。

　すでに紹介した音楽ストリーミングサービスに加えて，映画や動画ストリーミングサービスにも定額料金制が存在する。その代表的なものがNetflixである。加

入者は月額固定料金でサービスを無制限に利用できる。Netflixの月額料金は，サブスクリプションの種類によって7.99ドルから13.99ドルの間で設定されている[27]。2017年のNetflixの加入者は1億900万人であった。現在は，「ストレンジャー・シングス（Stranger Things）」のような人気番組を独自に幅広く制作し1シーズン分（複数のエピソード）をまるごと一挙公開している[28]。Amazonも，Amazon Prime会員に対して動画ストリーミングサービスを提供している[29]。

　定額料金制の導入により，サービス提供者はリスクと潜在的なデメリットに直面することがある。通信業やインターネットビジネスの発展は，こういった危険性を示す端的な例である。ヘビーユーザーは，定額料金制によって最も得をする立場にあるため，サービス提供者に定額料金制導入に対する圧力をかける。音声通話やメールを含む，モバイルインターネットアクセスの契約では，料金体系自体に善し悪しがあるのではなく，適切と認識されるか，もしくは不適切と認識されるかの違いがあるだけである。モバイルインターネットの黎明期において，顧客はメガバイトのデータ量が何を意味するのか，ほとんど誰も理解できず，この料金体系に対して非常に懐疑的だった。そのため，予測不可能な料金，あるいは計算不可能な料金に対する消費者の不安を和らげるために，通信会社はデータパッケージとデータ定額料金制を導入するようになった。この課金形態はインターネット黎明期において，モバイルインターネットサービスの受容を促進し，いわゆる「請求書ショック」の不安を取り除くことにより普及率の向上をもたらした。

　競争によって，インターネットは定額料金制が市場の標準となった。しかしインターネットの定額料金制は，市場が飽和状態に近づき，ユーザー1人当たりのデータ量が増加し続けるにつれて，ある問題が生じた。10％のユーザーがデータ使用量全体の80％を占めるようになったのである。ネットワークの品質の維持コストは増大し，顧客1人当たりの収益が改善されないことも相まって，収益モデル自体が問題視されるようになった。さらに，定額料金制のせいで，インターネット関連のスタートアップ企業が通信会社のインフラを用いて，通信会社のサービスと競合する新サービスを提供するようになった。WhatsApp，WeChat，iMessage，Skype，FaceTimeといったサービスは，無料のテキストや音声コミュニケーションを可能にし，それらの中には通信会社よりも高品質のサービスを提供するものもあった。また，これらのサービスは使いやすく，マルチメディア機能を備えている。メールや音声のような，通信会社の昔ながらのサービスによる収益は大幅に低下した。通信会社にとっての解決策の1つは，無制限のデータ定額料金サービスではなく，データパッケージのみを販売することだろう。現在，

第15章　価格マネジメントのイノベーション　◆641

通信会社は，一定のデータ通信量を超えるとデータ転送速度が低下する定額料金制を提供している。これは，顧客にデータ使用量を減らすか，追加的容量を購入するか，契約をアップグレードすることを促すための施策である。この方法によって，通信会社はメガバイト単位での課金（支払額の予測不可，請求書ショックのリスク，利用者の抵抗を伴う）と定額料金制の妥協点を見出そうとしている。また，通信会社は，メールと電話の定額料金制も導入した。これは，瀕死の状態にあるこれら2つのビジネスを強化するための，短絡的な対応である感は否めない。ビジネスはWhatsAppなどにシフトし続けており，競争の激しさの観点から，通信会社がより高い価格水準でより多くの収益を上げられるかについては疑問が残る。この点において，メールや電話のような時代に合わなくなったサービスを，定額料金制によって補強することは理に適っている。

　多くの顧客は電気料金の定額制を望んでいるが，現在，この価格モデルを用いている会社は5％に過ぎない。電気自動車が一般的になり，顧客が自宅で定期的に充電するようになると，大幅に多くの電力を消費するようになりうるという懸念もその一因である。ある情報筋によると，電気自動車の普及は一般家庭の電力消費量を倍増させかねない[30]。

　定額料金制は，消費者の視点からは多くのメリットがある。消費者の中には自分にとって最安のプランでないにもかかわらず，定額料金制を選択する人もいる。これは「定額料金バイアス」とよばれる，従量課金プランのほうが安価であるにもかかわらず，定額料金を選好するというバイアスのためである。このバイアスは以下のような理由によって引き起こされる。

- 保険効果：消費者は月々の請求額の変動を避けたいと考える。
- タクシーメーター効果：定額料金制であれば「タクシーメーターのように絶え間なく料金が上がっていく不安を感じることがないので，消費者はその製品やサービスをより快適に使用することができる。
- 利便性効果：消費者は時間を節約し，検索コストを下げるために定額料金制を選択する。
- 過剰見積もり効果：消費者はサービス利用量を過剰に見積もるため，結果的に定額料金制が選択される。

　プロスペクト理論の観点からは，通話やオンラインでのやり取りはすべて，正の価値をもたらす。私たちは日々このような経験をし，それらの価値の総和は，月に一度支払う定額料金制の負の効用よりも大きい。

定額料金制の提供における重要な前提条件は，限界費用が0もしくは0に近いということである。Jeremy Rifkin [31] はこの現象とその結末を『限界費用ゼロ社会（*The Zero Marginal Cost Society*)』という書籍に記している。限界費用がゼロもしくはゼロに近い状況は，インターネット時代の新しい現象である。しかし，私たちはこの状況についてやや懐疑的である。確かに，特定の条件や範囲内では限界費用はゼロに近いかもしれない。しかし，もし需要が爆発的に増加した場合，企業は生産能力を必要なだけ拡張をするための，固定費の段階的な増加の必要性に直面する。つまり，個々のユーザーや少数のユーザーを考慮する場合にだけ限界費用はゼロあるいはゼロに近いが，ユーザーが非常に多い場合にはそれが当てはまらなくなる，ということである。ゼロの限界費用に関する議論は，後で詳しく取り上げる。

消費量や使用量が，何らかの自然的，あるいは人為的な制限がない場合，企業は定額料金制に細心の注意を払う必要がある。重要なことは，ライトユーザーとヘビーユーザーの分布に関するに詳細な情報を持ち，正確なシミュレーションを行うことである。そうでなければ，定額料金制によって思わぬ不利益を被ることになりかねない。定額料金制はヘビーユーザーの数が多い場合，その利益をかなり大きなリスクにさらすことになる。アメリカを拠点としたオンライン書籍講読サービス，Scribdが月額8.99ドルの購読サービスを無制限サービスから，アクセスできるタイトルを限定したサービスに切り替えた理由もここにある。Scribdはダウンロードごとに出版社にライセンス料を支払う必要があり，サービス利用者が非常に多くの書籍をダウンロードしてしまったため，採算の取れないサービスとなってしまった [32]。また，限界費用が本当にゼロであった場合にも注意が必要である。プライシングは顧客の支払額を引き出す手段であり，限界費用だけの問題ではないからだ。

15.3.2　フリーミアム

フリーミアムはオンラインサービスで広く導入される価格設定のイノベーションである。フリーミアムは「フリー（無料）」と「プレミアム（有料）」という2つの用語に由来し，顧客が商品・サービスの基本バージョンを無料で使用でき，同じ製品やサービスのより高機能なプレミアム・バージョンを利用する場合にのみ料金を支払う，という価格戦略を指す。フリーミアムでは，無料の基本バージョンがサービス供給者にとって過度な負担にならないよう，少なくとも基本バージョンにおいて限界費用がゼロもしくはゼロに近いことが，定額料金制よりもさらに重要になる。「フリーミアム的」なモデルはオフラインの世界にも存在

第15章 価格マネジメントのイノベーション ◆643

する。海外の銀行は無料の当座預金口座で顧客を集めるが，顧客が基本的なサービス以上のものを望む場合は料金を支払わなければならない。銀行口座の無料サービスの中には，最低預金残高のような条件が付帯されることも多い。このようなサービス体系はフリーミアムそのものである。基本サービスでは預金に利息がほとんど，あるいは全く付かないため，顧客は有料のサービスを購入する。同じような隠れた支払いは，小売業者や自動車ディーラーの「金利０％サービス」でも発生する。ローンに必要なコストは商品価格に転嫁されている［33］。

　フリーミアムの目的は，無料版によって潜在的顧客を可能な限り集めることである。フリーミアムに批判的なある論者は，フリーミアムを「無料の商品で顧客を太らせてから，後でお金を搾り取る」と表している［34］。フリーミアムを導入する企業は，ユーザーが基本的な機能に慣れ親しむことによって，より高機能な有料版の購入を前向きに検討することを期待している。フリーミアムは，顧客が商品を使用して初めてその利用価値がわかるような経験財と非常に相性が良い。このような場合は，フリーミアムを浸透戦略の特殊な形態として解釈することもできる。

　フリーミアムは，ますます一般的なものになりつつある。フリーミアムが採用されやすい業態は，ソフトウェア（例：Skype），メディアとエンターテインメント（例：Spotify），ゲーム（例：Farmville），アプリ（例：Angry Birds），SNS（例：LinkedIn），その他インターネット・サービスである。フリーミアムの種類を分ける要素の１つは，無料バージョンに広告表示が含まれるかどうかである。多くのフリーミアムでは，無料バージョンは本当に「無料」であり，広告表示も一切ない。Microsoft Officeのスマートフォン・バージョン，タブレット・バージョンはその一例である。基本バージョンは完全に無料で利用できる［35］。しかし，実態としては，ユーザーは自身の利用データを渡すことによって「支払い」を行っている。LinkedInも同じような例である。他のフリーミアム・サービスでは，無料版のユーザーは，広告がサービス内に表示されたり，サービスの利用が遮られることを受け入れなければならない。Spotifyはその一例である。9.99ドルの有料版のユーザーは広告なしで音楽を聴くことができる。一方で，無料版のユーザーはAM/FMラジオと同じように，曲と曲との間に時折広告が入る。この場合，ユーザーは広告を聞くことで支払いを行っているともいえる。辞書サービスのleo.orgは，無料サービスを提供しているが，ここでも広告が表示される。この広告をブロックしようとすると，サイトはユーザーに寄付を求める。この仕組みはこの後に詳しく述べるペイ・ワット・ユー・ウォントの一種と解釈することも可能である。

LinkedInの有料版はさらに一歩踏み込み，ユーザーのニーズによって価格を差別化している。「夢の仕事に就く（Land your dream job）」をコンセプトに設計されたバージョンは月額29.99ドルである。「人脈を開拓し，育む（Select and nurture your network）」というコンセプトのプレミアム・ページは月額59.99ドル，「営業機会を創出する（Unlock sales opportunities）」というコンセプトのバージョンは月額79.99ドルである。LinkedInは，求職者，ネットワーカー，セールスパーソンの支払意思は大きく異なると考えている。加えて，ユーザーが1年分をまとめて購入する場合には20％程度の割引が適用される。通話ソフトであるSkypeは有料版と同等の機能を無料版でも提供するが，通話可能な範囲はSkypeのネットワーク内に限定している。Skypeの直感的なユーザー・インターフェース（UI）に慣れたユーザーは有料版に申し込んで携帯電話や固定電話に対してSkypeで通話することを厭わないと考えているのだろう。Skypeは当初，通話時間（分）による課金を重視していたが，その後，従来型の通信会社と似た料金体系に変更した。現在の有料プランは，分単位のパッケージと特定の国内ネットワーク向けの定額料金制の両方を採用している。

　以下が，フリーミアムで成功するための要素である。

　1．多くのユーザーを惹きつける，魅力的な無料プラン
　2．十分な数の無料プランユーザーを有料プランユーザーに転換させる適切なプランの差別化
　3．無料プランユーザーを，LTV（Life Time Value：顧客生涯価値）が最も高い有料プランユーザーに転換させるコンセプト

　1と2はトレードオフの関係にある。無料プランがあまりにも魅力的だと，有料プランを利用するインセンティブが小さくなり，多くのユーザーを獲得しても，その中のごくわずかしか有料プランにアップグレードしなくなってしまう。一方，無料プランがあまりにも貧弱で魅力に欠けると，無料ユーザーを集めることが難しくなってしまう。有料プランへの転換率は高くなるかもしれないが，有料プランユーザーの総数が少なくなってしまう。無料プランと有料プランの適切な差異は，機能，製品のバージョン，使用程度の差などによって生み出すことが可能である。

　デジタルコンテンツの「無料文化」の中で持ちこたえてきた新聞社も，フリーミアムを採用し始めた。これまでは電子版新聞のほとんどは，広告によってのみ収益を獲得していた。しかし，読者から直接収益を得るために，多くの新聞社は

第15章　価格マネジメントのイノベーション　◆645

ついにペイウォールを導入した。ペイウォールの場合，無料版と有料版の違いは
機能ではなく，閲覧数にある。電子版の*New York Times*では，読者は月に10記
事まで無料で閲覧できる［36］。読者がそれ以上の記事を読みたい場合には，料
金を支払う必要がある。印刷版の購読者は電子版に無料でアクセスできる。*New
York Times*の定価が月額15ドルから35ドルであるのに対して，電子版は0.99ド
ルから利用できるのは興味深い。Kindle版*New York Times*の購読料は月額19.99
ドルである。

　「ペニー・ギャップ（penny gap）」（無料でサービスを利用している顧客に，
たとえ少額であっても料金を支払ってもらうことに対する障害）を克服すること
はフリーミアムが直面する最大のハードルである。出版社にとっての課題は，顧
客を「無料の文化」から引き離し，デジタルコンテンツを有料サービスとして確
立させることにある。IBMのマネージャーであるSaul Berman［37］は，「有料コ
ンテンツから収益を得るためにはどうすればよいか」という課題を「10年来の挑
戦」と名づけた。Bermanの以下の発言が示唆するように，出版社を取り巻く状
況は今後悪化していくかもしれない。「若い世代ほど，コンテンツはマウスをク
リックするだけで自由に手に入れられるものと認識しているため，コンテンツに
お金を支払う方法を忘れてしまっているだろう。全世代が文化的な営みに金銭的
価値を見出せない時代が近づいている」。アプリにおいても同様の事象が垣間見
える。「ダウンロード時点で支払いが発生するアプリは，全体のわずか１％に過
ぎない。」［34］

　これまでのところ，ジャーナリズム活動だけで収益をあげようとするメディア
企業はほぼ存在しない。ごく僅かな例外の１つが，*Le Monde*の元編集長である
Edwy Plenelが率いる，フランスの調査・オピニオン紙，*Mediapart*である。*Me-
diapart*のオンライン購読料は月額11ユーロで，14万人の購読者を抱え，1,100万
ユーロの収益を生み出している。*Mediapart*は，今や*Le Monde*，*Le Figaro*に次ぐ，
フランスで第３位の新聞社であり，さらに驚くべきことに，売上高利益率は16％
と，高い収益性を誇っている［38］。そして，*Mediapart*は広告を一切掲載してい
ない。

　フリーミアムを採用する，あるSNS運営企業に対するプロジェクトでは，有料
ユーザーはプロジェクト開始時点で全ユーザーの８％しかいなかった。オンライ
ン上での価格テストの結果，価格変更は収益にほとんど影響しないことが判明し
た。この企業は多くの同業他社（中には完全に無料のものもある）との競争に直
面していたため，値上げのテストでは有料ユーザー数が急減した。また，値下げ
は新規顧客の獲得にあまりつながらず，価格弾力性はおよそ－１だった。つまり，

価格変更が収益に与える影響は小さく，販売数量の変動によって価格変更は相殺される傾向にあった。一方，有料プランのポートフォリオとプラン内容の変更は収益に影響を与えた。より良い，高機能なプランによって，有料顧客の割合は全ユーザーの8％から10％に上昇した。これは，25％の成長に相当し，売上もそのまま25％増加した。これはSNS関連でも最も成功したプロジェクトであり，サービス利用が売上増加に対して中心的な役割を果たすことを裏づけるものとなった。「無料」と「有料」の間にある提供価値の差は，顧客がペニー・ギャップを超えるだけの大きさでなければならない。

オンラインゲームではフリーミアムは非常に一般的な手法であり，従来型のゲーム会社も，個別の機能から収益を得ることを目的に，多くのゲームをオンライン上で無料提供するようになった。Electronic Artsは人気レーシング・ゲーム「Need for Speed」をベースにして，「Need for Speed World」というフリーミアム商品を開発した。プレイヤーはゲーム内で使用するプレイマネーをリアルマネーで購入し，そのプレイマネーで追加の車や，車の性能を向上させるオプション装備を購入することができる。このようなサービスでは，マイクロ・ペイメントとよばれる少額決済が大きな役割を果たす。少額ではあるものの，多くのユーザーが支払いを行うため，トータルの課金額はかなりの額になる。任天堂初の完全なモバイルゲームアプリである「Super Mario Run」もオンラインゲームのフリーミアムの一例である。このゲームは10ドルだが，最初の3コースは無料でプレイできる。2016年12月にこのゲームアプリが登場した後，任天堂の株価は11％下落した。これはフリーミアムがうまくいかなかったためである。ユーザーからは，「無料版のコースが少な過ぎる」「完全版の価格が高過ぎる」といった苦情が大量に寄せられた［39］。

企業の視点から見ると，フリーミアムが従来の料金体系よりも優れているかどうかは，競合，ターゲット顧客，商品の特徴によって異なる［40］。重要な指標は有料ユーザーへの転換率と有料ユーザーのLTVである。企業は有料ユーザーからは数百ドルを得られる一方，無料版のユーザーからは全く収益を得ることができない。我々のプロジェクト経験では，フリーミアムを用いた商品体系と料金体系の最適化によって，売上と利益は最大で20％増加する。

メディア企業は，我々がアメリカの主要雑誌のプロジェクトから学んだように，フリーミアムにこだわらなくても成功を収めることができる。新しい料金体系では，印刷版とオンライン版は別々に提供され，年間購読料は両方とも118ドルだった。印刷版とオンライン版のバンドリング価格は148ドルで，それぞれを別々に購入する場合の合計額の236ドルに対して37％の割引とした。価格改定後，購読

者1人当たりの平均売上は15％増加し，購読者の減少は見られなかった。ただし，このケースでは，この雑誌が非常に高い評価を得ていたことに留意が必要である。顧客は明らかにこの雑誌に購読料を払うことを厭わず，印刷版とオンライン版の両方にアクセスできることに付加価値があると考えていた。

　電気自動車メーカー，Teslaは顧客にフリーミアム・サービスではなく，無料サービスを提供している。2017年以前に車を購入した顧客は，Teslaが設置したスーパーチャージャー・ステーションでいつでも無料でバッテリーを充電することができる。しかし，2017年以降に車を購入した顧客は，1,000マイル分の無料充電しか受けられず，1,000マイルを超えた分は有料で充電する必要がある。Tesla創業者のElon Muskの元々のアイデアは，マスクが設立し，後にTeslaが買収した太陽光発電会社 Solar Cityからステーション用の電力を限界費用ゼロで，調達するというものだった [41]。このモデルはアメリカの電力代が実質的にゼロである限りうまく機能するだろう。2017年末までに，Teslaは世界中に8,250のスーパーチャージャー・ステーションを設置した [42]。ある記事 [43] は，2014年にドイツのTeslaドライバーが充電ステーションで消費する電力の価値は，50万ユーロ以上であったと推計した。電気代に加えて，Teslaは充電ステーションの設置コストとして推定で260万ユーロを負担した。限界費用がゼロよりも大きい場合，あるいは設置コストを負担してからステーションという財をゼロの価格で提供することは，長期的には有望なビジネスモデルではない。Teslaが自動車を売れば売るほど，この無料モデルのリスクは高くなる。それゆえ，2017年以降に販売された自動車については，利用開始直後においてのみ無料充電が可能になる有料モデルに移行した。

15.3.3　双方向価格モデル

　双方向価格モデルでは，価格は売り手と買い手の双方向のプロセスによって決定される。長い歴史の中で，商業における支配的な価格モデルは双方向価格モデルであった。バザールでは，今日のフリーマーケットで見られるような価格交渉が常に行われていた。インターネットは売り手と買い手のやりとりを容易にし，この種の価格設定モデルに新たな息吹を吹き込んだ。しかし，市場での受け止められ方や成功度合いはまちまちである。

15.3.3.1　ネーム・ユア・オウン・プライス

　インターネットの波が初めて押し寄せた時には，買い手が価格を提示し，売り手がその価格を受け入れるかどうかを決める価格モデルに大きな期待が寄せられ

た。ネーム・ユア・オウン・プライス，買い手主導型価格設定，あるいはリバースプライシングとよばれるこの価格モデルは，買い手が売り手に対して真の支払意思額を明らかにすることを求めるモデルである。買い手の提示価格には拘束力があり，支払いはクレジットカード番号や自動決済（ACH）プロセスによって担保される。買い手の提示額が，（売り手だけが知っている）売り手の最低販売価格を上回ると，すぐに商品が購入され，買い手は提示額を支払う。このような拘束力のある価格提示は「真の」価格反応関数を生み出す。**図4.13**はあるノートパソコンの価格反応関数を表している。

　アメリカのPriceline.comという企業は，ネーム・ユア・オウン・プライスの発明者と考えられているが，このモデルはアメリカ国内に限った話ではない。ドイツでは，IhrPreis.deやtallyman.deなどがこのモデルを採用した。当初これらのサイトは，電子機器やサービス（旅行，ホテル）を中心に，幅広い品揃えを持っていた。しかし，後にほとんどの買い手が非現実的な低価格を提示していたことが判明した。これはネーム・ユア・オウン・プライスを採用するウェブサービスが，バーゲンハンターにしか魅力的に映らなかったのか，消費者が極端に安い価格で商品を手に入れようと本当の支払意思額を明らかにしなかったかのいずれかである。結局，ネーム・ユア・オウン・プライスは成功しなかった。Priceline.comは生き残ったが，それは別のビジネスモデルによるものだった。今日，Priceline.comは売上高92億ドル，時価総額705億ドルの巨大なインターネット企業である。しかし，この数字に最も貢献しているのはオランダ発祥のBooking.comである。対照的に，ネーム・ユア・オウン・プライスはPriceline.comの収益にほんのわずかしか貢献していない。このプラットフォームは，飛行機で目的地に行くのに複数の乗り継ぎ便を使用する，といった低価格を引き換えに不便さを我慢することを厭わない価格にきわめて敏感なユーザーに，過剰在庫や余剰キャパシティを販売している。Priceline.comのホームページ［44］には次のように記載されている。「The Name Your Own Price®は買い手の柔軟性を利用して，売り手が既存の流通チャネルや小売価格の体系を崩すことなく，過剰在庫の処分を行うための低価格販売を可能とするものである」。ネーム・ユア・オウン・プライスモデルは買い手が真の支払意思額を明らかにする点において学術的にも興味深いものの，今のところその期待には十分に応えられていない。しかし，この現状はこのモデルの将来的な復活や，過剰在庫や超過生産物の処分方法としての適性さを否定するものではない。

15.3.3.2 ペイ・ワット・ユー・ウォント

　ペイ・ワット・ユー・ウォントは買い手主導の価格設定モデルの変形版として注目を集めている。このモデルでは，買い手は好きな額を支払い，売り手はそのオファーを断ることはできない。買い手の支払い額は「買い手が見積もった価値の売り手と買い手の公平な分配が，どの程度であると考えるか」という社会的選好によって決定される。「サービス提供者を支援し，長期間にわたって市場に存続させたい」という買い手の願いがモデルの成功に一役買うこともある [45]。ある動物園では「好きなだけ支払う」というモットーのもと，いくつかのマーケティング活動を実施し，来園者を5倍にし，売上を倍増させた。しかし，実は来園者は通常料金の40%程度（大人14ユーロ，子供7ユーロ）しか支払っていない。来園者数の増加は60%の「割引」を補って余りあるものであったが，この効果は持続可能ではないと思われる。このモデルは歴史的建造物のツアーでも採用された。訪問者数は増加しなかったものの，通常価格が大人2ユーロ，子供1.5ユーロのこの歴史的建造物では「支払われた入場料は通常価格をわずかに上回った [46, p.6]」。この2つの実験結果の違いは，価格水準の違いに起因している。通常価格の水準が動物園の事例と同程度であった映画館でのテストにおいても，買い手は通常価格よりも，かなり低い金額を支払っていた。

　音楽グループのRadioheadは，アルバム「In Rainbows」をペイ・ワット・ユー・ウォント・モデルでオンラインリリースした。このアルバムは100万回以上ダウンロードされ，ダウンロード者の40%が「購入者」となり，1枚当たり平均6ドルを支払った [47]。同様の手法がレストランやホテルなどのサービス業で試みられるのを時折目にする。食事を終えた後やチェックアウトのタイミングに，客は好きな金額を支払う。価格設定の観点からは，売り手は買い手の意のままである。そのような状況においては，顧客の一定割合はコストをカバーするだけの金額を支払うかもしれないが，一方で，ここぞとばかりに料金をほとんど支払わない，あるいは全く支払わないという顧客を生み出すことになる。動物園，博物館，映画館といった施設とは対照的に，ホテルや特にレストランにとっては，ペイ・ワット・ユー・ウォント・モデルは非常にリスクが高い価格モデルである。コストに占める変動費が高いからである。しかし，ドイツのケルンの空港で移動マッサージサービスを運営しているある若い起業家は，正反対のことを主張している。彼女の経験では，顧客はペイ・ワット・ユー・ウォント・モデルを悪用せず，1分当たり平均1〜2ユーロを支払っている。彼女はその理由は，提供サービスが顧客との個人的な関わりが大きいものだからだと考えている。

ペイ・ワット・ユー・ウォント・モデルの変形版として，顧客満足度によって価格を変えるモデルがある。このアプローチはコンサルティング業界で時折採用される。固定料金に加えて，事前に定義した顧客満足度によって変動料金部分が決定されることを，両当事者は事前に合意する。この場合も，サービス提供者は買い手の意のままになるため，我々はこのようなモデルに対して懐疑的である。しかし，サービス提供者が前払いによる割引か，満足度に基づいた変動価格のどちらかを選択しなければならない場合に後者を選択することは理に適っているかもしれない。

チップもペイ・ワット・ユー・ウォント・モデルの別の形態として捉えることができる。通常，定価以上のチップの額は客が決める。しかし，チップが真の意味では任意で決められるものではないケースもある。アメリカのほとんどのレストランでは，店員からの否定的な反応や，抗議を避けるために，社会的慣習として少なくとも15％のチップが「要求」される。このようなチップは接客係の報酬のかなりの部分を占めることが多い。

activehours.comというプラットフォームは革新的なペイ・ワット・ユー・ウォント・モデルを提供している。この企業は給与を担保にしたキャッシングとローンを提供している。Activehoursは短期間の融資を行い，ほとんどの場合，借り手の雇用主がActivehoursに直接返済する。つまり，Activehoursは信用リスクを最小限に抑えられる。他のサービスとの違いは，金利や手数料が一切かからないということである。その代わりにこのサービスは「手数料はかかりません。チップだけです」と謳い，「適正と思われる金額をお支払いください。すべてあなた次第です。私たちは手数料を決めていません。私たちのサービスにいくら支払うか，ご自身で決められます［48］」と宣伝する。キャッシング（ローン）は短期間（たとえば1週間）のため，たとえ1％の「チップ」であっても，きわめて高い金利に相当する。また，顧客はこのサービスを再び利用したいと考えるので，「チップ」を支払うことにつながる。このような「自発的な」ペイ・ワット・ユー・ウォント・モデルが長続きするか，あるいは（現在審議中にある）政府の介入を受けるかは，まだわからない。さらに，寄付もペイ・ワット・ユー・ウォントの一形態として解釈することもできる。しかし，寄付額については，これを「価格」と捉えるべきではない。寄付は見返りとしての具体的な価値の交換を行っている訳ではないからである。

最近発表された論評［49］は，ペイ・ワット・ユー・ウォント・モデルの潜在的な利点を次のようにまとめている。

第15章　価格マネジメントのイノベーション　◆651

- ペイ・ワット・ユー・ウォントは様々な業界で活用できる
- 売上高が少ない状況においては，ペイ・ワット・ユー・ウォントはプロモーション戦略として活用できる
- 顧客によって商品やサービスに対する評価が異なるという性質を活かすことができる。
- ペイ・ワット・ユー・ウォントは顧客ロイヤリティや売り手と顧客の結びつきにおいて正の効果をもたらす

　我々はこのモデルをある種の懐疑的な目で批判的に捉えている。その理由の1つは，ペイ・ワット・ユー・ウォントとネーム・ユア・オウン・プライスという2つの買い手主導型モデルには根本的な違いがあるということである。ネーム・ユア・オウン・プライスでは，売り手は，買い手が提示した価格を受け入れるか，拒否するかを決めることができる。そして，その決定は商品やサービスを交換する前に行われる。一方，ペイ・ワット・ユー・ウォント・モデルでは，消費は支払い義務が発生する前や価格が設定される前，あるいは入場料のように支払い後にも行われる。そして，売り手にはプライシング・パワーがない。ペイ・ワット・ユー・ウォントの価格は無条件に受け入れざるを得ないものであり，売り手は買い手が提示した支払意思額の意のままになってしまう。したがって，ペイ・ワット・ユー・ウォント・システムを実施する場合，売り手は細心の注意を払う必要がある。

15.3.3.3　リベート・システム

　ドイツのbillig.deというウェブサイトはリベート・システムの一例である。このサイトはアフィリエイト・パートナーの提携ショップに顧客を紹介し，その紹介が購買につながるたびに店舗ごとに定められた手数料を受け取る。さらに一定の額がリベートの形態で顧客の口座にも入金される。オンライン・プラットフォームのShoopも同様の仕組みで運営されている。Shoopは紹介ごとに手数料を受け取り，顧客にその全額を還元する。Shoopは，一定数以上の紹介を行った場合に販売者からリベートを受け取ることを公表しており，このリベートによってプラットフォームは収益を上げている。ある研究では，リベートを受け取った顧客は満足度が高く，最初に支払った金額が高くても，キャンセルの頻度が低いという結果が出ている [50]。第5章で議論したキャッシュバック戦術はリベートの一種と解釈することもできる。プロスペクト理論の観点からは，顧客はリベートによって追加的な正の価値を経験する。双方向価格モデルはオフラインよ

りもオンライン上でより頻繁に用いられている。この傾向は続いており，より革新的な双方向価格モデルがオンライン上で生み出される可能性がある。

15.3.4　ペイ・パー・ユース

　伝統的なビジネスモデルは単純明快である。商品を購入し，代金を支払い，その商品を使用するというものだ。この取引モデルの下では，航空会社は航空機用のジェットエンジンを購入し，物流会社はトラックやトレーラー用のタイヤを購入し，自動車メーカーは塗装設備に投資し，塗料を購入し，自動車に塗装する。この章ですでに述べた，リースやレンタルのモデルはこの伝統的なモデルを幾分か崩すものである。ニーズ志向の視点に立つと，価格設定の根拠は全く違ったものとなってくる。顧客のニーズは商品を所有することではなく，その商品が持つ便益や機能を得ることにある。航空会社は航空機用のジェットエンジンを所有する必要はない。航空会社に必要なのは推力である。同様に，トラック輸送会社はタイヤの機能を必要とし，自動車メーカーは塗装された車を必要としている。コンピュータの利用者は計算能力とデータの可用性を必要としているのであって，ローカルサーバーを必要としている訳ではない。この視点は，サービス提供者は支払いの対価として商品を引き渡すのではなく，提供する機能や便益に対して金銭を請求すべきである，ということを示唆している。この考えは，ペイ・パー・ユース・モデル（従量課金ともよばれる）という画期的なモデルの基礎となっている。多くの場合，このようなモデルは利用状況を計測し，特定の単位で価格をつけることを可能にする，新技術の存在を前提にしている。

　この領域のイノベーターはジェットエンジン・メーカーのGeneral ElectricやRolls-Royceである。これらの企業は「顧客に対してジェットエンジンではなく推力を提供している」と自らを定義し，推力を時間単位で請求している。これは製品販売からサービス・ビジネスという全く異なるビジネスモデルへの転換を意味している。メーカーはもはや製品を売るのではなく，サービスを売るのである。この考えをさらに一歩進めると，このようなシステムはこれまでの製品ベースのビジネスよりも，より大きな収益を生み出す可能性がある。時間当たりの価格は，ジェットエンジンの稼働，メンテナンス，その他のサービスによって構成される。航空会社はこの価格モデルから，煩雑さの軽減，設備支出の削減，固定費や人件費の削減といった，いくつかのメリットを得ることができる。

　乗用車・トラック用タイヤのトップメーカーであるミシュランは，顧客価値をより的確に捉えるために革新的なペイ・パー・ユース・モデルを開発した。顧客はタイヤを購入して代金を支払う代わりに，走行キロ当たり（あるいは走行マイ

ル当たり）の料金を支払う。アメリカではスクールバスなどの公共団体にもこのプログラムを提供している。いずれにしても走行マイル数は記録されるため，ミシュランは実際のデータを活用して料金を請求することができる。その他のタイヤメーカーも，トラックや産業用車両の利用会社に同様のシステムを提供している。仮に，新しいタイヤの性能が今までのモデルよりも25％向上したとする。この時，買い手に対して25％高い金額を請求することはきわめて難しいだろう。心理学的な分析からもわかるように，顧客は価格水準に慣れるものであり，その慣れは時間の経過とともに強固な価格アンカーを形成する。タイヤの顧客も同様である。ある価格がこうしたアンカーから逸脱した場合，たとえ新商品の性能が優れたものであっても，顧客からの抵抗に遭うことになる。ペイ・パー・ユース・モデルはこの問題を克服する。顧客はタイヤを使用した走行マイル，走行キロ単位で支払いを行う。もし，タイヤが25％長く長持ちするのであれば，顧客は自動的に前のモデルよりも25％多く支払う。このモデルによって，タイヤメーカーは従来の商品価格モデルよりもより高い支払いを引き出すことができる。顧客にとってもメリットがある。トラックが実際に走行する時にだけタイヤ代がかかるため，コストをトラックからの収益と連動させることができる。もし需要があまりなく，トラックが駐車場に停まったままであれば，この企業はタイヤのコストを一切支払う必要はない。このモデルはまた，運送会社の収支計算を単純化する。運送会社は顧客に対して，マイル単位，キロ単位で代金を請求することが多いため，自社の変動費（この場合はタイヤ代）が同じ単位で計算されることは運送会社にとっても都合が良い。航空機のタイヤの場合，着陸回数が請求の単位として用いられる。着陸回数がタイヤの摩耗度合いを決めるからである。

　同様に，自動車塗装のマーケットリーダーであるDürrは，自動車塗料のマーケットリーダーであるBASFと提携して，自動車メーカーに対して塗装された自動車単位で請求をする新しい価格モデルを提供した。この取り決めによって，自動車メーカーは塗装に係るコストのリスクを塗装会社に転嫁できるため，コストの安定化に寄与する。また，設備投資の必要性と複雑さも軽減される。工業用水処理のスペシャリストであるEnviroFALKは，顧客の施設に処理設備を無料で設置し，処理水1立方メートル単位で課金している。このようなペイ・パー・ユース・モデルによって，サプライヤーは長期的なキャッシュフロー計画を立てることができ，プラントや設備，投入資材の最適な調整が可能になる。Philipsがオランダのエネルギー事業者と協業してアムステルダムのスキポール空港で採用しているビジネスモデルも同様である。空港運営会社は照明設備に対して支払うのではなく，照明設備に求められる照度に対してルクス（1平方当たりのルーメン）

単位で料金を支払う。このビジネスモデルではPhilipsは設備全体の所有権を保持している [51]。

　ペイ・パー・ユース・モデルは，保険業界のような一見するとこのモデルに適しているようには思えない業界においても，実用化されている。いくつかの国の自動車保険会社では，次のようなシステムを採用している。保険加入者の車にブラックボックスを設置し，そのブラックボックスを保険会社のGPSシステムに接続する。保険加入者は，車が移動した経路，時間帯，その経路の事故のリスクに応じてマイル単位で保険料を支払う。保険加入者の運転内容に関する詳細なデータを入手することによって，リスクの低い運転を行う保険加入者が相対的に高い保険料を払うことにより，リスクの高い運転を行う保険加入者の費用を負担することを避けることができる [52]。イギリスの保険会社のAviva（旧Norwich Union）がこのモデルを提供しており，かなりの人気を博したにもかかわらず，技術コストが高かったため収益性の高いビジネスモデルにはならなかった。Avivaの広報担当者は，ペイ・パー・ユース・モデルの需要について次のように述べている。「結局のところ，私たちは時代を少し先取りしただけだった [53]」。アメリカのMetromileが同様のコンセプトの保険商品を提供しているが，被保険者であるドライバーは月額35ドルの固定料金と走行距離1マイルにつき0.05ドルを支払う。これまでのところ，このモデルはアメリカの自動車保険市場の10%のシェアを獲得している。このようにして，年齢や場所といった従来のリスクパラメータは，真に因果関係が存在するリスクパラメータに置き換わりつつある [54]。

　単一サプライヤーによるエンド・ツー・エンドのソリューションは，より確実で効率的なため，顧客にとって高い価値をもたらしうる。商業用火薬の世界的な業界リーダーである，オーストラリアのOricaは，採石会社にエンド・ツー・エンドのソリューションを提供している。Oricaは火薬の供給だけでなく，地層の分析，採掘，発破も行う。このような包括的なソリューションにおいて，Oricaは顧客に砕石を提供し，提供した砕石のトン単位で料金を請求している。Oricaのソリューションは顧客ごとに異なるため，顧客が価格を比較するのは難しい。Oricaにとっては，顧客1社当たりの収益性，効率，安全性のすべてが向上する。顧客は砕石の作業に関わる必要がなくなるのと同時にサプライヤーの変更が困難になる。

　このようなニーズ志向の視点で考えていくと，ペイ・パー・ユース・モデルには，他にも多くの可能性がある。しかし，このような価格モデルは，コスト効率と両立させるための技術的な前提条件が存在する。たとえば，実際の使用量を計測する簡単な方法や，低コストで使用量データを計測・送信できる情報システム

などである。車を例にすると，販売やリースの代わりに，通話サービスや電気料金と同じように，走行距離や利用する時間帯によって料金を請求することができる。ペイ・パー・ユースあるいはペイ・パー・ビューはメディア業界でも浸透しており，ケーブルテレビには，月額定額制ではなく，実際の使用量に応じて請求しているものもある。韓国のHanaroTV（SK Broadbandのグループ企業）は，このモデルによって，短期間で100万人の顧客を獲得した。ペイ・パー・ユース・モデルは，暖房や空調システムの運転のような設備管理にも有効である。機械の価格を，固定された日割りや，月割り料金ではなく，実際の利用状況に基づいて設定することができる。トラック用タイヤの事例と同様に，サービス提供者はこのようなモデルによって効果的に商品の価値を引き出すことができ，顧客の全体的な支払意思額を高めることが可能になる。

　一方，ペイ・パー・ユースがすべての場面で成功する訳ではない。24時間365日利用できることや清潔さを理由に，商品の所有を好む顧客もいれば，商品使用状況をサービス提供者から追跡されることを避けるために，より高価な一括払いの料金設定を望む顧客もいる。過去に大手メーカーからの依頼で，大規模オフィスビル用エレベーター向けのペイ・パー・ユース・モデルを開発したことがある。当初の仮説は，人は（バス，鉄道，タクシーのような）「水平な」移動と同じように，「垂直な」移動に対しても料金を支払うはずだ，というものだった。本来，支払わない理由もない。ペイ・パー・ユース・モデルの考えに基づき，エレベーターメーカーは無償でエレベーター設備を設置し，その代わりに，エレベーターの利用状況に基づいて使用料を請求する長期的な権利を得る。これを実施するためには，ビルのテナントはエレベーターの使用状況を追跡する特別なカードを従業員用に購入させるか，そのビルで利用されているセキュリティカードに同様の機能を組み込む必要がある。このペイ・パー・ユース・モデルは，家賃やその他のサーチャージからエレベーター代を賄う一般的な支払いモデルよりも，エレベーター使用コストを適切に，より「公平に」配分する。多く乗った人が多く支払い，階数や利用頻度，その他の基準で価格を差別化することさえもできる。しかし，このモデルは今のところ普及していない。おそらく，あまりにも革新的で，エレベーターは無料で利用できるという既存の習慣に反しすぎたのだろう。しかし，今後普及する可能性はまだ残されている。

15.3.5　新しい価格尺度

　革新的なアプローチの１つは，課金基準を変えることである。この基準を価格尺度という。本章のこれまでの事例には，新しい価格尺度を含む事例（例：走行

マイル単位での課金 vs タイヤ1本単位での課金）もあるが，そのほとんどは，価格尺度だけではなくビジネスモデルも変更したものだった。建築資材業界のある事例は，価格尺度の変更が持つ可能性を示している。壁材を販売する場合，販売方法には重量単位（1トン当たりの価格），空間単位（1立方メートル当たりの価格），表面積単位（1平方メートル当たりの価格），全施工（完成壁面1平方メートル当たりの価格）などが考えられる。それぞれの尺度において，企業は全く異なる金額を請求し，また全く異なる競争関係に直面する可能性がある。たとえば，新しいタイプのコンクリートの事例では，トンや立方メートルを価格尺度にした場合，ある大手メーカーの価格は競合よりも40%高かった。しかし，1平方メートル当たりの価格では，価格差は10%程度となった。この新しいコンクリートブロックによって，建設会社はより速く，より簡単に壁を作ることができるようになったため，完成した壁の1平方メートル当たりの価格は12%の価格優位性をもたらした。このことから，メーカーがこの新しいブロックの価格尺度を，壁1平方メートル単位に切り替えるよう努力すべきことは明らかである。問題は，長い間確立されてきた価格尺度を変更することは必ずしも容易ではないということである。ただし，商品が革新的であればあるほど，あるいは販売者の市場での地位が高ければ高いほど，新しい尺度を顧客が受け入れる可能性は高くなる。

　Hiltiは高性能電動工具のグローバルリーダーである。このようなサプライヤーは伝統的に商品を売り切る。しかし，Hiltiは「フリート・マネジメント」モデルに類似した，新しいシステムを導入した。顧客はHiltiの工具の「フリート（業務遂行に必要な工具一式）」に対して毎月固定料金を支払う。Hiltiは，顧客の一連の業務に最適な工具一式を提供する。また，Hiltiは修理，バッテリー交換，その他のサービスを包括的にすべて引き受ける。したがって，顧客は毎月決まった料金を支払えばよいため，コアコンピタンス，つまり現場での業務に集中することができる。

　また，クラウド・コンピューティングの台頭は新しい価格尺度を生み出した。ソフトウェアはライセンスベースで販売され，顧客のサーバーにオンプレミスでインストールされるのではなく，オンラインかつオンデマンドで有料提供されている。新しいビジネスモデルはSaaS (Software-as-a-Service) として知られている。MicrosoftのOffice 365は，月額もしくは年額のサブスクリプションで提供されている。Office 365 Home Premiumは月額9.99ドル，あるいは年額99.99ドルの費用がかかる。顧客はその対価として，最新バージョンにオンラインですぐにアクセスすることができ，様々な追加サービスを受けることができる。顧客の連絡先や新規見込客，商談を管理するための優れたCRMアプリケーションである，Sales-

forceのSales Cloudは，同じようなモデルである。月額料金は，機能制限がある
バージョン（Salesforce IQ CRM Starter）でユーザー5名までの場合，25ドル
である。ユーザー数無制限で，機能を拡張する場合（Lightning Professional）に
は，1ユーザー当たり月額75ドル支払う。最も高額で包括的なバージョンである
Lightning Unlimitedの場合には，1ユーザー当たりの月額は300ドルである。顧
客は異なるコンポーネントから自社のニーズに合った最適なソフトウェアパッ
ケージを組み立てることができる。また，ニーズに合わせて月々のユーザーライ
センス数を調整することもできる。したがって，月額料金は顧客のニーズに基づ
いて変動する。このような価格モデルはクラウドベースのアプリケーション・ソ
フトウェアのスタンダードになる可能性がある。

　カーシェアリングサービスの価格尺度は新しいものではないが，精度の点では，
従来のレンタカーのモデルを上回っている。ZipcarやCar2Go，および同様のカー
シェアリングサービスは分単位で課金する。さらに，料金に含まれる基本走行マ
イル数を超えると，1マイルごとに追加料金が発生する。デジタル技術の発展に
よって，顧客側の追加的な労力なしに，分単位，マイル単位で料金を請求できる
ようになった。

　Google AdWordsの料金体系も新しい価格尺度に基づいている。従来のメディ
ア会社はリーチ数を用いているが，この指標では広告が販売数量やブランドイ
メージに与える影響は不明瞭である。これに対して，Google AdWordsはクリッ
ク課金制を導入している。どうやら広告主は，この料金設定のほうが，広告の効
果と商品販売により連動していると感じるようである。Googleはオンライン広告
市場で大きなシェアを獲得している。

　風力発電機のグローバルリーダーであるEnerconは，非常に革新的な価格尺度
を採用している。同社のEnercon Partner Concept（EPC）は以下のように紹介
されている。「定期メンテナンスからセキュリティ・サービス，予定外のメンテ
ナンスや修理まで，あらゆる事態を1つの契約でカバーする」。顧客は設置した
発電機の種類に応じて最低料金を支払う。最低料金には，定期メンテナンス，稼
働率保証，部品代・送料・クレーン代を含めた修理，24時間遠隔監視といった
サービスを含んでいる。顧客は最低料金に加えて，風力タービンの年間発電量に
応じた料金を支払う。風の状態がよく，発電量が多い年にはより多くの金額を支
払い，風の状態が悪く発電量が少ない年にはより少ない金額を支払う。運転開始
後5年間のコスト負担をできるだけ低く抑えるため，Enerconはこの期間のEPC
契約において顧客に発生する支払額の半分を自社で負担する。運転開始後6年目
から，顧客は（価格）＝（供給電力量（kWh））×（1kWh当たりの価格）という式

に従って，全額を支払う [55]。この革新的なプランは顧客に歓迎されているようであり，Enerconの顧客の85％以上がEPC契約を結んでいる。このアプローチが際立っているのは，Enerconがリスクを顧客と共有することで，顧客の起業リスクを軽減している点だ。この契約形態が成り立っている重要な前提条件は，Enerconが風力タービンの発電量を測定できるという点である。顧客はこのデータを操作することはできない。

医療保険においてもまた，代替的な価格尺度が登場しつつある。保険料の引き下げによって，健康上メリットをもたらすと考えられる行動を動機づけることができる。健康分野に新しい価格尺度を導入する可能性は他にもたくさんある。スマートウォッチ，アームバンド型のセンサー，その他の遠隔診断の形態は，身体情報の測定をより簡単にする。イギリスの健康保険AIG Directは，毎日の運動量が多く，筋肉量が多い人などの一部の例外を除いて，月々の保険料を算定する基準に肥満度指数（BMI）を採用している [51]。このようなインセンティブによって，保険会社は保険加入者の望ましい行動には報酬を与え，有害な行動にはペナルティを課すことができる [56]。

バルセロナのTeatreneu劇場は，先進的な価格尺度を導入したが，この劇場の座席には顔の表情を分析できるセンサーが装着されている。観劇者はセンサーが認識した笑顔1回につき，0.30ユーロを支払わなければならない。上限は24ユーロ（笑い80回分）に定められており，決済はスマートフォンでなされる。この取り組みによって，1人当たりの売上が6ユーロ増えたと報告されている [57]。この例は，風変わりな取り組みであり，将来的に劇場のスタンダードな課金体系になることはないだろう。しかし，バルセロナの劇場例はこのような課金も技術的に可能だということを示している。つまらない演劇よりも楽しい演劇により多くのお金が支払われることは道理に適っているのではないだろうか。

究極的には，従来のあらゆる価格尺度に疑問を投げかけることができる。まず，「時間」に関する価格尺度について議論する。ホテル（1日），パッケージツアー（1週間），公共交通（1ヵ月），博物館（1年間），職人（1時間）などでは時間ベースの価格尺度が用いられている。他方，レストランは通常はメニューベース，美容院はケースバイケース，タクシーは距離ベースの価格尺度を用いている。しかし，レストランや美容院，タクシーが時間ベースの価格尺度を採用することも想像できる。もし，レストランのボトルネックがテーブルの数ならば，回転率を可能な限り高めるために，時間単位で利用客に請求する方法は理に適っているだろう。価格尺度について考えることは，価格マネジメントの新たな可能性の扉を開くことになる。

第15章　価格マネジメントのイノベーション　◆659

　航空業界では，伝統的に1人当たりの料金が設定されており，年齢，地位，あるいは類似した基準によって差別化されている。Samoa Air Ltd.は，これらとは異なる価格尺度を考え，乗客の体重によって運賃を決めることにした。サモアからアメリカ領サモアまでの便の運賃は1キロ当たり0.92ドルである。サモアは肥満率がアメリカを大きく引き離して，世界で3番目に多い。当初は抗議があったものの，同社のCEOであるChris Langtonはこの計画にこだわりたいと考えており，「体重別料金システムはここでこそ維持すべきである」と述べている[58]。この料金システムの論拠は明らかである。航空会社にとっての真のコストドライバーは年齢や地位ではなく乗客の体重である。なぜ貨物輸送は重量で課金されるのに，旅客輸送はそうではないのか。アメリカの航空会社の中にも，極端に体重の重い乗客に満席のフライトでは2人分の航空券を購入するよう要求する会社が登場している。

　新しい技術によって，利用状況に基づいた価格尺度の実現可能性はさらに増すだろう。これまでの事例が示すように，ペイ・パー・ユース・モデルや新しい価格尺度が取り入れられるためには，提供サービスの利用状況の計測がきわめて重要である。利用状況を自動的に計測できる場合にのみ，これらのモデルは事業性が担保される。SaaS（Software-as-a-Service）は，（Teatreneu劇場のように）顧客が受け取りたいベネフィットに密接に連動する料金体系として，RaaS（Results-as-a-Service）へと拡大しつつあり，ここではセンサーが重要な役割を果たす。ヘルスケアの分野では，医薬品や医療処置，その他サービスの効果をセンサーで測定する状況が想定される。その場合，価格を実際の有効性，その効率性によって決めることができる。同じことが，ファクトリー・オートメーション（FA）や予防保全，公害防止プロセスに関連する産業サービスでもいえる。もちろん，技術的に測定される価値が顧客価値に近いものであって初めて，価格に変換できるのである。ただし，このことは，顧客にとっての価値を価格に反映させようとする一般的なプライシングの場合と，同様の課題に直面することを意味する。

15.3.6　両面価格システム

　両面価格システムは，バリュー・チェーン上の2方向から収益を得るものである。これは両面市場ともよばれる。古典的な例は新聞や雑誌で，一方では読者に対して購読料を請求し，もう片方では広告主から広告収入を得る。両面価格システムは廃棄物処理においても見られる。廃棄物の排出者は廃棄物処理会社に対して処分のための費用を支払い，廃棄物処理会社は廃棄物を売却することで追加的

な収入を得る。建物や住宅を解体する企業は，解体サービスそのものだけでなく，解体したものの転売によっても収入を得ることができる。不動産業者は，同じ取引の売り手と買い手の両方から手数料を受け取ることがある。多くのオンライン企業は，古典的なメディアに似た両面価格システムを採用している。つまり，売上の一部を広告から得て，残りの部分をユーザーから支払われる利用料から得ている。Spotifyは無料版のユーザーに表示される広告によって無料版からも収益を得ている。有料版のユーザーは料金を支払う代わりに広告が表示されることはない。このような両面システムは，すべての関係者が便益を得られる場合にのみ機能する。広告主は，読者，視聴者，聴取者にリーチすることに関心がある。ユーザーは低価格でメディアにアクセスできることに価値を感じている。広告料のような第二の収益源がなければ，ユーザーの利用料はかなり高額になる。メディア会社が十分な水準の利益を確保するためにはどちらの収益源も欠かせない。ボーナス・プログラムであるPAYBACKは，ビジネスモデルの一部に両面価格システムを採用している。参加企業から得られる参加料に加えて，PAYBACK Visaカードの顧客は，利用開始から１年が経つと年間25ユーロの手数料を支払う。Yodleeという企業は，アメリカの大手銀行20行のうちの11行のオンライン・パーソナル・ファイナンス・ツールを運用している。Yodleeは銀行からこのサービス提供の収益を得るだけでなく，アクセスした数百万件の取引データを投資会社に販売する。投資会社はこのデータ使用のサブスクリプションに対して年間最大200万ドルを支払う。両方の収益源がYodleeの売上に大きく貢献している［59］。追って詳述する，マイナス金利の現象も両面価格システムをもたらす可能性がある。マイナス金利で投資用賃貸物件の融資を受けることは「テナントから家賃を集めるとともに，銀行から金利を受け取ること」を意味する［60, p.16］。

　両面システムは価格設定の自由度が高い。ユーザー数を増やすために，価格を低く設定するかどうかを決める必要がある。ユーザー数が増えれば広告収入が増えるため，価格を下げてユーザー数を増やすことで，ユーザーからの収益の減少を補って余りある広告収入を得られる可能性がある。反対にユーザー価格が高い場合には，ユーザーから直接得られる収益は多いものの，ユーザー数は少なくなるため，広告収入も少なくなってしまう。

　インターネットはそのネットワーク性によって，両面価格システムに新しい機会をもたらしている。インターネットが持つ最も重要な機能の１つはサプライヤーと顧客を結びつけることである。eBay，Google，Facebookといったウェブサイトはこの能力から利益を生み出している。Googleは情報の提供者と情報を探している人を，誰がどちら側の人なのかを識別した上で結びつけている。eBay

第15章 価格マネジメントのイノベーション ◆661

やAlibabaが売り手からだけでなく買い手からも手数料を得ることは技術的には何の問題もないだろう。Googleは広告主だけが料金を支払う一面価格システムを採用している。しかし，技術的にはGoogleが情報を探している人からもお金を取ることは可能だ。もし，検索料が非常に少額，いわゆるマイクロ・ペイメントであれば，多くのユーザーが情報検索のためにGoogleを使い続けるだろう。同じことがWikipediaにも当てはまる。Wikipediaはもっぱら寄付を通じて資金調達しており，広告収入も閲覧料も集めていない。一般的には，インターネットは古典的なメディアよりも，ずっと多様な方法で両面価格システムを採用できる可能性がある。我々はこの種の価格設定のイノベーションが増えることを期待している。

15.3.7　マイナス価格

通常の取引では，買い手は売り手に対して正の価格を支払い，その見返りに商品やサービスを受け取る。マイナス価格の場合，その逆のことが起きる。売り手は買い手に対して正の価格を支払い，商品やサービスを差し出す。一見すると，廃棄物処理ではマイナス価格は常に存在しているようにも感じられる。しかし，このようなマイナス価格は，廃棄物を処理するための対価としてみなすことや，処分にはコストがかかるため廃棄物そのものが負の価値を持つと解釈することもできる。ほとんどの場合，この考え方は廃棄物はそれ自体は有用な価値を持たないが，価値のある主商品の製造過程でやむを得ず生成される副産物（例：化学廃棄物）の場合に当てはまる。

マイナス価格は新しい現象であり，少なくともその発生頻度は増加傾向にある。2009年以降，マイナス価格は欧州エネルギー取引所において相当規模で繰り返し発生している。**表15.1**は2009年から2016年の間にマイナス価格が発生した日数を示している。

マイナス価格が発生した日には，電力の消費者は電力会社にメガワット/時間当たりのマイナスの価格を支払った。つまり，買い手は電力と金銭を受け取ったのだ。これはどのように説明できるだろうか。まず前提条件として，価格がゼロの場合においても供給が需要を上回っていることが挙げられる。言い換えると，価格がゼロの場合においても供給と需要のバランスが均衡していない。そのような状況下では，電力会社は発電所の運転を停止することが自然である。しかし，太陽光発電のような発電形態ではそうはいかない。従来型の発電所でさえ，電力の需給バランスに応じて運転を柔軟に停止したり再稼働したりするのには限界がある。発電された電力は誰かが消費しなければならならず，これは日によっては，発電者が消費者にマイナス価格を支払う場合にのみ消費が起こることがある。こ

662

[表15.1] ヨーロッパの電力取引で電力価格がマイナス価格だった日数

年	日数
2009	35
2010	18
2011	16
2012	15
2013	30
2014	28
2015	25
2016	24
2017	34

の状況は「時間ベース副産物」と捉えることもできる。売電によって利益を得るためには、生産者は価格がマイナスになってしまった日の電力生産と消費を価格がプラスの日にカバーする必要がある。「発電者にとっては、発電所を停止して再稼働させるよりも、稼働させ続けるほうがコストを低く抑えられる [61]」。表15.1が示すように、マイナスの電力価格は一時的な現象ではなくなっている。ある専門家は次のように述べている。「現在の市場構造は、マイナス価格がより頻繁に発生する状態にある」。

　マイナス価格の歴史的なもう1つの例は利率である。ある書籍の著者はマイナス金利に対するこれまでの考え方を次のように述べている。「マイナス金利の概念はあまりにも突飛なため、これまでに経済学の授業で言及されることすらなかった [60, p.16]」。マイナス金利は2012年にデンマークで初めて導入された。数年後、マイナス金利は広まり、この議論は時に哲学的な色合いを帯びていた。スイス国立銀行（中央銀行）総裁のThomas Jordanは「マイナス金利は、人間の本性に反するものである [62, p.29]」と述べている。デンマーク、スイス、ドイツ、フィンランド、オーストリアはマイナス金利で資金を調達した。2015年にはEU-RIBOR（欧州銀行間取引金利）が初めてマイナス利回りで計算されたのを皮切りに [62]、2015年8月、ドイツ連邦政府は2年債を利率−0.25％で販売し [63]、スイス中央銀行は預託銀行に対して金利−0.75％を課した [64]。マイナス金利で発行されている公的債務（公債）の残高は2016年時点で6兆ユーロ以上となっている。2年債の場合には、スイスは−1.14％の利息を「支払い」、デンマークは−0.71％、ドイツは−0.29％の利息を支払っていた [65]。個人顧客もマイナス金

利の広がりから逃れることはできなかった。2015年の10月，Alternative Bank Switzerlandは個人顧客に対してマイナス金利を導入した最初の銀行になった。100,000スイスフランまでの預金に対して－0.125％，それ以上の預金に対しては－0.75％の利息が課された [66]。2016年の時点で，ドイツではいくつかの銀行がマイナス金利を導入している。

2016年4月，物販におけるマイナス金利が初めて登場した。家具ディーラーであるWho's Perfectは，24ヵ月間の「マイナス金利融資」を提供した。この融資の金利は0％だったが，購買者は融資額の1％のキックバックを受け取っていたため，少額ではあるがこの融資はマイナス価格であった。この方法はMercedesがA-Class 160モデルの販売でも採用しており，このときの実質年利は－1.26％だった。

マイナス金利のローンも登場している。2018年，オンラインポータルのCheck24から1,000ユーロのローンを組んだ債務者は，12ヵ月後に972.49ユーロを返済するだけでよかった。この場合，金利は－2.7％となる。同様に，比較サイトSmavaは3年間，1,000ユーロを貸しつけたが，返済額は923ユーロのみで良かった [67]。デンマーク，スウェーデン，スペインでは，個人がマイナス金利で住宅ローンを融資されているケースも存在する。

経済学者のCarl Christian von Weizsäckerは，「自然なマイナス金利」を「永続的な現象」だと述べている [68, p.189]。Weizsäckerはその原因は「個人の貯蓄意欲が投資意欲を大幅に上回っている構造」にあると見ている。マイナス金利の場合，借り手は利子を支払わなくて良いだけでなく，貸し手から利子を受け取ることになる。これは従来の銀行では考えられないことである。

市場において資金が供給過剰な状態にあり，金利0％での運用さえ難しい状況においては，銀行は－0.1％の金利で余剰資金を貸し出す方が，中央銀行に－0.2％，スイスでは－0.75％のマイナス金利で預けるよりも理に適っている。顧客との関係においても，顧客がマイナス金利でも預金するのであれば，金利のマイナスの幅が相対的に小さい限りは，マイナス金利で貸し出しを行っても銀行は利益を生み出すことができるのである。

図15.3は正の価格とマイナス価格の状況を構造的に示している。ここでは価格反応関数は$q = 100 - 10p$と仮定している。qは販売数量，pは価格を指している。

マイナス価格ではプラスの数値（販売数量）にマイナスの数値（価格）を掛けるため，売上は自動的にマイナスになる。価格がマイナスの範囲では，価格が下がるほど売上カーブの傾きはどんどん急になる。価格が低くなるほど販売数量が増え，売上の構成要素である2変数の絶対値がいずれも増加するからである。

それでは利益はどうなるのか？　まず，単位当たりの変動費がプラス，$k = 2$の

[図15.3] 正の価格とマイナス価格の場合の売上と利益

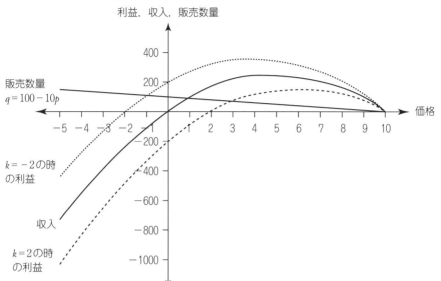

状況を考えてみる。計算の単純化のため，固定費はないものと仮定する。価格が2の時に利益は0となり，価格がマイナスのときの売上曲線と同じように利益曲線は急激に減少する。価格が0の時は200ドルの損失であり，価格が－2の時は480ドルの損失となる。もう1つの利益曲線は，単位ごとの変動費がマイナス，$k=-2$の場合に利益がどのように変化するかを示している。これは，－2％の金利で銀行に預金している状況や，電力再販売業者がマイナス価格で電力を取得する状況に相当する。

このような場合，利益は売上よりも大きくなる。利益が最大化されるのは価格がプラスの範囲であり，グラフの例では価格が4ドルの場合である。この価格での販売数量は60単位である。1単位当たりの限界利益は6ドルになり，そのうち4ドルは買い手から，2ドルはマイナス価格を支払うサプライヤーから生じている。これは両面価格モデルである。このときの利益は360ドルである。グラフの例では，価格が－2以上であれば価格がマイナスであっても利益が発生している。価格がマイナスのときの利益曲線の傾きは，変動費$k=2$の利益曲線と類似したものとなり，曲線が通る絶対値だけが大きくなる。利益が最大化される価格がマイナスになることも理論上はありうる。たとえば1単位当たり変動費が$k=-12$ならば，利益最大化価格は－1であり，利益は1,210ドルとなる。ただ，そのような状況が現実世界に起こる可能性はきわめて低いだろう。

マイナス価格はまだ珍しい存在である。ドイツのCommerzbankは新規顧客に50ユーロを提供し，METRO Cash & Carryも新規顧客に類似のクーポンを提供した。PayPalは立ち上げ期にマイナス価格を提示し，すべての新規顧客に20ドルを支払った[69]。中国の自転車レンタル会社であるMobikeは自転車の利用客に利用料を支払った。施策の目的はできるだけ多くの顧客を集めて，そのデータをプロモーション，広告，地域限定販売に利用することにあった[70]。イギリスの大手タクシー会社であるAddison Leeは，アプリをインストールした顧客に10ポンドを支払っている。

　時間や商品によって価格がマイナスになる場合もある。ある企業が新商品（たとえば食品など）を発表する際に，サンプルを配布することは非常に一般的であり，サンプルの価格はもちろんゼロである。第7章で示したように，この戦術は，サンプルの価格をゼロにすることによって，価格がゼロでなくなったときの商品販売数量を増やすのであれば，理に適っている。しかし，改めて考えてみると，商品の新規性が高く馴染みが薄い商品の場合には，初期の買い手に対して商品価格をゼロにするだけでなく，マイナス価格を支払えば，その商品の受容は加速されるかもしれない。簡単な数値例を用いて，このような状況においてマイナス価格が最適になる可能性を示してみよう。ここでは，新商品の導入期とそれ以降の期間という2つの期間を考える。目標は両期間の総利益を最大化することである。対象商品は限界費用がゼロのデジタル商品である。根本的な議論には影響しないため，計算の簡略化のために値引きと固定費は考慮していない。

　商品導入期の価格反応関数は$q_1 = 50 - 10p_1$，それ以降の価格反応関数は$q_2 = 100 + \lambda * q_1 - 10p_2$と表すことができる。この式では$q$は販売数量，$p$は価格，$\lambda$はキャリーオーバー係数，$\pi$は利益を指している。**表15.2**では$\lambda$の値が変わった時に結果がどのように変わるかが示されている。なお，値は0.5単位で最も近い値に丸めている。

　限界費用がゼロでキャリーオーバーが発生する場合，マイナス価格が最適となりうる。しかし，最適価格がマイナス価格になるためには，キャリーオーバー係数は，比較的高い水準になければならない（**表8.1**，**表8.2**を参照）。デジタルの時

[表15.2] 繰り越しのあるマイナス価格

λ	p_1^*	p_2^*	π_1	π_2	計
0.6	0	6.5	0	422.5	422.5
0.8	−0.5	7	−27.5	518	490.5
0.9	−1	8	−60	592	532

代においては，限界費用がゼロのときと同様に，マイナス価格が最適となる状況が起こりうる。多くのデジタル商品では実際のキャリーオーバー係数も高いと思われる。一旦システムを導入して，その利用に満足すれば，顧客はロイヤル顧客となり続けるからである。

　商品間効果についても同様の議論ができる。もし商品Aが収益性の高い商品Bの売上を促進するのであれば，商品Aをマイナス価格で提供することは理に適っている。この効果の連鎖はフリーミアムへ転用することができる。典型的なフリーミアムモデルでは基本バージョンの価格はゼロであるが，なぜ価格の下限をゼロという「任意の」水準にする必要があるのだろうか。もし，基本バージョンを使用した経験が本当に有料のプレミアム・バージョンへの転換を促進するのであれば，使い始めたばかりのユーザーやアーリーアダプターにはその商品の期間限定バージョン（つまり，価格がゼロではなくマイナスで提供される商品）を提供すればよいのではないだろうか。

　マイナス価格を用いるもう1つの論拠は，第5章で述べたような，価格が持ちうるアンカリング効果に起因する。前述したように，顧客がゼロ価格に長年慣れ親しんでいる場合（銀行口座やオンライン情報など）には，ゼロ価格からの脱却は困難であることがしばしば示されている。しかし，この効果はマイナス価格ではあまり深刻ではないかもしれない。ゼロ価格とは異なり，マイナス価格は通常，顧客が長く続くことを期待しないものである。売り手が価格をプラスに変更するのは時間の問題だと考えるからだ。この仮説が正しければ，−1から4への値上げは0から4への値上げよりも，販売数量の減少や顧客の損失を小さくすることになる。我々が把握している限り，この仮説はまだ検証されていない。

　また，マイナス価格がプロモーションと連動して果たす役割にも注目すべきである。これは特に新商品の導入期に当てはまり，プロモーションは莫大な販促費によって支えられていることが多いが，この構造は必ずしも最適であるとはいえない。価格弾力性とプロモーション弾力性の相対的な大きさによっては，マイナス価格が広告や同様の施策よりも効果的な場合もある。もしそうであれば，他のマーケティングツールではなくマイナス価格にできる限り資金を投下したほうがよいことになる。マイナス価格は依然としてレアケースである。供給過剰な状況において，マイナス価格がさらに採用されるようになるかどうかは現時点ではまだわからない。限界費用がゼロである場合には，採用される可能性は高くなるものの，それでも注意が必要である。特定の顧客がマイナス価格を悪用してしまい，企業が期待する持続的な利益がもたらされなくなる可能性も否定できない。

15.3.8　ゼロの限界費用とシェアリングエコノミー

　第6章からわかるように，限界費用は最適価格を決定する2つの要因のうちの
1つである。アモローソ・ロビンソンの関係式（セクション6.4.3）によれば，利
益を最大化する価格は限界費用に，価格弾力性に依存したマークアップを上乗せ
することによって導出される。インターネットの特徴の1つは，多くの場合，限
界費用がゼロに向かう傾向にあることである。ただし，限界費用がゼロ，あるい
はほぼゼロであるという現象そのものは真新しいものではない。ソフトウェアや
一部の医薬品，電子機器においても，限界費用は開発コストに比べて極端に低い。
航空機の座席や宿泊施設の客室においても同様のことがいえる。客が1人増えて
も，増加する限界費用はごくわずかである。しかし，オンラインでは，「限界費
用がゼロ」という現象が，異なる次元で起こっている。Jeremy Rifkin [31] は，
この現象を非常に革命的だと考え，著書『限界費用ゼロ社会（*The Zero Margin-
al Cost Society*）』では資本主義の「縮小」や「消滅」につながるとさえ述べてい
る。Rifkinの主張は，アメリカの元財務長官であるLawrence Summersの考えを
ヒントにした，価格そのものが限界費用の水準に近づいているという仮説に基づ
いている。限界費用がゼロに近づくならば，価格もまたゼロに近づき，資本家や
起業家が財やサービスを生産しようとはしなくなるだろう。その結果，その役割
を政府や非営利組織といった他の誰かが担わなければならなくなる。そしてそれ
が資本主義の終焉となるというものである。

　Rifkinは限界費用ゼロのパラダイムを経済の多くの分野に拡張している [31]。
その1つは，いわゆる大規模公開オンライン講座（MOOC）を通じた教育である。
その他にも，エネルギー部門（風力発電，太陽光発電）やシェアリングエコノミー
がある。シェアリングエコノミーでは，使用されていない個人の部屋や自動車な
どの設備が市場で販売され，空室や遊休状態がなくなるよう経済的に利用される。
これらの現象は全く新しいものではないが，インターネットによって急速に拡大
しており，ビジネスモデルと価格モデルに大きな影響を及ぼしていることは間違
いない。こうした影響の一部はすでに現実のものとなっているが，その大半は今
後生じるものと思われる。

　限界費用が本当にゼロになることは稀である。Rifkinも著書の中では，本のタ
イトルのように「限界費用ゼロ」とはいわずに，「限界費用がゼロに近い」とい
う表現を用いている [31]。限界費用がゼロである場合には，おわかりの通り，
利益最大化価格は売上最大化価格と同一になる。売上最大時の価格弾力性は-1
である。売上最大値（限界売上の観点）に近づくにつれ，アモローソ・ロビンソ

ンの関係式はその有効性を発揮する。このことを，価格反応関数 $q = 100 - 10p$ を用いて示していく。ここで，q は販売数量，p は価格を表す。単位コスト（限界費用）$k = 2$ のとき，利益最大化価格は数式6.7に従って $p^* = 6$ である。サプライヤーは40単位を販売し，売上は240ドル，固定費をゼロと仮定するならば利益は160ドルとなる。価格弾力性は -1.5 となり，アモローソ・ロビンソンの関係式に従ったマークアップ係数は3になる。それでは限界費用（k）が0.1に低下すると何が起こるだろうか。最適価格 p^* は5.05ドルに低下し，売上最大化価格である5ドルとほとんど変わらなくなる。販売数量は49.5単位に増加し，売上は249.98ドル，利益は245ドルに増加する。この価格での価格弾力性は -1.0202 であり，アモローソ・ロビンソンの関係式（数式6.6）に従うと，マークアップ係数は $-1.0202/-0.0202 = 50.5$ となり，$50.5 \times 0.1 = \$5.05$ が最適価格となる。したがって，限界費用がゼロに近づいても，価格決定に関するガイドラインには基本的な問題は生じない。しかし，価格の短期的な下限が限界費用にあるという事実から，競争が激化するかもしれない。限界費用がゼロもしくはゼロに近い場合，価格の短期的な下限も同様にゼロに近づくということである。したがって，今後，極端な低価格が頻発しても不思議ではない。限界費用がゼロである場合，売り手が，財務的な流動性を緊急に必要とする場合，限界費用ギリギリ（すなわちゼロをわずかに上回る）の価格を設定しても，限界利益を獲得し，キャッシュフローを生み出すことができる。

　インターネットとシェアリングエコノミーがもたらす限界費用がゼロという状況は，ビジネスモデル，価格水準，競争に対して，破壊的な影響を及ぼしうる。本章の冒頭で述べたように，これは音楽業界に大きな影響を与えた。印刷媒体業界（新聞，雑誌）も同様で，出版社や書店も影響を受けている。YouTube，Netflixや同様のサービスは，映画やテレビのような映像媒体に新たな競争をもたらしている。限界費用ゼロのコンテンツ配信を可能にしたインターネットは価格にも大きな効果を与えている。インターネットは中間業者を不要にし，その収益基盤を奪う。銀行業務にも急激に変化をもたらすだろう。従来型の人が手動で処理する取引とは対照的に，デジタル上で処理される決済や証券取引では限界費用は無視できるほど小さい。その結果，大半の人員と支店は余剰となる。限界費用が著しく高い従来のビジネスモデルは価格競争力を失い，消滅すると思われる。

　シェアリングエコノミーも価格と価格競争に破壊的な影響を及ぼすだろう。Airbnbによる空室の個室レンタルは，ホテルに対して新たな厳しい競争をもたらす。同様のことがUberとタクシー業界にもいえる。消費者はポジティブな体験のおかげで，シェアリングエコノミーを評価するようになっているようである。

PwCの調査では，回答者の約43％が何かを所有することは負担になり，シェアリングはその負担を軽減すると回答している[71]。革新的なビジネスモデルを持つ新しいプレイヤーは常に市場に参入している。zilok.comというプラットフォームでは，ほぼすべての種類の商品を借りることができる。貸し手側によって支払われる手数料は取引額に基づいており，価格にはかなりの幅がある。フランス発祥のBlaBlaCarは月間200万台のライドシェアを手配している。BlaBlaCarの価格は，鉄道や価格競争力のある長距離バスをも下回っている[72]。ライドシェアは古くから存在している。その昔人々はヒッチハイクをしたり，乗合所を利用したりしたが，それらは多かれ少なかれ手作業で運営されていた。インターネットはA地点からB地点まで車で移動している人と，同じ範囲を移動したい人をマッチングさせるために，これまでよりもはるかに簡単で大規模な仕組みを作り出している。この仕組みがもたらす極端な低価格が今日のような需要を喚起するのも自然なことである。

　フランスのスタートアップのDrivyは別の方法で，顧客と未使用の空き自動車をマッチングしようとしている。自動車が実際に利用されている時間は平均して10％に満たない。Drivyは従来のレンタカーとは対照的に，自家用車のレンタルを実施している。このビジネスでも限界費用は低く，車の所有者によっては実質的にゼロとなる場合もありうる。結果として，Drivyは非常に強力な低価格戦略をとることができる。世界第2位の保険会社であるAllianzはDrivyのすべてのレンタカーを総合保険でカバーしている[73]。アメリカでは，GetAroundが類似したピア・ツー・ピア型のカーシェアリングサービスを提供している。このサービスには保険も含まれている。General Motorsの元研究開発・企画部門のヴァイスプレジデントのLawrence Burns[74]は，このようなシェアリングエコノミーによって，今よりも80％少ない自動車で今と同水準のモビリティを実現できると推定している。自動車メーカーと同様に，モビリティサービスの運営業者は，新しい形態の価格競争に備える必要がある。

　限界費用ゼロの議論において，Rifkinが十分に言及していない，非常に重要な洞察を忘れてはならない[31]。限界費用は，短期的な価格の下限を定義する。その一方で，長期的な価格の下限は固定費を完全に含めたコスト，つまり限界費用と1単位に割り当てられた単位当たり固定費によって決まる。限界利益だけで長期的に生き残れる企業はない。限界利益の合計は固定費を上回る必要があり，それが利益を得る唯一の方法である。このような理由から，Rifkinの資本主義の将来についての結論を受け入れるのは難しい[31]。確かに，限界費用がゼロになれば価格競争は激化するが，企業は支出額以上の金額を長期的には回収する必

要があり，この根本的な原則を「捨て去る」ことにはならない。

15.3.9　革新的な決済システム

　新たな決済システムは価格マネジメントに更なる影響を及ぼすと考えられる。近年，クレジットカードやデビットカードに加えて，PayPal，Apple Pay，Samsung Pay，Android Pay，AlibabaのAlipay，TencentのTenpayや，WeChat Pay，BitcoinやEthereumのような仮想通貨など，様々な決済システムが登場している。驚くことに，虹彩スキャンによる決済の最初の試みはシリアの難民キャンプで行われ，そのシステムは国連世界食糧計画（WFP）によってテストされた［75］。このような傾向は終わる気配を見せず，実際に新しい決済システムが絶えず市場に登場しているようである。どのシステムが市場のスタンダードになるのか，あるいは他のサービスと共存していくかは現時点ではわからない。確かなことは，これらの新しいシステムが，小切手やクレジットカードといった今や当たり前となった決済方法がかつてそうであったように，購買行動と支払意思額に影響を与えるということである。

15.3.9.1　プリペイド・システム

　プリペイド・システムでは，消費者はサービスを利用したり，商品を受け取ったりする前に，料金を先払いする。この方式は，前売り価格の一種として解釈することもできる。コンサートやカンファレンスなどのイベントにおいて，前売り割引は古くから一般的に行われてきた。現代のプリペイド・システムでは事前に定額を支払い，その金額は通常，カードやスマートフォンにチャージされる。その後，消費者はチャージした金額を時間をかけて使い切る。別の方式として，毎月前払いをし，実際の使用量に基づいて年末に精算を行うプリペイド・システムも存在する。プリペイド・カードはカフェテリアのように日常で定期的に繰り返し利用されるサービスを中心に，多くの分野で採用されている。Starbucks cardはその一例であり，消費者は繰り返しチャージして利用することができる。PAYBACKはプリペイド・カードと同様に，一般的にギフトとして利用されるデジタルクーポンを提供している。これも「プリペイド」の一形態である。プリペイド・カードは，通常とは異なる思ってもみなかった分野でも提供されるようになっている。その一例がプライベート・ジェット用のカードである。このカードはプライベート・ジェット（例：NetJets）の所有権のすべて，もしくは一部を持つというこれまでのビジネスモデルに取って代わるものになることを意味している。市場をリードするMarquisのカードは飛行時間25時間分で100,000ドルで

第15章　価格マネジメントのイノベーション　◆671

ある [76]。このきわめて贅沢なサービスにおいてでさえ，特別なプロモーションがある。PJSは創立15周年を記念して，オール・インクルーシブの15時間分のジェット・カードを71,895ドルで提供した。

　プリペイド・モデルには，売り手と買い手の双方にメリットとデメリットがある。売り手は事前に料金を受け取るため，不払いのリスクを取り除くことができる。また，残高があるカードを買い手が紛失した場合にも，売り手はその分の利益を得ることができる。売り手にとってのデメリットは顧客との関係性が，定期契約ほど強くないということである。買い手にとっては，プリペイドはすでに限度額が設定されており，支出額を追跡できるため，使い過ぎることがないことが保証されるというメリットがある。これはこども向けのプリペイド携帯電話プランなどにおいては重要な点である。支払いと消費のタイムラグによる心理的影響も興味深いメリットの１つである。支払いのマイナスの価値はおそらく購入時の一度しか知覚されないが，その一方で消費することによるプラスの経験は何度も経験される。支払いと消費が同時に発生する場合と比べて，この状況は，より高額な消費や価格弾力性を下げることにつながる可能性がある。先に引用した研究 [71] では，顧客は後日払い戻しを受けるために，より多く前払いすることを厭わない可能性が示唆されている。そのため，サービス提供者が顧客に対して年末の払い戻しを保証するために，意図的に毎月の前払いを高額に設定することは理に適っているかもしれない [50]。プロスペクト理論によれば，払い戻しは，毎月の前払いがわずかに高くなることによって生じる負の限界効用を上回る，追加的な正の価値をもたらすことになる。

　プリペイド・カードは新興国で特に人気がある。その理由の１つは，低所得層の多くが銀行口座を持っていないことにある。そのような国では，携帯電話通信サービスの大半がプリペイド・システムを採用している。プリペイドは新興国の市場では，珍しい場所でも採用されている。メキシコではZurich Insuranceはプリペイド自動車保険を提供している。顧客はカードを購入し，カードを有効化した日から30日間保険に加入できる。

15.3.9.2　ボーナスシステム

　PAYBACKはヨーロッパで人気のあるボーナスシステムである。2000年に導入され，今や3,000万人の顧客がいる。また，PAYBACKに似たボーナスシステムであるPlentiは2015年にアメリカで立ち上げられた。顧客が加盟店（実店舗およびオンライン）で買い物をするとボーナスポイントが貯まり，そのポイントを特典と交換できる。また，店舗によって0.5〜4.0％の割引を受け取れる。クレジッ

トカード会社も，顧客が特典と交換できるポイントを提供しているが，PAY-BACKカードの機能は継続的に改善が加えられている。PAYBACKとPlentiは，クレジットカード会社と提携しており，顧客は各々のクレジットカードを支払いに使用することもできる。PAYBACKとPlentiは通常よりもより多くのボーナスポイントを付与するプロモーションを行うこともできる。電子クーポンを配信したり，プリペイド機能やモバイルアプリもある。これらのボーナスシステムと単一企業の顧客カードの大きな違いは，PAYBACKとPlentiは複数の店舗や業種にわたる購買履歴データを収集している点である。このデータ基盤は，消費者の購買行動に関する包括的で詳細な分析を行う上で理想的である。そのため，PAYBACKは個人データの保護に関して厳しい調査を受けることになった。本質的には，PAYBACKは割引システムであり，そのデータ収集機能が成功に寄与しているが，このシステムは多くの顧客との交流の機会をうまく活用し，発展し続けていくだろう。

15.3.9.3　インターネット決済システム

　2億2,700万をはるかに超えるアカウント数を持つPayPalは，欧米諸国で最も広く利用されているインターネット決済システムである。中国の決済サービスAlipayのアクティブ顧客数は，4億5,000万人とPayPalよりもはるかに大きいが，サービス提供地域は主に中国に限定されており，50万社しかAlipayを取り扱っていない。なお，近年はAlipayの他国での拡大が計画されている[77]。PayPalは1999年に設立され，2002年にeBayに買収されているが，一般市場に解放されるまでの数年間はeBayの取引をサポートするシステムとして運用された。2015年にeBayはPayPalを別会社に分離した。アメリカでは，PayPalを利用する企業は取引ごとに30セントに加えて決済額の2.9％をPayPalに支払う。PayPalでは毎日1,500万件の取引が行われている。Alipayでは1日当たり最大10億件の取引が行われており，これはPayPalの67倍の件数になる[78]。PayPalが2015年に開始した重要なイノベーションはワンタッチ決済である。このサービスに関するあるテストによると，「企業はワンタッチ決済によって，売上が増加し，新規顧客の獲得につながった[77]」。Amazonは何年もの間，ワンクリック注文プロセスを高く評価してきた。Amazonのワンクリック注文プロセスがユニークな点は，明確な支払ステップを省略している点である。Uberは同じような仕組みで機能している。従来のタクシー移動とは対照的に，乗客は降車時に支払いのことを考えずにUberの車を降りることができる。更に極端な例はAmazonのダッシュ・ボタンであり，顧客は事前に設定した注文を繰り返すことができる。Amazonは2016年

第15章　価格マネジメントのイノベーション　◆673

に，地元シアトルでレジのないスーパーマーケットの実験店舗をオープンした。この「Amazon Go」の店舗での買い物に必要なのはスマートフォンの対応アプリだけである。センサーが買物客が棚からどの商品を取ったかを自動的に認識する。買い物を終えた客はそのまま店を出る。少しすると，Amazonは買い物客のAmazonのアカウントから購入金額を引き落とす [79]。言い換えれば，支払いはUberと同じようにデジタル上で処理される。顧客は購入前に価格情報を受け取っているが，（財布を出して）支払いを「行う」必要はない。このようなイノベーションが支払意思額の増加をもたらすかどうかは今のところ不透明であるものの，多くの消費者は決済プロセスの簡素化に価値を見出している。AppleのApple Payと呼ばれる決済システムはApple商品（iPhone，iPad，Apple Watchなど）と組み合わせることでのみ利用できる。Appleは提携する銀行から取引金額の0.15％を手数料として受け取っている。Apple Payはその巨大な顧客基盤の恩恵を受けて，インターネット決済サービス市場においてかなりの市場シェアを獲得する可能性がある。Apple Payと同様に，新しく導入されたAndroid Payは近距離無線通信（NFC）で動作する。このサービスの開始によってAlphabetは，日常生活にさらに入り込んで利用者の購買行動に関する情報を取得する機会を獲得している [80]。SamsungはSamsung Payという名称で同様の決済サービスを提供している。このサービスは磁気セキュア伝送（MST）を採用しており，全決済端末の90％に対応可能である [81]。ナイジェリア政府はMasterCardの協力のもと，デビット・カードとしても利用できる個人IDを開発した [57]。

　消費者から見える媒体（カード，スマートフォン）の背後にある複雑な決済インフラを忘れてはならない。決済のコスト，スピード，安全性は複雑なハードウェア（端末など）とソフトウェアの両方を必要とする。Gemalto，Wirecard，Square，G&Dといったこの分野で活躍するサービス提供者は一般にはほとんど知られていないが，システムの機能と普及には欠かせない存在である。インターネット決済システムは純粋な決済機能を超えて発展していくだろう。残る課題の1つは，マイクロ・ペイメントの商業的な処理である。きわめて少額の決済が行えるようになれば，オンラインコンテンツ，エンターテインメント，ゲームモジュール，銀行サービスなどに大きな可能性が生まれる。しかしこの可能性はマイクロ・ペイメントを安価に行える場合にのみ存在する。革新的な決済システムはまた，この章の冒頭で述べた価格と価値の面でも改善につながる。Amazonのワンクリック・プロセス，PayPal，及びそれらに類似するサービスは，より高い利便性を提供する。パスワードや暗証番号は指紋認証や顔認証，虹彩認証に取って代わられるだろう。新しいシステムによって，個別割引と特別オファー，

674

最安価格保証，クーポンなどを決済システムに統合できるようになる。それは価格マネジメントのためのオプションやアクションの幅をより大きく広げるだろう。

15.3.9.4　現金とBitcoin

　根本的なことをいえば，貨幣は情報であり，デジタル化が可能である。貨幣がこの情報機能を満たすためには，お金は必ずしも物理的なものである必要はない。物理的な形態の貨幣は，匿名性や，一度の行為で購買行動が完結するという大きなメリットがある。現金払いでは購買者と販売者の取引プロセスはその瞬間に完結する。両者がお互いを知らなければ，取引は匿名のままである。複数の購買行動を1人の顧客に紐づける方法は存在せず，購買パターンも特定できない。小切手，銀行振り込み，口座からの自動引き落とし，クレジットカードのような支払い方法は，取引を完了させるために追加的なプロセスを必要とするため，個人の特定が可能である。この点は，ハーバード大学の経済学者Kenneth Rogoffらが現金の廃止を提唱する理由の1つである［82］。すべての取引が追跡可能になれば，ブラックマーケットや違法・不法滞在労働に大きな打撃を与えられると彼らは主張する。また，現金を貯めこむこともできなくなり，政府や中央銀行は貯金や消費行動を効果的に管理できるようになる。マイナス金利はお金を持っている人々に消費を強制し，経済を活性化させる可能性がある。また，現金には偽造や盗難といった安全上のリスクがあり，それらに対して追加的なコストがかかっていると指摘している。

　世界中の決済の46％〜80％は，未だに現金で行われている。金額ベースでも国によって大きな違いがある。ドイツとオーストリアでは取引額の50％以上を現金が占めているが，アメリカ，カナダ，フランスでは，現金払いは全取引額の4分の1程度に過ぎない［81］。ドイツでは国民の大多数が現金廃止に反対している。市場調査機関YouGovが行った調査［83］では，ドイツ人回答者の74％が，現金はあらゆる取引における法的通貨として受け入れられるべきだと考えている。その他の国においては，現金は時代遅れのものと考えられている。スウェーデンでは，銀行が現金を保管しなくなったため，何も盗むことなく逃亡した銀行強盗がいたといわれている［84］。デンマークの中央銀行は需要がなくなったため，紙幣を印刷しないことを決めた。小規模商店やガソリンスタンドではそのうち現金での支払いを拒むことができるようになるだろう。しかし，デンマークにおいても現金の流通量そのものは増え続けている。人々が多額の現金を貯めこむようになっているからである。ドイツやスイスでも同様の事象が発生しており，人々はお金をますます貯め込んでいる［85］。イタリアでは1,000ユーロを超える現金払いは

禁止されている。これとは対照的に，多くの新興国では，取引規模の大小にかかわらず，依然として現金払いが主流である。オマーンでは，家賃，自動車購入，不動産購入でさえ現金で行われる。

現金がなくなる可能性は低いと考えられる。ロシアの文豪Fyodor Dostoyevskyは「現金は自由の証である」と書いた。私たちが知っているような現金が禁止されれば，人々は代わりとなるものを考え出すであろう。石器時代に人々が貝殻を交換したときもそうであったし，第二次世界大戦後に人々がたばこやその他の価値あるものを交換したときもそうであった。より支払いが大きい場合には，金は現金の代わりとなりうる。金を使った消費行動は現金を使った消費行動と似たようなもので，クレジットカードのような気軽さやある種の軽率な利用をもたらすものにはならないと思われる。現金廃止論者が目指す先にあるものは，消費者の自由に制約をかけることであり，それは国家を過干渉な存在にしてしまうだろう。もし，金が現金に代わる貨幣として再登場するような事態になれば，現金廃止論者の思惑とは真逆の結果をもたらしてしまう。そして，次の段階として，金の私的所有，保有までをも禁止しようとするかもしれない。

インターネットは現金の機能をなくすことなく，現金に取って代わる可能性がある。我々の時代では，通貨といえばほとんどが政府によって発行されたものである。社会学で伝統社会といわれる社会では，今とは状況が異なり，通貨は私的に発行され，流通していた。したがって，異なる通貨が共存しえたのである。インターネット社会でも，このような私的な通貨は復活を遂げるだろう。私的な通貨の中で最も注目に値するのはBitcoinだ。Bitcoinは「デジタル署名によって暗号化された，オンライン上のピア・ツーピア・ネットワークで分権的に作り出される電子通貨［86, 87］」である。取引は，2台のコンピュータがインターネット上に接続されたときに発生する。従来の決済との違いは，中央精算機能を必要としないことである。参加者の残高は個人のデジタル・ウォレットに蓄えられる。Bitcoinの価値は需要と供給によって決まる。Bitcoinは2008年に「サトシ・ナカモト」というペンネームの著者によって書かれたホワイトペーパーで初めて紹介された。2009年，オープンソースのBitcoinソフトウェアが正式に公開され［88, 89］，その後，数年間にわたって，Bitcoinの価格は大きく変動した。

紙幅の都合上，この章でBitcoinのシステムを詳細にわたって紹介することは難しい。価格マネジメントのイノベーションの観点からいえば，Bitcoinが一方では伝統的な現金に，他方では金と酷似している点は興味深い。取引はBitcoin決済で完結し，支払いは匿名で行われる。現金効果，つまりクレジットカードのようには自由にお金を使えないという効果がBitcoinに当てはまるかどうかとい

う点については，まだ議論の余地がある。Bitcoinと金との類似点は，Bitcoinの数量が約2,100万に制限されているという事実にある。Bitcoinだけでなく，Ethereum，Rippleといったその他の暗号通貨が広く受け入れられるかどうかも，まだ議論の余地が存在する。

結　論

歴史的に，価格マネジメントには断続的にイノベーションが発生していたが，それは非常に稀で，イノベーションとしても小さなものであった。しかし，インターネットやその他の新技術は，イノベーションの発生頻度とその大きさを劇的に高めた。

- インターネットの最も直接的で，これまでのところ最も強い影響は，価格透明性の大幅な向上である。これによって，価格弾力性も高まっている。販売数量に対して，値上げは今までよりも強いマイナスの効果を，値引きはより強いプラスの効果を生み出すようになっている。
- 中長期的には，価値透明性の向上も，価格透明性の向上と同程度かそれ以上にインターネットが重要な影響を及ぼすかもしれない。商品のレビューが悪ければ，値下げの効果はほとんどなくなってしまい，値上げは数量の急激な減少につながる。反対に，好意的なレビューは値上げの価格弾力性を低下させ，値下げの価格弾力性を高める。
- 価格マネジメントにおけるイノベーションは，新しいビジネスモデルやセンサーのような新しいテクノロジーによって生み出される。多くのケースで，これらの両方が必要とされる。
- 定額料金制は，とりわけオンライン・ビジネスやITサービスにおいて頻繁に採用されている。定額料金制はリスクを限定し，「タクシーメーター」効果を避けられる利点がある。しかし，サービス提供者からすると，限界費用がゼロのサービスにおいても定額料金制には十分に注意を払う必要がある。ヘビーユーザーからの潜在的な収益獲得機会を失ってしまう可能性があるからである。
- フリーミアムも頻繁に採用されるオンラインの価格モデルである。無料プランと有料プランの境目を決めることは難しいものの，収益最大化のためには避けては通れない論点である。また，広告表示によって，無料サービスからも収益を得ることは収益化の手段の1つである。
- 一般的に，コンテンツの価格設定には大きな障害が存在している。多くのオンラインサービスのプランを特徴づける「無料の文化」は，今や，打開が難しい負の遺産となっている。競合が同様の無料プランを提供している場合も同様のことが

第15章　価格マネジメントのイノベーション　◆677

いえる。それらは業界全体の価格設定に大きな制約を課している。

- ネーム・ユア・オウン・プライスという双方向的な価格モデルは大きな期待とともに誕生したが，その期待に十分に応えることはできなかった。このモデルでは，買い手は真の支払意思額を明らかにせず，ただ支払いを低く抑えようとしているだけに思える。しかし，このモデルが今後，復活を遂げる可能性は否定できない。
- ペイ・ワット・ユー・ウォントは現実からはかけ離れた，幻想に支配された価格モデルだと我々は考えている。特別な状況にのみ適しており，持続可能な価格戦略ではない。
- ペイ・パー・ユースは様々な市場に浸透しつつある価格モデルである。その背景には，利用状況や使用量を低コストで追跡できるセンサー技術が存在することが多い。ペイ・パー・ユースと新技術がもたらした課金体系による価格設定のイノベーションは，今後も発展が大いに期待される。
- 両面価格システムは売上を増加させるだけでなく，価格設定の自由度も向上させる。インターネットはこの点でこれまでの商取引よりも，より多くの収益機会を創出している。
- マイナス価格は，主に電力市場や金利市場において見受けられる新しい現象である。価格の2面性が存在する場合に，最適価格はマイナスになることがありうる。
- 限界費用がゼロになると，短期的には価格の下限がゼロになり，非常にアグレッシブな価格戦略を採ることが可能になる。これは正の限界費用が生じる既存のサービス提供者にとって，大きな脅威となる。たとえば，シェアリングエコノミーにおける未稼働キャパシティの利用は，この事態を引き起こしている。一方，長期的に見れば，価格の下限は固定費を含めたコストであることには留意する必要がある。
- 新技術とインターネットは，Bitcoinのような暗号通貨を含め，数多くの革新的な決済システムを生み出した。これらのシステムは，購買行動や支払意思額に影響を与える可能性があるが，現時点でその効果を最終判断するのは時期尚早である。

　価格マネジメントに関連するイノベーションは今後も加速していくだろう。現金が完全になくなることはないだろうが，デジタルで行われる取引の割合はますます大きくなっている。価格マネジメントは今後も注目すべきテーマであり続けるものと思われる。

参考文献

[1] Barrot, C., Albers, S., Skiera, B., & Schäfers, B. (2010). Vickrey vs. eBay: Why Second-price Sealed-bid Auctions Lead to More Realistic Price-Demand Functions. *International Journal of Electronic Commerce (IJEC)*, 14(4), 7–38.

[2] Coase, R. H. (1960). The Problem of Social Cost. *Journal of Law and Economics*, 3(1), 1–44.

[3] Demsetz, H. (1968). The Cost of Transacting. *Quarterly Journal of Economics*, 82(1), 33–53.

[4] Burstein, M. L. (1960). The Economies of Tie-In Sales. *Review of Economics and Statistics*, 42(1), 68–73.

[5] Adams, W. J., & Yellen, J. L. (1976). Commodity Bundling and the Burden of Monopoly. *Quarterly Journal of Economics,* 90(3), 475–488.

[6] Oren, S. S., Smith, S. A., & Wilson, R. B. (1982). Nonlinear Pricing in Markets with Interdependent Demand. *Marketing Science*, 1(3), 287–313.

[7] Statista Inc. (2018). Apple's revenue from iTunes, software and services from 1st quarter 2013 to 1st quarter 2018 (in billion U.S. dollars). https://www.statista.com/statistics/250918/apples-revenue-from-itunes-software-and-services/. Accessed 12 March 2018.

[8] Fortune (2018). Spotify Stock Goes Public, Giving the Streaming Music Giant a $30 Billion Market Cap. http://fortune.com/2018/04/03/spotify-stock-market-cap-ipo-direct-listing. Accessed 19 April 2018.

[9] Bradshaw, T. & Garrahan, M. (2015, 6 June). Apple Streaming Service Leaves iTunes Behind. *Financial Times,* p.12.

[10] Garrahan, M. (2015, 10 June). Apple and Spotify to Face the Music. *Financial Times*. p.12.

[11] Coscarelli, J. (2016). Adele's '25' Finally Comes to Streaming Services. https://www.nytimes.com/2016/06/24/arts/music/adele-25-streaming-spotify-tidal-apple.html?_r=0. Accessed 16 January 2017.

[12] Anonymous. (2015). How much do musicians really make from Spotify, iTunes and YouTube? https://www.theguardian.com/technology/2015/apr/03/how-much-musicians-make-spotify-itunes-youtube. Accessed 16 January 2017.

[13] Christman, E. (2018). U.S. Music Industry Hits Highest Revenue Mark in a Decade, Fueled by Paid Subscriptions. https://www.billboard.com/articles/business/8257558/us-music-industry-2017-highest-revenue-in-decade-fueled-paid-subscriptions. Accessed 19 April 2018.

[14] Goldman, D. (2014). 5 best apps to find cheap gas. http://money.cnn.com/2014/12/29/technology/mobile/gas-price-apps/. Accessed 16 January 2017.

[15] Anonymous. (2013, 23 August). Deutsche vergleichen Online Preise. *Lebensmittel Zei-*

tung, p.44.

[16] De La Merced, M.J.（2015, 17 July）. Data Start-up Lands Big Name. *International New York Times*, p.16.

[17] GfK（2015）. Handys sind wichtige Einkaufsbegleiter. GfK-Studie zur Nutzung von Mobiltelefonen im Geschäft. Nürnberg. http://www.gfk.com/de/news-und-events/presse/pressemitteilungen/seiten/handys-sind-wichtige-einkaufsbegleiter.aspx. Accessed 30 June 2015.

[18] Anonymous.（2015, 28 May）. Eine Ethik für das Digitale Zeitalter. *Handelsblatt*, pp.12–13.

[19] Levine, R., Locke, C., Searls, D., & Weinberger, D.（2011）. *The Cluetrain Manifesto:* 10th Anniversary Edition. New York: Basic Books.

[20] Domizlaff, H.（1982）. *Die Gewinnung des öffentlichen Vertrauens: Ein Lehrbuch der Markentechnik*（New Edition）. Markentechnik. Hamburg: Marketing Journal.

[21] Stadie, E., & Zwirglmaier, K.（2015）. Neue Technologien im Preismanagement. In L. Binckebanck, & R. Elste（Ed.）, Digitalisierung Im Vertrieb. Strategien Zum Einsatz neuer Technologien in Vertriebsorganisationen. Gabler, Wiesbaden, pp.105–121.

[22] Rentmeister, J., & Klein, S.（2003）. Geschäftsmodelle – Ein Modebegriff auf der Waagschale. *ZfB-Ergänzungsheft*, 73(1), 17–30.

[23] Stähler, P.（2001）. *Geschäftsmodelle in der digitalen Ökonomie*. Lohmar: Eul.

[24] Burkhart, T., Krumeich, J., Werth, D., & Loos, P.（2011）. Analyzing the Business Model Concept – A Comprehensive Classification of Literature. *Proceedings of International Conference on Information Systems (ICIS)*, 1–19.

[25] Simon, H.（2000）. Internet und Flatrates. Workshop. Bonn: Deutsche Telekom. November 20.

[26] Anonymous.（2015, 31 March）. Rundumverpflegt in die Ferien. *Tierischer Volksfreund*, p.8.

[27] Netflix.com（2015）. Wählen Sie den Plan, der Ihren Bedürfnissen am besten entspricht. https://www.netflix.com/getstarted?locale=de-DE. Accessed 7 June 2015.

[28] CNBC（2018）. Netflix adds 5.3 million subscribers during third quarter, beating analysts' estimates. https://www.cnbc.com/2017/10/16/netflix-q3-2017-earnings.html. Accessed 15 January 2018.

[29] Garrahan, M. & Bond, S.（2015, 22 January）. Jeff Bezos, the Great Disrupter who has Turned the Book Publishing and Retail Sectors on their Heads, is Shaking up Film and Newspapers, but Both Sectors will Test his Customer-First, Profit-Later Strategy. *Financial Times*, p.9.

[30] Tix, M.（2017）. Strom-Flatrate ist Ladenhüter. http://www.energate-messenger.de/news/176990/strom-flatrate-ist-ladenhueter. Accessed 12 March 2018.

[31] Rifkin, J.（2014）. Die Null-Grenzkosten-Gesellschaft: *Das Internet der Dinge, kollaboratives Gemeingut und der Rückzug des Kapitalismus*. Frankfurt am Main: Campus.

[32] Anonymous. (2015, 1 September). Zu viel gehört – Digitalhändler in Amerika reduziert Hörbuch-Flatrate. *Frankfurter Allgemeine Zeitung*, p.11.

[33] Anonymous. (2013, 3 April). Nicht jedes Angebot ist ein Schnäppchen. Null-Prozent-Finanzierungen werden für den Handel immer wichtiger. *General-Anzeiger Bonn*, p.6.

[34] Anonymous. (2015, 20 April). Heftiger Flirt mit der App. *Frankfurter Allgemeine Zeitung*, p.22.

[35] Anonymous. (2015, 22 January). Microsoft überrascht mit Computerbrille. *Frankfurter Allgemeine Zeitung*, p.19.

[36] The New York Times (2015). Choose the Times Digital Subsciption that is Best for You. http://international.nytimes.com/subscriptions/inyt/lp87JWF.html?currency=euro&adxc=277706&adxa=406556&page=homepage.nytimes.com/index.html&pos=Bar1&campaignId=4LH46. Accessed 8 June 2015.

[37] Berman, S. J. (2011). *Not for Free: Revenue Strategies for a New World*. Boston: Harvard Business Review Press.

[38] Zitzmann, M. (2015). Webzeitung "Mediapart" – Ein Vorbild für investigativen Journalismus. http://www.nzz.ch/feuilleton/medien/ein-vorbild-fuer-investigativen-journalismus-1.18459759. Accessed 16 January 2017.

[39] Anonymous (2016). Super Mario Run reviews hit Nintendo share price. http://www.bbc.com/news/technology-38365559. Accessed 16 January 2017.

[40] Shmilovici, U. (2011). The Complete Guide to Freemium Business Models. http://techcrunch.com/2011/09/04/complete-guide-freemium/. Accessed 15 July 2015.

[41] Vance, A. (2015). *Elon Musk: Tesla, SpaceX and the Quest for a Fantastic Future*. New York: HarperCollins. Kindle Version: Position 2266.

[42] Lambert, F. (2018). Tesla plans expansion of Fremont factory Supercharging station – making it the biggest in America. https://electrek.co/2018/03/01/tesla-supercharger-fremont-factory/. Accessed 16 March 2018.

[43] Tesla (2017). Supercharger. https://www.tesla.com/supercharger. Accessed 16 January 2017.

[44] Priceline (2015). Investor Relations. http://ir.pricelinegroup.com/index.cfm. Accessed 15 July 2015.

[45] Schmidt, K. M., Spann, M., & Zeithammer, R. (2015). Pay What You Want as a Marketing Strategy in Monopolistic and Competitive Markets. *Management Science*, 61(6), 1217–1236.

[46] Anonymous. (2013, 18 March). Zwischen Fairness und Schnäppchenjagd. *General-Anzeiger Bonn*, p.6.

[47] Buskirk, E. van (2007, 5 November). 2 out of 5 Downloaders Paid for Radiohead's "In Rainbows". *Wired Magazine*, p.47.

[48] Activehours.com (2015). https://www.activehours.com/. Accessed 18 May 2015.

[49] Roggentin, A. S. & Bues, M. (2017). Pay-What-You-Want Pricing. A structured Review

第15章　価格マネジメントのイノベーション　◆681

on Drivers of Prices Paid by Customers. *Marketing Review St. Gallen*, 6/2017.

［50］ Schulz, F., Schlereth, C., Mazar, N., & Skiera, B. (2015). Advance Payment Systems: Paying Too Much Today and Being Satisfied Tomorrow. *International Journal of Research in Marketing*, 32(3), 238–250.

［51］ Oldemann, O. (2015). Innovating your Price Model: Pricing for TopLine Power. Amsterdam: *Simon-Kucher & Partners*. November.

［52］ Friemel, K., & Malcher, I. (2006). Gewusst wie. *McKinsey Wissen*, 18, 18–25.

［53］ Brignall, M. (2017). Pay-as-you-go car insurance – perfect for the low mileage driver? https://www.theguardian.com/money/2017/feb/11/pay-as-you-go-car-insurance-low-mileage-driver-cuvva-just-miles Accessed 4 December 2017.

［54］ Siebenbiedel, C. (2014). Revolution der KfZ-Versicherung. http://fazarchiv.faz.net/document/showSingleDoc/FAS__SD1201401124153932?q=Revolution+der+KfZVersicherung&dosearch=new&&annr=223006&highlight=%5CeJxzs9LisrFSUODSs8pOqwLTZalFxZnJGalFpXnpQAE7oKyBjgFQoii1LD%2BntCQzPw%2BsLiW1CEi7WcVTZgAA3wUjLg%3D%3D%5C. Accessed 15 June 2015.

［55］ ENERCON GmbH (2010). ENERCON Windenergieanlagen – PartnerKonzept (EPK). http://www.enercon.de/p/downloads/Enercon_EPK_2010_deu.pdf. Accessed 26 January 2015.

［56］ Zuboff, S. (2015, 23 March). Die Vorteile der Nachzügler. *Frankfurter Allgemeine Zeitung*, p.15.

［57］ Morozov, E. (2013, 2 November). Unser Leben wird umgekrempelt. *Frankfurter Allgemeine Zeitung*, p.14.

［58］ Craymer, L. (2013). Weigh More, Pay More on Samoa Air. http://www.wsj.com/articles/SB10001424127887323646604578399943583708244. Accessed 15 September 2015.

［59］ Hope, B. (2015, 10 August). Company Tracks Bank Cards and Sells Data to Investors. *Wall Street Journal*, 10–11.

［60］ Stewart, J. B. (2015, 24 April). Chasing a Negative Mortage-Rate. *International New York Times*, p.16.

［61］ Anonymous. (2018). What are negative prices and how do they occur? http://www.epexspot.com/en/company-info/basics_of_the_power_market/negative_prices. Accessed 16 March 2018.

［62］ Anonymous. (2015, 25 April). Negativzins widerspricht nicht der menschlichen Natur. *Frankfurter Allgemeine Zeitung*, p.29.

［63］ Anonymous. (2015, 20 August). Negativrendite bleibt gefragt. *Frankfurter Allgemeine Zeitung*, p.25.

［64］ Anonymous (2015, 5 May). Großanleger erwägen Flucht ins Bargeld. *Frankfurter Allgemeine Zeitung*, p.23.

［65］ Anonymous (2015, 24 November). Mehr als 2 Billionen Euro Staatsanleihen mit Negativzins. *Frankfurter Allgemeine Zeitung*, p.23.

[66] Anonymous. (2015, 23 October). Negative Zinsen auch für ganz normale Privatkunden. *Frankfurter Allgemeine Zeitung*, p.23.

[67] Reinhardt, D. (2018). Kredit von Smava und Check24: So viel Geld gibt es mit Minuszins. https://www.focus.de/finanzen/banken/ratenkredit/ratenkredite-von-smava-und-check24-so-viel-geld-gibt-es-mit-minuszins_id_8544941.html. Accessed 16 March 2018.

[68] von Weizsäcker, C. C. (2015). *Kapitalismus in der Krise? Perspektiven der Wirtschaftspolitik*, 16(2), 189–212.

[69] Veerasamy, V. (2016). PayPal's $60m Referral Program: A Legendary Growth Hack. https://www.referralcandy.com/blog/paypal-referrals/. Accessed 12 March 2018.

[70] Lee, F. (2017, 18 March). Pekings Plage mit den Fahrrädern. In Chinas Hauptstadt boomt der Markt mit Leihrädern. Nutzer werden teilweise sogar bezahlt. *General Anzeiger Bonn*, p.11.

[71] Anonymous. (2015, 26 March). Wer teilt was mit wem? *Frankfurter Allgemeine Zeitung*, p.26.

[72] Anonymous. (2015, 27 April). Mit Vollgas zum Transportnetzwerk. *Frankfurter Allgemeine Zeitung*, p.18.

[73] Anonymous. (2015, 28 April). Der Fremde in meinem Auto. *Handelsblatt*, p.23.

[74] Burns, L. (2013, 9 May). A Vision of our Transport Future. *Nature*, 497, 181–182.

[75] Anonymous. (2017). http://www.globaltimes.cn/content/1052839.shtml. Accessed 12 March 2018.

[76] Roberts, D. (2015, 1 April). The Rise of the Jet Card. *Fortune*, p.14.

[77] Chip (2015). Ein-Klick Payment mit PayPal schnell und einfach bezahlen ohne Passwort. http://business.chip.de/news/Ein-Klick-Payment-mit-PayPal-Schnell-und-einfach-bezahlen-ohne-Passwort_78753875.html. Accessed 3 May 2015.

[78] Millward, S. (2016). China's Alipay just saw a record 1 billion transactions in a day. https://www.techinasia.com/alibaba-alipay-1-billion-transactions. Accessed 12 March 2018.

[79] Anonymous. (2016, 7 December). Amazon testet Supermarkt ohne Kassen. *Frankfurter Allgemeine Zeitung*, p.23.

[80] Barr, A. (2015, 29 May). Google Unveils New Rival to Apple Pay. *Wall Street Journal*, p.17.

[81] Anonymous (2015, May). Mobiles Bezahlen – Wettkampf der Systeme. Der Handel – *Das Wirtschaftsmagazin für Handelsunternehmen*, p.44.

[82] Rogoff, K. S. (2016). *The Curse of Cash*. Princeton: Princeton University Press.

[83] Anonymous. (2015, 28 May). Die Deutschen wollen das Bargeld nicht aufgeben. *Frankfurter Allgemeine Zeitung*, p.25.

[84] Anonymous. (2015, 9 May). Ein weiterer Schlag gegen das Bargeld. *Frankfurter Allgemeine Zeitung*, p.31.

[85] Anonymous. (2015, 13 June). Bürger horten immer mehr Bargeld. *Frankfurter Allge-*

第15章　価格マネジメントのイノベーション　◆683

meine Zeitung, p.30.

[86] Bitcoin.de.（2015）. Retrieved from www.Bitcoin.de. Accessed 30 April 2015.

[87] Nestler, F.（2013）. Deutschland erkennt Bitcoins als privates Geld an. http://www.faz. net/aktuell/finanzen/devisen-rohstoffe/digitale-waehrung-deutschland-erkennt-Bitcoins-als-privates-geld-an-12535059.html. Accessed 6 March 2018.

[88] Nakamoto, S.（2008）. Bitcoin: A Peer-to-Peer Electronic Cash System. https://Bitcoin. org/Bitcoin.pdf. Accessed 28 April 2014.

[89] Davis, J.（2014）. The Crypto-Currency: Bitcoin and its Mysterious Inventor. http:// www.newyorker.com/magazine/2011/10/10/the-crypto-currency. Accessed 15 June 2015.

訳者あとがき

　本書の著書でもあり監訳者でもある山城和人さんに会うために，当時，紀尾井町にあったSimon-Kucher & Partnersの東京オフィスを，中央経済社の市田由紀子さんとともに訪問したのは2019年8月のことである。真夏のとても暑い日だったような記憶がある。翻訳作業は同月から開始したので，この翻訳書の出版に5年以上の歳月がかかってしまったことになる。これは偏に，翻訳者である私の力が及ばなかったことによるものである。監訳者である山城さん，編集に携わって頂いた市田さんをはじめ，関係する多くの方々に多大なご迷惑をお掛けしてしまったことを深くお詫びしたい。同時に，多くの方々の叱咤激励がなければ，本書は日の目を見ることはなかったかもしれない。心から感謝の意を表したい。

　私が本書*Price Management*の翻訳に携わることになったきっかけは，2019年7月，神田神保町の中央経済社のオフィスでのことであった。それは，市田さんと別件の仕事でお話をしていた時に，市田さんからHermann Simonの*Price Management*を翻訳する話が上がっていて，翻訳者を探している，とのお話を伺ったことである。

　Simonの*Price Management*という書籍の名前にはよく聞き覚えがあった。というのもそれは，大学院に進学した1995年，恩師の上田隆穂先生の授業で輪読した書籍の名前だったからである。大学院に入ったばかりで右も左もわからなかった私は，愚直なまでにこの本を全訳して授業に臨んでいた。この頃，小嶋外弘先生の『価格の心理』，アンドレ・ガボールの『価格決定の原理と実践』，そして上田先生が書かれた『マーケティング価格戦略』などを引き込まれるように読んだが，*Price Management*もそのような，のちの価格研究者としての私の骨肉の一部となる1冊であったと言っても過言ではない。そのようなこともあり，市田さんに，もしよかったら私に翻訳をさせてほしいと，その場で意向を伝えさせていただいた。

　ただし，実際の翻訳作業は自分が考えていたように順調に進めることはできなかった。というのも，あらかじめわかっていたことではあったが，今回翻訳した*Price Management*は1995年に読んだ*Price Management*と同じ書名ではあるが全く異なる書籍であり，その内容もボリュームも全く異なる書籍だったのである。取り扱っている概念や理論，事例もきわめて多岐にわたり，翻訳作業を進めるたびに，自らの浅学無知を思い知らされ，公の場で「専門は価格研究」と話すこと

が憚られるように感じるようにさえなった。本書の翻訳に携わることにより，まだまだ学びが足りないことを嫌というほど思い知らされたことは，研究者としての折り返し地点にいる私にとって，大きな収穫だったと思っている。

　同時に，翻訳を進めていく中で，本書の価格研究書，実務への手引書としての厚みを改めて思い知らされたように思っている。1990年代に出版された*Price Management, Power Pricing*に続く価格専門書である本書は，この30年近くの間，価格設定に関わる様々な課題に対峙してきたSimonら著者とSimon-Kucher & Partnersの偉大な足跡を表していると言っても過言ではないだろう。本書を超える価格専門書は当面現れることはないだろう。価格設定業務に携わる実務家の方，価格に関わるマーケティング研究者など，ぜひ手元に置いて，折に触れ，辞書を引くように目を通して頂ければと思う。

　最後に，きわめて私的なことであるが，翻訳に着手した2019年8月，英語を教えてくれた中学時代の恩師に会う機会があった。恩師にSpringer社の原著を見せて，翻訳をさせて頂くことになったことを話した所，「この本をあんたが訳するの？　本当に？」と目を丸くして驚かれていたことが印象に残っている。本書が形になったら必ずお届けしようと思っていたが，恩師は2022年7月に鬼籍に入られ，かなわなかった。自らの怠惰と無力さを恥じるとともに，先生のご冥福をお祈りしたい。

　2024年11月

奥瀬喜之

索　引

英　数

Bitcoin···675, 676
CPQ···424
EDLP··579, 613
Gutenberg価格反応関数·························248
Gutenbergモデル·································141
Hi-Lo···578, 586
POM···424
USP（ユニーク・セリング・プロポジション
（unique selling proposition））···············101

あ　行

アモローソ・ロビンソン関係式·······281, 310,
356, 488
アモローソ・ロビンソンの関係式···246, 602,
667
アンチダンピング関税····························404
アンチディスカウント（反値引き）・インセ
ンティブ···441
アンバンドリング····························563, 631
イールド・マネジメント·······549, 563, 566
威光効果··193, 199
意思決定支援システム·····················242, 244
一元的な価格·····································231
一元的なプライシング····························273
ヴィックリー・オークション···········628
ウェブルーミング····································586
ヴェブレン効果····························84, 193
ウノアクチュの原則·····························546
エブリデーロープライス（EDLP）···········577
オムニチャネル戦略····················508, 509
オンライン・オークション·············528, 529

か　行

価格アンカー····································213

価格アンカリング効果····················14, 618
価格閾値····································14, 601
価格イメージ···························589, 590, 617
価格ウォーターフォール······················471
価格コミュニケーション···450, 451, 464, 572,
616
価格コリドー····················396-398, 402
価格差別化·····11, 274, 275, 279, 287, 308, 546,
557
価格シェイディング効果·················218
価格実験······························172
価格戦争·································8
価格弾力性···11, 47, 86, 123, 335, 381, 488, 616
価格統制····················465, 468, 473, 476
価格透明性····································634, 635
価格のアンカー·····························192
価格の心理学的な効果·····················192
価格バンドリング·······273, 316, 317, 322, 561
価格反応関数·················11, 77, 123, 132, 381
価格フィギュア効果························218, 219
価格プロモーション···········586, 596, 607, 612
価格ポジショニング····················67, 579
価格ポジション····················73, 581
価格保証·································455
価格マネジメント··············1, 29, 36, 377, 412
隠れたチャンピオン·························83
価値透明性·································636
価値破壊··································57
キーバリューアイテム·······588-590, 598, 602,
605, 615
機械学習····································426, 427
技術集約型サービス·················548, 552
ギッフェン・パラドックス·············195, 199
規模の経済効果··························42
競合ベース価格設定····························555
競争志向の価格設定····························235

競争志向プライシング……………………232
共同利益最大化戦略………………………501
グーテンベルグモデル……………………139
クールノー仮説……………………………260
繰り越し効果………………………………338
経験曲線………………39, 42, 331, 342, 344
ゲーム理論……………………………262, 530
限界費用ゼロ社会……………………642, 667
交差価格弾力性……129, 138, 282, 308, 310, 616
行動科学的なプライシング……………201, 209
行動科学的プライシング…………………193
購買センター…………………………517, 518
小売推奨価格（Retailer Recommended
Price）……………………………………487
顧客リソースの統合………………………546
顧客ロイヤリティ……………366, 367, 439, 463
国際価格のエスカレーション……………385
コスト志向のプライシング………………523
コストプラスプライシング…………232, 234
コスト・リーダーシップ……………………99
混合バンドリング…………………………320
コンジョイント測法……………19, 141, 159

さ　行

最終消費者価格反応関数……………494, 498
３次の価格差別化…………………………295
時間に基づく価格差別化…………………557
シグナリング………………………………265
市場シェア利益弾力性………………………41
シックスシグマ・プライシング…………418
実験オークション…………………………176
実質利益……………………………………380
資本集約型サービス…………548, 550, 552, 556
純粋バンドリング…………………………319
消費者推奨価格（Customer Price Recom-
mendation）……………………………487
消費者余剰…………………………………283
正味現在価値（NPV）…………………521, 522
ショールーミング…………………………585
ショッピング・バスケット分析…………594
浸透価格戦略…………………………349, 350

スキミング価格戦略…………………347, 352
スノッブ効果……………………………84, 193
スライド制価格条項………………………538
製品ライフサイクル…………………333, 334
積乗型価格反応関数………………………247
積乗型モデル………………………………139
線型価格反応関数……………247, 255, 312
線型費用関数………………………………247
全体価格反応関数……………………134, 161
選択型コンジョイント（Choice-Based
Conjoint（CBC））……………………166, 169
相互利益の原則……………………………535
双方向価格モデル…………………………647
損益分岐点分析…………………………237, 555

た　行

ターゲット・プライシング…………127, 128
代替関係……………………………………308
代替製品………………………………………6
ダイナミック・プライシング…297, 558, 563,
569, 587
多元的なプライシング……………………273
多重共線性…………………………………138
チェンバレン価格…………………………261
中価格ポジション……………………………91
長期価格最適化………………331, 332, 344
長期最適価格…………………………346, 363
超低価格ポジション………………………105
低価格ポジション……………………………97
定和コンジョイント（Constant-Sum Con-
joint（CSC））………………………166, 170
適応・選択型コンジョイント（Adaptive
Choice-Based Conjoint（ACBC））…166, 169
適応型コンジョイント（Adaptive Conjoint
Analysis（ACA））……………………166, 167
トレードオフ法とプロファイル法………166

な　行

二部料金制……………………………291, 292
ニューロ・プライシング…………………221
認知マップ……………………………………67

索　引　◆689

ネーム・ユア・オウン・プライス…627, 648, 651

値引きジャングル……………………446, 473

は　行

ハイアンドロー（Hi-Lo）………………577

派生需要………………………………518

バリューベース・プライシング………516, 519

販売促進費の弾力性……………………491

非金銭的インセンティブ………………443, 444

非線型価格設定………………289, 291, 627

非線型プライシング……………………317

費用関数………………………………312

品質インディケーター………………197-199

ファン・ウェステンドープ法…………156, 158

フェンシング…………………………401

プライシング・ソフトウェア…………424

プライシング・パワー……26, 35, 45, 350, 533, 651

フリーミアム…………………627, 631, 642

プレステージ効果………………………156

プレミアム価格ポジション………………83

プロスペクト理論………201, 349, 461, 641, 651

ブロック・ブッキング…………………629

並行輸入……………………………393, 395

ペイ・パー・ユース・モデル…………652, 654

ペイ・ワット・ユー・ウォント……627, 643, 649, 651

返報性の原則…………………………535

ボーナスシステム……………………671

補完関係………………………………308

補完製品…………………………………6

ま　行

マーケット・セグメンテーション……276, 278

マーケット・リーダー…………………354, 430

マーケット・リーダー・ボーナス…………141

マーケティング資産変数…………………60

マージン弾力性………………488, 489, 492

マイクロ・ペイメント…………………646

マイナス価格…………………661, 662, 664

マイナス金利…………………………663

マルチチャネル戦略……………………509

ミステリー・ショッピング……………599

魅力度モデル…………………………139, 140

名目利益………………………………380

メーカー希望小売価格（the manufacturer's suggested retail price（MSRP））…487, 591

メンタル・アカウンティング……204, 205, 461

や　行

輸出割当制……………………………404

ら　行

ラーナー独占度…………………………47

ラグジュアリー価格ポジション…………74

利益のドライバー…………………………2

離散選択モデリング（Discrete Choice Modeling（DCM））…………………166, 169

両面価格システム……………………659

リレーションシップ・マーケティング…331, 363

レベニュー・マネジメント……………549

労働集約型サービス…………………548, 556

ロスリーダー…………………………606, 615

［著　者］

ハーマン・サイモン（Hermann Simon）

Simon-Kucher & Partners会長。1985年に世界的な戦略・マーケティング・コンサルティング会社であるSimon-Kucher & Partnersを設立。 戦略・マーケティング・コンサルタント。

著書に『価格戦略論』（ダイヤモンド社），『［新装版］グローバルビジネスの隠れたチャンピオン企業』（中央経済社），『価格の掟』（中央経済社）など世界的ベストセラー多数。

マーティン・ファスナハト（Martin Fassnacht）

WHUオットー・バイスハイム経営大学　マーケティング・商業学科長。

複数の消費財メーカーや小売の企業アドバイザーも務める。価格管理に加えて，ブランドマネジメント，小売りマーケティングおよびオムニチャネル・ビジネスも研究テーマとして扱う。

山城　和人（やましろ かずと）

Simon-Kucher & Partnersに13年間勤務し，2024年末に退職。2018年から2020年までサイモン・クチャー日本法人代表の職責を担う。サイモン・クチャー以前は複数の外資系コンサルティングファーム，投資銀行での勤務を経て，事業会社のマーケティング及び事業開発部門の責任者を務める。国内外のクライアント企業に対して数多くのコンサルティングを提供し，大幅な利益改善を達成した実績を有する。プライシング分野における著書，講演多数。

著書に『最強の商品開発』（監訳，中央経済社）など。

e-mail：kazuto.yamashiro@nifty.com

［監　訳］

山城　和人（やましろ かずと）

著者紹介参照。

［訳　者］

奥瀬　喜之（おくせ よしゆき）

専修大学　商学部　マーケティング学科教授

著書に『消費者行動の実証研究』（共編著，中央経済社），『リテールデータ分析入門』（共編著，中央経済社）『MBAマーケティングリサーチ入門』（共著，東洋経済新報社），『マーケティングリサーチ入門』（共著，PHP研究所），『経済・経営・商学のためのデータ解析入門』（共著，講談社）など。

e-mail：okuse@isc.senshu-u.ac.jp

価格のマネジメント
戦略・分析・意思決定・実践

2025年3月1日　第1版第1刷発行

著　者	ハーマン・サイモン
	マーティン・ファスナハト
	山　城　和　人
監訳者	山　城　和　人
訳　者	奥　瀬　喜　之
発行者	山　本　　　継
発行所	㈱中央経済社
発売元	㈱中央経済グループ
	パブリッシング

〒101-0051　東京都千代田区神田神保町1-35
電話　03 (3293) 3371 （編集代表）
　　　03 (3293) 3381 （営業代表）
https://www.chuokeizai.co.jp
印刷／昭和情報プロセス㈱
製本／誠　製　本　㈱

© 2025
Printed in Japan

＊頁の「欠落」や「順序違い」などがありましたらお取り替えいた
しますので発売元までご送付ください。（送料小社負担）

ISBN978-4-502-51511-8　C3034

JCOPY〈出版者著作権管理機構委託出版物〉本書を無断で複写複製（コピー）することは，
著作権法上の例外を除き，禁じられています。本書をコピーされる場合は事前に出版者
著作権管理機構（JCOPY）の許諾を受けてください。
JCOPY〈https://www.jcopy.or.jp　e メール：info@jcopy.or.jp〉

事例が豊富でわかりやすい！と評判の全国版テキスト

実証分析のための計量経済学
―正しい手法と結果の読み方―
山本　勲[著]

◆目　次◆

第Ⅰ部　計量経済学の基本事項と推定結果の実践的な理解

第1章　計量経済学とは何か―計量経済学の有用性と分析の流れ

第2章　計量経済分析のエッセンス―理論と実証，データの種類，推定結果の見方

第3章　計量経済分析のエッセンス1―さまざまな形の回帰分析と活用方法

第4章　計量経済学を用いた実証分析の具体例―さまざまな推定結果の見方とその実践1

第Ⅱ部　最小二乗法から最尤法・非線形モデルへの発展

第5章　最小二乗法の仕組みと適用条件―最小二乗法とBLUE

第6章　加重最小二乗法と一般化最小二乗法―不均一分散や共分散への対処方法

第7章　プロビットモデルと最尤法―線形確率モデルの問題点と対処方法

第8章　順序ロジットモデルと多項ロジットモデル―離散選択モデルの応用

第9章　トービットモデルとヘーキットモデル―質的変数モデルの応用

第10章　非線形モデルの実証分析の具体例―さまざまな推定結果の見方とその実践2

第Ⅲ部　因果関係の特定とミクロ計量経済分析の応用

第11章　操作変数を用いた因果関係の特定―同時決定・内生性バイアスとその対処方法

第12章　パネルデータ分析と固定効果モデル―固有効果の存在とバイアスの対処方法

第13章　効果・影響の測定―データを用いた政策・プログラム評価の方法

第14章　サバイバル分析―生存時間の要因特定

第15章　パネルデータを活用した実証分析の具体例
　　　　―さまざまな推定結果の見方とその実践3

中央経済社